Shostakóvitch:
Vida, Música, Tempo

COLEÇÃO SIGNOS/MÚSICA

DIRIGIDA POR
livio tragtenberg
gilberto mendes
augusto de campos

SUPERVISÃO EDITORIAL
j. guinsburg

EDIÇÃO DE TEXTO
marcio honorio de godoy

REVISÃO DE PROVAS
lilian miyoko kumai

PROJETO GRÁFICO
lúcio gomes machado

PRODUÇÃO
ricardo w. neves, sergio kon, adriana garcia
e raquel fernandes abranches

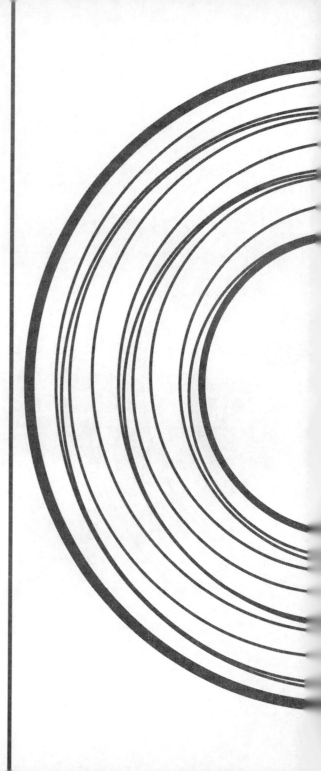

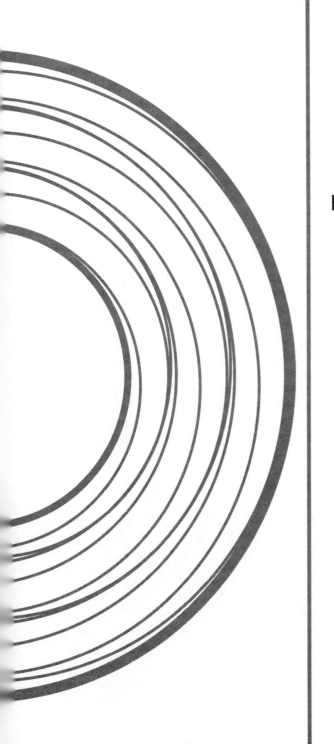

SHOSTAKÓVITCH: VIDA, MÚSICA, TEMPO

LAURO MACHADO COELHO

Dados Internacionais de Catalogação
na Publicação (CIP)
(Câmara Brasileira do Livro, SP, Brasil)

Coelho, Lauro Machado
Shostakóvitch: vida, música, tempo / Lauro Machado
Coelho. – São Paulo: Perspectiva, 2006. – (Signos música; 8)

Bibliografia.
ISBN 85-273-0765-0

1. Compositores – Rússia – Biografia 2. Shostakóvitch, Dimitri, 1906-1975 I. Título. II. Série.

06-5872   CDD-780.92

Índices para catálogo sistemático:
1. Compositores russos : Vida e obra 780.92

Direitos reservados à
EDITORA PERSPECTIVA S.A.
Av. Brig. Luís Antônio, 3025
01401-000 – São Paulo – SP – Brasil
Fone: (011) 885-8388
Telefax: (011) 885-6878
2006

Para o meu filho Fernando,
que nasceu em 25 de setembro –
o mesmo dia do aniversário
de Dmítri Dmítrievitch.

Para Marco Aurélio Scarpinella Bueno,
amigo e cúmplice no fascínio
pela obra de Shostakóvitch.

MÚZYKA

D. D. Sh.

V niêi shto-to tchudotvórnoie gorít,
i na glazákh ieiô kráia graniátsa.
Oná odná so mnóiu govorít,
kogdá druguíe podoití boiátsa.
Kogdá posliêdnii drug otviél glazá,
oná bilá somnôi v moiêi moguílie
i piéla slôvno piérvaia grozá
il búdto vsiô sviéti zagovoríli.

Anna Akhmátova

(*Música* – para D. D. S. – Algo de miraculoso arde nela, e fronteiras ela molda aos nossos olhos.
É a única que continua a me falar, depois que todos os outros ficaram com medo de se aproximar.
Depois que o último amigo tiver desviado o seu olhar, ela ainda estará comigo no meu túmulo,
como se fosse o canto do primeiro trovão, ou como se todas as flores tivessem começado a falar.)

Você tem a impressão de que ele é "frágil, retraído, uma criança infinitamente pura e direta". Mas se fosse só isso, nunca teríamos a grande arte (que, com ele, certamente temos). Ele é exatamente como você diz que é, e algo mais: duro, ácido, extremamente inteligente, forte talvez, despótico e nem sempre bem-humorado (embora cerebralmente o seja). Essa é a combinação a partir da qual ele deve ser visto. Dessa forma pode-se, num certo grau, compreender a sua arte. Nele, há grandes contradições. Nele, uma qualidade obscurece a outra. É conflito no mais alto grau. Quase uma catástrofe.

Retrato de Shostakóvitch feito pelo escritor
Mikhail Zóshtchenko, numa carta à amiga comum
Marietta Shaguinián, em 7 de janeiro de 1941.

Sumário

PREFÁCIO 11

A GRAFIA DO RUSSO 13

PRIMEIRA PARTE: ANOS DE FORMAÇÃO (1906-1936)

1. PRIMEIROS ANOS 17

2. A *PRIMEIRA SINFONIA* 37

3. ANOS DE EXPERIMENTAÇÃO 53

4. O FIM DA REVOLUÇÃO CULTURAL: O TERROR 83

5. *O NARIZ* 105

6. *LADY MACBETH DO DISTRITO DE MTSENSK* 117

7. CAOS EM LUGAR DE MÚSICA 139

SEGUNDA PARTE: ANOS DE CRISE (1937-1961)

8. A *QUINTA SINFONIA* 159

9. OS ANOS ANTES DA GUERRA 171

10. A "GRANDE GUERRA PATRIÓTICA" 191

11. UMA ÓPERA INACABADA 219

12. O PÓS-GUERRA: NOVO ENDURECIMENTO 225

13. FAZENDO CONCESSÕES 251

14. O FIM DA ERA STÁLIN 269

15. GRANDES CRIAÇÕES, GRANDES PERDAS 283

16. O DEGELO 293

17. UM INTERLÚDIO ALEGRE 307

18. O FIM DA CRISE 321

TERCEIRA PARTE: ANOS DE MATURIDADE (1961-1975)

19. A DESESTALINIZAÇÃO: OBRAS NOVAS, OBRAS ANTIGAS 335

20. O FIM DE UMA FASE DE ATIVIDADE INCESSANTE 361

21. O LENTO DECLÍNIO: AS DUAS ÚLTIMAS SINFONIAS 375

22. OS ÚLTIMOS ANOS 401

QUARTA PARTE: O CASO SHOSTAKÓVITCH

23. O CASO SHOSTAKÓVITCH 427

CRONOLOGIA 453

BIBLIOGRAFIA 493

ANEXO: SHOSTAKÓVITCH NA TELA 499

Prefácio

> Dmítri Dmítrievitch Shostakóvitch –
> velítchaishii muzykánt xx viéka.
> Nikto v sovriemiênnom iskússtvie
> niesrávnim s nim po ostrótie vospriátnia
> épokhi, otzývtchivosti na ieiô sotsialnye,
> idiêino-khudojéstvennye protsiéssi.
> Síla ievô múzyki – v absoliútnoi pravdívosti.
>
> SOFÍA MIKHÁILOVNA KHÉNTOVA[1]

Shostakóvitch surgiu em minha vida na esteira da descoberta, no início da década de 1960, da poesia de Anna Akhmátova, com a qual iniciei um namoro da vida inteira. A proximidade desse músico com Anna Andrêievna – que lhe dedicou o belo poema *Múzyka*, colocado em epígrafe a este livro – chamou minha atenção para a sua obra. E, por coincidência, nessa mesma época, surgiu no catálogo brasileiro, pelo selo CBS, a magnífica gravação da *Quinta Sinfonia*, feita nos Estados Unidos por Leonard Bernstein, logo após o retorno da triunfal excursão da Filarmônica de Nova York a Moscou, em 1959. Na capa, sem saber onde colocar as mãos, um homem tímido, com óculos de fundo de garrafa, ficava desajeitadamente de pé ao lado do exuberante maestro americano, agradecendo os aplausos. Foi a primeira vez que vi o rosto de Shostakóvitch – e ouvi a sua música.

Muitos leitores não hão de concordar com o entusiasmo excessivo de sua biógrafa, Sófia Khéntova, para quem Shostakóvitch é "o maior músico do século XX". Eu mesmo, para o primeiro lugar, ficaria indeciso entre uma lista imensa de candidatos. Mas é preciso convir que poucos compositores retrataram tão claramente a época em que viveram, com tanto senso de realidade e clareza de foco.

---

1. "D. D. S. é o maior músico do século XX. Ninguém, na arte contemporânea, pode ser comparado a ele, pela precisa compreensão que teve de nossa época e de seus procedimentos sociais e idéias artísticas. A força de sua música é de uma absoluta veracidade". *Shostakóvitch: Jizn i Tvortchéstvo* (Shostakóvitch: a Vida e a Obra). (Khéntova, 1985)

À medida que a música de Shostakóvitch revela a personalidade tensa do homem, nervosa, consciente da situação trágica em que se encontrava, mas também cheia de ácido senso de humor, sentimos uma reação heróica e extremamente pessoal às dificuldades de uma época muito perigosa – reação tingida por uma compaixão sem sentimentalismo pelos seus semelhantes. É esse o homem que este livro se propõe a retratar, apoiando-se no tripé sugerido pelo título: a sua vida e personalidade singular, e a música extremamente poderosa que ele produziu, vistos contra o pano de fundo do tempo torturado em que ele viveu, é que o explica e lhe dá sentido.

O projeto de escrever sobre Dmítri Dmítrievitch é antigo. Mas foi sendo adiado por muito tempo, pois eu estava profundamente envolvido no projeto da coleção História da Ópera, que a editora Perspectiva começou a publicar em 1999. No início de 2005, porém, dei-me conta de ter chegado o momento ideal, pois aproximava-se a comemoração, em 25 de setembro de 2006, do centenário de nascimento desse músico que, tanto quanto Akhmátova, é um ícone da resistência espiritual durante os longos anos de repressão que se iniciaram com a ascensão de Liênin ao poder, e só começaram a se atenuar quando Mikhaíl Gorbatchóv deu início à *glásnost* e à *pierestróika*[2].

Na redação deste livro, contei com o auxílio precioso de diversas pessoas, às quais sou muito grato:

• o maestro Ira Levin; os jornalistas e críticos musicais Luiz Paulo Horta, João Marcos Coelho e J. B. Natali; Gilberto Chaves, diretor do Teatro da Paz, de Belém; Emerson Rinaldi, Sergio Casoy, Sullivan Gaspar e Tales Umberto Bieszczad, amigos queridos, todos eles, que me ajudaram no processo de conseguir documentos bibliográficos essenciais para a minha pesquisa;
• Euro de Barros Couto Jr. e o maestro Paulo Maron, que puseram generosamente à minha disposição suas teses de pós-graduação sobre Shostakóvitch, me ofereceram subsídios preciosos;
• Marco Aurélio Scarpinella Bueno, a quem este livro é dedicado, por me ter aberto os tesouros de sua discoteca e de sua amizade;
• e também a Jacó Guinsburg e à equipe da Perspectiva, pelo apoio que me deram na publicação deste livro.

São Paulo, janeiro de 2006

---

2. *Glásnost* (transparência) e *pierestróika* (reconstrução) são os conceitos básicos que presidiram à fase de mudanças que resultou na dissolução da URSS.

A Grafia do Russo

Na imprensa brasileira, os nomes russos costumam ser grafados de forma imprecisa e desordenada, ao sabor de grafias de origem inglesa e francesa. A ausência de um sistema unificado e coerente para a transliteração, em alfabeto latino, das palavras escritas em cirílico exige que estabeleçamos normas para este livro, que retomam as já adotadas em *A Ópera na Rússia*, da coleção História da Ópera (Perspectiva, 2001). O objetivo dessas regras é preservar o mais possível a ortografia do russo – por isso escrever Aleksandr em vez de "Alexander" – respeitando, ao mesmo tempo, a prosódia do português.

• Assim como em português, a tônica das palavras é muito variável em russo. Por esse motivo, a tônica será sempre indicada, com um acento, nas palavras transliteradas: oknó (janela), kníga (livro), ókolo (perto, cerca de) e assim por diante.

Os próprios russos têm, em relação a certos nomes próprios – Mússorgski, por exemplo, ou Rímski-Kórsakov –, dúvidas a que será feita referência no corpo deste livro. A dificuldade é compreensível se pensarmos que, numa língua que não usa acentos para marcar a tônica, há um escritor que se chama Viátcheslav Ivánov e outro cujo nome se pronuncia Anatóli Ivanóv. Comentando esse problema, o inestimável scholar das coisas russas, Borís Schnaiderman, me disse: "Os russos costumam brincar dizendo que todo Ivanóv, ao ficar importante, passa a se chamar Ivánov".

• As consoantes, de modo geral, soam como em português, com a seguinte ressalva:

o *g* é sempre pronunciado guê: *gerói* (herói) = guerói e, portanto, será grafado com *gu*;.

as consoantes sonoras – *v, g, d, j, z* – sempre soam como sua equivalente surda – *f, k, t, sh, s* – quando estão em final de palavra; por isso, *Prokófiev* soa como "Prokófief"; *drug* (amigo), como "druk"; e assim por diante.

• Há nítida diferença de pronúncia entre o э (é); o *e* tônico (iê); o *e* átono, que soa como um *i*; e o *ë*, tremado, que é pronunciado (iô) – a não ser em manuais de ensino da língua, o *ë* não aparece tremado nos textos comuns.

• A letra *o* soa como (ô) quando é tônica e (â) quando é átona; por exemplo: *ózero* (lago) = ôzera; *molokó* (leite) = malakó; e assim por diante (mas, na transliteração, sendo tônica ou átona, a letra *o* será sempre mantida). O nome do compositor retratado neste livro é pronunciado /shastakôvitch/; e o de Rostropóvitch, seu grande amigo violoncelista, /rastrapôvitch/.

• A letra *g*, nas terminações de genitivo –ego, –ogo, soa como (*v*); exemplo: *Górkogo* (de Gorki) = Górkovo (neste caso, para facilitar a leitura, a transliteração usará o *v*).

• Para o som gutural da letra *X*, não existente em português (semelhante ao *j* do espanhol), será utilizada a convenção internacional *kh*; por exemplo, no nome *Akhmátova* – que os espanhóis grafam como Ajmátova – ou na palavra *kolkhóz* (fazenda coletiva).

• a letra Ц (tsá) será grafada com *ts*; em *tsar*, por exemplo, em vez da forma czar, de origem polonesa, que se encontra freqüentemente em português.

• Atenção à diferença entre Ч (tchá) – em *tchás* (hora) ou *tcheloviék* (homem) pronunciado "tchilaviék";

Ш (sh), presente no nome de Шостакович (Shostakóvitch) ou na palavra *shínel* (capote);

e Щ, que tem uma pronúncia peculiar: shtch numa única emissão de voz (o equivalente, por exemplo, a pronunciar rapidamente a expressão inglesa ca*sh-ch*eck). Essa é a letra que aparece no nome de Никита Хрущёв, para o qual foi adotada a transcrição Nikita Khrushtchóv – mais precisa do que o Kruschev que se encontra usualmente nos jornais.

A esperança que se tem, debulhando todas essas regrinhas tediosas, é que, um dia, Aleksandr Boro**dín** deixe de ser chamado, por locutores de rádio, de Bo**ró**din; e que eles não pronunciem mais como Glaz**ú**nov o nome do diretor do Conservatório, e grande protetor de Shostakóvitch, Aleksandr Glazu**nóv**.

PRIMEIRA PARTE

ANOS DE FORMAÇÃO
(1906 – 1936)

1.
Primeiros Anos

Os pais de Shostakóvitch: Sófia Vassílievna e Dmítri Boleslávovitch

*Ela seduz tanto o conhecedor
quanto o ouvinte novato.*

Maestro Leo Botstein[1]

Dmítri Boleslávovitch Shostakóvitch, funcionário do Instituto de Pesos e Medidas, mudara havia muito pouco tempo para o n. 2 da Podólskaia Úlitsa, em São Petersburgo. Morava ali com sua mulher, Sófia Vassílievna (nascida Kokaúlina), e com a primeira filha do casal, Maríya Dmítrievna, a quem chamavam de Marússia. Estavam muito perto da Praça do Palácio, onde ocorreu o Domingo Sangrento. As lembranças muito vivas que a família tinha dessa chacina, início da crise que levou a Rússia às portas da Revolução, marcariam, desde cedo, o menino que haveria de nascer no ano seguinte.

O Domingo Sangrento foi a culminação de um processo que vinha lentamente fermentando, desde a segunda metade do século XIX. A derrota na Guerra da Criméia (1853-1856), deixando em evidência o atraso do país, fizera a Rússia passar por uma série de transformações. O tsar Alexandre II aboliu a servidão em 3 de março de 1861, libertando cerca de quarenta milhões de camponeses, aumentando, com isso, o desemprego e o proletariado urbano. Mas permaneceu ainda o *mir*, a comunidade rural proprietária da terra e coletivamente responsável pelos impostos, uma das colunas básicas de sustentação do poder imperial. Em 1863, a concessão de autonomia acadêmica à universidade, a redução da censura à imprensa e outras medidas modernizadoras compunham um programa visando a atenuar o retrocesso em que se encontrava o país.

Essa liberalização da área universitária fez surgir grupos extremistas, como o *Naródnaia Vólia* (A Vontade Popular), que desejavam conscientizar a população quanto às idéias progressistas, mas esbarravam na crença arraigada no poder absoluto do tsar, que emanava de Deus. Esse primeiro grupo terrorista acreditava que, matando o monarca, desmoralizaria a instituição do trono e

A casa na Podólskaia Úlitsa, de Leningrado, em que Dmítri nasceu.

---

1. Comentário a respeito da música de Shostakóvitch.

diminuiria a admiração do povo pelo tsar. Alexandre II foi assassinado em 1881 mas, ao contrário do que esperava a Vontade Popular, a população se revoltou contra a morte do Paizinho.

Alexandre III, que o sucedeu, deu início ao processo de industrialização, financiado por capitais franceses e ingleses. A expansão imperialista em direção ao sul e ao Oriente determinou a construção de grandes ferrovias: a Transcaucasiana (1883-1886) e a Transiberiana (1891-1904). Ao mesmo tempo, edificaram-se grandes complexos industriais e começou a prospecção do petróleo, com capitais ingleses. Mas a Rússia, na virada do século XIX para o XX, continuava um país semi-feudal, governado por um monarca absolutista, Nicolau II, que sucedera a seu pai em 1894.

O autoritarismo era exercido apoiando-se na *Okhrana*, a polícia política criada em 1881, que controlava as escolas, a universidade, a imprensa e os tribunais de Justiça. A tentativa de russificação imposta por Nicolau II encontrou resistências nas diversas nacionalidades do império. O Partido Social Democrata, que se opusera a ela, foi desarticulado pela *Okhrana* e teve de se reorganizar no exterior, em torno da liderança de Gueórgui Plekhânov, Pável Ákselrod e de Vladímir Ilítch Uliânov, que assumira o pseudônimo de Liênin[2]. No Congresso de 1903, o PSD dividiu-se em duas alas: a menchevique (minoritária), de tendência moderada, e a bolchevique (majoritária), liderada por Liênin, adepta de um programa revolucionário baseado no *Manifesto Comunista* de Karl Marx e Friedrich Engels. Em 8 de fevereiro de 1904, iniciou-se uma guerra desastrosa com o Japão, que levou o país à beira da catástrofe econômica. E, aí, ocorreu o Domingo Sangrento.

A derrota de maio de 1904, na Batalha de Tsushima, em que a frota russa fora destruída pela japonesa, já tinha desencadeado motins e demonstrações de desagrado com o atraso de um Estado dominado por uma aristocracia retrógrada, que se fechava à modernização. Em 9 de janeiro de 1905[3], uma semana depois da humilhante rendição de Port Arthur, o pope* ortodoxo Gápon liderou uma marcha pacífica, de trabalhadores e seus familiares, pelas ruas da capital, para ir entregar uma petição ao tsar Nicolau II. Quantos eles eram? Não há certeza quanto a essa cifra: os relatos russos falam de cinco mil a dezesseis mil pessoas.

Em *The Road to Bloody Sunday* (Universidade de Princeton, 1976), Walter Sablinsky conta que o tsar tinha sido aconselhado a sair da cidade e encontrava-se em sua residência de verão de Tsárskoie Sieló. Não designara

---

2. Esse pseudônimo baseia-se no nome do rio Lená, na Sibéria, para onde eram mandados os prisioneiros políticos.

3. Só depois da Revolução foi adotado o Novo Estilo, o calendário gregoriano, em substituição ao juliano, que criava uma discrepância de treze dias em relação ao Ocidente. Embora, por respeito à tradição historiográfica, conservemos as datas de acordo com o calendário monárquico, saiba o leitor que, fora da Rússia, essa data correspondia a 22 de janeiro de 1905.

*. Pope – Padre da igreja ortodoxa russa.

ninguém para receber a petição e deixara ordens de que qualquer tentativa de perturbar a lei e a ordem deveria ser severamente impedida – e as coisas escaparam totalmente do controle. Depois dos tiros para o ar, de advertência, a cavalaria e a infantaria investiram sobre a multidão, juncando a Praça do Palácio com mais de mil mortos e quinhentos feridos. A importância que o massacre teve para Nicolau II mede-se pela entrada daquele dia em seu diário: "Parece que houve distúrbios na capital. – Mamãe chegou hoje. Jogamos tênis à tarde. Foi um dia muito agradável".

A indignação que o massacre suscitou em todo o país explodiu em greves, manifestações e novos motins, como o do porto de Odessa, que Serguêi Eisenshtéin celebrizou em seu filme *Bronienôssiets Potiômkin* (O Couraçado Potiômkin), de 1925. Depois da greve geral de outubro de 1905, o tsar, favorável à adoção de medidas fortes, de repressão radical, teve de concordar com as posições mais conciliatórias de seu primeiro-ministro, o conde Serguêi Iúlievitch von Witte, e convocar a *Duma* (o Parlamento), integrada por representantes de todas as classes sociais, encarregada de discutir e votar leis que garantissem as liberdades civis. "Foi a primeira vitória da Revolução, incompleta, mas promissora", escreveu Liev Trótski[4]. Esse revolucionário voltara do exílio na Suíça, para trabalhar com o Soviete dos Operários de São Petersburgo, criado em 13 de outubro, quatro dias antes do decreto imperial que concedeu, nominalmente, o poder ao povo russo. Trótski conta, em suas *Memórias*:

> No dia seguinte à promulgação do decreto, milhares de pessoas reuniram-se diante da Universidade de São Petersburgo, mobilizadas pela luta e embriagadas com a alegria dessa primeira vitória. Da varanda, gritei para eles que não confiassem numa vitória incompleta, pois o inimigo era teimoso e havia muitas armadilhas à nossa frente. Rasguei o decreto do tsar e joguei ao vento os pedaços. Mas essas advertências políticas arranham apenas a superfície da consciência da massa. Elas precisam aprender por meio de grandes acontecimentos.

Trótski tinha razão, pois não demorou muito para que a rejeição, pelo governo, da exigência dos radicais de que fosse imediatamente eleita, por sufrágio universal, uma Assembléia Constituinte soberana, provocou a rebelião de dezembro, em Moscou, afogada em sangue. As liberdades concedidas pelo decreto imperial de 17 de outubro foram canceladas. Estava em marcha a engrenagem que levaria, em 1917, à Revolução Bolchevique.

A família Shostakóvitch pertencia à *intelliguêntsia* liberal, simpática às posições dos *naródniki* (populistas). Desde pequeno, Dmítri Dmítrievitch – nascido em 25 de setembro de 1906 – ouviu seus pais falarem daquele "ano de 1905", futuro tema da sua *Sinfonia n. 11 em Sol Menor op. 103*, escrita para comemorar

---

4. Nome revolucionário adotado por Liev Dávidovitch Bronshtéin.

os quarenta anos da Revolução de Outubro. Era muito vivo para ele o relato que, em 1917, lhe foi feito por sua tia materna, Nadiêjda Galli-Shohat[5]:

> [Os revolucionários moscovitas] ergueram barricadas desajeitadas e defenderam-se, com revólveres, contra as metralhadoras, que tinham sido postadas nas torres das catedrais. [...] Prisioneiros foram executados sem julgamento; casas e fábricas foram bombardeadas e destruídas; a população, aterrorizada, foi tratada como se fosse um inimigo conquistado. Como se o triunfo militar não bastasse, o governo mandou seus soldados numa expedição punitiva na região da grande Moscou. A ordem emanada das autoridades – "Não façam prisioneiros; ajam sem piedade" – foi cumprida ao pé da letra.

Em 3 de dezembro de 1905, toda a liderança do Soviete dos Operários tinha sido presa, levada para a Kriésty, a penitenciária de São Petersburgo, e dali para a Fortaleza de São Pedro e São Paulo. Em setembro de 1906 – o mês em que nasceu o compositor –, eles foram julgados, perdendo todos os direitos políticos e condenados ao exílio (Trótski fugiu, durante a viagem para a Sibéria). O frustrado levante de 1905, no entanto, ensinara aos revolucionários uma lição preciosa: a de que nada poderiam fazer sem o apoio das Forças Armadas, com as quais, por enquanto, o tsar ainda contava. Seria necessário esperar pela guerra de 1914, para que essa situação se modificasse. Um aparente atraso nos planos dos revolucionários foi a decisão do ministro do Interior, Piotr Arkádievitch Stolýpin, de vender aos camponeses terras pertencentes ao Estado, na tentativa de conquistar sua adesão ao trono e quebrar a força do operariado urbano. Mas Stolýpin foi assassinado, em 1911, num teatro de Kíev, por um revolucionário ucraniano. E o governo de Nicolau II, cada vez mais desorganizado e corrupto, foi se desmoralizando aos olhos das próprias forças que ainda garantiam a sua frágil coesão.

No plano musical, os distúrbios de 1905 tinham deixado marcas profundas. Por apoiar os estudantes do Conservatório de Moscou, que dirigia, Nikolái Rímski-Kórsakov foi demitido e substituído por Aleksandr Glazunóv, que só aceitou o cargo com a condição de que seu antigo mestre fosse mantido no corpo docente. Dois jovens talentos começavam a querer desfraldar as asas: Igor Stravínski, o aluno predileto de Rímski-Kórsakov que, em 1907, escreveria a sua *Sinfonia em Mi Bemol Maior*; e Serguêi Prokófiev que, em 1912, espantaria seus professores com o vigor do *Concerto n. 1 em Ré Bemol Maior op. 10*, para piano e orquestra. Apesar dos rigores da censura imperial, os contatos com o Ocidente ainda eram fáceis e freqüentes. São Petersburgo e Moscou tinham livre acesso à vanguarda européia, Gustav Mahler, Richard Strauss, Arnold

---

5. Esse relato, que se encontra em *Shostakovich* (Roseberry, 1986), p. 24, foi feito por N. V. Galli-Shohat (nascida Kokaúlina) a V. Seróv, com quem colaborou na primeira biografia do compositor, publicada em Nova York em 1942 (Seróv, 1945).

Schoenberg, Maurice Ravel, Claude Debussy – de quem Rímski-Kórsakov dissera, após ouvir em Paris, em 1907, o *Pelléas et Mélisande*: "O pior é que morro de medo de acabar gostando dessa música". Por outro lado, Serguêi Diáguilev, que fundara, juntamente com o cenógrafo Aleksandr Benois, a revista *Mir Isskústvo* (O Mundo da Arte), dedicada ao ideal parnasiano da "arte pela arte", tivera a idéia de organizar um festival de música russa em Paris, onde acabou fundando os *Ballets Russes*, outro importante vaso de comunicação entre a Rússia e a arte ocidental.

O clima já não seria mais tão liberal quando Shostakóvitch atingiu a maturidade. Mas na época em que ele nasceu, a cidade fundada por Pedro, o Grande, para ser a capital de uma Rússia que se abria para o mundo, fervilhava como um dos mais inquietos centros europeus de produção de cultura.

A família de Sófia Vassílievna, a mãe de Dmítri, era de origem siberiana. Seu ancestral mais remoto, um grego de nome Kakosbúles (mau conselheiro), viera provavelmente para a Rússia no século XV, acompanhando um grupo de monges chamados por Vassíli III para supervisionar a tradução dos livros sagrados. Mas, em 1525, esses monges foram exilados para a Sibéria, devido à denúncia demasiado violenta que fizeram da corrupção e da imoralidade na igreja ortodoxa russa. Na Sibéria, a russificação converteu o nome Kakosbúles em Kakosvuli e, posteriormente, em Kokaúlin.

Terceira filha do engenheiro de minas Vassíly Iákovlievitch Kokaúlin, Sófia nasceu em 10 de maio de 1878, em Bodáibo, na Iakútia, onde o pai dirigia as minas de ouro Lená. Homem de idéias progressistas, Kokaúlin era muito estimado pelos mineiros, devido à maneira humana como os tratava (na casa dos Shostakóvitch, depois do massacre de mineiros grevistas, que houve em Lená, em 1912, costumava-se comentar "Isso nunca teria acontecido nos tempos do vovô"). Na verdade, foi Kokaúlin quem tomou a iniciativa de demitir-se do emprego por não suportar mais a venalidade dos supervisores das minas e as condições de vida infra-humanas dos mineiros, contra as quais nada pôde fazer.

Sófia foi mandada, em 1890, para o refinado Instituto para Jovens da Nobreza, de Irkútsk. Seu desempenho escolar excepcional a fez ser escolhida para dançar a mazurca da *Vida pelo Tsar*, de Glinka, diante de Nicolau II, quando o monarca fez uma visita ao instituto. Sófia demonstrou tanta habilidade como estudante de piano, que o pai a mandou a São Petersburgo, em 1898, para estudar no Conservatório. Ela se orgulhava de, um dia, enquanto estudante, ter acompanhado ao piano o baixo Fiódor Shaliápin. Com Sófia, vieram a irmã Nadiêjda, matriculada no Colégio Feminino Bestújev, e o brilhante irmão mais novo, Iásha, que se envolveu até os cabelos no movimento de política estudantil.

Foi num sarau em casa da família Gambóiev, onde se alojava, que Sófia conheceu um bem-humorado estudante de histologia, na universidade. Dmítri Boleslávovitch conquistou-a com a sua boa voz de tenor, e a graça com que cantava – ela o acompanhando ao piano – árias das óperas de Tchaikóvski e as romanças de salão em moda na época. Os Szostakowicz tinham emigrado da Polônia, no final do século XVIII, por motivos políticos, indo se instalar na Sibéria, onde nascera o avô do compositor, Boleslav Shostakóvitch. Fiel às tradições politizadas de sua família, ele se ligara ao *Zemliá i Vôlia* (Terra e Vontade), grupo radical inspirado pelas idéias liberais do jornalista Nikolái Tchernishévski.

Desiludido com o fato de que a emancipação dos servos e outras reformas de cima para baixo não tinham garantido a melhoria da situação das massas oprimidas, Tchernishévski se empenhou numa campanha aberta contra o governo, que o fez ser encarcerado na Fortaleza de Pedro e Paulo – onde ele escreveu o romance *O Que Tem de Ser Feito?* (1836), que Liênin dizia ter sido uma revelação para ele. Em seu slogan "A beleza é a vida" é possível perceber a semente do que, no futuro, será a teoria do Realismo Socialista: "A recriação da vida é o sinal característico da arte, a sua essência"[6].

Boleslav Shostakóvitch, avô do compositor, foi acusado de ter-se envolvido com o *Ishútin*, grupo que fracassou em fazer Tchernishévski fugir do exílio na Sibéria; mas que, em 1964, conseguiu fazer fugir da Kriésty, em Moscou, o revolucionário polonês Jaroslav Dombrowski, que Liênin admirava muito. Ao *Ishútin*, pertencia Dmítri Karakózov, autor da frustrada tentativa de assassinar Alexandre II em 1866. Boleslav foi exilado para Tomsk e, depois, para Nárym, onde se casou com Várvara Shaposhnikôva – cuja família mantinha estreitas relações de amizade com Tchernishévski. Embora Boleslav acabasse, burguesmente, como gerente do Banco Mercantil Siberiano, em Irkútsk, Shostakóvitch possuía, do lado paterno, uma ascendência revolucionária que, mais tarde, haveria de satisfazer plenamente os requisitos da ideologia soviética.

Dmítri e Sófia casaram-se em 31 de janeiro de 1903 e Maríya, a primeira filha, nasceu em outubro desse mesmo ano. O compositor sempre se orgulhou do fato de que seu pai, engenheiro químico, tinha sido chamado para trabalhar o Instituto de Pesos e Medidas por seu fundador, o famoso cientista Dmítri Ivánovitch Mendelêiev. Foi no apartamento da Podólskaia Úlitsa que Dmítri Dmítrievitch nasceu, às cinco horas da manhã do dia 25 de setembro de 1906. A mãe, muito supersticiosa – um traço que ela legou ao filho –, achava de mau agouro ter dois homens com o mesmo nome dentro de casa. Por pouco, um dos maiores compositores russos escapou de se chamar Iároslav Dmítrievitch Shostakóvitch. Mas o pope que o batizou, conta Víktor Seróv, provavelmente não conhecia Santo Iároslav, da Igreja Ortodoxa, e insistiu para que recebesse o nome do pai.

---

6. Em *Pámiatniki Mirovôi Estetítcheskoi Mysli* (Os Monumentos do Pensamento Estético Mundial), ensaio publicado em Moscou em 1969.

A seu biógrafo, Sólomon Moisêievitch Vólkov[7], Dmítri Dmítrievitch disse: "A minha infância não foi marcada por nenhum incidente de significado especial" – o que significa que ela foi normal, tranqüila. "Eu não me esgueirava até a porta da sala, aos três anos de idade, para ouvir música. Naquela época, música me fazia dormir". Quando menino, ele gostava de brincar com toquinhos, e passava horas construindo coisas. Isso é corroborado pelo relato que Zóia Dmítrievna Khrushtchôva[8], a sua irmã mais nova, fez a Elizabeth Wilson[9]:

> Mítia[10] era um menino normal, embora reservado e com tendência à introspecção. Gostava da natureza, de dar longos passeios e estava sempre com o ouvido atento a alguma coisa. [...] Era distraidíssimo, mas uma criança alegre, bem-humorada e continuou assim até as circunstâncias externas o fazerem perder esse bom-humor. [...] Nossos pais não iam à igreja e não me lembro de falarem de política em casa. Tínhamos uma vida confortável, antes da Revolução, e passamos por períodos difíceis, com privações, depois dela; mas vivíamos de forma harmoniosa e cheia de amizade.

O gosto dos pais por música certamente influenciou o menino desde cedo e, na simplicidade de feitura do *Quarteto n. 1 em Dó Maior op. 48*, da primavera de 1938, talvez ressoem lembranças dos amigos que se reuniam, semanalmente, no apartamento do vizinho, o engenheiro e violoncelista amador Borís Sass-Tissóvski, para tocar trios e quartetos de corda – Haydn e Mozart, Borodín e Tchaikóvski. "Eu ia para o corredor", ele conta, "sentava-me lá e ficava ouvindo, horas a fio".

A razoável voz de tenor do pai também abriu seus horizontes musicais. Além de canções ciganas, Dmítri Boleslávovitch cantava para ele árias das óperas de Tchaikóvski. E foi para ver *Ievguêni Oniéguin* que o levou, ainda muito menino, ao Teatro Maríinski. A seu amigo e biógrafo, o musicólogo David Rabinóvitch[11], ele contou: "Eu sabia a maior parte da música de cor. Mas quando ouvi a ópera tocada por uma orquestra, fiquei apalermado. Todo um novo mundo de coloridos instrumentais abria-se diante de mim". Tchaikóvski que, para ele, "não tinha igual como orquestrador", foi uma paixão da vida inteira. E ele confessava: "Sempre que deparo com dificuldades, no meu trabalho, encontro a solução para o problema estudando a técnica de Tchaikóvski".

---

7. O autor do polêmico *Testimony* (Vólkov, 1979), a autobiografia que teria sido relatada a ele por Shostakóvitch, e cuja autenticidade foi com freqüência posta em dúvida.

8. Formada em veterinária, Zóia casou-se em 1920 com o histologista Grigóri Khrushtchóv.

9. Que recolheu preciosos depoimentos a respeito do compositor em *Shostakovich: a Life Remembered* (Wilson, 1994).

10. A linguagem afetiva russa inclui diminutivos muito característicos para os nomes próprios: Mítia (Dmítri), Sacha (Aleksandr), Seriója (Serguêi), Volódia (Vladímir) ou Marússia (Maríya), Katiúsha (Katerina), Viérotchka ou Verúshka (Viéra).

11. *Dmtry Shostakovich Composer* (Rabinóvitch, 1959).

Mas a família não o forçava a estudar música. Na primavera de 1915, o pai o levou ao teatro, para ver *O Conto do Tsar Saltán*, de Rímski-Kórsakov, mas não foi isso que despertou seu interesse por música, e sim, como ele próprio contou à sua biógrafa Sófia Khéntova, um *Galope* a seis mãos, que ouviu Maríya tocar com duas amigas. Nessa peça de Streabogg (pseudônimo do belga Jean-Louis Goebbaerts) já havia a atração por uma fórmula rítmica que o compositor Shostakóvitch usaria infinitas vezes. Foi essa peça que ele pediu a Sófia Vassílieva que lhe ensinasse a tirar ao piano. Dois dias depois de ela ter começado a dar lições a seu filho de oito anos, lembra Zóia, Sófia disse à família: "Temos nas nossas mãos um rapazinho excepcionalmente talentoso". Afinação perfeita, memória prodigiosa, era um músico pronto.

E a mãe tinha um jeito todo especial de cativá-lo. "Ela conseguia me passar seu amor pela música", Dmítri contou a Khéntova. "Não me enchia a paciência com exercícios inúteis. Não me forçava a praticar durante horas a fio. Queria apenas desenvolver a minha imaginação musical". E realmente o conseguiu, pois a tia Nadiêjda conta que, ao improvisar ao piano para que ela ouvisse, o pequeno Mítia fechava os olhos e ia contando as coisas que imaginava: "Uma aldeia distante toda coberta de neve... a lua brilhando sobre a estrada vazia... uma casinha iluminada por uma vela". Não é de se espantar, portanto, que dentro de um ambiente familiar sofisticado, em que havia o gosto pela música, o teatro, a literatura, ele tenha, aos nove anos, tentado escrever uma ópera baseada em *Tsigányi* (Os Ciganos), o conto de Aleksandr Púshkin[12]. Tocar piano, como parte de uma educação refinada, era uma coisa; compor e, conseqüentemente, seguir a carreira de músico era outra coisa – donde a atitude neutra dos pais, de nem coibir e nem estimular esse interesse.

A I Guerra Mundial não afetou a vida familiar. Após a morte de Mendelêiev, o instituto entrara em declínio e Dmítri fora trabalhar como administrador das propriedades de um milionário de origem alemã, Adolf Rennemkampf, que, fazendo amizade com ele, permitia-lhe usar, nas férias de verão, a sua *datcha** de Irínovka. Durante a I Guerra Mundial, ele trabalhou também como gerente comercial da PROMET (Promýshliennostnyi Metálly – Metais Industriais), uma fábrica de munições. A família mudara para um apartamento maior, no quinto andar da Nikoláievskaia Úlitsa, n. 9, e tinha à sua disposição dois carros da empresa (e notem que só havia dois mil carros na capital imperial – agora batizada como Petrogrado, para evitar as assonâncias germânicas do nome original). Notícias inquietantes vinham do fronte: milhares de baixas eram o resultado não só dos combates, mas também da falta de equipamento, víveres e munição, e da incompetência dos comandantes.

---

12. O mesmo que inspirou o *Aliéko,* de Rakhmáninov, e *Zingari*, de Leoncavallo.
*. Casa de Campo.

Mas a Cidade de Pedro nada perdera de seu esplendor. Concertos e óperas continuavam a ser apresentados no Teatro Aleksandrinsk e no Maríinski, e o diretor de teatro Vsiévolod Meierkhôld[13] arrebatava o público com suas inovadoras montagens do *Pigmalião*, de George Bernard Shaw, e *O Retrato de Dorian Gray*, de Oscar Wilde. A coqueluche musical do momento era Aleksandr Skriábin. A crítica chamara de "o maior acontecimento da história musical de todos os tempos" a estréia de *Prometeu: O Poema do Fogo*, em 11 de março de 1911, regido por Serguêi Kussevítzki.

Mas o povo que, a princípio, apoiara o tsar, numa demonstração de patriotismo, quando a guerra fora declarada, ficava cada vez mais inquieto à medida que a situação ia se deteriorando. O único partido que se opusera à guerra – o Bolchevique, liderado do exílio por Liênin – fora ignorado e suprimido, sem que a Duma nada pudesse fazer para impedi-lo. A ascendência do monge Grigóri Iefímovitch Raspútin sobre a tsarina Aleksandra – devido à estranha capacidade que ele tinha de conseguir, com orações, fazer estancarem-se as crises de hemofilia do tsarévitch Aleksêi – causava escândalo e contribuía para desmoralizar a realeza. Uma vez mais a Cidade de Pedro foi a arena para greves e demonstrações de massa mas, desta vez, a Era Imperial teria um fim definitivo.

O assassinato de Raspútin, em dezembro de 1916, durante um jantar que lhe foi oferecido no palácio do conde Iussúpov, foi o sinal claro da impaciência da própria nobreza com a corrupção da corte.

O duríssimo inverno de 1916, que afetou os transportes ferroviários, dificultando a chegada de suprimentos às cidades, forçou condições draconianas de racionamento. O massacre de manifestantes na praça Znamiénski, em fevereiro de 1917, provocou um motim de proporções incontroláveis. A enorme manifestação de 27 de fevereiro de 1917, que tomou armas, pôs fogo ao prédio do tribunal civil e marchou contra o Palácio de Inverno, levou à queda da monarquia: Nicolau II abdicaria cinco dias depois.

A Vólkov, o compositor contou, mais tarde, como ficara traumatizado ao ver, durante um desses incidentes de rua, um cossaco matar brutalmente um menino com o seu sabre – episódio que ele evocaria, em 1927, na *Sinfonia n. 2 em Si Maior op. 14 "dedicada a Outubro"*. E na biografia escrita por Viktor Seróv, encontramos a narrativa de como ele estava, na companhia de seus pais, no meio da multidão que, em 23 de março, assistiu ao cortejo fúnebre de soldados, marinheiros, operários e estudantes, que desceu o Niévski Prospiékt, em direção ao Campo de Marte, para ali enterrar, numa vala comum, as vítimas das manifestações. Por muito tempo ecoaram em seus ouvidos as palavras do cântico fúnebre entoado nessa procissão:

---

13. Esse sobrenome, de origem alemã, costuma ser grafado, no Ocidente, como Meyerhold; assim o leitor o encontrará com freqüência; aqui, por uma questão de coerência, opto por essa grafia.

> Vocês caíram como vítimas
> pela liberdade do povo,
> pela honra do povo.
> Deram as suas vidas
> e tudo o que lhes era mais caro,
> sofreram em prisões horríveis,
> foram exilados arrastando grilhões [...]
> Sem uma palavra, carregaram as suas correntes,
> pois não podiam esquecer o sofrimento de seus irmãos,
> porque acreditavam que a justiça
> é mais forte do que a espada. [...]
> Mas o tempo virá em que as suas vidas perdidas
> hão de contar. Esse tempo está próximo:
> quando a tirania cair, o povo vai se erguer, grande e livre!

Impressionado com essa cena, Dmítri teria improvisado ao piano, assim que chegou em casa, uma de suas primeiras composições, a *Marcha Fúnebre em Memória das Vítimas da Revolução*. Às simpatias "revolucionárias" do jovem Shostakóvitch a musicologia soviética deu, é claro, enorme proeminência (não sem uma certa dose de encorajamento do próprio compositor). Hoje em dia, há dúvidas sobre alguns acontecimentos "legendários" de sua infância. O que não o impediu de, no fim da vida, ao ser entrevistado pelo jornalista inglês Ian Engelmann, lhe ter dito: "Foi a Revolução que fez de mim um compositor".

Seróv atribui o relato da composição dessa *Marcha Fúnebre* à tia Nadiêjda. Mas o significado "revolucionário" dessa composição foi posto em dúvida por uma carta de abril de 1918, de Nadiêjda à sua irmã Sófia, divulgada por Liudmila Vikéntievna Mikhêieva[14] em sua biografia de Shostakóvitch, publicada em 1997. Nessa carta, Nadiêjda diz que Mítia dera a essa peça o título de *Marcha Fúnebre em Memória de Shingarióv e Kokóshkin*. Membros do Partido Democrático Constitucional, de centro, os cadetes Andrêi Shingarióv e Fiódor Kokóshkin foram linchados, em janeiro de 1918, por um bando de bolcheviques que tomou de assalto a Assembléia Constitucional, onde o PDC era minoritário. O colapso dos planos de dar à Rússia uma Constituição democrática e a morte bárbara dos dois cadetes horrorizaram os liberais. O grande crítico Borís Eikhenbaum escreveu a seu amigo Tinianóvski: "Na minha opinião, foi um sinal inequívoco de que a revolução estava moralmente em decadência".

---

14. L. V. Mikhêieva era casada com Dmítri, o filho de Ivan Sollertínski, um dos maiores amigos de Shostakóvitch, e é a autora do *Pámiati I. I. Sollertínskovo* (Em Memória de I. I. S. Moscou, Izdátielstvo Progriéss, 1974), que contém preciosas informações sobre a amizade entre os dois.

É com esse título também que Borís Nikoláievitch Lósski, colega de classe de Mítia, lembrava-se de ter ouvido a peça, num serviço fúnebre pelos dois cadetes, realizado na Escola Stoiúnina, para onde o garoto tinha sido transferido. Se são verdadeiras as informações de Lósski e da tia Nadiêjda, isso significa que a historiografia soviética alterou o título dessa peça de início de carreira, para dar-lhe significado contrário ao que ela pode ter tido originalmente. Esta seria, portanto, mais uma daquelas lendas que se formaram em torno dos primeiros anos do compositor, e que Dmítri – talvez por ver nisso um escudo protetor – nunca se preocupou em desmentir.

Que os Shostakóvitch tinham simpatias democráticas e, a princípio, não se intimidavam com as pressões dos bolcheviques, não resta a menor dúvida. Tanto que, no outono de 1922, quando Liênin expulsou do país a família do filósofo idealista Nikolái Lósski, os pais de Dmítri não hesitaram em convidar o menino Borís Nikoláievitch para um jantar, mesmo sabendo que o GPU vigiava cada passo dos candidatos ao exílio. Os Lósski saíram da URSS junto com outros eminentes anticomunistas, Nikolái Berdiáiev, Simeón Frank e Pitirím Sorókin, o teórico de literatura da escola formalista. Formado em história da arte na Sorbonne, B. N. Lósski foi o curador de museus franceses, em Tours e Fontainebleau.

Após a renúncia de Nicolau II, assumiu um governo provisório, com a missão de reestruturar o país do ponto de vista social e econômico. Liderado por Aleksandr Keriênski, era formado por liberais e conservadores que pensavam em dar à Rússia uma estrutura parlamentar de molde ocidental. Mas continuavam a existir os sovietes, conselhos formados por operários e soldados, que se atribuíam o direito de funcionar como a oposição a esse governo. Liênin voltou do exílio em Zurique, e desembarcou na Estação Finlândia, em 16 de abril de 1917.

Pode-se dar crédito às palavras de Zóia Vassílievna, segundo a qual Mítia, em companhia de seus colegas de escola, estava no meio da multidão que ouviu os seus slogans "Toda a terra para os camponeses!", "Paz e Pão!" e "Basta de guerra!"? Entrevistados por Elizabeth Wilson, a filha de Shostakóvitch, Galina, e seu genro, Ievguêni Tchukóvski, disseram não se lembrar de jamais tê-lo ouvido fazer referência a esse episódio. Também Borís Lósski tinha objeções quanto à veracidade desse fato[15]. "A chegada do trem à Estação Finlândia", diz ele, "ocorreu durante as férias de Páscoa, em que as escolas costumavam estar fechadas. E à noite, o que torna pouco provável que um menino de onze anos estivesse na rua, sozinho, sem a companhia de um adulto, ainda mais naqueles dias em que tiroteios eram freqüentes". Nunca se encontrou tampouco

---

15. Em Nóvye Fákty o Shostakóvitchem (Fatos Novos sobre Shostakóvitch), na revista *Rússkaia Mysl*, Paris, abril de 1989 (citado por Wilson, 1994).

prova documental da teoria de que Mítia teria sido levado à estação por um de seus tios, o bolchevique Maksim Lavréntievitch Kostrýkin. "O mais provável", conclui Lósski, "é que se trate de invenção dos guardiães da 'pureza ideológica' desse compositor soviético".

A posição de Liênin, contrária à participação russa na guerra, chocou-se com as prioridades do Governo Provisório, e ele teve de fugir novamente, para não ser preso. Da aldeia de Rázliv, perto de Siestroviétsk, conseguiu passar, com um passaporte falso e disfarçado de mulher, para o território da Finlândia. *Rázliv* é o título que Shostakóvitch dará, em 1961, ao *adagio* da *Sinfonia n. 12 O Ano de 1917*, "à memória de Liênin".

Em Petrogrado, a resistência da população, organizada pelos bolcheviques, à tentativa de golpe militar do general Kornílov, reforçou a posição do partido de Liênin – que ganhou força nova com a libertação de Trótski: sua flamejante oratória e seu poder de organização foram postos a serviço de estruturar a Guarda Vermelha (o exército ilegal do Partido). Arriscando-se a ser preso, Liênin voltou à Rússia, para assumir o seu posto no Comitê Militar Revolucionário, que funcionava no Instituto Smólny, quartel-general dos bolcheviques. No dia 26 de outubro de 1917, o *Dekret o Mir* (Decreto sobre a Paz), assinado por Liênin, assinalava o nascimento de um novo regime, depois que o governo de Keriênski se rendeu, praticamente sem resistência, ao cerco da Guarda Vermelha.

No segundo movimento da *Sinfonia n. 12*, Shostakóvitch fará ouvir a salva de canhões com que o cruzador Avrora, estacionado no rio Nevá, anunciou a vitória vermelha. É uma idealização retórica do que, na realidade, foi uma operação militar quase amadora, bem-sucedida apenas devido à total desorganização do Governo Provisório. Mas, naquele momento, os russos realmente acreditavam estar ingressando numa nova "Aurora da Humanidade" – é esse o título que o compositor dará, em 1961, ao último movimento de sua *op. 112*.

Em fevereiro de 1917, Mítia estava matriculado no primeiro ano da Escola Comercial de Maríya Shidlóvskaia – depois rebatizada como 108º Escola Soviética. Apesar do nome, ela nada tinha a ver com o comércio, e era freqüentada pelos filhos da *intelliguêntsia* liberal. Lá, ele era colega dos filhos de Trótski e do revolucionário Liev Boríssovitch Kamenióv; e de Oliég e Gleb, filhos de Aleksandr Keriênski. Sua colega preferida, Irina Kustódieva, apresentou-o a seu pai, o pintor inválido Borís Kustódiev; e, apesar da diferença de idades, surgiu uma sincera amizade entre o artista e aquele menino talentoso, de quem Kustódiev fez um inspirado retrato, em que Mítia aparece vestido com uma roupinha de marinheiro, segurando uma partitura de Chopin. O pintor o convidou a tocar

Dmítri aos treze anos, desenhado pelo pintor Borís Kustódiev.

na abertura de uma de suas exposições, em 8 de maio de 1920 – e essa foi a primeira vez que Mítia, aos treze anos, se apresentou em público.

Desde 1915, ele estava estudando piano no curso de Ignátyi Álbertovitch Gliásser, de origem polonesa. Começou com a mulher do professor, Olga Gliásserova; mas logo passou para a classe do próprio Gliásser, que o fez tocar Haydn, Mozart e, em breve, as fugas de Bach, que lhe inspirariam, em 1950, os *24 Prelúdios e Fugas op. 87*. Na audição dos alunos da escola, em 26 de abril de 1918, ele tocou a *Sonata n. 5 em Dó Menor*, de Beethoven. A Vólkov, porém, Shostakóvitch confidenciou que considerava Gliásser "muito seguro de si, mas tedioso"; e as lições que ele lhe dava eram "ridículas". Por conta própria, fazia experiências juvenis de composição, a mais ambiciosa das quais – e perdida ou destruída – era a música para o poema de Púshkin *A Canção do Tsar Ivan Vassílievitch, do Mercador Kaláshnikov e do Soldado Kiribêievitch*. Mas Gliásser não levava as suas composições a sério, achando que elas o distraíam da carreira de pianista.

O persistente mau humor do professor fez com que, no outono de 1918, Dmítri trocasse as suas aulas pelas de Aleksandra Aleksêievna Rozánova, que tinha sido a professora de piano de sua mãe. As idéias mais modernas de Rozánova a respeito de educação musical a fizeram buscar formas novas de orientar Dmítri, cujo gênio ela foi a primeira a realmente reconhecer. Pediu inclusive a seu amigo Grigóri Bruni que lhe desse aulas de improvisação, preparando-o para a entrada no Conservatório. Ao mal-humorado Gliásser, contudo, cabe o crédito de ter revelado a Mítia a música de Bach que, no futuro, seria de fundamental importância para a obra do compositor Dmítri Shostakóvitch.

Em 1919, a família decidiu inscrevê-lo na classe infantil do Conservatório. Para se preparar para o exame, mandou-o a uma colônia de férias onde Natália Kube, uma linda lourinha de dez anos, tornou-se a primeira mulher a fazer palpitar o coração de Mítia. Claro que ele nunca teve coragem de falar com ela. Mas a eternizou nas peças de 6 a 8 de seus *Oito Prelúdios op. 2*, dedicadas à misteriosa "N.K.". Na volta, o pai levou-o a visitar o famosíssimo Aleksandr Ilítch Silóti, aluno de Liszt, que consentiu em ouvi-lo mas, depois, decretou: "Esse menino não tem nenhum dom para a música. Se tiver vontade, pode estudar, mas...". A Sólomon Vólkov, Shostakóvitch confidenciou: "Chorei a noite inteira, depois que ele me disse aquilo".

Diante disso, por pena mais do que por qualquer outra coisa, Sófia levou-o a falar com o diretor da casa, o compositor Aleksandr Konstantínovitch Glazunóv. Ouvindo-o tocar uma das pecinhas que escrevera, Glazunóv não só o estimulou a estudar como aconselhou que, além de piano, ele tivesse aulas de composição com Maksimilian Osêievitch Shtéinberg, genro de Rímski-Kórsakov. O resultado imediato foi o *Scherzo em Fá Sustenido Menor op. 1*, página brilhante mas de aprendiz, respirando o melodismo de Tchaikóvski e Rímsk-

Kórsakov, dedicada a seu professor. Essa peça de 1919 haveria de reaparecer, em 1945, como o sexto número do ciclo *Um Álbum para Crianças op. 69*, escrito para o aprendizado do piano de sua filha Galina.

No período imediatamente pós-revolucionário, o Conservatório de Petrogrado mantivera intactas as suas grandes tradições, graças a Glazunóv, que mantinha o vínculo com a Idade de Ouro do Romantismo russo – ele tinha sido aluno de Rímski-Kórsakov, com quem colaborara na edição do *Príncipe Igor*, de Borodín – e, ao mesmo tempo, era capaz de ignorar seus gostos pessoais conservadores, para identificar e estimular o talento pessoal de seus alunos. Foi paternal o cuidado que sempre teve com o jovem Dmítri, cujo talento o encantava.

Acolheu com entusiasmo o *Tema e Variações op. 3*, do início de 1922, que Mítia dedicou à memória de Nikolái Sokolóv, seu professor de contraponto. A peça é de estilo convencional, sem marca alguma do estilo de Shostakóvitch, mas extremamente segura para um principiante. O tema, só para cordas, lembra o segundo movimento do *Imperador*, de Beethoven. As primeiras variações fazem as transposições tradicionais do gênero. Na quinta, o jovem compositor já está experimentando com os coloridos instrumentais. A décima, a mais interessante, faz complicados jogos com ritmos quíntuplos, anunciando uma tendência futura de Shostakóvitch. Na décima primeira, a metamorfose é tão grande que o tema fica irreconhecível. E o *finale – allegro-adagio-presto* – retoma, de forma exuberante, os ritmos quebrados da Variação X. A peça foi estreada postumamente, por Guennádi Rojdéstvienski, em Tallin, em 1977.

São da mesma época as *Duas Fábulas de Krylóv op. 4*, para *mezzo*, coro feminino e orquestra, dedicadas a Shtéinberg. Os poemas de Ivan Andrêievitch Krylóv, inspirados em Esopo e La Fontaine, já tinham sido musicados por Antôn Rubinshtéin e Vladímir Rébikov mas, surpreendentemente, nenhum deles compreendeu tão bem a ironia de Krylóv quanto o rapaz de dezoito anos. Em *Striekozá i Muraviêi* (A Cigarra e a Formiga), o registro agudo da *mezzo* representa a Cigarra, e o grave, a Formiga. Em *Ossiól i Soloviêi* (O Asno e o Rouxinol), uma melodia primaveril, de sabor korsakoviano, corresponde ao canto ornamentado do pássaro. A melodia monótona do que se segue é a do julgamento do Burro, que aconselha o Rouxinol a tomar aulas de canto com o Galo. Dmítri parecia estar adivinhando o futuro, pois sua música, muitas vezes, estaria sujeita à avaliação de juízes asininos. Ele só não poderia, como o Rouxinol, bater asas e sair voando, dizendo: "Deus me livre de juízes assim". Essa obra juvenil foi estreada em Moscou, por Guennády Rojdéstvienski, um ano antes da morte de Shostakóvitch.

Na primavera de 1922, surgiria a primeira obra de Dmítri a ser editada: as *Danças Fantásticas op. 5*, publicadas em 1926 – o próprio autor as tinha estreado em Moscou, em 20 de março do ano anterior. As *Danças* foram a primeira composição, antes da *Primeira Sinfonia*, a se incorporar ao repertório soviético regular. Shostakóvitch tinha um compreensível afeto por essa peça juvenil que, embora exibindo muitos poucos traços de seu estilo posterior, tem a vivacidade que normalmente associamos à sua música. As *Danças* constituem um tríptico formado por um *allegretto* em dó maior de tom muito malicioso; uma valsa lenta – *andantino* em sol maior – de tom despreocupado; e uma esfuziante polca – de novo um *allegretto* em dó maior – com que o ciclo se encerra.

Depois da morte de Dmítri Boleslávovitch, em fevereiro de 1922, Glazunóv chegou inclusive a interceder em favor de seu jovem aluno, junto ao escritor Maksím Górki e ao comissário da Educação, Aleksandr Vassílievitch Lunatchárski, obtendo dele cartões de racionamento[16] suplementares para o garoto, e fundos que permitissem custear seus estudos no Conservatório.

É de surpreendente segurança técnica a *Suíte em Fá Sustenido Menor op. 6*, que o rapazinho de dezesseis anos escreveu, sob o impacto da morte do pai, e dedicou à sua memória. Tocada algumas vezes por Mítia e Marússia, para os amigos, essa peça – cujo modelo visível são as suítes de Rakhmáninov para dois pianos – foi estreada por Dmítri e seu colega Liev Obórin, na Pequena Sala do Conservatório de Moscou, em março de 1925. A gravação do duo Genova/ Dimítrov, que existe no selo CPO, demonstra que Siloti estava redondamente enganado ao menosprezar o pendor de Shostakóvitch para a música.

Embora a *Suíte* acuse a influência de Rakhmáninov e também de Debussy, já existem, aqui e ali, traços que apontam para o futuro compositor. O *Prelúdio* se inicia com duas esferas tonais distintas: a da imitação do som dos sinos, reminiscente de Müssorgski e Rakhmáninov; e a que oscila entre acordes decididos e muito melodiosos, e outros contemplativos. O tema melodioso, acoplado ao toque dos sinos, forma o clímax do movimento, embelezado por escalas ornamentais.

A *Dança Fantástica* já tem o tom de farsa dos *scherzos* futuros. O tema inicial leva a um breve fugato parodiando as elaboradas peças contrapontísticas de alguns românticos e a uma passagem de inspiração espanhola com um *ostinato* rítmico que imita o som de um tambor. Os temas se sucedem em desordem, de forma fragmentada, sugerindo o equivalente sonoro à desconstrução de uma tela cubista, sendo arrematados por um eficiente *presto*.

O *Noturno* começa com um tema sonhador, seguido de uma reminiscência em *ffff* do toque de sinos. Constantes mudanças de andamento submetem o tema cantabile do início a diversas modificações, até um final sereno, no extremo agudo. O *Finale*, iniciado por uma melodia muito sombria, liberta a sua tensão num *allegro molto* tempestuoso, atravessado por síncopes. Reminiscên-

---

16. Naqueles tempos de escassez rigorosa dos gêneros alimentícios, o governo estabelecia quotas por pessoa e distribuía cartões de racionamento que lhes permitiam fazer compras nas lojas estatais.

cias rapsódicas dos temas dos movimentos anteriores constituem uma ampla recapitulação, encerrada pelo toque solene dos sinos.

É bem provável que a pneumonia que abreviou a vida de Dmítri Boleslávovitch tivesse sido a conseqüência das dificuldades financeiras e sociais pelos quais a família estava passando após a Revolução, durante os três anos da Guerra Civil, em que a população sofreu muito, no inverno, com o racionamento de comida e combustível para a calefação. O dinheiro se desvalorizara e as coisas eram obtidas na base da troca: Sófia era paga com pedaços de pão, pelas aulas de piano que ainda dava. Basta dizer que, naqueles dias, era de quatro colheres ao mês a ração de açúcar por pessoa. As crianças – conta Zóia – deram-se por muito felizes no dia em que, chegando da Sibéria, a tia Nadiêjda lhes trouxe um pouco de sêmola de trigo, para fazer *katcha* (um tipo de mingau), pois elas estavam à beira de passar fome.

"Com o tifo, a fome, os tiroteios, os apartamentos mergulhados na escuridão, e as pessoas inchadas pela inanição a ponto de ficarem irreconhecíveis, Petrogrado transformara-se no total oposto de si própria", escreveu naquela época, em seu diário, a poeta Anna Akhmátova. O brutal assassinato da família imperial, em julho de 1918, na cidade siberiana de Iekaterinenburgo, para onde ela fora removida, acelerou a reação da resistência branca à revolução vermelha. A Cidade de Pedro sentia-se rebaixada, pois perdera para Moscou o status de sede do governo. O comunismo imposto pelo novo governo ao país incluía a nacionalização de todo o comércio e indústria, o confisco compulsório dos produtos agrários, o pagamento em espécie aos trabalhadores e a imposição à burguesia de trabalho compulsório.

Para a família Shostakóvitch, que tivera um padrão alto de vida antes da Revolução, a vida tornou-se difícil, por mais de um motivo, após a morte do pai. Dmítri sempre fora um homem de família, à qual dedicava muito de seu tempo. O tema saltitante da flauta, no *allegretto* da *Sinfonia n. 15 em Lá Maior op. 141* – a última e a mais autobiográfica delas – remete ao mundo dos brinquedos mecânicos, dos *gadgets* que Dmítri gostava de trazer para os filhos, e com os quais também brincava, junto com eles. Se o pai era de um natural brincalhão, a mãe tinha um caráter mais estóico e duro, que lhe permitiu resistir à perda do marido. Arranjou um emprego de datilógrafa no Instituto de Pesos e Medidas e convidou a irmã, Nadiêjda, e seu primeiro marido a virem morar com eles, para ajudá-los nas despesas.

No ano em que o pai morreu, Glazunóv convenceu o jovem Dmítri a abandonar os estudos regulares e dedicar-se, em tempo integral, ao Conservatório, prosseguindo as lições de composição com Shtéinberg e passando para a classe de piano de Leonid Vladímirovitch Nikoláiev, professor notável que, entre seus alunos, teve Vladímir Sofronítski e Maríya Iúdina. A *Sonata n. 2 em Si Menor op. 61* foi dedicada, quando ele morreu, em 1942, a esse homem, a respeito do qual Valerián Bogdánov-Bierezóvski escreveu[17]: "Ele não formou pianistas, apenas, mas pensadores musicais. Não criou uma escola, no sentido estreito de uma orientação profissional única, mas moldou uma ampla tendência estética na esfera da arte pianística".

Aluno de Tanêiev e de Ippolítov-Ivànov, Nikoláiev tinha sólida formação de compositor; mas a falta de uma personalidade melódica definida e o caráter demasiado acadêmico de sua escrita nunca permitiram que ele se destacasse como criador. Mas tinha um instinto seguro para aquilo que era bom, e seu aluno sempre lhe foi grato pelas preciosas orientações que ele lhe deu.

Como Bártok, Britten ou Hindemith, Shostakóvitch era um pianista excepcional, de estilo sóbrio, mas com uma técnica imaculada e um impulso rítmico irrefreável – as gravações que deixou, tocando a sua própria música, o confirmam. Poderia ter sido um concertista de carreira, se não tivesse decidido dedicar-se à composição. Para isso, contribuiu, sem dúvida alguma, a admiração que tinha por Glazunóv que – apesar do aberto tradicionalismo com que se proclamava contrário às "tendências prejudiciais" da música moderna – o impressionava pela solidez de um artesanato musical absolutamente impecável. A amizade que os ligava fazia Mítia correr grandes riscos, contrabandeando, do trabalho do pai, álcool que vinha alimentar o vício de Glazunóv, alcóolatra que chegava, às vezes, a adormecer, de tão bêbado, durante as suas aulas. Diz Krzysztof Meyer:

Muitos anos mais tarde, depois que o pai de Shostakóvitch já tinha morrido e Glazunóv partira para o exterior, essa história correu, não se sabe como, nos meios musicais. E não faltou, na União dos Compositores, quem afirmasse que Shostakóvitch não tinha talento algum e devia seu diploma unicamente à água ardente que fornecia a Glazunóv.

Era voraz o interesse de Dmítri por música nova. Embora não aderisse pessoalmente a essa técnica, freqüentava o grupo liderado por Gueórgui Mikháilovitch Rímski-Kórsakov, que fazia pesquisas sobre microtonalismo. Freqüentava as Segundas-feiras Musicais em casa da mecenas Anna Fogt, onde se encontrava com personalidades como Borís Assáfiev, Vladímir Shtcherbakóv e o regente Nikolái Malkó; e ouvia música nova de Stravínski, Hindemith, Schoenberg e do Grupo dos Seis. Nessa época, estimulado por tudo de novo a que tinha acesso, ele se propôs, juntamente com os colegas Pável Feldt e Gueórgui Klimiênts, a compor um ciclo de 24 prelúdios em todas as tonalidades. O projeto não foi

17. Em Iúnost Novôi Kultúri (A Nova Cultura da Juventude), na *Soviétskaia Múzyka* n. 11 de 1967.

adiante, mas cinco dessas peças sobreviveram: um *scherzo* encantador; um *carillon* muito atmosférico, com base numa linha de baixo; um estudo em ⅝ com um *ostinato* na mão esquerda; uma paródia da música de salão oitocentista; e uma elegante pastoral cujo tema antecipa, à distância, o do movimento lento da *Sinfonia n. 11* (Vladímir Ashkenazy gravou esses cinco prelúdios no disco *Shostakovitch: Piano Works*, do selo Decca).

Os estudos prosseguiram com toda a seriedade, até mesmo diante da doença contraída no início de 1923. Zóia conta:

> Quando menino, a saúde de Mítia era frágil. Ele sofreu de tuberculose linfática e ficou com um inchaço no pescoço. Todos temíamos pela sua vida. Foi operado pelo professor Ivan Ivánovitch Griékov, amigo da família e, depois, mandado para o sanatório Gaspra, na Criméia. Felizmente, a tuberculose linfática não é tão grave quanto a pulmonar e ele melhorou. Quando voltou para fazer os exames, na escola, ainda estava com os curativos no pescoço. Ficou por muito tempo com as cicatrizes da operação.

Por acaso, o seu amigo, o pintor Kustódiev, estava internado no mesmo hospital, o que amenizou a sua estadia. E lá também Mítia conheceu a primeira garota pela qual se apaixonou de verdade: Tatiana Gliviênko, filha de um conhecido escritor – "baixa, esguia, de cabelos escuros e um belo rosto redondo, uma moça alegre, sociável, sempre cercada de uma porção de jovens, que passavam o dia nadando, jogando bola, passeando pelos arredores e, à noite, reuniam-se para ouvir Shostakóvitch tocar piano"[18]. A Elizabeth Wilson, Tânia contou que Dmítri tinha muita dificuldade em assumir compromissos sérios; mas continuou lhe propondo que viesse morar com ele em Leningrado, mesmo depois de ela ter ficado noiva de outro homem. Só aceitou que o relacionamento entre eles tinha terminado, depois que o primeiro filho dela nasceu, em 1932. Mas desse amor ficou o *Trio n. 1 em Dó Menor op. 8*, para piano e cordas, que ele dedicou a Tânia, e que só seria estreado em 1925.

A respeito do retorno ao Conservatório, acrescenta o compositor Valerián Bogdánov-Berezóvski, seu amigo daquela época:

> Não só Mítia compareceu para os exames da primavera, apesar dos curativos no pescoço, como (agora, posso tornar públicos esses fatos!) deu "cola" a vários de seus colegas. E embora a prova, começada de manhã, se arrastasse até o fim da tarde, não resistiu à tentação de ir ver comigo a *Bela Adormecida*. Aquele era o período de seu enorme entusiasmo pela música de Tchaikóvski. Sentados na torrinha (...), compartilhamos nosso encantamento com a brilhante orquestração desse conto de fadas.

---

18. Em *Pages from the Life of Dmitry Shostakovich*, de D. e L. Sollertínski (citado por Meyer, 1994).

O fascínio com a música de Tchaikóvski nunca o deixou. Mas o herói de sua juventude era Beethoven – a *Appassionata* fez parte do programa de seu recital de graduação, em 1923 – o que é muito compreensível pois, para os ideólogos desses primeiros anos de regime, como Lunatchárski ou o compositor Borís Assáfiev, este era o supremo exemplo de um artista cuja música estava em sintonia com as aspirações sociais progressistas de sua época. Isso explica também por que, numa época em que, no Ocidente, com freqüência se proclamava a obsolescência de uma forma fixa como a sinfonia, é exatamente a esse gênero que Shostakóvitch vai se dedicar, levando adiante uma tradição que, partindo de Beethoven, passa por Brahms, Bruckner e Mahler. Construirá, dessa forma, um dos mais importantes edifícios sinfônicos do século XX. E o primeiro passo seria dado com uma obra sem paralelo na História da Música: a *Primeira Sinfonia*, peça de um estudante de Conservatório que lhe garante prestígio internacional.

2.
A *Primeira Sinfonia*

Uma vez vitoriosa, a Revolução tinha de ser política, social e institucionalmente implementada – e o menor dos exemplos disso é a Nikoláievskaia Úlitsa, onde a família Shostakóvitch morava, ter sido rebatizada com o nome de Marat, o revolucionário francês[1]. Líder, agora, de um país que passara a se chamar *Soiúz Soviétskikh Sotsialistítcheskikh Rezpúbliki* (União das Repúblicas Socialistas Soviéticas), Liênin conclamara o operariado à "luta de classes".

Em 30 de agosto de 1918, ao sair de uma visita na fábrica Míkhelson, do bairro moscovita de Zamoskvoriétski, Liênin foi vítima de um atentado movido pela extremista ucraniana Fanny Efímovna Káplan. Atingido na cabeça por um dos três tiros disparados por ela, Liênin sobreviveu, mas sua saúde ficou seriamente abalada; e Káplan foi fuzilada, sem julgamento, em 3 de setembro, diante da muralha do Krêmlin, na Praça Vermelha. Embora, em seu interrogatório, Káplan tivesse confessado o vínculo com grupos anarquistas, e afirmado ser a única responsável pelo atentado, Liênin viu nisso o pretexto há muito esperado para desencadear o Terror Vermelho, fazendo escalar a luta contra a burguesia.

Na Rússia, a burguesia não tinha muito a ver com a classe à qual Marx e Engels atribuíam a dominação capitalista da Europa moderna. Num país semifeudal, dominado pela aristocracia, ela era uma classe intermediária, "educada", fruto do acesso ao ensino superior, graças às reformas feitas no início do século XIX. Como esse segmento educado da sociedade tinha o impulso natural a procurar melhores empregos e a ter um padrão mais alto de vida, os bolcheviques os viam como aliados da classe dominante. Na verdade, essa classe intermediária, da qual tinham saído muitos revolucionários da primeira hora, era bem menos ofensiva do que a facção dos latifundiários, na qual a dominação tsarista tinha realmente se apoiado.

---

1. O apartamento n. 7, da Marat Úlitsa, 9, em que Shostakóvitch morou de 1917 a 1934, foi comprado, em maio de 2002, pela Fundação Rostropóvitch-Vishniévskaia, de Washington, que iniciou nele reformas, visando a transformá-lo num museu; em fevereiro do ano seguinte, Nick Paton, correspondente do jornal inglês *The Guardian* em São Petersburgo, informou que a fundação estava sendo processada pelos moradores desse antigo prédio, pois as reformas empreendidas no apartamento estavam abalando as suas estruturas.

Mas Liênin tinha o mais profundo desprezo pelos "intelectuais corrompidos" e não só estimulava o ensino do "ódio de classes" nas escolas, como dava carta branca à *Tcheká* – a sua polícia secreta, inspirada nos métodos operacionais da *Okhrana* tsarista – para perseguir ferozmente os membros da burguesia. Nos anos entre o triunfo da Revolução e o fim da Guerra Civil, tinham sido inúmeros os burgueses presos, torturados e executados, em represália pelo assassinato de funcionários bolcheviques.

Em janeiro de 1921, o descontentamento do operariado de Petrogrado com a política econômica do governo resultou em greves e manifestações a que Liênin respondeu com a decretação da lei marcial. Em reação a ela, os cinco mil marinheiros da base naval de Kronshtádt se amotinaram e, formando um Comitê Revolucionário Provisório, exigiram liberdade de expressão e manifestação, eleições livres, a libertação dos presos políticos e a devolução do poder aos sovietes. Isso era extremamente embaraçoso para o governo, pois eram esses os homens que tinham garantido a vitória bolchevique no levante de outubro de 1917.

Acusando os homens do Kronshtádt de serem remanescentes do tsarismo a soldo da contra-inteligência francesa, Liênin ordenou ao marechal Mikhaíl Tukhatchévski que invadisse a base com cinqüenta mil homens do exército. Foram inúmeras as execuções entre os líderes do motim e os que os apoiavam em Petrogrado. Mas, terminada a Guerra Civil, Liênin dera-se conta de que a reestruturação econômica exigiria as habilidades empresariais da classe burguesa. Assim, durante o X Congresso do PCUS, em março de 1921, anunciou a adoção da *Nóvaia Ekonomítcheskaia Política* (Nova Política Econômica), que tinha como características:

- supressão do trabalho compulsório;
- permissão de que fossem formadas empresas privadas em determinados setores, para estimular o crescimento do comércio;
- criação de um imposto sobre os produtos agrícolas que dava aos proprietários rurais o direito de vendê-los, fazendo reverter em proveito das fazendas uma parte do lucro;
- reforma monetária para atrair maior número de investimentos estrangeiros.

O objetivo dessa reforma – que os bolcheviques radicais viram como uma traição a seus princípios – era ganhar a confiança das potências estrangeiras, com as quais foram assinados acordos comerciais. Em 1924, só os Estados Unidos, que tinham com a Rússia pendências de débitos que remontavam à época imperial, não tinham reconhecido diplomaticamente a URSS.

"Foi o mais falso e ambíguo dos períodos na vida soviética", diria mais tarde o poeta Borís Pasternák, a respeito de uma fase que Vladímir Maiakóvski satirizou em sua peça *O Percevejo*, para a qual Shostakóvitch escreveu a música de cena, quando o diretor de teatro Vsiévolod Meierkhôld a encenou em 1929. Outros, como o escritor Ievguêni Zamiátin, alegravam-se em ver "as vitrines das lojas reluzirem outra vez e os cafés e restaurantes ficarem uma vez mais cheios". Seja como for, veio como um alívio, para a burguesia, a sensação momentânea de que a colaboração com o novo regime haveria de lhe garantir condições de vida mais tranqüilas.

Preocupada com a sobrevivência, essa classe passava para segundo plano o fato de os bolcheviques estarem subvertendo as bases espirituais e morais do mundo em que viviam. Identificando na Igreja um esteio do poder monárquico, o novo governo não só executou sacerdotes e devastou mosteiros, confiscando as suas posses, como iniciou uma cerrada campanha contra a religião, cujo resultado foi uma concepção materialista da vida que teve sua manifestação mais visível na mudança dos costumes sexuais. Em seus escritos sobre o amor livre, a teórica Aleksandra Kollontai zombava do casamento como uma instituição burguesa; para ela, o ato sexual era "uma coisa tão corriqueira quanto beber um copo d'água". Os rapazes aderiam a essas propostas com entusiasmo. As moças ficavam na posição ingrata de serem "fáceis", se aceitassem, ou de serem "burguesas", se tentassem se preservar.

Logo após a Revolução, o *Naródnyi Komissariát Prosvieshtchênia* (Narkompros), Comissariado para a Educação do Povo, se empenhara em reorganizar a vida musical. O Maríinski ganhara o nome de Teatro Acadêmico de Ópera e Balé e, ao lado do Bolshói, de Moscou, era o maior teatro do país. Em Petrogrado, fazia-se ópera também no Mikhailóvski, o Mályi Teatr (Pequeno Teatro), conhecido por seu acrônimo *Malegot*. Rebatizada de Orquestra Estatal de Petrogrado, a antiga Orquestra da Corte Imperial passaria a chamar-se, em 13 de maio de 1921, Filarmônica Estatal de Petrogrado[2]. Desse momento em diante, passou também a ter corpos estáveis, como os de um grande teatro: coral, grupos de câmara, arquivo, museu, escola. Mikhaíl Klímov que, em 1902, assumira a regência titular do Coro Imperial, agora chamado Coro Acadêmico Estatal Mikhaíl Glinka, conduziu, até sua morte, em 1937, estimulantes concertos de música coral.

Nesse primeiro momento, a vida musical soviética – na clareira aberta pela NEP – era tão ativa, e em sintonia com a vanguarda internacional, quanto nos últimos anos do império. A URSS recebeu a visita de alguns dos melhores solistas europeus, mas os concertos apresentados ainda tinham programas relativamente conservadores: a música neo-romântica de Skriábin e Glazunóv

---

2. Mais tarde a Filarmônica de Leningrado – legendária sob a regência de Ievguêni Mravínski – e, hoje, a Filarmônica de São Petersburgo, sob a direção de Iúri Temirkánov.

dominava; ouvia-se alguma coisa de Debussy e Richard Strauss; numa certa ocasião, a *Quinta Sinfonia* de Mahler e, em concertos de dezembro de 1921 e 1922, obras de Stravínski, mas da fase inicial de sua carreira: a *Primeira Sinfonia, O Fauno e a Pastora*, cenas do *Rouxinol, Petrúshka*. Não foram muito bem-sucedidas as tentativas de criar associações para promover a música contemporânea – promovidas por Borís Assáfiev e o maestro Emil Kúper (que emigrou para o Ocidente, no outono de 1922, e fez carreira com o nome anglicizado de Emil Cooper).

A vanguarda russa, num primeiro momento, pusera sua criatividade a serviço da revolução triunfante, acreditando ser capaz de fazer também, com uma liberdade que não existira na época imperial, uma revolução estética e cultural. Na realidade, eles logo iriam chegar à irônica conclusão de que nunca tinham sido tão livres quanto debaixo do tacão do tsar. No Front Esquerdista da Arte estavam algumas das melhores cabeças da Rússia: os compositores Artur Luriê e Nikolái Rosláviets; os artistas plásticos Natán Áltman, Dávid Shterenbérg, Kazimír Maliévitch, Aleksandr Ródtchenko; os teóricos de cultura Óssip Brik e Nikolái Púnin; os diretores de cinema Serguêi Eisenshtéin e Vsiévolod Pudóvkin.

Deles, o mais famoso era o poeta Vladímir Maiakóvski que, no jornal *Isskústvo Kommúny* (A Arte da Comuna), do Ministério da Educação – liderado por Lunatchárski – publicara artigos em que proclamava: "O futurismo é a nova arte do Estado". A vanguarda sabia que não poderia tornar-se cultura de massa sem que lhe fossem dadas certas condições. E esperava que o novo regime eliminasse a competição da cultura clássica para que, feita tábula rasa, ela começasse tudo de novo. "Vamos explodir, destruir, varrer da face da terra as velhas formas artísticas", escreveu o historiador de arte Nikolái Púnin[3] no primeiro número da *Isskústvo Kommúny*. "Como pode o novo artista, o artista proletário, o Novo Homem não sonhar com isso?".

Lunatchárski admirava Maiakóvski, mas não levava muito a sério seu niilismo estético. Liênin, mais pragmático, achava Lunatchárski tolerante demais com os futuristas – mesmo quando Maiakóvski chegou a escrever poemas exaltando Féliks Dzerjínski, o fundador do GPU[4]. O artigo "Nóvoie o Maiakóvskom" (Novidades sobre Maiakóvski), publicado em 1958 pela revista *Litieratúrnoie*

---

3. O terceiro marido de Anna Akhmátova, com quem ela se casou em 1925.

4. A polícia secreta soviética, de que falamos no primeiro capítulo, foi fundada após a Revolução de 1917 como a Comissão Extraordinária para Combater a Contra Revolução e a Sabotagem (a Tcheká). Em 1923, ela se transformou na Diretoria Política do Estado (GPU) e, mais tarde, na Diretoria Política do Estado Unificada (OGPU). De 1936 a 1945, foi chamada de Comissariado do Povo para os Assuntos Internos (NKVD) e, depois da II Guerra, transformou-se no Comitê de Segurança do Estado (KGB). Após o colapso da URSS, em 1991, transformou-se no Serviço Federal de Segurança (FSB) da República da Rússia.

Nasliédstvo, registra o comentário de Liênin sobre o poeta: "É comunismo de vagabundo[5], sem pé nem cabeça. É estúpido, profundamente estúpido. E muito pretensioso".

Ainda assim, o regime usou Maiakóvski, publicando seus poemas em jornais de tiragens imensas, oferecendo-lhe lucrativas turnês de leitura de poesia por toda a URSS, e permitindo que ele viajasse freqüentemente ao exterior. Alto, bem apessoado, com uma voz tonitruante que dava a seus poemas ressonâncias retóricas, Maiakóvski era, momentaneamente, o modelo do artista soviético. Estavam longe ainda os dias em que a frustração de seus ideais o levaria ao suicídio.

No início de 1924, intrigas políticas internas, movidas por aqueles que o consideravam um protegido de Glazunóv, tornaram hostil o clima para Dmítri no Conservatório de Leningrado, e ele pensou seriamente em transferir-se para Moscou – hipótese agradável, pois era lá que Tânia Gliviênko morava. Chegou a ser aceito na classe de piano de Konstantín Igúmnov, e fez uma audição para o compositor Nikolái Iákovlievitch Miaskóvski. A relutância de Sófia em deixar que seu filho de dezessete anos ficasse longe do ninho acabou vencendo e Dmítri foi reintegrado ao Conservatório, em Leningrado. Mas o período passado em Moscou lhe valeu ter conhecido jovens músicos – Liev Obórin, Mikhaíl Kvádri, Vissariôn Shebalín, Mikhaíl Starokádomski, Iúri Nikólski, Mikhaíl Tchieremúkhin – com os quais manteria relações de amizade a vida inteira.

É dessa época o *Scherzo em Mi Bemol Maior op. 7*, obra preparatória para a *Primeira Sinfonia*. As peças orquestrais anteriores poderiam ter sido escritas por um compositor menor do fim do século XIX. No *op. 7*, Shostakóvitch joga decididamente pela janela as convenções e tradições que tinham impregnado a sua fase de formação. Desde a entrada vigorosa do piano, instrumento dentro da orquestra, reconhecemos o estilo, o ritmo, o sabor circense, o colorido peculiar da instrumentação de Dmítri Dmítrievitch. Essa obra fascinante, estreada por Rojdéstvienski em 1981, com a Filarmônica de Leningrado, tinha sido reutilizada por Shostakóvitch na trilha para o filme *Nóvyi Vávilon* (Nova Babilônia).

A vida continuava difícil para os Shostakóvitch. Sófia estava desempregada e a família tinha de vender tudo de precioso que tinha em casa para comprar comida. Marússia, a mais velha, agora com 21 anos, arranjou emprego como pianista numa escola de dança. E Dmítri teve de aceitar um trabalho que detestava: tocar piano no cinema *Sviétlaia Liênta* (Fita Brilhante), para acompanhar os filmes mudos; um trabalho do qual voltava exausto, a uma hora da manhã.

---

5. A palavra *khúligan*, do inglês *hooligan*, designa o indivíduo que, por desprezo às convenções vigentes, opta por levar uma vida sem eira sem beira. O poeta Serguêi Iessiênin assim se descreveu em um poema famoso. O emprego do termo, aqui, tem um sentido fortemente pejorativo.

Vólkov relata a conversa que ele teve com Akím Volýnski, o gerente da sala, a quem foi pedir aumento. "Como pode um jovem que ama a 'arte imortal' ser tão vulgar a ponto de pedir dinheiro por ela?", perguntou-lhe o patrão.

Depois da *Sviétlaia Liênta*, Dmítri tocou no *Palácio Splendid*, depois rebatizado como *Barrikada*, e no *Piccadilly* – salas que, apesar dos nomes pomposos, eram decrépitos pulgueiros. Seróv faz, em seu livro, a descrição do teatrinho caindo aos pedaços, mal cheiroso, onde as pessoas comiam batatas cozidas e sementes de girassol, e cuspiam as cascas no chão.

O vapor que se exalava desses corpos amontoados e de suas vestimentas úmidas, juntando-se ao calor dos dois aquecedores, tornava a atmosfera sufocante, perto do final do espetáculo. Mas quando as portas se abriam, para o público sair e a sala se arejar, antes da seção seguinte, deixavam entrar um vento gelado e úmido.

É triste, mas ao mesmo tempo irônico, o tom da carta de 3 de outubro de 1925, que Mítia escreve a Obórin:

Minha vida anda muito ruim. Tenho dívidas no valor de 244 rublos. A partir de terça-feira, vou começar uma porcaria de trabalho no *Palácio Splendid*. Ganharei 100 rublos e 50 copeques. Se eu trabalhar lá durante dois meses, sem gastar nada, terei ganho 200 rublos. Se os usar para pagar as minhas dívidas, 44 rublos ainda ficarão no vermelho. E a gente tem de comer... e como fazer para comprar papel de música? Sinto-me como um esquilo girando dentro de uma roda. Seria muito bom se os meus credores caíssem mortos, todos ao mesmo tempo. Mas não há muita esperança de que isso aconteça. A conseqüência é eu não ter tido condições de compor.

Numa carta de 16 de agosto de 1921, em que faz novo pedido de ajuda a Lunatchárski, a madrinha de Mítia, Klavdía Lukashévitch, o descreve "muito pálido e emaciado", por falta de uma alimentação correta, dando sinais de desordem nervosa e, o que é mais grave, de severa anemia. Nessa época, Lukashévitch, uma conhecida autora de literatura infantil, tinha bastante prestígio junto ao governo, e podia esperar ser atendida, pois Lunatchárski a encarregara de reorganizar a coleção *Seiátiel* (Semeador), de livros para crianças e adolescentes, que ela tinha montado entre 1913-1914. Mas Klavdía caiu em desgraça quando recusou-se a reescrever seus próprios livros para adequá-los às diretrizes ideológicas. Foi demitida e morreu na pobreza, numa cidade do interior, em 1931.

Dependia de Marússia e Dmítri – pois Zóia era ainda pequena – ajudar a mãe. Sófia Vassílievna, olhada com desconfiança pela nova classe, devido a seu passado burguês, só conseguia colocações subalternas e mal remuneradas – como a de caixa na União dos Trabalhadores, de onde acabou sendo demitida, injustamente acusada de responsável pelo desaparecimento de cem rublos.

Cartazes de filmes soviéticos, da época em que Shostakóvitch tocava piano em um cinema de Leningrado.

As dificuldades eram também de outra ordem. O Conservatório estava sendo invadido pelas idéias da Associação Russa dos Músicos Proletários (RAPM), formada em 1923, contrária à música de forma tecnicamente apurada mas que, no conteúdo, "expressava a ideologia da burguesia decadente" – o que logo se tornaria um dos motivos para o enorme êxodo de músicos para o Ocidente. O compositor Mikhaíl Fabiánovitch Gniéssin[6] conta que, antipatizado por ser o protegido de Glazunóv – que, em 1928, iria também refugiar-se em Paris – Shostakóvitch haveria de ser, com freqüência, vítima de perseguição:

> O diretor assistente do Conservatório decidiu cortar a bolsa de Shostakóvitch, alegando: "O nome desse estudante nada significa para mim". Glazunóv, ofendido, replicou: "Se ele nada significa para você, o que está fazendo aqui? Este não é o lugar para você, pois Shostakóvitch é uma das maiores esperanças de nossa arte". Também os comitês de estudantes, enciumados com os privilégios concedidos a esse jovem, que nem sequer se filiara ao Partido, fizeram várias tentativas de desligá-lo da escola.

Era um momento muito delicado – e Glazunóv mostrava-se corajoso em assumir abertamente a defesa de Dmítri –, pois estava no auge o braço-de-ferro dos Músicos Proletários, supostos porta-vozes do governo, com a Associação pela Música Contemporânea (ACM). Também fundada em 1923, a ACM era presidida por Nikolái Miaskóvski, notável sinfonista de tendências tradicionais mas que, na década de 1920, fazia incursões, ousadas para a época, no Expressionismo. Com ele alinhavam-se o conservador Vissariôn Shebalín, amigo íntimo de Shostakóvitch; Dmítri Kabaliévski, que se equilibrava circunspectamente entre a ACM e a RAPM; e os dois principais vanguardistas de Moscou: Nikolái Rosláviets, chamado de "o Schoenberg vermelho" e o futurista Aleksandr Mossolóv, autor de uma peça que fez muito sucesso, *Assim foi Temperado o Aço* – que Ian MacDonald chama de "o *Pacific 231* dos pobres"[7]. Na ala de Leningrado, a ACM contava com o musicólogo, crítico e compositor Borís Assáfiev, que a seu tempo e hora haveria de bandear-se para o lado "politicamente correto"; Vladímir Shtcherbatchóv, professor no Conservatório; o construtivista Vladímir Deshevóv, autor de uma peça para piano muito discutida, *Os Trilhos*; e o jovem Gavríil Popóv, por quem Shostakóvitch sempre teve muita admiração.

Os postulados da ACM, aberta ao contato com o exterior – ela promoveu a vinda de vários vanguardistas europeus à Rússia –, eram opostos aos da RAPM, saída do primeiro movimento de "arte operária", o Proletkult (Organização

---

6. Em *Mýsli i Vospominánia o N. A. Rímskom-Kórsakovie* (Pensamentos e Lembranças a respeito de Rímski-Kórsakov), Moscou, 1956 (citado por Wilson, 1994).

7. Referência ao poema sinfônico "mecanicista" de Arthur Honegger, que descreve o movimento de um trem.

Educacional e Cultural Proletária) que, em 1917, sob a liderança de Aleksandr Bogdánov, fizera, em Moscou, a tentativa de criar uma Universidade dos Trabalhadores. O Proletkult queria proletarizar as artes, trocando os valores burgueses pelo dos operários urbanos e camponeses. Liênin, suficientemente burguês para gostar de Beethoven e inimigo íntimo de Bogdánov, aboliu o Proletkult em 1920. Três anos depois, sua extrema-esquerda ressurgiu na RAPM e em seu equivalente literário, a Associação Russa dos Escritores Proletários (RAPP).

A RAPM, agrupada em torno do compositor comunista Aleksandr Kastálski – um praticante *avant la lettre* do Realismo Socialista – era instigada pela seção de propaganda do Comitê Central a contrabalançar a influência progressista da ACM. Mas a maioria de seus membros não passava de escrevinhadores de canções musicalmente semi-analfabetos, vindos do Konsomol (a Liga da Juventude Comunista) e produzia mais polêmica do que composições. Ainda assim, os menos piores deles – Aleksandr Davidénko, Borís Shékhter, Víktor Biélyi, Marián Kovál – uniram-se para formar, dentro do Conservatório de Leningrado, em 1925, o Prokoll (*Proizvódstviennyi Kollektiv* – Produção Coletiva). Atento à direção em que soprava o vento, Kabaliévski, sem romper com a ACM, apressou em filiar-se ao Prokoll.

Os radicais do Prokoll exigiam não só a destruição de tudo o que fora composto antes de 1917, como das obras pós-Revolução que traziam "a marca corrompida dos produtos da sociedade burguesa". Foi muito violenta a carta que a RAPM enviou, em 1926, ao comissário Lunatchárski, condenando a "ideologia da burguesia decadente", representada pela música de Miaskóvski e afirmando que, nas canções e marchas de seus adeptos, estava o "verdadeiro legado musical da Rússia". A posição oficial ocupada pelo cultíssimo Lunatchárski dava-lhe cacife para defender a ACM. Mas os compositores progressistas não ousavam entrar em polêmica direta com a RAPM. Só Rosláviets a desafiava, e foi caro o preço que teve de pagar por isso.

Não é de se estranhar, portanto, que um aluno invulgarmente dotado, como Dmítri Dmítrievitch, pertencente a uma família intelectual de origens burguesas suspeitas, se tornasse o alvo da hostilidade de radicais invejosos e de talento limitado. Não era nem um pouco do agrado dos ideólogos ortodoxos da RAPM a iconoclastia de uma peça como a *Sonata n. 1 op. 12*, que ele produziu entre outubro e novembro de 1926. A sonata levava, a princípio, o subtítulo de *Outubro* que, depois, foi transferido para a *Sinfonia n. 2*. Os tempos conflituosos que assistiram à sua gênese estão claramente expressos na forma como, desde os compassos iniciais, uma melodia em dó maior entra em conflito com um vendaval de figurações atonais – representação muito provável do próprio Dmítri sentindo-se assediado, de todas as partes, por pressões violentas e absurdas.

Bruscas escalas ascendentes levam o discurso para as regiões tenebrosas do registro grave do piano, de onde uma série intrincada de passagens contrapontísticas o fazem emergir para o material da abertura. A seção *lento* traz o único trecho mais calmo da partitura, embora as suas flutuações tonais e de textura não cheguem a estabelecer a sensação de repouso de uma resolução. Uma linha grave muito fluente leva, na seção final, a um rompante enérgico e martelado, cuja brutalidade parece impedir que se fixe a tonalidade de dó maior – como se Dmítri não descortinasse, no futuro imediato, uma solução para os problemas que enfrentava.

Problemas esses que, nesse mesmo ano de 1926, o fizeram destruir os manuscritos de uma série de obras de juventude – entre elas uma *Sinfonia Revolucionária* de que a historiografia soviética haveria de falar com freqüência. Não são claras as razões que o levaram a se desfazer dessas peças de início de carreira. Mas Ian MacDonald levanta, em *The New Shostakovich*, a hipótese de que essa *Sinfonia Revolucionária* talvez não fosse tão celebratória quanto o supõem os escritores comunistas e, submetido à cobrança do Prokoll, ele teria achado mais sensato queimar o manuscrito.

Foi a pressão do Proletkult que fez abortar, em pouco tempo, a LASM (*Lieningrádskaia Assosiátsia Sovriemiênnoi Múzyki*), a Associação de Música Contemporânea de Leningrado, que contava com nomes de peso dentre os professores do Conservatório: Shtéinberg, Nikoláievski, Anatóli Ossóvski; e alguns jovens compositores, Iúlia Váisberg, Andrêi Páshtchenko, Iúri Kárnovitch. Diante disso, Assáfiev e Shtcherbatchóv tentaram organizar o KNM (*Krujók Nóvoi Múzyki*), Círculo da Música Nova, de tendências progressistas, em torno dos professores da Escola Técnica Central de Música, cujos padrões de ensino eram tão altos quanto os do Conservatório. Foi o KNM o patrocinador do concerto no qual, em maio de 1926, foi ouvida a *Primeira Sinfonia* de Shostakóvitch.

Aproximava-se o final dos estudos, e Dmítri estava preparando a sua obra de graduação: uma sinfonia, que Shtéinberg desejava ver escrita de acordo com as mais sólidas tradições russas, remontando a Tchaikóvski, Borodín, Tanêiev, e desaguando no próprio Glazunóv. A *Sinfonia n. 1 em Fá Menor op. 10*, obra de um rapaz de dezenove anos, é, pela firmeza de estrutura, integração temática e segurança da orquestração, de precoce genialidade. E foi unanimemente aceita pelo Conselho de Professores, embora Glazunóv – que sugerira a Dmítri diversas alterações não acatadas – tivesse ficado perplexo diante da ousadia de escrita. Zóia diz: "[Glazunóv] ouviu-a de uma ponta à outra e, depois, saiu da sala dizendo: 'Não entendo nada! É óbvio que a peça demonstra grande talento. Mas eu não entendi nada!' Ele era mesmo um homem do antigo regime!".

Numa ocasião em que voltou à capital, a convite de Kvádri, Obórin e Shebalín, para apresentar algumas de suas obras de câmara – que não receberam acolhida muito entusiástica do público moscovita – Shostakóvitch mostrou a sua partitura a músicos importantes da época, Nikolái Miaskóvski, Nikolái Jiliáiev, Boleslav Iavórski, que se mostraram entusiasmados. Iavórski, professor respeitado, conhecido pelo estímulo que dava a idéias inovadoras, foi quem teve, juntamente com Shtéinberg, a iniciativa de mostrar a partitura a Nikolái Andrêievitch Malkó, o regente da Filarmônica de Leningrado. E este concordou em inclui-la no programa do concerto de encerramento da temporada de 1925-1926 – apesar da oposição dos músicos, que achavam Dmítri jovem demais, e diziam: "Ele deveria esperar um ano a mais".

Malkó já tinha encontrado o compositor em 1923, e o ouvira tocar ao piano o seu *Scherzo op. 1 para Orquestra*, que qualificou como "o trabalho escolástico de um aluno aplicado". Diante da *op. 10*, a sua opinião mudou inteiramente[8]:

> Já não era mais uma "obra de estudante", pois nada mais havia do autor inexperiente do *Scherzo*. Um compositor inteiramente novo estava diante de mim e essa sinfonia não tinha o "ranço acadêmico que costuma caracterizar a obra dos novatos. [...] Essa *Primeira Sinfonia* era a obra vibrante, individual e surpreendente de um compositor que tinha voz própria. Seu estilo era desusado: a orquestração às vezes sugeria música de câmara, pelas sonoridades e a economia instrumental. [...] Shostakóvitch tocava-a ao piano de maneira notável, produzindo o efeito de uma orquestra completa, apesar de suas mãos pequenas e não-pianísticas. Mas, caracteristicamente, como acontece com muitos compositores, ele tocava com grande atenção às notas e sem muita expressão. Não havia uma única passagem contrapontística ou tecnicamente complexa que parecesse lhe oferecer obstáculo; nenhuma harmonia intrincada perturbava a sua atenção. Tudo era fluente, claro e preciso, embora eu achasse os seus tempos sempre rápidos demais.

Nessa época, Kvádri o apresentou àquele que seria um de seus grandes amigos: o marechal Mikhaíl Nikoláievitch Tukhatchévski, herói da Guerra Civil, apaixonado por música, violinista e *luthier* amador. O marechal o encorajou a dedicar-se à carreira de compositor, prontificou-se a ajudá-lo a transferir-se para Moscou, onde tinha a impressão de que as condições de trabalho seriam melhores para ele, e deu-lhe motivação para terminar o último movimento da sinfonia, para o qual ele ainda não tinha encontrado a inspiração. Mas ainda não seria dessa vez que Mítia se mudaria para a capital.

O lado sombrio desse *finale*, escrito "de um fôlego só", durante uma semana, explicou ele a Malkó, deveu-se à tristeza pela morte prematura de um amigo, o poeta Vladímir Kurtchavóv. Os sentimentos ligados à perda de Volódia permeiam também as *Duas Peças para Octeto de Cordas op. 11*, escritas durante o verão, que ele passou em Oranienbaum, perto de Leningrado, e em Slaviánsk, na região do Donbass, para descansar da trabalheira de preparar as partes para

Nikolái Malkó regeu a estréia da *Sinfonia n. 1.*

---

8. Em *A Certain Art*, Nova York, Morrow Publishing House, 1966 (citado em Wilson, 1994). Malkó emigrou para os Estados Unidos em 1929.

a estréia da sinfonia. Em cartas a Iavórski (2/10/1925) e a Obórin (3/10), ele conta o mesmo episódio: "Quando mostrei a Shtéinberg o *scherzo* dessa peça dedicada a Volódia, ele fechou a cara e me disse: 'Espero que, ao fazer trinta anos, você tenha parado de escrever essa música horrível'".

Dmítri respeitava a musicalidade de Malkó, mas achava-o muito vaidoso. "Acho que ele não tem muito talento", escreveu a Obórin em 6 de outubro de 1925. "Mas, profissionalmente, sabe o que está fazendo". Porém, quando Malkó alegou que o *finale* era impossível de tocar naquela velocidade, Dmítri não se deu por achado. Levando as partes ao clarinetista e ao trompetista da pequena orquestra do cinema *Splendid*, pediu que as tocassem, o que eles fizeram sem dificuldade. O regente teve de engolir as suas objeções. "Sempre achei que, para as coisas práticas, a gente tem de apelar é para os executantes, e não para os acadêmicos", escreveu Dmítri, em 12 de novembro de 1925, à sua amiga Tatiana Gliviênko.

Sófia Vassílievna descreveu a acolhida dada pelo público, em 12 de maio de 1926, à *op. 10* [9]:

> Tudo foi muito mais do que brilhante – uma orquestra esplêndida e uma execução magnífica. A platéia ouviu com entusiasmo e o *scherzo* teve de ser bisado. No final, Mítia foi chamado várias vezes ao palco. Quando o nosso simpático jovem compositor apareceu, parecendo pouco mais do que um menino, o entusiasmo transformou-se em uma ovação ensurdecedora.

Nadiêjda Galli-Shohat, que já emigrara para os Estados Unidos na época da estréia da *op. 10*, contou a V. Seróv, quando pôde ouvi-la, que tinha reconhecido alguns dos temas, pertencentes a obras antigas de Mítia; no primeiro movimento, as melodias de uma fábula musical intitulada *A Libélula e a Formiga*; e no agridoce motivo do *finale*, o material de um projeto inconcluso de música para a *Sereiazinha*, o conto de Hans-Christian Andersen. Mas, se esse tema é a versão invertida da melodia que o oboé declama, como uma marcha fúnebre, no *Lento*, como ter certeza de que era correta a lembrança de tia Nadiêjda?

A *Primeira Sinfonia* tinha sido dedicada a Mikhaíl Vladímirovitch Kvádri. Depois que, em 1929, Kvádri foi preso e fuzilado por pretensas "atividades contra-revolucionárias", essa dedicatória desapareceu[10]. É uma peça, como diz o maestro Paulo Maron[11], "com estruturas harmônicas e melódicas que priorizam a escrita cromática. Apesar de a sinfonia se firmar na tonalidade

---

9. No programa, inteiramente dedicado a obras novas, havia também o poema-sinfônico *Marcha para o Leste*, de Iósif Shílinguer, e a cantata *Os Doze*, de Iúlia Váisberg, baseada no poema de Aleksandr Blok – obras que, hoje, estão esquecidas.

10. Ver *Shostakovich and Stalin* (Vólkov, 2004).

11. Em sua dissertação de mestrado *As Sinfonias de Schostakóvitch e o Realismo Socialista* (Maron, 2004).

de lá maior, Shostakóvitch utilizou técnicas mistas de composição que incluíam paralelismos harmônicos, politonalidade, harmonias de quarta e ciclos de segundas e de terças".

Maron ressalta, desde esse primeiro trabalho, a presença de traços estilísticos que marcarão toda a produção sinfônica de Shostakóvitch: a exploração sistemática de combinações timbrísticas inusitadas; a construção melódica oscilando do diatonicismo para o modalismo ou o cromatismo; técnicas de fragmentação, diminuição ou superposição usadas para o desenvolvimento; a reexposição, usando sempre bases harmônicas diferentes da exposição; a maneira muito pessoal como contrasta temas e harmonias, "como se quisesse a todo momento afirmar que os contrários podem conviver juntos, mesmo que em conflito". E o ouvinte não é preparado para essas mudanças bruscas, que se sucedem repentinamente: "Harmonias de quarta passam a tríades perfeitas; extremos de dissonância levam a consonâncias, construções diatônicas são interrompidas por súbitos movimentos cromáticos".

O *allegro* da *Sinfonia n. 1* está colocado sob o signo de um humor juvenil, mas também um tanto enigmático, sobretudo quando, no terceiro tema, surge um ritmo de valsa. Ele se abre com um motivo dos trompetes, ao qual o fagote oferece o contraponto, e que é retomado pelos clarinetes e as cordas. A orquestração é muito leve, o que torna ainda maior o contraste da valsa com as dissonâncias metálicas do ritmo de marcha. É no *scherzo allegro*, em que se intensifica a vertente irônica, que a personalidade de Shostakóvitch se manifesta mais claramente (a princípio, ele tinha pensado em dar à *op. 10* o título de *Symphonie-Groteske*). Papel de destaque é reservado às bruscas intervenções do piano, num estilo virtuosístico que traz à mente a habilidade do compositor como solista. O trio é bem ritmado, de sabor popular, e é o piano quem introduz a coda.

O *lento*, ao mesmo tempo que demonstra a riqueza da veia melódica de Shostakóvitch, já acena para um lado sério e melancólico, que sempre esteve presente em sua personalidade. Surge nele a figura de seis notas que desempenhará, no *finale*, papel primordial. A melodia do primeiro tema, muito ampla e de estilo vocal, é confiada ao oboé apoiado pelas cordas. Durante essa cantilena, a tensão sobe insensivelmente, até atingir uma tensão trágica. O episódio intermediário apresenta caráter declamatório e seu tema, também introduzido pelo oboé, faz pensar numa marcha fúnebre longínqua. A coda combina todos os temas em relações contrapontísticas, cheias de mistério, e de insólita beleza.

Dos doces acordes do *lento* eleva-se um *tremolo*, na caixa clara, que desemboca no vasto *finale* (*allegro*), em cuja alternância de grotesco, lirismo exacerbado e violência afirma-se a envergadura de Shostakóvitch como compositor, pela complexidade da orquestração e a densidade do universo sonoro. O primeiro tema, na clarineta, é caprichoso e virtuosístico. O piano volta a desempenhar papel de destaque. O segundo tema, complementar ao primeiro, leva a um desenvolvimento que culmina num crescendo. Mas ele cessa diante da dramática batida dos tímpanos que introduz, em sua forma invertida, a figura de seis notas do oboé. Num *largo*, pianíssimo, o solo de violoncelo retoma o primeiro tema do *finale*, enquanto, no fundo, é repetido obstinadamente o *leitmotiv* do *lento*. Mas a atmosfera se aclara, o primeiro tema ressoa num *tutti*, e a coda, rápida, vem cheia de vida e otimismo. É esse *finale*, extremamente maduro em sua concepção, que nos dá a certeza de que, após o frescor juvenil dos dois primeiros movimentos, uma página foi definitivamente virada na história da música russa. É certo que, nessa obra adolescente, há ecos de Hindemith e do Stravínski de *Petrúshka*, de Skriábin e Mahler – mas esta é uma peça singularmente unificada e, por trás da exuberância explosiva, já se agita uma perturbadora inquietação.

"A ausência dos nossos músicos que foram para o exterior já não nos deve mais intimidar. Eles têm sucessores". Esta foi a reação do crítico da *Moskóvskaia Vietchérnaia Gaziêta* quando, em julho, a *op. 10* estreou em Moscou. No inverno daquele ano, à frente da Filarmônica de Berlim, numa turnê de concertos, Bruno Walter estava em Leningrado. Deve ter sido Malkó quem lhe falou da *Sinfonia n. 1*, pois ele pediu para ser apresentado a Shostakóvitch, que interpretou a partitura para ele ao piano. Walter ficou tão impressionado, que a programou para um de seus concertos, em 5 de maio do ano seguinte, com a presença do jovem compositor. Alban Berg assistiu a esse concerto e dirigiu a Dmítri uma longa carta, cumprimentando-o. A União Soviética tinha descoberto sua primeira estrela internacional. Mais tarde, o preço a pagar seria pesado. Mas, por enquanto, as recompensas do reconhecimento eram mais do que bem-vindas, para aliviar a família de suas dificuldades materiais.

Após a estréia da *Primeira Sinfonia* – e o episódio constrangedor da viagem para a apresentação da peça em Khárkov, onde a orquestra era um desastre e um bando de cachorros latia, o tempo todo, do lado de fora do teatro improvisado –, os meses seguintes foram assinalados pela composição da *Sonata n. 1 op. 12* para piano, que o próprio Dmítri tocou na Pequena Sala da Filarmônica, em 2 de dezembro de 1926. Como diplomado do Conservatório, dotado de uma modesta bolsa, começou a dar aulas de leitura musical, na Escola Central de Técnica Musical, duas vezes por semana. Não gostava desse trabalho, pois tinha alunos muito medíocres. Preferia apresentar-se em público, acompanhando a cantora Lídia Aleksándrovna Vírlan. E ficou satisfeitíssimo ao ser convidado para tocar, em 26 de dezembro de 1926, um dos pianos na estréia soviética de *Svádebka* (Les Noces), de Stravínski.

Essa é uma fase muito importante para a formação intelectual de Shostakóvitch. O apartamento da família, na Nikoláievskaia Úlitsa, tornou-se um ponto de encontro para poetas, músicos e artistas plásticos. Entre seus convidados freqüentes estavam Iúri Kárlovitch Oliésha, o autor de *Závist* (Inveja), a sensação literária de 1927; Ievguêni Ivánovitch Zamiátin, cuja fantasia antibolchevique *My* (Nós), publicada em 1924 no exterior, haveria de se tornar muito famosa; e o renomado humorista Mikhaíl Mikháilovitch Zóshtchenko, que acabara de lançar *Niérvnie Liúdi* (Gente Nervosa). O contato com eles abriu os horizontes de Dmítri para a visão burlesca do mundo nas novelas dos humoristas Ilf e Petróv; o realismo crítico de Valientín Katáiev e Borís Pilniák; a ironia soturna de Isaak Bábel. Um favorito de Dmítri era Mikhaíl Afanássievtch Bulgákov que, naquele ano, estreara com muito sucesso o drama *Dni Turbínikh* (Os Dias de Túrbin). Até o final da vida, Shostakóvitch conservaria o hábito de citar, na conversa, frases que memorizara das peças e contos do futuro autor de *Máster i Margaríta* (O Mestre e a Margarida), uma das obras-primas da literatura soviética.

Mas uma decepção séria o esperava, logo após o sucesso da *Primeira Sinfonia*. Em janeiro de 1927, por sugestão de Iavórski, ele foi incluído na delegação soviética ao I Concurso Internacional de Piano Chopin, em Varsóvia. De Leningrado, tinham sido escolhidos Iósif Shvarts e ele; de Moscou, Iúri Briúshkov, Grigóri Guínzburg e seu amigo Obórin. Para Stálin, mandar um time de maravilhosos virtuoses jovens à Polônia era a oportunidade de desfazer a impressão, criada pela imprensa ocidental, de que os bolcheviques eram bárbaros, inimigos da cultura humanística européia.

Antes de poder participar, porém, Dmítri tinha de ser sacramentado por um exame de metodologia marxista, na última semana de dezembro de 1926. Nunca carta de 24 de dezembro a Iavórski, ele conta não ter sido por pouco reprovado. Quando o examinador pediu a um de seus colegas que explicasse, do ponto de vista econômico e sociológico, a diferença entre a obra de Chopin e a de Liszt, ele caiu na gargalhada e foi considerado despreparado para submeter-se ao teste. Como não lhe tinha sido feita uma pergunta sequer, ele apelou ao secretário da comissão, conseguiu ser examinado no dia seguinte, respondeu de forma convincente à questão sobre o significado sociológico do sistema dos temperamentos em Bach, e foi aprovado.

Em Varsóvia, no dia 23 de janeiro, ele sentiu súbitas dores no abdômen e o médico diagnosticou uma crise de apendicite – que escondeu cuidadosamente de Sófia. Com medicação e repouso, conseguiu tocar no dia 27, e foi classificado para as finais, chegando a executar o *Concerto n. 1* de Chopin. Mas não foi premiado. Para surpresa geral, Obórin ganhou o primeiro prêmio. Em suas *Memórias*, Iliá Erenbúrg escreveu: "Os poloneses tiveram de admitir que um *Móskal* [gíria polonesa para moscovita] tocava Chopin melhor do que qualquer outro".

Guínzburg ficou em quarto lugar (o segundo e o terceiro foram dados a pianistas poloneses). Mas Dmítri não ganhou prêmio algum. Apenas uma menção honrosa – o que o deixou muito humilhado. Num ensaio autobiográfico de 1966[12], ele atribuiu o resultado às dores do apendicite (de fato, após nova crise, ele foi operado em Leningrado, em 24 de abril de 1926). Mas esse resultado pôs fim às suas esperanças de fazer uma lucrativa carreira de solista internacional, num momento em que o dinheiro era essencial para atender às dificuldades financeiras de sua família. Ele teria de se dedicar à composição, mesmo que isso significasse um determinado grau de conformismo, pois as grandes encomendas – sinfonias, óperas, balés – vinham do Estado. Por isso, quando surgiu a encomenda de uma peça para celebrar o décimo aniversário da Revolução, ele aceitou.

Mas, antes, tivera a sua primeira experiência profissional importante.

---

12. Avtobiográfia, no n. 9 da *Soviétskaia Múzyka* daquele ano.

3.
Anos de Experimentação

Após três derrames que o tinham incapacitado, Liênin morreu em 21 de janeiro de 1924. A liderança, assumida por um triunvirato – Liev Kamenióv, Grigóri Zinovióv e Stálin – mandou construir o mausoléu da Praça Vermelha, onde colocou seu corpo embalsamado. E rebatizou Petrogrado, chamando-a de Leningrado (essa foi uma coisa que Dmítri custou a engolir: dizia que, com seu horror às cerimônias, Liênin não teria gostado da troca; e, durante muito tempo, datava as suas cartas de "Sankt Liêninburg"). A partir daí, o clima político-social da União Soviética mudou radicalmente.

Filho do sapateiro georgiano Vissariôn Djugashvíli e de sua mulher Iekaterína, analfabeta, de arraigada religiosidade, Iósif Vissariônovitch Djugashvíli nascera em Góri, em 9 de dezembro de 1879. A crença fervorosa da mãe influenciara seu ingresso, em 1894, no Seminário Teológico de Tbilisi – do qual ele foi expulso, em 1900, por ter aderido às idéias marxistas. Filiou-se ao Partido Socialista Democrata, exercendo um cargo no setor de propaganda. Com o pseudônimo de Zákhar Grigorián Mielikiánts, envolveu-se, em 1902, em um assalto ao Banco do Estado, em Tbilisi. Foi preso e enviado para a penitenciária Báilov, em Baku, na Sibéria.

Proibido, durante cinco anos, de residir na região do Cáucaso, foi removido, em março de 1910, para a cidade siberiana de Selvitchegódsk. Em janeiro de 1912, foi eleito, *in absentia*, membro do Comitê Central do Partido Bolchevique, no VI Congresso, realizado em Praga. De Selvitchegódsk conseguiu, pouco depois, ir para Moscou onde, adotando o codinome de Stálin – palavra derivada de *stal*, "aço" –, colaborou com Liênin na preparação dos planos operacionais para a derrubada do Governo Provisório, de Keriênski. Demonstrou talento como jornalista, ao exercer o cargo de editor do *Pravda*. Paralelamente, fazia carreira como *apparátchik* do Partido, tornando-se um de seus membros mais ativos, para isso contribuindo os numerosos estudos teóricos que publicou no *Pravda*.

Stálin – cuja ambição Liênin conhecia e temia – não estava disposto a compartilhar o poder com os demais membros do triunvirato. Até meados da década de 1920, os grupos de oposição dentro do PCUS ainda tinham tido existência oficial. Trótski foi o primeiro a ser alijado. Também Kamenióv,

Nikolái Bukhárin e Zinovióv, líderes da ala "direita" do Partido, acabariam sendo descartados, vítimas dos processos políticos de 1936-1937. Em sua irresistível ascensão ao poder, Stálin assumiu a chefia do Partido como secretário-geral do PCUS, em 1929; tornou-se vice-presidente do Conselho dos Comissários do Povo em 1941, marechal do Exército Vermelho em 1943, presidente do Conselho de Ministros em 1946.

Ao contrário da maioria dos líderes revolucionários, Stálin tinha origens humildes e um total desprezo pela inteligência, as boas maneiras ou a formação cultural. Absolutamente desprovido de escrúpulos quanto aos meios de chegar ao poder, comprazia-se em humilhar e destruir todos aqueles que se enquadravam na classificação de "burgueses" que, na sua opinião, deveriam ser perseguidos e exterminados.

Durante o XV Congresso do PCUS, em 1927, em que foi formulado o conceito do "socialismo em um só país", em oposição à proposta trotskista da "revolução permanente", Stálin revogou definitivamente a NEP. Embora a política de livre-mercado da NEP não tivesse sido de todo mal-sucedida, ela foi rejeitada por representar tudo o que era contrário à ideologia comunista. *Nepman* passou a ser um termo pejorativo, designando não só os empresários que adotavam a livre iniciativa, mas também os adeptos de hábitos "burgueses", como o jazz ou as danças modernas (uma peça como *O Percevejo*, de Maiakóvski, e um balé como *A Idade de Ouro*, de Shostakóvitch, vão satirizar esses aspectos da NEP).

Na maneira de pensar de Stálin, as qualificações técnicas da classe culta eram necessárias para que se realizasse uma Segunda Revolução. Mas ele estava convencido de que esses "inimigos do povo" não colaborariam de bom grado num projeto que os faria perder muitos de seus privilégios. Era necessário discipliná-los com o chicote, para impedir que reagissem mediante a inércia ou a sabotagem. Essa lógica brutal tomava como ponto de partida a polarização resultante do adiamento, em 1921, da "luta de classes". Boa parte da classe educada retivera as suas posições de mando, e o operariado ressentia-se disso, vendo nesse fato a confirmação de que a injustiça social haveria de se perpetuar.

Os preconceitos de classe de Stálin faziam-no ter uma visão basicamente equivocada da disponibilidade de uma classe que desconfiava, não da Revolução, mas da uniformidade coercitiva que os bolcheviques tinham imprimido a ela. Muitos intelectuais da geração de Sófia Vassílievna viam-se compreensivelmente divididos entre os seus ideais progressistas de *naródniki* – para os quais o socialismo seria uma opção viável – e o medo do que lhes aconteceria, caso os radicais do PC pusessem em prática seus procedimentos totalitários. Esses medos se confirmaram quando o XV Congresso do PCUS não só cancelou a NEP, como optou pela fórmula diametralmente oposta: a coletivização compulsória da terra, implementada a partir de 1929.

Em 1928, entrara em vigor o I Plano Qüinqüenal, propondo a industrialização em massa do país. O IPQ abrira as portas a uma nova classe de operários, aos quais a adesão ao Partido conferia diversos privilégios. Esses futuros plutocratas partidários substituiriam os "especialistas burgueses", produtos da classe dos profissionais liberais do antigo regime. O estímulo ao cumprimento e à superação das quotas do IPQ criou um espírito doentio de competição que gerou o fenômeno do stakhanovismo[1], responsável por um número incalculável de acidentes de trabalho, pois as normas de segurança não correspondiam aos níveis de desempenho que se exigia dos trabalhadores.

O princípio da luta de classes, que alimentava a ideologia comunista, ameaçava não só a elite intelectual, mas também o campesinato próspero (os *kúlaki*), as classes profissionais liberais e o empresariado. A partir de 1928, as reformas educacionais anteriormente introduzidas pela Revolução foram oficialmente anuladas, e iniciou-se violenta campanha militante contra a religião e as instituições educacionais tradicionais. Mas a medida mais radical foi a coletivização forçada da terra.

Em pouco mais de dois meses, 130 milhões de camponeses viram suas terras serem desapropriadas e foram deportados com suas famílias. A campanha de "deskulaquização" do campo resultou num genocídio de proporções inimagináveis – endossado por slogans como o que foi cunhado por Maksím Górki: "Se o inimigo não se submete, tem de ser esmagado". Reagindo ao confisco de suas propriedades, os *kúlaki* matavam os seus rebanhos, queimavam as suas colheitas, agiam de forma a comprometer a produtividade de suas terras aráveis. Devido a essa desastrosa campanha de coletivização forçada – celebrada como uma epopéia heróica por Mikhaíl Shólokhov, em seu romance *O Don Tranqüilo* –, o país foi vítima de uma epidemia de fome muito maior do que a dos anos negros da Guerra Civil.

A partir de 1928, a pressão sobre os "burgueses" intensificou-se drasticamente. Usando o medo como forma de forçar à obediência, Stálin estimulou a colocação de espias e informantes, provenientes da classe operária, dentro dos ambientes burocráticos, tecnocráticos e universitários. A delação tornou-se moeda corrente e, com ela, os castigos infligidos aos "sabotadores" que, no dizer de Panteleimôn Románov, no romance *Camarada Kisliákov*, "eram como os escravos egípcios, a quem mandavam construir pirâmides que, depois, convertiam-se em seus túmulos". Tornaram-se freqüentes, nos jornais, as notícias sobre casos de sabotagem nos mais diversos setores, acompanhadas da exortação aos operários de que os denunciassem, cada vez que os percebessem.

---

1. Do nome de Aleksêi Stakhánov, empregado nas minas de carvão do Dónbass, nomeado Herói do Povo porque, em 1935, teria excedido em quinze vezes a quota esperada; hoje, sabe-se que ele foi ajudado por diversas pessoas a atingir esse resultado, que interessava ao Partido apresentar como exemplar.

Em maio de 1928 – na época em que Shostakóvitch estava terminando a sua ópera *O Nariz* – a imprensa noticiou que o GPU (o novo nome para a *Tcheká*) descobrira uma vasta conspiração para comprometer a produtividade nas minas de carvão da região do Donbáss, na qual estavam envolvidos 53 engenheiros. O chamado "Processo Shákhty", o mais clamoroso acontecimento desde o levante do Kronshtádt, arrastou-se por sete semanas e gerou uma verdadeira explosão de histeria coletiva. Todos os dias, as páginas do *Pravda* estavam cheias de relatos dos debates realizados nas fábricas sobre esse caso, e de cartas de leitores exigindo a pena de morte para os "inimigos do povo". Na transcrição das sessões do tribunal, os acusados faziam abjetas autocríticas, aceitando todas as acusações que lhes eram feitas.

Em *Utopia in Power*, os historiadores Mikhaíl Geller e Aleksandr Niékritch dizem que "isso fazia parte de um programa sistemático para destruir a sensibilidade humana, abrindo caminho para a criação do Novo Homem Soviético, de orientação coletivista". Já em 1919, o escritor Ivan Búnin tinha denunciado essa tendência. E essa denúncia é recorrente nos escritos dos autores que conseguem, apesar de tudo, manter a individualidade. Mas era difícil, naquelas condições, insurgir-se abertamente contra o estado de coisas. Poucos foram os intelectuais, como o escritor Ievguêni Zamiátin, que enfrentaram Stálin diretamente, declarando que "ver-se privado da liberdade de expressão equivalia a uma sentença de morte".

Na vida de Dmítri Shostakóvitch, os anos que vão de 1927 a 1936, e culminam em seu primeiro choque realmente sério com as autoridades, assistem à criação de obras de grande relevância, no que se refere à busca da renovação da linguagem. É a época em que Dmítri descobre o *Wozzeck*, de Alban Berg, regido em Leningrado por Vladímir Draníshnikov, em junho de 1927 – uma partitura cuja forma deixará marcas visíveis em *O Nariz*, sua primeira experiência de composição de uma ópera.

É também a época em que, na festa do aniversário de Malkó, em 4 de maio de 1927, Dmítri fica conhecendo Ivan Ivánovitch Sollertínski, uma das pessoas a quem o ligou a amizade mais profunda[2]:

Fiquei espantado ao descobrir que Sollertínski era uma pessoa alegre, simples, brilhante e inteiramente à vontade. Ficamos lá até tarde e, depois, fomos andando a pé para casa. Na conversa, descobrimos que eu não sabia nenhuma língua estrangeira e ele não sabia tocar piano. Portanto, no dia seguinte, Sollertínski me deu a primeira aula de alemão e eu lhe dei uma lição de piano.

---

2. Contado a L. Mikhêieva, *Pamiáti I. I. Sollertínskovo: Vspominânia, Matieriáli* (Im Memoriam I. I. Sollertínki: Reminiscências, Materiais), Moscou, 1974.

Dmítri e Nina em 1932, ano de seu casamento, tendo ao lado seu grande amigo Ivan Sollertínski.

Dmítri em 1923.

Dmítri em 1943, na floresta de Ivanôvo.

Shostakóvitch nunca aprendeu alemão e Sollertínski não chegou a tocar piano. Mas eles se tornaram inseparáveis. Zóia lembra-se do dia em que o irmão chegou em casa proclamando: "Acabei de ficar conhecendo a mais extraordinária das pessoas".

Eles tinham uma amizade absolutamente louca. Sollertínski vinha toda manhã para a nossa casa e, às vezes, ficava até o fim da tarde. Eles passavam o dia inteiro conversando e rindo. Sollertínski era extremamente inteligente, mas tinha uma horrível voz de taquara rachada. Tinha uma língua de trapo e não era nada engraçado ser o alvo de seus sarcasmos. Nos dias em que não se encontravam, Mítia e Ivan Ivánovitch escreviam-se cartas. [...] O filho de Sollertínski me contou que, durante a evacuação de Leningrado, eles tiveram de deixar para trás muitas coisas preciosas, que pertenciam à família. Mas as cartas de Mítia, o seu pai levou todas, dizendo que eram um de seus bens mais preciosos.

Profundo conhecedor de teatro e de artes plásticas, lingüista especializado nas línguas românicas, professor de musicologia no Conservatório de Leningrado e diretor artístico da Filarmônica dessa cidade, Sollertínski abriu os horizontes de Dmítri para diversas coisas importantes que ocorriam na arte ocidental. De 1927 até a data de sua morte, em 1944, foi muito grande o impacto que esse grande estudioso teve sobre o desenvolvimento intelectual de Shostakóvitch. Foi ele, diz Malkó[3], quem o fez conhecer Mahler:

Sollertínski conhecia profundamente as sinfonias de Mahler e de Bruckner. [...] A música angulosa de Mahler, seu humor peculiar, sua tendência às formas grandiosas com exposições muito amplas, tudo isso despertou, em Shostakóvitch, reações muito vivas, pois tinha muito a ver com ele tanto como pessoa quanto como músico.

A princípio, Stálin cortejou os artistas, chamando os escritores de "engenheiros da alma". Numa carta de 1931 a Nikolái Iéjov[4], referiu-se a Maiakóvski, que os meios artísticos hostis tinham acuado ao suicídio, como "o maior poeta da Era Soviética". Stálin precisava de um escritor que apoiasse as suas idéias e exercesse grande autoridade moral sobre seus pares. Encontrou-o em Maksím Górki (pseudônimo de Aleksêi Maksímovitch Piéshkov) que, nessa época, morava em Capri. Liênin o tinha exilado para lá, em 1921, cansado dos apelos que o escritor fazia a favor dos presos e sentenciados.

3. Em *A Certain Art* (citado por Wilson, 1994).
4. Nikolái Iéjov notabilizou-se pela brutalidade com que aplicou as medidas de coletivização. Responsável pela NKVD, a polícia secreta, a partir de 1936, comissário do Interior e nomeado, em 1937, comissário-geral da Segurança do Estado, foi ele o responsável pela *Iéjovshtchina*, o período de terror que assistiu a um vasto expurgo nas fileiras do Partido. Sua ambição desmedida o levou a montar um arquivo pessoal sobre a direção do PCUS. Por isso, foi demitido de seus cargos, preso e executado, em 1940, sob a acusação de "repressão injustificada".

Antes de Górki, porém, o ditador tentara cooptar Mikhaíl Bulgákov, notável dramaturgo, autor de *Dni Turbínikh*. Adaptação para o palco de seu romance *Biélaia Gvárdia* (A Guarda Branca), de 1925 – a saga de uma família ucraniana ligada aos rebeldes do Exército Branco, durante a Guerra Civil – *Os Dias de Túrbin*, estreada em 1926, foi a primeira peça soviética a ser encenada pelo Teatro Stanislávski-Nemiróvitch Dántchenko, de Moscou. E tornara-se um sucesso imediato pela coragem de Bulgákov em retratar os brancos como seres humanos dignos e mortais, e não como os abjetos traidores que a propaganda estatal descrevia.

Ficou famosa a ligação telefônica de Stálin para Bulgákov, em 18 de abril de 1930, no dia seguinte ao enterro de Maiakóvski, assistido por uma enorme multidão. Bulgákov, cujas peças, a princípio autorizadas, foram em seguida censuradas, escrevera uma carta a Stálin pedindo para emigrar, caso contrário, estaria "condenado à pobreza, a morar nas ruas, à morte". Percebendo que a enorme presença no enterro de Maiakóvski constituía uma verdadeira demonstração política, o ditador ligou para Bulgákov, perguntando: "Onde é que você gostaria de trabalhar? No Teatro de Arte?" Bulgákov respondeu: "Sim. Mas já falei com eles e fui recusado". A resposta de Iósif Vissariônovitch foi: "Vá candidatar-se de novo ao emprego. Tenho a impressão de que, desta vez, eles concordarão". E desligou.

Stálin esperava que Bulgákov – contratado imediatamente como assistente de direção no Teatro de Arte – se tornasse um instrumento dócil em suas mãos. Mas não impediu que o escritor produzisse a sua obra-prima satírica, *O Mestre e a Margarida*, a história da visita de Satanás a Moscou, e de seu encontro com um escritor que está preparando um romance sobre Jesus Cristo e Pilatos. O ponto de ruptura foi a peça *Batúm*, programada para estrear em 21 de dezembro de 1939, no dia do 60º aniversário de Stálin. *Batúm* foi proibida no último minuto, pois o Líder percebera que Bulgákov o retratara na personagem principal. "Ele assinou a minha sentença de morte", disse o dramaturgo à sua mulher. Exaurido, sem forças para lutar contra a insuficiência renal crônica, ele morreu em 1º de março de 1940.

Muito tempo antes, dando-se conta de que Bulgákov não seria o maleável porta-voz desejado, o Líder voltara seus olhos para Górki. Numa campanha orquestrada por Guénrikh Iagóda[5], uma enorme vaga de cartas e telegramas,

---

5. Guénrikh Iagóda trabalhava, desde 1920, na *Tcheká* (Comissão Extraordinária Pan-russa de Combate à Contra-Revolução). Stálin o conheceu em Tsarítsin (rebatizada Stalingrado em 1925, e Volgogrado a partir de 1961). Iagóda era o assessor de Viátcheslav Menjínski, o sucessor de Aleksandr Dzerjínski na direção da OGPU, a polícia política. Depois da morte deste, foi nomeado comissário do Interior e, em 1935, comissário-geral para a Segurança do Estado. Os conflitos entre Stálin e ele tornaram-se muito agudos e, em 1936, ele foi destituído e acusado de ter se envolvido no assassinato de Serguêi Kírov. Foi executado em 1938. É a única vítima dos processos de Moscou a não ter sido reabilitada em 1954.

assinados por escritores, operários e militantes do PCUS, fizeram a Górki o apelo para que retornasse à URSS. Lisonjeado, o escritor concordou. Voltou a seu país, onde foi homenageado de todas as maneiras: recebeu a Ordem de Liênin; uma rua do centro de Moscou passou a chamar-se Górkaia Úlitsa; seu nome foi dado a Níjni-Novgórod, a cidade onde ele nascera, e ao Teatro de Arte de Moscou; deram-lhe uma luxuosa mansão na capital e duas *datchas*, uma nos arredores de Moscou, a outra na Criméia – além da permissão de passar o inverno em Capri, devido à sua saúde frágil.

Com isso, Maksím Górki tornou-se o defensor da política stalinista. Em novembro de 1930, Einstein, Thomas Mann e outros intelectuais assinaram uma petição da Liga Alemã pela Proteção dos Direitos dos Homens, protestando contra o processo em que engenheiros e tecnocratas do Departamento de Alimentação eram injustamente acusados de terem praticado o crime de sabotagem contra o Estado (essa era a forma encontrada por Stálin para dissimular o imenso desastre que fora a campanha de coletivização da agricultura). Em resposta, Górki publicou, no *Pravda*, um artigo intitulado "Aos Humanistas", recriminando esses intelectuais por se oporem à "execução de 48 criminosos responsáveis pela fome na União Soviética".

Foi chocante a violência com que Górki humilhou publicamente, durante o processo contra os mencheviques, seu ex-amigo, o historiador Nikolái Sukhánov. E em cartas a amigos ocidentais, ou em intervenções públicas no exterior, negou sempre a existência do Terror, dos campos de concentração e da ditadura stalinista. Mas, paradoxalmente, foi ele quem ajudou Ievguêni Zamiátin a se exilar no Ocidente, em 1931.

Elementos da ideologia revolucionária, chamados "esquerdistas", estavam presentes em algumas das associações independentes que tinham proliferado durante o relativo liberalismo da década de 1920:

• o Front Esquerdista da Arte (LEF) a que pertenciam Maiakóvski e Khlébnikov;
• a Fábrica do Ator Excêntrico (FEKS), laboratório de cinema de Grigóri Kozíntsev, Leoníd Trauberg e Serguêi Iutkiévitch;
• a Associação para a Arte Real (Oberiu), em que militavam os "absurdistas" Daniíl Kharms e Aleksandr Vvediénski.

Outros reivindicavam o direito de representar os pontos de vista do proletariado; e uma minoria queria simplesmente defender a manutenção de padrões artísticos elevados. Muito influente era a Associação Russa dos Músicos Proletários (RAPM), fundada em 1925 e dissolvida em 1932, após a criação da União dos Compositores. Partindo do princípio de que a música deve ter uma função social, a RAPM condenava tanto o "decadentismo" dos românticos – o próprio Lunatchárski já rejeitara a "música de salão, demasiado perfumada", de Tchaikóvski – quanto o "formalismo" dos experimentalistas.

Não se deve confundir as posições da RAPM com as da Organização Educacional e Cultural Proletária (Proletkult). Se a RAPM advogava a simplificação dos padrões profissionais, o Proletkult pregava o treinamento dos trabalhadores para se tornarem artistas, fazendo tábula rasa dos valores herdados da burguesia. O clímax da atividade do Proletkult foi a montagem, no Dia do Trabalho de 1920, de um grande espetáculo na praça pública, em Petrogrado, intitulado *O Mistério do Trabalho Emancipado*[6]. Liênin dissolveu o Proletkult em 1920, mas seu espírito permaneceu vivo no trabalho dos grupos radicais e, durante a Revolução Cultural da virada das décadas de 1920-1930, Stálin permitiu, por razões estratégicas, que ele fosse reativado.

Foram ocasionais os contatos do jovem Shostakóvitch com a Associação de Música Contemporânea (ACM), que promovia tanto o construtivista Mossolóv quanto o mais acadêmico Assáfiev. Porém, ter composto peças impregnadas de significado ideológico – a *Sonata n. 1 op. 12*, de início de carreira, muito próxima do estilo de Prokófiev; as sinfonias *n. 2* e *3* – não lhe deu a simpatia da RAPM, que as proclamou "formalistas e decadentes". Depois de 1928, esses grupos radicais não perderam a oportunidade de perseguir intelectuais. No relatório de término da pós-graduação, que Shostakóvitch apresentou ao Conservatório, em 1928, encontramos a afirmação de que ele desejava fazer música para o povo – embora acrescentasse que "ser acessível não significa ter de baixar o padrão de qualidade" – o que tinha tudo para suscitar a animosidade da RAPM, que se sentiria diretamente visada.

Isso ocorre no momento em que o Conservatório estava sendo "expurgado de elementos indesejáveis" – por exemplo, a pianista Maríya Iúdina, cujas convicções religiosas a fizeram perder o posto de professora de piano. O próprio Shostakóvitch foi demitido, na primavera de 1929, do cargo de professor no Colégio Técnico Coreográfico. O crítico Daniíl Jitómirski, que o atacou violentamente, na revista *Prolietáryi Muzikánt*, depois da estréia do *Nariz*, escreveu, a respeito da *Segunda Sinfonia*[7]:

> Não só a sua *Segunda Sinfonia* era incompreensível para mim, como eu não gostava dela nem um pouco. Eu pertencia a um círculo de estudantes que visava a criar uma nova música "revolucionária". Nosso ideal era uma música que, embora profissional e séria, fosse acessível para o Povo. A linguagem musical da *Segunda Sinfonia* de Shostakóvitch me parecia ser artificialmente

6. Mistério, aqui, tomado no sentido de *mystère*, nome dado, na Idade Média, às peças de tema religioso montados em praça pública.
7. Em Dmítri Shostakóvitch: Vospominánia i Razmýshliennii (DS: Reminiscências e Reflexões), artigo inédito que ele cedeu a E. Wilson.

complexa e o compositor não fazia concessão alguma ao gosto e aos hábitos do ouvinte proletário. O objetivo que motivou o compositor a glorificar daquela forma a Revolução de Outubro era falso. Era um típico filho das ilusões da década de 1920.

Esse tipo de perseguição explica a escolha que Shostakóvitch fez de temas políticos explícitos em obras como os balés.

Zamiátin teve a permissão de emigrar, em 1931. Outros foram presos e morreram em campos de concentração. Emblemático é o destino de Daníil Kharms, o satirista criador do Oberiu (*Obiediniênie Reálnovo Iskússtva* – Associação para a Arte Real), grupo dadaísta, precursor da literatura do absurdo, cuja proposta era ver, pelo prisma do grotesco, um mundo cujos valores e ideais tinham sido desarticulados pela guerra e pela revolução. Daníil Iuvatchóv – que adotara o pseudônimo de Kharms, misturando as palavras inglesas *charm* e *harm* – não pertencia à sociedade arquitetada por Stálin. Foi um dos primeiros a desaparecer nos campos stalinistas. Recusar-se a delatar – deixar que a "estreita moralidade de classe" passasse por cima dos "interesses do povo" – ou não sacrificar-se ao máximo pelas metas de um Plano Qüinqüenal insanamente irrealizável tinha-se tornado um crime. Em 1929, havia cem mil condenados no campo.

Semiôn, o desempregado da peça *Samoubítsa* (O Suicídio), de Nikolái Érdman, estreada em 1928, anuncia que vai se suicidar, no dia seguinte, pois já não vale mais a pena continuar vivendo em condições tão lamentáveis. É assediado por centenas de pessoas que lhe pedem que proteste, em seu nome, por diversos motivos, já que, estando à beira de morrer, não corre nenhum risco de ser preso ou torturado. A platéia reagiu estarrecida à coragem de Érdman, que faz a sua personagem dizer: "Na URSS há duzentos milhões de habitantes. E eles estão todos apavorados".

Entre as personalidades que Malkó apresentara a Shostakóvitch, nos dias que se seguiram ao estrondoso sucesso da *Primeira Sinfonia*, estava um eminente vanguardista, o diretor de teatro, Vsiévolod Emílievitch Meierkhôld. Este o convidou para trabalhar, como diretor musical, no teatro de Moscou onde realizava suas polêmicas e inovadoras encenações. Para a contratação de Dmítri, pesou muito também a indicação de seu predecessor no cargo, o músico e cineasta Liev Árnshtam, que fora seu colega no Conservatório.

Essa era uma época em que Dmítri estava se abrindo muito para aquilo que acontecia no Ocidente. Depois de Varsóvia, onde tivera a ocasião de encontrar vários artistas estrangeiros, de volta a Leningrado ficara conhecendo Prokófiev, a quem admirava muito – e causara boa impressão a ele, ao tocar, numa recepção em casa do compositor Vladímir Shtcherbatchóv, a sua *Sonata n. 1*. Antes de partir para Moscou, Dmítri encontrara-se com Franz Schreker, Darius Milhaud e Artur Honegger, que excursionavam pela Rússia. E, embora não tenha chegado a falar com ele, assistiu ao concerto de Béla Bartók, em janeiro de 1929. Nessas condições, cheio de idéias novas, era muito estimulante ir trabalhar na efervescente Moscou da década de 1920.

No outono de 1927, Dmítri foi morar no Novínski Bulvár, em casa de Meierkhôld e de sua mulher, a famosa atriz Zinaída Ráikh. Eles o tratavam como um membro da família e lhe davam o diminutivo carinhoso de Mitiênka. A princípio, Dmítri, muito orgulhoso, se incomodava com a idéia de que seus hospedeiros pudessem achar que ele lhes ficava devendo um favor. Mas um incidente o fez mudar de opinião: "Um dia, houve um incêndio feio no apartamento de Meierkhôld. Eu não estava em casa, mas ele catou todos os meus manuscritos e os devolveu a mim quando cheguei. Fiquei impressionado porque, afinal de contas, havia coisas muito mais preciosas que poderiam ter queimado"[8].

E Sófia Khéntova[9] confirma esse episódio, reproduzindo o relato do ator Aleksandr Fevrálski, que trabalhava na companhia e estava na casa do diretor quando o fogo começou: "Primeiro, Meierkhôld pegou o telefone e chamou os bombeiros. Depois, pegou na estante uma grande pasta e entregou-a a mim, dizendo: 'Estas são as partituras de Shostakóvitch. Segure-a e não a solte de maneira nenhuma'. Só depois disso é que foi buscar as suas coisas".

Embora voltasse com freqüência a Leningrado, foi em Moscou que Dmítri entrou em contato com a elite de uma era intelectualmente aventurosa, que não sabia estar vivendo seus últimos anos: poetas como Vladímir Maiakóvski, Velimír Khlébnikov, Serguêi Iessênin – e sua companheira da época, a dançarina Isadora Duncan –; todo o agitado grupo dos artistas plásticos construtivistas, cubo-futuristas, suprematistas: Aleksandr Ródtchenko, Kazimír Maliévitch, Nadiêjda Událtsova, Olga Rózanova, Aleksandra Ékster, Vladímir Tátlin.

Trabalho não lhe faltava: como o principal pianista-compositor de sua geração, as encomendas lhe chegavam de todas as partes e, apesar de sua saúde ainda frágil, que se ressentia do excesso de trabalho, ele se entregava à composição com o entusiasmo de um homem jovem, e que está apaixonado. A essa altura – um tanto contra a vontade da possessiva Sófia Vassílievna, que achava a família da moça intrusiva e ambiciosa – Dmítri já estava namorando Nina Vassílievna Varzar, que tinha conhecido em 1927, nos dias passados na estação de águas de Diétskoie Sieló. Nina era filha de Vassíly Vassílievitch Varzar, jurista eminente, e da astrônoma Sófia Mikháilovna (*née* Dombróvskaia). Bonita, inteligente, com gosto pela música, a futura Sra. Shostakóvitch acabara de formar-se em Física na Universidade de Leningrado, onde fora colega da futura nata da ciência soviética: Liev Landáu, Guéorgui Gámov, Abrám Alikhánov, Artiôm Alikhanián.

---

8. Em Iz Vospominánii (Das Minhas Memórias), no n. 3 da *Soviétskaia Múzyka*, de 1974.

9. Em *Shostakóvitch: Jizn i Tvortchéstvo* (Vida e Obra). (Khéntova, 1985)

A situação profissional instável em que se encontrava, aliada à sua timidez e insegurança, fizeram Dmítri hesitar muito, antes de criar coragem e pedir a mão de Nina em casamento. E, além disso, ele ainda não renunciara inteiramente à idéia de morar com Tatiana Gliviênko. Numa primeira tentativa, na segunda metade de 1931, já com a data do casamento marcada, Mítia entrou em pânico e fugiu. Seus amigos demoraram para descobrir onde tinha se escondido. Finalmente, aconselhado pelos amigos mais fiéis, entre os quais Sollertínski, criou coragem e, sem ter avisado à sua mãe, casou-se com Nina numa cerimônia civil, em 13 de maio de 1932, em Diétskoie Sieló, onde tinham se conhecido.

Terem ido morar em casa dos Shostakóvitch criou, para o casal, atritos que dificultaram os primeiros anos de união e se refletiram no temperamento de Mítia. Numa carta à tia Nadiêjda, Marússia, a irmã mais velha, o descreve como "um homem ranzinza, fechado, impaciente, que quase já não conversa mais com a mãe ou com suas irmãs". Só no início de 1934, com os cachês recebidos por sua ópera *A Lady Macbeth do Distrito de Mtsensk*, Dmítri conseguiria alugar um apartamento de uma cooperativa, na Dmítrovskaia Alléia, e o casal passaria a ter mais privacidade, fazendo de sua casa um ponto de encontro para a *intelliguêntsia* artística e científica.

Embora Nina e Dmítri tivessem baseado a sua união no reconhecimento explícito da liberdade um do outro, eles enfrentaram seguidamente problemas, devido à dificuldade da mulher em aceitar as infidelidades do marido. Na primavera de 1935, Shostakóvitch entrou com o pedido de divórcio, documento que mostrou a seu amigo Liev Avtomián, algum tempo depois, em Moscou. Mas, no outono, Avtomián recebeu, de Leningrado, onde Dmítri fora buscar seus pertences, um telegrama com os dizeres: "Fico em Leningrado. Nina grávida. Casei-me de novo".

Na verdade, como ele confessou numa carta a Sollertínski: "Não há mais motivo para que eu me divorcie de Nina. Só agora me dei conta da mulher extraordinária que ela é e de como é preciosa para mim". Eles se mudaram para um apartamento maior, no Kírovski Prospiékt. O casamento entrou numa fase mais serena após o nascimento de Galina Dmítrievna, em maio de 1936, e de Maksím Dmítrievitch, em maio de 1938. Shostakóvitch, que sempre teve com os filhos um relacionamento extremamente carinhoso – as suas fotos de família o comprovam de maneira enternecedora –, estava convencido da necessidade de preservar a união por causa dos filhos.

Mas voltemos aos últimos anos da década de 1920, bem antes do casamento de Nina e Dmítri. Em contato com a inquieta vanguarda moscovita, o estilo de Shostakóvitch estava mudando rapidamente e se afastando do pós-romantismo da *Sinfonia n. 1* – que, a essa altura, já tinha sido ouvida em Filadélfia, nos Es-

Dmítri e Nina Varzar, sua primeira mulher, em 1935.

tados Unidos, regida por Leopold Stokowski, em 2 de novembro de 1928. Isso coincidiu com a resolução, adotada um mês depois pelo Comitê Central do PCUS, que estabelecia o controle ideológico da produção cultural e colocava membros das organizações proletárias à frente das instituições de que ela dependia. O rumo tomado pela música de Shostakóvitch iria seguir aquilo que, naquele momento, ele acreditava ser o tipo de renovação esperada pelo novo regime.

Nessa fase, o Conservatório de Moscou tinha sido rebatizado com o nome de *Vísshaia Muzykálnaia Shkóla ímia F. Kôna* (Escola de Altos Estudos Musicais Fiéliks Kon), em homenagem ao recém-falecido editor musical. O polonês Bolesław Przybyszewski, filho do dramaturgo decadentista Stanysław Przybyszewski, nomeado reitor dessa escola, não era músico, e sim um *apparátchik* da RAPM, cuja primeira medida foi despedir os compositores Miaskóvski, Gliér e Gniéssin, representantes da elite pré-revolucionária. Tanto em Moscou quanto em Leningrado, notas e exames foram abolidos e a admissão restrita a alunos de classe "aceitável" – leia-se, sem vinculações burguesas que os desabonassem.

Ideólogos da RAPM, como o jovem Iúri Kéldish[10], tornaram tabu a obra dos grandes compositores do passado, à exceção de Beethoven, "o porta-voz da Revolução Francesa", e de Mússorgski, "o democrata radical proto-bolchevique". Tchaikóvski foi execrado por ter sido, virtualmente, "o músico oficial da corte de Alexandre III". E os compositores foram exortados a rejeitar os estilos e gêneros que tinham florescido durante a monarquia, em favor do cultivo da *mássovaia piésnia* (a canção de massa), em tom de marcha, veículo adequado para a disseminação dos princípios doutrinários. O exemplo mais perfeito do que era a música proposta pela RAPM foram as óperas e oratórios compostos pelos militantes do Prokoll que, na prática, não passavam de mal costurados *potpourris* de "canções de massa".

Enquanto isso, nadando contra a corrente das prescrições da RAPM, Shostakóvitch, influenciado pelas idéias do construtivista Aleksandr Ródtchenko – para quem a arte não deveria ser mero entretenimento, e sim ter uma relevância social –, virava as costas aos cânones estabelecidos da beleza, e procurava inspiração nas formas e sons de um mundo novo, de máquinas, arranha-céus, pontes, aviões e submarinos. À sua maneira, estava convencido, tanto quanto o Proletkult, mas com vetores totalmente diferentes, de que a música que escrevia para filmes ou para as montagens teatrais deveria ter uma mensagem social e ajudar na reeducação do povo.

Foi com esse espírito que, em 1929, colaborou com Meierkhôld e Ródtchenko na montagem do *Percevejo*, de Vladímir Maiakóvski. A colaboração

---

10. Pai do G. V. Kéldysh, organizador da Enciclopédia de Música mencionada na Bibliografia deste livro.

começou com o pé esquerdo, pois Maiakóvski, cuja poesia ele admirava desde menino – lhe disse que "não precisava de sinfonias: o som de uma banda do corpo de bombeiros bastaria". Ofendido por estar sendo tratado pelo poeta como um burguesinho que queria posar de revolucionário, Dmítri disse a Meierkhôld: "Pois chamem a banda e dispensem o compositor!". Coube ao diretor botar panos quentes e reconciliar os dois artistas.

Na verdade, Maiakóvski não teria encontrado quem interpretasse melhor, em termos sonoros, a sátira àqueles que se consideravam revolucionários, em tempos de aproximação com o modelo econômico da burguesia capitalista. Mas que, acessoriamente, era uma crítica feroz ao próprio regime socialista, colocada na boca do narrador, o bufão Oliég, alter-ego do próprio poeta.

A ironia shostakovitchiana encontra aqui um prato cheio, na mistura de ritmos circenses e de marcha com lânguidos requebros de *fox-trot*, desses 23 números que, às vezes, parecem ter sido pensados para acompanhar um filme mudo de Charles Chaplin (e é aqui que vemos não ter sido tão inútil assim, para o compositor, a experiência de tocar piano no cinema). A estréia do *Percevejo*, em 13 de fevereiro de 1929, constituiu um dos grandes acontecimentos da história do teatro soviético.

Mas o Prokoll condenou a sua forma e o Konsomol denunciou o conteúdo da peça. *O Percevejo* marca o início da queda em desgraça de Maiakóvski, que o levaria ao suicídio. O Konsomol encarregou-se de denunciar, também, a trilha do filme *Nova Babilônia* como contra-revolucionária. Alegando que ela era muito difícil, as orquestras de cinema recusaram-se a tocá-las. A partitura foi retirada e passaram-se cinqüenta anos antes que fosse novamente executada. Mas este filme, rodado em 1929 por Grigóri Kozíntsev e Leoníd Trauberg, retratando a frustrada revolta da Comuna de Paris em 1871 – vista como predecessora da Revolução Bolchevique de 1917 – é um dos mais importantes trabalhos de Shostakóvitch para o cinema.

O título do filme refere-se à grande loja de departamentos parisiense, *La Nouvelle Babylone*, símbolo da opulência burguesa, onde trabalha Louise, uma moça do povo que se apaixona pelo soldado Jean, preso a seus compromissos com a classe dominante – motivo para o final trágico da trama. Em 1971, quando se estava comemorando o centenário da Comuna de Paris, o filme de Kozíntsev e Trauberg foi restaurado. Nessa ocasião, Guennádi Rojdéstvienski localizou, nos estúdios da Sovkino, o manuscrito da trilha, que editou para a gravação de uma suíte, lançada em 1976 pelo selo Melódia. Em 1989, à frente da Orquestra da Rádio de Berlim, James Judd fez, para o selo Capriccio, a gravação integral de *Nova Babilônia op. 18* – uma importante seqüência de oito movimentos, com cerca de oitenta minutos de duração (o álbum duplo contém também a música de *Cinco Dias, Cinco Noites*, o filme de Liev Árnshtam sobre o bombardeio de Dresden, rodado em 1960).

Embora a colaboração com Meierkhôld tenha-se limitado ao *Percevejo*, laços fortes de amizade continuaram ligando Shostakóvitch ao diretor de teatro que, em vão, tentou convencê-lo a usar *O Herói de Nosso Tempo*, de Liérmontov, como tema para uma ópera. Mítia recusou-se também a compor a música para *Os Banhos*, de Maiakóvski, por não ter sentido afinidade com esse texto.

Todos os gêneros tentavam o jovem músico transbordante de inspiração: música incidental para peças de teatro, trilha sonora para filmes, balé, música de câmara. Em 1927, ao sair do Conservatório, ele escrevera os *Aforismas op. 13* – título sugerido pelo crítico B. Iavórski, com quem fizera amizade –, dez peças curtas de estilo experimental, que misturam, de um modo que deixou horrorizados os seus professores, procedimentos de vanguarda com simulacros do estilo pré-clássico. Os títulos, em vários casos, são tratados de forma irônica, correspondendo ao contrário do que querem tradicionalmente dizer.

O *Recitativo*, por exemplo, não é um monólogo, mas um diálogo nervoso entre fórmulas temáticas desencontradas. A *Serenata*, quase monódica, oferece mudanças constantes de ritmo e é pontuada por acordes espaçados de uma ou outra mão que, só no final, tocam em sincronia. O *Noturno* não traz indicação de compasso: é veemente, apaixonado, cheio de impulsos inesperados. A *Elegia* consta de apenas oito compassos em estilo polifônico, imitando a escrita do órgão. A *Marcha Fúnebre*, dominada por sonoridades ácidas, às quais opõem-se algumas notas graves, passa uma sensação distorcida de dor e de grotesco. O *Estudo*, caricatamente chopiniano, faz correr cascatas de notas enquadrando uma passagem, na mão esquerda, com grandes intervalos quebrados, a que respondem, na mão direita, *staccatos* com intervalos de quinta.

A visão irônica do compositor combina, na *Dança Macabra*, o tema famoso do *Dies Irae* – que tanto fascínio exerceu sobre os compositores – ao de uma descontraída valsa vienense. O *Cânon*, de escrita pontilhista, namora com o serialismo de Webern. A *Lenda* não passa de um murmúrio nas duas mãos, nota contra nota, da qual emerge, no grave do teclado, uma melodia enigmática, como se Shostakóvitch estivesse fazendo um pastiche de Medtner. E, para encerrar essa série irreverente de peças, a *Berceuse* é diatônica, retomando uma prática barroca: uma linha de baixo reiterativa, como numa passacalha, com uma parte superior muito ornamentada. Comparou-se com freqüência os *Aforismas* aos *Sarcasmos op. 17* (1912-1914) e às *Visões Fugitivas op. 22* (1915-1917), de Prokófiev. Mas ocorre lembrar aqui também um outro nome que será uma influência constante sobre Shostakóvitch: o de Gustav Mahler.

Malkó regeu, em 6 de novembro de 1927, a segunda incursão de Shostakóvitch no terreno sinfônico. A *Sinfonia n. 2 em Si Maior op. 14 "dedicada a*

Outubro" foi uma encomenda do *Muzséktor* (o setor de música) da *Goslitizdat* (a Editora de Literatura do Estado), para comemorar o décimo aniversário da Revolução. O cachê de quinhentos rublos não era generoso, mas Dmítri precisava urgentemente desse dinheiro e não podia se dar o luxo de recusar. Ao contrário da *Primeira Sinfonia*, que lhe tomara quase um ano, esta peça de *agitprop* – visando à propaganda institucional – foi escrita muito rapidamente.

A escolha do texto não foi dele. Liev Shúlgin, encarregado do departamento de Propaganda do *Muzséktor*, fez questão de que ele fosse falar com Mikhaíl Sokolóvski, o diretor do TRAM – o Teatro da Juventude Operária –, de Leningrado, cujas montagens, na época, atraíam muito público. Não se sabe qual foi o teor desse encontro, mas Dmítri saiu dele com o compromisso de prestar consultoria musical às montagens do TRAM – muito influenciado pelas teorias de Brecht e Piscator sobre o teatro épico, o que deve ter deixado o compositor entusiasmado – e levando no bolso um poema de Aleksandr Biezymiênski, membro do Konsomol.

De acordo com Malkó, Shostakóvitch achava muito fraco o poema de Biezymiênski, "Marchávamos e íamos mendigar trabalho e pão", que o coro canta no final dessa peça em um só movimento. Mas aceitou a imposição e, influenciado pelas idéias dos construtivistas e pelas teorias teatrais de Meierkhôld, voltou as costas ao neo-romantismo da *Sinfonia n. 1* e produziu uma peça de caráter experimental, cuja estética modernista a aproxima de diversas outras obras futuristas da época: a *Segunda Sinfonia*, de Prokófiev; *Outubro*, de Nikolái Roslániets; *Monumento Sinfônico*, de Mikhaíl Gniéssin; *Závod*[11], de Aleksandr Mossolóv.

De textura densa, freqüentemente atonal, menos interessada em desenvolver material temático do que em acumular camadas de sonoridades – de uma maneira que lembra o expressionismo abstrato de Jackson Pollock –, a escrita da *n. 2* adapta-se a cada um dos três grandes episódios da primeira parte. O primeiro, um ronco surdo e subterrâneo, dá a impressão de massas informes que se movem, para se reunir. O segundo, retomando um tema que tinha aparecido no *finale* da *Sinfonia n. 1*, cria, com um trio de solistas – violino, clarineta e fagote – uma espécie de moto contínuo que se prolonga para dentro do terceiro episódio, de complexidade crescente.

Provavelmente inspirado pelas sinfonias de câmara de Arnold Shoenberg, o jovem Shostakóvitch chega a superpor dezenove linhas melódicas independentes, criando bruscos choques dissonantes. A interpenetração dessas linhas, de extraordinária segurança contrapontística, antecipa os chamados *sliding clusters*[12],

---

11. Literalmente *Fábrica*, essa peça "bruitiste" é também conhecida no Ocidente como *Assim Foi Temperado o Aço*.

12. *Clusters* (cachos) são grupos de várias notas adjacentes tocadas simultaneamente; *sliding* (deslizantes) porque as seqüências de *clusters* parecem convergir umas para as outras.

cuja criação costuma ser atribuída à Escola Polonesa. A única passagem em que há uma melodia mais organizada é o lamento do clarinete – que, trinta anos mais tarde, reapareceria como o motivo do movimento final da *Sinfonia n. 12 "O Ano de 1917"*. Essa parece ser a melodia da *Marcha Fúnebre para as Vítimas da Revolução*, de seus anos de menino, e esse episódio, que precede a última seção, relaciona-se com a história do garoto que foi morto por um cossaco no Niévski Prospiékt.

Um traço tipicamente "bruitiste"[13], um brusco apelo dos trombones, imitando a sirene de uma fábrica, anuncia a entrada do coro. Daí em diante estamos no domínio oficial, solene, da música coral russa, de traços assumidamente acadêmicos. O poema de Biezymiênski é bombástico e a música o trata da maneira mais peremptória. Embora a *n. 2* consista mais de efeitos sonoros do que de música, ela tem vitalidade incontestável e é notável por moldar aspectos fundamentais de uma linguagem que Shostakóvitch utilizaria pela sua carreira afora. Embora o salto estilístico em relação à *Primeira* seja considerável, isso ainda não significa, em termos artísticos, um avanço.

Foi entusiástica a acolhida do público dada à *op. 14* na estréia. Ela realizou a proeza de agradar tanto à ACM, satisfeita com sua rugosidade modernista, quanto à RAPM, que aprovou o coral "proletário". Houve reações perplexas entre os músicos veteranos, como Nikolái Miaskóvski[14]:

> Não gosto muito da música de Shostakóvitch. Mas ele toca em alguma coisa de muito viva. Não é possível admirar o que ele escreve, nem seguir as suas brincadeiras, mas a música te comove de uma maneira simples e direta. Cuspi no chão durante o ensaio, porque era uma coisa tão revoltante quanto um ensaio de Stravínski. Mas, durante o concerto, a coisa simplesmente deixou-me atônito. Tudo é tão forte, tudo está tão no lugar, de maneira tão lacônica e, ao mesmo tempo, interessante, dita da maneira correta. É realmente um rapazinho muito desagradável, mas um grande talento.

Mais adiante, porém, a crítica oficial soviética haveria de denegrir essa busca de efeitos sonoros especialmente crus e intensos, considerando-a uma manifestação da "doença infantil do formalismo", e estigmatizando a sua "ausência de emoção". Borís Schwartz[15] cita uma *História da Música Soviética*, publicada na década de 1950 pelo Partido, em que a *Segunda Sinfonia* é considerada "antimelodiosa, com uma aspereza intencional de sons transformados em cacofonia, desprovida de valor artístico". A *op. 14,* uma das obras de Shostakóvitch

---

13. De *bruit* (barulho), tendência típica da música futurista a reproduzir, com os instrumentos da orquestra, os ruídos da vida moderna: buzinas de automóvel, motores de carro ou avião, o ruído das máquinas industriais.

14. Citado por Óssip Pávlovitch Lamm, em *Stranítsi Tvortchéskoi Biográfii Miaskóvskovo* (Páginas da Biografia Criativa de Miaskóvski), Moscou, Soviétskii Kompozítor, 1989.

15. Em *Music and Musical Life in Soviet Russia ,1917-1970* (Schwartz, 1983).

caídas no ostracismo durante a fase stalinista, só foi ressuscitada na década de 1970 (a gravação de Kiríl Kondráshin, com a Filarmônica de Moscou, é de 1972). Só então, Biezymiênski, que morreu em 1973, ficou sabendo que seu poema tinha sido musicado por Shostakóvitch. Sólomon Vólkov conta que, passada uma fase efêmera de prestígio, Biezymiênski estava tão esquecido, que ele próprio resumiu, num dístico desbocado, a consciência de sua falta de importância para a literatura russa: "Grande pança, pau pequeno,/ o resto, coisa de somenos".

A *op. 14* faz par com a *Sinfonia n. 3 em Mi Bemol Maior op. 20 "O Primeiro de Maio"* que, como ela, possui um movimento único e culmina num trecho coral – panfletário, mas de artesanato poético não tão frouxo – escrito por Semiôn Kirsánov. Composta em 1929, e estreada por Aleksandr Gauk e a Filarmônica de Leningrado, em 21 de janeiro do ano seguinte, a *op. 20* tem estilo e textura mais leves e uma sintaxe e ritmos mais simples do que a *n. 2*, pois é uma peça festiva, sem a intenção de expressar conflitos da mesma maneira intensa que a peça anterior. Apesar de algumas seqüências harmônicas não resolvidas, o que predomina, nela, são os acordes perfeitos de mi bemol maior e de dó maior, definindo o tom exultante e retórico. A repetição de figuras rítmicas idênticas e de fórmulas melódicas muito simples impede que um dinamismo maior se insufle a esse hino. Só a seção *andante* do movimento único soa um pouco mais original, devido à sua orquestração desusada e camerística. Ela é enquadrada por dois *allegros* de metrificação binária, com a justaposição de frases cromáticas a outras que são de um diatonicismo muito tradicional. Grandes uníssonos na orquestra, entrecortados de batidas da grande caixa e de intervenções oratórias do trombone e da tuba, precedem a entrada do coro, escrito numa tessitura muito alta, que frisa o lado desabridamente "oficial" dessa manifestação de regozijo. Uma virtuosística cadência do trompete leva aos acordes finais da coda (na edição crítica da obra completa, em 42 volumes, publicada em 1985-1986 pela Soviétski Kompozítor, existe uma versão alternativa desse *finale* para coro *a cappella*).

Por que, depois da *n. 2*, sem encomenda governamental, Shostakóvitch escreveu uma nova peça de *agitprop*? O comentário de Gerald Abraham[16] – "Tem-se o tempo todo a impressão de que o compositor está representando um papel: tenta ser marxista, mas um típico humor gogoliano fica espreitando a cada esquina" – põe em dúvida a versão da musicologia soviética de que se trata de uma manifestação de sua ortodoxia comunista. O mais provável – e, nesse ponto, faz bastante sentido a interpretação de Ian MacDonald – é termos na *op. 20* uma assumida pose de adepto da ideologia partidária, num momento em que não valia a pena arriscar o tipo de perseguição a que outros intelectuais estavam sendo submetidos.

---

16. Em *Eight Soviet Composers* (Abraham, 1976).

A Revolução Cultural da fase de transição do leninismo para o stalinismo estava chegando ao ponto culminante e era sobretudo no campo da literatura que ela se manifestava com mais força. Embora possa parecer estranho ao leitor que, num livro sobre a vida e obra de um compositor, eu me detenha nessa questão, Shostakóvitch está de tal modo integrado à vida artística soviética como um todo, que não é possível ignorar esses aspectos, para ter uma melhor compreensão do conjunto. Em 1929, o Partido não tinha dificuldade em usar o RAPP como instrumento para reprimir os escritores não-comunistas, pois esses radicais consideravam tabu a arte individualista. Para eles, Bulgákov não passava de um "pequeno-burguês choramingas" que merecia o paredão. O plano do RAPP era "pôr em prática o Plano Qüinqüenal poético, convertendo os escritores em brigadas literárias e construindo uma Magnitogorsk artística" – referência à cidade industrial nos Urais, fundada em 1929, como parte do IPQ, e descrita em termos quase mitológicos por Valentín Katáiev, em seu romance *Vriêmia, vpieriód!* (Tempo, para a frente!), de 1932.

Poucos eram os que protestavam, pois a escravidão ainda era preferível ao túmulo: "Vamos acalmar os nervos e recomeçar, como se faz em qualquer fábrica", disse o poeta Iliá Selvínski. A imagem não é desprovida de sentido, porque, com a super-industrialização e a proletarização em marcha, a sociedade soviética era cada vez mais concebida como uma vasta máquina, de que os cidadãos eram meras arruelas, sem significado em si mesmos, e perfeitamente intercambiáveis. O que se esperava dos escritores era a celebração da auto-suficiência dessa máquina, relatos épicos de sua construção; manuais, em suma, para a sua operação. Uma Metrópolis onde não havia mais lugares para "sonhadores" que fizessem as pessoas pensarem, ou de "bufões" que as fizessem divertir-se.

Para as artes visuais, era relativamente fácil responder a essa solicitação de obras que celebrassem a grandiosidade da URSS stalinista. Uma escultora como Viera Múkhina faz o culto da forma física idealizada em *O Operário e a Kolkhónitsa*, de 1936. E uma enxurrada de painéis de grande porte, retratando desfiles esportivos, cerimônias partidárias e cenas do trabalho nas usinas, foi produzida em série por Aleksandr Deinêka, Vassíly Kúptsov, Aleksandr Samokhválov, Arkádi Plástov, Iúri Pímenov, Vassíli Iefânov, Aleksandr Guerássimov e o mais celebrado deles, o academicíssimo Aleksandr Glazunóv. Também os filmes de Eisenshtéin (*Outubro, Linha Geral*), Pudóvkin (*O Fim de São Petersburgo, Tempestade sobre a Ásia*) e Dovjénko (*Arsenal, a Trilogia de Górki*), tratando temas históricos, agem de forma a satisfazer a patrulha ideológica. Mas os escritores viam-se num dilema paralisante.

Como desvencilhar-se de sua individualidade sem cair na mais total banalidade? "Andamos precisando de quem escreva mal", dizia em 1929 o crítico formalista Borís Éikhenbaum. Num país em que os literatos – como dizia uma personagem do *Suicídio*, a peça de Érdman – "transformaram-se em escravos vermelhos no harém do povo", não é de se espantar que tenha-se desenvolvido a tendência ao masoquismo pois, na opinião do dramaturgo Vladímir Kirshôn, "o Partido converteu-se numa corrente de ferro atada a nosso pescoço, que nos machuca, mas sem a qual não sabemos mais viver".

Os dois intelectuais mais visados eram Ievguêni Zamiátin e Borís Pilniák, autores muito populares, líderes, em Leningrado e Moscou, respectivamente, da Liga dos Escritores, o equivalente literário da ACM. Os agitadores da RAPP precisavam de ajuda oficial para derrubá-los, e a conseguiram sem dificuldade. Desde que Pilniák publicara, em 1925, *A História da Lua Inextinguível*, o Líder o tinha em sua alça de mira, pois essa novela dava a entender que Stálin mandara assassinar o comissário da Guerra, Mikhaíl Frunze, fazendo submetê-lo a uma cirurgia perigosa e desnecessária, para colocar em seu lugar o seu pau-mandado Voroshílov.

A imprensa promoveu, contra Zamiátin e Pilniák, um verdadeiro *pogrom*, um linchamento em regra. O editorial da *Litieratúrnaia Gaziêta*, em 9 de setembro de 1929, denunciava violentamente o "pilniakismo, que está corroendo, como ferrugem, a vontade de construção do socialismo". O ponto alto da campanha contra esses "traidores, sabotadores, indisfarçados inimigos da classe trabalhadora" foi o furioso artigo de Mikhaíl Tchumándrin, na *Krásnaia Gaziêta* de 2 de setembro de 1929: "Denúncias? Não temos medo das palavras. Só nos preocupamos com os atos por trás das palavras. Expor uma tendência hostil e estrangeira, revelar o inimigo, atacar os contra-revolucionários é o nosso honroso dever, em nome da classe trabalhadora".

O efeito foi devastador. "Todo escritor com instinto de sobrevivência", escreve o jornalista Eugene Lyons[17], "viu-se obrigado a cuspir em Pilniák que, se um ano atrás era um gigante louro e indisciplinado, com insaciável apetite por vinho, mulheres e a vida, converteu-se, do dia para a noite, em um verdadeiro trapo". E não foi só ele. Acusado de "filistinismo", por não ter criticado a NEP, Valientín Katáiev virou a casaca e transformou-se num modelo de conformismo. Panteleimôn Románov foi obrigado a revisar o "politicamente incorreto" *Camarada Kisliákov*, uma precisa radiografia da vida na URSS da década de 1920, e confessou publicamente que seu romance "violava as proporções normais da vida e fazia um retrato objetivamente equivocado da realidade". Poucos foram os que, como Zamiátin, defenderam-se com toda a dignidade, rejeitando as acusações que lhes eram feitas – o que foi bom para Shostakóvitch, pois o escritor estivera associado à redação do libreto de sua ópera *O Nariz*.

Da mesma forma que, em 1966, Mao Tse-tung açularia a matilha da Guarda Vermelha contra a classe média chinesa, Stálin decidiu ter chegado a

---

17. Em *Assignment in Utopia*, Londres, Harrap, 1938.

hora de usar o Proletkult na abertura da temporada de caça à burguesia. A resolução do Comitê Central, de 4 de dezembro de 1929, fazia da RAPP a guardiã da linha partidária. Todos os grupos e publicações independentes – entre elas a ACM – deixaram de existir; o Prokoll apressou-se em aderir à RAPM; e a revista *Prolietárnyi Muzykánt* passou a ser a única publicação especializada em música da URSS. O "Caso *Pas d'Acier*" – os ataques da RAPM às dissonâncias do balé de Prokófiev, estreado na Sala Beethoven de Moscou – deu aos radicais o argumento de que precisavam para ligar os adeptos da ACM à "decadência burguesa e contra-revolucionária do Ocidente".

Assim pressionados, compositores como Mossolóv, Shtcherbatchóv, Deshevóv, Jívotov cederam às fórmulas simplistas da música para as massas preconizadas pela RAPM. Shebalín aderiu à associação, pretextando interesse pelas banalidades de seu líder Aleksandr Davidênko, autor de canções extremamente medíocres. Mais trágico foi o alcoolismo em que se refugiou Gavríil Popóv, cuja *Sinfonia de Câmara*, de 1927, espelhara com nitidez as crises da década.

Logo após terminar a *Sinfonia n. 3*, consciente dos riscos que a classe musical corria, Dmítri fizera rapidamente seu primeiro trabalho para o TRAM: a música incidental para *Výstriel* (O Tiro), de Biezymiênski, estreada no Teatro dos Jovens Trabalhadores, em 14 de fevereiro de 1929, sob a direção de Mikhaíl Sokolóvski e R. Súslovitch. Típica obra de encomenda, sacrifício no altar das obrigações oficiais, essa partitura – hoje perdida – acompanhava uma peça muito medíocre, que até a RAPP condenou pelo seu "esquematismo".

Os tempos eram cada vez mais difíceis. Em janeiro do ano seguinte, no momento da estréia, em Leningrado, de sua ópera *O Nariz* – de que falaremos em detalhe num capítulo à parte – a URSS estava sendo atingida pelo vendaval da primeira etapa do programa stalinista de coletivização, sob o slogan "Liquidação dos *Kúlaki*[18] como Classe". A inevitável reação negativa da RAPM ao sucesso de público dessa primeira ópera fizera Shostakóvitch – que, a essa altura, já estava trabalhando na partitura do balé *A Idade de Ouro* – precaver-se contra novos ataques, escrevendo *Zelina op. 25* (Solo), para a peça de A. Gorbênko e N. Lvov, encenada em 9 de maio, no TRAM, por M. Sokolóvski e N. Lebédiev. Pouco antes, em 14 de abril, a *intelliguêntsia* russa, estarrecida, recebera a notícia do suicídio de Maiakóvski, deprimido pela maneira como o Konsomol e o Proletkult tinham desencadeado a campanha contra a sua peça *Os Banhos*.

Embora tivesse aderido à RAPP, abandonando seus antigos amigos vanguardistas, o outrora celebrado Maiakóvski viu-se tão marginalizado pelo governo que, em 14 de abril de 1930, matou-se com um tiro. Em seu diário, Aleksandr Ródtchenko, que viu o cadáver, escreveu:

---

18. A classe dos "camponeses ricos", proprietários de terras.

Ele estava deitado em seu quartinho, coberto com um lençol, virado para a parede, num silêncio mortal, que falava da mediocridade viciosa, da perseguição vil, da traição medíocre, da inveja e estupidez de todos os que foram responsáveis por esse ato desprezível. Quem destruiu esse homem de gênio e criou esse horrível silêncio e vazio?

Durante muito tempo se especulou sobre a causa do suicídio de Maiakóvski: falou-se em um caso de amor frustrado; em sífilis. Em 1995, quando Vitály Shentalínski publicou *V Litieratúrnikh Arkívakh KGB* (Nos Arquivos Literários da KGB), havia lá a declaração do escritor Isaak Bábel, durante um de seus interrogatórios: "A única explicação para o suicídio de Maiakóvski foi ele ter chegado à conclusão de que era impossível trabalhar nas condições criadas pelo regime soviético".

Para a geração de Shostakóvitch, a morte de Maiakóvski teve o mesmo significado simbólico que a de Blók tivera para a de Sófia Vassílievna: a idéia de que a chama da esperança revolucionária se extinguira, mergulhando o país numa nova escuridão. Mas se, em muitos, a reação foi depressiva e desesperançada, em Dmítri, os acontecimentos aguçavam a veia satírica, de que há sinais evidentes nos traços burlescos e caricaturais da *Idade de Ouro*. Alvos para o seu humor negro, de matriz gogoliana, não faltavam, e o maior deles foi a desenfreada orgia de culto da personalidade que cercou, em dezembro de 1929, a comemoração dos 50 anos do *Vójd*. Enormes retratos do semideus peregrinaram pelas ruas de todo o país, como se fossem ícones. Os jornais publicavam, todos os dias, artigos desvairados celebrando a grandeza e o gênio do "maior teórico do marxismo-leninismo". Um volume de luxo, custeado pelo Estado e com tiragem de milhões de exemplares, continha ensaios que pareciam ter sido produzidos pelo Ministério da História, do *1984*, de George Orwell. Neles, era Stálin, e não Trótski, o responsável pela estratégia que levara o Exército Vermelho à vitória na Guerra Civil.

Não dava para rir, porém, dos *apparátchiki* de origem proletária, cheios de ressentimento pela classe culta, com que Stálin estava substituindo os burocratas intelectualizados do tempo de Liênin. Da mesma forma como aconteceria na China de Mao, ou durante o pesadelo promovido pelo Khmer Vermelho no Camboja, boa educação, cultura, qualificação profissional bastavam para tornar o indivíduo suspeito de traição, num processo que Eugene Lyons chamou de "crucificação da inteligência". Tomando de assalto universidades, bibliotecas, museus e galerias, a Guarda Vermelha stalinista tomou para si a missão de remover todos os vestígios do antigo sistema.

Nos conservatórios, membros do Partido que não eram músicos substituíram as aulas tradicionais por "oficinas de criatividade", em que os alunos tinham de cumprir quotas de produção de canções para as massas. Os solistas desapareceram, pois a preferência foi dada à "música coletiva, para as massas".

Notas e exames, que "estimulavam o desejo doentio de competir", foram substituídas por avaliações coletivas, bastando ter produzido duas ou três "canções proletárias" para obter o diploma em composição. Até mesmo a palavra Conservatório foi proibida, pois sua raiz estava ligada à noção de "conservadorismo". A Eugene Lyons, o compositor Vissariôn Shebalín contou: "Um grupo de alunos meus trouxe uma canção bem boboca, em ¾, e ficou horas discutindo se a melodia refletia a maneira como os proletários enxergaram o levante do Kronshtádt".

Mas havia gente perdendo a carreira, os direitos, a possibilidade de trabalhar. O estilo inquisitorial da nova direção impunha abertamente a discriminação. Antecedentes irrefutavelmente proletários eram o único requisito para a admissão. E alunos que já estivessem no último ano, à beira de receber o diploma, podiam ser expulsos da escola, caso a direção concluísse que eles eram "inimigos do povo". Em seu *Diário*, Maksimílian Shtéinberg, ex-professor de Shostakóvitch, escreve, na primavera de 1931, que a situação tinha "degenerado numa total bagunça, ameaçando com a aniquilação do profissionalismo".

Ao ousar sugerir que a ordem fosse restabelecida, Vladímir Shtcherbatchóv foi tão violentamente assediado, que fugiu para Tbilisi, onde ainda tentou apaziguar as autoridades, escrevendo a sinfonia *Ijôrsk,* sobre a construção de uma fábrica. Não o conseguindo, mergulhou no anonimato, dedicando-se à pesquisa folclórica. O mesmo aconteceu ao vanguardista Nikolái Rosláviets que, expulso de Moscou, foi para o Táshkent onde, literalmente, sumiu do mapa.

Já diplomado, Shostakóvitch não correu o risco do expurgo no Conservatório. Mas tinha de ser cuidadoso. O número 3 da *Prolietárnyi Muzykánt* estampou uma carta escrita – ou assinada – por ele, deplorando a voga dos "conjuntos ciganos de *fox-trot*" e agradecendo pela campanha da RAPM contra a "vulgaridade da música ligeira". Era o mesmo Dmítri que, em outubro de 1927, fizera uma aposta com Malkó: a de que seria capaz, em uma hora, de escrever um arranjo orquestral para *Tea for Two.* Ele o terminou em 45 minutos, deu-lhe o título de *Tahiti Trot* e permitiu que Malkó o executasse em Leningrado. À revista da RAPM, escreveu, depois, lamentando que isso tivesse acontecido, pois "dava a impressão de que ele era um defensor do gênero ligeiro".

Antes mesmo do Proletkult, Lunatchárski já se tinha pronunciado, em uma conferência de 1928, contra o *fox-trot,* "cujo elemento fundamental deriva da mecanização, do erotismo reprimido e da vontade de amortecer os sentidos mediante as drogas". Para o comissário, as danças americanas modernas eram "uma perversão da burguesia", que "gostaria de ver o homem viver, não pelo seu cérebro, mas por seus órgãos sexuais". Ainda assim, Shostakóvitch incorporou o arranjo a seu balé *A Idade do Ouro*, onde ele tem um sentido de sátira ao capitalismo americano.

Não é de se espantar que, nessa fase, a música de Shostakóvitch, que tão freqüentemente associamos a uma visão trágica do mundo, soasse tão exuberante em balés como *A Idade de Ouro* ou *O Límpido Regato*. Era a época em que o otimismo era obrigatório e as pessoas eram, no dizer de Eugene Lyons, "condenadas a uma vida inteira de entusiasmo, pois não era possível lamber as próprias feridas nem privadamente, já que reclamações eram vizinhas de porta ao lado da alta traição". No *Arquipélago Gúlag*, Soljenýtsin conta a história de uma reunião em uma fábrica, que se encerrou com aplausos a Stálin. Aplausos que não acabavam nunca mais, pois ninguém ousava parar de bater palmas. Finalmente, o gerente da fábrica decidiu pôr fim àquela loucura, sentando-se. E foi preso por isso, para aprender a "não ser o primeiro a parar de aplaudir".

A URSS entrara na década de 1930 da forma mais negra possível. Não apenas o campo era devastado pela primeira fase da coletivização. Cerca de 600 mil pessoas, pertencentes à elite tecnológica – engenheiros, agrônomos, biólogos e, sobretudo, historiadores que não tinham revisto as suas concepções, à luz dos interesses partidários – tinham sido presas, acusadas de sabotagem, e mandadas para os campos de concentração, ou às *sharáshki* – prisões em que os cientistas eram obrigados a trabalhar em projetos de pesquisa do governo[19]. O resultado inevitável dessa campanha para aniquilar o pensamento independente foi todas as pessoas genuinamente talentosas, nos mais variados setores acadêmicos, terem sido substituídas por charlatães, que desmoralizaram, por uma geração inteira, a ciência e a tecnologia russas.

A criação de organizações fictícias de conspiradores fazia com que os processos políticos se enfileirassem, num rosário infernal de acusação e castigo. Durante o julgamento da não-existente União para a Libertação da Ucrânia, surgiram denúncias contra o não-existente Partido de Defesa dos Camponeses Sofredores, dando início a novo processo. A política desastrosa do governo, decorrente da coletivização, precisava de bodes expiatórios. A culpa pela destruição de rebanhos e colheitas, pelos *kúlaki*, recaiu nos demoníacos agrônomos da imaginária Liga dos Organizadores da Fome, que estariam fomentando a escassez de gêneros alimentícios; e na delirante Sociedade dos Veterinários Shakhtyitas, bacteriologistas acusados de inocular os animais com o vírus da peste. Uma das maiores monstruosidades perpetradas pela Justiça soviética foi, em novembro e dezembro de 1930, a farsa do julgamento do Partido Industrial, um grupo de técnicos acusados de sabotar as fábricas e de conspirar para assassinar Stálin. Em 25 de novembro, a histeria coletiva criada pelos jornais fez meio milhão de trabalhadores se manifestarem, no centro de Moscou, exigindo a pena capital para os réus.

---

19. Soljenýtsin fala disso em seu romance *O Primeiro Círculo*.

O clima sombrio da URSS, nessa fase, se insinua em *Bolt* (O Parafuso), o balé sobre sabotagem industrial, com roteiro de V. Smírnov, que Aleksandr Gauk regeu, em 8 de abril de 1931, no Teatro Acadêmico de Ópera e Balé, de Leningrado. A suíte de concertos, com oito números, que se ouve habitualmente, não dá a dimensão do clima sufocante que pesa sobre essa história. O tom da *Idade de Ouro* é mais leve e os títulos de seus números – "Um Caso Raro de Histeria de Massa", "Uma Tocante Coalizão de Classes", "Exposição Geral Levemente Fraudulenta" – mais satíricos. Também regido por Gauk, no TAOB, em 26 de outubro de 1930, *Zolotôi Viek*, com roteiro de I. Ivanóvski, não agradou nem aos militantes do Konsomol-Proletkult, que o acharam trivial, nem ao público, que se aborreceu com seu lado panfletário.

Mas o balé possui um número, um *pas-de-deux* lento, de escrita bitonal, que se destaca das demais seqüências e é a música mais pesada que Shostakóvitch escreveu entre a *Primeira Sinfonia* e a *Lady Macbeth do Distrito de Mstensk*. Há sinais da influência de Alban Berg na introdução, mas os últimos compassos são Mahler puro: a música está cheia de alusões ao primeiro e ao quarto movimentos da *Sinfonia n. 9* desse compositor. Nela, de repente, em meio ao tom mais livre e debochado do resto, parece ressoar uma frase como a do dramaturgo Aleksandr Afinoguénov: "Estamos vivendo numa época de grande medo".

A princípio, com a extinção da ACM, Miaskóvski e Shebalín tentaram refugiar-se em obras de câmara mais ou menos inofensivas. Mas, isso não sendo o bastante, formaram, em meados de 1931, uma nova associação destinada a produzir música sinfônica de inspiração marxista-leninista. A RAPM se encarregou de fazer fracassar *Liênin*, de Miaskóvski, uma sinfonia que se destaca, em meio a todas as obras de propaganda da época, pela sua qualidade. Ao mesmo tempo que escrevia a conformista *Sinfonia n. 12 "a Fazenda Coletiva"*, Miaskóvski fazia, na subjetiva *n. 11*, um inflamado protesto contra a destruição da cultura russa. Excusado é dizer que ambas foram rejeitadas pela RAPM. Igual destino teve a música de Liev Knípper: depois que sua ópera *Séviernyi Viéter* (O Vento do Norte) foi massacrada pelo Proletkult, ele mergulhou no mais descaracterizado conformismo.

Vendo o que passava à sua volta, Shostakóvitch – que a essa altura já tinha começado a trabalhar em *Lady Macbeth*, que tinha tudo para desagradar à RAPM – defendeu-se produzindo uma série de obras de encomenda. Recusou a proposta do Bolshói de escrever uma ópera baseada no roteiro do *Encouraçado Potiômkin*, de Eisenshtéin[20]. Mas assim que terminou a partitura do *Parafuso*,

20. Existem duas trilhas adaptadas ao filme mudo: uma original, escrita pelo alemão Eduard Meisner, e uma montada com trechos extraídos de diversas obras de Shostakóvitch.

escrevinhou a sua última colaboração para o TRAM: a música incidental para *Prav, Británia!* (Rule, Britannia!), de A. Piotróvski, encenada por Sokolóvski e Súslovitch, em 9 de maio de 1931. E mais uma trilha para o cinema: *Odná* (Sozinha), de Kozíntsev e Trauberg.

Essa comédia, sobre a tentativa frustrada de uma professorinha de aldeia de escapar da vida difícil que leva, pertence à fase de transição mudo-falado, no cinema russo, em que os diálogos ainda vinham em legendas intercaladas às imagens, mas a música já era gravada e sincronizada à ação. E Shostakóvitch demonstra grande habilidade em ilustrar, com os números de sua trilha – compilados na *Suíte op. 26* por Rojdéstvienski, no final da década de 1970 –, o clima da vida provinciana. Trilhas como essa devem muito à experiência que Dmítri teve, na juventude, como pianista de cinema.

Há também o que Ian MacDonald chama de "his personal low of lows": a revista *Uslóvno Ubítyi* (Supostamente Morto), estreada em 20 de outubro de 1931, no Lieningrádski Music-Hall Teatr, sob a regência do compositor de operetas Isaak Dunáievski, com coreografia de Fiódor Lopúkhov. Essa revista foi o resultado do encontro, no outono de 1930, enquanto Dmítri trabalhava, em Odessa, na trilha sonora do filme *Odná*, com Leoníd Óssipovitch Utióssov, músico de circo, criador da *Tea-Jazz* (abreviatura de *Teatrálnyi Jazz*). Primeira *jazz-band* soviética, a *Tea-Jazz* se inspirava no grupo negro americano de Sam Wooding, que excursionara pela URSS em 1926. A partitura da revista, cheia dos ritmos brincalhões de que Dmítri gostava, perdeu-se no bombardeio de Leningrado. Mas foi reconstruída, em 1993, pelo musicólogo inglês Gerald McBurney (uma curiosidade: a *Dança do Arcanjo Gabriel* foi reutilizada, dois anos depois, no *finale* do *Concerto n. 1 para Piano*).

Mais adiante, dando prosseguimento a esse tipo de trabalho, Shostakóvitch haveria de compor a *Suíte de Danças para Jazz-Band*, que corresponde a seu desejo de demonstrar como o jazz pode ser incorporado à música russa: "Não sou contra o jazz como tal", escreveu na *Lieningrádskaia Pravda* (28/12/1934). "Sou contra as formas feias nas quais se manifesta o entusiasmo universal e impensado por esse gênero. [...] O assunto é sério pois, aqui e ali, *póshlost* (a vulgaridade) e o filistinismo erguem a cabeça".

Ao mesmo tempo, usando uma tática que lhe permitia ganhar tempo, Shostakóvitch anunciou, na revista *Rabótchnyi i Teatr* (O Operário e o Teatro), que pretendia escrever, para o 15º aniversário da Revolução de Outubro, uma grande sinfonia com um título edificante: *De Karl Marx aos Nossos Dias*. A prova de que não tinha a menor intenção de pensar nisso é que, logo em seguida, tirou férias, foi para o Mar Negro, fez uma excursão pelo Cáucaso, e começou a compor *Lady Macbeth*. Ao voltar a Leningrado, depois de terminar o primeiro ato de *Lady Macbeth* em Tbilisi, teve a grata surpresa de saber que *Sozinha* estava fazendo muito sucesso, graças principalmente à canção da protagonista,

"Como Será Bela a Vida". Isso veio a calhar, pois a essa altura seus colegas estavam amordaçados ou tinham se resignado a escrever a gororoba populista que a RAPM exigia deles, e Shostakóvitch e Prokófiev tinham se tornado os últimos compositores a manter um estilo próprio.

É dessa época o projeto, não-concluído, de uma ópera cômica, com libreto de Nikolái Assêiev, a se chamar *O Grande Relâmpago*, sobre o choque cultural entre uma delegação de trabalhadores soviéticos e os seus anfitriões, em um país capitalista fictício – mas que tem tudo a ver com os Estados Unidos. Provavelmente Shostakóvitch desistiu do projeto por achar a história muito parecida com a do balé *A Idade de Ouro*. O libreto integral não foi encontrado mas, na biblioteca do Mály Teatr, Guennádi Rojdéstvienski encontrou os fragmentos que o compositor chegara a escrever e os apresentou, em forma de concerto, na Grande Sala da Filarmônica de Leningrado, em 11 de fevereiro de 1981. Há também a sua gravação, no álbum duplo *Orchestral Works*, da coleção *Melodya/The Russian Label*, contendo diversas peças da juventude ou dos primeiros estágios da carreira de Shostakóvitch.

Por mais duro que tenha sido o destino dos compositores, muito mais tristes foram os extremos de humilhação a que se viu reduzido um escritor como Pilniák. Comentando o triste fim de "um homem que parecia ter encolhido fisicamente", Max Eastman[21] escreve:

Pilniák tornou-se o maior especialista russo em retratação, abjeção, auto-rejeição, suspiros de arrependimento e pedidos de desculpa pelo pecado de ter pensamentos, impulsos, fantasias, emoções, reações, reflexos, gestos próprios. As revistas literárias estavam encharcadas com as suas pegajosas promessas e lágrimas de contrição. Ele pedia instrução marxista. Suplicava que designassem censores especiais para vigiar os seus romances e extirpar deles antecipadamente todo material maligno, estranho à política do Partido.

Se um intelectual como Isaac Bábel escapou da abjeta humilhação a que Pilniák foi submetido, foi em parte porque decidira "praticar o gênero literário do silêncio". Além disso, seu prestígio internacional era maior do que o de Pilniák; e ele era protegido por Maksím Górki, que o considerava o maior prosador vivo da Rússia. Mas a criatividade estilística estava, agora, definitivamente proscrita.

Em novembro de 1930, no Congresso da Arte Proletária, realizado em Khárkov, Leopold Áverbakh, líder da RAPP – que não era escritor – tinha ditado um conjunto de fórmulas que não eram para ser discutidas. Definia a arte como "uma arma de classe a ser coletivizada e organizada com base em um modelo

---

21. Em *Artists in Uniform: a Study on Literature and Bureaucraticism*, Nova York, Alfred A. Knopf, 1934.

militar, pois a disciplina devia substituir o individualismo e todas as demais atitudes pequeno-burguesas". O método deveria ser o do materialismo dialético – o que significa que todos os artistas deveriam ser catequizados, não se tolerando nenhum desvio da "visão correta". Fazendo da literatura uma espécie de fio de prumo, os militantes da RAPP estavam se convertendo numa versão real de uma caricatura de Maiakóvski: o Porteiro da cena do casamento, no *Percevejo*, encarregado de reprimir as palavras ditas pelos convidados que ele considere subversivas.

4.
O Fim da Revolução Cultural: o Terror

Górko obnovúshku
drúgu shíla iá.
Liúbit, liúbit króvushku
rússkaia ziemliá

ANNA AKHMÁTOVA[1].

E, de repente, quando parecia que a RAPP e a RAPM tinham consolidado o seu poder, uma resolução do Comitê Central, de 23 de abril de 1932, aboliu todas as "associações criativas", anunciando que elas seriam substituídas por uniões com estrutura sindical. De uma hora para a outra, os líderes radicais viram-se na situação em que antes se encontravam os que eles perseguiam: perderam os postos que ocupavam nas universidades, museus e bibliotecas (seus antecessores foram convocados para substituí-los), foram presos, exilados, executados. O ponto final na Revolução Cultural foi colocado, em 25 de abril de 1932, pelo editorial do *Pravda* que proibia todas as atividades culturais proletárias, por considerar o trabalho do Proletkult uma "vulgarização da esquerda".

A resolução de 23 de abril veio como uma surpresa para os artistas. Poucos foram os que se deram conta de que ela tinha sido uma manobra de Stálin, para desviar a atenção dos horrores que estavam ocorrendo com a coletivização. O Proletkult recebera liberdade de agir por algum tempo, não porque correspondesse a um ideal de pureza ideológica do Partido, mas apenas porque poderia "disciplinar" o país, num primeiro momento, condicionando os artistas e transformando-os numa massa conformista, de forma a que eles fossem capazes de produzir aquilo que se esperava deles.

As coisas teriam sido diferentes se o I Plano Qüinqüenal tivesse sido um sucesso. Mas, em 1932, já estava claro que seus efeitos tinham sido desastrosos. Para poder importar maquinaria industrial pesada, Stálin promovera, desde 1929, a exportação em massa de cereais e matéria-prima. Apesar da epidemia

---

1. "Amarga camisa nova eu cosi para ele. A terra russa gosta, gosta do gosto de sangue". Em *Niê byvát tibiê v jívikh* (Não estás mais entre os Vivos), poema de Anno Domini MCMXXI. A tradução está em *Anna Akhmátova: Poesia 1912–1964* (Machado Coelho, 1991).

de fome de 1930, produzida pela destruição das colheitas durante a coletivização, milhares de toneladas de trigo tinham sido exportadas.

Um primeiro sinal de que era pequeno o interesse das autoridades pelos bens culturais do país foi a decisão de Stálin de vender telas do museu do Ermitage de Leningrado, entre eles, quadros de Rembrandt e o *São Jorge* pintado em 1506 por Rafael. Pela *Anunciação*, de Jan van Eyck, o magnata do petróleo Sarkis Calouste Gulbenkián, inglês de origem armênia, pagou meio milhão de dólares, carreados para os investimentos na indústria pesada, programados pelo ı Plano Qüinqüenal.

Para aliviar a pressão causada pela escassez crescente dos gêneros básicos, o racionamento espartano e a inflação descontrolada, Stálin decidiu diminuir, provisoriamente, a perseguição à burguesia. Foi bem menos drástico, em conseqüência disso, o resultado do processo contra os "sabotadores" da indústria da porcelana, que estava em curso quando a resolução foi divulgada.

Era necessário disciplinar os artistas, mas Stálin precisava que eles se mantivessem produtivos. Usando o seu usual sistema de castigo e recompensa, ele reinstituiu os sindicatos – que Liênin suprimira, em 1919, por considerá-los focos perigosos de pensamento independente – transformando-os em máquinas para a coerção intelectual. Abandonando o princípio leninista do igualitarismo, Stálin anunciou um novo sistema de pagamentos diferenciados e privilégios especiais – quota maior de cartões de racionamento, acesso às lojas especiais do Estado – para aqueles que mantivessem o favor das autoridades. Na verdade, essa técnica de agitar a cenoura na frente da cabeça do burro iria piorar muito as coisas, em relação à fase de ditadura da RAPP/RAPM, pois, logo em seguida, seriam impostas aos artistas as rígidas diretrizes do Realismo Socialista.

O termo Realismo Socialista tinha sido usado pela primeira vez num editorial anônimo publicado em 23 de maio de 1932 na *Litieratúrnaia Gaziêta*, e mais tarde atribuído a Stálin. O fato de, em dezembro, uma circular do Orgburo do Comitê Central informar que a Resolução de Khárkov, de 1930, sobre o materialismo dialético, tinha sido cancelada, demonstrou que o chamado *Sotsialistítcheskii Realizm* seria a nova teoria oficial. Num ensaio de 1933, Maksím Górki explicitaria o conceito. Segundo a teoria marxista, a sociedade se encaminha inevitavelmente para um ponto culminante chamado comunismo (o Socialismo era apenas um estágio preparatório para essa fase final, de perfeição na organização social). O papel que a arte tem a cumprir é o de ajudar a chegada desse novo milênio, instilando nas pessoas os valores de que o Comunismo necessita para poder desabrochar. "O Realismo Socialista", dizia Górki, "faria isso retratando a realidade como se olhasse para o presente a partir da Idade de Ouro do futuro". Ouçamos o que diz a esse respeito Ian MacDonald: "O Realismo Socialista, em outras palavras, seria um tipo de ficção científica política sobre um futuro hipotético, na qual mentir sobre o presente poderia parecer ao mesmo tempo necessário e extremamente nobre".

Essa estética de celebração da plenitude heróica a que a sociedade soviética haveria de chegar tinha, portanto, de ser, acima de tudo, otimista. Nada de heróis trágicos ou final infeliz. Como o *sviétloie búdushtcheie* (futuro radioso) seria coletivo, os indivíduos teriam de ser tratados como arquétipos, símbolos de virtudes ou idéias. Características singulares, individuais, eram não só supérfluas como indesejáveis. Estimular a idealização significava desencorajar o naturalismo (o retrato do lado sórdido das coisas). Nessa arte, não havia mais lugar para nuances, introspecção, melancolia, reflexões de caráter individualista. Tudo tinha de ser tonitruante, expresso com a linguagem de megafone do *Krásnyi Romantízm* (o Romantismo Vermelho), "a emoção justificada do artista diante do heroísmo real das massas, em sua luta para construir o Socialismo".

O aspecto mais tragicômico da missão de retratar uma realidade que estava em perpétua evolução é que o pobre autor nunca sabia em que estágio do processo se encontrava. Aclamado como uma grande contribuição ao Realismo Socialista, o romance *Molodáia Gvárdia* (A Jovem Guarda), de Aleksandr Fadêiev, secretário-geral da União dos Escritores, recebeu o Prêmio Stálin em 1947. No ano seguinte, ao ser lançado o filme de Serguêi Guerássimov baseado no livro – com trilha sonora de Shostakóvitch –, Stálin ficou furioso, pois ele dava "ênfase insuficiente ao papel do Partido na vida de suas personagens". Ordenou então a Fadêiev que reescrevesse totalmente o romance. Quando o pobre escritor terminou a segunda versão, que perdera muito da força do original, submeteu-a a uma comissão de supervisão ideológica, para ouvir dela que, nesse meio tempo, as coisas tinham mudado e uma nova revisão seria necessária. Em 1958, cinco anos após a morte de Stálin, quando perguntaram a Mikhaíl Shólokhov, durante um encontro com escritores em Praga, o que significava o Realismo Socialista, o Prêmio Nobel de Literatura respondeu: "Só o Diabo sabe!"

Como o Realismo Socialista era aquilo que fosse útil para Stálin em determinados momentos, era mais fácil defini-lo, não pelo que ele era, mas pelo que não era: os seus inimigos. O inimigo n. 1 era o Formalismo, nome dado, na década de 1920, a uma tendência crítica de matriz parnasiana, que valorizava a arte pela arte e o apuro na realização formal. A definição que o *Polititcheskii Soviétskii Slovár* (Dicionário Político Soviético), da década de 1930, estampava era: "Colocar em primeiro plano o aspecto externo de uma questão; destacar a forma do conteúdo". O conceito tinha mudado pouco quando, em 1987, o *Litieratúrnyi Entsiklopiedítcheskii Slovár*, de Kojévnikov e Nikoláiev, o descrevia como "a primazia absolutista da forma sobre o conteúdo, fazendo com que a hipertrofia das preocupações com a maneira de escrever deixe em segundo plano as questões sociais".

Na verdade, não vinha ao caso formular uma teoria soviética da arte, e sim integrar a arte, tão depressa quanto possível, no esforço de propaganda estatal. Tudo o que não fosse útil para a construção do socialismo era formalista. E como, no bloco comunista, a arte tinha de significar o que as autoridades queriam que ela significasse, Formalismo era tudo aquilo que desagradasse a Stálin.

A reforma de 1932, que dissolveu todas as organizações proletárias, pondo fim à tirania dos grupos radicais e às pressões com que eles tiranizavam os compositores, pareceu, a princípio, animadora. Oficialmente rotulados como *lievátskoie* – "esquerdistas" e, portanto, equacionados com os trotskistas – os radicais foram marginalizados. O Conservatório de Moscou reverteu a seu nome original, e o poder retornou, virtualmente, às mãos dos antigos professores e compositores. Mas a relativa liberalização da vida cultural durou pouco.

Durante o I Congresso da União dos Escritores, em 1934, Górki expôs a doutrina do Realismo Socialista, e os presentes se esmeraram em denunciar os "erros ideológicos" cometidos pelos grandes mestres da literatura, e em exaltar a figura de Stálin, "bem-amado guia de todos os tempos e todos os povos... poderoso gênio da classe operária". Poucos foram os que, como Mikhaíl Bulgákov, Óssip Mandelshtám, Anna Akhmátova e Borís Pasternák, ousaram protestar. É lamentável o desempenho, no final da vida, de Maksím Górki, o grande escritor que, em 1922, tinha corrido risco de vida ao protestar contra a pena de morte para os membros do Partido Socialista Revolucionário postos fora da lei.

Os intelectuais logo perceberam que a criação da União dos Compositores tinha sido uma manobra dos dirigentes para assumir, sobre os artistas, um controle ainda mais estreito do que o das associações anteriores, de orientações ideológicas variadas. Na aparência, ao garantir a seus membros o direito de trabalhar, mediante o sistema da *kontraktátsia* – as encomendas estatais – e o fornecimento da ajuda material através do *Muzfond* (o fundo de assistência aos músicos), a União estava defendendo os interesses dos compositores. Mas os estava também manobrando, para obter deles a submissão; e condenando à marginalidade e à miséria os independentes, que não quisessem se associar e, implicitamente, aceitar a regra do jogo.

A principal função das Uniões era, nas *pokázii* – as reuniões internas de seus membros –, discutir e rejeitar as obras de seus companheiros que estivessem ou não de acordo com o espírito do *bolshevítskii samokrítik* (a auto-crítica bolchevique) e, portanto, fossem adequadas para a divulgação na plataforma de concertos, nas editoras estatais, ou na revista da União, *Soviétskaia Múzyka*, fundada em 1933. No Comitê de Organização da União dos Compositores, foi colocado um daqueles burocratas que o jargão stalinista chamava de *obshtchestviênnyi deiátel* (figura pública): o advogado Nikolái Ivánovitch Tcheliápov, figura de ligação com o Partido (esse velho bolchevique seria sorvido, posteriormente, no redemoinho dos expurgos stalinistas, a partir do momento em que deixou de ser necessário).

Outras organizações responderam ao apelo da União dos Escritores, a começar pela União dos Cineastas que, em janeiro de 1935, em seu primeiro congresso, pediu a "introdução de uma ditadura ideológica rigorosa no cinema" – pondo fim, dessa forma, à extraordinária expansão do cinema russo, registrada com os filmes de Serguêi Eisenshtéin, Vsiévolod Pudóvkin, Aleksandr Dovjênko, Grigóri Kozíntsev e Leoníd Tráuberg, que também foram signatários desse pedido.

No terreno da música, como definir o escorregadio conceito de Realismo Socialista? No primeiro número de *Soviétskaia Múzyka*[2], Tcheliápov ensaiou uma tímida explicação: "No domínio da música, tudo indica que as grandes formas são coisa para o futuro; por enquanto, vamos trabalhar com as pequenas formas da canção de massa; primeiro a música vocal e, mais tarde, chegaremos ao estágio de escrever música instrumental".

Era o sinal da confusão em que o conceito deixara os compositores, pois o caminho apontado por Tcheliápov não se coadunava com a necessidade de compor grandes afrescos históricos – poemas sinfônicos, oratórios, óperas históricas – que, à maneira dos épicos literários, celebrassem as glórias da construção do socialismo. De alguma forma, os compositores tinham de encontrar um equivalente musical para o *Jeliézni Potók* (A Inundação do Ferro), de Serafimovitch. E, no afã de pensar grande, em breve cairiam na armadilha de serem acusados de formalismo.

Shostakóvitch – que, em *Testemunho*, diz: "Eu estava num estado terrível. Estava tudo caindo aos pedaços à minha volta. Eu sentia que algo me roía por dentro" – percebeu logo, em 1932, que a União dos Compositores significaria uma nova forma de repressão. Mas aproveitou o alívio momentâneo para abandonar de vez a idéia da *Sinfonia Karl Marx* e tocar adiante a composição da *Lady Macbeth*, contente com a perspectiva de a nova estabilidade econômica, assegurada pela União, lhe permitir casar-se com Nina. Terminou também um importante ciclo vocal, iniciado anos antes.

A redação das três primeiras canções das *Shiest Romántsov na Slová Iapónskikh Poétov op. 21* (Seis Romanças sobre Textos de Poetas Japoneses), tiradas de uma antologia publicada em 1912, em São Petersburgo, por A. Brandt, data de 1928. Contemporâneas do *Nariz*, elas refletem, pelas suas sonoridades inusitadas, o experimentalismo daqueles anos e o uso seletivo, camerístico, de um efetivo orquestral muito grande. As três últimas são de

---

2. K Voprósom o Sotsialistítcheskom Reakizmie v Múzyke (Das Questões sobre o Realismo Socialista na Música).

1931-1932, contemporâneas da *Lady Macbeth*, e apresentam a economia de recursos característica da linguagem madura.

Liubôv (Amor), de autor anônimo, é uma apaixonada canção de amor. A voz do tenor parece pairar, etérea e desencarnada, na amplitude da instrumentação, que sugere o ambiente noturno. Os extremos de orquestração são intensificados nos amargos versos de *Piêred samoubíystvom* (Antes do Suicídio), de Otsuno Odsi, poeta do século VII. A voz do tenor sobe até as proporções angustiadas do grito nos versos finais:

> Tchérez god, kogdá razdátsia snôva krik gussiêi,
> Ia niê uslíshu ikh.

(Um ano há de se passar antes que o grito dos gansos ressoe de novo, mas eu já não os ouvirei).

Em compensação, em *Nieskrômny Vzgliád* (Um Olhar Imodesto), de autor anônimo do século XVIII, delicadas texturas dominadas pela harpa e as madeiras sugerem a sensualidade reprimida dos versos:

> A sevôdnia, ô rádost moia,
> iá nógui tvoí uivdál,
> Kogdá tvoím liógkim plátiem
> viêiushtchii viéter igral

(Mas hoje, minha amada, olhei para as tuas pernas quando, com o teu leve vestido, o vento brincou ao soprar).

Os três poemas seguintes são de autores anônimos. As sonoridades graves de *V Piérvy i Posliédny Raz* (Pela Primeira e Última Vez) contrastam com o final brilhante da canção precedente. Esse é um poema de resignação diante do amor perdido –

> Kogdá notch otletiéla,
> ia uvídiel, shto tebiá so mnóiu bólshe niet.
> Ostálas lish bol, lish bol.

(Quando a noite partiu, vi que não estavas mais comigo. Restava apenas a dor, apenas a dor)

– que leva à agridoce melancolia de *Bieznadiôjnaia Liubôv* (Amor sem Esperança), na qual o poeta pergunta:

> Zatchém iá liubliú tebiá
> vied nikogdá, nikogdá ty nie búdiesh moiêi?

(Para que te amo, se nunca, nunca serás minha?)

Amor não correspondido, desesperança, desejo de aniquilação, temas muito afins à sensibilidade soturna do Shostakóvitch maduro; e esse ciclo, de surpreendente concisão expressiva, se encerra inevitavelmente com *Smiért* (Morte), em que o poeta afirma:

> Ia umiráiu
>
> potomú shto nielziá jit biez liubví.
>
> (E eu morro, porque não é possível viver sem amor).

Esse breve ciclo já é percorrido por um sentimento e uma forma de expressão que havemos de reencontrar, 37 anos depois, na *14ª Sinfonia*.

Embora Shostakóvitch viesse fazendo esforços para desvincular-se da imagem de um compositor de partituras para teatro e cinema, havia ainda um contrato a cumprir com o Teatro Vakhtángov – até mesmo porque ele já tinha gasto o adiantamento recebido, com as férias passadas no Mar Negro e na Geórgia. Mas a ironia com que impregnou a música incidental para a produção de *Hamlet*, dirigida por Nikolái Akímov, fez com que se visse envolvido também na celeuma suscitada por esse espetáculo.

A idéia de Akímov, de apresentar Hamlet como um revolucionário em luta contra a velha ordem, representada por Cláudio e Gertrudes, era, em princípio, ideologicamente aceitável, na medida em que Elsinore surgia como um símbolo da corrupção capitalista. Akímov cutucou o Partido com vara curta ao fazer de Hamlet um ídolo de pés de barro, que explora a aparição do fantasma do pai como um meio de obter apoio popular, e declama seu monólogo "Ser ou não ser" para a coroa do tio. A idéia de que Hamlet quer retomar o trono que, um dia, foi de seu pai, fez o desconfiado Stálin ver nisso um apelo à subversão.

Dmítri percebeu, desde os ensaios, o potencial de risco da montagem. O violinista Iúri Ieláguin, que tocava na orquestra do Vakhtángov, conta[3] que ele estava muito deprimido e preocupado, nos dias que precederam a estréia. Embora – e talvez até mesmo porque – a montagem de *Hamlet* tenha sido violentamente atacada, no *Pravda*, por Karl Rádek, o porta-voz do Comitê Central, o espetáculo foi um grande sucesso, com casa cheia todas as noites. Akímov seria preso em 1940, e sumiria de circulação. A Shostakóvitch, de imediato, nada aconteceria. Mas iam se acumulando, no horizonte, as nuvens negras que, a seu devido tempo, desabariam sobre ele.

Foi inevitável para Shostakóvitch, naqueles tempos instáveis, ter de fornecer aos palcos e telas soviéticos obras de teor político explícito, como a trilha

---

3. Em *Taming of the Arts,* Londres, Dutton, 1951.

do filme *Contraplano* (1932), de Fridrikh Érmler e Serguêi Iutkiévitch, sobre a criação espontânea, pelos empregados de uma fábrica, de projetos inovadores, que visavam a incrementar a produtividade. Nessa partitura, Shostakóvitch foi um dos primeiros a utilizar ruídos – o estalar e o chiado das máquinas, as sirenes de usina, o ritmo mecânico das engrenagens – como elemento acessório da música. Mas o número de maior sucesso, nessa trilha, foi *Piésnia vstrétchnikh* (A Canção do Encontro), também chamada de "No Frescor da Manhã", com poema de Borís Kornílov, que Bukhárin chamara de "o poeta mais promissor da sua geração":

> Nas utro vstrietcháiet prokhládoi,
> nas viétrom vstriecháiet rieká.
> Kudriávaia, sto-j ty niê ráda
> visiélomu piêniu gudká?

> (A manhã vem a nosso encontro com um sopro fresco, o rio vem a nosso encontro com uma brisa. Menina dos cabelos cacheados, por que não estás contente com o alegre som da sirene da fábrica?)

De melodia simples e atraente, que logo foi tocada na rádio e cantada por todos, essa canção foi a causa de um incidente nunca devidamente elucidado: Shostakóvitch viu-se acusado de plágio por A. Tcherniávski que, em 1895, publicara uma canção de melodia muito parecida – uma questão resolvida amigavelmente no tribunal. Seja como for, "No Frescor da Manhã" correu o mundo, recebeu versões em inglês e francês e, em 1945, com letra de Harold J. Rome, a sua melodia foi escolhida para o hino oficial das recém-criadas Nações Unidas. Além disso, na Suíça, ela passou a ser usada como canção nupcial. Shostakóvitch voltaria a usar essa melodia no *Poema da Pátria op. 74*; na trilha do filme *Mitchúrin* (1948), de Aleksandr Dovjênko; e na opereta *Moscou-Tcheriômushki* (1959).

Chopin e Skriábin são os compositores homenageados nos *24 Prelúdios op. 34*, para piano. Escritos entre fevereiro de 1932 e março de 1933, eles foram estreados pelo próprio autor, em Moscou, em 24 de maio de 1934. Ao contrário dos *Aforismas*, esses prelúdios retornam a uma linguagem praticamente tonal, refugiando-se num mundo interior de expressão bem mais serena, do qual, no entanto, não está ausente, aqui e ali, a paródia. São peças curtas, de deliberada simplicidade, nas quais comparecem freqüentes ritmos de dança, que remetem à experiência de Shostakóvitch com o balé. Como sempre, nesse tipo de coleção, encontramos vasta amostragem de procedimentos de escrita e de estados psicológicos.

Se o *moderato* (dó maior) é uma peça quase improvisatória, de tom pensativo, o *allegretto* (lá menor) é ritmado, à maneira de uma dança espanhola, e o *andante* (sol maior) é elegíaco, com uma ambientação de noturno. À pequena fuga a três vozes do *moderato* (mi menor), segue-se um estudo para a mão direita – *allegro vivace* (ré maior) – com uma série ininterrupta de escalas em semicolcheias, pontuadas por *staccatos* acentuados na mão esquerda. Depois vem o *allegretto* (mi menor), polca grotesca e dissonante, com a qual contrasta a cantilena do *andante* (lá maior), na mão esquerda, que parece ter sido concebida para um violoncelo, e à qual respondem contra cantos da mão direita.

O humor cáustico do *allegretto* (fá sustenido menor), todo em *staccatos*, prossegue no ritmo vivo do *presto* (mi maior), que tem a forma de uma tarantela. O *moderato* (dó sustenido menor) assume desabridamente o tom das romanças sentimentais de salão, que Shostakóvitch deve ter ouvido muito na meninice; contracantos no registro médio levam à série de trinados do final – e, aqui, o compositor toma de empréstimo o recurso beethoveniano de tocar na mesma mão o trinado e o tema principal. Prokófiev parece mostrar a cara no corte nítido, duro, martelado do *allegretto* (si menor), seguido de um *allegro non troppo* (sol sustenido menor), com um tom de tocata que lhe é conferido pelo tema rítmico, acompanhado por uma figura repetitiva de arpejos.

A dança, um tanto pesada do *moderato* (fá sustenido maior), dá-lhe afinidade com uma *bourrée*; na parte final, as duas mãos tocam nas extremidades opostas do teclado. A marcha fúnebre do *adagio* (mi bemol maior) faz, uma vez mais, forte contraste com a valsa refinada e ligeira do *andantino* (si bemol menor), toda em *staccatos*. É a vez do *andantino* (si bemol maior), em ritmo de marcha, deliberadamente vulgar; do *largo* (lá bemol maior), em forma de valsa lenta, com a típica fórmula de acompanhamento a que estamos acostumados em Chopin, mas com um compasso quaternário que se intercala, de vez em quando; do *allegretto* (fá menor), de escrita temperada por efeitos contrapontísticos; e de um novo *andantino* (mi bemol maior), em forma de barcarola, com um daqueles acompanhamentos rítmicos repetitivos que são a marca registrada do compositor.

Os cinco últimos prelúdios se iniciam com a irrupção de um violento *allegretto furioso* (dó menor), cheio de duras dissonâncias, totalmente em desacordo com o espírito brincalhão do *allegretto poco moderato* (si bemol maior), em cinco tempos, com acompanhamento uniforme. Ele está muito próximo do tom meditativo do poético *adagio* (sol menor) que se segue, em que as duas mãos passam de uma para a outra a linha melódica. As tercinas de que se compõe o *moderato* (fá maior) dão-lhe a feição de um estudo, cujo tema está nas três primeiras notas. E o ciclo se encerra com uma gavota de tom cômico – *allegretto* (ré menor) – na qual transparece, uma vez mais, a atenção à música de tendência neoclássica de Prokófiev.

Do excepcional pianista e autor de música para teclado esperava-se, agora, que ele compusesse um concerto para piano. E ele o fez, em 1933, de forma extremamente original. Só as cordas acompanham o *Concerto n. 1 em Dó Menor op. 35*. Mas um trompete faz, ocasionalmente, o papel de solista coadjuvante, nessa peça de exuberante virtuosismo, dividida em quatro movimentos: *allegretto – lento – moderato – allegro con brio*. Sob diversos aspectos, o *op. 35* pertence à linha estética dos anos de 1920: pelo humor desabrido e, às vezes, um tanto grotesco que permeia os movimentos exteriores; pelas breves alusões ao estilo jazzístico do *Concerto em Sol* de Ravel no *allegretto*; pelas referências ao Classicismo, com as citações, no *allegro con brio*, dos temas do *Rondó para um Groschen Perdido*, de Beethoven, e da *Sonata em Ré Maior*, de Haydn; e principalmente pelo contraste entre o estilo *tongue-in-cheek* dos movimentos rápidos e o assumido sentimentalismo da valsa lenta do segundo movimento, dentro da melhor tradição romântica russa. São procedimentos díspares, que efetuam a ligação entre o modernismo e o espírito do passado. O *moderato*, do qual o trompete não participa, é um breve *intermezzo*, encadeado com o *finale*, no qual é incluída uma cadência para o solista.

A gravação de 1958 que o próprio Shostakóvitch deixou, com o trompetista Ludovic Vaillant e o Orchestre National de la Radiodiffusion Française, regido por André Cluytens (selo EMI, 1993 – coleção *Composers in Person*) demonstra a sua técnica imaculada, a nitidez de articulação e – dando razão ao comentário de Malkó sobre a maneira como ele tocava a *Sinfonia n. 1* ao piano – a incrível velocidade com que conduzia as passagens rápidas. Existe um filme da década de 1930, sobre a Filarmônica de Leningrado, em que ele aparece tocando o último movimento numa velocidade infernal, com uma agitação que nenhum outro intérprete deve ter sido capaz de igualar. O próprio Shostakóvitch dizia que esse concerto era o retrato de uma época heróica, animada e cheia da alegria de viver.

Alegria de viver que, a princípio, se manifestava também no plano da vida pessoal. Durante o inverno de 1933-1934, aliviado financeiramente pelo sucesso da *Lady Macbeth* – de que falaremos em um capítulo separado – Dmítri e Nina eram freqüentemente vistos juntos em festas e restaurantes. Depois, eles começaram a se afastar. Nina passava longos períodos fora, aparentemente se tratando em estações de água, e Dmítri aparecia em público sozinho ou em companhia de Sollertínski. Na realidade, o casamento estava seriamente abalado, porque Shostakóvitch tinha se envolvido apaixonadamente com Ielena Ievsêievna Konstantínovskaia, universitária de vinte anos, contratada como intérprete dos artistas estrangeiros vindos ao Festival Internacional de Música de Leningrado, em maio de 1934.

Logo depois de conhecer Ielena, ele teve de fazer uma excursão a Baku, de onde foi encontrar-se com Nina em Ialta, para passarem juntos alguns dias de férias em Polienôvo, perto de Tarússa, numa casa de repouso pertencente ao Teatro Bolshói. Foram dias desastrosos, pois Dmítri, morto de saudades de Ielena, escrevia-lhe apaixonadas cartas diárias – o que Nina não pôde deixar de perceber.

No retorno a Moscou, em meados de agosto, Nina já tinha decidido pedir a separação, a que já me referi anteriormente. No dia 15, eles tiveram uma confrontação tempestuosa e Nina decidiu voltar sozinha para Leningrado. É esse o momento em que chegaram a se divorciar, desistindo, depois, devido ao nascimento de Galina Dmítrievna. Mas Shostakóvitch continuou a ser visto em público com Ielena e, em determinado momento, pensou seriamente em pedi-la em casamento. Esse tenso episódio emocional deixou sua marca na *Sonata em Ré Menor op. 40*, para violoncelo e piano. Esta peça tinha sido encomendada a Dmítri, quando ele ainda estava em Polienôvo, pelo violoncelista Víktor Lvóvitch Kubátski, que a estreou, com o compositor ao piano, na Pequena Sala do Conservatório de Leningrado, em 25 de dezembro de 1934.

Várias vezes revisada, a *op. 40* só atingiu a sua forma definitiva com a edição crítica de 1982. Segundo Kubátski, o *allegro non troppo* inicial é o resultado de duas noites de insônia depois do desentendimento com Nina, por causa de Ielena. No *allegro non troppo*, o solista abre o diálogo com o piano declamando um tema sereno, quase tchaikovskiano. No *tranquillo*, que se segue, aparece uma idéia melódica que reencontraremos na *Quinta Sinfonia*. As abundantes indicações de dinâmica e nuances metronômicas, com a sugestão de *rubatos* impetuosos, expressa a alternância dos estados emotivos, até a seção *largo*, com que se encerra o primeiro movimento, e que retoma o tema inicial de maneira quase trágica. Em contraste, o *allegro* seguinte é um *scherzo* em estilo popular, com o mesmo tom irônico e provocador com que o folclore é tratado tanto no balé *A Idade de Ouro* quanto na *Lady Macbeth do Distrito de Mtsensk*. As sonoridades metálicas e marteladas do piano, que chega ao triplo *fff*, servindo de fundo para as figurações acrobáticas do violoncelo, levam a uma coda *molto marcato*, em que há uma paródia deliberada da maneira com que Prokófiev termina esse tipo de movimento.

O *largo* é a meditação lírica de um homem que está visivelmente passando por uma fase emocional delicada. Esse monólogo de caráter essencialmente vocal, no qual a voz de barítono do violoncelo substitui a do cantor, tem um máximo de expressão interiorizada, no momento – o primeiro dentro de sua obra – em que Shostakóvitch pede ao solista a sutileza de um quádruplo *pppp*. O piano retoma, no *rondó: allegro*, o tom sarcástico e provocador, ao qual o violoncelo, ainda hesitante depois da expansão lírica do segundo tempo, só consegue responder lá pelo meio do movimento. Depois desse rompante, finalmente, ele se une à sarabanda endiabrada do piano, num moto perpétuo que vai em crescendo até o *risoluto* final, que exige do violoncelista enorme intensidade de execução.

Stálin e Serguêi Kírov em 1926.

Numa declaração dada ao *Izviéstia*, em 3 de abril de 1935, Shostakóvitch atribuiu a relativa simplicidade de escrita dessa sonata à leitura dos artigos de Maksím Górki sobre a necessidade de se manter a "pureza da linguagem". Durante o início de 1935 ele fez várias declarações a respeito da busca de uma linguagem simples, expressiva e pessoal, rejeitando a "originalidade a qualquer custo" que marcara algumas de suas primeiras peças. Era como se estivesse prevendo as dificuldades que viriam logo a seguir. O depoimento do violoncelista Arnold Ferkelman, a Elizabeth Wilson, diz muito sobre o Shostakóvitch dessa fase. Depois de confessar não ter gostado da sonata, ao ouvi-la na estréia, Ferkelman admite tê-la descoberto nas várias vezes em que a tocou com o próprio compositor: "Durante os ensaios, Dmítri Dmítrievitch fazia muito poucas observações; aparentemente, aceitava a minha interpretação de sua sonata. Era muito modesto e era fácil trabalhar com ele".

Tinham sido muito difíceis, para todo o país, os anos transcorridos desde que Stálin assumira o poder. Mas nada se compararia ao que aconteceu depois de 1º de dezembro de 1934. Nessa data, um desconhecido, Leoníd Nikoláiev, entrou no Smólnyi, o prédio onde funcionavam os escritórios do PCUS e, à queima-roupa, deu um tiro na cabeça de Serguêi Mirônovitch Kírov, o secretário do Partido na Federação da Rússia. E o Terror começou.

Nos dias que se seguiram, quarenta mil habitantes de Leningrado foram deportados para os campos de concentração, acusados de conspirar para matar Kírov. Quatrocentos outros, sabendo-se suspeitos, suicidaram-se antes que a NKVD pudesse detê-los. Hoje em dia, não se tem mais dúvida de que o próprio Stálin foi o mandante desse crime. Muito estimado pela população, Kírov era um rival potencialmente perigoso para ele. Além disso, possuía – juntamente com outros líderes que o ditador precisava eliminar – informações sobre o verdadeiro genocídio perpetrado no campo, durante a campanha de coletivização forçada, que não podiam, de forma alguma, transpirar. Num dos mais importantes romances publicados durante a fase da dissidência do governo Bréjnev – *Os Filhos da Rua Arbat*, de Anatóli Naúmovitch Rybakóv – a responsabilidade do *Vójd* pela eliminação de Kírov é abertamente proclamada.

Um dos poucos a saber o que se passava era o poeta Óssip Mandelshtám. Expulso de Leningrado, em 1931, ele andara pela Ucrânia, antes de chegar a Moscou, e tinha uma idéia do "enorme Bergen-Belsen em que se transformara o campo russo"[4], onde cerca de quinze milhões de pessoas tinham morrido. Mandelshtám reagiu ao que vira no *Poema a Stálin*, do final de 1933, que não chegou a escrever, mas memorizara e declamava para seus amigos:

---

4. A expressão é do historiador Robert Conquest, em *Harvest of Sorrows: the Soviet Collectivization and the Terror Famine*, Hutchinson, 1986..

Vivemos sem sentir o chão em que pisamos.
A dez passos de nós, já não se ouve o que falamos.
Mas onde quer que haja meia-conversa que seja,
o montanhês do Kremlin há de ficar sabendo dela.
Os dedos desse assassino de camponeses
são grossos como salsichões,
e as palavras caem de seus lábios pesadas como chumbo.
Seus bigodes de barata vibram
e o cano de suas botas é reluzente.
À sua volta, há um rebanho de líderes
de pescoço fino, homens pela metade, que o bajulam
e com quem ele brinca como se fossem animais de estimação.
Rosnam, ronronam, uivam cada vez
que ele fala com eles ou lhes aponta o dedo.
Um a um, forjam leis para que, depois,
ele os acerte com a ferradura na cabeça,
no olho, no baixo-ventre.
E cada vez que eles matam, isso é um pitéu
para aquele ossétio[5] de pescoço grosso.

Em março de 1934, Óssip cruzou com Pasternák e disse para ele o poema. "Não te encontrei e não ouvi o teu poema", disse-lhe Borís Leonídovitch, apavorado. No início de maio do ano seguinte, Mandelshtám repetiu o poema em uma festa em que estava presente o conde Aleksêi Tolstói, um homem do sistema. Quando Tolstói protestou, defendendo Stálin, Óssip Emílievitch deu-lhe um sonoro tapa na cara. "Daquele momento em diante", conta Nadiêjda, sua mulher, em suas *Memórias*, "eu sabia que Óssip estava condenado".

A NKVD o prendeu no dia 13 daquele mesmo mês. Mas, num de seus típicos comportamentos sádicos, de quem adia o castigo, para poder saboreá-lo melhor mais tarde, Stálin não mandou matá-lo. Ordenou que Nadiêjda e ele fossem exilados para Tchôrdin, nos Urais, e depois para Vorônej, na Sibéria. Só mais tarde Mandelshtám foi mandado para o campo onde morreu. Akhmátova o descreveu no poema em que fala da visita que fez a seus amigos, em Vorônej, em fevereiro de 1936:

A vo kómnatie opálnovo poeta
dijuriát Strakh i Múza v svôi tcheriôd,
i notch idiôt
kotoráia niê viedáiet rassviéta.

5. Stálin nasceu na Ossétia do Sul, república autônoma pertencente à Geórgia.

(Mas no quarto do poeta degredado,/ o Medo e a Musa velam em rodízio,/ e cai uma noite/ que não traz a esperança da alvorada).

Embora os livros publicados por Mandelshtám tivessem sido confiscados e destruídos, seus poemas sobreviveram porque Nadiêjda – num exemplo de devoção sem paralelo na História da Literatura – os memorizou todos e os pôde assim ir contrabandeando aos poucos para o Ocidente, onde foram publicados.

A morte de Kírov era o atentado de que Stálin precisava, para desencadear o Grande Terror. Prisões em massa, processos sumários, execuções, exílios, remoção para campos de trabalhos forçados – um pesadelo que Liubôv Shapórina, a mulher do compositor, descreve num diário só publicado em 1992[6]:

> Todas essas prisões, esses exílios eram inexplicáveis, injustificados e inevitáveis, como um desastre natural. Ninguém está seguro. Toda noite, na hora de ir me deitar, deixo preparada alguma coisa de que poderia precisar, caso venham me prender. Somos culpados sem culpa. Se você não for executado, preso, ou exilado, dê graças à sua boa estrela.

Os efeitos, dentro do Partido, tinham sido tão grandes quanto fora. Muitos *apparátchiki* tinham ficado seriamente perturbados com os horrores que tinham sido obrigados a infligir à população. Na cúpula do governo, houvera alguns constrangedores suicídios, e o mais escandaloso deles tinha sido, em 8 de novembro de 1932, o de Nadiêjda Allilúieva, a jovem segunda mulher de Stálin. Terá Nadiêjda se matado, destruída pelo sentimento de culpa com a onda de terror desencadeada por seu marido? Esta é uma pergunta que, certamente, nunca poderá ser respondida.

Responsabilizando pela morte de Kírov a oposição dentro do PCUS – Zinovióv, Bukhárin e a velha guarda que, no XVII Congresso, reagira mal às proporções faraônicas assumidas pelo culto da personalidade – Stálin desencadeou expurgos de amplitude sem precedentes, em processos presididos por Andrêi Vishínski[7]. A *intelliguêntsia*, aterrorizada, assistia a tudo impotente. No mesmo número da *Lieningrádskaia Pravda* (28/12/1934) em que Shostakóvitch anunciava estar escrevendo "uma nova sinfonia, de proporções épicas" – a *Quarta* –, eram publicadas cartas atribuídas às "massas trabalhadoras", pedindo a destruição dos "inimigos do povo". Dmítri que, antes, gostava de discutir, na imprensa, os assuntos culturais mais variados, passou a

---

6. Citado em *Shostakovich and Stalin* (Volkóv, 2004).

7. Acusador nos processos políticos de 1928, Vishínski foi nomeado, em 1931, procurador-geral da República Russa e, em seguida, da URSS. Recebeu o Prêmio Stálin por ter enunciado a doutrina de que as confissões dos acusados – mesmo quando obtidas sob tortura – podem ser aceitas como a prova definitiva de sua culpa. Nomeado ministro das Relações Exteriores em 1949, foi demitido em 1953. Tudo indica que se suicidou no ano seguinte.

limitar-se a informações pró-forma sobre o seu trabalho, expressas da maneira mais sóbria possível.

Quando Shostakóvitch escreveu, em 1932, a música do dostoievskiano último ato da *Lady Macbeth* – com uma evocação da vida dos forçados que lembra os *Zapíski iz Miórtviova Dôma* (Anotações das Casas dos Mortos), livro que ele sabia de cor –, muitos de seus amigos já tinham sido presos: além de Kharms e Vviedênski, o diretor Igor Teriêntiev, os artistas judeus Borís Erbshtéin e Sólomon Guérshov. E estava próximo o momento em que o martelo do poder se abateria sobre ele.

As pessoas instruídas, capazes de analisar o que se passava, eram particularmente perigosas e indesejáveis. Em agosto de 1930, um grupo de bacteriologistas, chefiado pelo professor Karatýguin, foi processado e condenado à morte, sob a acusação de ter espalhado uma peste eqüina mortal. Processos semelhantes atingiram engenheiros, fisiologistas, especialistas da indústria aeronáutica. O Decreto sobre a Traição da Pátria, de 1934, estabeleceu que a pena de morte, com a co-responsabilidade da família, era a única pena prevista para esse tipo de crime. E a lei de 8 de abril de 1935 autorizou a pena de morte para crianças de mais de doze anos de idade.

Essas atrocidades conviviam com gigantescos espetáculos propagandísticos, como a parada esportiva de julho de 1935, na Praça Vermelha, em que os cartazes proclamavam: "Nossa vida é mais feliz, nossa vida é mais alegre". Elemento fundamental do culto à personalidade era o retrato de Stálin como o grande amigo das crianças: os jornais eram inundados por fotos do ditador, nos jardins do Krêmlin, com sua filha Svetlana e outras meninas que lhe entregavam ramos de flores. O que os leitores não sabiam é que o pai de uma dessas meninas, Guéla Márkizova, fotografada em janeiro de 1936, tinha sido executado como "inimigo do povo" e a mãe dela estava presa. E a Constituição promulgada em 5 de dezembro de 1936 – apresentada como a mais progressista do mundo – foi o ponto culminante dessa cortina de fumaça da propaganda.

Com o VII Congresso do PCUS, em janeiro de 1935, chegou a extremos delirantes a veneração de Stálin como um super-homem que não podia errar. O editorial do *Pravda* dá uma idéia clara de como eram ensaiadas essas cerimônias:

Às 6:15, o Camarada Stálin aparece. Todos os delegados erguem-se, como um só homem, e aclamam-no com uma prolongada e tempestuosa ovação. De todas as partes da sala irrompem gritos de "Viva o Grande Stálin!", "Viva o nosso *Vójd*!". Nova explosão de aplausos e saudações. O Camarada Kalínin abre a sessão lembrando a todos que o Camarada Stálin é o instigador, o inspirador, o organizador da obra gigantesca que é a União Soviética. Uma nova tempestade de aplausos transforma-se numa ovação interminável. Toda a assembléia se ergue e saúda Stálin. Gritos de "Viva Stálin!" e "Hurra!". O Camarada Filátov propõe que se eleja um Presídio de 26 membros. O primeiro a ser eleito por aclamação é Iósif Vissariônovitch Stálin. Uma vez mais gritos de "Hurra!" enchem a sala e o rugido dos aplausos é ouvido por muito tempo...

E o artigo continua nesse mesmo tom, coluna após coluna. É incrível o tom do discurso pronunciado, nessa mesma seção, pelo escritor Aleksandr Avdêienko, que se tornou um objeto de chacota nos círculos intelectuais:

> Devo cantar, proclamar, gritar a plenos pulmões a minha alegria e felicidade, que a ti devo, grande mestre Stálin. Nosso amor, nossa devoção, nosso heroísmo, nossa vida são teus. Toma-os, grande Stálin – é tudo teu, líder deste grande país. Povos de todos os tempos e de todas as nações hão de dar o teu nome a tudo aquilo que é bom e forte, a tudo aquilo que é sábio e belo. Quando a mulher que eu amo me der um filho, a primeira palavra que lhe ensinarei será Stálin...

Esse estado de histeria coletiva haveria de deixar suas ressonâncias na grande obra sinfônica em que Shostakóvitch já estava trabalhando. As palavras de Nadiêjda Mandelshtám, em suas *Memórias*, sobre as conseqüências emocionais de ser constantemente forçado, pelo terror, a um entusiasmo artificial, podem-se aplicar ao que Dmítri sentia naquele momento:

> Viver assim deixa na gente marcas muito fortes. Todos nós ficamos mentalmente um pouco desequilibrados – não exatamente malucos, mas tampouco inteiramente normais: desconfiados, irritadiços, confusos, inibidos no jeito de falar e, ao mesmo tempo, encenando um espetáculo de otimismo juvenil.

Também em N. Mandelshtám encontramos a descrição da hipersensibilidade nervosa de que a *Quarta Sinfonia* estará cheia:

> Se você vive num estado de terror constante, sempre esperando pelo ruído do carro que pára diante da sua porta e da campainha que toca, cada minuto, cada segundo começa a ter um significado especial para você. O tempo se arrasta, adquire peso e pressiona seu peito como se fosse chumbo. Nem chega a ser um estado de espírito; é uma sensação física que se torna particularmente opressiva à noite.

Se ouvirmos atentamente o torturado primeiro movimento da *Quarta*, será possível perceber nele essa angústia intolerável de quem tem sobre si a espada de Dámocles.

Pouco antes de Shostakóvitch terminar a sua *Quarta Sinfonia*, iniciada dois anos antes, em 1934, ocorrera o escândalo da apresentação moscovita da *Lady Macbeth*, seguida do devastador artigo no *Pravda* que deu origem à fase mais radical de imposição do Realismo Socialista. Levando-se em conta a aspereza de linguagem dessa partitura, é compreensível que o compositor tenha preferido cancelar a estréia, prevista para o fim de 1936, de modo a não oferecer à crítica oficial a oportunidade de chamá-lo novamente de "formalista".

A explicação oficial foi que ele não estava satisfeito com os ensaios feitos pelo maestro Fritz Stiedry e, de fato, muito assustado com a possibilidade de essa peça lhe trazer problemas, Stiedry não estava conseguindo resolver a contento as suas inúmeras dificuldades. Depois de dez ensaios crescentemente insatisfatórios, Shostakóvitch a retirou e, em dezembro de 1936, anunciou ter chegado à conclusão de que a sua *Quarta Sinfonia* era um fracasso. Mas, em *Testemunho*, ele deixa entender ter sido submetido a pressões para adotar essa decisão.

Engavetada, a partitura perdeu-se durante a guerra. Shostakóvitch teve de reescrevê-la, em 1946, a partir de uma redução para dois pianos que fizera na época da composição. Mais tarde, usando as partes instrumentais preparadas para os ensaios de 1936, reconstruiu-a inteiramente. Passaram-se 25 anos até que a mudança do clima político, com a morte de Stálin, permitisse a execução da *Sinfonia n. 4 em Dó Menor op. 43*, em 20 de dezembro de 1961, com a Filarmônica de Moscou regida por Kiríll Kondráshin. Quando este lhe pediu que desse à obra uma forma executável, Dmítri simplesmente lhe estendeu a partitura reconstruída, dizendo: "Tome. Enfie isso pela goela deles abaixo".

Escrita para uma orquestra colossal – seis flautas, quatro oboés, oito clarinetas, oito trompas, três trombones, duas tubas, duas harpas, sete percussionistas e uma imensa seção de cordas na qual se destacam quatorze contrabaixos –, a *Quarta* é uma das sinfonias mais complexas de Shostakóvitch. Não só pela sua escrita – ela tem apenas três movimentos, os externos vastíssimos, enquadrando um *scherzo* relativametne curto –, mas principalmente pelo seu conteúdo emocional.

Essa grandiosidade, que faz Shostakóvitch recorrer a efeitos deliberados de passagens orquestradas com o máximo de volume e envolvimento instrumental, é um primeiro ponto a considerar. A *Quarta* reflete, muito provavelmente, aquela "gigantomania" – o termo é do economista Nikolái Bazilii[8] – com que a URSS queria mostrar-se ao mundo, no decorrer dos dois primeiros Planos Qüinqüenais. Sem qualquer base na verdade, alardeavam-se quotas de produção dez vezes maiores, "cifras astronômicas e projeções em escala planetária". Essa era a época de fazendas coletivas tão grandes, que os lavradores levavam mais tempo viajando até seu local de trabalho do que arando a terra. De loucuras faraônicas como o Canal do Mar Branco, construído em tempo recorde, ao custo de cem mil vidas humanas e, depois, raramente utilizado.

---

8. Em *Rússia under Soviet Rule: Twenty Years of Bolshevik Experiment*, Allen & Unwin, 1938.

Era a época da mentira fantasiosa (*vrânio*) institucionalizada nas estatísticas da propaganda oficial. Em *The Russian Mind* (1977), Ronald Hingley cita o exemplo de *Skutariévski*, o romance em que Leoníd Leónov zomba dos Planos Qüinqüenais – de uma maneira que escapou aos censores –, descrevendo-os com um inverossímil otimismo delirante. Não é absurdo pensar que, na *Quarta*, Shostakóvitch tenha feito uma utilização igualmente crítica da escrita sinfônica de um porte maior do que em qualquer uma de suas obras anteriores. Mas há também um modelo a ser considerado, no que se refere às desusadas proporções da *Quarta*.

Estudiosos como Detlef Gojowy buscaram, na amizade de Shostakóvitch por Sollertínski, grande especialista na música de Gustav Mahler, a explicação para a guinada formal e emotiva que se observa da *Terceira* para a *Quarta Sinfonia*. Há de fato, na *op. 43*, alguns torneados mahlerianos típicos, que remetem ao final do *Canto da Terra* ou aos sons da natureza, tais como os que ouvimos na *Titã*. Típicos de Mahler são também os momentos cataclísmicos aos quais se opõe o adelgaçamento da matéria sonora até a rarefação; a tendência a opor, a grandes blocos orquestrais, o intimismo de pequenos grupos de câmara; o gosto de caricaturar certos meios de expressão historicamente obsoletos – como acontece com a valsa do segundo e do terceiro movimentos. O ouvinte atento da *Primeira Sinfonia* há de reconhecer que essas já eram características instintivas do jovem compositor – o uso esparso da orquestra grande, o senso do grotesco – que se afinam e consolidam em contato com a música de Mahler, em cuja linhagem ele realmente se insere como um grande continuador.

Para entender o processo de construção da *op. 43*, é importante também levar em conta a intimidade do compositor com a música de cinema. A técnica de "montagem" da *Quarta Sinfonia*, com episódios freqüentemente descritivos ou satíricos, remete-nos ao autor de trilhas sonoras, que pensa em termos de cenas isoladas, organizando-as ritmicamente entre elas. Mas à opinião de alguns estudiosos de que a *Quarta* tem uma forma rapsódica, em que alguns motivos soam e desaparecem, pode-se responder com o comentário de Hans-Christian Schmidt[9]:

> Esse gigante sinfônico é edificado numa perspectiva formal e estrutural que as bruscas erupções sonoras tentam dissimular. Ou seja, o que o construtor Shostakóvitch traça minuciosamente, em sua prancheta, o pintor Shostakóvitch apaga, com grandes pinceladas, divertindo-se em dar-lhe a aparência de ausência de forma.

O *allegro non poco moderato* dura cerca de meia-hora e não corresponde à estrutura tradicional de um primeiro movimento em forma de sonata. Baseia-se no

---

9. No folheto da gravação de M. Rostropóvitch.

princípio – em que se percebe a atenção ao modelo mahleriano – da alternância entre a massa orquestral e os pequenos grupos de instrumentos. Ao contrário das três primeiras sinfonias, que têm introduções lentas, a *Quarta* começa abruptamente, com acordes *fortissimo* nos metais, que determina o seu clima predominante. No sexto compasso, metais e violinos expõem o tema principal. O ritmo é regular, a declamação, vigorosa, a harmonia vem temperada por muitas dissonâncias. Depois do primeiro *tutti*, um episódio melodioso mais contrastante é confiado às cordas e madeiras.

Um lento crescendo de coloridos cromáticos leva a novo patamar de intensidade, seguido por uma frase meditativa do fagote, à qual as cordas respondem. Clarineta baixa, flauta, pícolo e a clarineta normal criam camadas sonoras caracterizadas por intervalos amplos em *staccato*. A escalada seguinte de intensidade é criada por um *presto* em que as cordas, entrando sucessivamente, em estilo *fugato*, criam a sensação de uma vertiginosa ventania, com um crescendo, em que os metais declamam suas notas retoricamente, contra um fundo de percussões, até o movimento atingir a sua máxima condensação sonora, entrecortado por *clusters* orquestrais dissonantes. O corne inglês e o violino têm participações solistas na coda, durante a qual ouvimos o tema inicial retomado pelo fagote.

Depois do que se passou, o *moderato con moto* direta e de escrita flexível, fazendo alternar o grupo das cordas – que expõem o tema principal, com uma ponta de ironia – e o das madeiras. Uma primeira seção mais intensa – não tanto se comparada com as do primeiro movimento – é marcada por apelos dos trompetes, em intervalos de segunda menor, enquanto o tema inicial ressoa, em *stretta*, nos trombones. Os pratos introduzem um episódio novo, em que violinos e violas apresentam material temático adicional, fazendo-o passar, como antes, das cordas para os sopros. O cerne do movimento é constituído por uma fuga de denso cromatismo, cujo tema é o motivo inicial, levando a novo clímax, de ritmo escandido pelas madeiras, sobre um motivo retoricamente declamado pela trompa. Através do decrescendo, o pulso rítmico (longa – duas breves) mantém-se até a coda em que, após leves batidas da castanhola e do tambor, o primeiro tema é retomado pelos violinos em surdina, num burburinho de notas repetitivas.

O *finale* é um amplo movimento multi-seccional. Começa *largo*, com uma marcha fúnebre grotesca, de estampa tipicamente mahleriana: tema no fagote, réplicas do oboé e da flauta, com um contra-canto sardônico do pícolo. A melodia lembra, sem dúvida alguma, a de "Nun hab'ich ewig Leid und Grämen!" (Agora tenho comigo, para sempre, a dor e o sofrimento), dos *Lieder einer fahrenden Gesellen*. Em sua tese, o maestro Paulo Maron ilustra também a semelhança desse trecho com o desenho melódico da marcha fúnebre da canção "Der Tambourg'sell".

Essa mistura de elegia e sarcasmo é muito típica tanto em Mahler quanto em Shostakóvitch. Depois de um crescendo até um fortíssimo estridente, o tema fúnebre volta, murmurado, depois se encadeia com o motivo *allegro* do *scherzo*. Progressivamente, toda a orquestra é invadida por uma declamação rítmica implacável, como a afirmação de uma força elementar.

Dessa seção emerge um tema novo de caráter triunfante, que faz o clímax mudar radicalmente de tom. Essa música de tom festivo cita uma passagem, na abertura do ato II de *Oedipus Rex*, de Stravínski, em que o coro canta: "Gloria! Laudibus Regina Iocasta in pestilentibus Thebis" (Glória! Louvamos a rainha Jocasta na Tebas pestilenta) – um possível paralelo entre a cidade grega da mitologia e a URSS contemporânea, assolada por outro tipo de praga. Um breve episódio de transição, na clarineta baixa e no pícolo, leva a uma valsa de orquestração muito refinada. Essa é uma outra citação de Stravínski, do final do balé *O Pássaro de Fogo*, cujas personagens celebram a morte do maléfico feiticeiro Kashtchêi o Imortal, obviamente equacionado com a figura do ditador.

Contra um fundo de figuras rítmicas em *staccato*, destacam-se fragmentos de motivos ouvidos anteriormente, até que as percussões e o coral de metal prepara o retorno, nos trombones, fagotes e cordas graves, do tema da marcha fúnebre, com um contra-canto de tom dilacerante, no resto da orquestra. Depois desse último clamor, inicia-se o enigmático epílogo da sinfonia. As cordas sustentam longos acordes em pianíssimo; a trompa, a flauta e a celesta trazem fragmentos do tema inicial, que se esfarelam, aos poucos, no silêncio, na aniquilação, de uma forma desoladora, que relembra o final da *Nona Sinfonia* de Mahler, mas sem a mesma idéia serena de resignação diante da morte. O que há é a desesperança total, a absoluta falta de perspectiva em que se encontrava o homem soviético naqueles anos de treva, na qual a sinfonia mergulha, como uma inexorável descida ao mais profundo círculo infernal.

Em *Testemunho*, Shostakóvitch refere-se a essa passagem como a evocação de seu estado de espírito, diante da traição de seus amigos, durante a campanha de ataques contra ele. Visto hoje, é de um ponto de vista mais amplo que ele deve ser considerado, pois se refere à tragédia de todo um povo. Teve razão o maestro John Neschling ao escolher a *Quarta Sinfonia* para o programa da Orquestra Sinfônica do Estado de São Paulo, de 20 de outubro de 2005, em memória dos trinta anos de morte do jornalista Vladímir Herzog, ocorrida em 1975, no coração da treva do golpe militar brasileiro.

Àqueles que consideram a *Quarta* uma sinfonia desigual, longa demais, de estrutura mal resolvida, respondo com as palavras de Ian MacDonald em *The New Shostakovitch*:

> Freqüentemente considerada um fracasso bombástico e indisciplinado pelos analistas que não são capazes de perceber o seu contexto ou as suas motivações, a *Quarta Sinfonia*, quando a

compreendemos corretamente, emerge como um triunfo do controle intelectual, do impulso enérgico, da imaginação auditiva. Aos 29 anos, Shostakóvitch criou um marco do sinfonismo que, tivessem sido outras as circunstâncias, teria alterado o curso da música ocidental. Nascida, porém, numa era de tirania sem precedentes, e sob um regime fundamentalmente hostil ao espírito humano, ela quase desapareceu para sempre; e só encontrou o seu público após a imposição de um quarto de século de silêncio. Cerca de trinta anos depois de ter sido estreada, nem essa obra extraordinária nem as terríveis circunstâncias que a geraram estão perto de serem entendidas corretamente.

Esse último movimento da *Quarta* sempre deixou Shostakóvitch insatisfeito. Kondráshin, em sua gravação de 1962, manteve o *finale* que executara na estréia, um ano antes – solução adotada por regentes como André Previn ou Bernard Haitink, em seus registros. A versão revista da *Obra Completa*, autenticada postumamente por Borís Tíshtchenko, discípulo querido do compositor, foi a usada por Guennádi Rojdéstvienski; e também por Mstisláv Rostropóvitch, em sua excepcional versão com a Orquestra Sinfônica Nacional, dos Estados Unidos.

5.
O Nariz

O que terá levado Shostakóvitch a escolher, como tema para a sua primeira ópera, o conto de Nikolái Gógol, *O Nariz* (*Nos*), escrito em 1834? Num artigo intitulado "Por que *O Nariz?*"[1], publicado às vésperas da estréia, Dmítri se explica:

> Embora os autores soviéticos tenham escrito grandes obras, teria sido difícil para mim, amador nesse campo, adaptá-las num libreto de ópera; e aqueles a quem procurei não se mostraram dispostos a cooperar, alegando falta de tempo, excesso de trabalho, ou dizendo que a realização de uma ópera soviética não lhes interessava. [...] Tive, então, de ir procurar nos clássicos, com a certeza de que, para a nossa época, um grande clássico seria perfeitamente atual, se tivesse um conteúdo satírico. Foi assim que cheguei ao *Nariz*, a mais forte das *Narrativas de São Petersburgo*, enquanto sátira da "época do *knut*[2]", de Nicolau I, cujos diálogos têm um poder expressivo muito maior do que o dos outros contos do mesmo livro. Além disso, a novela possui cenas de rendimento teatral potencialmente grandes e é muito fácil transpor aquela narrativa para a cena.

O texto de Gógol contém, de fato, uma sátira feroz da sociedade russa nos tempos opressivos de Nicolau I – muito semelhantes aos que a URSS estava começando a viver, sob o tacão de Stálin – e, do ponto de vista literário, é um modelo de perfeição, no que diz respeito à simetria formal de suas três partes, e à regularidade quase musical com que seus temas se respondem, como se fossem os motivos condutores de uma peça sinfônica. Deve-se levar em conta, também, a forma como Shostakóvitch procura refletir em sua música, da qual estão ausentes as tentativas óbvias de ser engraçado, a forma originalíssima escolhida por Gógol de usar um estilo estritamente realista, e sério, para contar a história absurda do funcionário público Platón Kúzmitch Kovalióv que, um dia, acorda e descobre que o seu nariz sumiu – acontecimento tão espantosamente estapafúrdio quanto o que ocorrerá, mais tarde, a Joseph K, que se descobrirá metamorfoseado, durante a noite, em uma barata. Em *Testemunho*, Shostakóvitch diz:

1. Citado em *Chostakóvich* (Gojowy, 1988).
2. *Knut* (chicote) – referência à violenta ditadura imposta à Rússia pelo tsar Nicolau I.

Tentei não ser engraçado e acho que consegui. Na verdade, o que há de engraçado em um homem que perde o nariz? Por que rir de um pobre infeliz que se vê assim desfigurado? Ele não pode mais se casar nem arranjar um emprego. Dá vontade de chorar. E quem quiser montar *O Nariz* vai ter de levar isso em consideração.

Nesse sentido não vão só a música concebida para ilustrar a história, mas também os acréscimos feitos a ela no decorrer da elaboração do libreto, que não foi fácil de preparar. O escritor Ievguêni Zamiátin, a quem Dmítri pedira que o escrevesse, não se entendeu com o compositor. A Zamiátin pertence apenas a terceira cena do Ato I – o momento em que Kovalióv se levanta e constata não ter mais nariz – em tudo idêntica ao original de Gógol. O próprio Dmítri escreveu os dois primeiros atos; para o terceiro, pediu a ajuda de Gueórgui Iônin e Aleksandr Preis. Ambos estão hoje esquecidos mas, na época, eram artistas promissores.

Morto muito jovem, Iônin foi um delinqüente juvenil que, cumprindo pena no Reformatório Fiódor Dostoiévski, descobriu e tomou gosto pela literatura. Regenerado, dedicou-se aos estudos de literatura russa e foi um talentoso diretor de teatro. Apelidado de Iapônskii, "o Japonês", Iônin foi muito aplaudido pela montagem de *O Teatro de Clara Gazoul*, a peça de Prosper Merimée que dirigiu no Teatro das Miniaturas Clássicas. Morreu aos 21 anos, da escarlatina contraída de um menino, seu vizinho de leito na enfermaria, durante a internação para tratar de uma doença sem maior gravidade.

Quanto a Preis, na época em que Shostakóvitch o procurou, ele acabava de fazer muito sucesso com a peça *A Ordem de São Vladímir de Terceiro Grau*, baseada num esboço inacabado de Gógol. Dmítri e ele voltariam a colaborar na ópera seguinte, *Lady Macbeth do Distrito de Mtsensk*. O formato cinematográfico, de cenas curtas e ágeis, que deram ao libreto, inspirou-se – segundo diz Euro Couto Jr.[3] –, no filme *Shínel* (O Capote), que Iúri Tyniánov, Grigóri Kozíntsev e Leoníd Tráuberg tinham tirado, em 1926, do conto de Gógol. E também na montagem que Meierkhôld fizera de *O Inspetor Geral* (*Revizor*). O libreto dividiu-se em dez cenas, envolvendo a participação de 78 personagens diferentes.

Zóia contou a Elizabeth Wilson as lembranças que tinha da dificuldade do irmão em escrever o ato III (depois de ter composto o I em um mês e o II em duas semanas):

A coisa não vinha. Mas eu me lembro que, uma manhã, ele entrou na nossa sala de estar e disse que tinha sonhado, aquela noite, com o ato III inteiro. E ali mesmo, sentou-se e o botou todo no papel. [...] Causava-me espanto ele nunca precisar experimentar nada no piano. Sentava-se e escrevia o que estava ouvindo na cabeça. Nunca precisava de silêncio para trabalhar.

3. Em sua dissertação de mestrado sobre *O Nariz* (Couto Junior, 2002)..

Dmítri sempre teve aversão a rever o que escrevia. Confiava no primeiro jato da inspiração. Em "Kak rojdáietsa múzyka" (Como a Música Nasce), artigo que escreveu para a *Litieratúrnaia Gaziêta* de 21 de dezembro de 1965, ele disse: "Se as coisas não saem bem, deixo a obra ficar como está e tento evitar os mesmos erros na próxima. [...] Quando me contam que um compositor fez onze versões de uma sinfonia, fico pensando: quantas novas obras ele teria escrito, nesse tempo?"

Meierkhôld desejava dirigir a estréia e propôs a ópera à direção do Bolshói – que chegou a pensar em programá-la junto com o balé *Le Pas d'Acier*, de Prokófiev. Nesse meio tempo, Samuíl Abrámovitch Samossúd a reivindicou para o Malegot (o *Mályi Lieningrádskii Gosudárstvennyi Ópernyi Teatr* – Pequeno Teatro Estatal de Ópera de Leningrado). Ali, *Nos* foi ardorosamente defendida pelo dramaturgo Adrián Piotróvski, contra os membros do conselho diretor, que tinham dúvidas quanto ao interesse de encená-la. Os cantores, a princípio, reagiram mal às novidades da partitura mas, finalmente, perceberam as qualidades da obra e responderam bem à direção cênica de Nikolái Smólitch. Em 16 de junho de 1929, contra a vontade de Shostakóvitch, que temia as críticas da RAPM, para quem a música pareceria inacessível, *O Nariz* foi apresentado em forma de concerto. Mas um artigo na revista *Rabótchyi i Teatr* (Os Operários e o Teatro), assinado apenas com as iniciais N. M., descreveu-o como "o mais soviético dos compositores contemporâneos, do ponto de vista ideológico", e disse que era ele "o músico em melhores condições de conduzir a arte musical soviética na via da tradução sonora dos sentimentos coletivos, característica do processo de edificação de uma nova cultura".

Com isso, era grande a expectativa em torno da estréia, regida por Samossúd em 18 de janeiro de 1930. Dirigido por Smólitch, o espetáculo tinha cenários e figurinos de Vladímir Dmítriev; Piotr Iuravliénko fazia o papel principal e I. Netcháiev cantava a parte do *Nariz*. As opiniões, naturalmente, se dividiram. Se Sollertínski e Moisêi Iankóvski defenderam a partitura, apontando tudo o que a torna original, críticos como Nikolái Málkov, Liev Liebedínski ou Daniíl Jitómirski fizeram-lhe duros ataques. Este último proclamou: "Os operários e os *kolkhozianos*[4] que vão ao teatro não precisam de *O Nariz*!". Já se perfilavam no horizonte as nuvens negras que, em breve, desencadeariam a tempestade da censura oficial às pesquisas formais. Essas reações contrárias deixaram Shostakóvitch consternado e, numa carta a Smólitch, confessou que as repercussões tinham até mesmo afetado a sua saúde.

Todas as inserções feitas no livreto pertencem a Gógol: são frases ou situações importadas do *Casamento*, da *Feira de Sorótchintsi*, do *Taráss Bulba*, do *Diário de um Louco*, da *Querela dos Dois Ivans*, dos *Nobres à Moda Antiga*,

---

4. Trabalhadores em *kolkhóz* (fazenda coletiva).

da *Noite de Maio*, da *Noite de Natal* ou de *Almas Mortas*. A única exceção é a canção "Niepobiedímoi síloi previérjen iá k míloi" (Uma Força Invisível me Retém Junto à Amada), cantada por Ivan no sexto quadro (ato II): suas palavras pertencem aos *Irmãos Karamázovi*, de Dostoiévski.

As supressões e acréscimos são reveladores da concepção muito pessoal que Shostakóvitch tem da novela. As cenas abreviadas para não alongar demasiado o texto são aquelas em que Kovalióv é humilhado por não ter nariz – a da confeitaria, a da visita à delegacia –, em que a dignidade humana, em suma, é ofendida. Da mesma forma, a inclusão da seqüência em que o Nariz é capturado frisa a piedade, a compaixão que pode suscitar um ser, por mais estranho que seja, vítima da repressão policial e do descontrole de uma multidão em delírio. É a mesma dimensão humana que ganham as cenas desenvolvidas além das proporções que possuem em Gógol; a da redação (II, 6), por exemplo, que Shostakóvitch, no prefácio à partitura, considera "central" em toda a ópera.

É, de fato, o primeiro momento em que Kovalióv aparece com uma face humana, presa de profundo desespero – uma ressonância humana que não existe em Gógol, para o qual Kovalióv é um ser arrogante e cheio de si mesmo. As reações e os comportamentos humanos de massa (os movimentos da multidão no ato III) são, de maneira geral, analisados com mais profundidade na ópera do que na novela. Mas é verdade, também, que a ópera obedece a concepções estéticas diferentes. No artigo que escreveu para o n. 7 da revista *Rabótchi i Teatr*, de 1930, disse Ivan Sollertínski: "No *Nariz*, o mecanismo dos mexericos pequeno-burgueses é exposto com rara acuidade. As conversas estúpidas nascidas de coisa alguma, a anedota insignificante, é inchada às dimensões de uma bola de sabão fantástica, que acaba por estourar bruscamente, só deixando por trás dela – como era de se esperar – o mais total vazio".

O Nariz não pode ser dissociada do contexto de experimentalismo da década de 1920 e é nitidamente influenciada por Meierkhôld. Diz Shostakóvich, em *Testemunho*:

> Certas idéias de Meierkhôld me impregnavam, naquela época, parecendo-me importantes e úteis. A de que, em cada trabalho, é necessário buscar algo de novo. Cada obra nova deve surpreender. [...] decorria daí um segundo preceito de Meierkhôld: temos de nos preparar para cada nova obra. É preciso estudar muito a música, ver se os clássicos já não escreveram algo de semelhante. Dessa forma, pode-se tentar fazer melhor ou, pelo menos, fazer de um modo pessoal. [...] Havia ainda uma terceira regra de Meierkhôld, que me ajudava a reagir melhor às críticas que faziam às minhas obras. Ele sempre dizia: "Se o espetáculo agradou a todo mundo, pode ter certeza de que é um fracasso sem remissão".

Pelo excesso de invenção de que dá provas, *O Nariz* é um produto típico dos anos 1927-1928, em que foi escrito. A ópera rompe com todas as tradições clássico-românticas sem, com isso, pretender inserir-se nas filiações neoclássica ou dodecafônica que estavam em voga na época. Cada ato é construído como um movimento sinfônico; não há números fechados, uso de *leitmotive* ou simetrias estruturais. Música e ação teatral são de igual importância. A construção dramática é extremamente ágil, devido à justaposição de seqüências curtas, ao uso de ações paralelas – o ditado e a leitura da carta, por exemplo –, ou à utilização de efeitos de iluminação (a aparição do policial em I,2). A abundância de personagens – são mais de setenta papéis assumidos em rodízio por um elenco grande –, a importância das cenas de conjunto e a ausência de verdadeiros monólogos que possam constituir árias permitem a ruptura com a tradição romântica.

Essa recusa da tradição guia todos os parâmetros da escrita musical. Seguindo uma tendência russa que remonta a Dargomýjski e Mússorgski, as partes vocais adaptam-se às inflexões da língua falada e utilizam todos os estilos possíveis de declamação, do *parlato* à *quasi-coloratura*, integrando a esse arsenal de efeitos canoros traços extraídos do quotidiano: risos, roncos, onomatopéias, palavrões. A escrita rítmica é particularmente trabalhada: o melhor exemplo disso é o entreato apenas para as percussões, após a segunda cena do ato I, uma fuga dupla muito bem construída – ou seja, um exemplo do *bruitisme* favorecido pelas tendências futuristas da época, mas domesticado por uma estrutura muito rigorosa. É importante, aliás, observar que Shostakóvitch escreve uma página apenas para percussões, quatro anos antes de *Ionisation*, de Edgar Varèse.

Há uma combinação muito rica de escrita tonal, bi- e politonal, modal e pluritonal, criando com isso a sensação de evoluirmos num terreno totalmente livre do tonalismo. A orquestra não é grande, e a sua constante divisão em pequenos grupos instrumentais e a utilização dos timbres raros – a balalaica, a domra[5], o flexatone[6] – dão à partitura um colorido furta-cor, de brilhos cambiantes ininterruptos.

Essa técnica, que Pierre Vidal[7] chama de "escrita do excesso", convive com um senso de unidade que dá à partitura toda a sua força. A superestrutura da obra corresponde ao acúmulo progressivo do número de personagens e coincide com a duração que têm os atos: o terceiro e o epílogo duram tanto quanto os dois primeiros somados. A ordenação das seqüências também contribui para esse equilíbrio, ao fazer alternarem-se cenas coletivas e intimistas. A unidade harmônica esteia-se na seleção de alguns intervalos preferenciais – o trítono,

---

5. Instrumento típico do Cazaquistão e do Uzbequistão, espécie de alaúde de duas cordas, com a caixa de ressonância oval e um braço muito longo.

6. Instrumento de percussão formado por uma lingüeta de aço elástica presa a um cabo que, ao ser sacudida, bate em duas peças de madeira montadas em molas; resultam sons repetidos muito rapidamente, cuja altura pode ser variada pela pressão do polegar na extremidade livre da lingüeta

7. Le Nez: Présentation, em *Avant Scène Opéra n. 141* (Pazdro, 1991).

a sétima maior, a nona menor – e, embora não haja um sistema regular de *leitmotive*, há parentesco motívico entre os temas ou determinadas frases dentro de uma mesma cena. Seguindo o exemplo de Berg, cujo *Wozzeck* o tinha impressionado tanto na estréia em Leningrado – regida por Vladímir Daníshnikov e tendo Ivan Iershóv e Mária Maksákova nos papéis principais –, mas também, recorrendo a um procedimento que lhe é instintivamente caro, Shostakóvitch utiliza formas fixas tradicionais – fuga, cânon, quarteto concertante, valsa, reminiscências de música religiosa – para estruturar determinadas cenas.

O prelúdio com que a ópera se abre não visa a preparar o espectador para o que se segue. Faz com que ele entre diretamente no universo muito específico do *Nariz*, apresentando os dois pólos fundamentais – ironia e gravidade – entre os quais a história oscila. A severidade de escrita do cânon a três vozes, com uso evolutivo dos timbres – trompete, trompa, trombone – contrasta com o tom brincalhão da melodia. Na segunda seção, o *ostinato* de oboé e cordas conserva a verve melódica. A terceira seção, que Shostakóvitch chamou de "*trompe-l'oeil* sonoro" opõe tipos de articulação – *pizzicato*/arco/*glissando* – a contrastes de frases ascendentes e descendentes, com mudanças constantes na metrificação das frases.

ATO I

No prólogo, Platon Kúzmitch Kovalióv, simples assessor de ministério, candidato ao título de major, está sendo barbeado, na loja de Ivan Iákovlevitch, a quem trata de forma arrogante, dizendo que as suas mãos têm mau cheiro:

> U tebiá, Ivan Iákovlevitch, viétchno voniáiut rukí.
>
> (As tuas mãos cheiram mal como de hábito, Ivan Iákovlevitch)

1. De manhã, Praskóvia Óssipovna, a mulher de Ivan, acorda o marido para tomar o café da manhã. Esse descobre, horrorizado, um nariz dentro de seu pão. A esposa o acusa de, numa crise de bebedeira, tê-lo cortado de um de seus clientes e manda que saia, imediatamente, para livrar-se dele.
2. No cais, Ivan tenta se desfazer do nariz, que traz dentro de um pacote. Finalmente, joga-o num dos canais; mas atrai as suspeitas de um policial, que o detém para interrogatório.

Interlúdio para percussões.

3. Kovalióv acorda em seu quarto, e constata, apavorado, que não tem mais nariz. Seu criado, Ivan, prepara as suas vestimentas e ele vai correndo para a delegacia.

110

Interlúdio em forma de galope.

4. O Nariz, com o uniforme de conselheiro do Estado, reza fervorosamente na catedral de Kazán. Kovalióv aproxima-se, exige que ele reassuma as suas funções nasais, mas o Nariz não quer ter nada a ver com um funcionário de escalão inferior ao dele. A atenção de Kovalióv é distraída pela chegada de uma bela mulher, e o Nariz aproveita para se esquivar.

ATO II

5. Um empregado da redação de um jornal recusa o anúncio de Kovalióv sobre a perda de seu nariz, temendo que se trate de uma mensagem em código. Kovalióv enfrenta as zombarias dos presentes e há quem lhe diga que deve ir procurar um médico.

Interlúdio a partir de fórmulas de estilo mecânico.

6. Em casa de Kovalióv, Ivan canta, acompanhando-se com uma balalaica. O patrão, ao chegar, ralha com ele e, colocando-se diante do espelho, desespera-se com o desaparecimento do nariz.

ATO III

7. Num subúrbio de São Petersburgo, o policial está à procura do Nariz, e pede a seus assistentes que obriguem todos os passageiros, que vão tomar a diligência, a descobrir o rosto. O Nariz surge, é descoberto, espancado e reassume sua forma original, permitindo ao policial embrulhá-lo num papel e levá-lo à casa de Kovalióv.

8. O médico recomenda a Kovalióv, que recuperou o nariz das mãos do policial, colocá-lo dentro de um frasco com álcool, vodca e vinagre, conservando-o para a posteridade. Seu amigo Iaríjkin lhe sugere escrever à senhora Pelágia Grigórievna Podtótchina, pois suspeita que esta lhe fez um malefício, para forçá-lo a casar-se com a sua filha. Desconcertadas pela leitura dessa carta, a Sra. Podtótchina e sua filha respondem rejeitando a culpa pelo acontecido. A redação da carta e sua leitura, a resposta e a reação de Kovalióv se desenrolam quase simultaneamente.

Intermezzo – A multidão, que não ficou sabendo da restituição do nariz a seu proprietário, corre de um lado para o outro, ao ter notícias dele. O khan Khorzev-Mirza, potentado oriental que está fazendo uma visita oficial a São Petersburgo, acredita tê-lo identificado, e as pessoas se regozijam de forma tão ruidosa com a possibilidade de ele ser capturado, que os bombeiros finalmente intervêm e as dispersam, molhando-as com sua mangueira.

EPÍLOGO

9. Kovalióv, ao acordar, constata que o nariz voltou para seu lugar. Retoma seus hábitos. Ivan Iákovlevitch vem fazer-lhe a barba e ele reclama, como de costume, que as suas mãos cheiram mal.

10. Kovalióv vai passear, todo orgulhoso, na Niévski Prospiékt. A Sra. Podtótchina lhe propõe a mão de sua filha, que ele se apressa a recusar. Tendo recuperado a confiança, ele faz a corte a uma vendedora de rua, que convida a vir visitá-lo em sua casa.

Um aspecto do *Nariz* nunca suficientemente frisado é seu caráter autobiográfico. Dissemos que, ao contrário de Gógol, cuja narração é de frio e satírico distanciamento, Shostakóvitch faz de Kovalióv um herói trágico. Como o Béranger, do *Rinoceronte*, de Eugène Ionesco, ele gostaria de ser como todo mundo, e ver-se, de repente, transformado em algo de "diferente", um "sem-nariz", significa tornar-se um pária em relação à sociedade dos portadores de nariz, e ter de ser punido por isso. Em sua grande ária do fim do ato II, ele se lamenta:

Bóje môi! Bóje môi! Za shto takóie niestchástie? Bud biez rukí ili biez noguí, vsiô by éto lúshtchie, a biez nósa tchiloviék tchort znáiet shto: Ptitsa? Nie ptitsa! Grajdánin? Niê grajdánin!, prósto vozmí i vybrázi za okótchko! I pust by ujiê na voiní otrubíli íli iá sam byl prítchnoiu: no vied propál za shto, ni pro shto, propál dárom, ni za grótch!

(Meu Deus! Meu Deus! Por que uma tal infelicidade? Sem braço ou sem perna, vá lá, mas sem nariz, só o diabo sabe o que o homem é: Pássaro! Não é passaro! Cidadão? Não é cidadão!, só serve para ser jogado pela janela. Se pelo menos ele tivesse sido cortado na guerra, ou se eu tivesse sido responsável por sua perda! Mas ele desapareceu assim, por coisa alguma, gratuitamente, por um vintém!)

É patética a preocupação de Kovalióv em dizer que, se pelo menos o nariz tivesse desaparecido por algum motivo "aceitável", que ele pudesse explicar, isso talvez o absolvesse aos olhos de sua sociedade. Há aí o reflexo de um tema autobiográfico, relacionado com a situação de Shostakóvitch obrigado, na mesma época em que está trabalhando numa peça contestatória como o *Nariz*, a compor algo de tão conformista quanto a *Sinfonia n. 2*. Shostakóvitch repensa radicalmente o conceito da novela de Gógol, contaminando o libreto da ópera com preocupações que são pessoais: a dificuldade de relacionamento com a figura agressiva da mulher (o *Nariz* tem um ingrediente inequivocamente misogínico); o medo da autoridade, representada pelos policiais corruptos; e especialmente do conformismo das massas, descrita como uma multidão enlouquecida e cruel, facilmente manipulável, sempre pronta a eliminar o *outsider* – o que se relaciona diretamente com os processos políticos que estavam ocorrendo na virada de 1920-1930, e a histeria coletiva que eles provocavam.

O próprio Shostakóvitch admitiu ter sido muito influenciado pela montagem anarquista, feita em Leningrado por Ígor Terêntiev, da grande peça de Gógol, *O Inspetor Geral*. Com a ajuda de cenógrafos que tinham se formado com o pintor expressionista Pável Filônov, o diretor transformou o mundo onde que a peça se passa em um hospício dirigido por médicos implacáveis. O preço Terêntiev teve de pagar, por essa aberta zombaria do regime soviético, foi ser mandado para um programa de "re-educação", fazendo trabalho escravo na construção do Canal Biélomor. Nunca mais foi solto: morreu num campo de concentração, em 1941.

Não nos esqueçamos também de que, num primeiro momento, Dmítri pedira a Zamiátin que lhe escrevesse o libreto. Revolucionário da primeira hora, que aderira aos bolcheviques em 1905, Zamiátin assumiu desafiadora posição independente depois que os comunistas tomaram o poder. Seu grande romance *My* (Nós) foi proibido pela censura, mas circulava clandestinamente de forma ampla. Em 1922, porém, ele conseguiu publicar seu legendário manifesto *Tenho Medo*[8], que terminava com a frase: "Tenho medo de que a literatura tenha apenas um futuro: o seu passado". Nesse manifesto, ele afirmava: "A literatura de verdade é feita não por funcionários obedientes e confiáveis, mas por loucos, eremitas, hereges, sonhadores e céticos". Parecia estar antevendo o que seria, em breve, o auge do jdanovismo e da imposição do Realismo Socialista aos artistas.

Zamiátin tinha sido incluído, pelas autoridades soviéticas, no grupo a que pertencia a família Lósski, e que deveria sair do país; mas, na última hora, a permissão para que deixasse a URSS foi cancelada. O escritor costumava freqüentar a casa dos Shostakóvitch, e é bem possível que Dmítri vestisse a carapuça quando o ouvia falar de poetas como Maiakóvski, que colaboravam com o regime: "O escritor X compõe versos revolucionários, não porque ame sinceramente o proletariado ou deseje a revolução, mas porque quer um carro novo[9] e prestígio público. Na minha opinião, o escritor X é uma prostituta". *O Nariz* pode ter sido uma maneira de Dmítri demonstrar a si mesmo que podia fazer algo mais do que concessões como a *Sinfonia n. 2.*

O crítico Aleksandr Gvózdiev percebeu claramente o caráter rebelde da ópera de Shostakóvitch. Num texto recolhido na coletânea *Teatrálnaia Krítika* (Crítica Teatral), publicada em Leningrado em 1987, escreveu: "*O Nariz* é a bomba de mão de um anarquista. Shostakóvitch concentra-se na confusão espiritual de seu alter-ego, Kovalióv, de uma forma que revela claramente as reações psicológicas da burguesia à nova realidade. Não se pode considerar *O Nariz* uma ópera soviética."

8. Divulgado, modernamente, apenas com a publicação do volume das *Sotchiniênia* (Obras) de Zamiátin, em Moscou, em 1988.

9. Alusão evidente ao Renault que as autoridades tinham autorizado Maiakóvski a importar da França, no auge de sua lua-de-mel com o governo.

Não só aos críticos a ópera desagradou (S. Gres, na *Rabótchii i Teatr* de 12 de fevereiro, chamou-a de "uma manifestação da doença infantil do esquerdismo"). O próprio Serguêi Kírov, chefe do Partido em Leningrado, manifestou publicamente a sua opinião contrária ao *Nariz*. Diante disso, Shostakóvitch escreveu a Iúri Petróvitch Liubínski, o diretor do Mályi, pedindo que a ópera fosse retirada de cartaz. Mas Liubínski não só a manteve em cena – até o fim da temporada, *O Nariz* teve quatorze récitas – como fez o possível para engajar o compositor em um novo projeto. Antes mesmo de a temporada terminar, anunciou que Shostakóvitch escreveria uma nova ópera baseada em *A Carpa*, o poema satírico de Nikolái Oléinikov (pseudônimo de Makár Krávtsov). A demora de Oléinikov em entregar o libreto pode ter sido a causa para essa idéia não ser levada a cabo, pois Dmítri parecia, de início, muito interessado nela.

Depois, na esteira da celeuma suscitada pela ópera e das modificações pelas quais estava passando a cultura russa sob Stálin, *O Nariz* caiu no esquecimento. Em 1946, o biógrafo Ivan Martýnov escrevia:

O Nariz representa o ponto supremo das aspirações formalistas de Shostakóvitch e, de maneira geral, o exemplo mais flagrante da adoção dos princípios da *Zeitoper*[10]. Excentricidade cênica, ruptura com os gêneros operísticos tradicionais, ilogismo deliberado do pensamento, são essas as características da primeira ópera de Shostakóvitch.

Sófia Vassílievna, em nome do filho, assinou o contrato de publicação da partitura com a Universal Verlag, de Viena, na década de 1930. Mas ela só foi editada em 1962, dando início ao interesse pela obra, montada em Dresden, Florença, Roma e Berlim Oriental. Na URSS, foi preciso esperar pelo espetáculo dirigido por Borís Pokróvski, em 1974, no Moskóvski Kámiernyi Teatr (Teatro de Câmara de Moscou). *Nos* foi regido por Guennádi Rojdéstvienski, que o gravou para o selo Melódya, com o elenco de palco. Eduard Akhímov fazia o papel principal, e Andrêi Lomonóssov, o do Nariz. Além dessa gravação, existe, em LaserDisc, com legendas em japonês, o filme da excursão do MKT a Tóquio. Não tenho notícia de que ele tenha sido relançado em DVD.

Como o *Amor de Três Laranjas*, de Prokófiev, que também foi influenciado pelas experiências teatrais de Meierkhôld, *Nos* pertence ao gênero que se convencionou chamar "ópera-cabaré" – ao qual podem ser ligados também certas óperas de Hindemith, Krenek e Kurt Weill. A música evita conscienciosamente todas as ocasiões de ser emotiva; e até mesmo vira as costas ao belcanto convencional: os gritos de Praskóvia Óssipovna, na cena em que censura o marido por ter cortado o nariz de um cliente, beiram o francamente desagradável.

---

10. A "ópera do nosso tempo", de assunto contemporâneo, tal como a praticaram Hindemith e Krenek.

A sátira e a paródia, ferozes, corrosivas, substituem as preocupações psicológicas; a partitura se apresenta como uma alegre colagem de estilos e tons, aquilo que Piotr Kamiński[11] chama de "um quase-Webern circense, serialismo em dó maior, banalidade deliberada com o tempero de algumas doutas citações, como a da marcha imperial da *Dama de Espadas*".

É fundamental frisar, uma vez mais, que a escrita vocal de Shostakóvitch, nesta ópera, não procede da tradição lírica que, de Glinka, prossegue em Tchaikóvski e Rímski-Kórsakov. Ela sai do *Convidado de Pedra*, de Dargomýjski, e do *Casamento* – a ópera incabada de Mússorgski, sobre a peça de Gógol – e de todas as experiências de canto a partir dos ritmos naturais da língua falada (e isso inclui tanto as óperas de Janáček quanto o *Pelléas et Mélisande*, de Debussy). Sua continuação teria sido *Igrôk* (Os Jogadores) se essa segunda comédia baseada em Gógol não tivesse ficado inacabada. Ouçamos Kamiński:

O paradoxo da escrita vocal do *Nariz* consiste num desvio perverso da própria idéia. Ela é de inspiração eminentemente realista; ora, o jovem gênio a reduz *ad absurdum*, pois a sua intenção teatral é criar e fazer cantar marionetes caricaturais e, portanto, ele lhes há de fornecer música igualmente realista – portanto, num certo sentido, perfeitamente realista! As pessoas não cantam, no *Nariz*, declamam, discutem, discursam, vociferam, arrotam, conversam fiado, sussurram, insultam, fofocam. Um dos traços característicos dessa escrita será, aliás, a impiedosa exploração dos registros agudos. As vozes de tenor e soprano dominam e recorre-se a elas até mesmo em situações banais, como a canção de Ivan, berrada a plenos pulmões, acima da pauta. A alternativa das vozes graves pertence, de um modo geral, a pessoas obtusas e sonolentas, como o empregado do jornal ou o médico.

Entre elas destaca-se a figura de Kovalióv, um grande papel para barítono agudo, com um nítido tom histérico nas notas mais altas e uma grande riqueza de meios de expressão, que vai do *parlando* ao mais lírico *legato*. Eduard Akhímov, na gravação Rojdéstvienski, faz dele uma interpretação irrepreensível.

O Nariz teve notáveis encenações fora da URSS[12], entre elas:

• a de Florença (Teatro la Pergola, 1964) repetida na Ópera de Roma (1967) e no Scala (1972), sempre com direção de Edoardo de Filippo e regência de Bruno Bartoletti, tendo os grandes baixos bufos Renato Cappecchi e Italo Tajo como Kovalióv e o Barbeiro;
• a do Coliseum, de Londres (1979), traduzida para o inglês pelo maestro Edward Downes e regida por Maksím Shostakóvitch, com Alan Opie, John Tomlison e Bernard Dickerson nos papéis principais;

11. Na crítica à gravação, lançada na França pelo selo Chant du Monde, no n. 138 da revista *Avant-Scène Opéra*.

12. Informações fornecidas por Euro de Barros Couto Jr. em sua dissertação sobre *O Nariz* (Couto Junior, 2002).

- a de Brighton, na Inglaterra (1993), com a companhia do Teatro de Câmara de Moscou, que se apresentou também, em 1998, no Grand Théâtre de Bordeaux, na França;
- e a do Festival de Spoletto (1995), regida por Steven Mercurio.

Do *Nariz*, foi tirada uma suíte em sete movimentos, para tenor, barítono e orquestra, estreada em Moscou, em 25 de novembro de 1928, por I. Búrlak e N. Baríshev, sob a regência de Nikolái Malkó.

6.
Lady Macbeth do Distrito de Mtsensk

Shostakóvitch estava com 24 anos ao iniciar, em outubro de 1930, a sua segunda ópera, *Liédi Makbiét Mtsiênskovo Uiezdá* (A Lady Macbeth do Distrito de Mtsensk). O quadro político que traçamos no capítulo precedente mostra como era inadequado o tema da ópera. Mas isso não deteve o compositor, que via nessa história sombria um reflexo evidente dos tempos de desinformação, autocensura e medo vividos pelo seu país.

Depois do *Nariz* tinham surgido alguns projetos que não foram adiante: um libreto, que nem chegou a ser escrito, baseado em *Karás*, um conto de Nikolái Oliêinikov; uma ópera baseada em *A Enseada*, de Tchítkov e Vóinov; ou uma peça experimental inspirada pelos versos de Daniíl Kharms, o dadaísta do Oberiu, que, segundo Sófia Khéntova, seriam como "torrentes vertiginosas de palavras, sílabas, sons, como se fossem ruídos organizados e sistemáticos de hélices girando". Mas foi por uma fonte literária de natureza estritamente realista que ele acabou optando.

Dmítri começou a composição em meados de outubro de 1930. Como foi dito anteriormente, trabalhou intensamente na partitura durante as férias que passou no Mar Negro e na Geórgia. Mas a preparação de trilhas sonoras para o cinema e de música incidental para peças de teatro, que as necessidades materiais o forçavam a escrever, retardou muito a composição. Só em 17 de dezembro de 1932 conseguiu colocar nela um ponto final.

Embora *Lady Macbeth* tenha sido criada num momento politicamente muito atribulado, a estréia, em 22 de janeiro de 1934, foi um dos maiores sucessos na história do Malegot. Smólitch, Dimítriev e Samossúd, os responsáveis pelo *Nariz*, responderam uma vez mais pelo espetáculo. Dois dias depois, em Moscou, Borís Mordvínov, o diretor do Teatro Stanislávski-Nemiróvitch-Dántchenko, preferiu dar o título de *Katerína Izmáilova* – o nome da protagonista – à versão que encenou sob a regência de Grigóri Arnóldovitch Stoliaróv.

Querendo ter certeza da aprovação oficial, o próprio Vladímir Ivánovitch Nemiróvitch-Dántchenko, dono do teatro, convidou o comissário da Educação,

Andrei Serguêievitch Búbnov[1], a ouvir a partitura, tocada ao piano por Shostakóvitch. O comentário de Búbnov, no final: "Que força! Que potência! Que profundidade shakespeariana!", deu a impressão de uma segurança que os fatos, mais adiante, desmentiriam. Mas o momento parecia propício, pois o decreto de Stálin, em 23 de abril de 1932, dissolvendo as associações de controle da política cultural, que exerciam autoridade às vezes excessiva, e criando as uniões de escritores, compositores etc., dera, à primeira vista, a ilusão de que, suprimida a "ditadura dos ignorantes", os artistas teriam liberdade maior para criar.

Os dois espetáculos eram bastante diferentes, o de Leningrado enfatizando a vertente satírica, o de Moscou centrando-se nos aspectos trágicos e emocionais da figura de Katerína Izmáilova. Não faltou quem lastimasse a crueza do libreto. Mas um jornal de Leningrado chegou a proclamar que, "desde a *Dama de Espadas*, a música russa não tinha conhecido nada comparável em profundidade e magnitude". E até mesmo D. Jitómirski, que não gostou da ópera e acusou Shostakóvitch e seu libretista, Aleksandr Preis, de "terem removido todas as páginas poéticas da novela de Lieskóv (...) para introduzir na ópera uma espécie muito primitiva de caricatura", teve de reconhecer: "Na cena final, Shostakóvitch revelou, com incrível força, a expressão do sofrimento humano e o desespero de uma alma perdida". O grande Konstantín Stanislávski, após o espetáculo, exclamou: "Não é uma sorte que esse Shostakóvitch seja um gênio?"[2].

Quando Romain Rolland mandou a Górki, seu amigo, uma carta elogiando a ópera, este respondeu que ela o tinha comovido a ponto de derramar lágrimas no último ato. Para Górki e para Bukhárin, seu aliado no fronte cultural, *Lady Macbeth* correspondia a um ideal perseguido: a obra notável de um compositor jovem, baseada num clássico russo (Górki adorava Lieskóv), admirada pela elite mas acessível para um público amplo, e um excelente produto de exportação para o Ocidente. Stálin deveria ter esposado esse ponto de vista; mas, com o tempo, as flutuações da política soviética decidiriam de outra forma.

Na verdade, quem critica a história da ópera, dizendo que ela não passa de um *fait divers* sanguinolento, se esquece de que o assassinato de uma velha agiota por um estudante ambicioso pode não passar de uma notinha nas *Notícias Populares*; mas pode ser também o ponto de partida para uma das mais profundas reflexões sobre a alma humana, chamada *Prestupliénie i Nakazánie* (Crime e Castigo). O sucesso no exterior não demorou a vir. Arthur Rodzinski,

---

1. Revolucionário da velha guarda, Búbnov aliou-se a Stálin em 1923. O cargo de comissário da Educação – em que ele substituiu Lunatchárski – foi o resultado do apoio que ele deu à campanha de expurgo dos oposicionistas "de direita". Isso não o impediu de ser demitido em 1937 e executado. A sua reabilitação foi feita por Krushtchóv.

2. Existe um filme, feito para as atualidades cinematográficas, que mostra um trecho do ensaio, no teatro de Moscou, e declarações de Nemiróvitch-Dántchenko elogiando a ópera. Ele foi utilizado, na década de 1960, no documentário *Esboços para o Retrato de um Compositor*.

que veio à URSS para assisti-la, regeu algumas cenas, em forma de concerto, em Nova York (outubro de 1934). Dirigiu também a encenação na Ópera de Cleveland (janeiro de 1935) e, logo a seguir, no Metropolitan de Nova York (fevereiro). Nesse mesmo ano, em dezembro, Smólitch dirigiu, no Bolshói, a versão regida por Aleksandr Melík-Pasháiev. Nesse meio tempo, *Lady Macbeth* já tinha sido ouvida em Estocolmo e Liubliana, em Zurique e Buenos Aires

Shostakóvitch inspirou-se em *Liédi Makbiét Mtsiênskovo Uiezdá*, publicada em 1864, pelo naturalista Nikolai Lieskóv, na revista literária *Épokha*, dirigida por Dostoiévski. A novela era a sua resposta a *Grozá* (A Tempestade), a peça de Aleksandr Ostróvski, criador do teatro realista russo.

Estreada em 1859 e publicada, no ano seguinte, na revista *Moskvitiánin* (O Moscovita), *A Tempestade* narra o envolvimento de Kátia Kabánova, a jovem mulher de um mercador, com um vizinho, o também jovem Borís, durante uma ausência do marido, que partiu em viagem de negócios. Atormentada pelo remorso por ter cometido adultério; maltratada pela sogra, a Kabaníkha, mulher dura e intratável; desamparada pela covardia do amante, que prefere afastar-se dela ao ser ameaçado pelo tio com o corte da mesada, Kátia se suicida, saltando no Volga. A intriga sentimental é o fio condutor para que Ostróvski trace um retrato da vida provinciana, sufocante e sem perspectivas.

A densidade da trama emocional fez a peça inspirar várias óperas, desde *Grozá* de Vladímir Káshpierov (1867), para a qual o próprio Ostróvski condensou seu drama num libreto. O título mais importante é, de longe, a *Katya Kabánová*, de Leoš Janáček, composta em 1921. Mas vale a pena lembrar os melodramas de Borís Assáfiev (1940), Viktor Trambítski (1943), do italiano Lodovico Rocca (1952), de Ivan Dzerjínski (1955) e Venedíkt Pushkóv (1962). Na época de sua publicação, *A Tempestade* inspirou ao crítico Nikolái Dobroliubóv – venerado na URSS como um "democrata radical proto-revolucionário" – um ensaio famoso, intitulado "Um Raio de Luz no Reino das Trevas", em que o suicídio de Kátia é visto como um gesto de protesto contra a estrutura opressiva do mundo em que vivia.

Lieskóv, porém, considerava "atenuada" a visão que seu predecessor tinha da realidade campestre e, para demonstrá-lo, publicou a sua novela, originalmente intitulada *A Lady Macbeth de Nosso Distrito*. Queria, com esse texto, dar a sua visão pessoal de uma realidade que conhecia bem, pois nascera em Gorokhôvo, na província de Or]ól, 300km ao sul de Moscou. Ao ser publicada em volume, ele especificou, no título, o local onde a ação se passa, pois tinha-se inspirado em um fato real, ocorrido em Mtsensk, lugarejo próximo à sua cidade natal – o que é bem típico de um escritor que tem predileção por histórias de crime ou de violência, que a sua fértil imaginação tempera com elementos exóticos, bizarros ou incongruentes.

É exuberante, sobretudo, o uso que Lieskóv faz da língua russa: suas personagens, freqüentemente de origens diversas e semi-educadas, expressam-se num vernáculo muito colorido, cheio de coloquialismos e regionalismos. No virtuosismo lingüístico de Lieskóv – que tem tudo para inspirar o ouvido atento de um músico como Shostakóvitch – está o modelo para os *skaz* (narrativas) de escritores como Aleksêi Rémizov ou Mikhail Zóshtchenko, que haveriam de fixar brilhantemente, em seus contos, o modo popular de falar.

É bem visível a fonte de inspiração de Lieskóv para escrever sua *Lady Macbeth*: o meio social – a burguesia rural – e a personagem que se entedia no casamento são as mesmas da *Madame Bovary*, de Flaubert. Mas Emma Bovary é uma mulher romântica, que busca, no envolvimento com o amante, a vida de fantasia com que sonha, semelhante à dos romances baratos. Katerína Lvóvna Izmáilova é muito diferente dela. Tem os pés no chão, não possui pretensão intelectual alguma, e é extremamente sensual. Emma está condenada à insatisfação permanente e, se comete o suicídio, é porque a vida real não pode ser "la soeur de son rêve". Quanto a Katerína, ela teria podido ser feliz nos braços do amante, se não se envolvesse numa seqüência de crimes que acaba por destruí-la.

Na novela, ela tem 24 anos, e está casada com Zinóvy Borísovitch Izmáilov, que tem o dobro de sua idade. Katerína sofre com "o tédio russo, esse tédio pegajoso da casa dos mercadores, que pode levar ao suicídio". Durante a ausência do marido, torna-se amante de Serguêi, jovem empregado da fazenda, bonito e sedutor. Borís, seu sogro, surpreende o rapaz saindo de seu quarto, manda açoitá-lo e prendê-lo no celeiro. Katerína lhe suplica que solte o rapaz, mas, como ele se recusa, coloca veneno de rato em sua sopa de cogumelos. Entrega-se a Serguêi, mas este reclama que não quer ser apenas o amante de uma noite, e Katerína concorda em matar Zinóvy, quando ele voltar de viagem. Livre do marido poderá casar-se com o amante.

É o que faz, assim que Zinóvy Borísovitch volta para casa. Mas, nesse momento, surge Fiódor, o sobrinho de Izmáilov, trazido por uma tia que vem reclamar a sua parte na herança. Katerína acha que metade da considerável fortuna dos Izmáilovi é mais do que suficiente para que Serguêi e ela levem uma vida folgada; mas o novo marido a convence de que, sem todos os bens de Zinóvy, ele não lhe poderá dar tudo o que ela merece. Perdida de paixão por ele, desejando agradá-lo de todas as maneiras, Katerína concorda em matar também o garoto. Desta vez, porém, eles são apanhados em flagrante, e enviados para uma colônia penal na Sibéria onde, acusando a esposa de ser a culpada pela sua condição atual, Serguêi a trata mal e a despreza. Ele a engana com outras prisioneiras, e rouba suas meias de lã para dá-las a Soniétka, uma de suas amantes. Quando Katerína protesta, Serguêi a espanca, ajudado por um outro forçado.

Vendo que o perdeu definitivamente, ela se vinga atirando-se no Volga gelado e arrastando Soniétka com ela. São de extrema violência as últimas frases da novela: "Katerína Lvóvna surgiu de uma das ondas, ergueu-se na água até a cintura, atirou-se a Soniétka como quem se agarra a uma tábua de salvação, e afundaram as duas".

Em seu comentário à ópera, no volume especial da revista *Avant-Scène Opéra*, Jean-Michel Brèque diz que a Katerína de Lieskóv faz pensar ao mesmo tempo em Manon e Des Grieux, as personagens do romance do abade Prévost, pois curiosamente reúne traços de ambos:

> Como Manon, ela é um ser da natureza, instintivo, animado por forças elementares, um ser amoral, sem escrúpulos e sem angústia, que vive no presente. E como Des Grieux em relação a Manon, a sua vida é inteiramente dedicada a Serguêi, a partir do momento em que ela o conhece. Katerína mata por causa dele, da mesma forma que Des Grieux torna-se desonesto para conservar Manon. Assim como ele dá dinheiro ao guarda do comboio de prostitutas para poder aproximar-se de Manon, Katerína compra os guardas dos trabalhos forçados para poder reencontrar Serguêi. Ela se imagina feliz com ele na Sibéria, da mesma forma que a América seria o paraíso para o cavaleiro de Prévost, caso ele pudesse contar com o amor de Manon. Katerína é, portanto, uma espécie de Des Grieux de saias, com a diferença de que ela ignora os problemas de consciência e, principalmente, no final, o companheiro lhe escapa.

Tanto a escritora Marietta Shaguinián quanto o compositor Borís Assáfiev disseram ter sugerido a novela de Lieskóv a Shostakóvitch, como tema para uma ópera. Mas na realidade, em 1929, Dmítri Dmítrievitch já tinha ficado muito impressionado com o filme tirado da novela por Tcheslàv Sabínski. E comprara, no ano seguinte, a edição de 1923 da Akvilón Izdátielstvo. Essa era a edição ilustrada por Borís Kustódiev[3], de quem ele fora amigo na infância.

Além das ilustrações oficiais para a novela, Kustódiev tinha feito vários desenhos sexualmente explícitos, mostrando o envolvimento de Katerína e Serguêi. Talvez Dmítri tivesse visto, na época em que freqüentava a casa do pintor, essas ilustrações secretas que a família, por temer uma busca em seus papéis, destruiu logo após a morte de Kustódiev. Se essa tese – levantada por Sólomon Vólkov em *Stálin e Shostakóvitch* – for verdadeira, isso pode explicar a forte carga erótica de que a ópera está impregnada e que a novela de Lieskóv não possui no mesmo grau.

Shostakóvitch e Preis fizeram várias modificações no texto de Lieskóv, alterando o perfil da protagonista. Em "Katerína Izmáilova: Avtor ob Óperie" (K.I.: o Autor a respeito da Ópera), artigo que publicou no jornal *Soviétskoie Isskústvo* (A Arte Soviética) de 14 de dezembro de 1933, o compositor explicou a sua decisão:

---

3. A magnífica tela *Kúptchikha* (A Mulher do Mercador), de Borís Kustódiev, pintada em 1918, foi exibida em São Paulo na mostra *500 Anos de Arte Russa*. Ela poderia perfeitamente ter-se inspirado na personagem da novela de Lieskóv.

Lieskóv apresenta Katerína como uma personagem demoníaca e não encontra nenhum motivo para justificá-la, nem moral nem psicologicamente. Quanto a mim, senti Katerína como uma mulher enérgica, talentosa e bela, que se consome dentro do círculo familiar desumano de mercadores. Meu objetivo foi fazer justiça à personagem, apresentando-a aos espectadores como uma figura positiva. É claro que não é fácil suscitar compaixão por Katerína, que comete dois crimes, dois atos incompatíveis com a moral. Mas nisso reside a minha principal divergência com Lieskóv [...], pois fiz dessa mulher um raio de luz no meio das trevas.

Observem que a expressão "um raio de luz no meio das trevas" retoma o título do ensaio de Dobroliubóv sobre *A Tempestade* de Ostróvski. Essa mesma idéia é repetida no prefácio à ópera em que, na tentativa de afastar eventuais críticas, Shostakóvitch diz ter querido "despertar o sentimento de ódio pela atmosfera tirânica e humilhante da Rússia dominada pelos mercadores":

No exterior bonito e sedutor de Serguêi já podemos perceber o futuro *kúlak*. Borís Timofêievitch é um velho robusto e poderoso, o patrão é o *kúlak* típico. Por outro lado, Zinóvy Timofêievitch dá pena, pois é como o sapo que se imagina estufado até ficar do tamanho de um boi. [...] Katerína não é uma mulher cruel. Pelo contrário, é um ser inteligente e apaixonado, sufocado pela vida cinzenta que leva e pelo ambiente vulgar que a cerca. Não ama o marido e não conhece, ao lado dele, alegria ou conforto. Quando aparece Serguêi, contratado pelo marido, apaixona-se por ele, embora se trate de um indivíduo fraco e mesquinho. Em seu amor, encontra a felicidade e um objetivo para a vida. Para possuir Serguêi, comete uma série de crimes. [...] Apaixonada pelo amante, sacrifica-se por ele. Nada mais existe para ela fora dessa paixão. [...] Quando ele a trai com outra prisioneira [no campo de forçados da Sibéria], a revolta iguala o sofrimento: Katerína afoga a rival e morre junto com ela porque, sem o amor de Serguêi, a vida para ela perdeu todo o interesse. Esses não são crimes de verdade, e sim a rebelião contra o ambiente, a atmosfera pesada, cinzenta, deprimente, em que vegetavam os mercadores do século passado. A música que escrevi para Katerína é, como dizia Dobroliubóv, "um raio de sol brilhando dentro das trevas".

Ao amor de Dmítri por Nina, a sua noiva – a quem dedicou a partitura – deve-se também atribuir o fato de ele ter querido "purificar" a anti-heroína de Lieskóv. O soprano Galina Vishniévskaia, que foi amiga pessoal do compositor e grande intérprete de Katerína Izmáilova, concordava com essa interpretação. Em sua autobiografia, ela afirma: "[Shostakóvitch] queria que Nina o amasse sem hesitação, que estivesse pronta a fazer qualquer coisa por ele, e é por isso que justifica todos os crimes cometidos por Katerína". Em *Testimony*, Vólkov atribui ao compositor as seguintes palavras:

Como dediquei *Lady Macbeth* à minha noiva e futura mulher, a ópera também, naturalmente, é sobre o amor. Mas não apenas sobre o amor. Melhor dizendo: é sobre aquilo que o amor poderia ser, se o mundo não estivesse cheio de tantas coisas corrompidas. [...] O tema do amor era um dos favoritos de Sollertínski, que era capaz de falar dele durante horas. Sollertínski encorajava de todas as maneiras a minha vontade de me exprimir sobre esse tema na *Lady Macbeth*. E me explicava como a sexualidade era expressa em duas das maiores óperas, a *Carmen* e o *Wozzeck*, lamentando muito que nada se tivesse feito de semelhante no domínio do melodrama russo.

De resto, é bom lembrar que a apresentação do *Wozzeck* em Leningrado, em 1927, tinha impressionado muito Shostakóvitch. E a ópera de Berg deixa algumas marcas em *Liédi Makbiét*: o uso das formas fixas; a técnica de cortes "cinematográficos"; a crueza realista no retrato da vida sufocante, da autoridade abusiva, das forças externas que matam o amor. Há também certas semelhanças de solução: o final, por exemplo, em que a música se extingue aos poucos, numa espécie de lento moto-perpétuo que sugere a idéia de que nada há de mudar, e a infelicidade vai se repetir incansavelmente.

Portanto, foi a visão que tinha da protagonista que fez Shostakóvitch eliminar a personagem do sobrinho, "pois a morte de uma criança, por mais que possa ser explicada, causa sempre uma impressão negativa". Além de ser bárbaro, o assassinato do menino não poderia ser justificado por razões sentimentais; e é sempre o amor por Serguêi o móvel da protagonista da ópera. Ademais, os libretistas fizeram Katerína ser forçada pelo sogro a assistir ao flagelamento de Serguêi; e a extrema violência dessa cena nos faz entender o furor com que ela se vinga, envenenando o sogro. E os remorsos da personagem de Shostakóvitch estão ausentes na mulher descrita por Lieskóv. No ato II, numa espécie de sonho, ela vê uma aparição de Borís que é um produto de sua culpa. E no monólogo do ato IV, refere-se ao lago que há no fundo do bosque, dizendo que as suas águas são "negras como a minha consciência".

Foi cortada a cena em que Katerína, para provocar o marido, que acabou de voltar de viagem, beija o amante na sua frente. E é ela – não Serguêi – quem tem a coragem de assumir a culpa, confessando o assassinato de Zinóvy, quando os policiais interrompem a sua festa de casamento, no ato III. No último ato, a idéia de que Katerína sofre não só por ter sido traída, mas também por seus dramas de consciência, é frisada mediante o lirismo de sua escrita vocal. Uma das melodias mais memoráveis de toda a ópera é a do arioso "Seriója! khoróshi môi!" (Serginho! Meu querido!), reutilizada depois no *Quarteto n. 8*. É extremamente delicado o tema do lamento "Nie liegkó póslie potchotá ot poklónov" (Não é fácil, depois de ter tido o respeito dos admiradores), cantado no momento em que Katerína se dá conta de que Serguêi não a trata mais da mesma maneira. E é durante o monólogo que se segue ao momento em que Serguêi lhe pede as meias de lã, para presenteá-las a Soniétka, que se forma em sua mente a idéia do suicídio, como expiação da culpa e da vergonha:

V liesú, v sámoi tcháshtche, iest ôzero,
sovsiém krúgloie, ótchen glubókoie,
i vodá v niôm tchórnaia,
kak moiá sóviest tchórnaia.
I kogdá viéter khódit v liesú,
na ôzerie podnimáiutsia vólni,
bolshíe vólni, togdá stráshno;
a ósieniu v ôzerie vsiegdá vólni.
Tchórnaia vodá i bolshíe vólni.
Tchórnie bolshíe vólni.

(No bosque, no meio do arvoredo, há um lago quase redondo, muito profundo, e a água é negra, negra como a minha consciência. E quando o vento sopra no bosque, erguem-se ondas no lago, grandes ondas, assustadoras; no outono, há sempre ondas no lago, e a água é negra e as ondas grandes, grandes e negras ondas.)

Aliás, ao contrário da Katerína de Lieskóv que, desde o início, premedita a morte da rival como vingança, a da ópera quer apenas se matar. Só no momento de atirar-se ao rio é que, provocada por Soniétka, ela se agarra à amante de Serguêi e, debatendo-se, as duas acabam caindo juntas na correnteza.

Desde a ária inicial, "Akh, niê spítsa bólshe" (Ah, não consigo mais dormir), as linhas vocais de Katerína são longas, líricas e incorporam melodias no estilo do folclore camponês. Assim que o pano se ergue e a ouvimos lamentando a vida que leva, a clarineta desenha o tipo de cadência, saltando do quarto grau para a tônica, que Glinka chamava de "a alma da música russa". Há emoção verdadeira na forma como ela fala do tédio que é a sua vida:

O Bóje môi, kakáia skúka!
V diévkakh lútche býlo, khot i biédno jíli.
No svobóda bylá.
A tipiér... toská khot viéshaisia.
Iá kuptchíkha, suprúga imenítovo kuptsá
Zinóvia Borísovitcha Izmáilova.
Muraviêi taskáiet solóminku,
korôva daiót molokó,
batrakí kruptchátku ssipáiut,
Tólko mniê odnôi diélat niétchevo,
tólko iá odná toskúiu,
tólko mniê odnôi sviét niê mil, kuptchíkhe.

(Meu Deus, como é tedioso! Era melhor quando eu era solteira, embora fôssemos pobres. Mas havia liberdade. Agora... nostalgia, de dar vontade de a gente se enforcar. Sou mulher de mercador, a esposa do eminente mercador Zinóvy Borísovitch Izmáilov. A formiga arrasta a sua

Galina Vishniévskaia no papel de Katerina Izmáilova.

palha, a vaca dá leite, os trabalhadores estocam a farinha. Só eu não tenho nada a fazer, só eu estou sozinha e me aborreço, só para mim o mundo não é bom, para mim, a mulher do mercador.)

A escrita de Katerína contrasta fortemente com o estilo caricatural, de paródia, com que são descritas as outras personagens, utilizando elementos de música circense, ou extraídos das melodias de *music-hall* e cabaré – como em outras obras escritas por Shostakóvitch no mesmo período. O *ritornello* orquestral que precede cada estrofe da "valsa dos policiais", no ato III, retoma a técnica da "nota errada" de que ele tinha tirado efeitos tão irônicos na polca da *Idade de Ouro*, por exemplo. O uso de galopes em *ostinato*, para acompanhar essas personagens caricaturais, acentua seu caráter desumanizado, como se eles fossem autômatos ou figuras de história em quadrinhos.

Essa empostação burlesca se explica pela decisão do compositor de fazer da ópera uma "tragédia satírica" – o que insere *Lady Macbeth* na tradição tipicamente russa das obras de intenções críticas que assumem um tom deliberadamente ambíguo, na corda bamba entre o trágico e o burlesco. É uma nobre tradição, que remonta ao Gógol de *Shínel* (O Capote) ou *Zapíski Sumasshédstvo* (O Diário de um Louco), ou a certos contos de Tchékhov ou de Saltikóv-Shtchedrín. Uma tradição que, no século XX, se prolonga no *Mistiéria-Buff* (Mistério-Bufo) de Maiakovski, ou na *Optimítcheskaia Tragédia* (A Tragédia Otimista), de Vsiévolod Vishniévski. A forma deliberadamente caricatural como as personagens são tratadas refina, de resto, e amplia o trabalho que Shostakóvitch já fizera no *Nariz*.

As coisas, aliás, não são tão simples assim, pois, se a música escrita para Katerína distingue-se da destinada às outras personagens pelas suas linhas líricas, ela tampouco está isenta de bem dosados traços de paródia. O furor da sexualidade reprimida da personagem é graficamente descrito no monólogo de I,3, antes da chegada de Serguêi, com a ponta de ironia de ela se lamentar que é a única, na fazenda, a não ter quem a ame, pois até os animais têm as suas parceiras:

> Jerebriônok k kobílkie torópitsa,
> kótik prósitsa k kóshtchkie,
> a gólub k golúbkie striemítsa,
> i tólko ko mniê niktô niê spieshít.
> Bierózku viéter laskáiet
> i tieplóm svoím grêiet sônishko.
> Vsiem shto-nibúd ulibáietsa,
> tólko ko mniê niktô niê pridiót,
> niktô stan môi rukôi niê obnímiet,
> niktô gúbi k moím prijmiót.
> Niktô moiú biéluiu grud niê pogládit,

niktô strástnoi láskôi miniá niê istomít.

Prokhódiat moí dní biezrádostnie,

promielkniót moiá jizn biêz ulíbki.

Niktô, niktô ko mniê pridiót.

(O potro corre atrás de sua égua,/ o gato procura sua gatinha,/ o pombo se apressa para a sua pombinha,/ só a mim ninguém procura./ O vento acaricia a bétula/ e o solzinho a esquenta com seu calor./ Para todo mundo alguém sorri de alguma parte,/ só para mim ninguém vem,/ ninguém põe as mãos à volta da minha cintura,/ nunca pressiona seus lábios nos meus./ Ninguém toca meus brancos seios,/ ninguém me exaure com seu abraço apaixonado./ Os dias passam num cortejo sem alegria,/ a minha vida irá embora sem um sorriso./ Ninguém, ninguém virá até mim.)

Essa passagem é de uma sensualidade tão aberta que, censurada já na estréia, foi cortada da partitura publicada em 1935, e só numa reprise de 1996 – após a dissolução da URSS – foi ouvida no palco, na Rússia. Em seu lugar, Shostakóvitch e Preis inseriram um texto sobre a frustração de Katerína de não ter filhos. Entregue, porém, a Galina Vishniévskaia pelo compositor, o texto original foi restaurado na gravação de Rostropóvitch/1979, e aparece também na de Myung Whun-chung/1993 e no vídeo do Liceu de Barcelona.

A prova de que Katerína está propensa à entrega é que, logo depois desse monólogo, quando Serguêi bate à porta de seu quarto e se identifica, ela pergunta: "Shto tibiê, Seriója?" (De que é que você precisa, Serginho?), usando o diminutivo, que já aponta para uma familiaridade promissora. A música da cena de sua sedução por Serguêi parece-se muito com a do assédio de Aksínia pelos outros trabalhadores da fazenda; e com a da passagem em que Serguêi é açoitado – ou seja, uma mesma idéia de violência e de satisfação brutal de instintos básicos está por trás dos três momentos. No volume já mencionado da revista *Avant-Scène*, David Fanning chama a atenção para a semelhança entre a música da sedução e as melodias ágeis e burlescas que, na década de 1920, costumavam acompanhar as comédias do cinema mudo. O ex-pianista de sala de cinema estava habituado a reagir rapidamente a estímulos de imagem, e lança mão com facilidade de técnicas de colagem típicas desse tipo de comentário sonoro.

A música da cena de sedução é de tom grotesco porque, nesse momento, o sexo não é uma forma de expressão amorosa, e sim a satisfação de um desejo físico longamente reprimido e um jogo de poder. Nesse instante, Katerína ainda não se apaixonou por Serguêi, como acontecerá mais adiante. O que ela quer é saciar o desejo e demonstrar a si mesma que, apesar do desinteresse do marido, ainda é capaz de atrair um outro homem, jovem e bonito. O mulherengo Serguêi também quer sentir-se capaz de seduzir a mulher do patrão durante a sua ausência – isso o fará sentir-se menos submisso, em sua posição de empregado. Donde a violência do episódio sinfônico que descreve o ato sexual, inclusive com o detalhe deliberadamente "obsceno" e de "mau gosto" do *glissando* de trombone que, no final, descreve a detumescência masculina após o orgasmo. Depois da morte do sogro, a primeira vez que eles podem ficar sozinhos, Katerína "devora" Serguêi literalmente, com grande lubricidade. Mas o tom, nesse segundo encontro, é diferente, mais apaixonado em relação à primeira cena de sexo:

> Potselúi miniá! Niê tak, niê tak!
>
> Potselúi, tchtóby bólno gubám býlo,
>
> tchtóby krov k goloviê prilíla,
>
> tchtóby ikóny s kióta posýpalis!

(Beija-me! Assim não, assim não! Beija-me até machucar os meus lábios, até o sangue correr para a minha cabeça, até os ícones caírem de suas estantes!)

Na cena 5 do ato II, de resto, assistimos ao ponto culminante do tipo de lirismo acentuado que se associa a Katerína. Ele vem no andante de doçura mahleriana que enquadra a seqüência da aparição do espectro de Borís: nele, Shostakóvitch homenageia o músico alemão – referência obrigatória para compreender o seu universo sinfônico – escrevendo uma melodia que lembra a do *adagietto* da *Quinta Sinfonia*. Introduzindo o arioso "Ekh, Serguêi, rázvie mójno spat kogdá liúbishtchie gúbi tak blízko?" (Ei, Serguêi, como é que você pode dormir quando os lábios da amada estão tão próximos?), esse andante volta, depois do trecho em que Katerína se assusta, acreditando ter visto o fantasma. Esse comentário orquestral tem, portanto, uma função dramática específica: a de estabelecer a mudança de plano dramático. Ou seja, é por meio dele que o compositor sugere a idéia de que Katerína, sonolenta, num estado intermediário entre o sono e a vigília, teve uma visão que é o fruto de sua imaginação culpada.

Apesar de seus traços irônicos e parodísticos, portanto, a música escrita para a personagem central é basicamente lírica e distingue-se nitidamente da que descreve as demais figuras: o sogro, o marido, o amante, até mesmo as personagens secundárias. Tirano doméstico, pai castrador por excelência, Borís humilha Katerína na frente de todos os trabalhadores da fazenda ao obrigá-la a se ajoelhar diante do marido e lhe jurar fidelidade, no momento em que se despede dele. Ao fazer isso, o velho nem sequer se dá conta de que está também humilhando o filho ao lhe dar, diante de todos, uma lição de como deve tratar a sua esposa. Embora a intenção de Lieskóv fosse responder à peça de Ostróvski, ele lhe pede emprestada essa cena: na *Tempestade*, Kabaníkha também obriga Kátia a uma atitude abjeta de submissão a Tíkhon, seu marido, que vai sair de viagem (cena conservada por Janáček em sua ópera).

Borís é um velho fauno, que cobiça a nora jovem e bonita, e pensa em fazer nela o filho que Zinóvy não foi capaz de gerar. No ato II, insone e rondando a casa para verificar se não há ladrões por perto, ele vê a luz acesa no quarto de Katerína e diz:

Byl mólod – tóje niê spal, no pó drugôi pritchínie!

Pod óknami u tchujíkh jôn pokházival,

piésni piel, vral, shto v gólovu pridiót,

a inogdá i v ókna zabirálsia;

khoroshó projíl jizn, ieshtchó by ia.

Zinóvy niê v miniá: dáje jenú uvajít niê mójet,

mniê by ievô godá, vot by iá, ekh!

Iá b ieiô... khe khe khe...

(Quando eu era jovem, também não dormia, mas por outro motivo! Rondava debaixo da janela das mulheres dos outros, cantava canções, dizia tudo o que me passava pela cabeça, às vezes até escalava a janela; levei uma vida boa, posso dizer. Zinóvy não saiu a mim: não consegue nem mesmo satisfazer sua própria mulher. Se eu tivesse a idade dele, como eu... ah! Pegaria ela e... he he he!)

Nesse monólogo, em que Borís é acompanhado por um fagote e um trombone de efeito grotesco, o ritmo de valsa vienense é uma homenagem que Shostakóvitch rende ao Richard Strauss do *Cavaleiro da Rosa* – aproxima assim a sua personagem da de Ochs auf Lerchenau, outro velho libertino, sem muita noção do ridículo a que a sua sensualidade o expõe. Além disso, as melodias escritas para Borís se assemelham muito às do Burocrata, personagem do balé *Bolt* (O Parafuso) – ambos representam o mesmo princípio opressor, tacanho, obsoleto, que existia na monarquia, à época em que se passa a novela de Lieskóv – mas se perpetua no novo regime, apesar de todas as promessas de mudança.

Recursos musicais, como o som hesitante da flauta que sempre o acompanha, sublinham o caráter fraco de Zinóvy. Ele é provavelmente impotente ou estéril pois, quando o sogro a acusa:

Khoroshá jená! Piáty god zámujem,

a rebiônotchka ieshtchiô nie rodilá,

ela se defende:

Niê moiá viná... niê mójet Zinóvy Borísovitch

polojít v nutrô moiô rebiônotchka.

(Bela mulher! Casada há cinco anos e ainda não teve um filho.// Não é culpa minha... Zinóvy Borísovitch não foi capaz de colocar um filho em meu ventre.)

Toda a violência reprimida da relação de Katerína com o marido vem à tona em seu dueto de confrontação, "Ia niê liubliú, kogdá so mnóiu govoriát nakhálno" (Não gosto quando falam comigo de forma insolente), no momento em que Zinóvy volta da inspeção ao moinho, e descobre que ela tem um outro homem. Por outro lado, é pusilânime a reação dele ao ser atacado pela mulher e o amante: "Popá!", ele grita, ao ver que vai morrer. "Um padre!". E Serguêi responde: "Vot tibiê pop!" (Toma o teu padre!), batendo em sua cabeça com um pesado candelabro. E uma batida *ffff* na grande caixa representa o golpe que ele recebe. Há nítida diferença entre pai e filho até mesmo na hora da morte. O velho tem consciência de que foi envenenado e morre amaldiçoando a nora. Zinóvy deixa-se assassinar de forma ridícula.

Quanto a Serguêi, ele é vaidoso e mulherengo. Sua fama o precedeu no novo emprego, pois, no ato I, a camponesa Aksínia assim o descreve:

> Rabótnik nóviy, dievitchúr okaiániy.
> Kakúiui khótchesh bábu do grekhá doviediót.
> Vsiem vzyal: i róstom, i litsóm, i krasotóiu.
> On priêjde u Kalgánov slujíl:
> s sámoi khoziáinka spútalsia, za to i vígnali.

> (Esse novo trabalhador é um conquistador tremendo. Toda mulher que ele quer acaba se encrencando. Ele tem de tudo: é alto, bem feito de corpo e bonito. Trabalhava na casa dos Kalgánov: meteu-se com a patroa e foi despedido.)

Há, portanto, antecedentes para o joguinho de sedução que Serguêi fará com Katerína. Na cena 2 do ato I, é ele quem mais estimula os companheiros à brincadeira de assediar Aksínia, dançando à volta dela e tocando lubricamente em seu corpo. E Serguêi é ousado o suficiente ao desafiar a patroa para uma luta livre que tem visível conteúdo erótico, e já antecipa a cena da posse. O tratamento que Shostakóvitch lhe dá também é irônico e, desde o início, parece prever a atitude sórdida que, mais tarde, ele terá em relação à amante. O melhor exemplo disso está no arioso da cena 5 do ato II, após a morte do sogro. Para convencer Katerína de suas intenções sérias, Serguêi lhe diz:

> Katerína Lvóvna, Kátienka, iá niê kak druguíe prótchie
> kotórim vsiô biezrazlítchno, lish by sládkim
> jénskim tiélom polákomitsia.
> Vied iá dielikátnyi, iá tchúvstvuiu, shto takóie liubóv.
> Akh, zatchém iá tibiá poliubíl,
> k tibiê li liubôviu mniê pylát,
> i rázvie éto potchót dlia tíbia
> imienítoi kuptchíkhi moiêi poliubôvnitsei byt?
> Ekh, Kátia, iá b khotiél piêred Bógom
> stat tvoím suprúgom!
> A tak shto, i vídimsia my tólko nótchiu,
> a pri sólnishke boímsia pokazátsia liúdiam na glazá.

(Katerína Lvóvna, Katinha, não sou como outros homens, que não se importam com coisa alguma se tiverem o corpo macio de uma mulher para acariciar. Você sabe que eu sou delicado e sinto o que é o amor. Ah, por que me apaixonei por você e ardo de amor só por você? Por acaso pode ser respeitável para você, esposa de um mercador, ser minha amante? Ah, Kátia, o que eu não daria para, aos olhos de Deus, ser seu marido! Como estamos, só podemos nos ver à noite e, à luz do sol, tememos olhar as outras pessoas nos olhos.)

A linha vocal desse arioso é *legato*, séria, apaixonada. Mas o acompanhamento orquestral nada parece ter a ver com ela: é buliçoso, em *staccato*, e as escalas rápidas no xilofone lembram os *scherzos* de tom circense de algumas das sinfonias. Na realidade, a orquestra nos está fazendo ver, desde esse momento, como são falsas as palavras de Serguêi.

Até mesmo as personagens secundárias são alvo dessa ironia. O pope chamado para assistir Borís agonizante é tão idiota que nem dá atenção à denúncia do velho de que a nora lhe ministrou veneno de rato; engole a explicação de Katerína de que o sogro morreu de indigestão, por ter comido cogumelos à noite; e ainda comenta sentenciosamente:

> I tótchno: 'Okh, uj éti mniê gribkí da botvíni',
> kak skazál Nikolai Vassílitch Gogol,
> velíkii pisátiel zemlí rússkoi.

(É isso: "Oh, são pesados esses cogumelos e sopas frias", como disse N. V. Gogol, grande escritor da terra russa.)

E a orquestra, a essas palavras, faz uma pirueta sarcástica, zombando desse comentário pomposo e deslocado. Mais tarde, durante a cena do casamento de Katerína e Serguêi (III, 1), esse mesmo pope há de reaparecer, inteiramente bêbado, lançando olhares lúbricos às formas voluptuosas da noiva.

Nessa cena aparece também o Camponês Maltrapilho, personagem popular que provavelmente entrou de penetra na festa e, completamente embriagado, está à procura de mais bebida. Como viu Katerína olhando várias vezes para a porta do porão, imagina que há ali uma bela adega. É ele quem vai descobrir, acidentalmente, o local onde está escondido o cadáver de Zinóvy. Antes disso, porém, o Camponês canta uma longa ária de caráter folclórico, "U miniá bylá kumá" (Eu tinha uma comadre), na qual Shostakóvitch faz a paródia da canção de Varlaam, no *Borís Godunóv*, sobre o assédio de Kazán (não nos esqueçamos de que Dmítri Dmítrievitch conhecia profundamente a obra de Mússorgski e a ele pertence uma das orquestrações mais conhecidas do *Borís*).

A cena 7 do ato III, que se passa na delegacia de polícia, não existe em Lieskóv: é uma invenção dos libretistas e nela estão as mais virulentas páginas de sátira política. Oficialmente dirigidas aos desmandos da época tsarista, elas são, na verdade, perfeitamente aplicáveis aos tempos negros vividos pela URSS. Os policiais são corruptos até a medula. Queixam-se de que "os salários são baixos e, ultimamente, anda difícil oferecerem bons subornos". Estão furiosos por não terem sido convidados para o casamento de Katerína Izmáilova, perdendo assim a possibilidade de comer e beber de graça – ou seja, se tivessem sido melhor tratados, participando da boca livre ou recebendo o suborno adequado, é bem possível que tivessem fechado os olhos ao crime dos dois.

Um episódio grotesco ilustra a arbitrariedade do poder policial: eles prenderam um pobre professor abilolado, e o acusaram de ser um niilista, porque ele estava fazendo a autópsia de um sapo, para descobrir se esse animal tinha alma, como os seres humanos (e chegara à conclusão de que tinha, sim, "só que bem pequenina e não é imortal"). Não é possível dizer se Shostakóvitch conhecia *The Pirates of Penzance* (é bem possível, porque ele gostava muito de opereta); mas há uma curiosa coincidência de tratamento na figura do Chefe de Polícia de sua ópera e o dessa opereta de Gilbert e Sullivan. Assim como são representados em *Liédi Makbiét*, os policiais parecem ilustrar a frase do romancista Iliá Erenbúrg: "Os policiais russos não gostam de quebrar a cabeça pensando; por isso é que preferem quebrar a cabeça dos outros".

Não se sabe o que é pior no retrato que a ópera nos oferece do mundo russo: se a violência moral e física – assédio sexual, flagelação, assassinato, arbitrariedade policial, crueldade com os prisioneiros –, se o tédio da vida quotidiana, tão profundo e sufocante que acaba explicando comportamentos insólitos, que assumem caráter de revolta. Esse, aliás, era um tema que Ostróvski e Tchékhov já abordavam em suas peças. Mas o que singulariza *Lady Macbeth* é o fato de sua crítica estender-se implicitamente ao conjunto da vida soviética sob Stálin – e isso foi claramente percebido por Adrián Piotróvski, no texto que acompanhava o programa da estréia[4].

Uma referência autobiográfica, no que se refere à atmosfera fechada e sufocante da vida na província, é o medo, que se apossava de todos os artistas soviéticos, na época, da asfixia cultural, da possibilidade de que a URSS se tornasse inapelavelmente provinciana, devido à política imposta pelo Kremlin. Nesse sentido, o ambiente em que Katerína vive é uma caricatura do país em que Shostakóvitch vivia.

Sabemos que é à URSS stalinista que Shostakóvitch está se referindo devido a uma das cenas mais interessantes da ópera do ponto de vista da sátira: a da despedida de Zinóvy. No ato I, vêm dizer aos Izmáilovi que a represa estourou e está havendo uma inundação no moinho, longe da fazenda. Zinóvy terá de ir até lá ver o que se passa, ausentando-se, portanto, de casa durante alguns dias. Quando está para partir, seu pai recrimina rispidamente os trabalhadores, que

---

4. *Ot poviésti Lieskóva k ópiere Shostakóvitcha i k spiektákliu Málovo Opiérnovo Teatra* (Da Novela de Lieskóv à Ópera de Shostakóvitch e ao Espetáculo do Pequeno Teatro de Ópera).

não parecem se incomodar com o fato de o patrão se afastar. E atendendo à sua exortação, os lavradores lançam-se ao coro:

> Zatchém je ty uiezáiesh, khoziáin, zatchém? Zatchém?
> Na kovô ty nas pokidáiesh? Biez khoziáina búdiet skútchno,
> skútchno, tosklívo, biezradóstno,
> dom biez tibiá niê dom;
> rabota biez tibiá niê rabóta,
> Viesiélie biez tibiá niê viesélie.
> Vosvrashtcháisia kak mójno skoriêi! Skoriêi!
> (Por que nos deixas, patrão, por quê? Por quê? A quem nos abandonas? Sem o patrão, a vida será sombria, sombria, tediosa, sem alegria, a casa sem ti não será mais a mesma casa; o trabalho sem ti não será mais o mesmo trabalho, prazeres sem ti não são prazeres de verdade. Volta logo que puderes, rápido! Rápido!).

Na situação em que se encontram, texto e música são tão deliberadamente inadequados que o exagero os torna totalmente *kitsch*. As palavras são artificiais, pomposas; a música, de uma falsa grandiosidade retórica, é estrondosa, de mau gosto gritante. O mesmo tom desproporcionado, de resto, é usado na cena 8 do ato III, no coro "Sláva suprúgam!" (Viva os noivos), com que os convidados saúdam o casal – a textura contrapontística dessa página é demasiado pesada para a finalidade com que é utilizada. É claro que Shostakóvitch está zombando dos poemas, cantatas e oratórios exigidos pelo culto da personalidade, peças literárias e musicais de pouco valor – quando não totalmente nulas –, produzidas em série, em louvor de Stálin e do regime, por aqueles artistas que o poeta Aleksêi Surkóv chamou de "soloviéi Imperátora" (rouxinóis do imperador), numa alusão ao pássaro mecânico do conto infantil de Andersen, que emitia sempre as mesmas e poucas notas. Peças que o próprio Shostakóvitch seria obrigado a escrever, quando caiu em desgraça, como o oratório *Piésnia o Liesákh* (O Canto da Floresta), de 1949, sobre um poema de Ievguêni Dolmatóvski a respeito da campanha de reflorestamento.

Elemento estilístico essencial para contrapor o mundo das aspirações irrealizadas de Katerína à realidade brutal, grotesca e hostil – dois planos que são irreconciliáveis – é a estrutura sinfônica quadripartito da ópera. O próprio Shostakóvitch dissera, em "Mýsli o muzykálnom spiektáklie" (Reflexões sobre o Espetáculo Musical), publicado em 5 de dezembro de 1935, em *Soviétskoie Isskústvo*:

> O desenvolvimento musical faz-se, todo o tempo, no plano sinfônico. Desse ponto de vista, a ópera não requenta os velhos dramas líricos construídos segundo o sistema dos números separados. O fluxo musical corre sem interrupção, interrompendo-se momentaneamente, no final dos atos, apenas para recomeçar, logo em seguida, no ato seguinte, e desenvolvendo-se não mediante pequenos fragmentos, mas de acordo com um grande plano sinfônico.

Nesse sentido, *Lady Macbeth* assume a forma, comum na ópera desde os primeiros anos do século XX, de um tecido orquestral contínuo, por cima do qual a linha vocal desliza com relativa independência das linhas instrumentais. *Lady Macbeth* exibe grande flexibilidade na utilização de linguagens diversas – tonal/politonal, cromática, modal/plurimodal – e no uso de estruturas curtas, que se sucedem como uma espécie de mosaico, combinando velozmente *parlato, quasi parlato*, recitativo, arioso ou episódios em cantilena organizada. Mas essa série de seqüências breves, muitas vezes de tom epigramático, como se fossem aforismos, não dão à obra um aspecto fragmentado, pois, considerada em seu conjunto, ela pode ser vista como uma sinfonia em quatro movimentos – e daí provém a sensação que passa, até mesmo ao ouvinte leigo, de possuir organicidade, grande solidez estrutural.

• O ato I é um *andante* preparatório, com episódios *allegro* intercalados: as cenas do assédio de Aksínia, da luta livre, da sedução de Katerína. A ária inicial da protagonista, "Akh niê spítsa bólshie" ("Ah, Não Consigo mais Dormir), tem todas as características das melancólicas introduções lentas de Shostakóvitch às suas sinfonias.

• O ato II é um *andante molto mosso* com súbitas explosões de violência – o flagelamento de Serguêi, os dois assassinatos – e a presença de diversos episódios de tom irônico: os comentários dos metais que acompanham a morte de Borís; a fanfarra marcial anunciando o retorno do marido traído; a marcha fúnebre em surdina, como pano de fundo ao momento em que os amantes levam o cadáver de Zinóvy para o porão. Além disso, o interlúdio em forma de passacalha, entre as cenas 5 e 6, trai a influência confessada do *Wozzeck*, de Alban Berg, que tinha impressionado profundamente Shostakóvitch ao ser encenado em Leningrado.

• O ato III é o típico *scherzo* shostakovitchiano, sardônico, cáustico. Os interlúdios entre 6-7 e 7-8 estão impregnados do tom burlesco, circense que encontramos, por exemplo, no último movimento da *Sinfonia n. 6*.

• O ato IV, finalmente, é um *largo* tipicamente russo – como o da *Patética*, de Tchaikóvski –, carregado de tristeza e de revolta. A forma é circular: o ato começa e termina com o canto do Velho Condenado:

> Viórsty odná za drugôi,
> Dlínnoi polzút vierenítsei,
> Spal utomítielnyi znôi,
> Sôntse za stiepí sadítsa. [...]
> Ei, vy, stiepí, nieob'iátnie,
> Dni I nótchi biezkoniétchnie,
> Náshi dúmi biezotrádnie
> I jandármi biesserdétchnie!

(Uma versta[5] após a outra, segue o interminável cortejo. O calor do dia já se foi, o sol já se põe sobre a estepe... ei, vocês, estepes infindáveis, dias e noites sem fim, nossos pensamentos são tristonhos e nossos guardas não têm coração).

Esse canto traz a conclusão de que, assim como não tem fim o sofrimento dos condenados aos trabalhos forçados, não há saída para o sofrimento de um povo condenado a viver sob regimes tirânicos – seja o dos mercadores no século XIX, seja o dos novos senhores da URSS. O lamento do Velho Condenado, no final de *Lady Macbeth*, tem o mesmo significado do canto do Bobo que, na última cena do *Borís Godunóv*, chora pelo povo russo sempre oprimido. Essa referência é extremamente importante: é ela que situa a ópera num fundo cultural de que Shostakóvitch não faz abstração. *Liédi Makbiét Mtsiênskovo Uiezdá* se insere na linhagem muito particular da ópera russa a que pertencem grandes afrescos históricos como o *Borís*, grandes reflexões sobre os meandros da paixão como *A Dama de Espadas*, e grandes sátiras políticas como *O Galo de Ouro*.

A ópera se encerra com a visão gelada das estepes siberianas, onde funcionavam os campos de concentração, porque essa é a imagem final que Shostakóvitch nos quer passar: a de que, sob Stálin, toda a URSS transformou-se numa gigantesca penitenciária. Nesse sentido, o libreto de *Lady Macbeth* tem ligações muito fortes com *Recordação da Casa dos Mortos*, e isso explica o parentesco que há entre o seu final e o da ópera de Janáček baseada no livro de Dostoiévski. Emerge aqui o Shostakóvitch mais autêntico, o do pessimismo desencantado que, nas sinfonias, vai se expressar com uma mistura de indignação, ironia e amargura. As figuras grotescas que ele tinha representado no *Nariz* reaparecem em torno de Katerína – e são tornadas ainda mais odiosas e mesquinhas pelo contraste com a natureza apaixonada da protagonista, e com sua aspiração a uma pureza que a vida não lhe permite ter.

No folheto da gravação Guennádi Rojdéstviênski de *Katerina Izmáilova* – a versão revista de *Lady Macbeth* – o crítico Innokiénti Popóv escreve[6]:

Nesta ópera, a música não é um simples acompanhamento mas, essencialmente, é um componente decisivo de toda a produção. Aqui, a música determina todas as ações. Ela nos faz sofrer, nos deixa agitados, indignados, ao seguir os altos e baixos do destino de cada personagem. Revela-nos seus sentimentos e pensamentos mais íntimos, envolvendo-nos imperiosamente com a ação no palco. A música de Shostakóvitch não é somente bela por si só. É inseparável da representação dramática, é um desenho da situação e é engendrada por essa situação e, ao mesmo tempo, contém uma base psicológica de caráter emocional. Falando mais diretamente, a música da *Lady Macbeth do Distrito de Mtsensk* é operística, no mais pleno e preciso senso da palavra.

5. Medida russa de distância.
6. Citado por Euro de B. Couto Jr. em sua dissertação sobre *O Nariz*(Couto Júnior, 2002).

Essas palavras nos dão a medida do que se perdeu por Shostakóvitch não ter levado adiante uma carreira operística que poderia ter dado frutos excepcionais. Se pensarmos que, depois do escândalo de *Lady Macbeth*, a ópera russa vai ser engessada num modelo pasteurizado – de que a medíocre *Tikhi Don* (O Don Tranqüilo), de Ivan Dzerjínski, é o modelo acabado –, veremos que já havia, nessa obra, o prenúncio do fim de toda uma época. Nesse sentido, assume valor simbólico o gesto de Katerína de atirar-se ao rio com Soniétka. Ao fazê-lo, ela está levando consigo todos os sonhos de sua juventude rebelde – e é como se levasse também todos os sonhos do compositor e de seu país.

Digamos, porém, que a URSS não foi o único lugar onde a ópera de Shostakóvitch causou escândalo. A franqueza com que são tratadas as relações sexuais fez com que, em fevereiro de 1935, quando *Lady Macbeth* foi encenada nos Estados Unidos, o *New York Sun* a chamasse de "bedchamber opera", trocadilho com "chamber opera" (ópera de câmara) e "bedchamber" (alcova). A censura cortou o glissando de trombones na cena da sedução, na montagem de Filadélfia, em abril de 1935. E no Festival de Veneza de 1949, o vice-primeiro-ministro Giulio Andreotti – o mesmo que, mais tarde, haveria de ser processado por suas relações com a máfia – liderou uma campanha moralista contra a ópera, e conseguiu que, na cena da sedução, a cortina fosse baixada. Em compensação, após assistir à estréia londrina em 18 de março de 1936, o compositor Benjamin Britten – que haveria, no futuro, de ser amigo pessoal de Shostakóvitch e o dedicatário da *14ª Sinfonia* – escreveu em seu diário:

> É claro que é ocioso pretender que se trate de grande música de uma ponta à outra – é música de palco e é assim que deve ser considerada. Há música fantástica nos entreatos. E a defenderei com unhas e dentes contra os que a acusam de não ter estilo. As pessoas não sabem distinguir entre estilo e maneira. É a herança do compositor e ele pode tomar o que quiser de quem quiser – e com isso fazer boa música. Há uma coerência de estilo e de método de uma ponta à outra. A sátira é mordente e brilhante. E nem por um segundo a ópera é tediosa.

Essa sátira não haveria de passar despercebida. Embora a explicação oficial fosse a de que Stálin se retirara no meio da apresentação moscovita de janeiro de 1936, porque se escandalizara com os aspectos eróticos explícitos da ação – a cena da sedução de Katerína, por exemplo –, e com as ousadias da textura harmônica da partitura, de um vanguardismo oficialmente desaprovado, a verdade era outra. Stálin não se deixou enganar. Não era nada tolo e percebeu que Shostakóvitch o retratara na figura caricatural do Chefe de Polícia. As inovações musicais apenas serviram de bode expiatório. As verdadeiras causas do ataque a *Lady Macbeth* foram a paródia da autoridade, a revolta contra a opressão, o retrato da URSS como um mundo sufocante e sem perspectivas. Foram inúteis todas as precauções tomadas pelo compositor, no prefácio da ópera, para demonstrar que se alinhava com a ideologia oficial do Realismo Socialista, formulada por Maksím Górki desde o I Congresso da União dos Escritores (agosto/setembro de 1934). Na verdade, *Lady Macbeth* foi o pretexto há muito tempo esperado por Stálin para dar uma definitiva pisada no freio do liberalismo estético e enquadrar os artistas como um dócil rebanho de servidores do regime.

7.
Caos em Lugar de Música

*O efeito de Stálin sobre Shostakóvitch
foi como o de um vulcão sobre o carbono:
ele o transformou em um diamante.*

S. JACKSON[1]

Os direitos autorais que Shostakóvitch recebera pelas diversas apresentações de *Lady Macbeth* lhe permitiram alugar um novo apartamento, no Dmitróvski Piereúlok. Vendo seus companheiros cederem às imposições do Realismo Socialista, tentou preservar sua independência. Na revista *Soviétskoie Isskustvo*, de 5 de novembro de 1934, escreveu:

Triunfamos teoricamente das tendências dominantes no período da RAPM, que tentavam excluir de nossos programas tudo o que cheirava à "música contemporânea ocidental". E, no entanto, são poucas as obras dos compositores ocidentais que ouvimos nos nossos concertos. Temos muito a aprender com Schoenberg, Krenek, Hindemith e Alban Berg.

E opôs-se àqueles que, durante um colóquio organizado em fevereiro de 1935 pela União dos Compositores, pronunciaram-se contra a Escola de Viena, o Grupo dos Seis e a música de Stravínski. Propôs a realização de um seminário de iniciação a tudo o que, na obra desses autores, "há de instrutivo e interessante". Mas é só na música de balé – *O Límpido Regato* – e nas trilhas sonoras de filmes dessa época – em especial *Contraplano* – que há o tratamento de temas políticos mais diretos. De resto, essa é uma fase de peças de música pura, a que já nos referimos: os *24 Prelúdios*, o *Concerto n. 1 para Piano e Trompete*, a *Sonata para Violoncelo*. E, entusiasmado com a acolhida a *Lady Macbeth*, planejou uma ópera nova – *O Conto do Pope e de seu Criado Balda* – na qual começou a trabalhar, no verão de 1934, em Polenovo, às margens do rio Oká. Dela falaremos mais adiante, neste mesmo capítulo.

---

1. Em *Dmitri Shostakovich: an Essential Guide to His Life and Work*, Londres, Pavilion Books Ltd, 1997 (citado por Couto Jr., 2004).

Antes disso, o caráter esquemático do conto de Nikolái Assêiev e a semelhança da história com a do balé *A Idade de Ouro* já o tinham feito desistir, como já dissemos, de uma ópera intitulada *O Grande Relâmpago*. Não foram adiante, tampouco projetos de musicar libretos escritos por Mikhail Shókholov, Mikhail Bulgákov ou uma adaptação da *Mãe*, de Górki, a ser feita por Aleksandr Preis. Mas ele sempre esteve disponível para ajudar outros compositores nessa área: a adaptação que Nikita Bogoslóvski fez do *Revizór* (O Inspetor Geral), de Gógol, e *Tíkhii Don* (O Don Tranqüilo), de Ivan Dzerjínski, com libreto de Valiéri Jelobínski, baseado no romance de Shókholov. A este último compositor, ele ajudou na orquestração e, em agradecimento, a ópera lhe foi dedicada.

Um grande acontecimento, para a política cultural stalinista, foi a viagem oficial, em abril de 1935, de uma delegação de artistas soviéticos à Turquia – a primeira desse gênero desde a Revolução. Os cantores Valéria Barzôva, Maríya Maksákova e Aleksandr Pírogov, os bailarinos Natália Dudínskaia e Aleksandr Mésserer, o pianista Liev Obórin, o violinista David Oistrákh faziam parte desse grupo, juntamente com Shostakóvitch. Foram alvo de diversas homenagens. E foram recebidos três vezes em audiência pelo presidente Mustafá Kemal Atatürk, tocaram em Ankará, Esmirna e Istambul. E Dmítri foi presenteado, pelo cônsul soviético, com a recém-lançada gravação de sua *Primeira Sinfonia* regida por Arturo Toscanini.

Recém-chegado da Turquia, Shostakóvitch estava se preparando para a viagem a Arkhangelsk, onde daria um concerto. Mas Iákov Leôntiev, o diretor do Bolshói, o convocou às pressas, na noite de 26 de janeiro de 1936, porque soubera que o comissário Andrei Jdánov[2] e Anástas Mikoián acompanhariam Stálin a uma récita de *Lady Macbeth*, regida por Aleksandr Melík-Pasháiev, o maestro predileto do *Vójd*. No dia 17, o ditador já comparecera ao teatro para ver *O Don Tranqüilo*, e chamara Dzerjínski a seu camarote, fazendo-lhe muitos elogios[3].

2. Membro do Politburo desde 1939, Andrei Jdánov foi encarregado da política cultural, depois da queda em desgraça de Lunatchárski. Primeiro secretário do Partido em Leningrado, após a morte de Serguêi Kírov, foi o emissário pessoal de Stálin para supervisionar a repressão em Kazan, Oranienburgo e Bashkir. Durante a guerra, foi parcialmente responsável pela tragédia de Leningrado, pois decidiu que os alimentos deveriam ser distribuídos prioritariamente aos militares, causando com isso uma terrível epidemia de fome entre os civis. Autores como A. Werth (*Leningrad*, Londres, 1941) atribuem isso ao enorme preconceito de Jdánov contra a *intelliguêntsia* de Leningrado, que ele considerava rebelde e insubmissa. Depois da guerra, a campanha repressiva que montou, no terreno da cultura e da ideologia, ficou conhecida como a *Jdánovshtchina*. Morreu em 1948, em circunstâncias mal explicadas: oficialmente, foi vítima de um ataque cardíaco; mas acredita-se que sofria de *delirium tremens* provocado pelo alcoolismo.

3. Uma descrição detalhada desse episódio foi feita em Besiêda továrishtchiei Stálina i Molotôva s Avtórami Opiérnovo Spiektáklia "Tíkhii Don" (O Encontro dos Camaradas Stálin e Molotóv com o Autor do Espetáculo Operístico *O Don Tranqüilo*), no n. 2 de *Soviétskaia Múzyka* de 1936.

Havia, portanto, a expectativa de que isso se repetisse com Dmítri Dmítrievitch, cujo prestígio, como compositor, era muito maior.

Há vários relatos dessa noite, escritos por Mikhaíl Bulgákov[4], em seu característico estilo irônico; por Levôn Avtomián, o músico armênio amigo de Dmítri; e por Serguêi Radámski[5], cantor americano de origem russa, que estava também no teatro aquela noite, a convite de Meierkhôld. Todos eles falam do descontrole de Melík-Pasháiev que, nervoso com a presença do Líder, deixou a orquestra tocar com todo estardalhaço; da ansiedade do compositor à medida que o espetáculo avançava e não o convocavam ao camarote governamental; da consternação em que ele ficou quando Stálin se retirou, antes do fim, sem querer cumprimentá-lo.

No dia seguinte, Dmítri partiu para Arkhangiélsk, numa turnê de concertos com Kubátski. Ao desembarcar na estação, no dia 28, comprou o *Pravda* e deparou com o artigo anônimo intitulado "Sumbúr vmiésto Múzyki" (Caos no Lugar de Música), que não deixava de *Lady Macbeth* pedra sobre pedra. Dias depois, em 6 de fevereiro, o balé *O Límpido Regato* – antes tão elogiado por seu libreto e música tão "politicamente corretos" – foi também atacado em termos muito virulentos. Isaak Glikman conta que Shostakóvitch, em geral indiferente em relação a resenhas de apresentações de suas obras, telefonou-lhe pedindo que recortasse tudo o que saía na imprensa contra essas partituras.

Quem foi o autor desse artigo?[6] Ele reflete, naturalmente, as idéias de Stálin. Mas é muito pouco provável que o próprio Paizinho o tenha escrito. Há vários candidatos. Um deles – opinião esposada por um biógrafo como Krzysztof Meyer – é o jornalista Dávid Ivánovitch Zaslávski, que trabalhava como *ghost-writer* para o Krêmlin. O próprio Liênin uma vez o chamara de "difamador notório" e Górki foi, em 1935, uma das vítimas de seus ataques. Um dos artigos mais famosos de Zaslávski, que morreu em 1965 como um respeitado editorialista do *Pravda*, foi o que desencadeou, em 1953, a campanha contra Borís Pasternák, por ter permitido a publicação, no exterior, de *O Doutor Jivago*.

Em *Testemunho*, Vólkov coloca na boca de Dmítri Dmítrievitch o comentário de que "o salafrário notório que era o Zaslávski deve ter apenas anotado o ditado, pois há no texto certas expressões que são típicas de Stálin". Num artigo publicado em 1998, na revista *Ukroshtchiênie Isskústvo*, dos dissidentes russos, editada em Nova Jersey, Iúri Ieláguin defendeu a tese de que o autor foi

---

4. Em *Dniévnik, Pismá 1914-1940* (Diário, Cartas 1914-1940), publicado em Moscou apenas em 1997.

5. Em *Der verfolgte Tenor: mein Sängerleben zwischen Moskau und Hollywood*, Munique, Piper Verlag, 1972 (citado por Meyer,1994).

6. Essa é uma questão extensamente discutida por Andrei Ustínov, em Pravda i Lôj odnôi Istórii (O Verdadeiro e o Falso em uma Certa História), no número de julho-agosto de 1991 da revista *Muzykálnoie Obozriênie*.

o próprio comissário da Cultura, Andrêi Jdánov, encarregado de supervisionar a aplicação dos princípios do Realismo Socialista e, em breve, responsável por desencadear a dura fase de repressão que ganhou o seu nome, a *Jdánovshtchina*.

Em sua biografia do compositor, porém, Detlef Gojowy atribui o artigo a Viktor Gorodínski, ex-colega de Shostakóvitch no Conservatório de Leningrado. Músico medíocre, invejoso de seu sucesso, Gorodínski fez campanha contra ele no breve tempo em que foi chefe do Departamento de Artes do Comitê Central. Outros nomes levantados como possíveis autores, ou colaboradores, do artigo foram os de Isaak Liéjnev, responsável pela seção de literatura e artes do *Pravda*; e Platôn Kerjêntsev, presidente do Comitê de Assuntos Artísticos, fundado em 1936. Mas, seja quem tenha sido a mão que escreveu o artigo, o pensamento por trás dele era o do Supremo Líder – e Mikhail Váiskopf, que estudou detidamente o estilo de Stálin[7], reuniu vários elementos – tipo de vocabulário, repetições tautológicas – que apontam nessa direção.

"Sumbúr vmiésto Múziki" criticava

o fluxo contínuo de ruídos intencionalmente caóticos e desordenados, que confundem deliberadamente o ouvinte. Um farrapo de melodia, um esboço de frase musical afogam-se na massa sonora, perdem-se no meio da barulheira, nos rangidos, nos gritos. É difícil seguir essa música, é impossível memorizá-la. [...] No palco, o canto é suplantado pelos gritos. A música grunhe, geme, ofega, arqueja, principalmente para descrever as cenas de amor da forma mais naturalística possível. O amor é emporcalhado, ao longo de toda a ópera, da forma mais vulgar possível. [...] A mercadora predatória da novela de Lieskóv, que abre caminho para a riqueza e o poder através do crime, é mostrada como uma vítima da sociedade burguesa. A novela de Lieskóv, que é um retrato da vida real, é sobrecarregada com um significado que não tem.

Depois de reconhecer que ao autor não faltava talento nem a "capacidade de expressar em música sentimentos simples e fortes", o artigo continuava:

No campo da ópera, essa música baseia-se no mesmo princípio de negação da arte que os "esquerdistas" professam no campo do teatro, quando negam a simplicidade, o realismo, as personagens acessíveis, as palavras com sonoridades naturais. Trata-se, no domínio da ópera e da música, da transferência e da amplificação das características mais negativas dos "meierkholdistas": um caos esquerdista que substitui a música natural e humana.

Condenando o "formalismo pequeno-burguês" e o "hermetismo", o texto afirma que a partitura de Shostakóvitch está impregnada do

---

7. Em *Pissátiel Stálin* (O Escritor Stálin), publicado em Moscou em 2001.

espírito de inovação pequeno-burguês, que leva à ruptura com a arte verdadeira, com a verdadeira literatura [...], mostrando no palco o naturalismo mais grosseiro, sob uma luz uniformemente bestial [...], de forma primitiva, vulgar e de mau gosto. [...] Isso é música intencionalmente feita de dentro para fora, sem nada que a assemelhe à música clássica, sem nada em comum com os sons sinfônicos, com o discurso musical simples e acessível. O compositor não se preocupa em dar ao público soviético o que ele realmente procura na música. Escreveu de propósito uma música que mistura todas as sonoridades, de modo a que ela só possa atingir os estetas de gosto pervertido. Deixou de lado aquilo que a cultura soviética exige: expulsar a grosseria e a barbárie da vida soviética.

Chega finalmente à conclusão:

O perigo dessa tendência, na música soviética, é claro. A feiúra esquerdista na ópera nasce da mesma fonte que a feiúra esquerdista na pintura, na poesia, na pedagogia, na ciência. A "inovação" pequeno-burguesa está levando à ruptura com a verdadeira arte. A verdadeira ciência, a verdadeira literatura. Essa *Lady Macbeth* foi apreciada no exterior pelo público burguês. E se o público burguês a aplaudiu, não terá sido porque esta ópera é absolutamente apolítica e confusa? Porque ela corresponde ao gosto dos burgueses por uma música barulhenta, contorcida e neurastênica?

"Apolítica e confusa" é justamente o que a ópera de Shostakóvitch *não é*. Stálin era realmente puritano para uso externo – embora tivesse um comportamento pessoal extremamente libertino; e nisso era fiel a uma tradição da sociedade russa que já fizera os humoristas Ilf e Petróv exclamar: "O som de um beijo assusta as pessoas mais do que a explosão de uma bomba". O *Vójd* saiu do teatro chocado com as cenas "impróprias", sim; mas também por ter compreendido que a ópera possuía um conteúdo político claríssimo – e muito desagradável. Na ópera soviética da década de 1930, as regras eram claras: personagens positivas se expressavam de maneira diatônica; dissonâncias, se era necessário tê-las, deviam ser reservadas aos vilões.

Ora, em *Lady Macbeth*, a única personagem que se expressava de maneira lírica era a que subvertia a ordem social. Todas as outras eram retratadas de forma caricatural, inclusive as que deveriam julgar o seu comportamento: o padre, a polícia, até mesmo "o povo". O comportamento anárquico de Katerína Izmáilova representava uma ameaça implícita para a disciplina totalitária. Por essa razão, o governo stalinista usou a ópera como ponta-de-lança da campanha, orquestrada pelo comissário Andrei Jdánov, para "enquadrar" definitivamente os compositores soviéticos num estilo de música inócua e oficial, que correspondesse aos objetivos propagandísticos do Realismo Socialista.

Antes de abordar esse ponto, entretanto, considero oportuno abrir um parêntesis para tratar de um dos mais curiosos aspectos da personalidade de Iósif Vissariônovitch: esse paranóico responsável pelo genocídio de inúmeros de seus concidadãos, gostava realmente de música. Assíduo freqüentador do Bolshói, não perdia estréias de ópera ou balé e era admirador de cantores importantes como o tenor Ivan Kozlóvski. Tinha preferência por música russa – Tchaikóvski, Glinka, Borodín, Rímski-Kórsakov – mas admirava também Bizet e Verdi. Tinha uma discoteca bastante grande de clássicos e populares – canções folclóricas georgianas e russas – e acostumara-se a anotar, na capa dos discos, a sua cotação para a gravação: razoável, bom, ótimo, excelente.

Molotóv fala, em suas *Memórias*, das noites em que Stálin, ele próprio e Voroshílov, que tinham razoáveis vozes de tenor, reuniam-se para cantar música litúrgica ou folclórica, acompanhados por Jdánov em um piano de armário. Paradoxalmente, Stálin achava bonitas as canções de Aleksandr Vertínski e Piotr Lieshtchénko, autores de hinos para os revoltosos do Exército Branco, que estavam proibidos na URSS desde a Guerra Civil. Tinha grande interesse por instrumentistas jovens que, mais tarde, tornaram-se celebridades mundiais – Émil Guílels, David Óistrakh, Sviatosláv Ríchter, mais tarde Mstisláv Rostropóvitch – todos eles agraciados com o Prêmio Stálin.

"A vida na URSS tornou-se melhor e mais divertida" era um de seus slogans. O expressionismo cruel de *Lady Macbeth* não se encaixava nessa fórmula, donde a irritada explosão do Líder. Mais ainda, a defesa do amor livre contida na ópera ia contra os planos stalinistas de "uma nova moralidade" para a URSS. O Estado preparava-se para fazer aprovar o novo Código da Família e do Casamento. O divórcio, sob Stálin, tornara-se muito mais difícil; e ele fez aprovar leis proibindo o adultério e o aborto. Está claro, hoje, que o ataque à música de Shostakóvitch fez parte de uma estratégia claramente planejada pois, depois de "Caos em Vez de Música", o *Pravda* publicou, em seqüência, editoriais em que o *levátskoie uródstvo* (a deformação esquerdista) era denunciada

- no cinema ("Um Esquema Cru em Vez da Verdade Histórica", em 13 de fevereiro);
- na arquitetura ("Cacofonia na Arquitetura", em 20 de fevereiro);
- na pintura ("Sobre os Artistas Caóticos", em 1º de março);
- no teatro ("Brilho Exterior e Conteúdo Falso", em 9 de março), em todos eles repetindo mais ou menos a mesma verborragia.

Mas por que, então, arrebanhar, no ataque à *Lady Macbeth*, o balé *Sviétlyi Rutchiêi* (O Límpido Regato)[8]? Aparentemente, ele tinha tudo para agradar: música simples, melodiosa, orquestrada de modo muito colorido; os cenários

---

8. Balé em três atos e quatro quadros, com libreto de Fiódor Lopúkhov e Ádrian Piotróvski, estreado em 4 de junho de 1935, no Teatro Acadêmico de Ópera e Balé, de Leningrado, sob a regência de P. Feldt.

tinham sido desenhados por Vladímir Dmítriev e a coreografia era de Fiódor Lopúkhov, ambos artistas da predileção de Stálin. Ao contrário de *Lady Macbeth*, o retrato que ele fazia da vida num *kolkhóz* da região de Kúban encaixava-se exatamente na concepção de "melhor e mais divertida" do slogan stalinista. Mas, comprovando a máxima de que "faça o que quiser, você desagradará sempre", Shostakóvitch foi vítima de outro editorial no *Pravda*, "A Falsidade no Balé":

> Os produtores desse balé provavelmente acham que o nosso público não é exigente e aceitará qualquer coisa que gente irresponsável lhe enfiar pela goela abaixo. [...] Gente vestida de um jeito que nada tem a ver com os cossacos do Kúban pulam de um lado para o outro, no palco, freneticamente. [...] É verdade que, no *Límpido Regato*, há menos exibicionismo, menos dissonâncias selvagens e estranhas do que na ópera *Lady Macbeth do Distrito de Mtsensk*. Mas a música não tem personalidade. Vai de um lado para o outro e não expressa nada. [...] De acordo com os autores desse balé, todas as nossas dificuldades foram deixadas para trás. No palco, todo mundo é alegre, feliz e despreocupado. Não transformem a sua arte em zombaria da vida. Não banalizem a vida.

Se a ópera descrevia a vida "monótona e com imagens bestiais" e se a alegria mostrada no balé era falsa, qual deveria ser o modelo? A revista *Soviétskoie Isskústvo* tentou responder no artigo "Contra a Falsidade e o Primitivismo":

> O *Pravda* combate em duas frentes: contra as inovações pequeno-burguesas do formalismo e, simultaneamente, contra aqueles que, escondendo-se por trás do slogan da simplicidade e do que é acessível, querem impor o primitivismo à arte soviética, enfraquecendo-a e empobrecendo-a.

Mas *Arte Soviética* levou também a sua lambada no artigo "Linguagem Clara e Simples na Arte", de 13 de fevereiro, que respondeu a ela:

> É confusa a descrição das "duas frentes". Nossos artigos dirigiam-se contra as mentiras e falsidades estranhas à arte soviética: os truques formalistas de *Lady Macbeth* e a doçura doentia do *Límpido Regato*. Ambas distanciam-se da linguagem clara, simples e verdadeira que a arte soviética deve falar. Ambas tratam a arte popular com desprezo. É esse o ponto, e não a suposta música "complexa" da ópera ou a suposta música "primitiva" do balé. Apesar de tudo o que há nela de retorcido, a música de *Lady Macbeth* é patética, pobre no pior sentido da palavra, primitiva em seu conteúdo.

Esse ponto de vista foi reforçado, em 3 de março, pelo editorial "Uma Resposta Simples e Direta", no qual se afirmava: "Linguagem clara e direta são os traços característicos de todas as declarações do Camarada Stálin". Estava matada a charada: o modelo para a arte soviética era o Supremo Líder em pessoa. E a *Litieratúrnaia Gaziêta* de 10 de março apressou-se em formular isso, com todas as letras, num artigo que levava o título incrivelmente original de "Simplicidade e Clareza":

> O estilo do Camarada Stálin é um exemplo clássico de maravilhosa simplicidade e clareza, de expressão cinzelada de forma a inspirar todos os artistas, de um esplêndido e corajoso poder de dizer a verdade. Esta é a nossa sorte: para nós, artistas soviéticos, estes são os exemplos com os quais contamos, a coragem, a força e a verdade.

Raramente a sabujice atingiu níveis tão espetaculares. Por toda a parte, as organizações culturais estavam organizando encontros *prótiv formalizma i fálshi* (contra o formalismo e a falsidade), e os músicos – diretamente envolvidos – tinham saído na frente. De 5 a 7 de fevereiro, a seção de Leningrado da União dos Compositores se reuniu e os ataques mais inesperados foram feitos a Shostakóvitch: por seu professor, Maksimílian Shtéinberg, que afirmou "não entender nada" da música que ele escrevia; por Dzerjínski, que parecia ter esquecido a ajuda dele recebida; por Borís Assáfiev que, anteriormente, fizera rasgados elogios à ópera. O ataque mais violento foi o do compositor Liev Konstantínovitch Knipper, que lhe lançou a pecha de ser "anti-socialista" – a acusação mais grave que, naquela época, se poderia fazer a alguém.

Samossúd foi criticado por ter regido a estréia de *Lady Macbeth*; Dmítri Rabinóvitch, por tê-la elogiado em sua resenha; Sollertínski, por ser "um esteta burguês que exercia má influência sobre Shostakóvitch". Sollertínski foi um dos poucos a ousar defender a ópera. Depois, percebendo que insistir nisso só pioraria as coisas para o amigo, retratou-se por ter aprovado obras como os *Aforismas*, o *Nariz* ou *Lady Macbeth*. No dia seguinte, o editorial do *Pravda* comentava:

> Os defensores da música burguesa decadente foram apanhados com a guarda abaixada. Essa é a razão para o espanto e a raiva com que eles reagiram. O adorador dessa tendência, que desfigurou a música de Shostakóvitch, o incansável trovador da distorção esquerdista, Sollertínski, avaliou corretamente a situação ao afirmar que nada mais há, para ele, a fazer no panorama da arte musical soviética e que ele vai encerrar as suas "atividades". A máscara foi arrancada! Sollertínski, agora, está falando a sua própria linguagem.

Seção semelhante foi convocada em Moscou, onde todos os que, antes, tinham elogiado *Lady Macbeth*, se retrataram por suas palavras. Em *Testemunho*, Vólkov atribui a Dmítri essas palavras: "Como a viúva do sargento, eu tinha de dizer a todo mundo que eu mesmo tinha me açoitado. Fiquei completamente destruído. Era o meu passado que eles estavam destruindo. E o meu futuro". Shostakóvitch não foi a única vítima da *Jdánovshtchina*: ela atingiu também Prokófiev, Miaskóvski, Khatchaturián, e até mesmo comunistas convictos como Aleksandr Mossolóv, Gavríil Popóv ou Guénrikh Litínski.

Dmítri Dmítrievitch não chegou a ser preso. Dizem que, como milhões de outras pessoas, ele mantinha a mala pronta, à espera de que viessem buscá-lo. Seu filho Maksím contou, mais tarde, que ele passava as noites do lado de fora do apartamento, ao lado do elevador, para que os homens da NKVD não perturbassem Nina, grávida de cinco meses, caso aparecessem para prendê-lo. Stálin sabia como aterrorizar suas vítimas, deixando-as à espera de algo que não vinha nunca. Eram inúmeros os casos de pessoas que se suicidavam por não suportar a tensão dessa espera. Na introdução a *Testemunho*, Vólkov escreve:

Stálin tinha tomado, a respeito de Shostakóvitch, uma decisão que não haveria nunca de rescindir: a de que o compositor, a despeito de seus vínculos com os "inimigos do povo", não devia ser preso, mas reservado ao açoite, como um bufão que tivesse caído em desfavor com o rei. Na moldura da cultura russa, a extraordinária relação entre Stálin e Shostakóvitch era profundamente tradicional: o "diálogo" ambivalente entre o tsar e o *iurodívyi* (o Bobo), ou entre o tsar e o poeta que representava o papel de *iurodívyi* para sobreviver, era de uma trágica incandescência.

À exceção de Shebalín, que o defendeu corajosamente em reuniões da União dos Escritores, e de Kabaliévski, que possuía dentro desse organismo posição suficientemente sólida e insuspeita para não precisar afastar-se dele, os antigos amigos lhe viraram as costas. Como acontecera antes com Pilniák, Dmítri viu pessoas cruzarem apressadamente para o outro lado da rua, evitando o encontro com ele. Viu também muitos de seus amigos irem para o campo de concentração.

Górki morreu em 1936, aos 68 anos, em circunstâncias nunca devidamente esclarecidas. Embora as suas cinzas tenham sido depositadas em um nicho, na muralha do Kremlin, e ele fosse proclamado "o mais próximo e mais fiel amigo do Camarada Stálin", há suspeitas de que o Paizinho, não precisando mais de um homem respeitado em todo o país, e que nem sempre concordava com suas opiniões, tenha mandado envená-lo. Esse é um enigma para o qual, decerto, nunca haverá resposta.

Mandelshtám e Pilniák morreram em 1938, em campos de concentração. O poeta Borís Kornílov, autor da letra da canção de *Contraplano*; o dramaturgo Ádrian Piotróvski; a ensaísta Galina Serebriakôva, com quem, em outros tempos, Dmítri tivera um caso; e o escritor Isaak Bábel morreram na prisão. Seu antigo patrão e amigo Meierkhôld foi fuzilado e sua mulher, Zinaída Ráikh, morta a facadas, dentro de casa, por agentes da polícia política. Iúri Oliésha que, durante o julgamento de *Lady Macbeth*, depusera afirmando que a ópera "o insultava", foi preso por causa de seu roteiro para o filme *Juventude Forte* – ele ali retratava de forma tão fervorosa o super-homem soviético, que foi acusado de importar os ideais nazistas de pureza ariana, e condenado como fascista.

Em agosto, os jornais anunciaram o "Julgamento dos Dezesseis", em que Grigóri Zinoviév, Liev Kamenióv e outros líderes do Partido eram acusados de "subversão" e de planejar o assassinato de Stálin. A onda de prisões atingiu Bolesław Przybyszewsky, diretor do Conservatório de Moscou, os compositores Nikolái Jiláiev, Aleksandr Mossolóv e Nikolái Popóv, o musicólogo Dimas Gátchev, o organista Nikolái Vygódski, a pianista Maríya Grinberg. Psicologicamente destroçada, Marina Tsvietáieva, que voltara à URSS em 1939, haveria de se suicidar em 1941. E a grande Anna Akhmátova, cujo filho, Liev Gumilióv, ficou muitos anos na prisão, optou pelo "exílio interno": manteve-se em silêncio durante os anos do terror. A repressão atingiu também alguns parentes de Dmítri. O cunhado, Dr. Vsiévolod Fréderiks, marido de sua irmã mais velha; a sogra, Sófia Varzar[9]; o tio, Maksím Kostrýkin, de quem ele gostava tanto; a ex-amante, a tradutora Ielena Konstantínovskaia[10] foram todos presos. Até mesmo Marússia, a sua irmã mais velha, foi exilada para Frunze, em 1937.

Mas Shostakóvitch foi poupado. Submeteram-no a toda sorte de humilhação, mas ele não foi preso. A resposta para essa questão, que sempre intrigou os biógrafos do compositor, pode estar numa carta de Górki para Stálin, cuja cópia, encontrada nos arquivos do escritor, foi divulgada em 2001[11]. Escrita em meados de março de 1936, na Criméia, onde Górki passava as férias, fala de seu encontro com André Malraux – na época, figura de proa do movimento antifascista europeu – e da preocupação dos "círculos progressistas" do Ocidente com o destino do compositor, muito respeitado no exterior. Lembrava também a Stálin que outro admirador de Shostakóvitch era Romain Rolland, celebrado no *Pravda* de 29 de janeiro de 1936 como "um grande amigo da URSS". Mesmo tomando o cuidado de não encostar Stálin na parede, Górki não escondeu o fato de não concordar com o artigo "Sumbúr vmiésto Múzyki":

Caos por quê? Como e por que meios esse caos é expresso? Os críticos deveriam ter feito uma análise técnica da música de Shostakóvitch. Mas o que o artigo do *Pravda* permitiu foi um bando de mediocridades e de bobagens, para perseguir Shostakóvitch de todas as maneiras. [...] Em seus discursos e em seus artigos do ano passado para o *Pravda*, você falava freqüentemente da necessidade de "ser cauteloso nas atitudes tomadas". Isso foi ouvido no Ocidente e aumentou a simpatia em relação a nós.

O tom desse texto coincide com o da gravação de uma conversa de Górki, na primavera de 1936, com Semiôn Trigúb, chefe da seção de literatura e arte do jornal *Komsomólskaia Pravda*, divulgada na mesma época que a carta. Górki diz:

9. Em *Jizn Shostakóvitcha v illiustrátsiiakh i slóvie* (A Vida de S. em Ilustrações e Palavras), publicado em 1999, Sófia Khéntova conta que os apelos para a libertação dessa respeitável cientista receberam a resposta: "O NKVD nunca se engana".

10. Essa, estranhamente, foi libertada no ano seguinte, e pôde voltar a trabalhar como professora de inglês.

11. Citada em *Shostakovich and Stalin* (Vólkov, 2004).

Agora é Shostakóvitch quem está sendo flagelado. Esse rapaz é talentoso, muito talento-so. Eu já o ouvi. Ele deveria ser criticado com muito tato, por alguém que realmente conhecesse música. Estamos sempre falando de dar ao povo um tratamento sensível. Isso deveria ter sido demonstrado neste caso, também.

O resultado dessa conversa foi o informante do NKVD, que trabalhava infiltrado no escritório de Górki – um funcionário que se assinava Ossípov –, ter enviado ao Kremlin um relatório em que dizia: "Górki está muito descontente com a discussão sobre o formalismo". Para convencer Stálin da necessidade de pisar no freio, o escritor lembrava ao *Vójd*, na carta, que Dmítri Dmítrievitch era um homem muito nervoso, estava extremamente deprimido, e havia o risco de que cometesse suicídio – o que causaria muita má impressão no Ocidente. E lembrava que, naquele momento, a Câmara de Deputados francesa estava discutindo a ratificação do Acordo Franco-Soviético de Ajuda Mútua, assinado em 1935, ao qual a imprensa de direita parisiense se opunha de unhas e dentes. O suicídio – ou a prisão – de Shostakóvitch poderia desencadear um escândalo internacional de ramificações imprevisíveis. Melhor seria manobrar para obter dele o compromisso, sem puni-lo de forma irremissível.

Um sinal da atitude apaziguadora com que Stálin acenou para Shostakó-vitch foi a audiência que este teve com Platôn Kerjêntsev, chefe do Comitê para Assuntos Artísticos. O memorando que Kerjêntsev enviou ao Líder prova que, nesse encontro, estava servindo apenas de emissário do Krêmlin. Disse a Dmítri que, seguindo o exemplo de Rímski-Kórsakov, ele deveria viajar pe-las aldeias da Rússia, Bielorrússai, Ucrânia e Geórgia, para recolher canções folclóricas e, depois, harmonizar as cem melhores. Dmítri disse que sim mas, naturalmente, não tinha a menor intenção de fazê-lo (curiosamente, quando essa mesma sugestão foi feita a Khatchaturián, ele organizou, docilmente, uma expedição às aldeias da Armênia).

Em meio a esse vendaval, Shostakóvitch não parou de trabalhar. A Isaak Glikman, ele tinha dito: "Se me cortarem as duas mãos, continuarei a compor nem que tenha de segurar a caneta com os dentes". O humor negro, de resto, não o abandonava. Em junho, quando Galina nasceu, ele perguntou a Sollertínski: "Como acha que devo chamá-la? Sumbúrina ou Fálshetta?" – referindo-se às palavras (*sumbúr* e *fálshi*) usadas nos títulos dos artigos que o condenavam. A família tinha aumentado; desde 1935 eles tinham, trabalhando em casa, a cozinheira e arrumadeira Fiedossía Kojunôva (Fênia); e a antiga babá de Nina, Praskóvia Demidôva (Pásha), tinha vindo ajudar, quando Galina nasceu, e aca-bara ficando. Dmítri tinha gostos simples e – tirando um cuidado extremado com a higiene pessoal e a limpeza do vestuário – não era exigente com roupas ou comida.

Isso fez com que tivesse de aceitar encomendas das quais se desincumbia o mais rápido possível. Foi assim com a revisão que fez na trilha de *Zolotíe Góry* (Montanhas Douradas), o filme de Serguêi Iutkiévitch rodado em 1931 e lançado nessa época, a história de um camponês que, no período pré-revolucionário, vai procurar trabalho na cidade grande. A valsa desse filme ficou extremamente popular em arranjos para conjuntos de sopros e *jazz band*, tocada em bares e restaurantes. O próprio Shostakóvitch fez dela uma transcrição para piano, que tocava como extra em seus recitais.

Foi assim também com a música incidental para *Slava Spánia!* (Salve, Espanha), uma peça montada a toque de caixa por Aleksandr Nikoláievtch Afiguiénov, em novembro, no Teatro Púshkin, de Leningrado, para capitalizar a emoção criada pela Guerra Civil Espanhola. É música que nada tem de pessoal, e a peça foi retirada de cartaz pouco depois, pois seu autor também fora criticado.

Foi provavelmente o anticonformismo da história o que decidiu os estúdios Lenfilm a cancelar o lançamento da *Skazka o Pópie i Rabótnikie ievô Báldie* (O Conto do Pope e de seu Criado Balda), baseada no conto de Púshkin, uma ópera-desenho animado dirigida por Mikhaíl Tsiekhanóvski. O filme, que devia ser muito interessante, infelizmente foi destruído, em 1941, durante o bombardeio de Leningrado. Uma suíte orquestral de quinze números, num estilo que lembra muito o do Petrúshka, de Stravínski, para uma orquestra em que, aos instrumentos convencionais, juntam-se a balalaica, o violão e o saxofone, foi executada uma única vez, em 1935, durante as festividades do 18º aniversário da Revolução. Em 1978, Guennádi Rojdéstvienski reconstruiu a música a partir dos manuscritos, e estreou-a no ano seguinte, em versão de concerto. A gravação de Thomas Sanderling, feita em 2005, conta com D. Bielossiélski (Balda), S. Balashóv (Pope) e D. Uliânov (Diabo).

Desde 1978, a biógrafa Sófia Khéntova fazia, em diversos arquivos, pesquisas que permitiram a adaptação de uma partitura mais completa a uma peça infantil em dois atos, encenada em 1980 no Mály Teatr de Leningrado; e representada também, em 1986, na Staatsoper de Berlim, com texto adaptado por Sigrid Neefe. No conto de Púshkin, o criado Balda concorda em trabalhar um ano para o pope da aldeia, em troca de poder, no final desse prazo, dar-lhe três socos no nariz. Trabalha como um cavalo, mas come por quatro e namora a filha do patrão. Furioso, o pope manda-o para o Diabo. Balda vai, mas passa a perna no Demônio, volta à aldeia e cobra o que lhe é devido, quebrando o nariz do patrão explorador. A partitura, de riquíssimos coloridos instrumentais, reúne alguns dos melhores traços da escrita do Shostakóvitch humorista.

Mas até trabalhar no cinema estava se tornando perigoso, pois a campanha contra o formalismo voltara-se também contra os filmes. Modelos de ortodoxia, como Eisenshtéin e Dovjênko, estavam sendo acusados de serem "sabotadores". Numa reunião realizada na União dos Cineastas, Eisenshtéin, acusado de "virar as costas à realidade soviética", foi obrigado a reconhecer a "ilusão individualista" de seu filme *A Planície de Bejín*. Em suas *Memórias*, Nadiêjda Mandelshtám escreve:

> Akhmátova e eu, uma vez, confessamos uma à outra que a sensação mais poderosa que já tínhamos experimentado – mais forte do que o amor, o ciúme ou qualquer outro sentimento humano – era o terror e o que o acompanha: a horrível e vergonhosa sensação de que você está totalmente indefeso, de pés e mãos amarradas. Há tipos diferentes de medo. Enquanto o medo vem acompanhado pela vergonha, sabemos que ainda somos seres humanos, que ainda não nos transformamos em escravos abjetos. É a vergonha que dá ao medo o seu poder restaurador, oferecendo-nos a esperança de recuperar a nossa liberdade interior.

Foi provavelmente isso o que aconteceu com Shostakóvitch. A vergonha o curou. Em 1º de agosto de 1936, talvez como uma forma de exorcizar os fantasmas e preservar a sanidade e a liberdade interior, ele tinha começado a compor um de seus ciclos de canções mais impressionantes, que só poderia ser estreado anos mais tarde (em 8 de dezembro de 1940, em Moscou, com o baixo V. Arkanóvski, e o compositor ao piano). *As Quatro Romanças op. 46*, sobre poemas de Aleksandr Púshkin, refletem claramente a situação enfrentada por Shostakóvitch. E é muito significativo que ele tenha escolhido textos escritos por Púshkin na fase mais negra da confrontação com o regime tirânico de Nicolau I, um soberano que, em seu livro mais recente, Vólkov compara freqüentemente a Stálin.

A princípio, Shostakóvitch sentiu-se atraído por *Demôny*, um dos poemas mais turbulentos de Púshkin. Mas a frenética descrição das figuras demoníacas, dançando à luz sinistra da lua, correspondia a sentimentos tão pessimistas, que ele o abandonou em favor de *Vosrojdiênie* (Renascimento), a mini-parábola sobre um quadro, "criação de gênio", que é desfigurado por bárbaros; mas reaparece, anos depois, aos olhos de uma platéia extasiada, com toda a sua resplandecente beleza original. O mesmo acontece a *Priedtchústvie* (Premonição), enquadrada entre duas canções líricas, de tom menos comprometedor: *Iúnotchu górko rydáia, rievnívia diêva braníla* (O Rapaz Chora Amargamente ao Ser Recriminado pela Moça) e *Stânssy* (Serenata). Também *Premonição* está carregada de significado, pois o poeta pergunta se deve renegar o seu destino ou esperar, com a paciência da juventude, que ele desenrole o seu inexorável novelo. Embora não-valorizado, até hoje, na medida que merece, o *op. 46* é um dos ciclos vocais mais interessantes do compositor.

Em 13 de junho de 1937, num grupo de oitenta mil oficiais do Exército Vermelho, acusados de alta traição e de conspirar para o assassinato de Stálin, estava um dos melhores amigos de Shostakóvitch, o marechal Nikolái Mikháilovitch Tukhatchévski. Julgado num daqueles processos sumários comuns na época,

Tukhatchévski foi condenado em 11 de julho e fuzilado no dia seguinte. A situação adquiria contornos surrealistas. Foi várias vezes contada, na URSS pós-Stálin[12], a história da sexta-feira em que Dmítri teria sido chamado à sede da NKVD de Leningrado, onde um oficial, um tal Sakrévski, o interrogou a respeito de sua suposta filiação ao grupo terrorista de Tukhatchévski, que estaria planejando a morte de Stálin.

Ser amigo de um herói de guerra acusado de traição era o que bastava, naquele momento, para que ele merecesse destino semelhante. Após várias horas de interrogatório, Dmítri teria recebido a ordem de voltar na segunda-feira, ameaçado de ser fuzilado, se não revelasse o nome de seus cúmplices. Depois do pior fim de semana de sua vida, Dmítri voltou ao prédio da NKVD, para descobrir que Sakrévski, acusado por sua vez de traição, tinha sido fuzilado. Discutindo esse episódio à sua maneira maniacamente detalhista[13], Ian MacDonald chega à conclusão de que provavelmente ele não é verdadeiro. Mas o simples fato de ter se formado, em torno do nome de Shostakóvitch, uma tal lenda é indicativo do neurótico estado de coisas na insegura URSS do pré-guerra.

Por algum tempo, Shostakóvitch achara que a amizade de Viátcheslav Dombróvski, alto funcionário da NKVD, que gostava de música e era um bom violinista amador, o protegeria. Mas quando Dombróvski, vítima de um expurgo, foi executado, e sua mulher, Guenrietta Dombróvskaia, foi mandada para um campo de concentração, onde desapareceu, ele se sentiu totalmente perdido. Depressão, tendência ao alcoolismo, medo e pânico de ser preso de uma hora para a outra foram conseqüências de que nunca realmente se livrou pelo resto da vida. E que explicam muitas das atitudes pelas quais, mais tarde, ele foi vivamente criticado.

Foram pesadas também as conseqüências no plano profissional. Já nos referimos à necessidade de retirar a *Sinfonia n. 4*, que Stiedry já estava ensaiando, pois ela era de caráter experimentalista e seria desaprovada pelas autoridades. A Sófia Khéntova ele disse, em 1973: "Tive de retirá-la. O medo estava por toda parte. Mesmo tendo de devolver à Filarmônica os trezentos rublos de cachê que eles já me tinham pago".

E foi preciso engavetar também o projeto de uma tetralogia de óperas sobre a mulher russa, de que *Lady Macbeth* seria a primeira parte. Numa entrevista de 10 de fevereiro de 1934 à *Vietchérnaia Krásnaia Gaziéta*, Shostakóvitch tinha dito que pretendia fazer o retrato

• de Sófia Peróvskaia, pertencente ao grupo *Naródnaia Vólia* (A Vontade Popular), responsável pelo assassinato do tsar Alexandre II (no final de 1934,

---

12. Inclusive pelo compositor Veniamín Básner, no documentário *Soviet Echoes*, de 1995, do Chanel 4 da televisão britânica, sobre a música na URSS stalinista.

13. No ensaio *Music under Soviet rule: Shostakovich's alleged interrogation by the NKVD in 1937* (s/d), recolhido no site *Shostakovich Files*, da Internet, em 2005.

Dmítri disse à imprensa que Aleksandr Preis já estava trabalhando no libreto, baseando-se em escritos de Tchékhov e Saltikóv-Shtchédrin);
• de uma mulher do século XX, anterior à Revolução;
• e de uma "heroína do trabalho", que se inspirasse em Larissa Réisner ou Jénia Románko, operárias da Hidrelétrica do Dnieper que foram apontadas como "trabalhadoras modelo" dentro da política stakhanovista de estimular o máximo rendimento no emprego.

Outros planos foram abandonados:

• o de escrever uma ópera baseada em *Terra Virgem Arada*, a novela de Dmítri Shólokhov, que lhe fora sugerida pela direção do Nemiróvitch-Dántchenko;
• e o de musicar o drama *Púshkin*, de Mikhail Bulgákov. Shostakóvtch ficara muito impressionado ao ouvir a leitura dramática da peça e pedira uma cópia a seu autor. Em *Jiznieopisânie Mikhaila Bulgakôva* (Escritos sobre a Vida de M. B.), a sua viúva, Marina Tchudákova, conta que, entre Prokófiev – que também demonstrara interesse – e Dmítri, seu marido tendia a preferir o segundo. Mas esse era um projeto fadado ao fracasso, pois ambos estariam sob a mira das autoridades.

Para "desculpar-se de seus erros", Shostakóvitch haveria de compor a *Sinfonia n. 5* – de que falaremos mais adiante – destinada a se tornar uma de suas obras mais populares em todo mundo. Discute-se muito, atualmente, se foi ele mesmo quem lhe deu o subtítulo de "Resposta Prática de um Artista Soviético a uma Crítica Justa". Análises contemporâneas insistem no fato de que, sob o otimismo aparente da *Quinta* há a mesma ironia corrosiva e a mesma amargura do intelectual que se revolta contra a situação injusta em que se encontra o seu país, garroteado pela opressão stalinista. E isso fica patente na interpretação, por exemplo, de Mstisláv Rostropóvitch, que privou da intimidade do compositor, e oferece dessa peça uma leitura que frisa a sua ambigüidade expressiva.

Mas a história de *Lady Macbeth* não se encerra aqui. Nós a reencontraremos mais tarde, submetida a revisões que a tornaram mais "palatável".

O artigo 58, seção 12, do Código Criminal soviético, de 1926, considerava crime punível com a morte ou longas penas de prisão a recusa em denunciar pessoas culpadas de delitos graves. Como nos tempos da Santa Inquisição, a histeria da denúncia, na URSS, tornou-se frenética, e apontar o dedo para seu vizinho ou colega de trabalho tornou-se uma forma cômoda de resolver diferenças pessoais ou de conseguir promoções no emprego. Depois que a delação foi institucionalizada, a polícia podia simplesmente procurar um cidadão e intimá-lo a trabalhar como informante. Na longa entrevista que concedeu a Jasper

Parrott[14], o pianista Vladímir Ashkenázy contou que isso aconteceu com ele, quando jovem, deixando-o sem saber como se livrar dessa estopada. Interessava a Stálin não tanto criar uma rede nacional de informantes, mas atar as pessoas ao sistema. Lemos, em Nadiêjda Mandeshtám: "Quanto mais pessoas estivessem implicadas, quanto mais traidores, informantes e espiões da polícia houvesse, maior seria o número de pessoas apoiando o regime e desejando que ele durasse milhares de anos, para que a sua infâmia nunca viesse a ser exposta".

"O Terror", diz Ian MacDonald, "era uma *Blitz-krieg*, uma invasão interna em ampla escala". As denúncias eram processos muito lentos para manter em andamento a operação repressiva na escala desejada, e então Stálin deu à NKVD a ordem de torturar os "suspeitos", para que eles revelassem o nome de seus "cúmplices". No final de 1936, a NKVD recebeu a ordem kafkiana de manter uma quota de detenções – 5% da população de cada cidade – o que fez com que a polícia perdesse de vez o simulacro de compostura. Em *The Great Terror: Stalin's Purges of the Thirties* (1968), Robert Conquest dá exemplos inacreditáveis do absurdo a que se chegou:

• uma mulher tártara, presa por ser trotskista, foi trocada de categoria, na delegacia, pois a quota de trotskistas já tinha sido completada: passaram-na para a categoria dos "burgueses nacionalistas";
• um engenheiro judeu foi condenado por ter construído o prédio de um instituto científico com a forma que lembrava a metade de uma suástica;
• um professor de Kíev foi preso por ter revelado um "segredo de Estado" – a profundidade do rio Dniéper – em um manual de geografia;
• uma mulher foi condenada a dez anos de prisão por ter dito que achava o marechal Tukhatchévski um homem bonito;
• a viúva do poeta Serguêi Spásski foi presa, em 1937, acusada de conspirar para destruir, com uma bomba, um monumento – que não existia.

Em suas *Memórias*, Erenbúrg conta que, ao voltar da Espanha, encontrou Moscou "em estado de catatonia paranóica". Uma secretária do *Izviéstia* lhe disse que não valia mais trocar as placas com os nomes dos editores, pois "o que chega hoje, já vai embora amanhã". A coesão social tinha entrado em colapso. Ninguém confiava mais nos outros. "Hoje em dia", disse Bábel a Erenbúrg, "a gente só fala francamente com a própria mulher – à noite, na cama, com o cobertor puxado sobre a cabeça". No filme *Testemunho*, de Tony Palmer, inspirado no livro de Vólkov, há de fato uma cena em que Dmítri e Nina, na cama, no meio da madrugada, ouvem os ruídos no andar de cima – onde, provavelmente,

14. Em *Beyond Frontiers* (Parrot, 1984).

a NKVD está prendendo alguém. No livro de Nikolái Bazilli, é reproduzido um memorando de Anástas Mikoián, de 1938, a Nikolái Iéjov, enumerando pessoas que denunciaram o pai, o marido, o irmão – como o caso famoso do menino Pável Morozóv – e acrescentando: "Esses fatos são impossíveis num país burguês mas, aqui, podemos citar numerosos exemplos".

O mais intrigante é constatar que, em conseqüência do bem-sucedido processo de auto-deificação de Stálin, o Terror não era atribuído a ele, e sim a Iéjov e seus capangas. Havia, inclusive, o rumor de que a figura mítica encastelada no Krêmlin não sabia o que estava se passando: "eles" escondiam do Paizinho os desaparecimentos em massa. É espantoso pensar que um homem lúcido como Pasternák acreditava nessa história pois, um dia, ao cruzar com Erenbúrg na Lavrushênskaia Alléia, em Moscou, disse-lhe: "Se pelo menos alguém contasse a Stálin o que está acontecendo".

Um dos poucos a ter a noção exata dos fatos era Bábel, amigo pessoal da mulher de Iéjov. Erenbúrg conta que o encontrou, uma tarde, no saguão do Hotel Metropól e Bábel sussurrou: "Iéjov é apenas o instrumento". No auge do Terror, meio milhão de pessoas foi fuzilado e sete milhões mandados para o Gúlag, cuja população, em 1938, é estimada entre nove e quinze milhões. Robert Conquest avalia que, na construção do Canal do Mar Branco, morriam setecentas pessoas por dia; e que, nos campos que formavam o Gúlag, dois milhões morreram entre janeiro de 1937 e dezembro de 1938. Comentando a estratégia de Stálin de manter-se no poder mediante a paralisia do pensamento independente, Nadiêjda Mandelshtam diz:

> Os princípios e objetivos do terror de massa nada têm em comum com a segurança ou o trabalho normal da polícia. O único objetivo do terror é a intimidação. Para mergulhar o país inteiro num estado de medo crônico, o número de vítimas tem de ser elevado a níveis astronômicos e, em cada andar de cada edifício, tem de haver vários apartamentos dos quais os moradores foram arrancados de repente. Se isso acontecer, os habitantes que sobrarem serão cidadãos modelo pelo resto de suas vidas.

Além disso, Stálin precisava de enorme mão-de-obra escrava para desbravar os territórios virgens da Sibéria, trabalhando nas minas e florestas, construindo estradas, ferrovias, represas, fábricas, novas cidades e mais campos de concentração. Esse contingente de trabalhadores era baratíssimo, pois não tinha direitos e não podia reclamar salário, alimentos, condições de alojamento. Em 1941, o trabalho escravo correspondia a um quinto da força de trabalho do país.

Mas o objetivo último desse pesadelo orwelliano – desmantelar totalmente o sistema de relações sociais para, em seu lugar, colocar, por uma técnica pavloviana, valores comunitários, visando assim à criação do Novo Homem Soviético – foi interrompido pela II Guerra Mundial. Porém, assim que a guerra terminou, o Terror foi retomado, atingindo seu ponto culminante na década de 1950. Ele era, portanto – e isso é o mais assustador – parte de um experimento social sobre a adaptabilidade da natureza humana ao objetivo último de produzir uma nação de robôs adoradores do Estado – um inacreditável cruzamento de *Metrópolis* com *1984*.

Vivendo nesse estado de constante otimismo gerado pelos alto-falantes que lhe berravam o tempo todo slogans patrióticos, o indivíduo – isolado e aterrorizado à noite, soterrado, durante o dia, por uma sufocante vida comunitária – desenvolvia uma espécie de comportamento esquizofrênico. Essa dissociação do público e do privado produziu uma sociedade de máscaras, por trás das quais as pessoas escondiam a sua verdadeira face. A grande testemunha desses anos de chumbo é Nadiêjda Mandelshtám:

> Éramos capazes de ir trabalhar com um sorriso nos lábios, no dia seguinte à nossa casa ter sido vasculhada ou um parente nosso ter sido preso. Sorrir era essencial. Se você não o fizesse, isso significava que estava com medo ou descontente, e isso ninguém podia admitir, pois ter medo significava que você devia estar com a consciência pesada. Só em casa a máscara era tirada, mas nem sempre: até de seus filhos você tinha de esconder o quanto estava aterrorizada pois, que Deus nos livre, eles podiam deixar escapar alguma coisa na escola.

Foi essa sociedade de máscaras, com o sorriso afivelado no rosto, que se reuniu, na noite de 21 de novembro de 1937, na sala da Filarmônica de Leningrado, para ouvir a *Sinfonia n. 5 em Ré Menor op. 47*. Foi essa sociedade, momentaneamente caídas as máscaras, que chorou e aplaudiu por ter reconhecido a si mesma nessa música.

SEGUNDA PARTE

ANOS DE CRISE
(1937 – 1961)

8.
A *Quinta Sinfonia*

É a vergonha que dá ao medo
o seu poder restaurador,
oferecendo-nos a esperança de
recuperarmos a nossa liberdade interior.

NADIÊJDA MANDELSHTÁM.

Foi em Gaspra, na Criméia, lugar impregnado de lembranças caras a Dmítri – a amizade de Borís Kustódiev, a primeira paixão, por Tatiana Gliviênko – que, em 18 de abril de 1937, ele começou a compor a *Sinfonia n. 5 em Ré Menor op. 47*. A antiga propriedade da condessa Panína, onde uma vez Tolstói se recuperara de uma pneumonia, tinha sido convertida num sanatório e casa de repouso para cientistas e artistas. Lá estavam, na mesma época, pessoas conhecidas de Dmítri: o médico Avram Ioffe, o oftalmologista Vladímir Filátov, o diretor de cinema Iákov Protazánov, o pianista Liev Obórin. Lemos no diário de Lídia Guínzburg, *O Stárom i Nóvom* (Sobre o Velho e o Novo), publicado em Leningrado, em 1982:

> As pessoas que ouviam música e se faziam visitas, jogavam pôquer e descansavam em suas *datchas*, eram as mesmas que, todo dia, recebiam de casa notícias da perda de alguém próximo ou querido, as mesmas que ficavam enregeladas cada vez que o telefone tocava, que ficavam esperando "visitantes noturnos". Enquanto lhes permitiam continuar vivos, eles se barricavam por trás de entretenimentos. "É pegar ou largar!"

Dmítri trabalhou com velocidade prodigiosa: como ele próprio contou, em 1958, num artigo para a revista *Rádio i Televízia*, escreveu o *largo*, que considerava o movimento mais satisfatório, em apenas três dias. No caminho de volta para casa, parou em Moscou para mostrar a partitura a Nikolái Serguêievitch Jiláiev, 25 anos mais velho do que ele, em cujos conselhos tinha muita confiança. O compositor Grigóri Frid, que assistiu ao encontro, contou[1] que Jiláiev ficou

---

1. Em *Vospominánia* (Reminiscências), Moscou, Soviétski Kompozítor, 1994.

muito comovido ao ouvir a sinfonia: "Acariciou paternalmente a cabeça de Dmítri, e só conseguia dizer: Ah Mítia, Mítia!". Foi a última vez que Shostakóvitch viu Jiláiev. No ano seguinte, a amizade do músico mais velho com o marechal Tukhatchévski, em casa de quem eles tinham-se conhecido, o fez ser preso e executado, suspeito de cumplicidade com a conspiração de que os militares eram acusados.

Em Lenigrado, esperavam-no notícias tristes: seu cunhado, o Dr. Frederiks, tinha sido preso, e Marússia, deportada para a Sibéria; o mesmo acontecera com sua sogra, mandada para um campo de concentração em Karagánda, no Cazaquistão. Esses acontecimentos retardaram o término da sinfonia, só concluída em 20 de julho. No outono, a partitura teve de ser submetida ao julgamento da União dos Compositores, que deveria julgar se era ou não digna de execução pública. Ouvida na redução para piano a quatro mãos, tocada pelo compositor e Nikita Bogoslóvski, a *Quinta* foi aprovada e programada para 21 de novembro, durante os Dez Dias da Música Soviética, com que se comemorariam os vinte anos da Revolução. Como Fritz Stiedry, ex-titular da Filarmônica de Leningrado, já tinha voltado para a Alemanha, a estréia foi confiada a um regente jovem e relativamente pouco conhecido.

Em 1937, Ievguêni Aleksándrovitch Mravínski estava com 37 anos. Sobrinho da famosa soprano Ievguênia Mravína, do elenco estável do Maríinski, fizera estudos com Vladímir Shtcherbatchóv e Nikolái Malkó, sem que estes tivessem se dado conta do talento muito especial desse jovem tímido e inseguro. Foi com Aleksandr Gauk que Ievguêni Aleksándrovitch começou a se revelar; e seu primeiro grande sucesso foi a apresentação do balé *Raymonda*, de Glazunóv, em 23 de maio de 1930. Em 1966, em um artigo intitulado "Tridsat Liet s Múzikoi Shostakóvitcha" (Trinta Anos com a Música de S.), ele diria:

Não entendo como ousei aceitar sem hesitação essa oferta. Se isso me acontecesse hoje, eu refletiria durante muito tempo e talvez acabasse por recusar. Afinal de contas, não era apenas a minha reputação que estava em jogo, mas – coisa muito mais importante – o destino de uma obra nova, totalmente desconhecida.

Depois de uma fase de desorganização, que se seguira à saída de Stiedry, a Filarmônica recuperava a forma, dirigida por Mikhaíl Tchuláki, que chamara Sollertínski para ser seu conselheiro artístico, e contratara os três maestros mais promissores do momento: Mravínski, Nikolái Rabinóvitch e Karl Elíasberg. A partir de setembro, Shostakóvitch dedicou-se inteiramente à preparação da sinfonia: adiou a entrega da trilha sonora para o filme *Os Dias de Volotcháievski* e recusou a proposta de escrever a música para *Jizn* (Uma Vida), a peça de Ievguêni Gavrílovitch, a ser encenada por Meierkhôld. Os ensaios duraram cinco dias, e a *Quinta* foi estreada, em 21 de novembro, num programa iniciado pelo *Concerto para Piano*, de Khatchaturián, tocado por Liev Obórin.

Foi um dos maiores sucessos na carreira de um músico que ainda era freqüentemente alvo de ataques nos jornais. O relatório enviado a Platôn Kerjêntsev, presidente do Comitê Cultural do PCUS em Leningrado, tentava atenuar esse sucesso, descrevendo-o como "fruto do esforço de alguns amigos do compositor". Organizou-se, então, uma audição especial para os militantes do Partido, precedida de uma apresentação do musicólogo Leoníd Entélis, que descreveu a *Quinta* como "uma tragédia otimista"[2]. Isso coincidia plenamente com a definição do Realismo Socialista formulada pelo crítico Vladímir Iokhélson, em 1936, na *Soviétskaia Múzyka*:

> É, antes de mais nada, um estilo de otimismo profundo. Toda a experiência histórica do proletariado é, na essência, otimista. Podemos e devemos, portanto, afirmar que o otimismo é uma característica obrigatória desse estilo, a sua essência mesma. É um estilo que inclui o heroísmo, mas um heroísmo que não está apenas vinculado a estreitos interesses pessoais. É o heroísmo de um indivíduo sintonizado com as massas, e de uma massa que é capaz de fazer surgir dela um tal herói. É necessário que a conexão entre o herói e a massa seja bem inteligível.

Foi positiva a reação oficial, e Aleksandr Gauk foi encarregado de reger a estréia em Moscou. No artigo "A Labour of Love", publicado na *Independent Magazine* de 12 de novembro de 1988, Edward Rothstein cita uma declaração de Mstisláv Rostropóvitch a respeito da *Quinta Sinfonia*:

> O governo adoraria poder executar Shostakóvitch, como fez com Meierkhôld, naquela mesma época. Mas acontece que as ovações, depois da *Quinta Sinfonia*, duraram mais de quarenta minutos. Eles nunca tinham visto um sucesso de público semelhante. Por isso o governo preferiu fazer cara boa e dizer: "Estão vendo, ensinamos a ele e, agora, está escrevendo música aceitável".

Como sempre acontecia na URSS, ao sinal de que o vento estava mudando de direção, ninguém deixava de externar sua aprovação. O crítico Ivan Iertchóv, que demolira *A Idade de Ouro*, ajoelhou-se aos pés de Shostakóvitch, no final do concerto moscovita, o que o deixou profundamente constrangido. E o conde Aleksêi Tolstói, durante a recepção que se seguiu ao concerto, fez um brinde "àquele que, de hoje em diante, podemos chamar de gênio". O "Conde Vermelho" que, depois da morte de Gorki, se arrogara o papel de "principal escritor soviético", publicou, no *Izviéstia* de 28 de dezembro de 1937, uma resenha[3] em

---

2. Referência ao drama de Vsiévolod Vishniévski sobre o heroísmo dos marinheiros bolcheviques durante a Guerra Civil.

3. Piátaia Simfonia Shostakóvitcha (A Quinta Sinfonia de S.)

que proclamava: "[A *Quinta*] é um exemplo maior de arte realista da nossa era. [...] Glória a essa época que entrega ao mundo, a mancheias, sons e pensamentos de tal majestade. Glória ao nosso povo, que faz nascer artistas assim".

Tolstói comparava a sinfonia ao típico "romance de aprendizagem" soviético, muito popular na época: títulos como *Iá – Sin Trudóvovo Naróda* (Sou um filho de Trabalhadores), de Valientín Katáiev[4]; *Odínotchestvo* (Solidão), de Nikolái Virtá[5]; ou o famosíssimo *Kak Zakaliálas Stal* (Assim foi Temperado o Aço), de Nikolái Ostróvski[6] – todos eles sobre um processo de *stanovliênie litchnosti* (a formação de uma personalidade); sobre indivíduos cuja vida passa a ter sentido quando eles abraçam a causa revolucionária. Para Tolstói, "os tormentos psicológicos do herói alcançam, no primeiro movimento, um ponto máximo de crise" e, depois da distensão do *scherzo*, "atingem o ponto culminante, em que o herói mergulha em sua época e começa a vibrar em ressonância com ela".

É como se "ouvíssemos asas batendo e querendo alçar vôo", diz o conde Tolstói. No *finale*, "a profundidade de concepção do compositor e as sonoridades orquestrais coincidem, para produzir uma explosão de otimismo que, literalmente, arrancou os espectadores de suas cadeiras antes do fim da peça" – isso, pelo menos, é verdade: em *Molodíe Gódi Shostakóvitcha* (Os Anos de Juventude de S.), Sófia Khéntova, citando o testemunho dos críticos Iúri Ieláguin e Aleksandr Glúmov, e de Isaak Glíkman, amigo do compositor, confirma que as pessoas se levantaram, exaltadas, durante a coda. E o conde Tolstói conclui: "O nosso público é organicamente incapaz de aceitar a arte decadente, sombria, pessimista. O nosso público responde entusiasticamente a tudo o que é luminoso, otimista, afirmação da vida".

Embora as palavras do conde Tolstói, sobretudo na conclusão, não passem de *wishful thinking*, o seu artigo desempenhou papel importante no processo de aceitação da *Quinta* pelas esferas superiores. Só Isaak Dunaiévski, o autor de operetas, compositor predileto de Stálin, destoou do coro de elogios:

> O ruído tonitruante da claque, que acompanha o compositor e a sua obra, encobre a menor expressão de dúvida, o menor julgamento negativo, que até mesmo a obra mais sublime não pode deixar de suscitar. [...] O domínio técnico brilhante de que dá provas o autor da *Quinta Sinfonia* não impede que esta obra, que marca inegavelmente um passo à frente na criação de Shostakóvitch, ainda esteja bastante longe das tendências sadias que deveriam ser as da música sinfônica soviética.

4. Tema da ópera *Simión Kótko* (1939), de Serguêi Prokófiev.
5. Tema da ópera *V Búriu* (Dentro da Tempestade), de Tikhôn Khrénnikov (1939, rev. 1952).
6. Inspirador do poema sinfônico homônimo de Aleksandr Mossolóv.

Ouvida em Paris, em 14 de julho de 1938, durante um concerto anti-fascista, a *Quinta* correu mundo: somente Leopold Stokowski a regeu doze vezes, nos Estados Unidos, ao longo de seis meses. E ficou famosa a execução, feita nos Estados Unidos em 1959, depois que Leonard Bernstein voltou da triunfal excursão da Filarmônica de Nova York a Moscou, durante a qual executou a *Piátaia Simfonia* na presença de Dmítri Dmítriévitch – mostrado, numa foto que havia na capa do LP da CBS, agradecendo timidamente os aplausos, sem saber onde colocar as mãos, ao lado do exuberante maestro. Esta cena é mostrada em *Dmítri Shostakóvitch: Altôvaia Sonata* (D.S.: Sonata para Viola), documentário feito em 1981 por Vladímir Sokuróv e Semiôn Aránovitch (em DVD no selo Ideale Audience). Nesse filme, o estilo dionisíaco de regência de Bernstein é contraposto à empostação apolínea de Mravínski – ambos executando o *finale* da *Quinta*.

Descrita como a *Dielovôi Tvôrtchiestkii Otviét Soviétskovo Khudójnika na Spraviédliviuiu Krítiku* (a resposta prática e construtiva de um artista soviético a críticas justas)[7], a *Sinfonia n. 5* se inicia com um *moderato* de intervalos fragmentados, nas cordas, com ritmos pontuados, seguida por duas frases nos violinos que criam a atmosfera nervosa, angustiada desse movimento, cheio de interrogações dolorosas. Diversos fragmentos desses temas são, em seguida, parafraseados de forma contrapontística. Sobre acordes repetidos das cordas, os violinos expõem o segundo tema, de notas longas, com intervalos vastos, de caráter sereno. Esse momento de paz é prolongado por um tema pastoral, na flauta e na clarineta. Mas logo *staccatos* pesados e ameaçadores, no piano e nas cordas, marcam o início do desenvolvimento, que amplia gradualmente os dois temas, num crescendo perpassado por insistentes apelos dos metais. O primeiro tema, depois de passar aos trombones, invade o espaço orquestral (madeiras e cordas); sobre esse fundo, o tema lírico ressoa em *stretta* nos metais, sob a forma de um *cantus firmus*. Todas as partes se unem, em seguida, numa longa frase em uníssono, *fortissimo*. A coda assume o papel de uma recapitulação, retomando os dois temas (o B invertido), com um efeito de *diminuendo*. Nos últimos compassos, ouve-se o violoncelo solo, no registro agudo, e as notas cromáticas da celesta.

---

7. Esta expressão está em um artigo intitulado Moi Tvôrtcheskyi Otviét (Minha Resposta Criativa), que Shostakóvitch publicou, em 25 de janeiro de 1938, no jornal *Vetchiérnaia Moskvá* (O Vespertino de Moscou). Mas ali, ele a atribui ao autor, não especificado, de uma das resenhas publicadas após a estréia em Leningrado. Richard Taruskin, em *Redefining Russia Musically* (Taruskin, 1997), levanta a hipótese de todo esse artigo de 25.1.1938 ter sido escrito por outra pessoa e apenas assinado por Shostakóvitch. Curiosamente, essa definição, que se encontra sempre nos guias, enciclopédias e textos sobre o compositor publicados no Ocidente, desapareceu dos livros soviéticos após o Degelo, por estar demasiado associada à repressão stalinista.

O *scherzo* (*allegro*) tem ar despreocupado e não falta humor ao motivo brincalhão nas madeiras, com trinados e *staccatos* no fagote, melodia deliberadamente vulgar da trompa e respostas alegres do solo de violino. Glissandos ascendentes reforçam o caráter de divertimento de cunho popular desse movimento, que contrasta com a meditação do *largo*, iniciado pelas cordas divididas, de afinidades visíveis com os adágios da *Quinta* e *Sexta* sinfonias de Mahler. A textura se enriquece até a entrada dos primeiros violinos com um tema simples e simétrico. Depois, sobre notas contínuas da harpa, a flauta expõe uma melodia de contornos hesitantes. Depois de uma escalada até um *tutti* orquestral, é a vez de o oboé fazer ouvir uma melodia tristemente interrogativa. Depois, uma passagem polifônica leva a uma explosão em que, com *tremolos* prolongados, o tema enunciado pelos violinos na primeira parte do movimento é escandido com força por vários instrumentos, entre eles o xilofone.

Já se chamou a atenção para a semelhança dessa passagem com a *panikhida*, a tradicional procissão funerária do ritual ortodoxo. Shostakóvitch estava familiarizado com as *pogriebálnyie piésnii* (canções funerárias) compostas por seus mestres, Glazunóv e Shtéinberg, em memória de Rímski-Kórsakov. Mas nela há, também, a evocação inequívoca da *Canção da Terra*, de Mahler, em especial de *Der Einsame im Herbst* (O Solitário no Outono) e *Der Abschied* (A Despedida)[8]. Houve quem levantasse a hipótese de que, nesse trecho, Shostakóvitch homenageia seu amigo, o marechal Mikhaíl Nikoláievitch Tukhatchévski, símbolo máximo das infâmias da *Iéjovshtchina*.

O *largo* da *Quinta*, em todo caso, documenta, com extrema intensidade, o sofrimento individual, nos dias do Terror, e esse é o motivo pelo qual – o testemunho de quem estava presente à estréia o comprova – gente na platéia começou a chorar. Nesse sentido, o *largo* deve ser colocado ao lado do *Réquiem* de Akhmátova, pois o poeta, assim como o compositor, tem uma missão, expressa no *Vmiésto Priedislóbie* (No Lugar de um Prefácio) com que o ciclo de poemas de Anna Andrêievna se abre:

Nos anos terríveis da *Iéjovshtchina*, passei dezessete meses fazendo fila diante das prisões de Leningrado. Um dia, alguém me "reconheceu". Aí, uma mulher de lábios lívidos que, naturalmente, jamais ouvira falar em meu nome, saiu daquele torpor em que sempre ficávamos e, falando pertinho de meu ouvido (ali, todas nós só falávamos em sussurros), me perguntou:

– E isso, a senhora pode descrever?

E eu respondi:

– Posso.

Aí, uma coisa parecida com um sorriso surgiu naquilo que, um dia, tinha sido o seu rosto.

8. Há uma análise detalhada desse ponto na obra de Richard Taruskin citada na Bibliografia.

Essa é uma das mais importantes missões do artista: emprestar a sua voz àqueles que não sabem se expressar e dizer, em nome deles – como fazem tanto o *largo* da *Quinta Sinfonia* quanto o *Réquiem* de Akhmátova – o que lhes está atravessado na garganta. Por isso as pessoas choravam ao ouvir a efervescência com que as cordas retomam o tema antes exposto pelo oboé, num tom angustiado que não deixa de lembrar os momentos mais intensos das sinfonias de Tchaikóvski. E a coda morre aos poucos, ao sabor de notas da harpa e da celesta.

O percurso da *Quinta*, do *moderato* à aparente explosão de otimismo do *allegro non troppo*, não deixa de trazer à mente um outro modelo mahleriano, o *finale* da *Titã* – embora aqui seja de significado bem diverso esse encerramento. Ao tema no trompete, ritmado pelos címbalos, segue-se o turbilhão de uma festa popular, que faz nascer um tema subsidiário, de longos intervalos, retomado depois num tom mais tranqüilo, e revelando afinidade com o tema lírico do primeiro movimento. Durante o episódio intermediário *poco animato*, o principal tema do *finale* ressurge, pouco a pouco, metamorfoseando-se até chegar, em ré maior e com um pedal de dominante em fortíssimo, a apoteose do movimento, que Shostakóvitch parece ter concebido num tom deliberadamente convencional. Mas as batidas violentas da grande caixa, que pontuam esse final triunfante, parecem apontar para a direção diametralmente oposta.

À certeza convencional de que esse *finale* tinha tom otimista e jubilatório, vêm-se opondo análises de musicólogos que percebem nele sinais, digamos, codificados, que indicam o contrário: o tema da música festiva aparenta-se ao da canção sobre McPherson, com poema de Robert Burns, que o descreve indo para o cadafalso; isso é reforçado por citações disfarçadas da *Fantástica*, de Berlioz, e do *Till Eulenspiegel*, de Strauss, peças que também fazem referência a marchas para o suplício. Contrabalançando essa sensação de ter sido condenado, há, no *finale*, a retomada de uma melodia que, na época da estréia da *Quinta*, ainda estava inédita: a do poema "Renascimento", do ciclo de canções sobre poemas de Púshkin, em que ele fala dos "equívocos que desvanecem a alma torturada" e das "visões que despertam, nela, dos dias mais puros de outrora".

Ao apresentar a *op. 47* à apreciação de seus pares – como tinha se tornado costumeiro naqueles dias de mea-culpas públicos e de caça às bruxas da "decadência burguesa" – Shostakóvitch tomou a precaução de defender-se antecipadamente da acusação de pessimismo, que poderia ser feita ao tom sombrio com que a sinfonia se inicia e à maneira ambígua como ela se encerra:

Com freqüência nos perguntamos se o estilo trágico é permissível na Arte Soviética. Mas isso, acredito, é porque tragédia pode facilmente ser tomada por Destino ou Pessimismo. Pessoalmente, sou da opinião de que a Tragédia Soviética, como um gênero, tem o direito à existência; mas a Tragédia Soviética deve ser permeada de idéias positivas, como acontece no teatro shakespeariano.

Na realidade, o caráter ambíguo desse final triunfante – e da sinfonia como um todo – já tinha sido percebido pelo crítico Guiórgui Khúbov que, na reunião de 8 de fevereiro de 1938, para discuti-la, tinha chamado o *largo* de *poéma otsiepieniênia* (um poema do torpor)[9] em que "reina a palidez de um desânimo mortal". E concluía que a *Quinta* não podia ser chamada de "trágica", porque

"o verdadeiramente trágico, em arte, só pode ser expresso pela luta internamente motivada, na qual a idéia elevada da afirmação de vida desempenha papel decisivo, determinando, através da catarse, um final brilhante" – o que não acontece com uma música que sugere "uma condição de prostração espiritual, na qual a vontade é aniquilada, juntamente com a vontade de resistir, por esse torpor que é a negação do princípio de afirmação da vida."

O "princípio de afirmação de vida", dizia o próprio Khúbov, estava claramente expresso na *Marsh Entuziástov* (Marcha dos Entusiastas), de Isaak Dunaiévski, ou na *Piésnia o Ródinie* (Canção da Pátria), de Vassíly Liébiediev-Kúmatch. Quanto ao *finale*, Khúbov diz que,

devido à maneira inesperada como ele irrompe, sem preparação lógica, falta-lhe convicção. [...] O ouvinte atento e perceptivo sente que, no tema em ré maior com que ele se abre, não há o resultado de um desenvolvimento orgânico da idéia sinfônica, mas a superposição de uma força que é soberba, mas externa, elementar, subjugadora. É por isso que a impressão deixada pelo *finale* dessa sinfonia é mais severa e ameaçadora do que brilhante e otimista.

Sólomon Vólkov não o teria expressado melhor! Escrevendo no auge do inverno stalinista, Khúbov – fiel ao Partido até o fim, chamado por Issak Glikman de "um réptil em figura de músico" – já intuía aspectos dessa obra que só seriam discutidos abertamente muitos anos depois do Degelo.

Classificada, ainda em vida do compositor, como um dos clássicos da música russa, a *Quinta Sinfonia* suscita tantas questões importantes que pode ser considerada um divisor de águas na carreira de Shostakóvitch. Ela é a primeira sinfonia a atribuir valor semântico a uma figura rítmica que – da mesma forma que o posterior DSCH – vai adquirir o valor de marca registrada de seu estilo, comparecendo em outras obras posteriores. A nota repetida com o ritmo de anapesto – duas breves e uma longa – que aparece em todos os movimentos

---

9. Anna Akhmátova usa essa mesma palavra, *otsiepienênie*, em *Vmiesto priedislóvia* (No Lugar de um Prefácio), em seu poema *Réquiem*, para descrever o estado de espírito predominante durante a *Iéjovshtchina*.

(inclusive no segundo, onde tem valor parodístico) é usada da mesma forma que as três breves, uma longa da *Quinta* de Beethoven. E não é improvável que, ao buscar essa forma de unificar os movimentos de sua *Quinta Sinfonia*, Shostakóvitch o fizesse de maneira a vincular-se ao exemplo de um compositor muito admirado na URSS pelo significado revolucionário de sua música.

Na verdade, há afinidades claras entre o "programa" das duas sinfonias. Ambas são peças marcadas pela idéia de luta e, no último movimento – *per aspera ad astra* – resolvem as dúvidas e dissipam o clima de luta trágica, encerrando-se de modo triunfal. A comparação torna-se ainda mais pertinente se pensarmos que Beethoven também reutilizou a sua figura rítmica em peças como o *Concerto n. 4* e a *Appassionata*.

A *Quinta Sinfonia* parece, à primeira vista, afastar-se da linguagem elaborada de sua predecessora. Fazendo a fusão dos aspectos mais retóricos e diretos da tradição russa e da germânica – de um lado a herança de Tchaikóvski e Borodín, Tanêiev, Rakhmáninov e Glazunóv; do outro, a linhagem que, partindo de Beethoven, deságua em Bruckner e Mahler – ela visa àquela "nova e grandiosa simplicidade" que se esperava dos compositores alinhados com o Realismo Socialista. Em que medida, entretanto, o último movimento da *Quinta* lhe traz um *happy ending*? Em *Testemunho*, Vólkov relata o que Shostakóvitch lhe teria dito a esse respeito:

> Descobri, com grande espanto, que o homem que se considera o maior intérprete [da *Quinta Sinfonia*] não compreende a minha música[10]. Ele diz que eu quis escrever *finales* exultantes para a *Quinta* e para a *Sétima*, mas eu não tinha condições de fazer isso. Nunca ocorreu a esse homem que eu não tive a intenção de escrever *finales* exultantes porque, afinal de contas, que tipo de exultação era possível ter? Acho que fica claro para todo mundo o que acontece na *Quinta*. O regozijo é forçado, criado sob ameaça, como no *Borís Godunóv*. É como se alguém te desse bastonadas, dizendo "Você tem de se alegrar, você tem de se alegrar" e, aí, você se levanta, ainda trêmulo, e sai marchando e murmurando "temos de nos alegrar, temos de nos alegrar". É preciso ser um completo idiota para não perceber isso. Ao ouvi-lo, Fadêiev[11] escreveu em seu diário que o *finale* da *Quinta* é uma irreparável tragédia. Ele deve ter sentido isso com a sua alma de alcoólatra russo.

Sejam quais forem as dúvidas a respeito do significado da *op. 47*, ela não pode ser analisada sem que se leve em conta a sua relação com a *Quarta*, com a qual ela chega a compartilhar material temático. O primeiro movimento

---

10. Shostakóvitch refere-se a Mravínski com quem, no momento dessa declaração, as suas relações passavam por uma fase de atrito. Embora ocorresse uma reconciliação, a amizade entre eles nunca voltou a ser como antes.

11. Aleksandr Aleksándrovitch Fadêiev foi colocado por Stálin na direção da União dos Escritores e assinou várias sanções que levaram à prisão de seus membros. Em 1956, ele se suicidou, temendo ser envolvido nas denúncias dos crimes cometidos durante a fase stalinista.

da *Quarta* estabelece um modelo que continuará a ser usado até a *Décima*: de andamento moderado, ele contrasta, desenvolve e deforma os seus temas até um clímax de força destrutiva e, depois, os traz de volta à forma inicial, mas com a sua identidade modificada. Nessas fases de recapitulação, as metamorfoses a que submete os temas podem ser surpreendentes. No primeiro movimento da *Quarta*, o que parecia tranqüilo e intimista vai se tornando tragicamente tenso e marcial; mas também o que era grandiosamente trágico distorce-se e ganha tons grotescos – ou seja, o público torna-se privado, o coletivo torna-se individual, e vice-versa.

Um tal senso de contraste e da identidade dos opostos dá à música de Shostakóvitch o que Eric Roseberry chama de

> uma qualidade dialética de tese, antítese e síntese que pode ser parcialmente explicada em termos da filosofia de Hegel e Marx, que viam a história como uma contínua espiral de desenvolvimento. A relação entre teoria e prática ocupou muito os artistas e intelectuais russos. Tchaikóvski preocupava-se muito com a sua capacidade de amoldar as suas idéias às teorias da forma. Tolstói observava a vida em toda a sua variedade e, no entanto, buscava impor a essas experiências uma simplicidade ética redutiva. Meierkhôld buscava a verdade psicológica por trás das aparências, na sua aplicação das teorias simbolistas e construtivistas à arte de representar. Os próprios construtivistas rejeitavam a "realidade" fotográfica em favor de uma maneira de ver que tinha os seus vínculos com a teoria marxista ("não é a consciência do homem que determina a sua maneira de ser mas, ao contrário, são as suas condições sociais que determinam a sua consciência").

Da mesma forma, a música de Shostakóvitch busca uma técnica, em certa medida, forjada pelos princípios ideológicos e filosóficos subjacentes às novas aspirações sociais. O que a *Quarta* tentara traçar é um amplo painel de como a música, rompendo com os princípios elitistas da tradição, pode expressar essa nova consciência. Para isso, contribuiu muito o exemplo de Mahler, de quem Shostakóvitch se inscreve como um sucessor natural; mas também o pensamento de seu amigo Sollertínski, que escrevera:

> A essência da Sinfonia Soviética deve ser o objetivo universalista, obtido mediante os temas, tipos, gêneros, entonações e meios expressivos mais variados. Os músicos e as platéias do mundo inteiro, e todos aqueles que estão em busca de uma via de escape dos tormentos de sua própria sociedade, e de uma nova estrada a seguir, hão de ouvir a sua voz.

Essa ordem de pensamento dera início, com a *Quarta*, a um tipo de sinfonia que nem a precocemente genial *Primeira* e nem o experimentalismo da *Segunda* prefiguravam – uma vasta tela que, como *Voiná i Mir* (*Guerra e Paz*), de Tolstói, pode abarcar o público e o privado, o épico e o individual, com um senso unificador de integridade. A coda da *Quarta* – que inevitavelmente traz à lembrança o final das *Nonas* de Bruckner e Mahler – leva ainda mais adiante o efeito de aniquilamento, de perda no vazio, do tema da marcha fúnebre grotesca entoado pelo fagote. "A seção de encerramento dessa partitura", escreve Robert Layton[12], "não deixa dúvidas – para mim, pelo menos – que essa sinfonia faz o registro de uma trágica experiência pessoal".

Por outro lado, parece exagerada e, às vezes, até um tanto tola, a tendência analítica que consiste em antropomorfizar cada colorido orquestral ou cada nuance dinâmica, para delas extrair analogias que permitam fazer interpretações narrativas literais das peças – e a *Quinta* é uma das sinfonias mais abordadas sob esse ponto de vista. Amplamente explorada por Ian MacDonald em *The New Shostakovich*, essa técnica, freqüentemente discutível, encontra adeptos em modernos *kulturólogui* pós-*pierestróika*, como Guiórgui Gátchev. Querer romantizar a figura do compositor como um mártir da resistência ao stalinismo é correr o risco de que a posição "politicamente correta" pós-soviética seja a imagem invertida da antiga visão oficial que se quis formar dele.

Analisá-lo numa perspectiva de dissidente – o que ele não era – como o fez o número especial da *Soviétskaia Múzyka* de 1989 – é confundir alhos com bugalhos. Por mais que isso tenha sido o resultado de uma impiedosa manipulação, não se pode estudar o destino de um músico que foi várias vezes proibido de ser ouvido, sim, mas ganhou prestígio internacional e foi várias vezes premiado, da mesma maneira que o de compositores como Rosláviets, Shtcherbakóv ou Mossolóv, que foram brutalmente silenciados, ou de figuras literárias reprimidas como Bulgákov, Zamiátin ou Pilniák.

Não resta dúvida que Shostakóvitch é, em suas sinfonias, um dos autores mais apaixonadamente autobiográficos de toda a história da música. Estudá-lo sem *parti pris,* de um lado ou de outro, é constatar que ele equilibrou com habilidade o lado explicitamente público e o implicitamente privado, pondo em prática, para obter esse resultado, um estilo poderosamente versátil, que permite a essas vertentes antagônicas se acomodarem de forma harmônica.

A violência e o poder destrutivo desencadeado pela *Quarta Sinfonia* – e que, em grau menor, mantém-se na *Quinta* – rema contra a corrente da coerência formal e das proporções racionais. O próprio Shostakóvitch, num de seus acessos de autocrítica, disse certa vez haver, na *Quarta,* partes que o satisfaziam mas, em outros trechos, ela sofria de "mania de grandeza". E, no entanto, há nela, como já foi dito antes, um modelo que servirá para a *Quinta* e também para as duas "sinfonias de guerra", a *Sétima* e a *Oitava* que, de certa forma, são a imagem uma da outra no espelho. Nesse sentido, merece cautela a tendência a ver a *Quinta* como a antípoda da *Quarta*. A tendência ao excesso emocional e às proporções desusadas está, agora, sob controle; mas o compositor não deixa de continuar trilhando o caminho aberto pela sinfonia anterior.

---

12. Cf. no folheto que acompanha a gravação Melodya/EMI da *Quarta Sinfonia.*

9.
Os Anos Antes da Guerra

Na primavera de 1937, num momento em que sua música desaparecera dos programas de concerto e as encomendas rareavam, Shostakóvitch foi convidado por Borís Ivánovitch Sagórski, diretor do Conservatório, a dar aulas na instituição onde estudara. Além de vir a propósito, o convite lhe dava a oportunidade de trabalhar ao lado de dois amigos – Sollertínski e o pianista Vladímir Vladímirovitch Sofronítski – convocados na mesma época. Deram-lhe a sala de aulas n. 36, no segundo andar do Conservatório, usada em outros tempos por Rímski-Kórsakov – a mesma onde, anos antes, ele viera mostrar a Maksimílian Shtéinberg seus primeiros trabalhos como compositor.

Segundo Ivan Martýnov[1], seu primeiro biógrafo, dar aulas não era a vocação de Shostakóvitch. Mas ele se entregou ao trabalho de corpo e alma, exigindo dos alunos disciplina férrea, conhecimento vasto e aprofundado da literatura musical – e, aliás, da literatura em geral, também – e, principalmente, um bom domínio do piano, que considerava indispensável para o futuro compositor. Recusando-se a aceitar que houvesse gêneros musicais "menores", dedicava-se ao estudo das valsas de Johann Strauss II ou das operetas de Offenbach e Lehár, com a mesma seriedade com que os fazia analisar partituras de Haydn, Mozart ou de seu bem-amado Beethoven. Abordava também, com seus alunos, os problemas da música folclórica e popular, levando igualmente a sério os ritmos contemporâneos de dança.

O interesse por esses alunos ultrapassava os limites do estritamente musical. Quando Orést Ievlákhov ficou gravemente doente, no início de 1940, uma junta médica se reuniu, a pedido de Shostakóvitch, no Hospital Kúibishev. Tendo essa junta concluído que o rapaz precisaria fazer seis meses de tratamento na Criméia, Shostakóvitch lhe comunicou que, em reconhecimento a seu desempenho como estudante, o Conservatório decidira lhe conceder uma ajuda de custo de quinhentos rublos. Só meses mais tarde descobriu-se a verdade: ele levantara esse dinheiro mediante doações de vários amigos e, para não constranger Ievlákhov, não lhe dissera a verdade.

---

1. *Dmítri Shostakóvitch*, Leningrado, Muzguiz, 1946.

É notável a lista dos alunos que saíram da classe de composição de Shostakóvitch. Citemos Gueórgui Svirídov, Kára Karáiev, Borís Tchaikóvski, Iúri Levitín, Revól Búnin, Guérman Galínin, Galina Ustvólskaia, Borís Tíshtchenko. E houve mais tarde o polonês Krzysztof Meyer, que viria a ser seu biógrafo e a editar a ópera inacabada *Igrók* (Os Jogadores). O talentoso Veniámin Fláishman morreu nos primeiros meses da II Guerra. Shostakóvitch terminou, orquestrou e promoveu a estréia de sua ópera em um ato, *O Violino de Rotschild*, baseada em um conto de Tchékhov.

Convocado em 1937, ele recebeu oficialmente o título de professor, em Leningrado, em 23 de maio de 1939. A partir de 1943, deu aulas de composição também no Conservatório de Moscou. Em 1948, essas duas instituições o demitiram, no quadro da campanha contra os formalistas. Desse momento em diante – à exceção de algumas aulas particulares – encerrou-se a sua atividade pedagógica oficial.

Com o nascimento de Maksím, em 10 de maio de 1938, a família mudou-se para o n. 23 da Bolsháia Putchkárskaia Úlitsa, a última residência que teriam em Leningrado. Mas como o imóvel estava em péssimas condições, a família teve de se hospedar em um hotel, até as reformas serem feitas. Tudo isso custava dinheiro e a renda de Shostakóvitch tinha caído de doze mil rublos para apenas três mil. Era, portanto, preciso aceitar todas as encomendas que aparecessem, e isso significava, basicamente, compor trilhas para o cinema.

Em compensação, o relativo apaziguamento, após o sucesso da *Quinta Sinfonia* e o retorno ao Conservatório, fizeram com que ele voltasse a ter hábitos regulares: levantar-se às seis, trabalhar a manhã inteira, almoçar exatamente às duas horas. Sempre pontualíssimo, Dmítri não tolerava a impontualidade nos outros. Continuava um escrevedor de cartas compulsivo e nunca deixava sua correspondência se atrasar. Além do rádio, comprara também um toca-discos e tornara-se ávido colecionador de gravações.

Nervoso, irrequieto, detestava momentos de inação e, quando nada tinha a fazer, jogava paciência, hábito que contraíra com Sófia Vassílievna. Ou lia vorazmente ficção, clássica ou contemporânea. Na juventude, gostara de jogar xadrez, mas nunca chegou a ser um enxadrista viciado, como Prokófiev ou David Óistrakh. Gostava, porém, de contar que, um dia, sem saber de quem se tratava, tinha desafiado – e perdido – para o próprio Aleksandr Aliékhin (isso deve ter acontecido antes da primavera de 1921, data em que o campeão – conhecido no Ocidente como Alekhine – saiu da URSS).

Shostakóvitch gostava de bilhar e, na década de 1930, jogava pôquer regularmente. Um de seus parceiros era o humorista Mikhaíl Zóshtchenko, cujo espírito brilhante ele admirava; mas cujo estilo detestável de jogo o irritava. Aos dois outros parceiros habituais – o escritor Anatóli Máriengof e sua mulher,

Dmítri brincando com Galina, sua filha.

Dmítri com o filho Maksim, em Ivanôvo (1943).

a atriz Anna Nikrítina – ele confidenciou, após a morte de Zóshtchenko: "Ele jogava pôquer abominavelmente. Eu não suportava jogar com ele, porque agia feito um bobo, e perdia sempre"[2].

Sem ser um esportista, Shostakóvitch gostava de andar de bicicleta e de jogar vôlei, nas férias de verão, porque isso correspondia à sua necessidade de extravasar a energia física. Mas era um torcedor apaixonado do Dínamo, tinha em seu círculo de amigos jogadores de futebol e jornalistas esportivos; ao viajar, sempre se informava a que jogos poderia assistir nas cidades que visitava e, numa de suas cartas a Glikman[3], avisa que está interrompendo as férias e vai voltar a Leningrado, para assistir a uma decisão de campeonato. Em outra, conta ao amigo, todo entusiasmado, que tinha se matriculado na escola de árbitros – mas o excesso de trabalho não deixou que os torcedores do Dínamo o vissem, de uniforme de juiz e óculos de fundo de garrafa, apitando um jogo no gramado.

O que o fascinava, diz ele nas cartas que escreveu aos amigos esportistas, era a beleza plástica do jogo, a agilidade e graça dos jogadores, qualidades que ele próprio nunca tivera. Levava tão a sério o futebol – que lhe oferecia uma válvula de escape para as preocupações do dia-a-dia – que montava os seus esquemas de torneios e resultados de jogos na mesma caderneta em que anotava os números de *opus* de suas obras.

Como um alívio às pressões da oratória sinfônica, que o colocava sob os holofotes da atenção oficial, Shostakóvitch voltou-se, em 1938, para a forma intimista de expressão do quarteto de cordas, abrindo assim um capítulo novo em sua biografia musical. É Gerald Abraham quem chama os seus quartetos de "um diário secreto, rico em criptogramas e alusões sutis"[4], acrescentando que, "com a platéia da música de câmara, ele poderia ter uma conversa intimista, ao pé do ouvido, diferente de uma grande reunião pública, em que teriam de ser expostos preceitos morais, com retórica grandiosa". A sua atitude, ao compor esse quarteto, se assemelha à de Prokófiev, com sua autobiografia *Infância*, ou à de Miaskóvski, com seu introspectivo *Concerto para Violino*: diante das pressões externas, eles se voltaram para o refúgio do mundo interior. Há também, nesse oásis de serenidade cheio de reminiscências de sua própria meninice, o impacto de um outro fato que o enchia de alegria: três semanas antes de a composição se iniciar, tinha nascido seu filho Maksím Dmítrievitch.

No artigo intitulado "Nóvyie rabóty kompozítora D. Shostakóvitcha" (Novos Trabalhos do Compositor D. S.), publicado no *Izvéstia* de 29 de setembro, Dmítri explica:

2. Citado nas memórias de Máriengof, *Éto vam, potómki!* (Estes São Vocês, Descendentes), São Petersburgo, Muzguíz, 1994.

3. Em *Pismá k drugu*, Moscou, Soviétski Kompozítor, 1993.

4. Em *Eight Soviet Composers* (Abraham, 1976).

Depois de ter terminado a minha *Quinta Sinfonia*, só compus, entre maio e julho, um quarteto em quatro movimentos. O quarteto é um dos gêneros musicais mais difíceis. Escrevi a primeira página como uma espécie de exercício, sem pensar um só instante em terminá-lo e ainda menos em publicá-lo. Mas esse trabalho tinha-me cativado tanto que o concluí com incrível rapidez. Não se deve buscar profundidade nenhuma nesse primeiro quarteto. É alegre, divertido, lírico. Eu o qualificaria de "primaveril".

De "uma perfeição de forma e de idéia, e com uma inteligente simplicidade que lembra os poemas de Púshkin" – a frase é do pianista Harry Neuhaus – o *Quarteto n. 1 em Dó Menor op. 49* foi estreado em 10 de outubro de 1938, em Leningrado, pelo Quarteto Glazunóv. Ecos distantes da *Quinta* aparecem no desenho mahleriano da melodia do *scherzo*, que lembra a canção "Santo Antônio Pregando aos Peixes", do *Knaben Wunderhorn*. Mas esse mundo heróico está distante. Talvez, mais presentes à mente do compositor estejam aquelas noites em que ele se sentava no corredor, no prédio da Podólskaia Úlitsa, para ouvir a música que vinha da casa dos vizinhos.

De feitura pré-clássica, próxima do divertimento haydniano, o *op. 49* tem quatro movimentos, mas abandona a alternância de tempos tradicional, em favor de dois *moderatos* seguidos de dois *allegros*. Embora Shostakóvitch tivesse o hábito de jogar fora os seus esboços, os desta peça permaneceram e mostram que, originalmente, os movimentos extremos estavam em posição invertida.

O *moderato* inicial entrega ao primeiro violino a tarefa de declamar o tema que, depois, é magistralmente transposto, na reexposição. O segundo *moderato* gira em torno de um *leitmotiv* entregue à viola, instrumento da predileção do compositor. O violino retoma o tema, no desenvolvimento em forma de passacalha. O ponto culminante do movimento nos leva ao único *forte appassionato* da partitura. O primeiro *allegro*, em surdina, é um verdadeiro *scherzo*, retomando, com mais frescor ainda, o tom do segundo movimento da *Quinta Sinfonia*. Esse mesmo tom se mantém no *allegro* final, em que o primeiro violino retoma a sua função tradicional de *meneur de jeu*.

A música desse quarteto é simples, mas a técnica é de mestre e mostra Shostakóvitch tão à vontade na expressão lacônica e confidencial quanto o era nas grandes formas sinfônicas. De um movimento para o outro, há senso de continuidade, pois eles partem da sua idéia de transformar cada tema no seu contrário. Isso faz do *n. 1* não uma seqüência de quatro movimentos soltos, mas uma obra orgânica. É interessante observar, entretanto, que após esse primeiro quarteto, primaveril e desenvolto, Shostakóvitch só voltará à forma em 1944, com um outro grau de densidade. Os anos de guerra e de ditadura stalinista terão aprofundado nele o sentido do sofrimento humano, do misto de tragédia e ironia que há na existência humana, e uma consciência muito aguda do conflito entre as expectativas oficiais e a consciência do artista.

No fim de 1938, o Terror atingira um décimo da população masculina soviética e o sistema ameaçava entrar em colapso sob o peso da máquina infernal que criara. Em suas memórias, Ievguênia Guínzburg, que esteve presa na penitenciária Butýrki, de Moscou, entre 1937 e 1939, relembra[5]: "Todas as agências estavam desumanamente sobrecarregadas. Todos tinham de trabalhar como condenados. O transporte era insuficiente para remover tantos detentos, as celas estouravam de tão cheias, os tribunais tinham de trabalhar vinte quatro horas por dia".

Calcula-se que, a continuar nesse ritmo, em 1941, praticamente todo o país estaria na cadeia. Era preciso parar um pouco. Dando a impressão de ter subitamente descoberto o que se passava, Stálin mandou prender e fuzilar Iéjov, acusando-o de conspirar com os sabotadores trotskistas para assassiná-lo (em seu lugar, foi colocado o não menos cruel Lavrénti Béria). Em meados de 1939, a primeira fase do Grande Terror tinha praticamente terminado. Seu saldo, porém, fora pesado para a cultura soviética.

Pilniák fora executado por espionar para os japoneses. O dramaturgo Serguêi Tretiákov, por sabotagem. Borís Kornílov, autor do texto da famosa canção de *Contraplano*, simplesmente desapareceu. Bábel foi torturado e fuzilado no início de 1939. Mandelshtám, jogado de um campo para o outro, enlouqueceu, devido à tortura e às privações, e morreu em dezembro de 1938, no campo de Magadán, perto de Vladivostók.

O *Primeiro Quarteto* foi a única composição "séria" dos anos pré-II Guerra. Com o nascimento dos filhos, e a mudança para o novo apartamento, esta foi uma época dominada por trilhas sonoras para filmes que não chegaram a marcar muito a história do cinema: *Os Dias de Volotcháievski* (1937), dos irmãos Gueórgui e Serguêi Vassíliev[6]; *O Distrito de Vyborg* (1938), de Grigóri Kozíntsev e Leoníd Trauberg; *Os Amigos* (1938), de seu antigo colega de Conservatório, Liev Arnshtam; *O Homem do Fuzil* (1938), de Serguêi Iutkiévitch.

"De todas as artes", dizia Liênin em 1922, "a mais importante para nós é o cinema". Seu objetivo de fazer do filme um instrumento de propaganda do regime, foi com Stálin que ele se concretizou. Apaixonado por cinema, o Líder gostava de discutir os detalhes da produção com diretores, roteiristas e atores, e interferia pessoalmente em todos os aspectos da realização. Às vezes exigia que filmes já prontos fossem refeitos de acordo com a sua vontade. Em 1937, irritado com *A Planície de Biéjin*, de Eisenshtéin, mandou que a matriz fosse destruída

5. Em *Journey Into the Whirlwind*, Londres, Colins & Harvill, 1967.

6. Shostakóvitch chegou a entrar em contato com a direção do Kírov, discutindo a possibilidade de compor uma ópera sobre o tema desse roteiro, a luta dos guerrilheiros bolcheviques, no extremo oriente da URSS, contra a intervenção japonesa, durante a Guerra Civil; mas o projeto não foi adiante, aparentemente por falta de um libreto adequado.

– só alguns fragmentos dos negativos fossem preservados; e, em 1946, baniu a segunda parte de *Ivan, o Terrível*, acelerando com isso a morte do grande cineasta.

Ele estava convencido da importância da música no cinema. Depois de assistir, mudo e com acompanhamento musical, um documentário sobre a passagem do quebra-gelo Tcheliúskin pelo Ártico, disse a Borís Shumiátski, seu representante junto à indústria cinematográfica: "Cinema pressupõe música. Ela ajuda imensamente o espectador". Stálin gostava especialmente da comédia musical *Visióly Rebiáta* (Garotos Alegres), de 1934, dirigido por Grigóri Aleksándrov, com música de Isaak Dunaiévski. E não se cansava de elogiar o efeito da "Canção do Contraplano", de Shostakóvitch, no filme *Contraplano*, que Friderikh Érmler e Serguêi Iutkiévitch rodaram, em 1932, para o 15º aniversário da Revolução.

São valiosíssimas as anotações de Shumiátski a respeito das atividades cinematográficas no Krêmlin. De novembro de 1930, quando assumiu o seu cargo, até 1938, quando caiu na caçarola do patrão, foi despedido, preso e fuzilado, Shumiátski anotou todos os detalhes sobre os filmes mudos e falados exibidos na sala de cinema do Krêmlin, e as reações do *Vójd* a eles. A paixão de Stálin pelo cinema foi retratada por Andrêi Kontchalóvski em *O Círculo do Poder* (*The Inner Circle*), rodado em 1991. Nesse filme, Tom Hulce faz o papel de Aleksandr Gânshin, projecionista do Clube da NKVD que, de 1939 até a morte de Stálin, em 1953, trabalhou passando filmes para ele no Krêmlin. O papel do ditador é feito pelo ator russo Aleksandr Zbrúiev; Lavrênti Béria é representado por Bob Hoskins. Depois da dissolução da URSS, o filme foi exibido na Rússia com o nome de *Blíjnyi Krug* (O Círculo Interno).

O Prêmio Liênin tinha sido dado, em 1934, aos estúdios Lienfilm, de Leningrado, pela realização do filme predileto do ditador: *Tchapáiev*, de Serguêi e Gueórgui Vassíliev, sobre a vida de um comandante do Exército Vermelho, durante a Guerra Civil. Nesse estúdio, Shostakóvitch tinha feito sua primeira experiência, em 1928, como autor de trilhas sonoras, escrevendo a música para *Nóvyi Vávilon* (A Nova Babilônia), de Kozíntsev e Tráuberg, sobre a Comuna de Paris, a que já nos referimos. No início da década de 1930, avaliando o potencial propagandístico do som no cinema, Stálin investiu pesado na compra de equipamento para a produção de filmes sonoros, e diretores como Kozíntsev, Tráuberg, Serguêi Iutkiévitch ou Fridrikh Érmler tiveram de trocar sua linguagem poética e alusiva por um estilo mais direto e realista[7].

Em 15 de dezembro de 1934, duas semanas depois da morte de Serguêi Kírov, exibiram para Stálin *A Juventude de Maksím*, primeira parte da trilogia sobre

---

7. As *Sobrânie Sotchiniênia* (Obras Completas) de Kozíntsev, em cinco volumes, publicadas em 1987, são uma fonte preciosa de informações sobre o cinema dessa época e sobre a participação de Shostakóvitch nos filmes.

a vida de Maksím Gorki, dirigida por Grigóri Kozíntsev e Leoníd Trauberg, com música de Shostakóvitch. Ele ficou satisfeitíssimo com o tom otimista do filme, muito apropriado para dissipar o clima sombrio que se seguira aos funerais de Kírov. Chegou a indicar o compositor ao Politburo como candidato ao prêmio de Ativista Meritório das Artes da República Russa (mas a reorganização do prêmio fez com que dessa vez, o nome de Dmítri ficasse de fora). Por estranho que pareça, a impressão que Stálin tinha de Shostakóvitch, ao ir ao Bolshói assistir à *Lady Macbeth*, era muito boa, pois ele o considerava "um músico a serviço do fortalecimento da indústria cinematográfica soviética".

Shostakóvitch tornara-se, portanto, o principal compositor da Lienfilm mas, à medida que as encomendas aumentavam, desinteressava-se cada vez mais por esse tipo de atividade. Fazia-o apenas porque era uma boa fonte de renda. Mas também porque era um salvo-conduto. Já que o supremo Freqüentador de Cinema da URSS era Ióssif Vissariônovitch, desenvolver, nesse setor, um trabalho que lhe agradasse, era uma frágil tábua de salvação, no mar revolto da incerteza e da ansiedade geral que reinava entre a elite cultural da URSS, cuja vida, cada vez mais, assemelhava-se a uma loteria.

A favor de Shostakóvitch, havia o sucesso perene de "No Frescor da Manhã", a canção de *Contraplano*, que não deixou de ser tocada nem mesmo depois que Kornílov foi parar num memorando de 1935, da NKVD para Jdánov, enumerando "jovens escritores contra-revolucionários". Dmítri ficou horrorizado ao saber que a mulher de Kornílov, a poeta Olga Bierggólts, tinha perdido o bebê que esperava, de tanto apanhar na sede da NKVD. Bierggólts sobreviveu e tornou-se a cantora da resistência de Leningrado, durante o cerco dessa cidade. Em 1960, suas palavras, escavadas num bloco de granito, foram colocadas no Cemitério Memorial Piskarióv, de Leningrado: "Ninguém é esquecido/ e nada é esquecido".

Para os habitantes da cidade, esse é um monumento não só às vítimas do cerco nazista, mas também àquilo de que não se podia falar: os mártires da engrenagem stalinista do Terror.

Um dos projetos mais delicados em que Shostakóvtich se envolveu, nos estúdios da Lienfilm, foram as duas partes de *Velíkii Grajdanín* (O Grande Cidadão), lançadas em novembro de 1938 e 1939, respectivamente. Seu diretor era o ex-tchekista Friderikh Érmler, figura truculenta, que andava com uma Browning na cinta e, uma vez, ameaçara atirar em um ator por insubordinação. O filme contava o assassinato do líder político Piotr Shákhov – evidentemente decalcado em Kírov. Embora o censor devolvesse o roteiro com a observação "O filme ensina a matar governantes; só a imaginação doentia de Érmler poderia tê-lo criado", Stálin deu o sinal verde ao filme, dizendo: "Leiam o roteiro do Camarada Érmler. Foi construído por um homem politicamente alfabetizado. E as qualidades literárias também são indiscutíveis".

Exigiu apenas que a cena da morte de Shákhov-Kírov não fosse mostrada. O resultado é uma das seqüências mais expressivas do filme. Shákhov aproxima-se da porta atrás da qual o assassino o está esperando. A câmara precipita-se para a porta, como se quisesse impedi-lo de abri-la, querendo proteger o herói. Mas é tarde demais. Vemos a maçaneta girando e um corte brusco focaliza o rosto horrorizado da mulher que testemunhou o assassinato. Não ouvimos o tiro: ele é abafado por um crescendo na música de Shostakóvitch e um outro corte leva-nos para o enterro de Shákhov – ao som de uma marcha fúnebre em que Dmítri usa a canção revolucionária "Eles Caíram, Vítimas", que tanto o impressionara quando menino.

No outono de 1938, veio a encomenda de uma peça para o *Gosudárstvennyi Djaz Soiúza SSSR* (a *Jazz Band* Estatal da URSS), que estava sendo formada como um instrumento oficial de regulamentação do gosto do público pela música popular. Seu diretor, Matviêi Blánter, contou a Sófia Khéntova – a autora de *V Mírie Shostakóvitcha* (No Mundo de S.) – que a suíte apresentada pelo compositor, ao ser tocada para ele e o regente Viktor Knúshevitski, não lhes pareceu soar jazzística. Shostakóvitch fez as devidas retificações, e a peça, em três movimentos – *scherzo*, canção de ninar e serenata – foi estreada em 28 de novembro de 1938, junto com uma transcrição para *jazz band* do *Prelúdio em Dó Sustenido Menor* de Rachmáninov; um arranjo de *Sulikó*, a canção georgiana que era a predileta de Stálin; e o grande êxito da carreira de Blánter, a canção *Katiúsha*. Contrariamente ao que dizem certas fontes[8], Laurel E. Fay garante que a *Suíte n. 2 para Jazz Band* está perdida: a peça em oito movimentos identificada com esse título é uma compilação posterior, usando números de música de filmes escritos para orquestra de *music-hall*.

Um dos intelectuais mais visados pelo regime era Meierkhôld. Na mira de Stálin desde que, em 1930, ele dirigira *Os Banhos*, de Maiakóvski, ele era o alvo freqüente de campanhas pela imprensa – as costumeiras cartas de "operários conscientes" exigindo "montagens simples e acessíveis" – e "meierkholdismo" tornara-se sinônimo de "formalismo". Considerando-se um comunista fiel, Meierkhôld defendia-se com veemência, rejeitando as acusações que lhe eram feitas de ser um "cripto trotskista" que trazia ao teatro "elementos estranhos à realidade russa".

Em 8 de janeiro de 1938, seu teatro em Moscou foi fechado, por ordem de Platôn Kerjêntsev, o presidente do Comitê de Assuntos Artísticos. Ainda assim,

---

8. A edição da *Obra Completa,* Moscou, Soviétski Kompozítor, 1948, e os catálogos temáticos estabelecidos por D. C. Hulme, Londres, Oxford University Press, 1991, e Ievguiêni Miéskshvili, Moscou, Muzguiz, 1995.

o grande diretor – que assumira publicamente a defesa de Shostakóvitch no episódio da *Lady Macbeth* – não se deu por vencido. Em maio, num momento em que o país ainda estremecia com o expurgo que arrastara, em sua enxurrada, Nikolái Bukhárin e várias outras figuras políticas de proa, anunciou à imprensa estar preparando o libreto para uma ópera baseada em *Um Herói de Nosso Tempo*, de Liérmontov, cuja música seria escrita por Dmítri Dmítrievitch. Em 13 de junho de 1939, numa reunião na Casa dos Atores, em que se esperava dele que confessasse os seus pecados, ele surpreendeu – e horrorizou – a todos ao perguntar aos funcionários do Partido sentados à mesa:

Qual é a sua definição de Formalismo? deixe-me fazer a pergunta às avessas: o que é o anti-formalismo? O que é o Realismo Socialista? Aparentemente, Realismo Socialista é antiformalismo ortodoxo. Eu gostaria de considerar essa questão em termos práticos, e não teóricos. Como vocês descreveriam a tendência atual do teatro soviético? Aqui, eu tenho de ser franco: se o que aconteceu no teatro soviético recentemente é antiformalismo, se o que aconteceu recentemente, nos melhores teatros de Moscou, é a plena realização do Drama Soviético, prefiro ser considerado um formalista. No que me diz respeito, considero lamentável e assustador o que acontece no teatro hoje. Onde, em outros tempos, os artistas pesquisavam, erravam, experimentavam e encontravam meios novos de criar produções que, às vezes, eram más, outras vezes eram magníficas, agora nada mais existe, a não ser uma falta de talento bem intencionada, mas que é deprimente, chocantemente medíocre. Era esse o objetivo de vocês? Se era, cometeram um grande crime. Na tentativa de erradicar o Formalismo, destruíram a Arte!

Meierkhôld pagou um preço horripilante por ter sido a única pessoa a desafiar abertamente o regime durante o Terror. Uma semana depois dessa reunião, Shostakóvitch e Glíkman, voltando a pé de um jogo de futebol, cruzaram com Vsiévolod Emílievitch e o convidaram animadamente para tomar chá com eles. Foi a última vez que o viram. Na manhã seguinte, Meierkhôld foi preso. Na prisão, foi torturado até a morte. A NKVD o fez cuidadosamente, de forma a que ele sobrevivesse mais de seis meses aos maus-tratos.

Antes de ser brutalmente morta pela polícia secreta, em seu próprio apartamento, com dezessete facadas – duas das quais nos olhos –, Zinaída Ráikh estava recolhendo assinaturas numa carta, que desapareceu, em defesa do marido. Parece que Shostakóvitch era um dos signatários. Dmítri não sabia em que condições Meierkhôld morrera, em 1º de fevereiro de 1940. Só teve conhecimento de toda a verdade em 1955, quando deu início ao movimento em favor da reabilitação desse grande nome do teatro russo[9].

9. Citado em Kak shla reabilitátsia (Como foi Feita a Reabilitação), artigo de B. Riájskii publicado no n. 5 da revista *Teatrálnaia Jizn* (Vida Teatral), de 1989.

Visando a levantar o moral em tempos de guerra e expansão do Fascismo, a ordem do Partido era que os músicos fornecessem a trilha sonora para a "vida feliz" que a URSS levava. Por esse motivo, Shostakóvitch foi incumbido de reorquestrar, para uma montagem no Kírov, em 1941, a opereta *Sangue Vienense*, de Johann Strauss II. Ainda havia censura, supervisão e coerção na curta fase – de 27 de agosto de 1939 (a assinatura do Pacto de Não-agressão com a Alemanha) a 22 de junho de 1941 (a invasão da URSS pelos nazistas) – a que o violinista Iúri Ieláguin deu o nome de "neo-NEP". Nesse período, após anos de catequização antifascista, a imprensa referia-se a Hitler como o Grande Amigo do socialismo; e tornou-se tabu falar mal da Alemanha. Efeito colateral desse leve relaxamento na pressão foi Shostakóvitch ver-se confirmado no cargo de professor de composição no Conservatório de Leningrado, mesmo isso tendo de conviver com a eleição, que lhe foi imposta em março de 1939, como vereador na Assembléia Municipal de Leningrado. Mas era importante ganhar tempo e manter as autoridades à distância.

É compreensível que Shostakóvitch tenha anunciado, no artigo "Miá rabóta nad Lienínskoie Simfôniei" (O Meu Trabalho na *Sinfonia Liênin*) – publicado na *Litieratúrnaia Gaziêta* de 20 de setembro de 1938 – estar preparando uma grande peça sinfônico-coral sobre o líder da Revolução. A partitura se basearia em poemas de Maiakóvski, em textos de poetas das "repúblicas-irmãs" – Suleimán Stálski, do Daguestão, e o cazaque Djambúl Djabáiev – além das "palavras e melodias das canções populares dedicadas a Liênin". Na verdade, a essa altura, Shostakóvitch já estava compondo a *Sinfonia n. 6 em Si Menor op. 54*. Ao governo, agradou muito a idéia de que o Pai da Revolução fosse homenageado com uma peça de grandes proporções. Mas, cada vez que Dmítri era entrevistado sobre o andamento da obra, suas respostas ficavam mais evasivas: "está indo bem... está quase pronta... vem dando bastante trabalho". Em 20 de outubro, já dando ao *finale* da *Sexta* os últimos retoques finais, ele admitiu que esta seria uma obra diferente, de caráter "primaveril, cheia de alegria, juventude e lirismo"[10].

Supersticioso como era, é bem possível que Dmítri tivesse sido susceptível à magia do número. Todos nós sabemos como Bruckner e Mahler reagiram ao mau presságio do número nove, por ter sido esta a última sinfonia de Beethoven. Pois, para um russo, a *Sexta* traz, inevitavelmente, associações com a *Patética*, uma das peças mais trágicas na história da música russa, que Borís Assáfiev chamou de "o *Réquiem* que Tchaikóvski escreveu para si mesmo". Na verdade, o que ele apresentou ao público foi uma anti-*Patética* que, com a sua inigualável mistura de tristeza e zombaria, constitui uma de suas obras mais inesperadamente provocadoras.

---

10. No artigo Óperii, simfônii, siuíti, kontsiérti: nóvyie rabóti lieningrádskikh kompozítorov (Ópera, Sinfonias, Suítes, Concertos; Novas Obras dos Compositores de Leningrado), publicado na *Kurórtnaia Gaziêta*, de Sótchi, em 20 de outubro de 1939.

A *Sinfonia n. 6* foi estreada por Mravínski em 5 de novembro de 1939, durante um festival de música soviética em que foram ouvidas também peças de cunho patriótico, como as cantatas *Aleksandr Niévski*, de Prokófiev, e *O Campo de Batalha de Kulikôvo*, de Iúri Shapórin. O público deu acolhida entusiástica à peça, exigindo que o *finale* fosse bisado. O *establishment* crítico, entretanto, condenou a heterodoxia dessa "sinfonia sem cabeça", pois a *Sexta* começa com um *largo* de mais de vinte minutos, seguido de dois breves *scherzos* (*allegro* e *presto*) com cerca de cinco minutos cada um.

As autoridades musicais decidiram convocar uma reunião extraordinária da União dos Compositores para "avaliar" a nova composição. Em carta de 7 de dezembro a Shebalín, Dmítri admitiu: "Ainda que eu faça todo o possível para não ficar aflito, não posso deixar de sentir o coração apertado. A idade, os nervos, tudo se faz sentir"[11]. Nada disso impediu a popularidade internacional da *Sexta*, executada nos Estados Unidos, por Leopold Stokowski, em 1940.

Tchaikóvski, Sibelius, Mahler são os nomes que ocorrem à escuta desse mórbido *largo*, impregnado de grande tristeza, que é reforçada pela instabilidade formal do primeiro tema, constituído de três motivos diferentes, constantemente cambiantes. Na primeira parte, numerosos solos são confiados ao pícolo, ao corne inglês, à flauta e ao oboé. Na segunda, são muito trabalhadas as longas frases entregues à flauta, criando uma tensão interminável, que só se resolve na reexposição. Antes da reprise do primeiro tema na coda, a trompa declama contra um fundo solene e patético de longos acordes e trinados nas cordas. Não são poucos os pontos de contato com o *largo* da *Quinta Sinfonia* e, na verdade, ele parece ainda mais intenso.

De escrita viva, fluida, com polifonia elaborada e coloridos incomuns na orquestração, o primeiro *scherzo* (*allegro*) é visivelmente cáustico. As síncopes e mudanças de ritmo da seção central introduzem um elemento de violência. A secura dos timbres e das linhas deixa claro que nessa música há mais agressividade do que alegria.

O tema aparentemente despreocupado do início do segundo *scherzo* (*presto*) tem o tom dos episódios grotescos das obras anteriores. Intervenções do fagote, da flauta, do pícolo e, depois, do violino solista marcam a seção central. Na coda, surge o galope desenfreado de um tema de caráter circense que, a despeito das aparências, nada tem de realmente alegre. No dizer de Timothy Day[12]: "Na superfície, parece um turbilhão muito espirituoso. Mas por trás desse tom brincalhão, dessas melodias saltitantes e harmonias escorregadias, há um curioso senso de vazio, que dá a esse esforço para soar alegre uma desanimadora qualidade artificial".

---

11. Publicada na revista *Soviétskaia Múzyka* de julho de 1982.
12. *Symphonies n. 6 op. 54 and n. 12 op. 112 "The Year 1917"* (Day, 1995).

É como se, após os sentimentos sombrios e angustiados do primeiro movimento; após o humor negro do segundo, sobreviesse a barulhenta alegria de bêbado, de alguém que, confrontado com a difícil realidade da URSS na década de 1930, precisasse encher a cara para simular uma alegria que, no fundo, não sente. Era música ligeira o que as autoridades queriam? Pois tomem música ligeira! Tinha razão o professor Aleksandr Goldenveizer ao dizer: "O *finale* é escrito com extremo brilho e domínio da orquestra. Mas o seu conteúdo é a cínica zombaria de tudo o que a vida tem de mais sério. A vida é uma taverna freqüentada por vagabundos, cheia de engodos, uma cínica perversão..."[13].

Recusando-se a reconciliar os elementos antagônicos da *Sexta*, virando as costas à exigência convencional de equilíbrio da forma, Shostakóvitch fez com que certos analistas tivessem dificuldade em reconhecê-la como uma sinfonia. Vista com o recuo do tempo, a *Sexta* não é uma das sinfonias "menores", como já se afirmou[14]. Ela é de extrema originalidade estrutural; e um depoimento tocante, perturbador, sobre a época em que foi concebida.

O nome de Shostakóvitch não estava entre os candidatos ao Prêmio Stálin que comemoraria, em 21 de dezembro de 1939, os sessenta anos do *Vojd*. Miaskóvski apresentara uma *Abertura-Saudação*; Prokófiev concorrera com uma de suas piores partituras, a cantata *Salve Stálin!* Dmítri preferiu dedicar-se a uma encomenda pouco comum que lhe viera, logo após o término da *Sexta Sinfonia*, do Teatro Kírov (o antigo Maríinski, hipocritamente rebatizado com o nome do líder assassinado): reorquestrar o *Borís Godunóv*, para retificar o estilo acadêmico com que, em suas duas versões da ópera – a de 1896 e a de 1906-1908 –, Rímski-Kórsakov desvirtuara o que a escrita de Mússorgski tem de mais áspero e original[15]. No artigo "Partitura Ópery" (A Partitura da Ópera), publicado no *Izvéstia* de 1º de maio de 1941, Shostakóvitch declarou:

> Respeito Mússorgski e considero-o o maior compositor russo. [...] Tentei reforçar o desenvolvimento sinfônico e dar à orquestra papel mais importante do que o de simples acompanhador dos cantores. [...] Tinha diante de mim as partituras de Mússorgski e de Rímski-Kórsakov, mas usei a redução de Mússorgski e orquestrei todos os atos. Só depois comparei o que eu tinha escrito à partitura dos dois compositores e, cada vez que tive a impressão de esta ou aquela passagem ter saído melhor, restabeleci a melhor solução.

---

13. Citado nas *Memórias* de Maríya Tchegodáieva, publicadas em Moscou em 2001.

14. É essa, por exemplo, a opinião de André Lischké, em *Guide de la Musique Symphonique* (Tranchefort, 1986).

15. A respeito da versão RK do *Borís*, ver *A Ópera na Rússia* (Machado Coelho, 2001) de minha autoria, na coleção História da Ópera..

Além do Kírov, onde a ópera deveria ser regida por Ari Pazóvski, Shostakóvitch a propôs a Samossúd, para o Bolshói. Mas este preferia a versão de Rímski-Kórsakov, e não via razão para que se fizesse outra orquestração. O teatro de Leningrado tinha a intenção de investir a fábula de seiscentos mil rublos na montagem. Mas Samossúd ficara com a partitura, tinha feito nela cortes e modificações, e não parecia disposto a devolvê-la. O início da II Guerra fez o projeto abortar. Ao encontrar-se com Samossúd em Kúíbishev, durante o conflito, Shostakóvitch voltou a discutir com ele a idéia de uma montagem mas, depois do episódio da *Lady Macbeth*, o seu nome ficara suspeito e, a pedido de Stálin, o que se fez foi a versão de Rímski-Kórsakov.

Em 1949, quando o Kírov voltou a se interessar pela idéia, toda a obra de Shostakóvitch estava de novo no índex e a direção do teatro recebeu a visita de uma comissão especial, que a desaconselhou a levar o projeto adiante. Nova tentativa foi feita em meados da década de 1950 mas, dessa vez, foi o compositor quem hesitou, temendo a reação da crítica a seu trabalho. A sua versão foi finalmente montada, em novembro de 1959, mas não se impôs porque, em anos recentes, o que se viu foi o interesse crescente pela orquestração original de Mússorgski que, hoje em dia, tornou obsoletas todas as outras tentativas de edição.

Uma outra obra importante é estreada antes do início da guerra: o *Quinteto em Sol Menor op. 57*. Ele é o resultado da associação de Shostakóvitch com o Quarteto Beethoven. Integrado por Dmítri Tzygánov e Vassíli Tchirínski, Vadím Boríssovski, e Serguêi Tchirínski, o Beethoven será o responsável pela criação de quase todas as suas obras de câmara. Conservando um modo de trabalhar com a linha melódica que o liga à tradição russa, Shostakóvitch reata, ao mesmo tempo, com a polifonia barroca, numa peça em que os dois primeiros movimentos unem-se como um prelúdio e fuga, e os dois últimos formam um *intermezzo* e *finale*. Entre esses dois blocos, fica um *scherzo*.

O encanto do *Quinteto* reside, decerto, no fato de que, dessa obra de corte neoclássico, está ausente a ironia estilizada, a amargura da *grotesquerie*. É como se essa peça de leve melancolia ("Minha dor é radiosa", dizia Púshkin) respirasse a serena sabedoria de alguém que emerge de uma crise séria, que se recupera de uma doença grave. Num artigo de 1991, no n. 9 da *Soviétskaia Múzyka*, o *op. 57* foi chamado de "um precioso cristal de verdade intemporal, em meio à vida cinzenta e depressiva de quem, ao ler os jornais e ouvir a propaganda do governo, enchia-se de descrença e medo com aquilo que lhe queriam enfiar pela garganta abaixo".

No prelúdio (*lento*), de solenidade bachiana, o piano expõe os sete compassos em que já estão presentes os germes de todo o material melódico. As cordas entram juntas, mas deixando ao violoncelo o papel de expor a melodia. O piano retoma essas frases na seção *poco più mosso*, mas a viola dá a elas um caráter lírico todo especial. Segue-se uma fuga enigmática nas cordas, às quais o piano, quando intervém, dá amplitude quase sinfônica. O *adágio* em forma de fuga parte de um dueto dos violinos, com a entrada sucessiva das cordas graves. A concentração contrapontística é tal que o piano e as cordas se fundem com grande intensidade. É de grande efeito a conclusão, com acordes no extremo grave.

De temas deliberadamente simples, com um tom de música popular, o *scherzo* (*allegretto*) vem quebrar um pouco a gravidade da peça, lembrando um pouco a atmosfera do *Concerto n. 1* para piano. Só nesse movimento os cinco instrumentistas são usados todos ao mesmo tempo. O *intermezzo* (*lento*) volta à atmosfera meditativa em que se movem os *leitmotive* antinômicos expressos desde o prelúdio. Não falta a esse movimento uma tensão que só será resolvida, do ponto de vista formal (sonata estrita), e expressivo (reexposição apaixonada do tema inicial), no *allegretto* final, cujo humor robusto é tingido de angústia subterrânea.

O Quarteto Beethoven, tendo o compositor ao piano, fez desse quinteto um grande triunfo, em 23 de novembro de 1940, no Conservatório de Moscou. A aprovação ao *Quinteto* não foi unânime. Documentos divulgados pelo n. 5 da revista *Stáraia Plóshtchad*, em 1995, revelam que, em 7 de janeiro de 1941, Moisêi Grínberg, alto funcionário do departamento cultural do PCUS, enviou a Stálin uma carta furiosa, em que considerava indigna a candidatura ao Prêmio Stálin de uma obra "com profunda orientação ocidental" (leia-se influência da vanguarda estrangeira), que "não se liga à vida do povo", pois "perde-se em novos sons estranhos, resultantes da pesquisa abstrata".

Desta vez, a condenação não funcionou. Decerto porque, por razões puramente políticas, interessava ao Kremlin que o pêndulo pendesse para o lado de Shostakóvitch, ele ganhou, em 16 de março de 1941, o Prêmio Stálin, que compartilhou com a *Sinfonia n. 21* de Miaskóvski e a cantata *No Campo de Batalha de Kulikôvo*, de Shapórin. Os cem mil rublos que recebeu – pense-se que o salário médio de um engenheiro ou médico, na época, era de 3.500 rublos – vieram em boa hora, pois lhe permitiram ajudar familiares que, naquele momento, estavam em dificuldade. Quanto à medalha de ouro com a efígie de Stálin, foi necessário trocá-la, anos mais tarde, durante o governo de Khrushtchóv, por uma outra, pois o nome do ditador tinha sido retirado do prêmio – e ela foi substituída por uma medalha de metal dourado.

Dzerjínski, o candidato que Grínberg defendia, não ganhou prêmio algum. O resultado da primeira premiação, aprovada pessoalmente pelo Supremo Líder, dá uma idéia clara do balanço que ele fazia – com um olho na repercussão internacional – da produção cultural em seu regime. Além dos músicos, foram premiados os romancistas Mikhail Shólokhov (*O Don Tranqüilo*) e Aleksêi Tolstói (*Pedro I*) e o cineasta Serguêi Eisenshtéin (*Aleksandr Niévski*).

Shostakóvitch e o Quarteto Beethoven executam o
Quinteto para Piano e Cordas.

O leitor há de me permitir desviar-me do assunto central deste livro para perguntar: por que Anna Akhmátova, indicada para o prêmio por Shólokhov (vice-presidente da comissão que escolhia os premiados) e Aleksêi Tolstói (chefe da seção literária) não foi escolhida? Numa de suas reviravoltas inesperadas, Stálin suspendera, em 1940, a proibição de que os poemas de Anna Andrêievna fossem publicados. Talvez o ditador tivesse se irritado com o fato de *Iz shiést Knig* (De Seis Livros), uma coletânea de textos extraídos de seus volumes anteriores, ter-se esgotado em poucos dias, prova de que o público nunca a esquecera. Numa carta a Akhmátova[16], Pasternák contava, referindo-se a uma visita que recebera do escritor Andrêi Platônov: "Ele esteve aqui, outro dia, e me disse que a busca pelos volumes esgotados continua: o preço de um exemplar de segunda mão subiu para 150 rublos. Não me surpreende nada que, assim que te permitiram reaparecer, você tenha vencido outra vez".

Esse tipo de constatação só podia desagradar a Stálin. Assim como o fato de, entre os poemas escolhidos, estar *Klievetá* (Difamação), de 1922: "I vsiúdu klievetá sopustvóvala mniê" (E por toda parte a difamação me acompanha), que só podia despertar, na cabeça das pessoas, associações inoportunas. Numa conversa que teve com Sólomon Vólkov, na casa de repouso de Komarôvo, em 1965, o ano de sua morte, Akhmátova disse-lhe também ter sido vítima de intrigas literárias, de denúncias de outros escritores.

Mas Stálin, quando isso lhe era oportuno, não dava a mínima para denúncias. O editor de *De Seis Livros* safou-se com um castigo surpreendentemente leve, uma recriminação, equivalente a um tapinha na mão. O episódio Akhmátova, no caso do I Prêmio Stálin, é uma prova a mais de como as suas decisões expõem sempre, aos estudiosos, motivos para intermináveis especulações.

A lista dos projetos de Shostakóvitch que não foram adiante é bastante grande, nestes anos. Não se sabe o motivo porque fracassaram uma ópera com libreto de V. G. Brágin sobre a Guerra Civil; e uma ópera-balé tirada da *Princesa da Neve*, de Ievguêni Shvarts. Mas sabe-se que a censura impediu a realização de *Katiúsha Maslôva*, cujo libreto A. Máriengof tiraria de *Voskriesiênie* (Ressurreição), de Liev Tolstói. Mas em 10 de maio, sem dar nenhuma razão, o Glavrepertkom (a Comissão de Repertório) informou que o libreto tinha sido proibido. Os fragmentos deixados por Shostakóvitch foram descobertos em 1979 por Sófia Khéntova.

Houve também projetos que a guerra matou no nascedouro:

---

16. Divulgada em *Borís Pasternák: Biográfiia v Písmakh* (BP: uma Biografia em Cartas), publicada em Moscou em 2000.

• uma opereta, para o Teatro de Comédia Musical de Leningrado, baseada no popularíssimo romance humorístico *As Doze Cadeiras*, de Iliá Ilf e Ievguêni Petróv (do qual Mel Brooks tirou um de seus filmes);

• a edição de *Barbe-Bleue*, de Offenbach, para Borís Kháikin que, desde 1936, era o diretor e regente titular do Mályi Teatr, de Leningrado (Kháikin lhe propusera esse trabalho porque, em 22 de fevereiro de 1941, Shostakóvitch contribuíra, para a encenação do *Barão Cigano*, com uma polca adicional que se tornara o número mais aplaudido do espetáculo).

Aqui parece ser o lugar adequado para inserir o retrato que, em 4 de janeiro de 1941, a pedido da escritora Marietta Shaguinián, deslumbrada com o *Quinteto*, Mikhail Zóshtchenko traçou de seu amigo[17]:

> Você tem a impressão de que ele é "frágil, retraído, uma criança infinitamente pura e direta". Mas se fosse só isso, nunca teríamos a grande arte (que, com ele, certamente temos). Ele é exatamente como você diz que é, e algo mais: duro, ácido, extremamente inteligente, forte talvez, despótico e nem sempre bem-humorado (embora cerebralmente o seja).
>
> Essa é a combinação a partir da qual deve ser visto. Dessa forma pode-se, num certo grau, compreender a sua arte.
>
> Nele, há grandes contradições. Nele, uma qualidade obscurece a outra. É conflito no mais alto grau. Quase uma catástrofe.

O conflito de que fala Zóshtchenko está todo na música incidental que Dmítri escreveu, em 1941, para a montagem de *Rei Lear*, por Grigóri Kozíntsev, que estreou em 24 de março, no Bolshói Dramatítcheski Teatr Maksím Górki, de Leningrado. Enchia-o de medo escrever música para uma tragédia "de tal magnitude e espírito amplo" como as de Shakespeare, que "não toleram a banalidade". É muito significativo que, para o *yuródivyi* que havia dentro de Dmítri, a figura que mais o fascinasse, no *Lear*, fosse a do Bobo, "que ilumina, com maestria, a figura gigantesca de Lear, de forma sarcástica, com um humor negro magnífico, que torna muito difícil expressá-lo musicalmente. O bobo é complexo, paradoxal, contraditório. Tudo o que ele faz é inesperado, original, sempre muito sábio"[18].

---

17. Em Mikhail Zóshtchenko – Mariéttie Shaguinián: iz pierepíski (Da Correspondência de M.Z. e M.Sh.) no n. 1 da *Soviétskaia Litieratúra* de 1984.

18. Em "Kórol Lir" v Bolshóm Dramatítcheskom Teátrie im. M. Górkovo ("O Rei Lear" No Grande Teatro Dramático Maksím Gorki), artigo que DDS escreveu em 1941, reproduzido pelo n. 17 da revista *Muzykálnaia Jizn*, em 1971.

Talvez seja esse o motivo pelo qual o foco central da música para acompanhar a peça sejam as *Canções do Bobo*, das quais decorrem os temas que, transformados, serão utilizados em diversas situações.

Um episódio, traumatizante para Dmítri, marcou o fim do primeiro semestre de 1941. Depois de uma turnê de concertos pela região de Róstov-sobre-o-Don, Nina e ele tiraram alguns dias para descansar em Gaspra, na Criméia. Tomaram o trem em Simferópol, para voltar a Moscou e, no compartimento ao lado do deles, encontraram o violinista Míron Boríssovitch Poliákin, com quem Dmítri jogou cartas, alegremente, até tarde. Ao chegarem à capital, Poliákin não desceu do trem: encontraram-no morto, em sua cabine, vítima de um infarto fulminante, durante a noite.

Junho era o exaustivo mês dos exames no Conservatório, das intermináveis bancas de piano e de composição. Mal sobrava tempo para assistir a uma partida de futebol. Na noite de domingo, dia 22, Shostakóvitch e Glikman tinham planejado ir ver um jogo e, depois, sair para jantar, pois estavam em plena fase das "noites brancas" de Leningrado. A caminho do estádio, ouviram, num rádio ligado em um bar, Viátcheslav Molotóv anunciando que a URSS acabara de ser invadida por tropas alemãs.

10.
A "Grande Guerra Patriótica"

Eram negros os dias vividos pela Europa. A escalada do nazismo na Alemanha tinha resultado no *Anschluss* – a anexação da Áustria – e no apoio alemão às forças franquistas, na luta contra o governo republicano legal. O bombardeio alemão da cidade basca de Guernica, imortalizado por Picasso em sua tela – o primeiro ataque aéreo a uma população civil que, naquele momento, não tinha sequer abrigos para se esconder – mobilizou a ajuda dos idealistas e aventureiros das Brigadas Internacionais, que acorreram para "morir en Madrid", como dizia La Pasionaria. O envio de combatentes à Espanha concorreu um pouco para restaurar o prestígio da URSS, afetado pelas notícias dos expurgos stalinistas.

O primeiro-ministro britânico Neville Chamberlain acabava de voltar da Conferência de Munique, afirmando que os contatos com Hitler e Mussolini tinham trazido a garantia da paz, quando os nazistas invadiram os Sudetos, na Tchecoslováquia, e os fascistas italianos entraram na Albânia. A URSS seria o único aliado capaz de oferecer à Grã-Bretanha condições de opor resistência à ameaça nazi-fascista. Uma missão foi enviada a Moscou, para tentar negociar um tratado. Mas Stálin, a essa altura, já tinha optado por assinar com a Alemanha um Pacto de Não-agressão, que deu condições a Hitler de invadir a Polônia, no primeiro dia de setembro de 1939, dando assim início à II Guerra Mundial.

O pacto não impediu, mas retardou até junho de 1941 o ataque alemão à URSS. Criou, porém, uma falsa sensação de segurança, que fez o país estar despreparado para a agressão – apesar de todas as advertências que o marechal Tukhatchévski tinha feito a Stálin de que era necessário desenvolver as defesas antiaéreas das grandes cidades russas. Nesse meio tempo, em 20 de agosto de 1940, Liev Trótski tinha sido assassinado na Cidade do México, pelo extremista Ramón Mercader, por ordem do homem que, um dia, ele chamara de "o coveiro da Revolução". Os expurgos internos tinham diminuído bastante, na fase em que, visando a fazer avançar as defesas de Leningrado, Stálin atacara a Finlândia.

O ataque, iniciado em 30 de novembro de 1939, terminou com a ocupação de Helsinque, uma semana depois. De acordo com uma carta de 5 de dezembro enviada a seu amigo Levôn Avtomián, Shostakóvitch não tivera como escapar de uma encomenda do distrito militar de Leningrado, de uma peça destinada a assinalar a vitória. A composição da *Suíte sobre Temas Finlandeses*, para soprano, tenor e conjunto de câmara, o impediu de assistir à estréia da *Sexta Sinfonia*, que teve de ouvir pelo rádio. Na verdade, essa foi a forma que encontrou de não comparecer à reunião da União dos Compositores em que a sua sinfonia foi seriamente criticada.

Shostakóvitch aceitou a encomenda, mas não compôs uma peça celebrando a vitória. Por esse motivo, provavelmente, a *Suíte* não foi executada em vida do compositor. Mencionada pelo musicólogo Arkádi Klimóvitski, num volume de ensaios sobre Shostakóvitch publicado em 2000, em São Petersburgo, por Liudmíla Kovnátskaia, a *Suíte* foi encontrada na coleção particular de Aleksandr Dolshânski, especialista na obra do compositor. As canções folclóricas para as partes vocais estavam indicadas, mas o texto ainda não tinha sido colocado na música. Quando a partitura foi publicada, em 2001, Manashír Yakúbov e Dmítri Sollertínski – filho do grande amigo de Shostakóvitch – pesquisaram, no acervo folclório finlandês, canções cujos textos pudessem ser adaptados à sua música. A estréia da *Suíte* foi feita em 13 de julho de 2001, durante o Festival de Música Folclórica de Kaustinen, na Finlândia. Os artistas que a criaram – Anu Komsi, Tom Nyman e o regente Juha Kangas – a gravaram, nessa mesma época, para o selo BIS.

A suíte começa com uma introdução instrumental, cuja melodia pertence a *Tällaisille poijlehan ne herranpaivät passaa* (Os Dias de Festa São para os Jovens Como Estes). Uma nítida "mensagem secreta" está contida no terceiro movimento, *lento ma non troppo*, sobre a melodia de *Läksin mina kesäyönä käymään* (Fui ao Bosque uma Noite de Verão), em que o cantor consola uma garota que encontrou chorando, sozinha, no mato. Ela é a forma cifrada de Dmítri dizer aos finlandeses, para os quais a melodia tem um sentido muito claro, que compartilha o sofrimento de sua nação invadida.

Há tempos vinham de Londres, Washington e Paris advertências de que Hitler estava preparando planos para a invasão da URSS. Na véspera de 21 de junho, o *Vójd* disse "Não comece o pânico à toa", quando o comissário da Defesa, Semiôn Timoshénko, lhe avisou que a invasão era iminente. Seis horas depois, um ataque surpresa da Luftwaffe destruiu no chão a maior parte da aviação soviética e, ao amanhecer do dia 22 de junho, três e meio milhões de soldados do Eixo cruzaram a fronteira da Rússia. As mal preparadas forças do Exército Vermelho não conseguiram deter o rápido avanço das forças nazistas até as portas de Moscou, nem a ocupação de Kíev. Com os outros professores do Conservatório, Shostakóvitch ajudou na construção de barricadas para proteger Leningrado, que começou a ser bombardeada em 8 de agosto – dando início aos quase novecentos dias de cerco que assombraram o mundo –, até ela ser libertada em 27 de janeiro de 1944. De acordo com os dados recolhidos por Borís Schwartz, cerca de 245 bombas caíam por dia, durante esses dois anos e cinco meses de cerco; os ataques deixaram 17 mil mortos, 34 mil feridos e a epidemia de fome matou 632 mil pessoas.

A mobilização geral foi decretada, e até mesmo homens idosos como Leoníd Nikoláiev, professor no Conservatório, de setenta anos, foram incorporados. Shostakóvitch se apresentou três vezes como voluntário e foi recusado. Colocaram-no na brigada de incêndio da defesa antiaérea – uma medida puramente propagandística, como conta o compositor Dmítri Aleksêievitch Tolstói – filho do escritor – em suas memórias[1]:

> Puseram na cabeça dele o capacete de bombeiro, pediram que subisse no telhado e se deixasse fotografar lá. O mundo inteiro conhece essa foto. Embora a participação de Shostakóvitch na brigada antiincêndio não tenha passado de dez minutos, posso garantir que nenhum dos integrantes da equipe se importou por seus serviços terem mais destaque do que os deles. Todo mundo entendia isso: Shostakóvitch tinha de ser protegido.

Mas encarregaram-no também de trabalhar com o ator Nikolái Tcherkássov, fazendo arranjos de canções que seriam tocadas em concertos para a tropa, na frente de batalha. E ele foi nomeado diretor da sala de espetáculos precariamente montada para divertir a Guarda Nacional. Uma das canções patrióticas que ficaram mais populares, no primeiro ano da guerra, foi o *Juramento ao Comissário do Povo* – referência a Jdánov, que organizava a defesa de Leningrado – com letra de Vissariôn Saiánov. Mas, preso por ter cão e preso por não ter cão, quando Shostakóvitch quis registrar a canção no *Muzguiz* (*Muzykálnoie Gosudárstvennoie Izdátielstvo*, a Editora de Música do Estado), a comissão julgadora a rejeitou, acusando-o de ter recaído no extremo oposto, passando do "formalismo" para o "primitivismo" – pecado igualmente sério, depois que o *Tíkhi Don* de Dzerjínski fora execrado por esse motivo. Desta vez, porém, a situação foi salva pelo diretor da editora, que não só autorizou a publicação como ordenou que lhe pagassem um cachê dez vezes maior do que o costumeiro.

No final da década de 1950, após a denúncia dos crimes de Stálin por Khrushtchóv, Saiánov trocou o título da canção para *Um Grande Dia Chegou*, e eliminou o verso final: "Stálin nos guia para a batalha, a sua palavra é lei!". Naqueles primeiros dias de cerco, em que a situação era muito grave, mas ainda não atingira o grau insustentável dos meses seguintes, os artistas eram tratados com bastante consideração e, durante algum tempo, Shostakóvitch ficou alojado no prédio do Conservatório, deixado sob a sua guarda.

---

1. *Dliá tchevô vsiô éto bylo. Vspominânia* (Isso Aconteceu a Todos Eles. Memórias), publicado em Moscou, pela Progriéss Izdátielstvo, em 1995.

Embora desconfiasse de sua lealdade, Stálin sabia o valor que tinham os artistas, e poupou-os para que pudesse usá-los, no momento em que tivesse necessidade deles como sustentáculo de sua propaganda. Ao tentar seguir para a frente de batalha, como correspondente de guerra, o conde Aleksêi Tolstói recebeu a resposta: "De maneira alguma. Há uma ordem direta de Stálin para que o senhor não seja mandado ao fronte"[2]. Prokófiev, Miaskóvski, Shapórin foram compulsoriamente retirados de Leningrado e Moscou, e levados para o lado oriental da URSS, longe dos combates. Isso aconteceu também com os escritores. Era necessário fazer isso, pois Leningrado transformara-se num verdadeiro inferno, como conta A. Fadêiev[3]:

> Os corpos das pessoas mortas de frio e de fome eram deixados nas escadarias ou nos corredores. Os porteiros os varriam para fora do prédio, de manhã, como se fossem lixo. Enterros, túmulos, caixões, tudo isso tinha sido esquecido. Famílias inteiras desapareciam. Apartamentos coletivos, com mais de uma família, ficavam vazios. Casas, ruas, bairros inteiros iam se esvaziando.

Em 1941, Anna Akhmátova foi forçada a deixar a sua bem-amada Leningrado, "essa cidade granítica feita de glória e de infortúnio", e foi removida para o Táshkent, no Uzbequistão. O apelo que ela fizera às mulheres de Leningrado, pelo rádio, surtira tal efeito que as autoridades, perfeitamente capazes de reconhecer quando a propaganda era eficiente, fizeram questão de preservá-la. Embora os escritos de Anna Andrêievna estivessem proibidos de circular, o próprio Jdánov telefonou para a União dos Escritores do Táskent, pedindo-lhe que o nome de Akhmátova fosse incluído na lista das pessoas que tinham direito a cartões de racionamento adicionais.

Stálin considerava conveniente capitalizar o envolvimento emocional e patriótico, com a condenação do nazismo, de uma intelectual cujo nome ainda era amado por muita gente no país. A dor de saber que a sua Leningrado tinha sido cercada e quase um milhão de pessoas morrera, durante os três anos e meio de assédio, inspirou a Akhmátova poemas de eloqüente concisão, como *Kliátva* (Juramento) e, sobretudo, *Mújestvo* (Coragem), em que ela fala da capacidade de enfrentar o sofrimento como uma parte integrante do legado nacional russo:

> My znáiem shto nýnie liejít na viesákh
> i shto soviersháiet nýnie.
> Tchás mújestva probíl na náshix tchassákh
> i mújestvo nas niê pokíniet.

---

2. Contado por Dmítri Órtenberg em *Pissátieli na Frôntie* (Escritores no Fronte), Moscou, 1975.

3. Em *Lieningrad v dni Blokády* (Leningrado nos Dias do Cerco), Moscou, 1944.

Cartaz de guerra de 1941: *Napoleón potierpiél porajênie. To je búdiet i s zasnavshímsa Guítlerom!* (Napoleão foi esmagado. O mesmo há de acontecer com Hitler!).

Leningrado durante o cerco: uma imagem da Niévski Prospiékt.

Niê stráshno pod púliami miórtvymi lietch,
niê górko ostátsa biez krôva –
i my sokhraním tibiá, rússkaia riêtch,
velíkoie rússkoie slôvo.
Svobódnym i tchístym tibiá proniesiém,
i vnúkam dádim, i ot pliêna spasiém
naviéki!

(Sabemos o que agora está em jogo/ e o que está agora acontecendo./ A hora da coragem soa em nossos relógios/ e a coragem não nos há de desertar./ Não nos assusta uma barreira de chumbo,/ nem é amargo ficarmos sem um teto – / desde que te preservemos, língua russa,/ grande palavra russa!/ Livre e pura te transmitiremos/ aos nossos netos, livre do cativeiro/ para sempre[4].)

Esse texto foi estampado, em 23 de fevereiro de 1942, na primeira página do *Pravda*, cercado de comunicados de batalha e relatórios de baixas.

Shostakóvitch protestou contra a remoção compulsória e, até 1º de outubro de 1941, conseguiu ficar com a sua família em Leningrado onde, em 19 de julho, iniciou novo trabalho. No artigo "Siedmáia Simfônia" (A Sétima Sinfonia), publicado no *Pravda* de 19 de março de 1942, dedicou-a "a nosso combate contra o fascismo, à nossa vitória sobre o inimigo, em Leningrado, a minha cidade natal". A gênese da *Leningrado*, fazendo-se acompanhar da imagem do artista que sobe nas barricadas para produzir sua música sob o fogo cruzados do combates, criou lendas que freqüentemente mascaravam a realidade.

Foi muito explorada pelo governo a declaração que Shostakóvitch fez pelo rádio, em 17 de setembro:

Uma hora atrás, terminei a partitura dos dois primeiros movimentos de uma grande sinfonia. Se eu conseguir continuar, se der conta de terminar o terceiro e o quarto movimentos, talvez possa chamá-la de minha *Sétima Sinfonia*. Por que lhes estou contando isso? Para que todos os ouvintes desta rádio saibam que a vida em nossa cidade prossegue normalmente.

Essa intervenção teve efeito muito positivo. Em seu *Diário*, a poeta Viera Inbér registrou:

Comoveu-me a idéia de que, enquanto as bombas chovem sobre esta cidade, Shostakóvitch compõe uma sinfonia. A notícia da *Lieningrádskaia Pravda* sobre essa transmissão vem cercada de comunicados da frente sul e de relatórios de bombardeios. Apesar de todo esse horror, a arte ainda está viva. E o seu brilho aquece o coração.

---

4. Esta tradução está em *Anna Akhmátova: Poesia 1912-1964* (Machado Coelho, 1991).

Durante o cerco de Leningrado, foram compostas nove sinfonias, oito óperas, dezesseis cantatas e nove balés descrevendo aqueles dias. Mas só a *Sinfonia n. 7 em Dó Maior op. 60,* de Shostakóvitch, ganhou maior notabilidade, devido, é claro, às suas qualidades próprias, mas também ao fato de ter se tornado um notável instrumento de propaganda nas mãos do governo.

Em 30 de setembro, às onze horas da noite – contou Dmítri em carta a Isaak Glikman – a camarada Kalinníkova, do Comitê Central do Partido em Leningrado, lhe ligou: na manhã seguinte, sua família e ele deveriam tomar um avião para Moscou, de onde seriam levados para o lado asiático da URSS. Os Shostakóvitch ficaram, durante duas semanas, confortavelmente instalados no hotel *Moskvá.* Dmítri só pudera trazer consigo as partituras da *Lady Macbeth,* da *Sétima* e da *Sinfonia dos Salmos* (o original de Stravínski e o seu arranjo para piano). Mas ficou muito contente ao descobrir, quando a guerra acabou, que todos os seus manuscritos tinham sido cuidadosamente guardados no Conservatório de Leningrado.

Khatcháturián contou à biógrafa Sófia Khéntova que Shostakóvitch o visitou, em seu apartamento moscovita da Miússkaia Úlitsa, e tocou para ele o primeiro movimento da *Sétima*: "Estava muito agitado e dizia: 'Me desculpe se isso te lembrar o *Bolero* de Ravel'". Isaak Glikman também notou essa preocupação de Dmítri em relação ao tema que se repete no *allegretto*: "Críticos desocupados vão me recriminar por ter imitado o *Bolero* de Ravel. Deixe que o façam. É assim que eu vejo a guerra".

Em 16 de outubro, os Shostakóvitch, junto com outros compositores, músicos, cantores, artistas plásticos e escritores, foram colocados em um trem que ia para Sverdlóvsk. Em *Nabróski po Pámiati* (Esboços de Memória), publicados em 1987, o pintor Nikolái Aleksándrovitch Sokolóv, que viajava no mesmo vagão que eles, descreveu as condições extremamente difíceis da viagem e, como, ao chegar em Kúibishev, Dmítri decidiu ficar por ali mesmo, em vez de prosseguir numa viagem de pesadelo. Sokolóv ficou com eles e conta como, a princípio, eles foram alojados na sala de aula de uma escola, onde tinham de dormir no chão, antes de serem precariamente instalados em dois quartos, no n. 140 da Frunze Úlitsa – onde foram muito ajudados pelos Litvínov[5] – Mikhaíl e Flora, além da cunhada Tatiana – que se encontravam refugiados na cidade.

Nos primeiros tempos, a idéia de tantas pessoas que, em sua cidade, não tinham tido a mesma sorte, e estavam morrendo como moscas, deixou Shostakóvitch paralisado, incapaz de compor – e ele se queixa disso, nas cartas a

---

5. Mikhaíl e Tatiana eram filhos do veterano bolchevique Maksím Litvínov e da escritora inglesa de esquerda Ivy Low. Depois dos altos e baixos comuns na carreira de um funcionário, nos anos do stalinismo, Maksím foi nomeado embaixador em Washington em 1941. Mikhaíl e Flora casaram-se em maio de 1939 e, em outubro de 1941, foram evacuados para Kúibishev, onde Tatiana casou-se com o escultor Iliá Lvóvitch Slônim. As relações que os Litvínov e os Shostakóvitch estreitaram nessa época foram extremamente carinhosas.

Sollertínski e Glikman. Com a intervenção dos Litvínov, a família tinha sido removida, em 11 de março de 1942, para um apartamento melhor, no n. 2a da Vilanóvskaia Úlitsa, quando Dmítri teve a notícia da derrota dos alemães em Iélets, Kalínin e diante de Moscou. O ânimo que isso lhe deu fez voltar a vontade de trabalhar e, em duas semanas, ele terminou a *op. 60*.

Inicialmente, a *Sétima* deveria ter um só movimento, culminando num trecho coral com palavras que o próprio Shostakóvitch escreveria. Mas ele contou a seu biógrafo D. Rabinóvitch que, num segundo momento, optara por uma espécie de réquiem instrumental para os soldados caídos em combate. Deu finalmente à *op. 60* a forma tradicional de quatro movimentos, que deveriam ter títulos – *A Guerra, Lembranças, Os Grandes Espaços de Minha Pátria, A Vitória* –, aos quais, depois de um tempo, renunciou. A sua mais longa composição – 75 minutos, comparados à uma hora da *Quarta* –, a *Sétima,* é também a de linguagem mais simples, visando a comunicar-se com os mais vastos auditórios. Nela, é bom que se diga, foi reaproveitado parte do material escrito antes da guerra, que Shostakóvitch pretendia usar numa obra sinfônica rememorando os acontecimentos ocorridos na URSS durante as décadas de 1920-1930.

Esse é o motivo pelo qual, em *Shostakovich and Stalin*, publicado em 2004 – depois de ele ter sido bombardeado por todos os que contestavam a autenticidade de *Testimony* – Sólomon Vólkov tenta pôr em dúvida o argumento comumente aceito de que a *Leningrado* é uma "sinfonia de guerra". Vólkov arrola o testemunho de Galina Ustvólskaia, aluna predileta e, por algum tempo, amante de Dmítri, de que ele lhe dissera que a *n. 7* estava praticamente pronta antes de a guerra começar[6]. Vólkov recorre também a uma declaração de Liudmila Mikhêieva, a nora de Sollertínski: a de que a passagem hoje chamada de "a invasão" – a repetição obsessiva de um tema, à maneira do *Bolero*, de Ravel – já tinha sido tocada para seus alunos do Conservatório de Leningrado, antes da entrada alemã em solo russo. E cita a declaração de Liev Liebedínski, num número de 1990 da revista *Nóvyi Mir*, de que Shostakóvitch dava à figura repetida o nome de "tema do mal" – aplicável, portanto, aos nazistas, mas também ao mal interno, à praga stalinista.

Vólkov procura, com isso, argumentar que os "acontecimentos sombrios" que a *Sétima* retrata representam não a guerra, mas o Terror stalinista. Em *Testimony* – verdade ou não – ele faz dizer a Shostakóvitch:

---

6. Citado em *Galina Ustvólskaia: Múzyka kak Nasvajdiênie* (G.U.: a Música como Alucinação), de Olga Gladkôva, publicado em São Petersburgo, pela Rússki Kompozítor, em 1999.

Antes mesmo da guerra, não havia uma só família em Leningrado que não tivesse perdido alguém, pai, irmão, um parente qualquer, um amigo chegado. Todos tinham alguém por quem chorar, mas você tinha de chorar baixinho, debaixo do cobertor, para que ninguém visse. Todo mundo tinha medo de todo mundo e o sofrimento nos oprimia, nos sufocava. Eu tinha de escrever a respeito disso, sentia que era a minha responsabilidade, o meu dever. Tinha de escrever um réquiem para todos aqueles que morreram, que sofreram. Tinha de descrever a horrível máquina de extermínio e protestar contra ela.

Parece ingênuo esse esforço para "desestalinizar" a *Sétima*, eliminando qualquer possibilidade de que ela possa parecer uma concessão propagandística ao regime – uso que realmente foi dado a ela, embora isso já seja outra história. A obra de Shostakóvitch sempre tem camadas superpostas: um sentido óbvio e imediato, convivendo com um subtexto mais sutil, freqüentemente codificado. Isso, que pôde ser dito a respeito da *Quinta* e da *Sexta*, é válido também para a *Sétima*.

Assim que as forças nazistas entraram na URSS, as autoridades viram-se, por motivos exclusivamente estratégicos, obrigadas a tolerar um grau de liberdade maior da *intelliguêntsia*, de cujo apoio necessitava, exatamente com finalidades propagandísticas. No segundo volume de *Liúdi, Gódy, Jizn* (Gente, Anos, Vida), Iliá Erenbúrg constata: "Normalmente, a guerra traz consigo as tesouras do censor; no nosso caso, durante os dezoito primeiros meses de guerra, os escritores sentiram-se muito mais livres". Se Shostakóvitch pretendia, como já foi dito, escrever uma obra sinfônica que rememorasse os acontecimentos vividos pela URSS durante as décadas de 1920-1930, aproveitou a oportunidade que lhe era oferecida pelas circunstâncias, fazendo o trajeto do individual para o coletivo, e dando à *Sétima* um formato que a tornasse acessível para a platéia e aceitável para as autoridades.

O *allegretto* sugere a tranqüilidade a ser rompida pela guerra mediante um tema nas cordas, cheio de energia e bom humor. Desenvolvido rapidamente, com um impulso acentuado pelas escalas ascendentes, dá lugar a uma melodia noturna, sonhadora e lírica, que sobe até o extremo agudo dos violinos, da flauta e do pícolo. Depois dessas notas etéreas, a atmosfera muda: um rufar de tambores ao longe, quase imperceptível, prepara a entrada do novo tema, pianíssimo nos violinos. A "coloração germânica" desse tema, a que se referiu o biógrafo David Rabinóvitch, vem da deliberada semelhança do corte melódico com o da canção "Vamos para o Maxim's", da *Viúva Alegre*, de Franz Lehár, da qual se dizia que era a opereta preferida de Hitler.

É um ritmo de marcha de tom bastante vulgar que, progressivamente, de acordo com um princípio cumulativo que remete ao *Bolero*, de Ravel, cresce, com uma instrumentação cada vez mais pesada – no auge oito trompas, seis trompetes, seis trombones e uma tuba, com um extraordinário volume – que revela a sua natureza implacavelmente destruidora. O tema inicial tenta se opor a ele, mas é literalmente atropelado. O rufar dos tambores mantém-se durante as doze repetições do "tema da invasão" que, ao chegar ao apogeu, explode em urros dissonantes. No epílogo, a melodia do noturno, deformada e lúgubre, e o primeiro tema tentam voltar à superfície. Mas não passam, agora, de reminiscências inanimadas, que naufragam na petrificação geral. O primeiro movimento conclui com uma breve retomada do "tema da invasão", com um último rufar dos tambores.

O próprio Shostakóvitch deixou claro que o *moderato-poco allegretto* seguinte não corresponde a programa algum, mas "é um *intermezzo* lírico e com aquela ponta de humor sem a qual não consigo passar. Shakespeare conhecia a importância do humor na tragédia. Não se pode manter a platéia em um estado constante de tensão". Esse humor se manifesta no tema discretamente saltitante dos violinos. Segue-se a cantilena lírica e pensativa do oboé, prolongada pelo corne inglês. No meio do movimento, fanfarras belicosas introduzem uma agitação violenta, relembrando a invasão. Durante a longa coda, contra tremores das madeiras em *staccato*, a clarineta baixa repete a melodia do oboé e, na conclusão, ouve-se nos violinos uma reprise do primeiro tema.

Um coral para quinze instrumentos de madeira, que faz pensar em Stravínski, dá início ao *adagio*. Após uma frase dos violinos, é retomado com um contracanto nos graves. Um novo *intermezzo* nas cordas traz o coral de volta, surdo e lacônico. O diálogo idílico de duas flautas é passado aos violinos. Com a aparição dos ritmos pontuados, a atmosfera muda rapidamente (*moderato risoluto*) com nova visão da guerra: ruídos de bombardeio, gritos discordantes, sons metálicos de máquinas. A última parte do movimento reencontra a serenidade do início, com longas frases recitadas, de harmonias simples. O *finale* (*allegro non troppo*) se encadeia ao último acorde do coral, longamente sustentado.

De início surdo e indeciso, com um tema curto e ritmado, esboçado pelas cordas graves, o *finale* vai se tornando mais animado com a entrada resoluta dos violinos. Assiste-se a uma progressiva mobilização de toda a orquestra, retratando o último combate, que já traz em germe o prenúncio da vitória. Depois de uma série de fortíssimos, com rajadas de escalas que passam por toda a orquestra, um episódio *moderato* em forma de marcha fúnebre. Mas é dela que sairá o tema da vitória: a repetição *ostinato* de uma célula ascendente, nas cordas e madeiras, em meio à qual soará uma outra vez, mas agora dominado, o tema da invasão.

Foi em Kúibishev que a *Sétima* estreou, em 5 de março de 1942, transmitida pelo rádio para todo o país, sob a regência de Samossúd. A orquestra do Bolshói, que também fora evacuada, teve de ser aumentada com vários músicos extras, trazidos da frente de batalha. Foi um acontecimento político cercado da divulgação mais intensa. E em 22 de março, tendo podido retornar a Moscou, Samossúd e a orquestra do Bolshói, reforçada pela Vsiosoyúznaia Radio Orkiestra (a Orquestra da Rádio da União), a executaram na capital. O musicólogo Geórgui Shnêierson conta[7]:

> Antes do início do quarto movimento, o responsável pela defesa antiaérea surgiu, de repente, ao lado do maestro. Ergueu a mão e anunciou, num tom calmo, para não semear o pânico, que o alarme de ataque aéreo tinha soado. Ninguém abandonou seu assento e a sinfonia foi tocada até o fim. O seu poderoso *finale*, que anuncia a vitória sobre o inimigo, criou uma atmosfera inesquecível, que não deixou ninguém indiferente. O homem uniformizado apareceu de novo e repetiu as palavras que, naqueles dias, as pessoas já se tinham acostumado a ouvir: "Um alarme antiaéreo acaba de soar". As pessoas responderam: "Nós já sabemos!" e a interminável ovação continuou.

No *Pravda* de 13 de fevereiro de 1942, o conde Aleksêi Tolstói, que falara tão bem da *Quinta*, escreveu um artigo entusiástico em que dava a Shostakóvitch a denominação de "um novo Dante" e chamava a atenção para o caráter "essencialmente russo" de sua inspiração. Escapava-lhe, naturalmente, o fato de a *Sétima* ter nítidas fontes de inspiração estrangeiras: Mahler, no estranho segundo movimento; J. S. Bach e o Stravínski da *Sinfonia dos Salmos* – um *émigré*, afinal de contas – no majestoso *adagio*. Mas a matéria do "Conde Vermelho" veio a calhar, pois ela correspondia ao conceito de patriotismo com o qual Stálin contava, como um grande trunfo ideológico na luta contra os alemães. Foi por isso que deu todo o apoio financeiro à idéia de estrear a *Leningrado* na cidade, ainda cercada pelo inimigo, que lhe dera o nome.

A Filarmônica de Leningrado tinha sido levada para Novossibírsk. Apenas a orquestra da rádio, reduzida, pela fome e o frio, a quatorze instrumentistas, tinha ficado na cidade. A princípio, os programas de música foram suspensos. Havia apenas noticiários e, entre um e outro, enormes silêncios, durante os quais se ouvia apenas o relógio da emissora, tiquetaqueando como um sinistro metrônomo. Depois – inspirado certamente por Stálin – Andrêi Jdánov, chefe do Comitê Regional do Partido, decidiu mudar isso. Destinou recursos a que os músicos voltassem a tocar o repertório tradicional – Beethoven, Tchaikóvski, Rímski-Kórsakov – e, em julho de 1942, encarregou Karl Elíasberg de estrear a *Sétima* em Leningrado.

Em "Siedmáia Lieningradskaia Simfônia" (A Sétima Sinfonia de Leningrado), artigo publicado em 9 de agosto de 1967 na *Komsomólskaia Právda*, o dramaturgo Aleksandr Kron conta como o maestro Elíasberg conseguiu executar a *Sétima* em 9 de agosto – dia em que as tropas nazistas fizeram nova e frustrada tentativa de tomar a antiga Cidade de Pedro. Convocando músicos amadores, estudantes de Conservatório e soldados que tinham treinamento musical, e fo-

---

7. Publicado em 1961 no n. 19 da revista polonesa *Rucz Muzyczny*.

Cartaz anunciando a apresentação da *Sétima Sinfonia* na Leningrado sitiada.

ram provisoriamente desligados de suas obrigações militares, Elíasberg juntou o número de músicos necessário para executar a peça.

Mas ele próprio estava muito enfraquecido, devido ao racionamento e, um dia, desmaiou durante o trajeto para casa, que tinha de ser feito a pé, pois não havia mais transportes. Diante disso, as autoridades o alojaram perto do auditório da Filarmônica, deram-lhe uma bicicleta, um telefone e cartões suplementares de racionamento – que foram também fornecidos aos membros da orquestra. O assistente de Jdánov, Aleksêi Kuznietsóv, encarregou-se pessoalmente de montar um esquema de proteção ao prédio da Filarmônica, para evitar que ele fosse bombardeado. O musicólogo Leoníd Entelis contou a K. Meyer que "o comando da defesa soviética evitou atirar, durante o concerto, para não perturbar a execução da sinfonia". A execução da *Sétima* nessas condições foi um feito que teve enormes repercussões internas e externas. Aleksandr Kron diz: "Pessoas que há muito tempo não conseguiam mais chorar de tristeza, agora choravam de emoção pura". Em "A Múzy niê Moltcháli" (Mas as Musas não se Calaram), publicado em Leningrado, em 1995, o jornalista A. V. Korolkiévitch escreveu:

> Quem assistiu a esse concerto do dia 9 de agosto nunca o esquecerá. A orquestra improvisada, vestida com suéteres, jaquetas de couro ou camisas largas, de estilo russo, tocou com inspirada tensão. Elíasberg, esquelético, parecia flutuar por cima deles, como se fosse sair da casaca larga demais, que lhe dava um aspecto de espantalho. [...] Quando chegaram ao *finale*, a platéia inteira se levantou e ouviu de pé. Era impossível ficar sentado ao ouvir uma música daquelas.

As principais cidades da URSS ouviram a partitura; mas a apresentação que Dmítri preferia era a de Novossibírsk, em 9 de julho de 1942, com a Filarmônica de Leningrado sob a batuta de Mravínski.

Depois da estréia em Kúibishev, a notícia foi estampada com muito destaque no *Times*, de Londres – onde, em 26 de maio, tinha sido assinado um acordo de ajuda mútua Grã-Bretanha-URSS. Em 22 de junho, no aniversário da invasão da URSS, ela foi ouvida no Albert Hall.

Mas o grande esforço de *public-relations* visou os Estados Unidos, onde o microfilme da partitura chegou mediante peripécias que beiram o filme de aventuras. De Kúibishev, ela foi levada de avião até Teerã; dali, de carro, até o Cairo onde, tomando um outro avião, cruzou a África até Londres. Da Inglaterra, atravessou o Atlântico num avião da RAF, e desembarcou nas mãos de Arturo Toscanini, antifascista de unhas e dentes. Tão importante quanto a primeira execução americana da *Sétima*, em 19 de julho de 1942, transmitida pelo rádio para o país inteiro – e disponível na coleção que o selo RCA dedicou à carreira do maestro italiano – foi a capa da revista *Time*, que circulou no dia seguinte: usando o capacete de bombeiro, cercado de prédios em chamas e notas esvoaçantes, Dmítri aparece de perfil sobre a legenda: "Fireman Shostakovich:

Amid bombs bursting in Leningrad, he heard the chords of victory" (O bombeiro Shostakóvitch: em meio às bombas que explodiam em Leningrado, ele ouviu os acordes da vitória). Os amigos de Dmítri diziam que, todas as vezes que se falava foto, ele baixava a cabeça, constrangido.

Essa é mais uma daquelas lendas que a máquina propagandística estatal teceu em torno da figura de Shostakóvitch. Numa seqüência – obviamente encenada *a posteriori* – do documentário sobre a sua vida, *Eskissi k Portriétu Kompozítora* (Esboços para o Retrato de um Compositor), feito em 1966 por A. Geldenshtéin, nós o vemos trabalhando em seu apartamento de Leningrado, levantando-se da mesa ao ouvir o estrondo das bombas, abrindo a janela e vendo, diante de si, o espetáculo dantesco da cidade em chamas (num efeito primário de superposição de imagens).

Muito mais significativo – porque verdadeiro, mas assumindo uma dimensão épica que lhe confere a dimensão da lenda – é o vínculo que liga Akhmátova à *Sétima*. Tudo indica que Anna Andrêievna estava entre os convidados de Dmítri na noite de 17 de setembro de 1941, em que ele tocou a redução para piano do primeiro movimento para um pequeno grupo de amigos[8]. No dia 29 de setembro, quando Akhmátova foi retirada de Leningrado, por avião, Dmítri, que deixaria a cidade somente três dias depois, confiou a ela uma cópia desse primeiro movimento. Supersticioso como era, quis certamente prevenir-se contra a má sorte, ou a possibilidade de seu próprio aparelho ser abatido por fogo inimigo, deixando uma cópia com ela. Akhmátova não só dedicou a Shostakóvitch, por conta desse episódio, o seu poema *Música* – usado como epígrafe a este livro –, como faz referência à partitura no epílogo de seu majestoso "Poema sem Herói":

> Vsiô vy mnoi liubovátsa moglí by,
> kogdá v briúkhie lietútchei rýby
> iá ot zlôi pogôni spaslás,
> i nad pólnym vrágami liesôm,
> slóvno ta, odierjímaia biessôm,
> kak na Brókien notchnôi nieslás.
> A za mnóiu, tainói svierkáia
> i nazvávshi sibiá "Siedmáia",
> na nieslikhânnyi mtchálas pir...
> Pritvorívshis notnôi tetrádkoi,
> znamienítaia lieningrádka
> vozvrashtchálas v rodnôi efír.

---

8. Como esse foi o dia em que ambos fizeram alocuções famosas pela Rádio Leningrado, tudo leva a crer que ela fizesse parte desse grupo.

(Todos vocês teriam gostado de me admirar quando, no ventre do peixe voador, escapei da perseguição do mal e, sobre as florestas cheias de inimigos, voei como se possuída pelo demônio, como aquela outra[9] que, no meio da noite, voou para Brocken. E atrás de mim, brilhando com seu segredo, vinha a que chama a si mesma de *Sétima*, correndo para um festim sem precedentes. Assumindo a forma de um caderno cheio de notas, ela estava voltando para o éter onde nascera.)

Depois de estreada por Toscanini, a *Sétima* foi executada, nos Estados Unidos, por Kussevítski, Stokowski, Rodzinski, Mitropoulos, Ormandy, Monteux, Carlos Chávez. Seus colegas músicos, porém, não demonstraram o mesmo entusiasmo. Já mencionamos a paródia feita por Béla Bartók no *Concerto para Orquestra*. Seróv conta que, ao pedir a Rakhmáninov uma entrevista, para comemorar seus setenta anos, o compositor lhe respondeu, ironicamente: "Para quê? Todos os compositores russos desapareceram. Agora, só existe Shostakóvitch!". E Virgil Thomson, no *New York Herald Tribune* de 18 de outubro, considerou a *Sétima* "rasa e sem originalidade". Para ele, "se Shostakóvitch continuar escrevendo música desse jeito, vamos ter de parar de considerá-lo um compositor sério".

Com a *op. 60*, Shostakóvitch ganhou o seu segundo Prêmio Stálin de primeira classe, em 11 de abril de 1942. É necessário admitir que, vista hoje, com o recuo do tempo – a despeito de virtudes intrínsecas, que fazem com que seja apreciada cada vez que é executada[10] – a *Sinfonia n. 7* deve seu renome à circunstância histórica. Comparada à *Primeira*, à *Quinta* e à *Sexta*, não possui, musicalmente, o mesmo relevo. E uma vez dissipada a popularidade de momento, haveria de perder muito para a densidade de sua companheira, a *Oitava*, no díptico das "sinfonias de guerra". Sollertínski escreveria ao musicólogo Mikhaíl Drújkin: "A *Oitava Sinfonia* é incomparavelmente mais interessante do que a *Sétima*". E o próprio Shostakóvitch diria a Vólkov que a *Oitava* era, dentro de sua obra, comparável àquilo que o *Réquiem*[11], de Anna Akhmátova, é para a literatura russa.

Deixemos de lado a cronologia estrita, para tratarmos aqui da *Sinfonia n. 8 em Dó Menor op. 65*, já que ela forma par com a *Sétima*. Shostakóvitch

9. Há, aqui, uma referência à personagem da novela *O Mestre e a Margarida*, de Bulgákov. No livro, depois de ungir-se com ungüentos especiais que lhe são dados pelo Demônio, Margarida voa para o monte Brocken onde, segundo a tradição, as bruxas se reúnem na noite de Walpurgis, na véspera de 1º de maio.

10. Na temporada de 2005, a Orquestra Estadual de São Paulo a programou para os concertos de 3 a 5 de novembro, regidos pelo maestro britânico Stephen Sloane, e ela teve muito boa acolhida. Tanto a *Quarta* quanto a *Sétima* foram transmitidas pela Rádio Cultura, existindo delas, portanto, gravações privadas em mãos de colecionadores.

11. Escrito entre 1935-1940, durante a prisão de seu filho Liev Gumilióv, *Rékviem: Tzikl Stikhotvoriênii* (Réquiem: um Ciclo de Poemas) é o mais perturbador depoimento sobre o sofrimento individual escrito durante os anos da ditadura stalinista.

a escreveu entre 2 de julho, em Moscou, e 9 de setembro de 1943, na casa de retiro que a União dos Compositores possuía em Ivanôvo. Embora reformas impedissem a ocupação de toda a casa, ali estavam, com suas famílias, além de Dmítri, Arám Khatchaturián, Reinhold Gliér, Vano Muradéli e o jovem compositor Nikolái Peikó.

Embora de início não se entusiasmasse com essa obra imensa, Ievguêni Mravínski – a quem a *op. 65* foi oferecida – dedicou-se seriamente à sua preparação e conseguiu transmitir seu entusiasmo aos músicos da Orquestra Nacional da URSS, na estréia, em 8 de novembro de 1943. A acolhida, como era de se esperar, foi morna. A maré da guerra tendo virado – os alemães tinham sido derrotados em Kursk e o Exército Vermelho retomara Kiev e Smólensk –, o regime estimulava, em relação ao conflito, uma atitude "otimista" a que a *Oitava* não correspondia. Com seu tom depressivo, ela soava uma nota dissonante nas expectativas governamentais de uma peça que celebrasse a vitória em termos eufóricos.

A *Oitava* teve, desde o início, adversários de peso em Iúri Shapórin e Serguêi Prokófiev. Tikhôn Khrénnikov, inimigo de Shostakóvitch desde os tempos do Proletkult, não perdeu a oportunidade de criticá-lo por infringir a regra do otimismo institucionalizado ("a tragédia permanece sem solução, os problemas não são superados, não se chega a conclusão alguma..." e por aí afora). Poucos se deram conta, como Sollertínski, ou Ivan Martýnov, que ela era "a crônica dos dias difíceis que a URSS está vivendo" – e essa avaliação não se referia apenas aos tempos de guerra, mas também à fase negra do terror stalinista. Um dos poucos a reconhecer a grandeza desse oratório sem palavras sobre o Terror foi o escritor Iliá Erenbúrg: "Voltei perturbadíssimo do concerto. Parecia-me ter ouvido, de repente, a voz do antigo coro das tragédias gregas. [...] A música possui a imensa vantagem de poder dizer tudo sem ter de mencionar nada".

Também Leoníd Leônov fez a sua corajosa defesa num artigo publicado na *Litieratúrnaia Gaziêta*. Os *apparátchiki* do Krêmlin estavam furiosos, mas nada podiam fazer pois, temporariamente, o mais famoso compositor soviético estava fora de seu alcance – pelo menos enquanto as rádios ocidentais continuassem a programar a *Sétima Sinfonia*. Fizeram a tentativa de dizer que a *Oitava* era um memorial aos mortos de Stalingrado e, embora essa idéia não tivesse pegado fora da URSS, foi assim que a *op. 65* viu-se freqüentemente chamada, até o início da *pierestróika*.

A acolhida no exterior foi pior ainda do que em casa. Surpreende ouvir, hoje, a respeito dessa grandiosa obra-prima – na minha opinião, a maior das quinze sinfonias escritas por Shostakóvitch – o que se disse depois do concerto de 2 de abril de 1944, em que Artur Rodzinski regeu a Filarmônica de Nova York (transmitido por 134 estações de rádio americanas e 99 da América Latina, o concerto atingiu uma audiência estimada de 25 milhões de pessoas).

No autobiográfico *Nasze wspólne życie*, publicado em Varsóvia em 1980, Halina Rodżińska, a mulher do maestro, recolheu algumas dessas avaliações. No *London Times*, Ernest Newman chamou-a de "partitura de terceira ordem". Henry Simon falou em "visível relaxamento da tensão, após a *Leningrado*". Olin Downes, no *New York Times*, acusou o compositor de "escrever, depressa demais, partituras longas demais". E o compositor Virgil Thomson decretou: "Ele espicha, durante uma hora e meia, um material musical de vinte minutos".

Mas isso não impediu a *Oitava* de continuar sendo apresentada e de fazer, finalmente, muito sucesso em Novossibírski, com a Filarmônica de Leningrado regida por Mravínski. Esse concerto foi organizado por Sollertínski que, no programa, defendeu o direito do artista Shostakóvitch a "ter uma visão trágica do mundo, fruto da maturidade, da coragem e da liberdade moral". Esse sucesso se repetiu no Festival da Primavera de Praga de 1947, do qual Mravínski só concordou em participar se aceitassem que ele inscrevesse a *Oitava* no programa (o selo Praga possui o registro dessa apresentação; existe também, no Philips, a gravação ao vivo de um concerto de Mravínski com a Filarmônica de Leningrado, em fevereiro de 1982).

Hoje, essa peça que teve tanta dificuldade em se impor no repertório, do qual viu-se até mesmo banida em tempos hostis, é incontestavelmente um dos monumentos da música sinfônica do século XX. Entre as grandes obras inspiradas pela II Guerra Mundial – a *Sinfonia da Réquiem* e o *Réquiem de Guerra*, de Britten; a *Sinfonia Litúrgica*, de Honegger; a *Quinta Sinfonia*, de Prokófiev; a *Sinfonia em Três Movimentos*, de Stravínski; o *Concerto para Orquestra*, de Bartók; *O Sobrevivente de Varsóvia*, de Schoenberg – talvez não seja exagero dizer que ela é a mais impressionante. Em todo caso, a *Oitava* é a que mais terror e piedade – a essência mesma da tragédia – desperta em nós. Disse Shostakóvitch, em *Testemunho*: "Eu quis recriar o clima interior do ser humano atingido pelo gigantesco martelo da guerra. Procurei relatar a sua angústia e sofrimento, mas também a sua coragem e alegria. Todos esses estados psíquicos adquiriram nitidez particular, iluminados pelo braseiro da guerra".

Se a *Sétima* nos mostra o lado externo, oficial, épico daqueles anos de chumbo, o que a *Oitava* nos revela é o seu lado interno, intimista, trágico. A força dessa tragédia se adensa se pensarmos – como nos diz o Shostakóvitch de *Testemunho* – que ela não é apenas a expressão da dor e da raiva diante da morte das vítimas do Fascismo, mas uma reflexão muito mais ampla sobre a perseguição stalinista durante o Grande Terror da década de 1930.

O senso de continuidade de Shostakóvitch leva-o a um gesto inaugural, no primeiro movimento da *op. 65*, que ecoa o da *Quinta*; um estilo de apresentação do segundo tema que retoma a técnica do primeiro movimento da *Quinta* e do terceiro da *Sétima*; um tipo de esquema harmônico que, de modo geral, retorna também ao dessas duas obras anteriores. A dramaticidade do doloroso tema de ritmos pontuados com que o *adagio – allegro non troppo* da *op. 65* se inicia vincula-a ao clima da *Quinta Sinfonia*. Mas enquanto a *Quinta* mantém-se fiel a um certo senso clássico de proporção ideal, na *Oitava* é a preocupação com os elementos expressivos que passa à frente das considerações formais. A melodia que surge, a seguir, nos violinos, é de caráter hesitante, mas de ritmo menos marcado, mais meditativa. Essas duas idéias constituem o material do primeiro episódio até o *poco più mosso*, em que aparece, nos violinos, um novo tema, amplo e cantábile, sobre uma fórmula rítmica sincopada, que é repetida pelas cordas. O retorno do *adagio* marca o início de um enorme crescendo, cujos patamares são acentuados pelo rufar frenético dos tambores, trinados e silvos estridentes nas madeiras – com destaque para o pícolo – e também o tema do *poco più mosso* deformado nos metais. O *allegro non troppo* se encadeia de maneira semelhante, desenvolvendo o primeiro tema até o momento em que os metais urram um motivo de ritmo rudimentar, a meio caminho entre a marcha e a tocata. Uma série de choques fortíssimos é interrompida por uma pausa assustadora. E a lancinante voz do corne inglês, de uma tristeza infinita, dá início ao epílogo. Antes do final, os trompetes relembram, uma vez mais, os ritmos angulosos do tema inicial.

O *allegretto* é uma marcha de sonoridades cruas, cuja energia brutal mistura-se a um humor ácido, que se exprime nas bruscas escalas descendentes das madeiras e, principalmente, no sarcástico segundo tema do pícolo. O tema utilizado por Shostakóvitch parafraseia, de modo caricatural, o de um *fox-trot* alemão popular na época, intitulado *Rosamunde*. Ele será retomado, na última seção, por toda a orquestra, antes de voltar ao pícolo na coda que, como acontece com freqüência em Shostakóvitch, é de instrumentação e tempo mais contidos. Robert Layton comenta que essa marcha "parece relembrar a pompa dos desfiles nazistas que as atualidades cinematográficas da época da guerra nos mostravam"[12].

As impressões do movimento precedente atingem o apogeu no *allegro non troppo*, cuja implacável regularidade rítmica forma uma tocata de caráter mecânico, o *ostinato* das violas, violinos e, depois, do conjunto das cordas, servindo de fundo para as exclamações histéricas das madeiras. Esse *ostinato* é interrompido por um brilhante episódio em fá sustenido para o trompete, sublinhado por batidas no tambor, que lembra o tema da "Dança do Sabre", na suíte *Gaianê*, de Khatchaturián. Depois de uma série de dissonâncias, o rufar do tambor leva-nos ao *largo*.

Cordas, metais e madeiras graves expõem um tema com ritmo de marcha fúnebre, que será repetido doze vezes, pelas cordas graves, durante todo o movimento, dando-lhe, assim, a forma de passacalha. As variações empregadas dão-nos uma idéia do domínio que Shostakóvitch possuía da escrita polifônica.

---

12. No folheto que acompanha a gravação Mravínski/1982, selo Philips.

As últimas variações serão ornamentadas pelo pícolo e, depois, pela clarineta. A atmosfera pesada, pontuada por alguns acordes angustiados, se ilumina um pouco com o acorde perfeito maior do final.

No *allegretto*, o fagote, os violinos, a flauta, os violoncelos entoam melodias de caráter pastoral, cantábile. A construção em mosaico desses pequenos episódios, associando elementos do rondó e da forma-sonata, com uma passagem *fugato* no desenvolvimento, faz pensar no *scherzo* da *Quarta Sinfonia* – que, na época, ainda não tinha sido estreada. Mas a luminosidade serena dessa primeira parte se crispa quando surgem reminiscências retrospectivas de violência. Na seção mediana do movimento, a idéia de combate retorna e quando chegam à saturação, os trompetes declamam em fortíssimo o primeiro tema do *adagio-allegro* inicial. Depois desse retorno, que assegura a unidade temática, o violino solo, a clarineta, a trompa levam a uma conclusão pianíssimo, sem o tom aparentemente otimista da *Sétima*: na realidade, ela deixa no ar interrogações inquietantes.

Se a *Oitava* tinha tudo para desagradar a Stálin, a trilha para *Zóia*, o filme de Liev Árnshtam lançado em setembro de 1944, correspondia perfeitamente à sua noção de heroísmo. Aderindo, em outubro de 1941, a um grupo da resistência, Zóia Kozmodemiánskaia, membra do Konsomol, nascida na aldeia siberiana de Támbov, foi presa, torturada e enforcada pelos nazistas, sem que eles conseguissem fazê-la denunciar os seus companheiros. Na *Marcha* – n. 4 da *Suíte op. 64a* – Shostakóvitch usa o tema de um de seus *Prelúdios op. 34*, de 1933; e no *finale*, cita a melodia de um coro da ópera *A Vida pelo Tsar*, de Glinka, pois a história de Zóia relaciona-se com a de Ivan Sussânin: ambos deram a vida em defesa de seu país.

Entre a *Sétima* e a *Oitava* sinfonias, situa-se o projeto inacabado de *Igrôk* (Os Jogadores), ópera baseada na peça de Gógol. Mas a complexidade desse trabalho e as circunstâncias como foi terminado e editado fazem-me preferir dedicar a ele um capítulo separado.

A 1942 pertence a terceira coletânea vocal de Shostakóvitch – na verdade, poemas musicados separadamente e, depois, diante da encomenda de uma obra de agradecimento à solidariedade britânica na guerra, reunidos num ciclo intitulado *Seis Romanças sobre Textos de Poetas e um Poema Popular Ingleses*:

• Na primavera, vieram as traduções, feitas por Samuíl Márshak, de *Nos Campos Nevados, Macpherson antes da Execução* e *Jenny*, de Robert Burns (já mencionamos o aparecimento do tema da canção sobre Macpherson, na época ainda inédita, no *finale* da *Quinta*.)

• Em maio, para o aniversário de Maksím, ele escreveu *A Meu Filho*, de Sir Walter Raleigh com tradução de Borís Pasternák.

Aleksandr Batúrin executou essas quatro canções em Kúibishev, sem muito sucesso. Só em outubro vieram acrescentar-se ao ciclo o poema folclórico *A Partida do Rei* e o majestoso *Soneto 66*, de Shakespeare, ponto culminante do ciclo, também em belíssima tradução de Pasternák. O acompanhamento para piano foi substituído, em 1971, por um suntuoso comentário orquestral. No momento da estréia do ciclo, no final de 1942, cada poema foi dedicado a uma pessoa diferente: Levôn Avtomián, Nina Shostakóvitch, Isaak Glikman, Grigóri Svirídov, Vissariôn Shebalín e Ivan Sollertínski.

Além da obsessão com a morte, expressa obliquamente no texto de Raleigh e de forma mais direta no *Macpherson* de Burns, o poema que mais claramente se relaciona com os sentimentos do compositor, na fase de gênese da *Oitava* e desse ciclo, é "Tired with all these, for restfull death I cry" (Cansado disso tudo, imploro o descanso da morte), o maravilhoso *Soneto 66* em que Shakespeare confessa-se cansado de ver a mediocridade premiada, a fé traída, a honra conspurcada, a virtude violentada, a perfeição desgraçada pelo erro. Não sei como a censura tolerou palavras que pareciam ter sido escritas para a realidade da URSS stalinista:

> And art made tongue-tied by authority
> And folly doctor-like controlling skill.
> (E a arte amordaçada pela autoridade / E a loucura controlando doutoralmente a habilidade.)

É muito significativo que o *Soneto 66* tenha sido dedicado a Sollertínski, o amigo de todas as horas, a quem o *Pravda*, em 1936, tinha chamado de "o defensor das perversões burguesas na música" e "o ideólogo do movimento que aleijou a música de Shostakóvitch" – leia-se o interesse que ele despertou, no compositor, pela obra "formalista e negativista" de Mahler. No encontro a que já nos referimos, que tivera com Dmítri, um dos recados de Stálin que Platôn Kerjêntsev tinha a lhe transmitir era: "Você deve libertar-se da influência de críticos servis como Sollertínski, que promovem o que há de pior com os seus escritos". Dmítri nunca teve a intenção de afastar-se de seu melhor amigo, é claro; mas as circunstâncias se encarregaram de cuidar disso.

Isolado, proibido de publicar, abandonado pela maioria de seus conhecidos, enfraquecido pela dureza das condições durante a guerra, Sollertínski contraiu difteria – doença muito rara em adultos – perdeu o uso das pernas e dos braços e, depois, ficou com o maxilar paralisado. No hospital, continuou a comportar-se como Macpherson a caminho do cadafalso. Decidiu aprender húngaro, para passar o tempo, e fazia-o com a ajuda da mãe, que colocou o manual numa estante especial e ia virando as páginas, a cada sinal que ele ia fazendo com a cabeça. Sollertínski tinha tal força de vontade, que conseguiu melhorar a ponto de recuperar a fala e ter alta do hospital. Cansado da vida que levava em Kúibishev, Dmítri estava decidido a ir encontrar-se com o amigo, em Novossibírski, quando Shebalín, recém-nomeado diretor do Conservatório de Moscou, lhe ofereceu o cargo de professor de composição.

Shotakóvitch estava em meio às negociações, quando precisou ser internado com uma crise de tifo. Durante a hospitalização, resolveu, nove anos depois de ter escrito os *Prelúdios op. 34*, voltar ao piano para homenagear, na *Sonata n. 2 em Si Menor op. 61*, seu ex-professor Leoníd Nikoláiev, que tinha morrido no Táshkent, em 12 de outubro de 1942 (pouco depois, ele receberia a notícia de que Boleslav Iavórski morrera também, em 26 de novembro, na cidade siberiana de Sarátov, onde vivia em condições próximas às da miséria). Em janeiro de 1943, contra a opinião do médico, deu-se alta; cedo demais, porque teve uma recaída, e terminou de compor a sonata, dois meses depois, num sanatório de Arkhánguelskoie, perto de Moscou.

O rascunho que ficou – fato raro no método de trabalho de Dmítri, que costumava destruir seus esboços – está cheio de rasuras e demonstra ter sido laborioso o processo de composição. O próprio Shostakóvitch tocou em Moscou essa peça em três movimentos, cada um deles com uma linguagem musical ligeiramente diferente. O *allegretto* compartilha a dramaticidade de suas sinfonias. O *largo* é uma valsa lenta de corte neoclássico, com um rigor de concepção que levou alguns comentaristas a considerá-lo frio. E o *moderato* traz uma seqüência de variações sobre uma melodia de sabor folclórico, mas com ousados cromatismos.

Vale a pena citar, aqui, um trecho do *Diário* da escritora armênia Marietta Shaguinián[13], em que ela reproduz palavras que lhe foram ditas por Dmítri Dmítrievitch na primavera de 1943, entre a composição da *Sonata n. 2* e o início da *Oitava Sinfonia*:

Exteriormente, tudo vai mal para mim: a vida é dura, ainda não consegui me instalar, as coisas mais indispensáveis me faltam, não tenho com que fazer a sopa para meus filhos. Mas, interiormente, dou às pessoas a impressão de que tudo vai bem. E, no entanto, nesses últimos tempos, não consigo trabalhar, e isso é muito cansativo. Quando não consigo trabalhar, fico com dor de cabeça o tempo todo. E isso não quer dizer que eu não esteja fazendo nada. Pelo contrário, não paro; leio um monte de manuscritos, respondo às cartas... mas não é disso que preciso. Não estou conseguindo escrever música. A *Sonata para Piano* foi uma coisa simples, improvisada. Tenho realmente a impressão de estar vivendo um momento de bloqueio. Você é a primeira a quem digo isso e peço que não o repita a ninguém: estou enjoado da minha própria música. Não agüento mais ouvi-la. Você sabe, para um músico é uma grande alegria ouvir a sua música ser tocada. Mas eu não suporto mais a ópera e nem o balé. A única coisa que ainda me atrai é a sinfonia.

13. Publicado em 1982 na revista *Nóvyi Mir*.

Esses períodos de crise e bloqueio, comuns na vida de todos os artistas, eram ainda mais freqüentes num homem tímido, inseguro e de nervos à flor da pele como Dmítri Dmítrievitch. Mas, felizmente, duravam pouco, pois se, em março de 1943, ele tinha escrito a *Sonata n. 2*, em julho, já estava às voltas com a *Oitava*, uma sinfonia – exatamente o que mais o atraía. Saindo do hospital, ele e Nina tinham-se instalado, em abril, num apartamento que o Conservatório lhe arranjara. A princípio, as crianças ficaram com Sófia em Kúibishev. Só mais tarde viriam para a companhia dos pais, na capital.

Vale a pena inserir, aqui, informações sobre um fato pouco conhecido: a proposta, feita a Shostakóvitch em 1943, de que ele terminasse a *Décima Sinfonia*, que Mahler deixara incompleta ao morrer. O convite lhe foi feito por Jack James Diether, um dos fundadores da Sociedade Mahler, instigado por Richard Specht, um dos primeiros biógrafos do compositor, convencido de que "um músico importante, devotado a Mahler e familiarizado com o seu estilo" deveria ser incumbido dessa tarefa. Alma Mahler já mostrara a Shoenberg os rascunhos deixados pelo marido, mas este recusara a proposta. A correspondência entre Diether e Shostakóvitch estendeu-se até 1950, data em que Dmítri rejeitou definitivamente o convite – decerto devido ao extremo respeito que tinha pelo legado mahleriano, que considerava intocável.

Afastada a possibilidade de que o russo terminasse a *Décima*, Diether dirigiu-se a Benjamin Britten, que também recusou. A tarefa passou, então, para a mão dos musicólogos: o americano Clinton Carpenter (em 1949, revista em 1966), o alemão Hans Wolschläger (feita entre 1954-1962, mas depois retirada pelo autor) e o inglês John Wheeler (1953-1965). A versão mais conhecida, já gravada e executada em São Paulo, pela Sinfônica Municipal sob o maestro Ira Levin, é a do também inglês Deryck Cooke. Em 1966, a Lincoln Center Library for Performing Arts publicou a correspondência de Jack Diether e Alma Mahler com Shoenberg, Shostakóvitch, Britten e outros envolvidos no projeto[14].

Em maio de 1934, durante uma viagem de trem a Baku, Dmítri ficara conhecendo Arám Khatchaturián. Numa carta de 15 de junho[15] à tradutora Ielena Konstantínovskaia´– com quem na época tinha um relacionamento amoroso – ele descreveu o encontro com o compositor armênio:

---

14. Referências a essa questão são encontráveis no site www.mahlerarchives.net/archives/steinberg.pdf

15. Citado por Sófia Mikhaílovna Khéntova em *Dmítri Shostakóvitch: My Jiviôm vó Vriemia Sílnikh Strástiei i Búrnikh Postúpkov* (DS: Nós Vivemos num Tempo de Paixões Fortes e Ações Tempestuosas), publicado no segundo número da revista *Nivá*, em janeiro de 1991.

Descobri que ele era um excelente companheiro de viagem. Jantamos juntos no vagão restaurante e gostei muito mais de Khatchatúrian do que do jantar. Para dizer a verdade, fiquei com fome depois que a refeição terminou! Por sorte, Khatchaturián trazia consigo um salame delicioso e não me deixou em paz enquanto não comi dele.

Foi o início de uma amizade muito sólida, baseada em confiança mútua, que haveria de se estender pela vida inteira. Logo os dois músicos viram-se, a contragosto, envolvidos na mesma empreitada.

Prevendo que o final da guerra deixaria a URSS numa posição de superpotência, Stálin preocupara-se em dotá-la de símbolos imperiais apropriados: uniformes reluzentes, brasões, ícones da grandeza de seus domínios. Desde a Revolução, a URSS usava a Internacional, de origem francesa, como hino. Stálin instituiu um concurso destinado a dotar o país com um novo Hino Nacional. Foi nomeada uma comissão presidida pelo marechal Klíment Iefrémovitch Voroshílov, que gostava de música e cantava com agradável voz de tenor. Numa fase preliminar, os poetas mais conhecidos foram arrebanhados para escrever as letras: Dêmian Biédny, Mikhaíl Isakóvski, Nikolái Tíkhonov, Mikhaíl Sviétlov, Ievguêni Dolmatóvski. A única ausência notável foi a dos remanescentes dos anos gloriosos que a historiografia literária chama de a Idade de Prata – Akhmátova e Pasternák – porque, obviamente, eles não aceitariam participar.

No outono de 1943, Stálin que, em sua juventude como seminarista, publicara vários poemas – ingênuos, mas apaixonados – nos jornais de Tbilissi, escolheu e reescreveu cuidadosamente, para incluir referências a si mesmo, o texto que preferira, o do russo Serguêi Mikhálkov e do armênio Gavríil Ureklián, que assinava com o pseudônimo de Gavríil el-Registán. Para essa letra, os 165 músicos inscritos – entre os quais estavam Prokófiev, Shostakóvitch e Khatchaturián – deviam compor a música. Como vários deles tinham apresentado mais de uma peça – só Khatchaturián entrara com sete hinos diferentes –, o júri tinha de julgar cerca de quinhentas partituras.

Todos os dias, na Sala Beethoven do Conservatório, era necessário ouvir de dez a quinze peças, primeiro *a cappella*, com o Coro do Exército Vermelho regido pelo general Aleksandr Aleksándrov; depois com a orquestra, regida por Aleksandr Melík-Pasháiev e, finalmente, na versão para coro e orquestra. Para efeito de comparação, o ditador exigira que os hinos nacionais mais conhecidos – a *Marselhesa*, *God Save the King*, o *Inno di Mamelli* – fossem executados. O mais intrigante é ele ter pedido que fosse ouvida a mais proibida das partituras: *Deus Salve o Tsar*, encomendado por Nicolau I, em 1833, a Aleksêi Lvov e, por muitos anos, o hino da Rússia imperial.

Numa dessas audições, Stálin apareceu de surpresa, e fez uma sugestão absurda: que Shostakóvitch e Khatchaturián apresentassem um hino escrito a quatro mãos. Os dois amigos, sem saber direito o que fazer, compuseram, cada, um hino diferente, usando um poema patriótico de Mikhaíl Golódnyi. Depois, montaram a partitura com a primeira parte escrita por Aram e, a segunda, por Dmítri. E tiraram na sorte para saber quem a orquestraria (Khatchaturián ganhou).

Foram selecionados cinco hinos: o de Aleksándrov, o de Shostakóvitch, um dos sete de Khatchaturián, o feito a quatro mãos por eles, e o de um jovem georgiano chamado Iônia Túskia. Tanto Krzysztof Meyer quanto Sólomon Vólkov[16] contam, a esse respeito, um episódio que depõe a favor de Shostakóvitch. Feita a escolha, Stálin chamou os selecionados à antecâmara de seu camarote no Bolshói, uma salinha forrada de veludo vermelho que tinha sido apelidada de "a sauna". Ali estavam os principais membros do Politburo, Molotóv, Voroshílov, Mikoyán, Khrushtchóv, umas dez pessoas ao todo. Stálin disse que, embora tivesse gostado da música de Shostakóvitch e Khatchaturián, achava o hino de Aleksándrov mais apropriado. Mas, voltando-se para este, acrescentara que achava seu hino mal orquestrado.

Apavorado, Aleksándrov explicou que, por falta de tempo, tivera de encarregar seu assistente, Víktor Knushevítski, de fazer o serviço e, provavelmente, ele fora negligente. Diante do silêncio constrangido que se seguiu, Shostakóvitch de repente explodiu: "Que vergonha, Aleksandr Vassílievitch! Você sabe perfeitamente bem que Knushevítski é um compositor brilhante e está acusando injustamente o seu subordinado pelas costas, sem que ele possa se defender". Dando baforadas em seu inseparável cachimbo, Stálin limitou-se a dizer: "É verdade, professor, não é uma atitude muito bonita...". De alguma forma, Dmítri conseguira desmontar a bomba de um imprevisível acesso de cólera do Paizinho. Mas quando Molotóv lhe perguntou se Knushevítski orquestrara o seu hino também, ele respondeu: "Um compositor deve saber orquestrar as suas próprias obras".

O Hino do Partido Bolchevique, reorquestrado mais tarde por Rogál-Levítski, foi executado pela primeira vez, na Rádio Moscou, em 1º de janeiro de 1944. Ao ouvi-lo, Aleksandr Ródtchenko escreveu em seu diário[17]: "É russo até a medula... o reino da fraude e do falso realismo. Sinto-me como se estivesse costurando uma mortalha para a morte da arte, a minha e a de todo mundo". Durante o governo de Nikita Khrushtchóv, as palavras "Nós, os filhos de Stálin", no hino de Aleksándrov, foram substituídas por "Nós, os filhos de Liênin". Quanto ao hino composto por Shostakóvitch, ele o reciclou, em 1960, como um hino encomendado pela Prefeitura de Novorossíisk. Gravado para carrilhão e orquestra, ele foi colocado no relógio que fica na Praça dos Heróis, no centro dessa localidade e, até hoje, toca para marcar a hora certa.

---

16. Em *Shostakovitch and Stalin* (Volkóv, 2004).

17. Mantido em segredo durante muito tempo, esse documento só foi publicado na Rússia em 1996.

Os prêmios distribuídos ao concluir-se o concurso para o novo Hino, Nacional, demonstram a natureza estranhíssima das diretrizes que Stálin imprimia à política cultural. Segundo Leoníd Maximénko[18], Aleksándrov, o vencedor, ganhou 12 mil rublos – muito menos do que os 32 mil dados a Shostakóvitch (Prokófiev e Khatchaturián não foram escolhidos, mas receberam 12 mil e 28 mil rublos, respectivamente). Méritos artísticos, considerações estéticas, talento, prestígio internacional eram elementos muito relativos na tabela de valores do Krêmlin. Interessava mais a Stálin o potencial de utilização de tal ou tal artista e é isso que estabelecia a escala de salários, prêmios, títulos concedidos a cada artista. E nesse sentido – para isso Stálin não era nada bobo – Shostakóvitch tinha um valor todo especial.

Já nos referimos ao gosto de Stálin por música. Sólomon Vólkov conta que ele chegava a interromper reuniões do Politburo para ir ouvir o baixo Maksím Mikháilov, seu cantor preferido, em especial quando ele estava fazendo *Ivan Susánin*, a versão revista de *A Vida pelo Tsar*, de Glinka. Mikháilov contou a Kiríll Kondráshin que Stálin costumava chamá-lo, tarde da noite, ao Krêmlin, para dividir com ele uma garrafa de vinho georgiano, e ficar em silêncio a seu lado, fazendo-lhe companhia em suas noites de insônia.

Stálin nunca ocupava o camarote central, aquele ao lado do qual ficava "a sauna". Mas todos sabiam, ao ver rondando pelo teatro o general Nikolái Vlássik, encarregado de sua segurança pessoal, que aquela noite ele estaria, sentado por trás de uma cortina vermelha, no camarote A, à esquerda, logo acima do fosso da orquestra. Diz Vólkov que, ao saber de sua presença no teatro, "os artistas entravam no palco como se mergulhassem em um rio gelado".

Shostakóvitch estava ocupado com a edição do *Violino de Rotschild*, a ópera de seu aluno Veniamín Fléishman, baseada no conto de Tchékhov, quando, na madrugada de 11 de fevereiro de 1944, Sollertínski morreu subitamente, de um ataque cardíaco. Profundamente perturbado com a perda do amigo querido, Dmítri decidiu homenageá-lo com o trio para piano e cordas, que começara a escrever, pouco antes, em Ivanôvo.

Seguia, assim, uma tradição bem russa: foi esse tipo de peça que, em 1881, Tchaikóvski escreveu em memória de Nikolái Rubinstein; treze anos depois, o *Trio Élégiaque* de Rakhmáninov homenageou Tchaikóvski, que acabava de morrer; em 1894, também Anton Arénski dedicou a seu amigo, Karl Dávydov, o criador da escola russa de violoncelo, o seu belo *Trio em Ré Menor op. 32*.

---

18. Em Stalin and Shostakovich: Letters to a "Friend", na obra coletiva *Shostakovich and His World* (Fay, 2004).

Iniciado em 21 de fevereiro, o *Trio n. 2 em Mi Menor op. 67*, terminado em 13 de agosto, em Ivanôvo, faz par com a *Oitava Sinfonia* pelo seu sentimento profundamente trágico. David Óistrakh, Sviatosláv Knútchevitski e Liev Obórin queriam estreá-lo. Mas Shostakóvitch preferiu confiá-lo a Tzygánov e Tchirínski, do Quarteto Beethoven que, com ele ao piano, tocaram-no pela primeira vez, na sala do Conservatório de Leningrado, finalmente libertada.

O *andante* do *op. 67* começa com uma melodia pensativa do violoncelo em surdina, a que o violino responde, em cânon, no seu registro mais grave. O tema, de sabor russo, é desenvolvido na seção *moderato*, pelo piano, de forma muito contida. Múltiplos contracantos, criando ambientações contrastantes, fazem o tempo oscilar do *andante* para o *moderato* e o *poco più mosso*.

É falsa a impressão de bom-humor do *cherzo* (*allegro non troppo*), pois ele é maniacamente virtuosístico, mais do que alegre e descontraído. Os jogos muito contrastantes nas cordas (*marcatissimo, pesante*) se interrompem, de repente, com um dobre fúnebre no violino e no violoncelo; e oito acordes graves no piano, que "soam impiedosamente, como um veredicto de morte, como o anúncio de catástrofes inevitáveis", dá início a uma passacalha, cujas seis exposições sucessivas do tema fazem alternar o si menor com o si bemol menor – e a impressão é a de um ritual litúrgico, de longínqua ascendência ortodoxa. Aqui está o coração espiritual da obra e seu trecho mais pessoal.

Como no trio de Tchaikóvski, o *finale* (*allegro*) é o movimento mais elaborado. Sem cair no tom patético, esse rondó-sonata se desenvolve como uma dança macabra, sobre uma melodia de gosto nitidamente judaico (ele tinha acabado de saber do Holocausto, na Alemanha, e não é improvável que, à dor pela morte do amigo, se associe o horror pelo extermínio de todo um povo). Após quatro compassos de colcheias *staccato pianíssimo* no piano, o violino expõe, em *pizzicato*, um tema sinistro, ao qual os dois outros instrumentos aderem. Bruscamente, o violino interrompe essa dança com o tema do *andante*. Piano e cordas distanciam-se cada vez mais um do outro, nos planos expressivo e rítmico. O piano faz curiosos arabescos, enquanto as cordas tentam fazer retornar o tema da dança. É preciso esperar pelo *adagio* da coda, para que os instrumentos se reconciliem num coral majestoso em mi menor.

O *Trio n. 2* valeu a Shostakóvitch um novo Prêmio Stálin, de segunda classe desta vez, em 1946 – ano em que, para celebrar a vitória, ele foi conferido duas vezes: em janeiro, para as peças escritas em 1943-1944; e em junho, para as de 1945. A *Oitava Sinfonia*, também inscrita, não recebeu nada. Este foi o ano em que o Supremo Ouvinte decidiu, finalmente, galardoar Prokófiev que, até então, tinha sido excluído do prêmio. De uma tacada só, ele ganhou três medalhas: pela *Sinfonia n. 5* e a *Sonata n. 8*; pelo balé *Cinderella*; e pela trilha da primeira parte de *Ivan, o Terrível*, dirigido por Eisenshtéin.

Shostakóvitch com seus alunos do Conservatório de Leningrado, em 1943.

Durante os dias passados em Ivanôvo, Dmítri não só terminara o trio como também escrevera o *Quarteto n. 2 em Lá Maior op. 68* – voltando a esse gênero seis anos depois de ter composto o *op. 49*. Em setembro, contrariando as palavras ditas pouco antes a Marietta Shaguinián, Dmítri escreveu a Vissariôn Shebalín, a quem o *n. 2* fora dedicado:

> Inquieta-me a velocidade vertiginosa com que componho. Não há dúvida de que isso é ruim. Não se deveria compor tão rápido como eu faço. Música é uma coisa séria e, com ela, não se deveria "galopar", como dizia uma bailarina famosa. Componho diabolicamente depressa e não consigo me conter. Quando termino uma obra, nunca tenho a certeza de ter feito do meu tempo um uso muito judicioso. Mas esse hábito idiota sai sempre ganhando e é assim que continuo a compor.

O compositor Mikhaíl Méyerovitch, que estava com ele, aqueles dias em Ivanôvo, confirma a velocidade com que ele compunha – nos espaços entre as partidas de bilhar ou de futebol, que ele adorava. Mas é interessante observar, em Shostakóvitch, a consciência clara de uma característica que, não raro, é responsável pela irregularidade de algumas de suas produções. Curiosamente, esse é um traço que ele compartilha com outros contemporâneos seus – o francês Darius Milhaud, o tcheco Bohuslav Martinů, o brasileiro Heitor Villa-Lobos – que, por serem dotados de enorme facilidade para escrever, às vezes, o fazem depressa demais, obtendo com isso resultados desiguais.

O *Quarteto n. 2*, sereno e sem conflito, foi estreado pelo Quarteto Beethoven, na sala da Filarmônica de Leningrado, em 14 de novembro de 1944; quatorze dias depois, era tocado em Moscou, juntamente com o *Trio op. 67*. Aparentado à suíte clássica, ele se inicia com uma *abertura* (*moderato con moto*) de energia beethoveniana, tão intensa que toda a exposição é tocada *forte* ou *triplo forte*, sem pausas. O poderoso desenvolvimento é muito amplo: estende-se por 2453 compassos, antes da reexposição.

O segundo movimento inicia-se com um *recitativo*, seguido de uma *romança* (*adagio*) de tom declamatório, em que há uma referência às partitas bachianas. Na coda, surgem ornamentos extremamente expressivos nos quatro instrumentos. O *scherzo* é uma *valsa* (*allegro*) agitada, rápida, à qual se opõe a melancolia da voz do violoncelo, num tom reminiscente da dança macabra do *op. 67*. A viola dá início, na seção final, à série de variações que levam à coda.

Os dezessete primeiros compassos do *adagio*, com os instrumentos em surdina, criam a ambientação para o último movimento. A viola e o segundo violino, acompanhados de *pizzicatos* do violoncelo, lançam-se numa série de variações cujo andamento e intensidade vão se amplificando, até um fortíssimo. Uma reprise do *adagio* inicial permite retomar o fôlego, antes da exaltada reexposição do tema em lá menor, com que a peça se encerra.

O *Trio op. 67*, como dissemos, valeu a Shostakóvitch, em 1945, o segundo lugar no Prêmio Stálin. No ano seguinte, saiu o livro em que Ivan Martýnov dava um panorama de sua obra até a *Oitava Sinfonia*. Não era o primeiro estudo a ele dedicado: o ensaio de Nicolas Slonimski já saíra, nos Estados Unidos, em 1942. Seróv também editara seu livro, em Nova York, contando para isso com as lembranças da tia Nadiêjda que, desde 1923, estava nos Estados Unidos. E em 1945, as Éditions Romance, de Paris, tinham lançado um longo estudo sobre ele, assinado por Marguerita Sahlberg-Vatchnádze. Aumentava, a olhos vistos, o prestígio internacional do compositor, o que, em breve, lhe seria de muita valia para enfrentar os altos e baixos da política cultural soviética.

11.
Uma Ópera Inacabada

Era prodigiosa, na década de 1940, a energia de Shostakóvitch que, mal tendo terminado a *Sétima Sinfonia*, atirou-se em um projeto novo: o de uma ópera baseada em *Igróki* (Os Jogadores), uma peça pouco conhecida de Nikolái Gógol. A opção pôr utilizar diretamente o texto da peça, sem pedir que a partir dela lhe fosse preparado um libreto, já aponta para o modelo que ele desejava seguir: o de Mússorgski em *Jenítba* (O Casamento) – e, como o grande compositor do Grupo dos Cinco, estaria destinado a deixar incompletos os seus *Jogadores*.

A escolha da peça de Gógol, que ele tinha encontrado numa livraria de Moscou, e relido no trem, durante a viagem para Kúibishev, tem certamente um significado especial. Essa história de trapaceiros deveria equacionar-se, em sua cabeça, com uma realidade em que nunca se jogava às claras. O que pode, a princípio, parecer uma tentativa escapista de se distrair com um assunto mais leve, após a experiência pesada de compor uma sinfonia que retratava o longo sofrimento de seu povo, pode, assim, assumir um caráter crítico indireto, uma outra maneira de fazer um comentário à falsidade do mundo em que vivia.

O jogador profissional Ikharióv chega a uma hospedaria de província, em companhia de seu criado Gavriúshka. Mediante uma gorjeta, ele obtém de Aleksêi, empregado da hospedaria, informações sobre o número de hóspedes, quantos deles jogam cartas e onde conseguem seus baralhos. Ao desfazer as suas malas, vemos que ele traz vários maços de baralhos preparados.

No saguão do hotel, estão três trapaceiros, Krúguel, Shvôkhniev e Utieshítielny (cujo nome significa "consolador"), à espera de suas vítimas. Eles interrogam Gavriúshka, querendo saber de onde vem o seu patrão, o que faz e se gosta de jogar cartas. Mediante outra gorjetinha, é claro, Gavriúshka lhes conta que o patrão acaba de ganhar oitenta mil rublos.

Enquanto isso, Ikharióv encomendou um lanche a ser servido em seu quarto, e convida os três jogadores para lhe fazer companhia. Naturalmente, decidem jogar, para passar o tempo. Os baralhos que pedem ao dono da hospedaria são aqueles, previamente preparados, que Ikharióv entregou a Aleksêi. O trio logo percebe que Ikharióv é um brilhante trapaceiro e lhe propõe aliança.

Apesar da desconfiança inicial, ele concorda, mostra-lhes alguns truques e os seus maços de baralhos preparados, o mais perfeito dos quais recebeu o nome de "Adelaída Ivánovna". Celebram a sua aliança bebendo champanhe e mandam chamar o único outro hóspede que há no hotel, um proprietário de terras chamado Mikhaíl Glov, que nunca jogou cartas na vida.

O ato II se inicia com a chegada de Glov, que lhes conta estar há um mês naquele buraco de província, à espera de que lhe paguem uma soma considerável, de que precisa para fazer o casamento de sua filha de dezoito anos. Está cansado de ficar longe da família e quer voltar para casa o mais depressa possível, deixando o filho mais velho, Aleksandr, de 22 anos, como seu representante – e pede aos cavalheiros que o vigiem, pois ele é muito imaturo e poderia decidir, por exemplo, alistar-se no regimento dos hussardos.

Glov sai, Aleksandr Mikhaílovitch aparece, os jogadores o lisonjeiam, estimulam seu desejo de tornar-se hussardo, e convidam-no a jogar – a crédito. É claro que ele perde e é obrigado a assinar uma promissória de duzentos mil rublos, sobre o dinheiro que vai receber para o pai. Desesperado, ele sai, dizendo que vai se suicidar. Utieshítielny o traz de volta e os trapaceiros o aconselham a partir imediatamente para o regimento. Ikharióv lhe dá dinheiro para o uniforme e o equipamento e os trapaceiros se despedem dele, bebendo champanhe.

Surge, no ato III, um indivíduo que se apresenta como Zamúkhrishkin, funcionário do banco. Está procurando Aleksandr Glov. Utieshítielny e Shvôniev perguntam por quê e informam que o jovem Glov se comprometeu a lhes dar o dinheiro que vai receber. Esperam que o pagamento venha depressa e estão prontos a recompensar Zamúkhrishkin, para que isso aconteça. Ele aceita com naturalidade a oferta de propina, mas adverte que o pagamento ainda demora umas três semanas, o que deixa os três trapaceiros muito descontentes. Eles ouviram dizer que há bons negócios a serem feitos investindo nas siderúrgicas de Níjnyi-Novgórod. A Ikharióv, que pode esperar, eles propõem: que ele lhes adiante os oitenta mil rublos, em troca da promissória de duzentos mil, do jovem Glov e, ao recebê-los, vá encontrar-se com eles em Níjnyi.

Ikharióv acha que está fazendo um negócio muito lucrativo, os três embrulhões vão embora rapidamente, com o seu dinheiro e, quando Aleksandr volta, perguntando por eles, Aleksêi diz que já foram embora do hotel. Os dois foram enganados, diz o rapaz; e quando Ikharióv lhe mostra a promissória e menciona Zamúkhrishkin, o moço lhe diz que seu verdadeiro nome não é Glov, e que Zamúkhrishkin não é funcionário do banco. Ambos pertencem a um bando que planejava roubar o dinheiro do jogador profissional mas, agora, a trinca de espertalhões fugiu com os oitenta mil rublos, e todos levaram na cabeça.

Ikharióv ameaça levá-lo à barra dos tribunais, mas o falso Glov joga-lhe na cara que ele também participou de uma fraude e, por isso, não tem o direito de processar ninguém. Ikharióv não tem como responder a esse argumento e, jogando longe "Adelaída Ivánovna", manda ao diabo todas as suas artes do carteado.

As cartas de Shostakóvitch a Vissariôn Shebalín permitem reconstituir o trajeto dessa obra inacabada: a decisão de trabalhar "com o texto completo e sem modificações" (10 de junho de 1942); o comunicado de que já escreveu cerca de meia hora de música para essa "ópera irrealista" e, no entanto, "isso não passa de um sétimo da ópera inteira" (novembro); e, finalmente, em dezembro, a notícia: "Abandonei aquele trabalho que tinha te mostrado em Moscou, pois cheguei à conclusão de que o empreendimento era totalmente desprovido de sentido".

Shostakóvitch deixou cerca de cinqüenta minutos de música, dos quais, em sua última partitura, a *Sonata para Viola op. 147*, reutilizou a melodia do monólogo de Gavriúshka. Depois de sua morte, o maestro Guennádi Rojdéstvienski orquestrou alguns compassos que estavam apenas em redução para piano, e apresentou esse fragmento, em versão de concerto, com a Filarmônica de Leningrado, em 18 de setembro de 1978. Há um registro desse concerto no selo Melódya/EMI (Tárkhov, Kurpe, Rybasénko, Biélikh).

Publicado no volume 23 das *Obras Completas*, esse fragmento foi gravado em março de 1995, nos estúdios da Mosfilm, por Andrêi Tchistiákov (Chant du Monde/ Saison Russe – Kurpe, Reshiétniak, Arkhípov, Krútikov, Potchápski, Glúboki).

Usando uma técnica diretamente herdada do recitativo melódico de Dargomýjski, no *Convidado de Pedra*, e de Mússorgski, no *Casamento*[1], o compositor recorre aos mais diversos procedimentos de escrita: o arioso dialogado, mas também a canção com melodia elaborada; o trio vocal com efeitos imitativos; um episódio em *fugato* sobre as palavras "Que cada um de nós estenda a mão aos outros", cantado pelo trio de trapaceiros. Explora também, de todas as formas, os contrastes entre os timbres das personagens: Ikharióv é um tenor muito agudo; Utietchítielnyi um barítono; Krúguel, um tenor dramático; Shvôniev, Aleksêi e Gavriúsha três tipos diferentes de baixo, profundo, cantante e bufo.

A partitura utiliza uma orquestra muito grande, com três de cada uma das madeiras, percussões numerosas, piano e uma balalaica grave (já utilizada no *Nariz*) para acompanhar a canção de Gavriúsha, introduzida e pontuada por uma escala descendente da tuba. A orquestra, com seu dinamismo, seus ritmos grotescos, suas dissonâncias irreverentes, seus efeitos inesperados de timbres, dá o tom da partitura. Frisando as características psicológicas das personagens – ainda mais que a parte musicada é aquela em que cada uma delas se apresenta –, ela é um comentarista constante da ação. O trecho composto dos *Jogadores* possui as

---

1. A respeito desses títulos, ver *A Ópera na Rússia* (Machado Coelho, 2001), de minha coleção História da Ópera.

características típicas do Shostakóvitch dos anos de experimentação: ousadia de escrita e virtuosismo inovador, frescor de invenção e humor irreverente.

Se tivesse sido terminada, *Os Jogadores* poderia ter sido uma das mais saborosas óperas cômicas do século XX. Mas talvez a resposta para ela ter sido abandonada esteja na consciência de Shostakóvitch que aquele – como a *Quarta Sinfonia* – seria mais um trabalho condenado a mofar por tempo indeterminado dentro de uma gaveta.

No início da década de 1980, Krzysztof Meyer, discípulo e biógrafo do compositor, recebeu a encomenda de editar e terminar *Os Jogadores*. A ópera foi estreada, nessa versão, em 12 de junho de 1983, na Opernhaus de Wuppertal, regida por Mikhail Iuróvski. O selo Capriccio possui a gravação (Bogatchóv, Bábykin, Suleimánov, Naumiénko, Arkhípov, Nisyiénko, Krútikov, Werestnikow, Maslienníkow). O mesmo regente dirigiu a estréia russa, no Moskóvnyi Kámiernyi Teatr, de Borís Pokróvski, em 24 de janeiro de 1990. A respeito de seu trabalho, diz Meyer:

> Naturalmente, quis levar adiante o trabalho desenvolvido por Shostakóvitch sem que a linha divisória entre a música dele e a minha ficasse perceptível, o que significou ter de voltar à maneira de ele compor na década de 1940. Além de terminar o ato I, eu tinha de escrever mais uma hora e meia de música, mais do que aquilo que Shostakóvitch tinha composto. Ademais, as pessoas não deveriam poder dizer que essa ópera era mais minha do que dele, pois o idioma utilizado teria de ser o de Shostakóvitch – pelo menos foi isso o que tentei fazer.

Meyer utilizou passagens do fragmento escrito por Shostakóvitch como motivos recorrentes, e foi buscar em outras obras – as sinfonias ns. *3* e *4*, o balé *A Idade de Ouro* – trechos a serem usados como autocitações, da maneira como ele próprio costumava fazer. *Os Jogadores* é uma ópera em que não há intriga amorosa, nem personagens femininas, nem situações operísticas simples, e a ação se passa, todo o tempo, num quarto de hospedaria. É por isso mesmo, para evitar o risco da monotonia, que a música precisa ser de extrema variedade. Isso explica a decisão de Meyer, seguindo o modelo de Berg, no *Wozzeck* – que Shostakóvitch admirava tanto –, de inserir, no tecido do drama, formas muito variadas: alguns cânones no ato II; uma fuga como prelúdio ao ato III; uma valsa, uma marcha, uma passacalha – formas que Shostakóvitch utiliza a todo momento em suas sinfonias, quartetos e concertos.

O texto de Gógol foi mantido, mas com numerosos cortes, para que a ópera não ficasse desmesuradamente lenta. Shostakóvitch, que não fez corte algum na parte da peça que musicou, estimava que *Os Jogadores* teriam, no total, umas quatro horas. Na forma que lhe foi dada por K. Meyer, ela dura

– tomando por base a gravação de Iuróvski, cujos tempos não são desnecessariamente acelerados – duas horas e quarenta minutos.

A versão Meyer dos *Jogadores* é o trabalho devotado de um profundo admirador de Shostakóvitch, cujo estilo se esmera em reproduzir, ao longo da hora e cinqüenta que escreveu, para completar a ópera. Mas por mais bem intencionado que seja, e por mais competente artesanalmente, o que ele faz não deixa de ser um *pasticcio*, de certa forma parecido com aqueles que se costurava durante os séculos XVII-XVIII. Nesse sentido, alinha-se com bem-intencionados esforços, de resultados nem sempre inteiramente convincentes – como o final que Süssmayer deu ao *Réquiem* de Mozart – ou totalmente discutíveis, como a *Sinfonia n. 10* de Mahler reconstruída por Deryck Cooke, ou o *Nocturnal* de Edgar Varèse, terminado por Chou-Wen-Chung. Isso para não falar, no caso russo, da própria *Jenitba* ou da *Sorótchintskaia Iarmárka* (A Feira de Sorótchintsi), de Mússorgski.

12.
O Pós-Guerra: Novo Endurecimento

Razlutchíli s edínstviennym sýnom,
v kaziemátakh pytáli druziêi,
okrujíli nievídimym týnom
kriépko slájiennoi sliêjki svoiêi.
Nagradíli miniá niemotóiu,
na viês okaiánno kliniá,
obkormíli miniá klievetóiu,
opoilí otrávoi miniá.
I do sámovo kráia doviédshi,
potchemu-to ostávili tam –
búdu iá sumasshédshei
po pritíkhshim brodít ploshtchadiám.

ANNA AKHMÁTOVA[1]

Desde o final de 1944, tinha circulado o rumor de que Shostakóvitch estaria preparando uma grande sinfonia para celebrar a vitória iminente na guerra. Ele próprio não desmentiu essa hipótese. Pelo contrário: Gueórgui Orlóv[2] relata a sua declaração de que estava à procura de um texto que conviesse para uma sinfonia coral. Certo de que o final da guerra – a Alemanha capitulou em 8 de maio de 1945 e o Japão em 2 de setembro – traria à URSS uma posição de proeminência no cenário internacional, Stálin esperava que a "sua" vitória fosse celebrada com uma peça de proporções épicas – ainda mais que o nome *Nona* traria imediatamente a associação com a *Sinfonia Coral*, de Beethoven, e sua jubilosa "Ode à Alegria".

1. "Separaram-me de meu filho único, torturaram meus amigos na prisão, cercaram-me com uma barreira invisível de bem coordenada escuridão. Recompensaram-me com um mutismo que amaldiçoa todo esse maldito mundo, forçaram-me a me alimentar de calúnias, deram-me veneno para beber. E levando-me à fronteira mais extrema, não sei bem por quê deixaram-me lá – eu preferiria, como o doido da cidade, perambular pelas praças agonizantes". Este poema sem data, do final da década de 1940, não foi publicado por Akhmátova; na *Obra Completa* (Reeder, 1990), Roberta Reeder o inclui na seção Niesobránnye Stikhotvoriênia i Fragmiênty (Uncollected Poems and Fragments).

2. Em *Sinfonii Shostakóvitcha*, Moscou, Muzguis, 1961.

"Depois da *Sétima* e da *Oitava*", escreveu Marián Kovál no n. 4 da *Soviétskaia Múzyka*, de 1948, "a criatividade de Shostakóvitch estava no centro das atenções da comunidade musical soviética. Como não esperar dele uma inspirada sinfonia sobre a vitória?". Mas a esperança de que ele produzisse uma trilogia de "sinfonias de guerra" esbarrou, no início do ano seguinte, na súbita relutância do compositor em comentar o que estava fazendo. No verão, a agência *Tass* anunciou estar próxima a estréia "da *Nona Sinfonia* do camarada Shostakóvitch, dedicada à nossa grande vitória".

Antes da estréia, a *Sinfonia n. 9 em Mi Bemol Maior op. 70* foi tocada a quatro mãos, por Shostakóvitch e Sviatosláv Richter, diante da Comissão para as Questões Artísticas, na Niéglinnaia Úlitsa. David Rabinóvitch fala da reação a essa nova peça: "Esperávamos um novo afresco sinfônico monumental e o que ouvimos foi algo totalmente diferente, que nos chocou pela sua singularidade". O espanto do público foi ainda maior, quando Mravínski regeu a estréia em Leningrado, em 3 de novembro de 1945. Em vez de outra sinfonia grandiosa, de que falara a agência *Tass*, o que lhes apresentavam era uma peça alegre, sim, exultante, mas curta – ela toda dura menos do que o primeiro movimento da *Sétima* – e intimista, quase pastoral, com o retorno daquele elemento grotesco tão característico de Shostakóvitch. Kovál não perdeu a ocasião de destilar veneno: "Parecia que o velho Haydn e um Keystone Cop de comédia americana tinham sido mal-sucedidos em darem-se as mãos para ficar parecendo com Charles Chaplin. Tudo quanto é careta e gesto caricatural passava a galope pelo primeiro movimento da sinfonia".

A gestação da *Nona* tinha sido muito rápida. Iniciada nos primeiros dias de agosto, em Moscou, foi terminada no dia 30 em Ivanôvo, para onde Dmítri tinha se retirado. Daniíl Jitómirski[3], que estava em Ivanôvo, conta como "a composição da *Nona* dava a impressão de estar sendo feita entre outras coisas" pelo compositor, que passava boa parte do tempo tocando a quatro mãos com seu amigo Kabaliévski.

Shostakóvitch sentava-se, toda manhã, durante duas ou três horas, diante de uma mesinha. Não exigia nem solidão e nem silêncio (o banco, fabricado com tábuas pelos seus companheiros, tinha sido colocado perto da cerca, ao lado da rua). Para cada movimento, fazia um esboço esquemático, definindo só uma ou duas vozes preponderantes. Depois, passava a limpo toda a partitura. Criou, com facilidade e rapidez espantosas, essa obra lapidada como uma pequena jóia.

3. Em Vospominánia i Razmyshliênia (Reminiscências e Reflexões), citado tanto por E. Wilson quanto por K. Meyer. Em 1990, esse artigo foi incorporado a um texto maior, Vspominânia, Materiály, Vyskazivânia (Reminiscências, Documentos, Comentários), publicado pelo n. 4 da revista *Daugava*.

Aparentado ao motivo do *finale* da *Sexta Sinfonia*, o primeiro tema do curto primeiro movimento (*allegro*) é cheio de alegria e leveza. O segundo tema que, em vez de se opor, complementa a idéia musical, é ainda mais alegre. A exposição dos dois segue o modelo clássico e leva ao desenvolvimento que, ao contrário do que é comum em Shostakóvitch, não tem caráter dramático. À maneira de Haydn, ele elabora esse material temático com sutileza e refinamento, mas de modo muito simples. A reexposição lacônica repete a exposição, submetendo-a a ínfimas modificações.

O *moderato*, muito lírico, é também de beleza muito simples, com texturas de música de câmara. A clarineta, o violoncelo e o contrabaixo em uníssono tocam o primeiro tema. Trata-se de uma música extremamente sutil, intimista, cheia de nuances de colorido e de combinações harmônicas, que desempenha o papel de um *intermezzo* entre o primeiro movimento e o *scherzo* (*presto*). Os três últimos movimentos se encadeiam. Trecho virtuosístico relativamente breve, o *presto* tem caráter muito semelhante ao do *scherzo* da *Sexta Sinfonia*. O *largo*, em compensação, breve e dramático, parece nada ter em comum com o universo leve e despreocupado dos tempos precedentes. O recitativo tenso do fagote e alguns episódios dramáticos nos metais rompem a serenidade neoclássica da sinfonia, trazendo à mente certos momentos do primeiro movimento da *Oitava Sinfonia*. Mas essas são reminiscências de um passado recente muito sombrio que não duram muito, pois são varridas pelo impulso satírico do *finale* (*allegretto*), que retoma a ambientação do *scherzo*. É uma música alegre, descontraída, mas de polifonia muito elaborada, fascinante pelo emprego inesperado que faz dos coloridos instrumentais.

As reações da crítica foram, de um modo geral, negativas. Israel Néstiev, na revista *Kultúra i Jizn* (Cultura e Vida), estranhou que Shostakóvitch não compartilhasse "as emoções que todos sentem nestes dias" e não tivesse "superado o ceticismo irônico e a tendência à estilização". Liev Mássel, na *Soviétskaia Múzyka*, foi o único a afirmar que "o estilo de Shostakóvitch oferece um modelo à linguagem musical da atualidade". Os mais demagógicos acusavam-no de não entender os problemas atuais, de travestir a realidade, de não possuir idéias próprias, de se refugiar em uma atitude apolítica.

No exterior, não foi diferente. Sófia Khéntova cita um crítico americano que escreveu, após a execução nos Estados Unidos: "Ninguém teria imaginado que a *Nona Sinfonia* seria tão diferente das outras obras de Shostakóvitch, tão banal, pouco sugestiva e desinteressante". Kussevítski estreara a *Nona* em Tanglewood, em 25 de julho de 1946. Shostakóvitch não pode aceitar o convite para assistir ao concerto, provavelmente devido à proibição de que se ausentasse do país. O simples fato de lhe ser permitido receber correspondência vinda do exterior já era um sinal de privilégio. Um despacho oficial afirmou, na época, que o compositor teria declarado não pretender ir aos Estados Unidos antes da normalização das relações diplomáticas Washington-Moscou.

Após a execução americana, Malcolm Sargent em Londres, Rafael Kubelík em Praga, Josef Krips em Viena, Manuel Rosenthal em Paris também a apresentaram – sempre com reações adversas da crítica de orientação comunista, desconcertada pela aparente "leviandade" desse *scherzo* sinfônico. Hoje, passada a fase em que ser "politicamente correto" era manter-se fiel a uma certa ortodoxia ideológica, a *Nona* pode ser apreciada pelo que realmente significa. Voltando as costas às expectativas oficiais de um regozijo pomposo e pró-forma, o *op. 70* retrata a alegria real do homem comum, os sentimentos profundos de quem sofreu na pele os horrores descritos na *Oitava Sinfonia* e, agora, expressa de maneira simples, mas profundamente sincera, a emoção com o retorno da paz e da normalidade. À *Nona* podem-se aplicar as palavras ditas pelo pedagogo Konstantín Igúmnov, após a estréia da outra grande obra que se seguiu a ela: "Esse homem vê e sente a vida de maneira mil vezes mais profunda do que todos os outros músicos reunidos".

Mas para Stálin, que esperava uma barretada a mais ao culto da personalidade, essa sinfonia "antipopular" tinha sido uma ofensa pessoal, a demonstração de que fora um erro permitir, durante a guerra, que os artistas tivessem liberdade relativamente maior e, por razões puramente táticas, pudessem intensificar os contatos com o exterior. Em *Kriemliêvskii Tsênzor* (O Censor do Krêmlin), obra coletiva publicada na década de 1990, após a liberação de parte dos arquivos dos tempos de Stálin, relata-se que o ditador, furioso com a segunda parte de *Ivan, o Terrível*, na qual se sentira retratado, teria dito a seus auxiliares: "Não tivemos tempo para isso durante a guerra mas, agora, cuidaremos deles direitinho!" – e mais cedo do que se poderia imaginar.

Em 1946, a família Shostakóvitch instituiu o hábito de passar o verão na aldeia de Komarôvo, perto de Leningrado. Até 1950, alugavam uma *datcha* pertencente ao Estado; depois disso, passaram a ocupar o segundo andar de uma *datcha* maior, que pertencia a V. V. Varzar, o sogro do compositor. Dmítri instalou para si mesmo um escritório na varanda do primeiro andar, e foi naquele lugar tranqüilo que escreveu o grandioso *Quarteto n. 3 em Fá Menor op. 73*. Decantação das idéias expressas na *Sétima Sinfonia*, o *op. 73* permite ao compositor, pelo caráter mais reservado do gênero, dar livre curso a seu humor grave e dramático, realizando uma transmutação quase mozartiana da dor que ele sentia, pelo momento vivido por seu país, em uma arte soberana, de invenção inesgotável.

Em julho, Dmítri tinha ido pela primeira vez a Leningrado. A austera elegia do *adagio* foi composta durante a estada na casa da mãe, e reflete, certamente, o que ele sentiu vendo a ruína em que se transformara a sua cidade natal. "Cada casa carregava no rosto uma cicatriz", escreve, em suas *Memórias*, Iliá

228

Erenbúrg, "ainda havia, nas paredes, aqui e ali, avisos de que era perigoso andar deste ou daquele lado da rua, muitas casas estavam encobertas por andaimes e a reconstrução estava sendo feita quase que só por mulheres".

Composto sem intenção programática, o *Quarteto n. 3* tinha adquirido, na época da estréia pelo Quarteto Beethoven, em Moscou, em dezembro de 1946, subtítulos explicativos, preparados pelo próprio Shostakóvitch e, depois, abandonados: "A Calma Inadvertência do Cataclisma Futuro"; "A Antecipação do Perigo"; "As Forças da Guerra Desencadeadas"; "Homenagem aos Mortos"; "A Eterna Pergunta: Por quê? e Para quê?". Esse último subtítulo parece indicar que, como a *Sétima*, o sofrimento a que a peça se refere não é apenas o produzido pela II Guerra Mundial.

No plano estritamente instrumental, esta é uma partitura de plasticidade incomum, pela possibilidade de brilhar que dá a cada um dos músicos. Eles têm o mesmo peso na ciranda muito viva do *allegretto*, de forma-sonata, naturalmente dançante. O desenvolvimento do tema, várias vezes exposto, é linear e obstinado. Muito russo em sua nostalgia, o *moderato con moto* tem a expressividade de um recitativo operístico. O tema é apresentado pelo violino com acompanhamento da viola. Uma terça descendente serve de ligação entre as exposições dos dois temas, a tonalidade fá sustenido maior do segundo vindo reforçar o lirismo intenso dessa passagem. O *scherzo* central (*allegro non troppo*) é uma marcha grotesca de assonâncias mahlerianas – na opinião de Pierre-Émile Barbier[4], "porta do Purgatório que, neste quarteto e nos de *n. 8* e *10*, vai servir de entrada ao *adagio*, onde estará o nó emocional dessas partituras".

A tonalidade de sol sustenido menor torna ainda mais estranha essa passagem de transição para o movimento lento, uma passacalha grave e interiorizada, na qual não podemos deixar de perceber a homenagem ao Beethoven dos últimos quartetos. Ao violoncelo cabe encadear esse *adagio* com o *finale* (*moderato*). Rondó de plano a.b.a.b.a, seu tema A é um dançante 6/8 em fá maior, enquanto o motivo que se opõe a ele é em 2/4. Esse tema B passa por uma reexposição que culmina, com toda a intensidade, no *fff* dos instrumentos graves, antes da coda (*adagio*) em que o violino apresenta o tema de um coral retomado em uníssono pelos demais instrumentos.

Com o final da guerra, a vida musical começou a ser reorganizada. As orquestras voltaram às suas sedes, os conservatórios reabriram as portas, as séries de concertos voltaram a ser feitas regularmente. Shostakóvitch pensara inicialmente em voltar para Leningrado, onde ainda estavam muitos parentes seus. Mas Vissariôn Shebalín, argumentando que ele ocupava uma posição de primeiro plano na vida musical soviética e suas atividades sociais estavam se

---

4. Em *Guide de la Musique de Chambre* (Tranchefort, 1989).

tornando cada vez mais numerosas, convenceu-o a mudar-se para a capital. Em fevereiro de 1947, ele foi nomeado presidente da União dos Compositores de Leningrado, em substituição a Vladímir Shtcherbatchóv; e foi eleito deputado no Conselho Supremo da República Russa.

Nesse mesmo mês, a família se instalou no apartamento n. 87 da Mojáiskoie Chossiê (mais tarde rebatizada como Kutúzovski Prospiékt), imóvel amplo e confortável – não fosse o barulho que vinha de uma das artérias mais movimentadas da cidade. Mas, em suas salas espaçosas, Dmítri podia não só compor em boas condições, mas também organizar recitais domésticos de música de câmara. Em julho de 1947, ele tinha começado a trabalhar no *Concerto n. 1 para Violino e Orquestra*, que o ocuparia até março do 1948 – momento em que as circunstâncias já não lhe pareceriam mais tão propícias para apresentá-lo, o que só aconteceria na década de 1950.

Assim que a guerra terminou, Stálin começou a planejar a retomada da campanha para moldar o Novo Homem Soviético. Como na década de 1930, a chave para isso seria a mecanização da vida intelectual mediante a coerção, os expurgos seletivos e o aperto das cravelhas do dogma realista socialista. Sendo a palavra impressa a tribuna mais óbvia do pensamento independente, o Líder escolheu a literatura como seu primeiro alvo.

Em 28 de junho de 1946, foi fundada a revista *Kultúra i Jizn* (Cultura e Vida), lançada de dez em dez dias pela seção de *agitprop*[5] do Comitê Central do PCUS. Críticas violentas eram feitas ali a todo tipo de desvio ideológico. Assuntos de atualidade e a divulgação dos feitos do regime deveriam ser as máximas preocupações do artista. Em 1946, títulos como *O Cimento*, de Fiódor Gládkov, ou *A Torrente de Ferro*, de Aleksandr Serafímovitch, eram apontados como clássicos do romance contemporâneo. Para se ter uma idéia do que ocorria, basta dizer que *A Jovem Guarda*, de Aleksandr Fadêiev, crônica da resistência dos *konsomólietsi*[6] à ocupação alemã na cidade mineira de Krasnodôn, foi furiosamente atacada por ele ter dado "destaque insuficiente" ao papel desempenhado pelo Partido. Embora membro do Comitê Central e secretário-geral da União dos Escritores, Fadêiev se apavorou e reescreveu inteiramente o seu livro, que perdeu muito da força original.

Principal instigador dessa ofensiva ideológica era Andrêi Jdánov, encarregado da defesa de Leningrado, onde fora responsável, devido à forma como distribuíra os recursos, pelo agravamento da epidemia de fome. Ao morrer, em 1948, Jdánov seria substituído por Mikhaíl Súslov, que foi o ideólogo oficial sob Khrushtchóv e Bréjnev. Em seus discursos, Jdánov exigia a eliminação da

---

5. Agitação e Propaganda.
6. As organizações de juventude.

influência estrangeira, condenava todo e qualquer desvio em relação à política cultural definida pelo PCUS – desvios esses interpretados sempre da forma mais arbitrária.

A primeira resolução partidária a respeito da conduta dos artistas é de 14 de agosto de 1946. Censurava o jornal *Zviezdá* (Estrela) e ordenava o fechamento da revista *Lieningrád,* por terem publicado textos do humorista Mikhaíl Zóshtchenko e da poeta Anna Akhmátova, acusados do crime "antipatriótico" e de "cultuar reacionariamente a nostalgia da São Petersburgo pré-revolucionária". Zóshtchenko era o autor de um conto, *As Aventuras de um Macaco*, em que deixava claro que a vida do animal, dentro da jaula, no zoológico, era preferível à de quem estava fora das grades. O humorista era mal visto desde os tempos em que, ligado ao grupo dos Irmãos Serapiões, firmara um manifesto de 1922, em que dizia: "Não escrevemos para fazer propaganda. A arte é real, como a própria vida. E, como a própria vida, não tem objetivo e nem significado. Existe apenas porque não pode fazer de outra forma".

A ironia vitriólica dos contos de Zóshtchenko foi a gota que fez transbordar o copo. Quanto a Akhmátova, o motivo para que Stálin a detestasse era outro: o seu perene sucesso junto ao público, em especial nas suas aparições públicas. Em nenhum outro país, a poesia tem o poder aglutinador que possui na Rússia. O hábito do recital de poesia existia antes mesmo da Revolução. Eram muito comuns os "cabarés literários", como o *Brodiátchaia Sobáka* (Cachorro Perdido), fundado em 31 de dezembro de 1911, em Leningrado, por Borís Prônin, ex-assistente de Meierkhôld. Ali, enquanto bebericavam e discutiam os mais rarefeitos assuntos, os *habitués* podiam assistir a recitais de música contemporâneos, palestras sobre assuntos atuais e a declamação dos poemas dos membros do *Tsekh Poétov* (a Liga dos Poetas), que congregava a nata dos escritores da Cidade de Pedro.

Havia também os concorridíssimos recitais públicos, pois o russo sempre encarou seus poetas como uma espécie de xamã possuído pela Verdade, um iluminado que pode fazê-lo descortinar um lampejo de sentido para as coisas. No período soviético, em especial, o poeta era visto como um porta-voz que pode tomar para si a expressão da dor ou da indignação coletiva. Nesse sentido, a Rússia soviética assistiu a recitais muito significativos:

- o de 1922, em que Marina Tsvietáieva declamou seus poemas sobre os contra-revolucionários do Exército Branco[7];
- a ruidosa aparição de Vladímir Maiakóvski na Casa do Konsomól, em 1930;
- ou o de 1933, em que Óssip Mandeshtám foi delirantemente aplaudido ao responder a um provocador que lhe pediu a sua opinião sobre os poetas

---

7. A que pertencia o seu marido, Serguêi Efrôn.

contemporâneos: "Eu sou um contemporâneo de Akhmátova!" – ou seja, da gloriosa Idade de Prata dos poetas pré-Revolução.

Mas nenhum desses recitais ficou tão famoso quanto o de Anna Andrêievna, quando lhe foi permitido reaparecer em público, em maio de 1944, na Sala das Colunas, do Palácio dos Sindicatos, em Moscou. Furioso, Stálin quis saber quem tinha organizado a claque que a aclamara assim que ela pisou no palco. Não havia claque alguma. Essa acolhida era o sinal de que, apesar dos anos de silêncio que lhe tinham sido impostos, ela não fora esquecida pelo público, que continuara a ler clandestinamente os seus poemas. Akhmátova foi ovacionada, antes mesmo de começar a declamar, pelo simples fato de existir. De uma forma que atiçava agudamente a paranóia do Supremo Líder, ela ainda era venerada por boa parte da *intelliguêntsia* russa.

A própria Akhmátova, porém, acreditava que outro episódio concorrera para essa nova queda em desgraça. No outono de 1945, sem a permissão das autoridades, ela recebera a visita do intelectual britânico Isaiah Berlin, de origem russa, que trabalhava para o corpo diplomático do Reino Unido. Ter conhecido esse homem, em quem identificou uma alma-irmã, e que, em outras circunstâncias, poderia talvez ter sido para ela um amigo e um companheiro, a perturbou muito. Ela dedicou a Berlin vários poemas dos ciclos *Cinque, Shipóvnik Tsviétet* (As Roseiras Silvestres Florescem) e *Polnótchnie Stíkhi* (Versos da Meia-noite), publicados na *Siedmáia Kníga* (Sétimo Livro). E fez dele o "Hóspede do Futuro", personagem fundamental de seu grandioso ciclo *Poema biez Guerói* (O Poema sem Herói), escrito entre 1940 e 1962[8].

Mas ter recebido a visita de um estrangeiro, ligado a um governo ocidental – principalmente depois que ela descobriu terem sido plantadas escutas em sua casa – foi, sem dúvida, uma das causas para que seu filho, Liev Gumilióv, voltasse a ser preso; e para que ela fosse expulsa da União dos Escritores. Stálin considerava que, como membro da diplomacia britânica, Berlin só podia ser um espião. E, em 1952, mandou prender o seu tio, o Dr. Leoníd Bérlin, que trabalhava na Clínica de Nutrição da Academia de Ciências Médicas, acusando-o de ter passado ao sobrinho informações confidenciais. Revelações recentes, divulgadas por Sólomon Vólkov[9], mostram que Stálin ficou muito escandalizado ao saber que Berlin, de 36 anos, passara a noite em casa de Akhmátova, na época com 56. "Veja como a nossa freirinha recebe os espiões estrangeiros", teria ele dito.

---

8. Isaiah Berlin registrou esse encontro num belo ensaio, *Akhmatova: a Memoir*, reproduzido por Roberta Reeder no segundo volume de sua edição completa da obra de Akhmatova (Reeder, 1990).

9. Em *Istóriia Kultúry Sankt-Pieterbúrga s Osnovánia do Náshikh Dniêi* (A História da Cultura de São Petersburgo desde a sua Fundação até os Nossos Dias), publicado em Moscou em 2002.

Essa foi, de resto, a expressão usada por Jdánov para justificar o ataque à poeta. No plenário da União dos Escritores, que convocou em meados de agosto, disse ser "estranha aos interesses do povo soviético" a obra "de uma mulher meio demente, que passa da alcova para o confessionário – meio freira, meio prostituta –, que mistura a oração com a fornicação". O mais irônico é que a munição fornecida a Jdánov por seus assessores, para demolir Akhmátova, vinha de uma crítica à mistura de religiosidade e amor profano que havia nos poemas de *Tchiótki* (Rosário), publicada em 1923 por Borís Éikhenbaum, da chamada Escola Formalista. Embora Akhmátova tivesse sido, naquela época, veementemente defendida pela revolucionária Aleksandra Kollontai, desde então, a crítica soviética a descrevia como "uma neurastênica poetisa de alcova, com complexo de perseguição".

Zóshtchenko, por sua vez, foi acusado de ser "um vagabundo[10] literário, desprovido de consciência, culpado de zombar da ordem soviética e do povo deste país, temperando as suas zombarias com brincadeiras vazias e um humor vulgar". Akhmátova, imunizada por experiências anteriores, ouviu os ataques em silêncio, e saiu da sala de cabeça erguida. Zóshtchenko, em lágrimas, procurou o apoio de seus pares, mas estes afastaram-se dele, aterrorizados com a idéia de serem associados a um "inimigo do povo". Em *Testemunho*, Shostakóvitch diz por que isso não o espantou:

As pessoas evitavam Zóshtchenko na rua do mesmo jeito que tinham feito comigo. Cruzavam para o outro lado, para não ter de cumprimentá-lo. Caluniavam-no em reuniões convocadas apressadamente. E eram seus antigos amigos quem o faziam, aqueles que, ontem, o elogiavam com mais entusiasmo. Passei por isso mais jovem, e as tempestades e o mau tempo constante me endureceram.

Expulsos da União dos Escritores, Zóshtchenko e Akhmátova ficaram novamente vários anos proibidos de publicar. O documento emanara diretamente do poder central: "Os augustos bigodes de Stálin apontavam em cada parágrafo do texto"[11], escreveu Lídia Tchukóvskaia, amiga e biógrafa de Akhmátova (e tia de Ievguêni, o genro de Shostakóvitch).

Em 26 de agosto, foi a vez de "A Propósito do Repertório Teatral e das Possibilidades de Melhorá-lo"; logo seguido, em 4 de setembro, pela resolução "A Propósito do Filme *Gente Simples*", de Kozíntsev e Trauberg (com trilha de Shostakóvitch). Acusando essa película de "ter cometido o erro de representar a

10. A acepção do termo *khúligan*, tomada de empréstimo do inglês *hooligan*, já foi comentada em nota, num capítulo anterior. Essa é a palavra que, mais tarde, na época de Khrushtchóv, seria usada para designar o chamado "parasita social".

11. Em *Zapíski ob Ánnie Akhmatovói* (Notas sobre A.A.), publicado em Moscou em 1991.

gente simples como se ela fosse ignorante e grosseira, dando, assim, uma idéia falsa e pervertida do povo soviético", a resolução chamava-a de "anti-soviética, antipatriótica, antipopular". A colocação na geladeira dos filmes de Kozíntsev, Trauberg, ou do *Almirante Nakhímov*, de Pudóvkin, faria a gloriosa escola russa de cinema passar por uma fase de estagnação da qual nunca mais se reergueria com a mesma força.

Os artistas plásticos e os músicos pareceram, num primeiro momento, escapar dessa ofensiva. Mas todos sentiam crescer o peso de uma vigilância ideológica cujas reações e conseqüências eram imprevisíveis. Exemplo disso foi Eisenshtéin que, depois de passar pela humilhação de ter de reconhecer publicamente os "erros" cometidos na segunda parte do grandioso *Ivan, o Terrível* (1944), em que a descrição do tsar lembrava incomodamente o totalitarismo stalinista, foi posto à margem da indústria cinematográfica e morreu amargurado, em 1948.

Tendo "resolvido o problema" da literatura e do cinema, Stálin decidiu voltar-se para a música. Guiava-o um memorando preparatório de Dmítri Shepílov, "Sobre as Falhas no Desenvolvimento da Música Soviética"[12], que chamava a sua atenção para os "sérios erros políticos" que estavam sendo cometidos, principalmente no campo da ópera. Para ele, a *Oitava* e a *Nona* de Shostakóvitch, e *Guerra e Paz*, de Prokófiev, eram

destituídas de conteúdo social claro e de natureza profundamente subjetiva. [...] [Ambos] usam, consciente e intencionalmente, as formas complexas e abstratas da música não-textual, permitindo que elas estejam livres de exemplos concretos da realidade soviética. (...) É sabido que a ópera e outras formas democráticas sempre mantiveram uma posição de liderança na música russa. Depois do fracasso da *Lady Macbeth*, Shostakóvitch parou de trabalhar com a ópera; Prokófiev escreveu seis sinfonias, muitas sonatas, umas poucas canções mal-sucedidas, e apenas uma ópera, *Guerra e Paz*, se não levarmos em conta o fracasso de *Semión Kotko*.

Shepílov ignorava ostensivamente *O Anjo de Fogo, O Amor de Três Laranjas, O Matrimônio no Convento*, grandes títulos do Prokófiev operista, que nada têm a ver com o bizarro conceito de "ópera com significado social".

Khatchaturián, presidente do Comitê Organizador da União dos Compositores, tinha convocado, de 2 a 8 de outubro de 1946, uma assembléia plenária preventiva, em que se lamentou a ausência do socialismo no teatro musical e a resposta insuficiente das formas instrumentais às necessidades estéticas da

---

12. Citado em *Tak éto bylo: Tikhôn Khrénnikov o vriêmeni i o sibiê* (As Coisas eram Assim: T. K. Sobre o seu Tempo e Sobre si Mesmo), uma série de diálogos com Viera Rúbtsova, publicados em Moscou em 1998.

classe operária. Shostakóvitch limitou-se a observar, fleugmaticamente: "Ainda estamos num período de desmobilização. A guerra mal acabou. A gente precisa de um tempo".

Mas todos eles trataram de contribuir, diligentemente, para o 30º. aniversário da Revolução, em 1947. Shostakóvitch com a *Cantata Patriótica "O Poema da Pátria"*, em que se limitava a costurar apressadamente, uns aos outros, hinos revolucionários de Aleksándrov, Atúrov, Dunaiévski, Muradéli e dele mesmo; mas a negligência com que o fez não escapou aos guardiães da ortodoxia, entre eles o jovem Tikhôn Nikoláievitch Khrénnikov, que ainda haveria de lhe criar muitos problemas.

Khatchaturián tomou ao pé da letra a missão de celebrar a glória stalinista, ao acrescentar quinze trompetes e um órgão à sua *Sinfonia n. 3*, de mau gosto colossal, estreada em dezembro de 1947. Mas até mesmo os ideólogos burocratas se deram conta de que ele tinha desandado a receita, e o fizeram embarcar na carrocinha dos formalistas. Prokófiev, que estava de olho no Prêmio Stálin, escreveu duas cantatas, *Trinta Anos: Poema Festivo* e *Floresce, Poderoso País*, com texto de Ievguêni Dolmatóvski, versificador oficial do culto à personalidade; e as estreou juntamente com a sua *Sinfonia n. 6*. Mas, em vez do prêmio, pregaram-lhe também a etiqueta de formalista.

Shostakóvitch foi outro a usar a versalhada de Dolmatóvski, sem muito efeito prático, nos ciclos de canções *opp. 86, 98* e *136*. Mas, por mais que os músicos se esforçassem, isso sempre parecia insuficiente e insatisfatório às autoridades. A lírica *Cantata Noturna: o Krêmlin à Noite*, de Miaskóvski, para soprano, coro e orquestra, por exemplo, foi aplaudidíssima na estréia, no Conservatório de Moscou, em 15 de novembro de 1947. Depois, foi massacrado pelos cães de guarda da ideologia, pois a música tinha colorido sombrio e tom trágico. Miaskóvski se esquecera de que, mesmo à noite, o Sol continuava a brilhar dentro do Krêmlin.

Finalmente, em 10 de fevereiro de 1948, veio o golpe de martelo temido, e ele se chamava "A Propósito da Ópera *A Grande Amizade*", de Vano Muradéli. Em *Velikaia Drújba,* o georgiano Vano Ilítch Muradéli imaginara homenagear seu conterrâneo Djugashvíli, com a história heróica de um herói georgiano pré-revolucionário. Mas cometera o erro crasso de fazê-lo demasiado parecido com Sérgo Konstantínovitch Ordjonikídze, companheiro de seminário de Iósif Vissariônovitch e seu amigo íntimo. Em 1921, Ordjonikídze pusera fim à efêmera tentativa de independência da Geórgia e, por isso, fora aclamado como herói revolucionário.

Mas em 1948 ele era tabu na URSS: anos antes, em 1937, numa de suas paranóicas campanhas de remoção dos presumíveis candidatos ao poder, que lhe pudessem fazer sombra, Stálin oferecera a Ordjonikídze a opção de suicidar-se, para não ser preso, torturado e executado. O prestígio que seu amigo adquirira, como membro do Comitê Central, o tornara perigoso (processo idêntico ao ocorrido com Serguêi Kírov, nos anos de 1930). Ordjonikídze concordou, desde que Stálin lhe prometesse poupar a sua família. O *Vójd* lhe deu essa garantia e, depois que Sérgo se matou, perseguiu impiedosamente sua mulher e filhos. Portanto, falar de Ordjonikídze era falar de corda em casa de enforcado.

Como já acontecera antes com a *Lady Macbeth*, a bomba de efeito retardado demorou a explodir. *Velíkaia Drújba* foi estreada em Stálino (atual Dónietsk), em 28 de setembro de 1947, e representada depois em mais de vinte cidades diferentes. O Bolshói investiu seiscentos mil rublos na montagem, levada à cena no dia exato do aniversário da Revolução. Stálin e Jdánov assistiram a uma récita privada, ficaram irritados com os "erros históricos" do libreto e, ao ditador, desagradou o uso insistente da *lezguínka*, de origem caucasiana, em detrimento de formas mais especificamente georgianas. O diretor do teatro, Iákov Leôntiev, morreu de um ataque do coração, dias depois de uma reunião com Jdánov, em que foi brutalmente censurado por ter encenado uma ópera em que os georgianos eram mostrados como opositores dos bolcheviques. Mas era apenas o início.

Em janeiro de 1948, setenta personalidades da vida musical foram convocadas a uma reunião na sede do Comitê Central, em que Jdánov desancou a ópera de Muradéli, por não ter dado suficiente destaque à cor local da música georgiana:

> A música não tem uma melodia sequer de que a gente consiga se lembrar. Ela não é "registrada" pelo ouvido do público. A enorme platéia de quinhentas pessoas qualificadas não reagiu a uma única passagem da ópera. [...] Mais deprimente ainda era a carência de melodia, a inadequação da expressão musical às emoções das personagens, as freqüentes passagens cacofônicas. [...] A orquestra é usada pobremente. A maior parte do tempo, só uns poucos instrumentistas são usados e, de repente, em momentos inesperados, toda a orquestra começa a berrar. Durante os momentos líricos, as percussões irrompem, enquanto as passagens heróicas são acompanhadas por música triste e elegíaca. E embora a ópera fale do povo do Cáucaso Setentrional, durante um período muito interessante de sua história, em que o regime soviético estava sendo implantado ali, a música nada tem a ver com o folclore dessa região.

Aquilo não passava, é claro, de um pretexto para o debate do conflito entre os "realistas" e os "formalistas" – termo vago, que os dicionários musicais da época, como o de Shtéinpress e Iampólski, definiam como "o culto da atonalidade e da dissonância, a adoção de combinações confusas, neuro patológicas, que transformam a música em cacofonia, em aglomerações caóticas de sons". Esse pecado mortal socialista foi a causa de comentários irônicos – de Shostakóvitch: "Botem um texto, a sua música tem conteúdo; tirem o texto, ela vira formalista" – ou de Prokófiev: "Formalista é tudo o que o povo não entende à primeira audição".

Mas, naquela reunião, o pianista Aleksandr Góldenvaizer, de 73 anos, denunciou, na música de Shostakóvitch e Prokófiev, as "notas erradas", que o "horripilavam" e nas quais via "o sinal da ideologia decadente do Ocidente – e mesmo do fascismo – em vez da ideologia sadia e natural da humanidade russa e soviética". E Khrénnikov acusou os críticos de "estarem a serviço dos cinco ou seis grandes, que corrompem a juventude". Ele se referia a Shostakóvitch e Prokófiev, Miaskóvski e Khatchaturián, Kabaliévski e Shebalín – acusados também por Isaak Dunaiévski e Vladímir Zákharov, autores de música ligeira, de "erguerem uma cortina de ferro entre o povo e eles".

Zákharov, ex-membro daquele grupo de músicos proletários que, no passado, tinha massacrado Rosláviets, demoliu a *Oitava Sinfonia* de Shostakóvitch que, "do ponto de vista do povo, não significa absolutamente nada". Quanto a Muradéli, foi em Shostakóvitch que ele tentou pôr a culpa:

> Eu não gostava de *Lady Macbeth*, na qual não há nem canto e nem sentimentos humanos. Mas todos à minha volta elogiavam essa ópera, dizendo que era uma obra de gênio e estimulando-me a imitá-la. O Partido dá as diretrizes políticas e ideológicas para a obra de arte, dizendo que ela tem de ser criada para o povo. Mas os compositores são impedidos de executar essas diretrizes pelos críticos, que lhe dizem: "A herança dos clássicos é boa, mas é tradicionalismo puro, não é contemporâneo. Nossos jovens estão sendo educados com um espírito errado". Nossos jovens têm medo de ser considerados fora de moda.

Essa declaração provocou a explosão de Shostakóvitch: "Se o camarada Muradéli escreveu uma ópera ruim, não foi por nossa causa; é porque ele não tem condições de escrever uma ópera boa".

Prokófiev agiu de forma abertamente provocatória. Conta Iliá Erenbúrg, em suas memórias, que ele caiu ostensivamente no sono e, durante o discurso de Jdánov, acordou perguntando, em alta voz, quem era esse homem que estava falando. A Matviêi Shkiriátov, do Comitê de Controle Partidário, que lhe chamou a atenção, Serguêi Serguêievitch respondeu, mostrando as medalhas que trazia na lapela: "Eu sou um laureado do Prêmio Stálin. Quem é o senhor para me dizer como me comportar?". Jdánov teve de intervir, para pôr fim ao bate-boca.

A resolução de 10 de fevereiro proclamava: "O Comitê Central considera que o fracasso da ópera de Muradéli deve-se a ele ter seguido a via formalista, estrada que já foi tão nefasta para a música soviética". E declarava-se "preocupado com os compositores que insistem em aderir à escola formalista e antipopular, que encontra a sua plena expressão na obra dos camaradas Shostakóvitch, Prokófiev, Khatchaturián, Shebalín, Popóv, Miaskóvski e outros, que carregam a marca das perversões formalistas, das tendências antidemocráticas, contrárias ao povo soviético e ao seu gosto artístico".

Uma semana de reuniões foi convocada na União dos Compositores, de 17 a 26 de fevereiro. Em sua autobiografia[13], o soprano Galina Vishniévskaia, mulher de Mstisláv Rostropóvitch, conta:

13. *Galina: a Russian Story* (Vishniéskaia, 1984)

Na sala lotada, Shostakóvitch estava sozinho numa fileira de cadeiras vazias. É um costume nosso: ninguém senta-se ao lado da vítima. Como numa execução pública. Era esse o caso, aliás. Com a diferença que, em vez de te suprimir, os carrascos têm a magnanimidade de te deixar vivo, mas te cospem na cara. Essa graça, você paga por ela tendo de ficar ali sentado ouvindo tudo o que te jogam na cara, e arrependendo-se de seus erros. Mas não basta arrepender-se deles interiormente: é preciso subir na tribuna e, batendo no peito, a alta voz, trair publicamente os seus ideais, agradecendo por isso ao Partido, ao governo e ao camarada Stálin.

Foi o que fez Dmítri Dmítrievitch. Quando se levantou e encaminhou-se para a tribuna, alguém lhe enfiou nas mãos um papel com um discurso já pronto, que lhe bastaria ler[14]:

Depois do célebre artigo de 1936, "Caos no Lugar de Música", o compositor fez esforços constantes para orientar a sua música por vias novas, e parecia-lhe até mesmo ter conseguido superar alguns equívocos do passado. Mas estava enganado. Voltou ao formalismo, falando uma língua estranha ao povo. Agora, ele vê claramente que é o Partido quem tem razão. No seu *Poema da Pátria*, ele estava animado das melhores intenções. Mas essa obra também não foi bem-sucedida. Agora, ele vai se empenhar, com mais zelo ainda, em encontrar o bom caminho, e agradece o Partido pela solicitude paternal que testemunha em relação aos artistas.

Nessa reunião, Khrénnikov surgiu como o pau-mandado de Jdánov. Em seu discurso, atacou Hindemith, Alban Berg, Krenek, Messiaen, até mesmo Jolivet[15] e Britten; e se concentrou em críticas à *Sagração da Primavera* e à *Sinfonia dos Salmos*, de Stravínski, que "carregam em si a marca da decadência". Não escaparam também as obras produzidas por Prokófiev, Shostakóvitch, Khatchaturián e Miaskóvski para os trinta anos da Revolução.

Mas a principal vítima, naturalmente, foi Shostakóvitch, de quem ele estigmatizou "a linguagem abstrata, a representação freqüente de idéias e de sentimentos estranhos à arte realista soviética, as convulsões expressionistas, os fenômenos neuróticos", acusando-o de "refugiar-se em esferas anormais, repelentes e patológicas". Para Khrénnikov, a obra de estudantes do Conservatório, como Guérman Galýnin, Aleksandr Tchugáiev e Borís Tchaikóvski, todos eles alunos de Shostakóvitch e por ele influenciados, eram "a prova do efeito destruidor e pernicioso do formalismo".

14. Contado por Daniíl Jitómirski em Na Puti k Istorítcheskôi Pravda (No Caminho rumo à Verdade Histórica), na *Muzykálnaia Jizn* n. 13, de 1988.
15. Curiosamente, uma das fotos do livro de Grigóriev e Plátek mostra-o, anos mais tarde, em companhia de Shostakóvitch, recepcionando Jolivet, quando o compositor francês foi convidado, pela União dos Compositores, a visitar a URSS.

O resultado dessa reunião foi ter-se convocado, para 19 de abril, o primeiro congresso plenário da organização[16], aberto com a proposta feita por Vassíli Solovióv-Siedôi – e aceita por unanimidade – de que o Politburo do PCUS, tendo Stálin à frente, fosse designado para a "presidência de honra". Depois de quatro dias de discursos cheios de banalidades, em que a lista dos "pecadores" aumentou sensivelmente, pois todas as repúblicas apressaram-se em pregar no pelourinho os seus criminosos, deixaram falar os acusados. Khatchaturián fez sua autocrítica, Prokófiev, Shebalín e Gavríil Popóv mandaram cartas em que reconheciam o bem fundado das opiniões do Partido. Miaskóvski simplesmente não apareceu no congresso. Chegada a vez de Shostakóvitch, ele disse:

> Ainda que seja penoso para mim ouvir a minha música sendo condenada e, principalmente, ouvir essas críticas vindas do Comitê Central, sei que o Partido tem razão, que o Partido só quer o meu bem e meu dever é procurar e encontrar as vias que me conduzirão a uma arte socialista, realista e próxima do povo. Não ignoro que essa via é árdua, que não me será fácil escrever de outra forma, e que isso não acontecerá tão rapidamente quanto eu o desejo e quanto, talvez, o desejam todos os meus camaradas. Mas não devo renunciar a buscar outras vias, pois sou um artista soviético e fui educado na União Soviética. Devo procurar o caminho que me levará ao coração do povo e hei de encontrá-lo.

Depois disso, Khrénnikov declarou que a obra de Shostakóvitch, "sinistra e neurótica", e a de seus companheiros formalistas, era "alheia aos interesses do povo soviético e inadequada para a execução pública", propondo que todas as suas gravações fossem destruídas e as partituras usadas para reciclar papel. O congresso se encerrou com a eleição de um novo comitê diretor – Borís Assáfiev na presidência; Khrénnikov como secretário-geral, assistido por Zákharov, Tchuláki, Biélyi e o tocador de balalaica Marián Kovál, inimigo declarado de Shostakóvitch. Os músicos "formalistas", de reputação mundial, tinham sido substituídos por "realistas" servis e populistas. Estava longe o Tikhôn Khrénnikov que, oito anos antes, escrevera no *Izviéstia*: "O pior inimigo da arte é a padronização, a abordagem estereotipada, a mediocridade e a complacência estéril"[17]. Surpreendeu apenas a inclusão de Assáfiev, musicólogo brilhante que, aos 74 anos e com a saúde abalada, nunca assistiu às reuniões e morreu menos de um ano depois. Um texto

---

16. Ao contrário do que diz Ian MacDonald em *The New Shostakovich* (MacDonald, 1991), ele não se realizou no momento das condenações e, sim, da tomada de decisões quanto às novas diretrizes, "psicografadas" por Khrénnikov.

17. Esta frase está no livro de Grigóriev e Plátek sobre Khrénnikov, publicado simultaneamente na URSS e nos Estados Unidos, em 1983. Nele, não há menção alguma a Stálin ou Jdánov e nem às perseguições da Khrénnikovshtchina. O compositor é apresentado como o "protetor exemplar dos músicos", o grande artífice das reabilitações de 1958 e, na legenda da foto da página 166, ele é descrito como "a generous man, dearly loved by his people".

divulgado[18] na época dava a entender que ele tinha virado a casaca. Mas esse texto teria realmente sido escrito por ele?

Assáfiev não foi substituído na presidência, e isso deixou Khrénnikov quarenta e três anos à frente da União, exercendo poder ditatorial. Numa entrevista de 1990 à revista *Ogoniôk*, o compositor Nikolái Bogoslóvski comentou: "Não há notícia de ninguém mais, em nosso país, que tenha ficado tanto tempo em um posto de comando". Universalmente odiado – Viktor Seróv e Andrêi Olkhóvski, em seus livros sobre Shostakóvitch, referem-se a ele como "o gênio do mal na música soviética" – Khrénnikov infernizou os últimos anos de vida de Prokófiev e nunca perdeu uma oportunidade de alfinetar Shostakóvitch. Em 1988, durante a *glásnost* do governo Gorbatchov, cobraram-lhe a perseguição furiosa a inúmeras vítimas; e ele se defendeu com a clássica desculpa de que estava obedecendo ordens, e sua família teria sofrido, se ele não o fizesse. No documentário *Shostakóvitch against Stalin: The War Sinfonies* – feito em 1997 por Larry Weinstein (lançamento em DVD pelo selo Philips) – Khrénnikov, entrevistado, desfia essa mesma ladainha que a realidade dos fatos já se encarregou amplamente de desmentir. Nascido em 1913, ela ainda estava vivo, aos 92 anos, quando este livro foi escrito.

Shebalín perdeu a direção do Conservatório de Moscou. Shostakóvitch foi demitido, por "incompetência profissional"(!), do cargo de professor, que só recuperaria em dezembro de 1961, e teve de voltar a trabalhar com trilhas sonoras para o cinema, para poder sustentar a família. Foi também obrigado a engavetar o *Concerto n. 1 para Violino*, e as *Canções sobre Poesias Populares Judaicas*, inoportunas numa época de anti-semitismo renovado – falaremos dessas peças mais adiante.

Segundo a imprensa da época, a resolução de 10 de fevereiro foi discutida nas fábricas, nos *kolkhózes*, nas empresas estatais. Por toda parte, "os trabalhadores debatiam ardorosamente esse decreto, pois milhões de pessoas simples uniam-se, em sua indignação, contra Shostakóvitch, Prokófiev e os demais formalistas". Curiosamente, um dos maiores propagandistas das diretrizes dessa resolução foi o próprio Muradéli, que queria, assim, desculpar-se publicamente. O mesmo Marián Kovál que, em 1940, tinha-se desmanchado em elogios à *Sexta Sinfonia*, publicou, nos ns. 2 e 4 de 1948 da *Soviétskaia Múzyka*, um caudaloso artigo para falar mal de toda a obra de Shostakóvitch, desde as *Danças Fantásticas*, que ele escrevera ainda menino, até a *Nona Sinfonia*. Até mesmo uma poeta respeitável, como Viera Inbér, declarou: "De um modo geral, gosto muito de música. Mas não consigo imaginar em que estado de espírito eu teria vontade de ouvir a de Shostakóvitch".

No Ocidente, só alguns emigrados russos perceberam com clareza o que estava acontecendo. As reações dividiram-se entre os liberais, perplexos com os

---

18. Também incluído no livro de Grigóriev-Plátek.

motivos que o Krêmlin teria para considerar condenável a obra de Prokófiev e Shostakóvitch, e a esquerda, convencida, àquela altura, de que Stálin e Jdánov tinham o direito de exigir de seus compositores "uma arte não-elitista, coerente com os objetivos socialistas". Para essa *intelliguêntsia* comunista européia e americana, soou exagerada e reacionária a advertência de George Orwell: "Se, daqui a dez anos, nós também tivermos de nos ajoelhar diante de alguém como Andrêi Jdánov, nós o teremos merecido"[19].

Mesmo na URSS era fácil não ter uma visão clara do que estava se passando. Apesar da opinião de sua amante, Olga Ivínskaia, de que Shostakóvitch não resistiria à pressão, Pasternák lhe enviou uma carta de apoio. E ficou muito desapontado – "Pelo amor de Deus! Se pelo menos eles soubessem ficar calados! Isso já teria sido um ato de coragem" – ao se dar conta de que Olga estava com a razão. O próprio Borís Leonídovitch, certamente esquecido das odes obsequiosas que dedicara a Stálin em 1936, haveria, um ano depois, de se encontrar na mesma posição, de joelhos diante do ditador, pedindo clemência por Ivínskaia, que tinha sido presa.

"Shostakóvitch estava como um lunático", contou a Elizabeth Wilson o violoncelista Mstisláv Rostropóvitch que, naquela época, tinha 21 anos. "Não conseguia dormir, bebia demais, era terrível. Essa foi a primeira vez que senti na carne os problemas do sistema soviético". Eram dias em que Maksím Dmítrievitch tinha de ficar empoleirado no galho de uma árvore, em frente de casa, armado de um estilingue, para espantar quem parasse para gritar insultos ou jogar pedras nas janelas do apartamento.

A partir desse momento, nota-se estranha dualidade no comportamento de Dmítri Dmítrievitch. De um lado, ele se fecha, reduz seus compromissos sociais – muitos de seus amigos já morreram, outros o evitam. Do outro, ele se mostra em público de uma forma como não fazia antes: assiste a reuniões, faz discursos previamente escritos para ele, assina manifestos e petições. Os acontecimentos de 1948 deixaram-no tão traumatizado, que ele permanece impassível diante do desaparecimento de obras suas das salas de concerto; das cartas que "trabalhadores conscientes" publicam, nos jornais, para censurá-lo; das aulas que dão aos alunos de música a respeito dos "inúmeros danos" que a sua obra causou à arte soviética.

É dessa época, composta "para a gaveta", uma obra corajosa: a cantata *Antiformalistítcheski-Rayôk*, para solistas, coro e piano, de conteúdo violenta-

Andrêi Jdánov, o encarregado do expurgo cultural.

---

19. Em *Writers and Leviathan*, março de 1948.

mente satírico[20]. A palavra russa *rayôk*, literalmente "pequeno paraíso", designa a torrinha, a última galeria do teatro. Encarapitado lá em cima, o espectador pode ver a comédia que se passa tanto no palco quanto na platéia. Mas a palavra designa também uma caixinha, comumente exibida nas feiras livres, dentro da qual, vistas através de uma lupa, desfilavam figuras geralmente pornográficas. A caixinha recebia o nome de "pequeno paraíso", porque uma das imagens mais comuns era a de Adão e Eva entregando-se a brincadeiras eróticas no Éden. Nos teatrinhos de feira da Idade Média, havia sempre a figura do *rayôshnik skomorókh*, o bufão que vinha mostrar ao público essas caixinhas cheias de figuras fesceninas. Numa carta de 1925 a um amigo, o jovem Shostakóvitch confessa que se sentia fascinado pelas tradições burlescas dos *skomorókhi*[21].

A idéia para a cantata vem da "sátira musical" *Rayôk op. 8 n. 2*, datada de 15 de junho de 1870, com texto e música de Mússorgski, em que ele satiriza críticos, compositores e os dogmas musicais de sua época. Dedicada a Vassíli Stássov, o mentor do Grupo dos Cinco, a *Rayôk* mussorgskiana divide-se nos seguintes movimentos:

- *Prólogo – Eu mesmo*: em que o autor, ao piano, mostra à platéia uma série de monstros marinhos;
- *Imitação de Haendel*, a partir de um tema do oratório *Judas Macabeu*, satirizando Nikolái Ivánovitch Zariémba, o diretor do Conservatório de São Petersburgo;
- *Valsa de Salão,* sátira ao conservadorismo do compositor Feofil Matviêievtch Tolstói que, como crítico, assinava com o pseudônimo de Rostisláv;
- *Uma das Peças*, brincadeira com o compositor e crítico Aleksandr Serguêievitch Fámintsyn que, naquela época, fora processado por Stássov e perdera (Mússorgski, aliás, odiava Fámintsyn: em 1869, na canção *Klássik*, ele já o fizera dizer "Iá zakliátyi vrag vsiekh novovviediênii" ("sou inimigo jurado de toda novidade");
- *Da Célebre "Rogneda"*, ridicularizando a ópera de Aleksandr Nikoláievitch Seróv, wagneriano de quatro costados;
- *Hino à Musa*, no qual os quatro retratados das canções anteriores se reúnem para celebrar a musa Euterpe, representação da princesa Ielena Pávlova, mecenas do Conservatório de São Petersburgo.

A cantata de Shostakóvitch vem acompanhada do subtítulo: "Um Guia para os Estudantes. A Luta das Tendências Realistas e Formalistas na Música".

---

20. Agradeço a Euro de Barros Couto Jr. pelas informações complementares constantes de sua dissertação de doutorado *Raiók – a Representação Musical do Pensamento de Chostakóvitch sobre o Formalismo e o Realismo Socialista* (Couto Junior, 2004), que ele gentilmente me cedeu.

21. Sobre o teatrinho ambulante dos *skomorókhi*, ver, *A Ópera na Rússia* (Machado Coelho, 2001).

Em *Testemunho*, Vólkov tinha se referido à existência dessa partitura, de que, àquela época, não se tinha notícia. Mas só em janeiro de 1989, o musicólogo Liev Liebedínski – que, em depoimento a Elizabeth Wilson, confessou ter ajudado Shostakóvitch a escrever o libreto – mandou a Mstisláv Rostropóvitch uma cópia de dezessete minutos, que parecia incompleta. Assim mesmo, ela foi executada em Washington, nesse estado de torso, com Rostropóvitch ao piano.

Em julho desse mesmo ano, a viúva de Shostakóvitch revelou que possuía mais um fragmento em seus arquivos. Valiéry Poliánski apresentou a versão integral de *Rayôk* em concerto (Leningrado, 25 de setembro de 1989). O Festival de Brighton, na Inglaterra, apresentou, em maio de 2002, a encenação feita por Borís Pokróvski, com a companhia do Moskóvskii Kámernyi Teatr. Para essa ocasião, o acompanhamento ao piano foi substituído por uma orquestração feita por Borís Tíshtchenko.

Uma nota do autor da música precede a partitura:

> Para a execução desta peça, são necessários quatro baixos solistas e coro misto. No entanto, a quantidade de executantes pode reduzir-se a um único baixo. O artista deve somente saber encarnar os outros, de modo que possa interpretar os quatro papéis. O coro dos músicos da platéia pode não estar presente, ou seja, toda parte dos músicos da platéia, que estão exaltados e dando risadas, e que fazem parte de passagens da ação desta peça, também pode ser desconsiderada.

Na reunião que se realiza no Palácio da Cultura, em janeiro de 1948, Stálin, Jdánov e Dmítri Trofímovitch Shepílov, um dos secretários do Comitê Central, presente à reunião na União dos Compositores, são caricaturados com os nomes de Iedynítsin (O Único), Dvóikin (O Segundo) e Tróikin (O Terceiro)[22]. O presidente da mesa anuncia que o discurso introdutório, sobre o tema "Realízm i Formalízm v Múzykie", será pronunciado pelo "muzykoviêd nómer odín, nash glávnyi konsultánt i muzykálnyi krítik, továrishtch Iedynítsin. (*Búrnie, prodoljítielnie aplodismiênti, pierekhódiashtchie v ovátziu*)" (musicólogo número um, nosso principal consultor e crítico musical, o camarada Único. [*Aplausos tempestuosos, transformando-se numa ovação*]).

Fica muito claro quem está sendo satirizado, quando, ao som da canção georgiana *Sulikó* – que todos sabiam ser a preferida do Paizinho –, Iedynítsin pronuncia um empoladíssimo e óbvio discurso:

---

22. Esses nomes, segundo comenta Laurel Fay, podem se referir também às notas que se recebia na escola; nesse caso, *tróikin* era a nota mínima para passar, *dvóikin* o sinal de que o aluno tinha sido reprovado, e *Iedynítsin* o fracasso total.

Realistítcheskuiu múzyku pishút národnie kompozítori, a formalistítcheskuiu múziku pishút antinárodnie kompozítori. Spráshivaietsa: potchemú realistítcheskuiu múziku pishút naródnye kompozítori, a formalistítcheskuiu múzyku pishút antinaródnye kompozítory? Naródnye kompozítori pishút realistítcheskuiu múziku potomu, továrishtchi, shto iavliáias por priródie realístami, oní niê mogút (*páuza*), niê mogút niê pisát múziku realistítcheskuiu. A antinaródnye kompozítori, iavliáias po priródie formalístami, niê mogút (*páuza*), nie mogút niê pisát múzyku formalítcheskuiu.

(Os compositores nacionalistas escrevem música realista e os compositores antinacionalistas escrevem música formalista. Pergunta-se: por que os compositores nacionalistas escrevem música realista e os compositores antinacionalistas escrevem música formalista? Os compositores nacionalistas escrevem música realista porque, camaradas, por natureza são realistas e não podem (*pausa*), não podem deixar de escrever música realista. E os compositores antinacionalistas são, por natureza, formalistas e não podem (*pausa*), não podem deixar de escrever música formalista.)

E a lengalenga prossegue nesse mesmo tom, suscitando do público um extasiado coro de agradecimentos. Em seguida, o presidente anuncia o discurso do musicólogo número dois, "imiéiushtchemu k tomú gólos i vozmójnost vokalizírovat" (que possui, para isso, a voz e a possibilidade de vocalizar). Jdánov, de fato, embora fosse musicalmente muito medíocre, tinha tomado algumas lições de canto, e vangloriava-se disso. Eis o que propõe Dvóikin:

Továrishtchi! Svóim vystupliêniem iá niê iméiu vvidú vnósit dissonánsy (*smiekh*) íli atonálnost (*smiekh*) v tiê mýsli, kotórie zdiés my slikháli. My, továrishtchi, triebúiem ot múzyki krasotý i izviáshtchestva. Vam éto strano? Da? Nu, koniétchno, vam éto stránno.

(Camaradas! Em meu discurso não tenho a intenção de incluir dissonâncias (*risos*) ou atonalismo (*risos*), nem nos pensamentos que aqui ouviremos. Nós, camaradas, precisamos é de música bonita e elegante. Isso, para vocês, é estranho? Sim? Bem, é claro que é estranho para vocês.)

E ele começa a cantarolar – "lá, lá, lá" – uma melodia "bela e elegante", como a imagina[23], e a repetir que aquilo deve, realmente, ser muito estranho para o público de músicos reticentes que tem à sua frente. Mas, continua:

A miéjdu tiem éto tak! Iá niê ogovorílsa! My stoím za krasívuiu iziáshtchnuiu múzyku. Múzyka niemelóditchnaia, múzyka nie estetítchnaia, múzyka niegarmônitchnaia, múzyka nie iziáshtchnaia, éto, éto... bormáshina! Ili, ili... muzykálnaia dushiegúbka... (*óbshtchii khokhót*). Vozliubím je priekrásnoie, krasívoie, iziáshtchnoie, vozliubím estetítchnoie, garmonítchnoie, mielodítchnoie, zakônnoie, polifônnoie, naródnoie, blagoródnoie, klassítcheskoie, ritmítcheskoie.

23. Essa melodia será retomada por Shostakóvitch, em 1959, na serenata de Borís, da opereta *Moskvá Tcheriômushki* (ver o capítulo "Um Interlúdio Alegre").

(Mas, nesse meio tempo, é isso! Não me enganei! Pagamos pela música bonita e elegante. A música não-melódica, não-estética, não-harmônica, não-graciosa é, é... como uma broca de dentista!, ou, ou... como uma máquina de tortura musical... [*risada geral*]. Gostamos mesmo é do que é maravilhoso, bonito, elegante, gostamos do estético, do harmonioso, do melodioso, legítimo, polifônico, nacionalista, nobre, clássico, rítmico.)

Vem, em seguida a parte que se refere diretamente às razões alegadas por Stálin para que *A Grande Amizade*, de Muradéli, não lhe agradasse:

Krômie tovô, továrishtchi, iá dóljien soobshtchít vam, shto v kavkázskikh óperakh doljná byt nastoiáshtchaia liezguínka, doljná byt nastoiáshtchaia liezguínka.

V kavkázskikh óperakh lezguínka
prostôi doljná byt i izviéstnoi,
likhôi, obýtchnoi, populiárnoi
i obiazátielno shikárnoi.
Oná doljná byt nastoiáshtchei
i tólko, tólko nastoiáshtchei.
Da, da, da, da, da, nastoiáshtchei
(*aplodismiênty, no biez vstavânia*).

(Além disso, camaradas, devo comunicar a vocês que, nas óperas caucasianas, deve existir uma lezguínka[24] moderna, bis. Nas óperas caucasianas, a lezguínka deve ser simples e conhecida, impetuosa, familiar, popular e certamente elegante. Tem de ser moderna e somente, somente moderna. Sim, sim, sim, sim, sim, moderna. [*Aplausos, porém sem se levantar*].)

Essa estrofe é repetida diversas vezes, zombando do hábito que tinha Jdánov de reiterar certos membros de frase, para enfatizar a idéia. Em seguida, é a vez de Tróikin. Dmítri Shepílov é, aqui, o escolhido como bode expiatório, porque Shostakóvitch não lhe perdoava a suprema prova de ignorância que dera, num dos encontros da União dos Compositores, ao pronunciar como Korsákov o nome do compositor Rímski-Kórsakov[25]. Liebedínski conta que Shostakóvitch achava Shepílov um imbecil por mutilar assim o nome super-conhecido do compositor da *Sheherazade*. Um dia, ele lhe perguntou, entre risadas: "Por que é, então, que Shepílov não pronuncia Boródin, ou Sérov, ou Táneiev?"[26]

Tróikin, aplaudido por apenas uma pessoa que, ao perceber estar batendo palmas sozinha, fica em silêncio, inicia o seu discurso:

24. Dança folclórica muito dinâmica, geralmente em ⁶/₈, comum a toda a região do Cáucaso.
25. Os próprios russos têm problemas com as tônicas muito variáveis dos nomes próprios. Tikhôn Khrénnikov provocou polêmica, uma vez, ao pronunciar, durante um programa de televisão, o nome proparoxítono de **Mús**sorgski como paroxítono: Mus**sórg**ski – a forma como, usualmente, o ouvimos erroneamente pronunciado no Brasil.
26. A pronúncia correta desses nomes é Borodín, Seróv e Tanêiev.

Továrishtchi! My dóljny byt kak klássiki. U nas vsiô doljnó byt kak u klássikov! Da!

Glinka, Tchaikóvski, Rímski-Korsákov,

vy ideálnyi, iziáshtchnyi, mílyi!

Glinka, Tchaikóvski, Rímski-Korsákov,

vy ideálnyi, krasívyi, zvútchny!

Glinka, Tchaikóvski, Rímski-Korsákov,

vy zadieváitie niéskolko strun.

Kak éto právilno, kak éto viérno!

Nash tcheloviék ótchen slójnyi orgánikum.

(*repete pedaços de frase*)

Poétomu, továrishtchi, nam nújnyi simfõnii,

poémyi, kvartiéty, kantáty, sonáty, sonáty, sonáty...

... sonáty, sonáty, sonátki moí,

razvesiôlye kvartiétki, kantátki moí.

Kalínka, kalínka, lezguínka moiá,

razsimfonia, poémka, siuítka moiá.

Ekh, Glinka, Dzerjínka, Tishínka moiá,

razkhriênovaia poémka, siuítka moiá...

(*repete com o coro*).

(Camaradas! Temos de ser como os clássicos. Temos tudo que os clássicos devem ter! sim! Glinka, Tchaikóvski, Rímski-Korsákov, vocês são ideais, elegantes, queridos... vocês são o calcanhar de Aquiles. Como isso é certo, é verdadeiro! Nosso homem é um negócio muito complicado. Por isso, camaradas, precisamos de sinfonias, poemas, quartetos, cantatas, sonatas, sonatas, sonatas... Sonatas, minhas sonatinhas, alegres quartetinhos, minhas cantatinhas. Kalínka[27], Kalínka, minha lezguínka, multi-sinfonia, poeminha, suitezinha minha. Ei Glinka, Dzerjínka, Tishínka meu, poema khrenínovo[28], minha suitezinha...)

O público, incitado pelo presidente da mesa, agradece a eles por sua imensa sabedoria. Tróikin adverte:

Bdítielnost, bdítielnost vsiegdá, viezdiê. Niê daváitie liubôi popítkie proniknoviêniu burjuáznoi ideólguii v nashu molodiój. [...] Nu, a iésli burjuáznie idiêi kto-nibúd vosprimiét, nadólgo tiekh búduem my saját i v lágueria usiliênovo rejíma pomieshtchát. Saját, saját! [...]) Velíkii Vójd nas vsiêkh utchíl i postoiánno govoríl: Smotrítie zdes, smotrítie tam, pust búdiet stráshno vsiem vragám.

(Vigilância, vigilância sempre e em toda parte. Não deixem de forma nenhuma a ideologia burguesa infectar a nossa adolescência. [...] Se houver alguém que aprecie as idéias burguesas, nós o poremos na prisão por um bom tempo, nós o colocaremos num campo de concentração com

27. *A Espinheira* é o título de uma canção popular russa muito conhecida.
28. O adjetivo khrenínovo é um neologismo zombando do nome de Tikhon Khrénníkov.

vigilância dobrada! [...] O grande Líder nos ensinou a todos e disse incessantemente: olhe pra cá, olhe pra lá, e que todos os inimigos morram de medo.)

E o coro repete a sua última frase: "Smotrítie zdes, smotrítie tam, pust búdiet stráshno vsiem vragám", e cai num debochado *cancan*, citado da opereta francesa *Les Cloches de Corneville*, de Robert Planquete, com o qual a cantata se encerra.

A capa do manuscrito diz que os autores do libreto e da música são desconhecidos; e uma nota de pé de página acrescenta: "Mas informações provenientes do Departamento de Segurança Musical dão conta de que eles estão sendo procurados, e garantem que serão encontrados". A nota do editor informa que a partitura foi achada numa lata de lixo pelo musicólogo P. I. Opostylóv – jogo de palavras com o adjetivo *postýlyi*, que significa "odioso". Opostylóv lembra imediatamente o verbo *opostýliet*, "tornar-se odioso para alguém". Detrás desse nome perfila-se, mal disfarçado, um membro do Comitê Central do PCUS, Pável Apostolóv, a quem Dmítri nunca perdoou as palavras muito ofensivas que ele disse a respeito de sua obra. Quando Apostolóv morreu, de um súbito ataque cardíaco, em 1969, durante a apresentação da *Sinfonia n. 14*, Mítia comentou: "É, a minha sinfonia deve ser realmente sombria, pois nem um membro tão elevado do Partido resistiu a ela".

O prefácio de *Antiformalista-Rayôk* é o comentário falsamente admirativo da reunião no Krêmlin e das declarações magistrais que ali foram feitas. O editor afirma que as palavras de Dvóikin sobre a graça melódica "constituirão o alicerce mais precioso da musicologia e da lingüística soviéticas". O posfácio é ainda mais delirante. Conta como Opostylóv caiu dentro de uma fossa séptica, da qual não conseguiram retirá-lo os funcionários do Ministério da Pureza Ideológica e do Serviço de Segurança Musical. São chamados uns lavradores, que olham lá para dentro e dizem: "Tem gente que é assim mesmo. A gente não consegue distingui-los da merda".

O humor escatológico, bem russo, dessa típica "obra de arte das catacumbas" – como diz Vólkov – mostra, por trás do Shostakóvitch que tem de sobreviver e que, temendo novas condenações, faz uma concessão atrás da outra, um Dmítri Dmítrievitch revoltado, que cospe todo o seu desprezo nessa cantata raivosa, apesar do perigo que representava, para ele, a simples presença desse documento dentro de suas gavetas. Alíssa Shebalína conta que, na última visita que fez a seu marido, já muito doente, Shostakóvitch tocou para eles a partitura de *Rayók*. E Vissariôn Shebalín lhe teria dito: "Rasgue e queime essa partitura pois, por uma coisa assim, você pode até ser fuzilado". Só não foi ainda possível determinar se *Rayók*, como deu a entender Liebedínski, foi composta em 1948, logo após o ataque de Jdánov, ou em 1957, como afirma Rostropóvitch.

Para conhecer *Antiformalistítcheski-Rayôk* há, no selo Triton, o álbum *Shostakovich: Songs*, contendo a gravação de Aleksêi Mótchalov, com a orquestra do Moskóvski Kámierny Muzykálnyi Teatr, dirigida por Anatóli Levín. Há um trecho da peça no documentário de Larry Weinstein, *Shostakovich against Stalin: the War Symphonies* (selo Philips).

Embora irritado com a *Nona Sinfonia*, que não celebrara a sua glória da forma apoteótica que esperava, Stálin não enquadrou Shostakóvitch imediatamente. Pelo contrário: à sua maneira insidiosa, recompensou-o, antes de puni-lo. Em maio de 1946, Dmítri foi chamado ao escritório de Lavrênti Béria – na época a mão direita do ditador – que lhe passou a informação. Iam ser-lhe dados um apartamento de seis cômodos em Moscou[29], uma *datcha* em Krátovo, um automóvel e sessenta mil rublos para mobiliar a nova casa. À observação de Shostakóvitch de que o dinheiro não era necessário, Béria reagiu irritado: "Mas é um presente! Se Stálin me desse um terno velho, eu agradeceria!". E obrigou-o a escrever uma carta de agradecimento ao Líder.

Essa carta, datada de 27 de maio de 1946, foi encontrada nos arquivos pessoais de Stálin e reproduzida por Leoníd Maksímenkov, no volume *Shostakovich and His World*, editado em 2004 por Laurel Fay. Esta carta, e a de 31 de janeiro do ano seguinte, confirmando que os favores prometidos foram concedidos, têm o caráter de "recibo", pois especificam soma por soma, presente por presente[30].

À recompensa, haveria de se seguir a humilhação. Em fevereiro do ano seguinte, Shostakóvitch foi chamado ao escritório do secretário de Stálin, Aleksandr Poskriebýshev, que leu para ele, como para um aluno rebelde convocado ao gabinete do diretor da escola, a resolução partidária sobre a música, num tom de quem quer adverti-lo que – agora que ele acabava de ser premiado – redobrava a necessidade de seguir atentamente aquelas instruções.

A técnica stalinista de desnortear as suas vítimas, para mantê-las vulneráveis, era impecável. No auge das acusações feitas a Shostakóvitch por seus "desvios formalistas", o *Pravda* elogiou profusamente o "realismo" de sua trilha para o filme *A Jovem Guarda*. Semanas depois, ele foi nomeado Artista do Povo da República Russa (o mesmo título fora conferido a Prokófiev, pouco depois de a *Sexta Sinfonia* ter sido demolida por Jdánov).

---

29. Tratava-se de dois apartamentos contíguos, com entradas separadas, no prédio da Mojáiskoie Shossiê pertencente à União dos Compositores.

30. As pesquisas de Maksímenkov, com base em documentos guardados no Arquivo do Estado Russo de História Sociopolítica, foram publicadas em *Kremliêvskii Kinoteatr* (Cinema e Teatro no Krêmlin), publicado pela editora Rosspen, de Moscou, em 2005, e podem ser acessadas em http://idf.ru/15/doc.shtml.

A etapa seguinte, nos planos de Andrei Jdánov de assegurar a primazia da ciência soviética, era presidir o congresso da Academia Soviética das Ciências Agrícolas. Como preparação para isso, estava sendo feito um filme sobre a vida do horticulturista Ivan Mitchúrin, cuja trilha fora encomendada a Shostakóvitch. Mas Jdánov morreu de repente, em 31 de agosto de 1948 – há suspeitas, não confirmadas, de que tenha sido envenenado a mando de Stálin, ou de Malénkov. A liderança do congresso foi assumida por Trofím Lyssénko, o biólogo cujas teorias respondiam ao desejo stalinista de criar um Novo Homem. Lyssénko baseava-se em dois princípios, interpretados da maneira mais fantasiosa:

• a teoria pavloviana do condicionamento, segundo a qual seria possível esvaziar o homem, mediante o isolamento e o medo, de sua personalidade individual, preenchendo-o novamente com pensamentos e reflexos aprovados pelas autoridades (estamos em pleno domínio do *1984*, de George Orwell);
• e a teoria disparatada de Mitchúrin de que as características adquiridas são transmissíveis – isto é, as mudanças experimentadas por um determinado organismo seriam herdadas por seus descendentes.

O fato de que isso contradizia todas as leis da genética não importava nem um pouco a Lyssénko. Ele estava pronto a afirmar que a idéia de hereditariedade nada tinha a ver com genes e cromossomas, pois essas eram "concepções imperialistas" e, portanto, só os "lacaios do imperialismo americano" ousavam defendê-las. Além de fazer da ciência russa o objeto de chacota de todo o mundo científico internacional, o "mitchurinismo" fez a pesquisa científica soviética retroceder em várias décadas. O resultado prático da imposição dessas tolices aos biólogos e agrônomos foi um fiasco de proporções gigantescas no desempenho agrícola do país, com as conseqüências que se sabe: crise no abastecimento; a necessidade de importar alimentos; mais "inimigos do povo" responsabilizados por essa "sabotagem"; novos expurgos, processos, condenações, execuções, remoções para o Gúlag.

Quando a notícia da morte de Andrêi Jdánov chegou ao Ocidente, o poeta comunista francês Louis Aragon fez seu elogio, na revista *Lettres Françaises* de 9 de setembro de 1948, saudando nele "o olhar que vê longe e mergulha muito adiante, a mão que se estende para socorrer os intelectuais franceses, ajudando-os a sair de suas contradições, das névoas em que se debatiam". Toda uma parte da intelectualidade européia apoiava cegamente, dessa maneira, aquilo que, em seus próprios países, teriam considerado um ataque intolerável à liberdade do artista e da criação. Essa intelectualidade deixava-se iludir não apenas sobre o conteúdo ideológico e estético das diretrizes oficiais stalinistas, mas também sobre uma realidade mais sórdida: a de um acerto de contas que permitia a artistas medíocres tomar o poder nas Uniões de escritores, compositores, cineastas, aproveitando de todos os privilégios ligados a essa função, e dando-se o direito de demitir um artista como Shostakóvitch de seu posto de professor no Conservatório, por considerá-lo "incompetente". Assáfiev e Jdánov desapareceram, mas Khrénnikov ficou e, com ele, as coisas não foram nem um pouco melhores.

13.
Fazendo Concessões

> *I always carry one end of a banner in the processions.*
> *I always look cheerful and I never shirk anything.*
> *Always yell with the crowd, that's what I say.*
> *It's the only way to be safe.*
>
> GEORGE ORWEL[1]

Uma das obras mais comoventes de Shostakóvitch é fruto do acaso. No mostruário de uma livraria, ele encontrou, em agosto de 1948, as *Canções Populares Judaicas*, recolhidas e traduzidas por I. M. Sokolóv. Pensando em descobrir o folclore judeu, que conhecia imperfeitamente, comprou o volume, para descobrir que, nele, havia apenas a tradução em russo dos textos, originalmente escritos em iídiche, de canções tradicionais dos judeus russos – que o comoveram profundamente.

O primeiro contato de Dmítri com a música folclórica judaica ocorrera no início de 1948, quando ele foi convidado a participar da banca que julgaria, no Conservatório de Moscou, a tese do musicólogo Môishe Bieregóvski – que, em 1938, compilara e publicara, na Alemanha, uma coleção de *Yiddische Volks-Lieder*. Essa edição tinha sido destruída pelos nazistas, no início da campanha anti-semita. Bieregóvski a reconstituíra e, depois da guerra, a apresentara como tese de doutorado. Pouco depois, Bieregóvski caiu em desgraça, em Kíev, e Shostakóvitch o convidou a hospedar-se em seu apartamento, em Moscou, até conseguir a rescisão da ordem de prisão que havia contra ele[2].

"O caráter distintivo da música judaica", escreveu o compositor a um de seus amigos, nessa época, "é a capacidade de construir uma melodia muito alegre a partir de entonações muito tristes. Por que é que o homem canta uma

---

1. "Sempre carrego uma ponta da faixa nos desfiles. Sempre pareço alegre e nunca recuso nada. Sempre grite junto com a multidão, é o que eu digo. É a única maneira de estar a salvo". George Orwell, em *1984*.

2. Essa informação foi dada a Elizabeth Wilson por Rafiil Matvêievitch Khôzak, da comunidade judaica da Lituânia, a quem Shostakóvitch ajudou nessa mesma época.

melodia alegre? Porque está triste no fundo do coração". Em *Testemunho*, também, Vólkov lhe atribui estas palavras:

> A música folclórica judaica sempre me impressionou muito. Ela é multifacetada, pode parecer alegre quando, na realidade, é trágica. Quase sempre é riso através das lágrimas. Essa qualidade da música judaica está muito próxima da minha concepção do que a música deve ser. Deve sempre haver duas camadas na música. Os judeus foram atormentados por tanto tempo, que se acostumaram a esconder seu desespero. Expressam esse desespero em música dançante.

"Deve sempre haver duas camadas na música". Essas palavras foram ditas pelo autor do final da *Sexta*, do *scherzo* da *Sétima*. Tão semelhantes são a ambigüidade da música judaica e a inclinação trágico-satírica de Shostakóvitch, que isso explica a presença de elementos judeus inequívocos até mesmo em obras como o *Trio n. 2*, o *Concerto n. 1 para Violino* ou o *Quarteto n. 4*, não diretamente relacionadas com a questão anti-semita. Foi essa a origem do ciclo de canções para soprano, contralto, tenor e piano baseado nos poemas recolhidos por Sokolóv. Embora desigual, ele é uma das obras mais pessoais de Shostakóvitch.

As *Canções Extraídas de Poemas Judaicos* foram escritas num momento em que os ataques recebidos o dissuadiam de compor para a execução pública. As oito primeiras são de agosto de 1948. Shostakóvitch as escreveu em Kellomäki (depois rebatizada Komarôvo), na fronteira com a Finlândia, onde havia uma casa de repouso pertencente à União dos Compositores. Liga-as diretamente à tradição mussorgskiana o lirismo impregnado de tristeza com que são tratados poemas que falam das duras condições de vida das famílias judaicas, em tempos já passados:

• *Platch ob umiertchóm mladiêntse* (Lamento para a Morte de uma Criancinha), o lamento pelo pequeno Môishele, é perpassado pelo sentimento trágico, mas conformado, de um povo acostumado à perda freqüente de crianças;
• *Zabótlivie máma i tiôtka* (A Mãe e a Tia Pensativas) refere-se à falta de comida nas localidades muito pobres; as duas mulheres pedem a um paizinho que traga, para a aldeia, maçãs, frangos, patos, sementes, para que elas possam matar a fome das crianças;
• *Kolybiélnaia* (Canção de Ninar) – vendo seu filho dormir, a mulher, insone, se lamenta porque o marido foi preso, mandado para a Sibéria, e ela está na miséria;
• *Piéred dolgôi raslúkoi* (Antes de uma Longa Separação) – relembrando os momentos idílicos do início de seu namoro, a mulher dirige-se a Abram, de quem vai ter de se separar – talvez porque ele tenha sido preso – e pergunta-lhe:

Kak nam jit tipiér?
Iá biez tibiá, ty biez miniá,
oy, kak biez rútchki dvier!

(Como vamos viver agora? Eu sem você, você sem mim, como uma porta sem maçaneta).

• *Priedostiriéjnie* (Advertência) – Por trás da advertência à menina Khásia de que não vá passear com qualquer um, pois poderá se arrepender no dia seguinte, há, no texto original, a tradicional preocupação da comunidade fechada em manter-se arredia à presença do *goy* (o não-judeu) entre eles; mas é possível também que Shostakóvitch use esse texto para fazer uma referência indireta à realidade de um país em que até falar, na rua, com desconhecidos era perigoso;
• *Piésnia o nújdie* (Canção da Miséria) – as imagens dessa canção – o bode esfomeado que come a palha com que está recoberto o telhado da choupana; o menino a quem a mãe só tem pão mofado a dar; a aranha que tece a teia da infelicidade – traçam um retrato doloroso da pobreza no interior da Rússia;
• e *Zimá* (Inverno) – cantada pelo trio, com a qual o ciclo originalmente se encerrava; o texto não poderia ser mais claro: ouvindo a descrição dos ventos gelados, sentimos toda a tragédia de um povo imobilizado pelo medo; talvez, em algum momento, esse país tenha esperado que, depois dos horrores da guerra, os valores da vida humana retornassem; mas temos a certeza de que toda esperança foi em vão, ao ouvir os últimos versos:

Viernúlis i stúja i viéter,
niet síly tierpiét i moltchát.
Kritchítie je, plátchtie je, diéti,
zimá vorotílas opiát.

(O frio forte e o vento estão de volta, não temos mais forças para suportar nos calando. Gritem, chorem, crianças, o inverno voltou uma vez mais).

Dois meses mais tarde, foram escritas três outras canções, de tom totalmente diferente, que não têm a mesma qualidade artística das demais. A mais banal é *Khoróshaia jizn* (A Boa Vida), uma romança glorificando o trabalho no campo, em uma fazenda coletiva. A Dmítri terá certamente ocorrido, no decorrer da composição, a idéia de dar ao ciclo uma "solução otimista", de modo a torná-lo aceitável para a crítica. Porém, numa das típicas tiradas de "linguagem cifrada" de Shostakóvitch, antes de cantar "Iá v svoiôm kolkhózie stchastlíva" (Estou feliz no meu kolkhóz), a cantora pede:

Tólko, dúdotchka, niê plakát!
Proshlúiu zabúd pietchál
i puskái tvôi napiévy/ mtchátsa v láskovuiu dal.

(Apenas, gaitinha, não chore! Esqueça a velha tristeza. Que as tuas melodias corram pela amorosa distância.)

E a gaitinha, representada pelo oboé, tendo compreendido qual é o seu dever, lança-se em uns quinze compassos *accellerando*, em que se esforça para assumir um tom de regozijo. Essa nota de alegria forçada traz-nos à mente o ambíguo final circense da *Sexta Sinfonia*.

O ciclo, agora com onze números, foi terminado no dia 24 de outubro, com um final otimista: a canção *Stchástie* (Felicidade). Talvez haja algo de veladamente irônico em nos fazer ouvir: "I vsiêi straniê khotchú proviedát ia/ pó rádostnyi jrébyi môi" (E a todo o país quero dar o testemunho de minha ventura e de minha brilhante sorte) — num momento em que ainda ecoam em nossos ouvidos os lamentos desse povo sofrido. Mas uma coisa é certa: naquele momento, Shostakóvitch encontrava-se numa encruzilhada, dividido entre a fidelidade a seus ideais artísticos e a necessidade de atender às exigências do poder.

Ter usado a realidade judaica russa como a forma de abordar o tema do homem comum — freqüente na obra de clássicos como Gógol, Dostoiévski e Mússorgski, que não podem ser descritos como filo-semitas — era uma decisão ousada, pois colocava Shostakóvitch em rota de colisão com o anti-semitismo, que sempre foi muito entranhado na Rússia. Desde os tempos imperiais, os judeus russos tinham quotas restritas nas instituições de educação superior, e *pogromim* regulares varriam o país – tanto que, no final do século XIX, dois milhões de judeus russos emigraram para os Estados Unidos, e muitos deles vieram para países como o Brasil.

A situação melhorou um pouco, após 1917, com a vitória dos bolcheviques, que tinham eminentes judeus entre seus líderes: Trótski, Kamenióv, Zinovióv. O anti-semitismo foi proibido, a literatura e o teatro iídiche puderam circular, embora as atividades sionistas continuassem banidas. Mas em 1929, Stálin "liberou os judeus de suas responsabilidades como membros do Politburo", o que gerou uma piada da época: "Qual é a diferença entre Moisés e Stálin? Moisés levou os judeus para fora do Egito e Stálin os levou para fora do Politburo".

O anti-semitismo stalinista sempre foi uma questão de conveniência. Ele podia manter no Politburo um membro como Lazár Kagánovitch, para tampar a boca de quem o acusava de discriminação; ou publicar um artigo como "O Anti-semitismo"[3], no *Pravda*, em 1936, condenando o preconceito: "O chauvinismo nacionalista e racial é uma relíquia dos costumes predatórios característicos do período do canibalismo. O anti-semitismo como a forma mais extremada do chauvinismo racial é a forma mais perigosa de canibalismo".

---

3. Citado em *Táinaia Polítika Stálina* (Política Secreta de Stálin), de Gueórgui Kostrytchénko, publicado em Moscou em 2001.

Mas podia, também, de uma hora para a outra, se isso conviesse a uma política momentânea que exigia mais ênfase no nacionalismo, desencadear nova campanha contra a infiltração dos "não-russos" nos mais diversos setores da vida nacional. Durante a guerra, é claro, esse nacionalismo hidrófobo ganhou uma força enorme. Gueórgui Kostyrtchénko, que fez estudos muito importantes sobre os documentos recentemente revelados dos arquivos stalinistas[4], menciona um memorando secreto de 1942, do *agitprop* do Comitê Central do PCUS, intitulado "Da Seleção e Promoção dos Quadros Diretores nas Artes". Ele expressava preocupação com o fato de as principais atividades artísticas – em especial no Teatro Bolshói e nos conservatórios de Moscou e Leningrado – "estarem nas mãos de não-russos".

Shostakóvitch, vindo de uma família de idéias progressistas, para a qual qualquer forma de discriminação era inadmissível, sempre teve horror ao anti-semitismo. Em 27 de novembro de 1938, numa reunião da Filarmônica de Leningrado, ele fez um protesto contra a perseguição aos judeus na Alemanha. E, desde o *Concerto n. 1 para Piano*, tornaram-se cada vez mais freqüentes as obras em que cita temas de sabor judaico. Eles apareceriam também em obras posteriores: os *Prelúdios e Fugas para Piano*, os *Quatro Monólogos* sobre poemas de Púshkin. A imagem do judeu como raça perseguida assume, para ele, um valor simbólico com o qual vai se identificar – e que terá seu ponto culminante, anos depois, no primeiro movimento da *Sinfonia n. 13*.

A composição das *Canções Judaicas* foi muito marcada por um fato ocorrido em 12 de janeiro de 1948. Naquele dia, o grande ator judeu Sólomon Míkhoels foi atropelado por um caminhão, em Minsk, a capital da Bielorrússia, onde estava a serviço do Comitê para o Prêmio Stálin, no qual era responsável pela seção de teatro. Não houve testemunhas e as autoridades municipais afirmaram ter sido um acidente. Mas documentos divulgados por Kostyrtchénko comprovam ter-se tratado de um assassinato ordenado por Stálin, descontente com o prestígio que esse "não-russo" adquirira. Artista do Povo da URSS e Prêmio Stálin de 1946, Míkhoels fora presidente do Comitê Judaico Antifascista, encarregado de arrecadar, com a comunidade judaica internacional, ajuda para o esforço de guerra soviético. Para isso, fora mandado em 1943 aos Estados Unidos, e levantara milhões de dólares para o seu país. Mas, em sua paranóia, Stálin via, nos contatos que o ator fizera com a elite intelectual do Ocidente, a prova de uma conspiração urdida pelo judaísmo contra a URSS. Em seu vocabulário político, a palavra "gratidão" não tinha absolutamente nenhum significado.

4. Além da *Táinaia polítika Stálina* mencionada na nota precedente, também *V Pliênu u Krásnovo Faraôna* (Na Intimidade do Faraó Vermelho), de 1994.

Entrevistada por Elizabeth Wilson, a filha do ator, Natália Vóvsi-Míkhoels, casada com o compositor Môishe Váinberg[5], contou o que aconteceu no dia em que Shostakóvitch recebeu a notícia da morte de Míkhoels. Era 13 de janeiro, o dia em que Jdánov fez, na reunião do Comitê Central, o discurso condenando os formalistas e os individualistas e pessimistas:

> A notícia da morte de Papai chegara aquela manhã, e estávamos arrasados. As portas do apartamento estavam abertas e uma interminável fila de gente perplexa e assustada entrava e saía em silêncio. Andávamos entre eles sem conversar com ninguém. De repente, ouvi chamarem meu nome. Ao ver Dmítri Dmítrievitch, fui até ele. Em silêncio, ele me abraçou e a Môishe, depois foi até um canto da sala e, de costas para todo mundo, disse baixinho, mas de maneira nítida: "Como eu o invejo...". Não disse mais nada, mas pareceu ficar pregado ali, nos abraçando. Só mais tarde eu soube o que lhe acontecera naquele dia. Mas, embora não a tivéssemos mais mencionado, nunca esqueci essa frase de Dmítri Dmítrievitch.

A morte de Míkhoels assinala o início de uma nova campanha anti-semita, que cresceu assustadoramente até a morte de Stálin: jornais e teatros judeus foram fechados; organizações foram dissolvidas; o número de prisões aumentou. Houve protestos, sim: o microbiólogo ucraniano Nikolái Gamaliêia escreveu a Stálin uma carta em que dizia: "O anti-semitismo não vem de baixo, das massas, que não têm hostilidade nenhuma contra os judeus; está vindo de cima, de alguém que ocupa, na liderança do Partido, alguma posição de muita importância". Se Gamaliêia não foi punido, deve ter sido porque, a essa altura, já tinha noventa anos. Mas poucos tiveram essa coragem.

Nessas circunstâncias, a divulgação das *Canções Extraídas da Poesia Popular Judaica op. 79a* teria sido muito perigosa. Ao voltar de Kellomäki para Moscou, Shostakóvitch tocou-as para o soprano Nina Dorliák, e seu marido, o pianista Sviatosláv Richter, que ficaram muito comovidos com elas. Houve uma apresentação privada, em casa de Shostakóvitch, em 25 de setembro de 1948, dia de seu 42º aniversário. Além de Dorliák e Richter, participaram o contralto Tamára Yánko e o tenor Nikolái Bielúguin. Mas o projeto de expor o ciclo à aprovação de seus colegas, na União dos Compositores, foi cancelado. As *Canções Judaicas* só puderam ser estreadas mais de seis anos depois, após a morte de Stálin. O compositor, Dorliák, Zara Dolukhánova e Aleksêi Másliennikov as executaram no Conservatório de Leningrado, em 15 de janeiro de 1955. A versão orquestral foi ouvida pela primeira vez na cidade

---

5. Nascido na Polônia em 1919, Mięczyław Wejnberg estudou em Varsóvia com Turcziński e Zolotarióv; foi para a URSS em 1939, onde adotou o nome de Môishe Samuílovitch Váinberg. Foi muito amigo de Shostakóvitch, cujo estilo o influenciou de forma decisiva.

de Górki, em 19 de fevereiro de 1964. Rojdéstvienski regeu a Filarmônica local; Larissa Andrêieva, G. Pissariénko e Másliennikov foram os solistas.

O anti-semitismo foi sempre tão violento na Rússia que, até mesmo nas vésperas da criação desse ciclo, Shostakóvitch recebeu uma avalanche de cartas com ofensas e ameaças, acusando-o de ter-se "vendido aos judeus". Em sua biografia do compositor, Detlef Gojowy registra suas palavras, em março de 1964, ao colega Édison Denísov: "Mesmo tentando reagir filosoficamente a esse tipo de ataque, eu não podia imaginar que ele me perturbaria a esse ponto". Em 1948, ele tinha consciência que, da mesma forma que engavetara a *Quarta Sinfonia*, na época da *Lady Macbeth*, tampouco teria condições de fazer cantar agora essas canções judaicas. Elas foram fazer companhia ao *Concerto para Violino* e, em breve, também o *Quarteto n. 4* viria a seu encontro.

A cautela com a questão judaica era apenas um aspecto dentro de um quadro muito delicado da vida soviética no pós-guerra. A gestão desastrosa da agricultura tinha provocado racionamento de comida tão grave quanto durante a guerra. Protestar contra esse estado de coisas era impensável, ainda mais num momento em que a hegemonia stalinista estendia-se por todo o Leste europeu, desde que os comunistas tinham tomado o poder na Hungria, Polônia, Romênia, Bulgária e Iugoslávia. Processos e expurgos nos países satélites engrossavam a fila dos enviados para o Gúlag; e era cada vez mais intensa, em casa, a campanha contra os estrangeiros e tudo o que se associasse a eles. Uma das vítimas foi Lina Prokófieva, a esposa espanhola do compositor. Por ter entrado em contato com a embaixada americana em Moscou, na tentativa de conseguir dinheiro para ajudar a mãe, que estava passando necessidade em Paris, ela foi sentenciada a oito anos num campo de concentração, e o marido nunca mais a viu.

Nos próprios campos, o tratamento, cada vez mais rigoroso, estava provocando motins que não eram noticiados pela imprensa, e que eram ferozmente sufocados pelo exército. Para impedir que os fatos ocorridos no Gúlag chegassem ao conhecimento da população, era comum condenar a novas penas aqueles cuja sentença já terminara, para que não pudessem fazer, a seus amigos e parentes, o relato dos maus-tratos a que tinham sido submetidos no cativeiro. Uma dessas "repetentes" foi Ievguênia Guínzburg que, libertada em 1947, foi de novo presa, e condenada a mais dez anos. Mas ela tivera tempo de redigir um relato aterrador, *Dentro do Redemoinho*, que circulou em *samizdat*[6].

Depois de ter "resolvido" o problema das artes, a *Jdánovshtchina* estava se encarregando de assegurar a "primazia" da ciência soviética. Algumas dessas

---

6. Abreviatura de *sámoie izdátielstvo* (edição privada), cópias em carbono ou mimeógrafo de álcool, que circulavam de mão em mão.

tentativas eram simplesmente ridículas. Os jornais publicavam artigos reivindicando, para obscuros cientistas soviéticos, invenções feitas no Ocidente: o rádio, o telefone, a penicilina, o aeroplano. Isso dava origem a piadas, como a de dizer que a Rússia era o país onde tinham surgido os elefantes – embora a imprensa não tivesse recuado em afirmar que era russo o explorador responsável pela descoberta da Antártida.

Mas ninguém brincava com os expurgos de intelectuais promovidos por Jdánov. Num processo muito semelhante àquele a que assistiríamos na China maoísta, estava em curso, no pós-guerra, uma nova Revolução Cultural, que permitia a economistas, juristas, lingüistas e historiadores serem achacados, humilhados por seus alunos, forçados a sórdidas autocríticas públicas, repetindo o que acontecera na virada das décadas de 1920-1930, e de que os mais velhos ainda se lembravam. O retorno em ampla escala da repressão stalinista destruiu, do dia para a noite, a sensação de unidade criada pela guerra. Ao relembrar uma época em que as pessoas empilhavam travesseiros sobre os telefones, de medo que eles estivessem grampeados, Nadiêjda Mandelshtám escreve, em suas *Memórias*: "Ninguém mais confiava em ninguém. Em cada conhecido, via um possível informante da polícia. Parecia que o país inteiro estava sofrendo de uma mania de perseguição da qual nunca mais conseguiria se recuperar".

Por enquanto, o que Shostakóvitch podia fazer era escrever trilhas sonoras para filmes. As sete películas produzidas entre 1947 e 1953 caem em três categorias, que seguem à risca o receituário do Realismo Socialista:

• Biografias de personalidades políticas proeminentes: *Pírogov*[7] (1947), de Gueórgui Kozíntsev; *Mitchúrin*[8] (1949), de Aleksandr Dovjênko; *Bielínski*[9] (1953), de Grigóri Kozíntsev. A trilha desse último é particularmente elaborada, incluindo música pesquisada no álbum de canções folclóricas publicadas pelo etnógrafo Fiodóssii Rúbtsov; e dois imponentes números corais-sinfônicos – *Besêda moiá* (Meu Sofrimento) e *Síla naródnaia* (A Força do Povo) – utilizando textos do poeta Víktor Niekrássov.

---

7. O médico e anatomista Nikolái Pírogov foi o criador da moderna cirurgia militar, o primeiro a utilizar anestesia no campo de batalha, nas campanhas de que participou: a defesa de Sevastópol em 1854-1855, e a Guerra Franco-Prussiana, em 1870. Ele desenvolveu técnicas que atenuaram o sofrimento de soldados feridos, descritas em *Anatomia Topográfica do Corpo Humano* (1859) e *Técnicas Básicas da Cirurgia Militar Geral* (1864). Combateu também os preconceitos de classe na educação superior, para as quais reivindicou reformas democráticas.

8. O biólogo Ivan Mitchúrin desenvolveu, a partir das idéias sobre o condicionamento de Pávlov, as teorias que seriam aplicadas, de forma disparatada, por Trofîm Lyssenko. Ele recusava as teorias clássicas sobre a hereditariedade.

9. O dramaturgo Vissariôn Bielínski foi um pioneiro da crítica literária com base nas teorias socialistas.

- Filmes sobre a II Guerra Mundial: *Molodáia Gvardia* (A Jovem Guarda) em duas partes (1948), de Serguêi Guerássimov, baseado no romance de Fadêiev; e *Vstriêtcha na Élbie* (Encontro no Elba), de Gueórgui Aleksándrov (1949);
- Entre eles, *Padênie Berlína* (A Queda de Berlim), épico em duas partes (1950), de Mikhaíl Tchiaurélli, uma descabelada celebração do culto da personalidade, em que Stálin – interpretado por seu sósia, o ator Mikhaíl Guelovâni – é mostrado como o Grande Jardineiro, o Supremo Estrategista, e desce dos céus, no fim do filme, no aeroporto de Berlim, como um deus *ex-machina* salvador. A partitura é pomposa, com o uso de trechos corais altissonantes, sobre poemas de Ievguêni Dolmatóvski; Tatiana Iegorôva, em *Soviétskaia Kinomúzyka* (Música de Cinema Soviética), de 1997, chama-a de "lamentável, rígida e monótona, porque as possibilidades de desenvolvimento do tema da glorificação de Stálin eram limitadas"; mas é preciso reconhecer que os trechos descrevendo o amor do jovem Aliósha por sua namorada Natália possuem lirismo autêntico; e o trecho que descreve a aldeia russa devastada pelos alemães tem a força da *Sétima Sinfonia*. A cena final de *Padênie Berlína*, involuntariamente cômica, é mostrada no documentário de Larry Weinstein – *Shostakovich against Stalin* – já anteriormente mencionado.
- E um filme sobre a fantasiosa participação de Stálin na defesa do forte Krásnaia Gorká, em Petrogrado, em outubro de 1919, durante a Guerra Civil: *Niesabyváiemyi 1919 god* (O Inesquecível Ano de 1919), de Tchiaurélli (1952), baseia-se na peça homônima de Vsiévolod Vishniévski; é um filme que reflete nitidamente o esgotamento do cinema como instrumento do culto da personalidade, e a trilha sonora de Shostakóvitch também deixa perceber isso.

O "Bolo de Noiva" – o prédio da Universidade de Moscou.

Essa era a época dos chamados "projetos de prestígio" de pós-guerra, que davam grande visibilidade, no exterior, ao pretenso progresso da economia soviética – como o "Bolo de Noiva", o suntuoso prédio de 32 andares, sede da Universidade Estatal de Moscou, epítome da *kolossálnaia arkhitektúra* da Era Stálin. Mas esse desenvolvimento urbano mascarava um verdadeiro deserto cultural.

Essas "grandes realizações" do regime serão o tema da cantata *O Sol Brilha sobre a Pátria op. 90*, com texto de Ievguêni Dolmatóvski, ouvida em 6 de outubro de 1952, no sexto aniversário da Revolução de Outubro. De escrita simples e cantábile, essa peça é um catálogo de tudo o que o culto da personalidade exigia: idílica melodia em fá maior para coro infantil, símbolo da juventude confiante no futuro; ritmos de marcha celebrando o combate contra o fascismo; altissonantes fanfarras em homenagem às "altas estruturas que se erguem até o céu", às "usinas hidrelétricas que seguem a margem do rio, anunciando a nossa verdade". E uma coda no mais pomposo estilo oficial, fazendo soar o slogan "Comunistas, avancem".

A Mravínski, que nunca aceitara o seu ostracismo, Dmítri deveu a coragem de programar a *Quinta Sinfonia* para um concerto realizado em 7 de dezembro de 1948, numa demonstração de que ela não deixara de ser um clássico da música contemporânea soviética. Na sua biografia de Mravínski[10], Valerián Bogdánov-Berezóvski mostra o que isso significou, em termos de apoio moral, para um músico que, desde o início de 1948, vira as suas peças desaparecerem dos programas de concerto.

Nesse meio tempo, nos Estados Unidos, estava sendo preparado, para março de 1949, o Congresso Panamericano para a Cultura e a Paz. Por mais que, internamente, tivesse caído em desgraça, Shostakóvitch tinha um prestígio internacional que não podia ser esquecido, e seu nome foi incluído na delegação de sete membros que representaria a União Soviética. Mas ele recusou obstinadamente o convite. Nem o ministro da Cultura, nem o ministro das Relações Exteriores – na época, Viatchesláv Molotóv – conseguiram fazê-lo voltar atrás.

A história chegou aos ouvidos de Stálin que, um dia, ligou para Shostakóvitch e, num tom que não admitia réplica, expressou o desejo de vê-lo participar da delegação. Um ex-aluno, o compositor Iúri Abrámovitch Levitín, estava em sua casa, naquele momento, e assistiu à conversa[11]. Segundo ele, depois das formalidades de praxe:

houve um longo silêncio. Stálin estava falando e percebi que perguntava a Shostakóvitch se ele poderia ir aos Estados Unidos para o Congresso Panamericano .

– Claro que irei, se for realmente necessário, mas fico em situação muito difícil. Lá, quase todas as minhas sinfonias são tocadas, e aqui elas estão proibidas. Como devo proceder, nesse caso?

Aí, como já foi contado várias vezes, Stálin perguntou, com aquele seu pesado sotaque georgiano: "O que é que você quer dizer com proibido? Proibido por quem?"

– Pelo Glavrepertkom (a Comissão Estatal para o Repertório).

Stálin garantiu a Shostakóvitch que isso era um erro que seria corrigido; nenhuma das obras de Dmítri Dmítrievitch tinha sido proibida; elas todas podiam ser livremente executadas.

Como Shostakóvitch, na conversa com Stálin, tinha dito que não andava bem de saúde, este, demonstrando um cínico interesse, ofereceu-se para mandar-lhe os médicos do Krêmlin. De fato, o compositor foi procurado por uma junta médica do Kremliêvka, o hospital para os membros do governo. Tendo-o examinado, realmente concluíram que ele não estava bem. Tentando uma vez mais se desvencilhar, Dmítri ligou para Aleksandr Poskriebýshev, o secretário pessoal de Stálin; mas este lhe respondeu que não transmitiria o recado ao ditador. Shostakóvitch teria de ir aos Estados Unidos. E esperava-se dele que escrevesse uma carta ao Grande Líder, agradecendo as atenções com que fora cercado.

10. *Soviétski Dirijôr* (Um Regente Soviético), Muzguís, 1956.
11. Ele o cita no artigo V 1948 g. (No ano de 1948), escrito a pedido de Elizabeth Wilson. Versões levemente diferentes desse episódio são relatadas por Krzysztof Meyer e também por Sólomon Vólkov, tanto em *Testimony* (Vólkov, 1979) quanto em *Shostakovich and Stalin* (Vólkov, 2004).

Essa sempre foi uma atitude típica dos dirigentes soviéticos: nunca confirmar as proibições, as medidas repressivas, e fingir completa ignorância das injustiças infligidas aos cidadãos. Seja como for, em 16 de março, a Ordem n. 3197, do Conselho de Ministros da URSS, assinada pelo próprio Stálin, tornava sem efeito a decisão de 14 de fevereiro, do Glavrepertkom, de colocar na lista negra, eliminando-as dos programas de concerto, uma série de obras de compositores soviéticos; e repreendia esse departamento por "ter publicado uma ordem ilegal". Levitín acrescenta: "Essa foi a única vez, que eu me lembre, em que uma instituição, e não um indivíduo, foi repreendida pelo governo".

Não havia mais como recusar. Essa era a quinta viagem de Dmítri ao exterior – prova dos privilégios de que, em certas épocas, ele tinha desfrutado, num Estado que evitava, de todas as formas, os contatos de seus cidadãos com os estrangeiros. Antes da guerra, Shostakóvitch tinha estado na Polônia, Alemanha Oriental e Turquia. Em 1947, participara do Festival da Primavera de Praga: tocara em recitais de música de câmara, assistira ao sucesso triunfal de sua *Oitava Sinfonia* e fizera uma conferência sobre "A Vida e o Trabalho de um Compositor Soviético". Mas esta era a primeira vez que iria a um país ocidental de regime capitalista. Ele era o sétimo membro de uma delegação que contava também com os escritores Aleksandr Fadêiev e Piotr Pavliénko; os diretores de cinema Serguêi Guerássimov e Mikhail Tchiaurélli; o bioquímico Aleksandr Opárin e o físico Nikolái Rojánski.

No aeroporto La Guardia, de Nova York, esperavam-nos o escritor Norman Mailer e o compositor Aaron Copland. Os russos foram alojados na periferia da cidade, bem longe do centro, para dificultar seus contatos com as outras delegações. No segundo dia do congresso, que se estendeu de 25 a 27 de março, oito mil pessoas, da seção de música, poesia, pintura e dança, assistiram ao pronunciamento de Shostakóvitch: "A Função Pedagógica da Música na Sociedade Soviética". O *New York Times* de 28 de março publicou trechos desse discurso que, ao que tudo indica, foi escrito por outra pessoa para que ele lesse, pois está cheio de referências ao belicismo americano, à Guerra Fria, e à gratidão que o compositor sentia pelo Partido, por ter perdoado a sua traição ao alinhar-se com o campo reacionário dos modernistas.

Em *Old Friends and New Music*[12], o compositor Nicholas Nabókov[13] descreve o comportamento de Shostakóvitch durante a coletiva das diversas delegações, no Perroquet Room do Waldorf-Astoria:

> Eu estava na frente dele, tão perto que nossos joelhos quase se encostavam. Ao longo dessa tumultuada conferência, observei como as suas mãos torciam o filtro dos cigarros, como o seu rosto se

12. Nabókov, 1951.

13. O russo Nikolái Dmítrievitch Nabókov, primo do romancista autor de *Lolita*, que emigrou depois da Revolução e, em 1933, foi para os Estados Unidos, onde se naturalizou americano. Sobre a sua obra, ver *A Ópera nos Estados Unidos*, São Paulo, Perspectiva, 2004, da coleção História da Ópera, de minha autoria.

contraía e toda a sua postura traía intenso desconforto. Enquanto seus colegas soviéticos, à direita e à esquerda, pareciam calmos como Budas de lareira, a sua face sensível de homem terrivelmente tímido mostrava-se visivelmente perturbada. Senti, cada vez que acendi seu cigarro ou passei a ele um disco de um admirador americano, que ele queria que aquilo acabasse o mais depressa possível e estava se sentindo totalmente deslocado dentro daquele salão cheio de gente zangada e agressiva, pois ele não tinha sido feito para aparições públicas, reuniões, "missões de paz". A mim, ele dava a impressão de um homem que caíra em uma armadilha. Só queria que o deixassem em paz com a sua música e com o destino trágico ao qual ele, como a maioria de seus compatriotas, tinha sido forçado a se resignar.

Dois dias depois, Nabókov viu Dmítri Dmítrievtich novamente:

> Quando chegou a sua vez de falar, ele começou a ler, numa voz nervosa e trêmula, um discurso que, com o seu estilo *agitprop* padronizado, fora evidentemente preparado pelos "órgãos partidários". Por meio de seu porta-voz, o compositor Shostakóvitch, esses órgãos condenavam a maior parte da música ocidental como decadente e burguesa, pintavam as glórias da cultura musical soviética ascendente, atacavam o demônio Stravínski como o corruptor da arte ocidental e faziam aos "americanos progressistas" um apelo quanto à necessidade de lutar contra os reacionários belicistas dos Estados Unidos. Admitia ainda que o porta-voz, o compositor Shostakóvitch, tinha errado e pecado contra os decretos do Partido.

> Fiquei petrificado com esse espetáculo de degradação humana. Estava claríssimo o que eu suspeitava desde que soubera que Shostakóvitch participaria da delegação soviética: esse discurso fazia parte de um castigo, de um ritual de purificação pelo qual ele tinha de passar, se quisesse ser perdoado. Tinha de contar pessoalmente, a todos esses bobos reunidos no Waldorf-Astoria, e a todo o mundo burguês e decadente que gostava tanto dele, que ele, Shostakóvitch, o famoso compositor russo, não era livre, e sim uma ferramenta obediente nas mãos de seu governo. Segundo ele, cada vez que o Partido encontrou falhas em sua arte, o Partido estava com a razão; e cada vez que o Partido o colocou na geladeira, ele se sentiu grato, pois isso o ajudou a reconhecer essas falhas e erros.

Depois dessa coletiva, referindo-se aos artigos do *Pravda*, em que Paul Hindemith, Arnold Schoenberg e Igor Stravínski eram chamados de "obscurantistas, formalistas burgueses decadentes e lacaios do capitalismo", Nabókov perguntou a Shostakóvitch se estava de acordo com esse ponto de vista oficial:

> O desarvoramento pintou-se no rosto dos russos. O funcionário da KGB que estava sentado ao lado de Olin Downes [crítico do *New York Times*, presidente do encontro] murmurou distintamente: "Provokátsia!" O intérprete [também do KGB] sussurrou alguma coisa ao ouvido de Shostakóvitch. Este levantou-se, estenderam-lhe um microfone e, de olhos baixos, ele disse, em russo: "Estou perfeitamente de acordo com as declarações do *Pravda*.

As obrigações da delegação incluíam assistir a alguns concertos. Shostakóvitch ouviu, com a Filarmônica de Nova York, a *Abertura Trágica*, do polonês Andrzej

Panufnik, exilado em Londres, cujas partituras havia tempos desejava conhecer. E reencontrou Stokowski, um dos mais dedicados divulgadores de sua música. Foi também a um recital de música de câmara, em que ouviu pela primeira vez os *Quartetos ns. 1, 4 e 6*, de Béla Bartók. Ao lhe perguntarem o que achara, Dmítri respondeu: "É a primeira vez que ouço os quartetos de Béla Bartók. Do quarto eu não gostei nem um pouco. Mas o sexto é notável" (Krzysztof Meyer diz que, em 1968, a sua opinião era bem diferente: "Tem-se muito o que aprender com os quartetos de Bartók. Eles vão ficando cada vez melhores, de um para o outro").

Na sessão de encerramento, dezoito mil participantes reuniram-se no Madison Square Garden, e duas mil pessoas manifestaram-se, do lado de fora, contra a presença das delegações de países ditatoriais. Shostakóvitch recebeu um documento assinado por 24 compositores americanos, desejando que "a música pudesse forjar um laço entre os homens" e, no final da seção, foi muito aplaudido ao tocar, ao piano, o *scherzo* da *Quinta Sinfonia*. Havia dois outros concertos previstos com obras suas, em Washington e Nova York. Mas, terminado o congresso, as autoridades americanas exigiram que a delegação soviética se retirasse imediatamente do território dos Estados Unidos. A imprensa soviética reagiu furiosa, acusando os americanos de perseguição a todos os defensores da paz – alusão clara ao maccarthysmo, que já começava a sua caça às bruxas.

O ano de 1949 era muito tenso. A Guerra Fria ameaçava esquentar: a China continental aderira ao comunismo; havia fortes rebeliões de esquerda na Grécia e no Vietnã; apesar da criação da OTAN, demonstrações antiamericanas sacudiam a França e a Itália. Com o fracasso da conferência do Waldorf-Astoria, Stálin daria um golpe de propaganda com a Declaração de Estocolmo, em que pedia que fosse banida a bomba atômica. Abria, assim, uma nova frente de luta contra os Estados Unidos, a que aderiram figuras ilustres do mundo inteiro – entre elas Pablo Picasso, de quem ficou famoso o desenho da pomba como símbolo da "luta pela paz". Mas é dessa época também a piada surgida na Armênia: "Haverá a III Guerra Mundial? Não, mas a luta pela paz não há de deixar pedra sobre pedra".

A volta da delegação soviética para casa foi acidentada: um problema técnico obrigou o avião a parar dois dias em Reykjavik, na Islândia e, depois, em Estocolmo, em vez de Frankfurt. No artigo sobre essa viagem, que publicou na *Soviétskaia Múzyka* n. 5, de 1949, e em que há um relato bem-humorado de tudo o que lhes aconteceu, Dmítri conta:

> Os músicos suecos me acolheram com grande simpatia, mas fiquei num aperto danado quando me perguntaram qual era o compositor sueco que eu preferia. Pensei em dizer Svendsen, mas lembrei-me a tempo que ele era norueguês. Tive de confessar, honestamente, que não conhecia nada da música sueca. No dia seguinte, encontrei em meu quarto de hotel um pacote enorme de discos de compositores suecos, que ouvi, mais tarde, com grande interesse.

De volta à URSS, ele percebeu que sua culpa tinha sido aparentemente expiada, pelo menos o suficiente para que sua foto voltasse a aparecer nos jornais. As obras antigas continuavam na geladeira, apesar dos protestos de Stálin de que não as tinha proibido. Mas abrira-se o espaço para que ele apresentasse obras novas, desde que escritas num estilo "realista".

Uma noite, no fim de 1948, Dmítri viajou no mesmo trem com Ievguêni Dolmatóvski, o poeta que se tornara o "rouxinol do Imperador", celebrando as glórias de Stálin. Seja por qual motivo for, ele simpatizou-se com o poetastro e interessou-se pelo relato que este lhe fez da visita a uma região de reflorestamento. O Grande Plano Stalinista para Remodelar a Natureza, implementado em outubro de 1948, era um programa de quinze anos que visava a combater a seca, na parte sul da Ásia Central, com o plantio maciço de árvores.

Em *Rússia in My Life* (1966), Thomas Whitney, o adido agrícola da Embaixada dos Estados Unidos em Moscou, chamou isso de "loucura mansa": "Stálin estava convencido de que até o vento tórrido que sopra na Ásia Central, o temido *sukhoviêi*, haveria de se inclinar à sua vontade". Esse plano absolutamente impraticável, que não deu resultado nenhum, e no qual havia, naturalmente, o dedo de Trofím Lyssénko, foi mantido, a um custo faraônico, até a morte de Stálin. E abandonado imediatamente, assim que ele se foi.

Foi esse o ponto de partida para uma das mais típicas concessões de Shostakóvitch ao culto da personalidade: o oratório *Piesn o Liessákh* (O Canto da Floresta), composto em Komarôvo, entre julho e agosto de 1949, ao mesmo tempo que a trilha para o filme *Padênie Berlina* (A Queda de Berlim), de M. Tchiaurélli. *O Canto da Floresta*, em que muitos analistas ocidentais acreditaram ver a prova definitiva de que Shostakóvitch era um caso perdido, é a demonstração clara de que é possível, dentro de condições extremamente limitativas de trabalho, permanecer fiel a si mesmo. Dentro dessa peça tradicionalíssima, sobrevivem traços que são Shostakóvitch puro.

Há, em "Kogdá okontchílas voiná" (Quando a Guerra Acabou), com que a peça se inicia, um tom sombrio muito sincero, quase mussorgskiano, na evocação da terra devastada pelo conflito. O início da *Quinta* e da *Oitava* ecoa nos primeiros compassos do terceiro movimento, "Vospominánia o proshlóm" (Lembranças do Passado). E há, no recitativo do baixo, uma qualidade de declamação que o vincula ao *Borís Godunóv*. Existem passagens banais em "Pioniéry sajáiut liesá" (Os Pioneiros Plantam as Florestas) e "Stalingrádtsyi vikhódiat vpieriód" (Os Lutadores de Stalingrado Seguem em Frente), meras concessões à propaganda, reutilizando cânticos da Juventude Comunista, que Dmítri encontrara no jornalzinho da escola freqüentada por Galina.

Mas é autêntico o lirismo de "Búdushtchaia progúlka" (Um Passeio pelo Futuro), cantado pelo tenor e o coro infantil. E o *finale*, "Slava" (Glória), merece atenção especial. Era uma temeridade usar nele uma fuga, oficialmente encarada como o supra-sumo do "formalismo". Mas Shostakóvitch, invocando Glinka como modelo, construiu um vibrante movimento final, a partir de um tema folclórico, procedendo a uma interessante fusão entre esse material de origem popular e a mais rigorosa forma polifônica clássico-barroca. Partindo de um ritmo de marcação original, em ⅞, demonstra bom domínio da escrita contrapontística, mobilizando um grande efetivo vocal e instrumental. No texto de Dolmatóvski há coisas que, hoje, soam absolutamente bisonhas:

> Slava komandíram bítvy za priródu,
> slava brigadíru, slava polievódu,
> slava agrónomu, slava sadovódu,
> Stálinu rodnômu, i vsiemú naródu slava!
> Vzkhódit zariá Kommunizma! [...]
> Iésli b náshu sviátuiu Otchíznu
> mog Liênin uvídet seitchás!
> Viédiot okriliáiushtchi
> guiêni biezzaviétnikh i viérnikh sýnov –
> nash utchítel, nash drug i otiéts,
> polkovódiets velíkikh srajení,
> sadóvnik griadúshtchik sadóv.

(Viva o comandante da batalha pela natureza, viva o líder das brigadas, viva o cultivador dos campos, viva o agrônomo, viva o horticultor, viva o nosso Stálin querido, e viva todo o povo! [...] Se Liênin pudesse ver agora a nossa Pátria sagrada! O gênio inspirador guia seus filhos devotados e fiéis – nosso mestre, nosso amigo e pai, nosso grande comandante, o jardineiro dos vergéis que hão de vir.)

Mas a música, por mais conservadora que seja, é bem-sucedida em refletir os sentimentos do compositor diante da grandeza da natureza russa. E, por trás da fachada das louvações obrigatórias, o que o músico está celebrando é o espírito de resistência do povo russo que, semelhantes às árvores – *dieriévia vstaiút vielitchávo vózlie rússkikh torjéstviennikh riek* (as árvores erguem-se majestosamente à margem dos festivos rios russos) – há de sobreviver à tirania.

Era necessário submeter o oratório a uma comissão da União dos Compositores. O compositor Nikolái Peikó, que assistiu à reunião, contou o que aconteceu[14]:

Terminada a execução da peça, o compositor Vladímir Ferré perguntou: "Tendo em vista a evolução positiva que observamos no estilo de Dmítri Dmítrievitch, não seria o caso de retomar a transmissão de algumas de suas obras pelo rádio?". Khrénnikov replicou, imediatamente: "Não!

14. Citado em *Dimitri Chostakovitch* (Meyer, 1994).

Não se esqueçam de que Shostakóvitch faz parte do grupo dos formalistas e uma das características dessa gente é gostar mais de olhar para o próprio umbigo do que de olhar para o povo". A essas palavras, Dmítri desabotoou os últimos botões de sua camisa, como se o fizesse maquinalmente, e ficou contemplando o próprio ventre.

Juntamente com *Na Strájie Mira* (Em Guarda da Paz), com texto de Samuíl Marshák, que Prokófiev escreveria no ano seguinte, *O Canto da Floresta* ficaria como o modelo para a torrente de cantatas e oratórios de nomeada efêmera, compostos nos anos seguintes – e que têm em *Patetítcheskaia Oratória* (Oratório Patético), de Geórgui Svirídov, sobre poemas de Maiakóvski, composto em 1959, um de seus mais tardios exemplares.

Mravínski regeu a estréia de *Piesn o Liessákh* em Leningrado, em 15 de dezembro de 1949; o tenor I. Títov e o baixo V. Ivanóvski eram os solistas. No debate que se seguiu, houve quem criticasse Shostakóvitch por ter-se afastado de seu verdadeiro estilo, e quem aprovasse calorosamente a simplicidade do oratório e sua estrutura clara e lógica. Na terceira seção plenária da União dos Escritores, Khrénnikov fez um longo discurso[15], em que elogiava Shostakóvitch por ter "demonstrado a vontade de trilhar uma nova via, realista, reencontrando as fontes do classicismo russo e da música popular". Mas não se furtou a dar a alfinetada: "Temos, porém, o dever de apontar os seus defeitos: uma certa densidade da linha melódica, bem como o desenvolvimento exageradamente conciso das imagens musicais". As palavras com que Dmítri respondeu a essa intervenção, comparando a arte soviética com a do país capitalista que acabara de visitar, é uma lamentável demonstração do extremo a que se pode chegar para garantir a sobrevivência:

> Durante a minha estada nos Estados Unidos, senti indizível orgulho ao pensar que representamos a arte mais progressista do mundo, que se caracteriza pela elevação de suas idéias e o profundo humanismo de que está impregnada. A grande revolução socialista de Outubro obrigou os artistas a reconsiderar a sua atividade e a renunciar a numerosas idéias ultrapassadas. O Partido bolchevique considerou que um dos deveres essenciais do socialista era criar uma abundância de bens culturais e convocou os representantes da arte a aumentar a riqueza espiritual do povo e, dessa maneira, a viver em meio ao povo. Assim nasceram condições de trabalho notáveis, que permitem ao artista exprimir, nas suas obras, as idéias mais sublimes do tempo presente. [...] Os artistas soviéticos reclamam a ajuda constante do Partido para a realização de seu dever, que consiste em dar ao povo as obras de arte de valor que ele merece e espera. O Partido e nosso Grande Guia, Stálin, mostraram-nos justamente, a nós compositores, que o artista, quando renuncia a servir o povo, corre rumo à catástrofe, no plano das idéias tanto quanto no da criação.

15. Reproduzido no número de junho-julho de 1959 da revista *Múzyka*.

De um modo geral, a URSS foi inundada, nessa fase, por uma quantidade de eventos ideológicos meramente pró-forma. A literatura, o cinema, a música encheram-se de produções recheadas de slogans repetidos mecanicamente, no afã de demonstrar lealdade ao governo. A emenda era pior do que o soneto, pois o último defeito de Stálin era ser idiota, e ele assistia, exasperado, às conseqüências mecânicas das demonstrações de fidelidade ao Estado que exigia da *intelliguêntsia*. Por isso, numa de suas crises de histeria ideológica, exigiu que, em todos os níveis, no país inteiro, os intelectuais passassem por testes de conhecimentos marxistas-leninistas.

Shostakóvitch teve de se submeter ao ridículo de receber em casa um instrutor que, logo ao chegar, descobriu um lapso imperdoável: não havia, nas paredes do apartamento, nenhum retrato do Supremo Líder. Dmítri foi obrigado a prometer a seu *personal trainer* ideológico que providenciaria o retrato com a maior presteza – promessa que nunca cumpriu. O musicólogo Liev Liebiedínski[16] contou a Sólomon Vólkov um episódio típico do humor ácido de Dmítri, muito chegado a uma *inside joke*:

> Uma vez, referindo-se à conversa telefônica que ele tivera com Stálin, o instrutor exclamou, com a voz embargada pela reverência: "Imagine com quem o senhor falou! O senhor da metade do mundo! Eu sei que o senhor é um músico famoso mas, comparado com ele, quem é o senhor?" – "Um verme", respondeu Shostakóvitch; e o instrutor se apressou em concordar: "Sim senhor, um verme!", sem saber que Dmítri estava citando o sarcástico *O Verme*, o poema de Pierre-Jean de Béranger sobre os bajuladores, que Aleksandr Dargomýjski musicara, e que tem o refrão "pois comparado com ele eu sou um verme,/ um verdadeiro verme comparado com Sua Excelência".

Liebiedínski se lembrava que Shostakóvitch lhe tinha contado essa história muito sério, sem um sorriso; e quando o amigo lhe perguntou em que estava pensando: "Em que noventa por cento da população de nosso país é feita de idiotas feito esse pobre diabo". Essa consciência da mediocridade do homem comum vai ter uma manifestação curiosa nas romanças extraídas de cartas de leitores do jornal humorístico *Krokodíl*, de que falaremos mais adiante.

---

16. Em *Shostakovich and Stalin* (Vólkov, 2004).

14.
O Fim da Era Stálin

Em 1950, o mundo inteiro relembrou o bicentenário da morte de Johann Sebastian Bach. A República Democrática da Alemanha não perdeu a oportunidade de fazer das festividades, em Leipzig, entre 23 de julho e 11 de agosto, um grande acontecimento político. Em meio a inúmeros concertos, a um concurso destinado a revelar jovens instrumentistas, e a um congresso de musicologia, houve a cerimônia do traslado das cinzas de Bach para a Thomaskirche, de que ele fora o Kantor, em Leipzig. Toda a cúpula do Partido alemão oriental – Wilhelm Pieck, Otto Grotewohl, Walter Ulbricht – estava presente; e o discurso de Pieck estava recheado de clichês nauseantes: "Bach, o arauto da paz", "a atitude humanista dos povos da URSS", "os bárbaros fascistas que não conseguiram fazer esquecer a grandeza dos compositores russos"; isso sem falar nas diatribes contra o declínio cultural da Alemanha Ocidental.

Shostakóvitch fazia parte da delegação de 27 músicos russos. Foi membro do júri do concurso de piano; assistiu a inúmeros concertos; fez uma conferência em que proclamou o seu débito para com a música de Bach; e assistiu à sua *Primeira Sinfonia* regida por Kiríll Kondráshin. Para o concerto de encerramento, estava programado o *Concerto para Três Pianos*, de Bach, em que Kondráshin regeria Maríya Iúdina, Pável Serebriakóv e Tatiana Nikoláieva, que acabara de ganhar o primeiro prêmio no concurso de piano. Na véspera do concerto, Iúdina machucou a mão, e Dmítri foi chamado a substituí-la, participando de um concerto que nunca tocara e que não teve tempo de estudar.

Nas suas reminiscências sobre o compositor[1], Kondráshin conta que, no terceiro movimento, cada um dos solistas deveria tocar uma invenção seguida de um *ritornello* orquestral. No ensaio, Shostakóvitch errou a sua invenção, e ficou tão nervoso, que pediu a Kondráshin que incumbisse Serebriakóv de tocar a sua e a dele. A emenda foi pior do que o soneto: Serebriakóv ficou tão preocupado em ter de fazer as duas, que tocou corretamente a de Dmítri e meteu os pés pelas mãos ao chegar à sua!

---

1. *D. Shostakóvitch: Státii i Matieriály* (D.S.: Fatos e Documentos), Moscou, 1976.

Antes de embarcar para a Alemanha Oriental, Shostakóvitch discutira no conservatório a possibilidade de escrever exercícios polifônicos, à maneira dos de Tchaikóvski e Rímski-Kórsakov, destinados a seus alunos de composição. Mas em Leipzig, debatendo a música de Bach com os musicólogos alemães, mudou de idéia. Ao voltar para casa, entre outubro de 1950 e fevereiro de 1951, redigiu os *24 Prelúdios e Fugas para Piano*, cujo modelo era o *Cravo Bem Temperado*.

Ele os apresentou, em abril e maio de 1951, a seus colegas da União dos Compositores. Músicos, críticos e musicólogos, reunidos para discutirem-nos em 16 de maio, voltaram à velha tecla do formalismo decadente, acrescentando-lhe a da cacofonia, a respeito de prelúdios como o em ré bemol maior. Disseram-lhe que estava se afastando da temática atual ("de que serve repetir o *Cravo Bem Temperado?*"). Kovál, Kabaliévski, Izraíl Niéstiev e Serguêi Kriébkov foram os que o atacaram mais furiosamente. Apenas seus alunos Svirídov e Iúri Lievitín, e as pianistas Maríya Iúdina e Nikoláieva ousaram falar a seu favor.

A União não aprovou a execução pública, nem a publicação do ciclo. Mas Emil Guílels, desrespeitando a decisão, incluiu alguns deles em recitais na Finlândia e na Suécia. O próprio Shostakóvitch tocou alguns deles em Baku; e os *Prelúdios e Fugas* foram defendidos pelo grande pianista Guénrikh Neugaus[2] que, em maio de 1952, em carta a um colega, chamou de "música maravilhosa, destinada àqueles que, na música, pedem não só sentimento, mas também intelecto". Os debates só amainaram depois do enorme sucesso obtido por Tatiana Nikoláieva, em 23 e 28 de dezembro de 1952, tocando a integral do ciclo. Neugaus declarou que esse concerto tinha sido "um evento de rara magnitude para o mundo da música".

Nos *24 Prelúdios e Fugas op. 87*, Shostakóvitch mostrou como os elementos da linguagem barroca podem ser adaptados a seu idioma pessoal. Começa com um arranjo quase estilizado (dó sustenido menor), para culminar no cromatismo total, em que a tonalidade ocupa posição secundária, apenas por uma questão de convenção (a fuga em ré bemol maior). São peças desiguais, e nem todas apresentam as características do estilo de Shostakóvitch. Algumas delas (dó maior ou fá sustenido maior) são de um arcaísmo de superfície, pouco convincente, sem com isso tirar o valor da obra como um todo. O ciclo passa de peças profundamente dramáticas, impregnadas de pessimismo (mi bemol menor ou a fuga em si menor) ao humor tipicamente shostakovitchiano (si maior ou a fuga em si bemol maior). Há páginas grotescas (fá sustenido menor ou a fuga em lá bemol maior); outras são líricas (fá menor ou a fuga em sol menor), alegres (ré maior ou a fuga em lá maior). Mas todas elas apresentam um artesanato pianístico de primeira ordem.

Como tudo em Shostakóvitch, as contradições não são poucas; miniaturas de corte perfeitamente tradicional (fá sustenido menor) estão lado a lado

---

2. Seu nome, de origem alemã, é grafado no Ocidente como Henrich Neuhaus.

com peças de escrita nada convencional (a fuga em ré bemol maior). Algumas delas ligam-se à maneira contemporânea do compositor (dó maior), lembrando, por exemplo, *O Canto da Floresta*; em outras (fá sustenido menor), ressurge o estilo do jovem autor das primeiras sinfonias. Algumas delas têm uma polifonia um tanto árida (a fuga em lá menor); em outras, a feitura bachiana une-se à dramaticidade do mundo de Mússorgski (mi bemol menor).

O *op. 87* está profundamente enraizado na tradição russa. Renunciando à harmonia dos modos maior e menor, tradicional na música européia, Shostakóvitch recorre às escalas comuns na música folclórica e religiosa russa, encontráveis em Glinka ou nos compositores do Grupo dos Cinco – o que é compreensível, pois os poucos prelúdios e fugas que rompiam com a convenção, ou não tinham vínculos com o passado nacional, foram duramente criticados. Há, de resto, diferenças nítidas entre o *op. 87* e o *Cravo Bem Temperado*, que vale a pena destacar.

Em primeiro lugar, o russo não organiza as suas peças na seqüência cromática – do dó maior e dó menor até o si maior e si menor –, mas de acordo com o ciclo dos intervalos de quinta; ou seja, leva mais em conta os parentescos "naturais" da tonalidade do que Bach, para quem a descoberta recente do acorde temperado leva a uma abordagem mais racionalista das relações entre as tonalidades.

Em segundo lugar, os prelúdios de Shostakóvitch não têm autonomia formal: são introduções das fugas, que se seguem sempre *attacca súbito*; e expõem, portanto, um material que será retomado na fuga (isso aparece nitidamente no último prelúdio, em ré menor). De maneira geral, também, os prelúdios são mais curtos do que as fugas (uma exceção são as duas peças em mi bemol menor).

Finalmente, em Bach, não há qualquer preocupação com a continuidade dramática e cada prelúdio e fuga tem valor em si mesmo. Shostakóvitch faz o ouvinte convergir para o *finale*: a fuga em ré maior é o apogeu, a palavra final na medida em que, deixando para trás a homenagem a Bach, é nela que o compositor finalmente nos fala sem rodeios e nos faz sentir toda a sua angústia e todo o seu desejo de se afirmar, apesar do ambiente hostil que o cerca.

Mesmo para um compositor como Shostakóvitch, que possuía prodigiosa facilidade para escrever, é enorme a disciplina, a inteligência quase matemática necessária para edificar um edifício com elementos combinatórios tão complexos. Os *24 Prelúdios e Fugas* são desiguais, sim – isso já foi dito antes –, mas mesmo essa desigualdade tem de ser encarada em função da não-autonomia de cada peça, de sua inter-relação, da posição que ela ocupa dentro de um conjunto mais vasto.

Considerada por si mesmo, a fuga em ré bemol menor, com suas constantes mudanças de compasso, o tema cromático e o andamento extremamente rápido, é uma das mais geniais e das mais estranhas. Uma música enraizada na tonalidade, mas cheia de dissonâncias, como se desejasse ser atonal. Comparada a essa peça nervosa, agitada, mas também cerebralmente elaborada, a primeira, em dó maior, parece de ingenuidade infantil. Mas se pensarmos na perturbação da fuga final, na sensação de conflito e de triunfo duramente adquirido, faz perfeitamente sentido, no início do ciclo, essa peça sem modulações, sem sinais de bemol e sustenido, uma peça de brancura clínica – tal como se esperava que os artistas soviéticos as produzissem.

Os *24 Prelúdios e Fugas* são uma das obras de Shostakóvitch que mais resistiram ao teste do tempo, pois até hoje os mais variados pianistas os incluem em seu repertório. E, para ele, fez muito bem, pois foi a única obra séria que pôde exibir ao público, numa fase em que, à exceção das trilhas para filme e das peças de concessão política, era obrigado a continuar engavetando o *Quarteto n. 5*, as *Duas Canções sobre Poemas de Liermôntov* (de 1950, mas só cantadas depois de sua morte) e o *Monólogo*, sobre um texto de Púshkin. Havia até mesmo quem estivesse convencido, a essa altura, de que a sua linguagem musical nada mais tivesse em comum com as obras soberbas de outros tempos.

As prementes dificuldades financeiras do início da década de 1950 forçaram Shostakóvitch a compor obras de circunstância que se situam num nível muito inferior ao da média de sua produção. Uma das menos piores é a coletânea dos *Dez Coros a Cappella sobre Textos de Poetas Revolucionários op. 88*, baseados nas peças reunidas na *Antologia dos Poetas Revolucionários do Final do Século Passado e do Início Deste*, que a Goslizdat (a editora estatal) publicara em 1950. Estreadas em Moscou, em 10 de outubro de 1951, com o Coro Estatal dos Cantos Russos, sob a regência de Aleksandr Sviétchnikov, esses dez coros constituem uma seqüência de vinhetas bem diferenciadas:

• à marcha de *Iemelêi druziá, idiôm vpieriód!* (Com Ousadia, Amigos, Avancemos!), de I. Rádin, segue-se o recitativo pontuado de contrapontos melódicos expressivos de *Odín iz mnóguikh* (Um Entre Muitos), de I. Tarássov;
• *Na úlitsu* (Na Rua), de autor anônimo, com estrutura de balada popular, contrasta com o lancinante recitativo do tenor em *Pri vstriétche po vriêmia pieressýlki* (Encontro na Época de uma Transferência), de A. Gmíriev, ou com o perturbador lamento de *Smolklí sálpy saposdálie* (Calaram-se as Últimas Salvas de Tiros), de I. Tarássov, entoada apenas pelos contraltos;
• *Kasniônnym* (Aos Executados) e *Oní pobiedíli* (Eles Venceram), ambas de A. Gmíriev, são típicas canções de protesto, libelos indignados contra as punições impostas aos jovens revolucionários sentenciados à morte ou ao exílio; *Máiskaia Piesn* (Canção de Maio), de A. Koz, contém o tom esperançoso de que dias melhores ainda venham;

* as duas peças mais desenvolvidas são a sexta, *Dieviátoie Ianvariá* (O 9 de Janeiro), de A. Koz, e a triunfante *Piésnia* (Canção), de V. Tan-Bovogás, com que o ciclo se encerra; *O 9 de Janeiro*, alusivo ao Domingo Sangrento, com a imitação do ruído da metralha e dos gritos de dor do povo, seria reutilizada, mais tarde, na *Sinfonia n. 11 "O Ano de 1905"*.

Do verão de 1951 são também os arranjos para solistas, coro misto e piano das *Dez Canções Folclóricas Russas SN42*[3] que lhe foram encomendados pelo Comitê de Assuntos Artísticos, para distribuição às escolas. E as *Quatro Canções sobre Poemas de Dolmatóvski op. 86*, destinadas a fazer parte de uma peça em versos escrita pelo poeta, que nunca chegou a ser encenada. Uma delas, *Ródina slíshit, ródina znáiet* (A Pátria nos Ouve, a Pátria Sabe), que um aviador canta, na peça, para criar coragem na travessia dos Alpes durante uma tempestade, fez bastante sucesso. E tornou-se popularíssima, depois que o público soube que ela foi cantada, em seu retorno à Terra, por Iúri Gagárin, o primeiro homem a viajar pelo espaço, em 12 de abril de 1961. Os *op. 88* e *SN42* existem gravados por Víktor Popóv e a Academia de Canto Coral de Moscou, num disco do selo Chant du Monde/Saison Russe.

Embora isso lhe causasse muito aborrecimento, Shostakóvitch foi designado, juntamente com Khrénnikov e Kabaliévski, membro da delegação russa ao Congresso Internacional da Paz, em Varsóvia (novembro de 1950) e Viena (dezembro de 1952). Em fevereiro de 1951, foi reeleito deputado do Soviete Supremo da República Russa, pelo distrito de Dzerjínski, em Leningrado. Embora esse seja um aspecto de sua carreira pública que ainda precise ser avaliado mais corretamente, sabe-se que ele se empenhou em ajudar os constituintes carentes. Numa cidade devastada pelo bloqueio, que sofrera muito também com a política repressiva do governo, era urgente encontrar soluções para a moradia, reformas nas residências, acesso à assistência médica, pensões para os inválidos etc. Muitas vezes, Shostakóvitch, usando do prestígio que lhe era conferido pelos muitos prêmios que recebera, conseguiu ajudar vítimas dos expurgos stalinistas.

No início de 1953, o terror stalinista atingiu uma amplitude semelhante à da segunda metade da década de 1930. Envelhecendo rapidamente, sentindo os efeitos do desgaste dos anos de guerra, vivendo numa *datcha* isolada, em um terreno minado no meio de um bosque, onde se acreditava a salvo de tentativas de assassinato, Stálin precisava, em sua fúria impotente, encontrar a quem

---

3. No catálogo da obra de Shostakóvitch, SN (*sine numerum*) designa as peças às quais ele não destinou originalmente um número de opus.

culpar pela deterioração física. E os encontrou em seus médicos, muito dos quais eram judeus. Em sua mente doentia, nada mais fácil do que equacionar o declínio de sua saúde com a conspiração sionista que tanto temia. Causou estupefação a notícia, no *Pravda* de 13 de janeiro de 1953, que nove médicos judeus – entre eles Míron Vóvsi, primo de Sólomon Míkhoels – tinham sido presos em conexão com o "Caso dos Médicos Sabotadores": "Ficou estabelecido que esses médicos assassinos, verdadeiros monstros da raça humana, que pisotearam o estandarte sagrado da ciência e conspurcaram a honra de todos os que praticam a medicina, eram agentes a soldo dos serviços de espionagem estrangeiros".

As acusações eram da mais insana fantasia: médicos judeus estariam envenenando seus pacientes, injetando neles o vírus da sífilis ou agentes carcinogênicos; farmacêuticos judeus estariam vendendo a seus fregueses pílulas feitas com moscas secas e moídas. Mas os cérberos da MGB, novo nome da polícia secreta, agora sob as ordens de Víktor Abakúmov, já tinham torturado um grupo seleto de médicos, e obtido deles a prova insofismável de que o *Vójd* tinha uma vez mais razão e eles tinham sido a tempo apanhados com a boca na botija.

O país viu-se, de repente, à beira de novo expurgo, que prometia ser tão violento quanto o do Grande Terror de antes da guerra – e a prova disso foi a decisão sem precedentes do Politburo, dias depois, de anular o Prêmio Stálin concedido ao compositor Guérman Leôntievitch Jukóvski, cuja ópera *Ot Vsievô Siérdtsa* (De Todo o Coração), estreada em Sarátov em 1950, desagradara profundamente ao ditador, não se sabe por que motivo.

Em *Shostakovich, a Life Remembered*, Elizabeth Wilson relaciona esse inexplicável "caso dos aventais brancos", que tanta perplexidade causou aos analistas da Era Stálin, com o desejo que tinha o ditador de livrar-se de Lavrénti Pávlovitch Béria, chefe da NKVD, famoso por sua crueldade, por muito tempo o seu braço direito. Desconfiado de que Béria planejava afastá-lo do poder, diz Wilson, o ditador desejava liquidá-lo. Como, para mobilizar a opinião pública judaico-americana contra os nazistas e em favor da URSS, fora Béria o criador do Comitê Judaico Antifascista, de que Sólomon Míkhoels era o presidente, Stálin talvez visse nisso a possibilidade de implicá-lo num complô anti-soviético do "cosmopolitismo desenraizado" (eufemismo usado para falar dos judeus).

A imprensa desencadeou, portanto, uma campanha surrealista contra os médicos judeus, acusados de pertencer a um grupo terrorista, que teria confessado o assassinato de Jdánov, em 1949, e se preparava para exterminar diversos outros líderes militares e políticos. Prisões, processos, execuções, deportações: Stálin orquestrou pessoalmente essa última grande perseguição de seu reinado, reedição dos mais violentos *pogromim* da época do Império. Personalidades de todos os setores foram novamente atingidas. Na manhã de 7 de fevereiro de 1953, o compósito Môisêi Váinberg foi preso e acusado de "nacionalismo judaico-burguês". Sabendo que a sua mulher, filha de Míkhoels, seria presa também, Nina Shostakóvitch correu a pedir-lhe uma procuração, para que pudesse cuidar de sua filha na ausência dos pais.

Uma piada corria as ruas de Moscou, nessa época. Um homem vai, todos os dias, à banca de jornais, pede o *Pravda*, dá uma olhada na primeira página, e o devolve. Um dia, o dono da banca lhe pergunta: "Por que é que o senhor só olha a primeira página e não lê o resto?". – "Porque eu estou interessado só no obituário". – "Mas o obituário não sai na primeira página". – "O obituário em que eu estou interessado vai sair, pode crer".

O que teria acontecido se Stálin tivesse vivido mais um ou dois anos? Por ironia, se Béria era visado, ele escapou – por poucos meses apenas – à fúria assassina de Stálin. Em 1º de março, o Krêmlin anunciou que, aos 73 anos, o Líder tinha sofrido um derrame. Desse dia em diante, a Rádio de Moscou passou a transmitir boletins conflituosos sobre seu estado de saúde. "Há muito tempo tínhamos esquecido que Stálin era um homem", diz Erenbúrg em suas memórias. "Para nós, ele se transformara num deus onipotente e misterioso. E agora, o deus estava morrendo de hemorragia no cérebro. Parecia incrível".

Acostumada a 25 anos de lavagem cerebral, muita gente saiu histérica à rua, em 6 de março de 1953, chorando a perda irreparável do "Maior Gênio de Todos os Tempos e de Todos os Povos". No último dia em que os despojos do *Vojd* ficaram expostos à visitação pública, os tanques da MGB esmagaram centenas de pessoas que, em pânico, se acotovelavam em torno do féretro, tentando ver o semi-deus pela última vez.

Glikman relembra a manhã de 6 de março, em que Galina entrou como um pé de vento, na sala de trabalho do pai, para lhe anunciar: "Stálin morreu!" A rádio estivera anunciando a sua morte desde cedo mas, absorto em seu trabalho, Dmítri não a ouvira.

Ele acendeu um cigarro, sem conseguir disfarçar o tremor das mãos, e perguntou, com a voz branca, como se não tivesse entendido direito: "Você está dizendo que Stálin morreu?" – "Sim", respondeu Galina, quase gritando. Ela se aproximou do pai e o abraçou. Sentia como a notícia devia tocá-lo, pois sabia que ele sempre teve medo de Stálin. A sua mãe lhe contava que, em 1937, ele esperava todos os dias que viessem prendê-lo. "Será que agora tudo vai mudar?", ela perguntou. "Esperemos que sim!", respondeu Dmítri.

Ao espanto com a morte do ditador, veio juntar-se a tristeza com o desaparecimento de Serguêi Prokófiev, no mesmo dia, também de derrame cerebral, apenas um mês antes de fazer 62 anos. Estando todas as páginas do *Pravda* tomadas por louvações ao *Vójd*, a notícia do desaparecimento desse grande músico ficara relegada a uma notinha perdida no interior do jornal. As relações de Dmítri com Prokófiev sempre tinham sido tensas, mas eles se respeitavam. E o fato de a campanha antiformalismo os ter colocado no mesmo barco aproximara muito os dois maiores compositores da escola soviética. Que ironia pensar que a data de morte desses dois homens ficaria para sempre ligada, como um símbolo da atração e repulsa entre a política e a arte.

Prokófiev foi velado discretamente na Casa dos Compositores. Não havia muitas flores, pois elas tinham sido todas mandadas para a Sala das Colunas, no Palácio dos Sindicatos, onde o caixão de Stálin ficou exposto. Em sua biografia de Prokófiev[4], Israel Néstiev conta que Shostakóvitch beijou respeitosamente a mão do morto e lhe disse: "Sinto-me orgulhoso por ter tido a sorte de viver e trabalhar na mesma época que um músico como você, Serguêi Serguêievitch".

Sobre Stálin, as suas declarações oficiais, como sempre, contradisseram a sensação de alívio que, muito provavelmente, ele estava sentindo. Ao número de abril da *Soviétskaia Múzyka*, em que vários músicos se manifestavam sobre o desaparecimento do Paizinho, Dmítri declarou: "Milhares de anos passarão e muitos acontecimentos de nossa existência fugitiva cairão no esquecimento. Mas o nome e a obra de Stálin viverão para sempre. Como Liênin, Stálin é imortal".

Numa entrevista que concedeu em 1981 ao *New York Times*, o violoncelista Mstisláv Rostropóvitch afirmou: "Era esse o teor de suas intervenções públicas. Mas, a mim, pessoalmente, ele sempre dizia: 'Não dá para respirar, aqui. A gente não consegue mais viver neste país'".

Ao acompanhar, em 7 de março, o cortejo fúnebre de Prokófiev até o cemitério de Novodiévitchi, talvez ocorresse a Shostakóvitch a diferença entre o seu destino e o de Serguêi Serguêievitch, que morrera relativamente cedo, alquebrado, talvez com a sensação amarga de ter perdido a batalha com o poder, ao qual tivera de fazer tantas concessões. Mas Dmítri tinha apenas 46 anos, estava ainda bastante saudável, cheio de idéias musicais e do desejo de trabalhar.

Era a hora de voltar à forma sinfônica. Desde que, em 1936, o escândalo da *Lady Macbeth* significara efetivamente o seu afastamento do palco – para o qual ele parecia tão naturalmente talhado – era para o domínio sinfônico, de estruturas lógicas muito complexas, que ele importara os elementos dramáticos do teatro. Para os russos, habituados a procurar, na música, um programa e a expressão de um depoimento pessoal, as sinfonias de Shostakóvitch tinham representado uma afirmação da liberdade de espírito, num momento em que a dignidade humana era pisoteada pela guerra e pela ditadura. Esse homem, tantas vezes acusado de trair o seu povo, tornou-se a consciência viva de sua geração,

---

4. *Jizn Serguêia Prokófieva* (A Vida de S.P.), publicada em Moscou em 1973.

falando, em sua música, de sofrimento, opressão, violência, cólera, mas também de esperança. Era preciso, oito anos depois da *Nona*, voltar ao gênero sinfônico com aquela que seria o seu acerto de contas com o stalinismo.

A princípio não foi fácil retomar, depois de tanto tempo, àquela forma muito elaborada, como ele confidenciou, numa carta de 25 de junho, a seu ex-aluno Kara Karáiev, escrita na *datcha* de Komarôvo. É nessa carta que Mítia conta a Karáiev um episódio engraçado ocorrido ali: um dia, um pardal entrou pela janela de sua *datcha* e, assustado com as pessoas que tentavam espantá-lo, aliviou-se em cima da partitura. A família Glikman, que estava com eles, viu nisso um sinal de sorte para a sinfonia. O comentário de Dmítri: "Se um pardal caga em cima da sua obra, não é tão mal assim. Muito pior é o que vão fazer outras pessoas, mais importantes do que ele".

Foi só em 5 de agosto que o primeiro movimento ficou pronto. Depois disso, com o retorno a Moscou, a habitual facilidade de escrita voltou. No dia 25 de outubro, Dmítri pôs o ponto final na *Sinfonia n. 10 em Mi Menor op. 93*. Durante a redação dessa peça, no verão e outono de 1953, Shostakóvitch trocou várias cartas com Elmíra Nazírova, uma pianista de 24 anos, nascida no Azerbaidjão, que fora sua aluna em 1947, e pela qual, na época, ele estava apaixonado. Em "A New Insight into the *Tenth Symphony* of Dmítri Shostakovitch" – comunicado apresentado, em 28 de janeiro de 1994, num simpósio sobre o compositor, realizado na Universidade de Michigan – a musicóloga Nelly Kravetz fez uma revelação interessante: o apelo da trompa, muito assemelhado ao do primeiro movimento da *Canção da Terra*, de Mahler, que é ouvido doze vezes durante a sinfonia, faz alusão a Nazírova. Misturando a notação italiana à anglo-saxã – *E* (mi) *L*(á) *Mi R*(é) *A* (lá) – Shostakóvitch escreveu musicalmente o nome de Elmíra. Comprova essa informação o fato de a primeira aparição do tema na trompa vir acompanhada de uma referência passageira à melodia de *Shto v ímieni tibiê moióm?* (O que há, para ti, em meu nome), o segundo dos *Quatro Monólogos sobre Poemas de Aleksandr Púshkin op. 91*, compostos em agosto de 1952.

No encontro que teve com Nazírova[5], Nelly Kravetz ouviu dela que a paixonite de Shostakóvitch foi uma questão de ocasião: "Tive a impressão de que ele precisava de mim como uma musa, mais do que como uma amante. Depois da estréia da *Décima*, a minha 'missão' parecia ter-se cumprido e as cartas dele rarearam bastante".

Em *Testemunho*, Sólomon Vólkov afirma ter-lhe sido contado por Shostakóvitch que ele fizera o retrato de Stálin no violento *scherzo* da *op. 93*. Essa é uma das informações polêmicas contidas no livro de Vólkov: o próprio Maksím

---

5. Em Novyi vzgliád na Diesiátuiu Simfôniu Shostakóvitcha (Nova visão da Décima Sinfonia de Sh.) em *D. D. Shostakóvitch*, coletânea de artigos editados por L. Kovnátskaia; S. Petrsburgo, 1996.

afirma nunca ter ouvido o pai referir-se assim a esse movimento. A ser verdade, porém, esse retrato sinfônico mereceria ser posto lado a lado com o poema famoso de Óssip Mandelshtám, de que já falamos antes.

Desde setembro, antes mesmo do término da partitura da *Décima*, Mravínski viera de Leningrado para inteirar-se do que era essa obra nova – da qual ofereceu uma interpretação absolutamente radiosa na estréia, em 17 de dezembro de 1953, repetida em Moscou no dia 29. Contribuiu muito para atenuar a esperada barragem de críticas conservadoras à opinião entusiástica de Panteleimôn Ponomarénko, o ministro da Cultura, que Mravínski convidara especialmente para assistir à estréia moscovita.

O início sombrio do *moderato*, nas cordas graves, já foi comparado ao começo da *Sinfonia-Fausto*, de Liszt. Iniciado pelos violoncelos e contrabaixos, desenvolve-se só nas cordas, até a entrada da clarineta, por dezessete compassos apenas. O tom, pessimista, trágico, será cada vez mais comum na música de Shostakóvitch: temas longos, tensão crescente, com episódios para os metais, a flauta, o fagote dialogando com as cordas, e que culminam em dilacerantes acordes, dominados por trinados estridentes. Na última parte, um ritmo de valsa atenua um pouco a atmosfera pesada. Dois solos de clarinete, primeiro com as cordas, depois sozinho, levam à coda, com pícolos e tímpanos planando sobre *pizzicatos* das cordas em pianíssimo.

Esse amplo primeiro movimento, que dura mais de vinte minutos, cede lugar ao *scherzo* (*allegro*) mais conciso de todas as sinfonias (cerca de cinco minutos), repousando sobre ritmos quebrados, que lembram *O Mandarim Maravilhoso*, de Béla Bartók. O primeiro tema, de quatro notas – já usado nos *Quartetos n. 2* e *n. 4* – é a paráfrase de uma melodia ouvida na introdução do *Borís Godunóv*. O segundo, em vez de contrastar com ele, parece prolongá-lo. É no mecanicismo implacável dessa música que se deve buscar a evocação do "montanhês com longos bigodes de barata", que Dmítri dizia a Vólkov ter retratado aqui. Os ritmos deslocados, reminiscentes do *gopák* georgiano, a harmonia baseada em escalas incomuns, a orquestração sintética e cheia de vitalidade tornam esse *scherzo* singular. Há também, neste movimento – sobretudo quando o tema é retomado pelos metais – algumas referências ao estilo épico das sinfonias de Borodín. A energia ilimitada do movimento carrega em seu bojo uma mensagem trágica; uma resposta grotesca é dada às questões levantadas no *moderato*.

Entre os diversos temas utilizados no complexo *allegretto*, iniciado com uma marcha lenta nas cordas, sobressai, nas madeiras e percussão, a assinatura do compositor, DSCH (ré, mi bemol, dó, si, na notação germânica), um lema que, daqui em diante, há de se tornar uma verdadeira idéia fixa: ele vai reaparecer, por exemplo, no autobiográfico *Quarteto n. 8*. Na parte central

A "assinatura musical" de Shostakóvitch – DSCH – na partitura da *Décima Sinfonia*.

do *allegretto*, reaparece o tema inicial do *moderato*, as cordas e o fagote, vinculando este tempo ao clima trágico do primeiro. Em meio à atmosfera pessimista, a trompa introduz o tema sonhador, de caráter lírico, associado ao nome de Elmira.

Ritmos saltitantes nas madeiras, metais e percussões, enquanto as cordas declamam novamente o DSCH, trazem o clímax do movimento, com outra fuzilada semelhante à do *moderato*. Quando a tranqüilidade retorna, a trompa dialoga com o violino, e o movimento termina piano, com a flauta e o pícolo tocando a assinatura DSCH.

As cordas iniciam o *andante*, entregando aos solos de oboé, flauta e fagote a tarefa de traçar longas volutas muito sinuosas, das quais sai a célula geradora do tema do *allegro*, cuja vivacidade parece apenas de fachada, pois há nele um *arrière-goût* bem amargo. O tema em semicolcheias, tocado pelos violinos, é amável, mas de curta duração. O clima de festa popular, freneticamente dançante, é momentaneamente interrompido por um episódio meditativo, em que as notas do lema DSCH formam o *cantus firmus* no trompete. Mas o tema do *allegro* volta e a sinfonia termina num tom aparentemente exultante, em *fff*. O otimismo desse *finale* é tão ambíguo quanto o da *Sexta*: a sensação de alívio com o fim da Era Stalinista convive com a sensação inquietante de medo com o que poderá vir.

Em 1944, o dramaturgo Ievguêni Lvóvitch Shvartz tinha escrito a peça *Drákon* (O Dragão), um conto infantil para adultos cujo tema me volta à lembrança a respeito do *finale* da op. 93. O cavaleiro Lancelote, chegando a uma cidade assolada por um dragão – a analogia é transparente – decide combatê-lo e eliminá-lo – idéia que os moradores da localidade rejeitam energicamente. "Esse dragão é péssimo", dizem eles, "mas já o conhecemos e estamos acostumados com ele. E se, depois de eliminado este dragão, vier um outro ainda pior?". A *Décima Sinfonia* é, sem dúvida alguma, um monumento aos cinqüenta milhões de vítimas da loucura stalinista. Mas se seu final é tão inconclusivo, é porque, embutida na sensação de lhe ter sido tirado um peso das costas, havia, certamente, no espírito do compositor, preocupantes indagações quanto ao futuro.

As reações à *Décima Sinfonia*, como era de se esperar, foram as mais desencontradas possíveis. A revista *Soviétskaia Múzyka* deu a palavra não só a profissionais, mas também a membros do público. Ao lado da apreciação entusiástica de Khatchaturián, ou de análises sérias, feitas pelo jovem compositor Andrêi Volkônski ou pelo musicólogo Borís Iarustóvski, havia a opinião de uma ouvinte, que se assinava S. Akímova, e perguntava se "as pessoas simples tinham realmente necessidade desse tipo de música". Embora os tempos já prometessem ser outros, a *Décima* não escapou dos tempestuosos debates de praxe, na Casa dos Compositores, em 29 e 30 de março e em 5 de abril, em que, aos elogios mais hiperbólicos, responderam as ofensas mais deslavadas[6].

Shostakóvitch procedeu a uma rigorosa auto crítica do que considerava mal-sucedido em sua partitura, seguido de Iarustóvski, que foi muito favorável à obra, embora julgasse o primeiro movimento desequilibrado, e fraca a mensagem do *finale*. Depois desabaram as recriminações. O musicólogo Iúri Kriêmlov lamentou que a *Décima* não prosseguisse no caminho do *Canto da Floresta*, e retornasse aos ritmos espasmódicos e à aspereza de dissonâncias da *Oitava*. Víktor Vánslav acusou a "pseudopsicologia" da partitura de oferecer uma visão demasiado sombria e pessimista da realidade: "O mundo não é, de forma alguma, tal como Shostakóvitch o retrata. A *Décima Sinfonia* nos dá um reflexo fundamentalmente inexato dos problemas essenciais da vida".

O compositor Ivan Dzerjínski que, na década de 1930, tinha sido amigo de Dmítri, foi ainda mais longe: contestou o valor não só da *Décima*, mas também de seu autor. Reclamou que a supervalorização de Shostakóvitch passasse para segundo plano autores "tão importantes" quanto Vassíli Solovióv-Sedôi, Andrei Balantchivádze ou Tikhôn Khrénnikov (sem falar dele próprio, é claro!). Comparando Dmítri a Skriábin – "um sinfonista limitado, que só existia para si mesmo e para a expressão de suas próprias idéias e, portanto, tem uma obra que não leva a parte alguma" – proclamou: "Esta é também uma peça que só existe para si mesma e, portanto, não abre nenhuma via nova" – um ponto de vista energicamente refutado por Môishe Váinberg e Daniíl Jitómirski, que descreveram a *Décima* como "uma obra de nosso tempo" e "um passo à frente na via do realismo".

Não é o caso, aqui, de mencionar todas as intervenções desse interminável debate. Mas vale a pena citar a de Kabaliévski[7]:

Ao criticar Shostakóvitch, cometemos dois erros fundamentais. Primeiro, esquecemos a especificidade de seu talento e exigimos que ele componha como nós. Em segundo lugar, gostaríamos que, em cada uma de suas obras, ele refletisse todos os aspectos da existência, toda a sua riqueza e variedade. No entanto, até mesmo um gênio tão grandioso quanto Beethoven escolheu, em cada uma de suas sinfonias, uma faceta diferente da vida para iluminar.

Isso que, hoje, nos parece de uma indigente obviedade, era fundamental para o debate musical soviético do início dos anos de 1950, polarizado e engessado pelo dado político. Na verdade, toda essa agitação foi benéfica à vida musical da URSS, pois tratava-se de um debate público a respeito da primeira

---

6. Um relatório detalhado desse debate – Diskússia o Diesiátoi Simfonii D. Shostakóvitcha – foi publicado no n. 6 de *Soviétskaia Múzyka*, e dele há uma síntese também em *Dimitri Chostakovich* (Meyer, 1994).

7. Publicada em Diskussiony i Zamiétki o Simfonísmie (Notas de Discussão sobre o Sinfonismo), no n. 5 da *Soviétskaia Múzyka* de 1955.

obra que ousava libertar-se das diretrizes da "Resolução a Propósito da Ópera *A Grande Amizade*". A acolhida positiva que lhe foi dada, apesar das críticas de todos aqueles que estavam presos ao ranço jdanovista, mostrou que alguma coisa estava mudando lentamente na vida do país – o que viria a ser confirmado pelo XX Congresso do PCUS e as decisões do Comitê Central, em 1958.

Nesse meio tempo, a *Décima* adquirira, nas salas de concerto do Ocidente, o status de obra-prima. Foi inscrita no repertório de Stokowski, de Eugene Ormandy, de Dmítri Mitropoulos. Este último fez dela, em 1954, para o selo CBS (hoje pertencente ao catálogo da Sony), uma gravação de referência, com a Filarmônica de Nova York. E a *Décima* conquistou seu lugar como uma das partituras mais significativas da carreira de Shostakóvitch.

Tinha razão Iúri Kriêmliev ao escrever, no n. 4 da *Soviétskaia Múzyka*, em 1957: "A música da *Décima*, com todo o seu emocionalismo e depressão psíquica, é o mais verdadeiro documento de sua época". Shostakóvitch o conseguira de novo. Com a *Quinta*, fora o único a retratar, ainda que de forma indireta e alusiva, o Grande Terror da década de 1930. Com a *Sétima* e a *Oitava*, traçara o ambivalente painel da passagem da opressão do pré-guerra para o horror e o desespero da fase do conflito mundial. E, agora, a *Décima* tornava-se a primeira obra a refletir com profundeza a passagem do inverno stalinista para as incertezas do "degelo", como viria a ser chamada a contraditória Era Khrushtchóv. Essas sinfonias eram verdadeiras "novelas de seu tempo", combinando a visão épica dos acontecimentos históricos e os mais sutis *insights* psicológicos. Equivalente a elas, só me ocorre – um pouco mais tarde – uma grande obra em prosa: o *Dr. Jivago*, pelo qual seu autor, Borís Pasternák, haveria de pagar muito caro.

15.
Grandes Criações, Grandes Perdas

Os primeiros indícios de mudança surgiram logo depois de Stálin ter sido colocado, ao lado de Liênin, no grande mausoléu da Praça Vermelha. A princípio perceptíveis só para os observadores mais atentos, logo eles se tornaram bem visíveis, afetando os mais amplos setores da vida soviética.

Em 15 de março de 1953, o Soviete Supremo ratificou a criação de uma chefia colegiada do Estado, entregue a Gueórgui Maksimiliánovitch Malenkóv, Lavrênti Pávlovitch Béria e Viatchesláv Mikhaílovitch Molotóv – que deveria "ter a preocupação constante do bem-estar da população e da satisfação maior possível de suas necessidades materiais e culturais"[1]. Para acalmar a população, anunciou-se uma redução considerável no preço dos alimentos.

Em 4 de abril, um comunicado do Ministério do Interior desmentia as notícias sobre a "conspiração dos médicos", atribuindo-a a uma *provokátsia* da Segurança do Estado, e anunciava a reabilitação dos médicos injustamente acusados e executados. Uma semana depois, uma resolução do Partido condenava a penas severas funcionários dos serviços de segurança que, até então, tinham estado acima do Estado e do Partido, e eram acusados de abuso de poder. Uma enxurrada de pedidos de revisão dos processos contra os "inimigos do povo" e seus familiares desabou, então, sobre a Justiça. Mas eles foram atendidos de forma seletiva e com extrema lentidão, pois os prisioneiros políticos tinham sido excluídos da anistia anunciada pelo Soviete Supremo no final de março.

Béria foi o primeiro a desabar. Acusado de ser um agente duplo, foi preso em 10 de julho de 1953, e substituído no triunvirato pelo primeiro-secretário do Partido, Nikita Khrushtchóv. Béria e vários altos funcionários dos serviços de segurança foram executados em 23 de dezembro, seguidos, logo no início do ano seguinte, pelos agentes que tinham montado o esquema de perseguição aos médicos judeus. Outros íntimos colaboradores de Stálin pagaram o preço por o chão lhes ter sido tirado de debaixo dos pés com a morte do Líder.

Foi emblemático o final do escritor Aleksandr Fadêiev que, a partir de *Razgrôm* (A Rota), de 1927, deixara-se converter num "rouxinol do imperador".

---

1. *Izvéstia*, 1º de abril de 1953.

Fadêiev acabara como um alcoólatra histérico, que Stálin tolerava, talvez por se divertir vendo-o fazer de si próprio um bufão grotesco. A denúncia dos crimes de Stálin deixou Fadêiev atormentado com a idéia de que seria o próximo. Afinal, no exercício de seus cargos oficiais, ele ordenara a prisão de diversos colegas escritores. Fadêiev suicidou-se, em 1956, com um tiro no coração. Deixou um bilhete no qual dizia:

> Não vejo a possibilidade de continuar, pois a arte à qual dediquei a minha vida foi destruída pela auto-confiante liderança do Partido, de uma total ignorância e, agora, já não pode mais ser corrigida. Os melhores escritores, em números com os quais nem os sátrapas do tsar conseguiriam sequer sonhar, foram destruídos ou morreram, graças à conivência criminosa dos poderes vigentes.

Ele só se esqueceu de dizer que tinha feito parte desses poderes, e seu suicídio fora o resultado de Khrushtchóv não ter sido tão condescendente com ele quanto o fora Stálin.

A publicação do poema narrativo *Tiórkin na tom Sviétie* (Tiórkin no Outro Mundo), de Aleksandr Tvardóvski, que circulava em *samizdat* e já era famoso antes mesmo de ter sido editado, criou grandes expectativas de liberalização no campo das artes. "Da Sinceridade na Literatura", artigo de V. Pomerântsev na *Nóvyi Mir*, provocou reações esperançosas, reforçadas por um editorial do *Pravda* que, em 27 de novembro de 1953, condenava a padronização em arte:

> Padronizar a arte a partir de um modelo único é obliterar a individualidade. O Realismo Socialista oferece possibilidades ilimitadas ao artista criativo e a maior liberdade para a expressão da sua personalidade, para o desenvolvimento dos diversos gêneros, tendências e estilos artísticos. Donde a importância de encorajar novos pontos de partida em arte, de estudar o estilo individual dos artistas, e de reconhecer ao artista o direito de ser independente e de trilhar arrojadamente novos caminhos.

Símbolo do processo de desestalinização foi *Óttiepel* (O Degelo), título do romance publicado em 1954 por Iliá Erenbúrg. Ele fixou, na mente do público, a metáfora da primavera como uma época nova, vinda após o prolongado inverno de uma tirania emporcalhada pelos mais sórdidos crimes. Mas Khrushtchóv, que substituíra Béria, sabia que uma liberalização demasiado rápida significaria ter de reconhecer que cerca de cinco milhões das vítimas do stalinismo ainda estavam mofando nos Gúlag. E o novo governo não tinha a menor intenção de duplicar seus problemas, tendo de reincorporar à sociedade, de uma hora para a outra, essa imensa massa humana.

Houve indícios de abertura: a participação, em 1954, de uma delegação soviética no Congresso Mundial de Filosofia, realizado na França; o primeiro congresso em vinte anos (dezembro de 1954) da União dos Escritores, que desbancou a corrupta diretoria. Mas esses avanços foram contrabalançados pela demissão de Tvardóvski, da direção da *Nóvyi Mir*, por ter publicado o ensaio de Pomerântsev; ou pela demora em reverter algumas proibições absurdas do stalinismo.

A resolução de 1946, que expulsara Akhmátova e Zóshtchenko da União dos Escritores, não foi revogada. Em 1954, mais de um ano após a morte do Líder, ambos foram convocados para um encontro com estudantes ingleses que estavam em visita a Moscou. Quando os rapazes lhes perguntaram como se sentiam, em relação à ordem que os marginalizara, Akhmátova respondeu apenas que ela tinha sido correta. Zóshtchenko, ao contrário, disse considerar a resolução injusta e contou ter escrito a Stálin uma carta que nunca foi respondida. Essa resposta enfureceu Khrushtchóv e, numa nova reunião da União dos Escritores, o humorista recebeu nova batelada de críticas violentas.

Arrasado, Zóshtchenko parou de comer quase completamente, pois tinha medo de ser envenenado. Definhou lentamente e morreu, em 1958, convertido num fantasma de si mesmo – na verdade assassinado espiritualmente muito tempo antes pois, embora não tivesse parado de escrever livros que ninguém mais publicava, nunca conseguiu produzir algo semelhante às obras-primas da fase áurea de sua carreira.

Três meses depois desse encontro de Akhmátova e Zóshtchenko com os estudantes ingleses, o jornalista Harrison Salisbury, do *New York Times*, pediu às autoridades a permissão para entrevistar Shostakóvitch. Era um momento em que o compositor, passando por extremas necessidades, vira-se forçado a voltar a tocar em público para ganhar dinheiro. Mas o governo, vendo nessa entrevista uma boa possibilidade propagandística, tirou-o de seu modesto apartamento no Kutúzovski Prospiékt e instalou-o num muito maior, de cinco cômodos, no Mojáiski Bulvár. Salisbury encontrou-se com um compositor aparentemente bem de vida, que tinha quatro pianos em casa, um carro Pobiêda na garagem, e que lhe falou muito bem das condições de trabalho do músico soviético. A versão publicada por Salisbury foi comprada por Eric Roseberry que, em sua biografia de Shostakóvitch, refere-se às "boas condições de vida" que o ofício musical lhe permitia ter.

Mais confiável é a visão de Galina Vishniévskaia, que ficou conhecendo Shostakóvitch na mesma época da entrevista com Salisbury. De acordo com ela, eram raros e pequenos os cachês que Dmítri recebia; os direitos autorais vindos do exterior eram confiscados pelo Ministério da Cultura; e o rendimento do último Prêmio Stálin (segundo lugar) que ele recebera mal dera para a renovação de seu surrado guarda-roupa. Fatos assim servem para confirmar que, na URSS, cada passo para frente corresponde a dois para trás. Seria preciso ainda esperar por muito tempo, para que a situação se tornasse mais favorável.

"Sobre a Coragem Criadora e a Inspiração", artigo em que Arám Khatchaturián incitava à liberdade das "restrições burocráticas" impostas aos compositores, coincidiu com "Sobre o Trabalho do Escritor", de teor semelhante, da autoria de Iliá Erenbúrg[2]. Por mais cuidadosos que esses artigos fossem, para não ferir susceptibilidades, eles faziam o Krêmlin dar-se conta de quanto o jdanovismo fizera a arte soviética estagnar – tanto que Gueórgui Aleksándrov, adversário declarado de Jdánov, foi indicado para o Ministério da Cultura. Não ficou muito tempo nesse cargo, sendo logo substituído pela conservadoríssima Ekaterína Fúrtseva; mas conseguiu desanuviar bastante o ambiente enquanto esteve à frente da pasta.

Para Shostakóvitch, apesar das dificuldades do dia-a-dia, a conseqüência foi a possibilidade de começar a mostrar suas obras engavetadas. Ele ainda teria de fazer concessões e aceitar compromissos. Mas a participação no Comitê para a Defesa da Paz e o trabalho como secretário da União dos Compositores lhe tinham aberto a possibilidade de viajar mais: à Alemanha Oriental, em 1950; à Polônia, no mesmo ano, para o II Congresso Mundial pela Paz; de novo à Alemanha Oriental, em março de 1952, para o 125º aniversário da morte de Beethoven.

E em 30 de novembro de 1953, pôde finalmente estrear o *Quarteto n. 5 em Si Bemol Maior op. 92*, que tem a mesma intensidade da *Décima*. Esse quarteto data de 7 de setembro a 1º de novembro de 1952, mas não pudera ser ouvido antes da morte de Stálin. Aqui, também, surge a assinatura DSCH, introduzida pela viola e repetida cinco vezes nos doze primeiros compassos. A terça mi bemol-dó-si serve de *leitmotiv* tanto nos três primeiros movimentos da sinfonia quanto nos dois primeiros do quarteto. Essa terça menor ascendente introduz um *allegro* de densidade sinfônica e, no entanto, extremamente adequado para essa formação de quatro instrumentos. O primeiro violino dá início ao *andante* com um fá super agudo e deixa à viola em surdina a tarefa de expor o nostálgico primeiro tema – enquanto o segundo tema, igualmente melancólico, surge no primeiro violino no *andantino*. O *andante* final se encerra, uma vez mais, com um fá agudo no primeiro violino, sustentado, dessa vez, pela viola e o violoncelo, levando ao *moderato*.

O segundo violino e, em seguida, os dois violinos entram com um tema de valsa bem descontraído. Mas os motivos se superpõem e a intensidade aumenta até a frase *feroce* do primeiro violino. Apenas lá pela metade do *andante* a tensão externa decresce, tanto pelo *rallentando* do tempo quanto pela reprise do tema que serviu de introdução a esse *moderato*. O violoncelo solo ainda entoa algumas figuras rítmicas, antes que o primeiro violino conclua a peça de forma muito contida.

---

2. Ambos os artigos são de novembro de 1953, publicados pela *Soviétskaia Múzyka* e pela *Litieratúrnaia Gaziêta*.

Menos intenso no plano da dinâmica, o *Quarteto n. 4 em Ré Maior op. 83*, que estava guardado desde 1949, foi ouvido depois do *op. 92*, sempre com o Quarteto Beethoven, em 3 de dezembro de 1953. É uma peça encantadora em seu equilíbrio e resplandecente em lirismo. Admiravelmente proporcionado, o *op. 83* parece ter a sua fonte de inspiração nos seis *Quartetos op. 64* de Haydn, que Shostakóvitch admirava particularmente.

O *allegreto* parte de um tema de corte folclórico que parece sugerir as sonoridades da gaita de fole, gerando melodias tratadas com grande verve. O *andantino*, iniciado pelo primeiro violino, é o cerne espiritual da partitura. Constrói-se como uma romança de tom elegíaco, cuja sonhadora serenidade vai impregnar todo o quarteto, reaparecendo até mesmo na coda do *finale*.

O habitual *scherzo* é substituído por um *allegretto* iniciado pelos quatro instrumentos em surdina, uma verdadeira homenagem a Haydn, que prossegue num outro *allegretto* bem mais amplo e contrastado, que dá a impressão de ser uma improvisação descontraída e de caráter virtuosístico.

Na mesma época da estréia do *op. 83*, a *Décima Sinfonia* valeu a Shostakóvitch o título de Artista do Povo da URSS, a mais alta honraria concedida pelo Estado soviético. E o Congresso Mundial da Paz deu-lhe o Prêmio Internacional da Paz, que ele dividiu com Charles Chaplin. Além de obter muito sucesso, em 20 de janeiro de 1955, com as *Canções Judaicas* – acontecimento não apenas artístico, mas também político, devido à onda de anti-semitismo que tinha varrido o país – Dmítri pôde, finalmente, em 29 de outubro, ouvir a Filarmônica de Leningrado, regida por Mravínski, acompanhando Dávid Fiódorovitch Óistrakh no *Concerto para Violino n. 1 em Lá Menor op. 77*, que lhe tinha sido dedicado.

Verdadeira sinfonia concertante com violino, o *op. 77* está dividido em quatro movimentos, que fazem pensar na suíte barroca. O concerto é um verdadeiro compêndio daquelas mensagens cifradas que o compositor incorpora à sua música para protestar contra a situação vigente, ou desabafar a sua angústia. O *noturno* é essencialmente cantábile e explora todos os registros do violino e a escrita em cordas duplas, mas não evoca a serenidade da noite, e sim a ansiedade profunda de quem se sente mergulhado na escuridão. A orquestração, muito transparente, emoldura as frases do solista, em geral evoluindo num registro muito agudo.

Segundo Óistrakh[3], o "espinhoso *scherzo* tem algo de demoníaco, de maléfico" – traço comum à escrita do compositor. As reminiscências musicais judaicas, associadas à assinatura DSCH, do compositor, parecem indicar que Shostakóvitch se identifica com a figura do músico ambulante judeu que é obrigado a tocar melodias alegres, num momento em que se sente cheio de dor e de medo.

---

3. No artigo Um Grande Pensamento Toma Forma, publicado na *Soviétskaia Múzyka*.

Na *passacalha*, forma já experimentada na *Oitava Sinfonia*, o tema é exposto pelas cordas graves com um contraponto nas trompas. O violino dialoga ou se opõe a diversos naipes da orquestra. Rompendo com a tradição, Shostakóvitch combina, aqui, a forma-sonata com um movimento de forma ternária, fazendo aparecer na reexposição um complexo *fugato*. De tom trágico, essa *passacalha* não encontra paralelo nas obras anteriores – o que mais se aproxima dela são certas passagens da *Oitava* e do *Quarteto n. 3*. O final desse movimento é uma longa cadência que se encadeia à *burlesca* conclusiva, pondo à prova a capacidade do solista de expressar o desespero que reverbera em cada nota. A *burlesca* tem aquele tom de festa popular que encontramos no *finale* da *Sexta Sinfonia*, impregnado da alegria postiça, artificial, de quem se força a reagir com o otimismo obrigatório exigido pelas autoridades. Mas, no meio de seu impulso irresistível, passa uma sombria reminiscência da *passacalha*, como se o compositor quisesse acenar para a perpetuação da violência e da repressão. Por suas dimensões, esta peça é a obra concertante mais importante de Shostakóvitch.

O concerto, pertencente a uma fase em que Dmítri estava no índex, teria ficado mais tempo inédito, se o empresário americano de Óistrakh não tivesse aspirado apresentar, nos Estados Unidos, essa obra de que, há tempos, os americanos já tinham notícia. Como esse era um momento em que o Krêmlin tinha interesse em estreitar as relações exteriores, foram autorizadas a estréia e a publicação. Mas, para disfarçar o fato de o concerto ter ficado tantos anos engavetado, por motivos políticos, ao ser impresso ele ganhou o número de opus 99. Ficava assim sugerida a idéia de que, movido pelas críticas que lhe tinham sido feitas, Shostakóvitch reescrevera inteiramente a peça de 1948 (na verdade, atendendo a uma sugestão de Óistrakh, ele apenas reorquestrara o início do último movimento). O mesmo truque foi usado para a *Abertura Festiva*, escrita em 1947, mas criada somente em 1954, como o opus 96.

Muito comovente é, em *Altôvaia Sonata* (Sonata para Viola), o documentário de Sokuróv e Aránovitch. a que já nos referimos anteriormente, da gravação, feita por Óistrakh, de sua conversa telefônica com o compositor, que só pudera ouvir a apresentação pelo rádio. É a troca aberta e carinhosa, entre dois amigos e colaboradores, de comentários e sugestões, prova viva da extrema empatia que os ligava, e que fez de David Fiódorovitch o maior dos intérpretes das composições de Shostakóvitch para o violino.

Óistrakh tocou o *Concerto para Violino* em Nova York, regido por Dmítri Mitropoulos. E em 21 de maio de 1955, em Praga, Mravínski, em turnê com a Filarmônica de Leningrado, obteve um grande triunfo com a *Sexta Sinfonia*. Sinais de cansaço e de repetição, resultado da rapidez e inerente irregularidade com que Shostakóvitch trabalhava, marcam, porém, as obras desse período: as *Cinco Romanças op. 96*, sobre poemas muito fracos de Dolmatóvski, as *Canções Espanholas* (1956) e as trilhas de filme – *Piésnia Velíkikh Riek* (Canção

Shostakóvitch entre o regente Ievguêni Mravínski (E) e o violinista David Óistrakh.

dos Grandes Rios), de I. Evans; *Óvod* (A Varejeira), de A. Fáinzimmer; *Piérvyi Eskhelôn* (O Primeiro Destacamento), de Mikhail Kalatózov. De resto, Dmítri tinha consciência disso, como o mostra a carta de 11 de março de 1956 a Kara Karáiev, em que diz: "Daqui a pouco vou ficar como Rossini, que passou os trinta últimos anos de sua vida sem compor nada".

Desse período vale mencionar, mais por motivos sentimentais do que estéticos, o *Concertino em Lá Menor para Dois Pianos op. 94*, escrito em 1953 para Maksím, que o estreou, na Pequena Sala do Conservatório, em janeiro do ano seguinte, em companhia de sua colega Alla Maloliêtkova. O *adagio* abre-se com o contraste entre pesadas notas pontuadas no grave e acordes serenos e contidos no agudo. Um tema cantábile, repetido com diversas figuras de acompanhamento, assume grande impulso rítmico no *allegretto*. O segundo tema segue-se imediatamente: tem sabor de melodia popular e também é repetido várias vezes em tonalidades e com figurações mutáveis.

O retorno do tema cantábile, em fortíssimo, forma o ponto alto da peça e leva à retomada das notas pontuadas e dos acordes da introdução. A recapitulação começa com uma série de acordes regulares, em meio dos quais emerge o tema cantábile, primeiro de forma hesitante, depois em seu formato original. A melodia de caráter popular reaparece ternamente, em pianíssimo, há um crescendo que culmina na reaparição do *adagio*, e a peça termina, alegremente, com um *allegro* bem vivo.

A vida conjugal de Dmítri, depois da fase tranqüila em que Nina e ele tinham tido os dois filhos, estava de novo passando por um período turbulento. Ele tinha-se apaixonado por sua talentosa aluna Galina Ivánovna Ustvólskaia[4]. E Nina sentia-se fortemente atraída pelo astrofísico Artiôm Alikhanián, com quem trabalhava no Instituto de Física de Ierevén, na Armênia, e também no laboratório instalado nas montanhas de Alaguéz, no Cáucaso – motivo pelo qual se ausentava de casa durante fases prolongadas. Quanto à filha do casal, Galina Dmítrievna, que acabara de entrar na Faculdade de Biologia, ela estava namorando firme com Ievguêni Tchukóvski[5], mas não tinham planos de se casar antes de terminar os estudos. Os estudos de música de Maksím prosseguiam, na Escola Central de Música de Moscou.

As férias de verão de 1954 foram as últimas que Nina Vassílievna passou em Komarôvo, com o marido e os filhos. Retrospectivamente, alguns

---

4. Além da atração física, Dmítri tinha grande respeito pelo talento de Galina Ivánovna, a quem presenteou com o manuscrito dos *Prelúdios e Fugas op. 87*; e, em seu *Quarteto n. 5*, ele citou um dos temas do *Trio para Clarinete*, de Ustvólskaia.

5. O genro de Shostakóvitch, Ievguêni Boríssovitch, era neto do escritor Korniêi Tchukóvski, filho do biólogo Borís Tchukóvski, e sobrinho de uma das melhores amigas de Akhmátova, Lídia Tchukóvskaia, autora de um importante livro de recordações sobre a grande poeta.

amigos se lembraram de que, nessa ocasião, ela estava muito pálida; mas ninguém suspeitou que algo de mais grave pudesse estar acontecendo. No outono, Nina partiu para Sótchi, planejando encontrar-se com o marido em dezembro, para voltarem juntos a Moscou. Sua amiga Tina Assatiáni contou à biógrafa Sófia Khéntova com que velocidade Nina sucumbiu ao câncer no cólon, resultado provável do contato que tinha, no laboratório, com material radiativo. Quando a doença foi detectada, na Armênia, já havia metástases generalizadas, e Nina estava em estado terminal. Submetida a uma operação, ela não resistiu e entrou em coma.

Na noite de 3 de dezembro de 1954, Shostakóvitch foi tirado de um concerto a que estava assistindo, em Moscou, pela notícia de que a sua esposa estava agonizando. No dia 5, quando Dmítri e Galina chegaram a Sótchi, Nina acabara de morrer, aos 45 anos. Removida para a capital, foi enterrada no cemitério de Novodiévitchi; mas o marido, desnorteado com a sua perda, não quis nenhuma pompa no funeral e pediu, inclusive, a Liev Landáu, da Academia, que não fizesse o discurso preparado para essa ocasião. Avaliara imediatamente o que significava, para ele, perder a companheira que estivera a seu lado nas horas mais humilhantes de perseguição e derrota. "Uma mulher que não hesitava em atender o telefone e dizer que eu estaria fora pelos próximos dois meses", confidenciou a Édison Denísov[6].

Muito abalado pela morte da mulher, Dmítri passou um longo período trancado em casa, com os filhos e a governanta deles, Maria Dmítrievna Kojunôva, que trabalhava para a família havia vários anos e, depois do desaparecimento de Nina, redobrou de cuidados com a família. Entristecido, sobrecarregado de trabalho – por exemplo, a turnê de abril de 1955 pelo Báltico, com Rostropóvitch e um grupo de cantores (sete concertos em oito dias, em cinco cidades diferentes) – Dmítri passou por nova fase em que a inspiração o desertara. "Até hoje não me acostumei ao palco", confessou a Karáiev. "Ele me causa muita ansiedade e nervosismo. Quando chegar aos cinqüenta anos, pararei de vez com a atividade de concertista".

Mas o ciclo das perdas ainda não tinha terminado. Sófia Vassílievna, muito alquebrada pela idade e as dificuldades que tivera de enfrentar para criar os filhos, declinava a olhos vistos. Enquanto cuidava dela, na *datcha* de Komarôvo, Dmítri teve muito pouco tempo para compor. Ele estava na Áustria, no início de novembro de 1955, para assistir à cerimônia de reabertura da Ópera de Viena, quando recebeu a notícia da morte da mãe. Chegou a tempo para o enterro, no dia 12, no cemitério de Vólkov.

Depois da cerimônia, temendo que esses papéis caíssem nas mãos erradas, destruiu boa parte da volumosa correspondência trocada com a mãe a vida inteira;

---

6. Em *Vstriéchi s Shostakóvitchem* (Encontros com S.), Moscou: Progress Izdátielstvo, s/d.

e também todas as cartas que Nina lhe escrevera, na época em que estavam noivos. Felizmente, escaparam as cartas do período de 1923-1927, que estavam em poder de Marússia, e passaram às mãos de seu filho, Dmítri Vsiévolodovitch Frederiks. É um período muito importante na fase de formação do compositor, que se inicia no momento em que o garoto de dezesseis para dezessete anos está no sanatório de Gaspra, na Criméia, onde conhece Tatiana Gliviênko, seu primeiro amor, e vai até a fase em que o jovem de 22, já amigo de Sollertínski, começou a namorar Nina Varzar, e está iniciando a composição do *Nariz*.

Exibidas em 1981, no saguão da Filarmônica de Leningrado, na data em que Shostakóvitch estaria fazendo 75 anos, essas cartas foram, em seguida, doadas para o Museu de Teatro e Música de Leningrado. Publicadas de forma abreviada no número 9 da revista *Nievá*, em 1986, foram integralmente reproduzidas, em 2004, no volume *Shostakovich and His World*, editado por Laurel Fay[7]. A organizadora dessa publicação, Rosa Sadýkhova, comenta:

Deve-se reconhecer que a relação de Shostakóvitch com sua mãe nunca foi fácil. Sófia Vassílievna tinha uma natureza poderosa e difícil. Amando o filho sem reservas e acreditando absolutamente em seu gênio, tentava ser a "guia" de sua vida e, como sempre acontece com pais muito absorventes, com freqüência era intrusiva. O resultado disso é que o relacionamento dos dois muitas vezes teve momentos tensos. Até mesmo quando ele era muito jovem e bastante ligado à mãe, Shostakóvitch sentia saudades de casa e, ao mesmo tempo, estava sempre lutando para afastar-se dela. Mas sempre que estava longe, escrevia a ela cartas carinhosíssimas, dando a descrição detalhada, como se estivesse escrevendo um diário, de tudo o que lhe tinha acontecido, calorosamente compartilhando com ela, por saber o quanto sua mãe estava desejosa de sabê-lo, as alegrias de seus primeiros sucessos, sagradas para um músico que está iniciando a carreira. As cartas de Shostakóvitch para a sua mãe são tão sinceras, e contêm uma percepção tão direta da vida, que nos dão um retrato suficientemente claro da personalidade do jovem compositor.

7. Fay, 2004.

16.
O Degelo

Foi Nikita Khrushtchóv o primeiro a denunciar os crimes cometidos por Stálin.

Para Aleksandr Soljenýtsin, os anos entre 1914 e 1956 foram "o período do colapso da nossa consciência nacional". Em 1956, o ano em que Shostakóvitch fez cinqüenta anos, o país parecia estar despertando de longa letargia. Em fevereiro, realizou-se o XX Congresso do Partido Comunista. Na manhã do dia 25, Nikita Serguêievitch Khrushtchóv, que se desvencilhara de seus companheiros de triunvirato e assumira a chefia do governo, pronunciou o discurso "secreto" que expôs abertamente, pela primeira vez, os crimes de Stálin e denunciou o culto da personalidade. Por mais que a seção tivesse sido realizada a portas fechadas, o teor desse relatório tornou-se conhecido no país inteiro. A reação de desagrado dos conservadores a esse vazamento foi de tal ordem que, na resolução final, intitulada "Da Superação do Culto da Personalidade e de suas Conseqüências", Stálin ainda era cautelosamente chamado de "grande teórico e organizador fora do comum". Foi condenado apenas o abuso de poder, apresentado como uma conseqüência funesta dos "defeitos de personalidade" do *Vójd*.

Mas era, como sempre, um momento profundamente contraditório na vida do país, pois a relativa liberalização permitira à população – pelo menos aquela das camadas mais elevadas – ter acesso às transmissões de ondas curtas vindas da BBC e da *Voice of America* – e, com isso, ter informações sobre o que acontecia fora da URSS: principalmente as manifestações anticomunistas na Polônia e a forma como a rebelião húngara estava sendo violentamente sufocada. Isso cria o ambíguo cenário para os acontecimentos da segunda metade da década de 1950.

Porém, o processo de libertação dos presos políticos, e de reabilitação das vítimas do terror stalinista, que se iniciara antes mesmo da denúncia de Khrushtchóv, foi lento e laborioso. Em 1956, milhares deles começaram a sair do Gúlag. "Nossa casa virou um hotel para a gente que voltava", contou Maksím, referindo-se a todos os libertados a quem Dmítri hospedou e ajudou a recolocar na vida social. Usando o prestígio que seus títulos de deputado da República Russa e de Artista do Povo da URSS lhe conferiam, Shostakóvitch empenhou-se na defesa de uma ampla gama de indivíduos, que iam desde a família de Guenrietta Dombróvskaia – deixada na miséria pela execução de seu marido, alto funcionário da NKVD – até a reabilitação de Vsiévolod Meierkhôld.

Conta Borís Riajskii[1] que, no verão de 1955, ao ouvir, do promotor encarregado do processo, o que realmente acontecera ao grande diretor, Shostakóvitch passou mal e teve de ser carregado para fora de seu escritório. Meierkhôld foi um dos artistas reabilitados relativamente rápido – 26 de novembro de 1955 – e Shostakóvitch logo integrou-se à comissão encarregada de preservar o seu legado artístico.

Foi no domínio das artes que se manifestaram com mais clareza as esperanças de que estivesse a caminho um processo de democratização. Morto Stálin, desapareceu a necessidade de produzir, em série, "documentários históricos" como *A Queda de Berlim*. Um novo capítulo na história do cinema soviético se abre com filmes como *Lietiát Jurávli* (Quando Voam as Cegonhas), de Mikhaíl Kalatózov (com música de Môishe Váinberg), premiado em Cannes em 1958. Embora a temática desse filme ainda girasse em torno da Grande Guerra Patriótica, a forma de tratar a figura da protagonista – uma interpretação marcante de Tatiana Samóilova – tem um tom subjetivo que seria impensável durante a *Jdánovshtchina*. O mesmo subjetivismo existe no desenho da personagem de *Ballata o Soldátom* (A Balada do Soldado), de Grigóri Tchúkhrai – o soldadinho que obtém uma licença para visitar a mãe mas, no caminho, perde tanto tempo ajudando outras pessoas que, ao chegar à aldeia, pode apenas dar-lhe um beijo, trocar com ela duas palavras e voltar para a frente de batalha. E é marcante, nesse período, o *Otelo* (1956), de Serguêi Iutkiévitch, com música de Khatchaturián, e a esplêndida interpretação, no papel-título, de Serguêi Bondartchúk – que, mais tarde, se tornaria também diretor[2].

Livros por muito tempo engavetados começaram a vir a lume; as montagens do *Sovriemiênnik Teatr* (Teatro Contemporâneo), de Moscou, provocavam debates; o Conselho de Ministros criou uma Comissão Nacional de Intercâmbios Culturais com o Exterior; poetas que há tempos estavam no desvio – Ievguêni Ievtushênko, Andrêi Vinokúrov, Andrêi Vozniessiênski, Bulát Okudjáva, ou o veterano Nikolái Zabolótski (ex-membro do *Oberiu*) – puderam voltar a publicar.

Importante, no campo da literatura, foi o surgimento do romance *Niê Khliebôm Iedínnym* (Nem Só de Pão Vive o Homem), de Vladímir Dudíntsev, ataque direto ao materialismo corrupto e oportunista da "nova classe" stalinista – a burguesia soviética que tirara proveito da estratégia stalinista de jogar um contra o outro mediante uma rede de recompensas e ameaças, e não estava disposta a abrir mão de seus privilégios e nem do sistema que os fizera surgir; até mesmo porque fazê-lo seria expor-se à retaliação dos que eles tinham atingido

1. No artigo Kak shlá reabilitátsia (Como foi Feita a Reabilitação), publicado no n. 5 da revista *Teatrálnaia Jizn*, em 1989.

2. É ele o realizador de *Voiná i Mir* (Guerra e Paz), em duas partes, rodado em 1964, no mesmo ano do *Hamlet* de Kozíntsev.

durante os anos do Terror. Essas mudanças bruscas não eram de todo aprovadas por Khrushtchóv. Numa reunião em meados de 1957 com diversos intelectuais, ele se opôs violentamente às idéias literárias mais audaciosas. E tratou brutalmente a poeta Margarita Aliguér, que reclamara contra o fechamento do anuário *Litieratúrnaia Moskvá*.

Apesar de seus modos bruscos, Khrushtchóv desfrutava de uma certa popularidade nos meios artísticos. Entre os que o apoiavam, estava Anna Akhmátova, grata a ele por ter ordenado a libertação de seu filho, Liev Gumilióv, preso desde antes da II Guerra Mundial. Isso não impediu que se desencadeasse, em 1958, uma campanha sem precedentes contra o poeta Borís Pasternák. Depois de uma fase de excepcional complexidade metafórica, esse grande poeta desejara "escrever de uma maneira que todo mundo entendesse". Em 1943, esperando ser aceito pelo *Pravda* para a publicação, ele planejara um longo poema narrativo sobre a guerra, intitulado *Aurora*. Mas como o jornal oficial estampou apenas um pequeno fragmento do texto, Pasternák, desiludido, desistira de terminá-lo.

Em compensação, recusara-se a traduzir para o russo *A Infância de um Chefe*, sobre Stálin, poema do georgiano Gueórgui Leonídze[3]. Fora punido por isso: eliminaram seu nome da lista de candidatos ao Prêmio Stálin, pelas traduções belíssimas que fizera de *Hamlet*[4] e *Romeu e Julieta*. Mas as traduções de Shakespeare, conta seu biógrafo N. Vilmont[5], tinham chamado a atenção dos ingleses para o poeta russo. Publicadas na Inglaterra em versão bilíngüe, essas traduções despertaram o mundo acadêmico para a importância da obra de Pasternák. A Stálin, é claro, esses contatos do poeta com o Ocidente encheram de desconfiança. Apesar da prisão de sua amante, Olga Ivínskaia, não havia mais, para Pasternák, como voltar atrás no caminho que escolhera. No inverno de 1945, ele começou a escrever a que haveria de considerar sua obra mais importante: o romance *Dr. Jivago*, vasto panorama das atribulações da intelectualidade russa sob a Revolução e o stalinismo. Não se deteve nem mesmo quando a notícia de sua indicação para o Prêmio Nobel de Literatura, em 1947, aumentou ainda mais a irritação do Krêmlin.

Recusado por todos os editores soviéticos, o romance foi contrabandeado para o exterior e publicado na Itália em novembro de 1957, já em plena Era Khrushtchóv.

---

3. Pasternák não falava georgiano; mas teria trabalhado em cima de *podstrótchniki*, traduções literais em prosa, que ele se encarregaria de colocar em versos russos. Durante o tempo de silêncio forçado, em que teve de fazer traduções para sobreviver, Akhmátova publicou poemas poloneses, georgianos e coreanos, traduzidos dessa maneira.

4. A extraordinária musicalidade dos versos de Shakespeare levados para o russo por Pasternák é uma das qualidades marcantes do *Hamlet*, de Grigóri Kozíntsev – com música de Shostakóvitch – em que o papel principal é feito pelo notável ator Innokiênti Smoktunóvski.

5. Citado em *O Borísie Pasternákie: Vospominânia i Mýsli* (Sobre B. P.: Memórias e Pensamentos), Moscou, Progriéss Izdátielstvo, 1989.

Como o sucesso imediato do livro não foi muito grande, a imprensa soviética conseguiu silenciar o escândalo por algum tempo. No ano seguinte, quando Pasternák tornou-se o primeiro escritor soviético a ganhar o Prêmio Nobel e o livro foi traduzido em todas as línguas do mundo[6], o *Pravda* publicou um longo artigo de David Iósifovitch Zaslávski[7] intitulado "As Vociferações da Propaganda Reacionária a Propósito de uma Erva Daninha Literária". Embora ninguém tivesse lido uma só palavra do romance na URSS, os jornais foram inundados com manifestações "espontâneas" dos leitores, que pediam para o escritor as mais duras punições.

Em outubro, uma sessão especial da União dos Escritores condenou Pasternák por "cuspir na cara do Povo". Acusando-o de "individualismo reacionário", o crítico Víktor Pertsóv descreveu a sua poesia como "oitenta mil quilômetros em torno do próprio umbigo". E Aleksandr Biezymiênski, o poeta do Proletkult, autor do medíocre texto da *Segunda Sinfonia* de Shostakóvitch, relembrou com satisfação a época em que perseguira Pasternák, na década de 1930, e pedira a sua deportação: "Arranquemos a erva daninha pela raiz!". Obrigado a recusar o Nobel, traído por muitos de seus colegas escritores, Pasternák morreu sozinho e amargurado, em maio de 1960. Pouco importa que seu enterro tenha sido o pretexto para uma das maiores manifestações de protesto da *intelliguêntsia* soviética.

No ambíguo período em que a URSS foi governada por Khrushtchóv, houve o Degelo, sim, e uma liberalização nominal de características muito tortuosas. Mas tornou-se comum usar os cidadãos para vigiar uns aos outros, mediante as *drujíny*, as "guardas populares" autorizadas pelo Soviete Supremo, em 1959, a patrulhar as ruas para "livrá-las de parasitas", o que significava, na prática, poder assediar todo aquele que, de alguma forma, demonstrasse inconformismo. Encorajando os vizinhos a espionar um ao outro, sancionando os "tribunais de camaradas" e encorajando o papel tradicional de "vigilante moral" desempenhado pelo Konsomol, as autoridades mobilizaram a "ira do Povo" contra o próprio povo.

Entre 1957 e 1961, os intelectuais russos viveram a mesma experiência de isolamento que se repetira em 1929-1931, 1935-1939 e em 1946-1953. Houve quem preferisse refugiar-se no silêncio, como já acontecera no passado. Outros renunciaram a seus princípios e juntaram-se ao coro dos contentes, como uma forma de sobreviver. O destemor da geração mais jovem, que escolhera a Praça Maiakóvski – batizada com o nome do poeta que é um símbolo do artista destruído pelo regime – como a tribuna onde se reuniam para declamar seus

---

6. No Brasil, antes de ser publicado em volume pela José Olympio, *Dr. Jivago* saiu em fascículos no jornal *Última Hora*.

7. Lembremos que a esse mesmo Zaslávski atribuiu-se a autoria do artigo Caos em vez de Música, contra a *Lady Macbeth* de Shostakóvitch.

poemas e fazer seus protestos, colocou numa situação delicada os intelectuais veteranos, que tinham sofrido com o stalinismo e teriam preferido evitar novo endurecimento, agora que já tinham ultrapassado a marca dos 50-60 anos.

Na música, o processo de degelo foi ainda mais laborioso. O artigo de Khrénnikov, no primeiro número da *Soviétskaia Múzyka* de 1957, preparando o II Congresso da União dos Compositores, que fora adiado para março daquele ano, esmerava-se em dar uma no cravo e outra na ferradura:

> O principal erro da secretaria da União dos Compositores foi ter freqüentemente adotado posições dogmáticas na luta contra o formalismo, atribuindo esse conceito até mesmo a obras como a *Sinfonia n. 2*, de Khatchaturián, e o *Concerto para Piano*, de Guérman Galýnin, que não o mereciam. Ouvimos recentemente, pela primeira vez depois de muito tempo, a *Oitava Sinfonia* de Shostakóvitch que, ao lado de muita coisa criticável, tem numerosas passagens artisticamente fortes e impressionantes. [...] A experiência demonstra que a classificação da *Oitava Sinfonia* de Shostakóvitch no grupo das obras formalistas foi errônea e sem fundamento.

O II Congresso da União dos Compositores, iniciado em 23 de março, recenseou as obras escritas entre 1946-1956, fez o balanço da criação musical soviética e apontou os rumos a seguir. Assim como Jdánov no I Congresso, a figura central, aqui, foi Dmítri Shepílov[8], representando o Partido. Surpreendendo os liberais, Khrénnikov defendeu os princípios do Realismo Socialista, atacando veladamente o chamado "Outono de Varsóvia": a decisão dos músicos poloneses de romper com essas diretrizes, responsável pela aparição da estimulante escola polonesa contemporânea de composição, integrada por Krzysztof Penderecki, Witold Lutosławski, Grażyna Bacewicz, Tadeusz Baird, Andrzej Panufnik e outros.

O dogmatismo de Khrénnikov, partidário do respeito à resolução de 1948, não o impediu de ser reeleito secretário-geral, prova da força de seus aliados. Shostakóvitch chamou a atenção para as "seqüelas do culto da personalidade", que impediam um debate verdadeiramente amplo sobre os erros do passado[9]:

> Uma maneira insuportável de conduzir o debate é enlamear um dos interlocutores. Cada vez que se acusa alguém de ter uma atitude ideologicamente incorreta, o debate se inviabiliza. E, no entanto, todos temos os pés firmemente plantados no solo da ideologia soviética e temos o mesmo objetivo, ainda que o persigamos por vias diferentes. [...] De que adianta essa demagogia odiosa,

---

8. Lembremos que Shepílov é uma das figuras caricaturadas por Shostakóvitch em *Rayók*.

9. Publicado no n. 7 da *Soviétskaia Múzyka* de 1957.

que só serve para entravar o debate criador. Mas, mediante a verborragia, o secretário da União dos Compositores deixa o debate se atolar, em vez de encorajar as transformações.

Apesar das conclusões indefinidas e insatisfatórias do II Congresso, pareceu animadora a atitude do Partido que, em fevereiro de 1958, emitiu uma resolução[10] sobre "os erros cometidos na avaliação da *Grande Amizade*, de Muradélli, do *Bogdán Khmielnítski*, de Konstantín Dankiévitch, e *Do Fundo de Meu Coração*, de Guérman Jukóvski"[11]. Embora afirmando que a resolução de fevereiro de 1948 "desempenhara papel positivo no desenvolvimento de conjunto da música soviética", essa nova resolução admitia que "o julgamento da obra de determinados compositores foi, muitas vezes, infundado e injusto" (o camarada Shostakóvitch era mencionado nesse contexto, juntamente com Prokófiev, Khatchaturián, Shebalín, Popóv e Miaskóvski):

> A obra desses compositores, que apresentava algumas tendências equivocadas, foi globalmente denunciada, como se eles fossem os representantes de uma orientação formalista, antipopular. [...] Algumas avaliações injustificadas, contidas na resolução em questão, eram o resultado das opiniões subjetivas de I. V. Stálin a respeito de certas obras de arte e da criação de determinados artistas.

Que explicações apontar para essa súbita reviravolta – que absolvia parcialmente alguns grandes nomes sem, no entanto, cancelar inteiramente a validade das diretrizes de 1948? Algumas tentativas de explicação são apontadas por Krzysztof Meyer. O Concurso Internacional Tchaikóvski, de interpretação, acabara de ser criado, e a presidência do júri fora confiada a Shostakóvitch, grande pianista e o maior compositor soviético vivo, detentor do Prêmio Liênin. Ora, aos olhos da comunidade internacional, essa honraria não podia ser concedida a um artista oficialmente colocado no índex, como inimigo do povo.

Era, portanto, necessário reincorporá-lo à máquina da propaganda cultural do Estado. Por isso, foi ele, e não Khrénnikov, o escolhido para pronunciar, durante uma recepção oferecida no Krêmlin, em 8 de fevereiro de 1958, o discurso – preparado por outros – em que fazia um brinde à nova liderança partidária – cerimônia que, na realidade, preparou o terreno para a rescisão parcial da resolução de 1948, durante o congresso de março. Da mesma forma, o governo o mandaria aos Estados Unidos, em 1959, como parte de uma delegação liderada por seu arquiinimigo Khrénnikov. Descrito pela *Musical America* como "um homem nervoso, de olhos brilhantes e mãos inquietas, que fuma sem parar", as suas cautelosas declarações, bem ensaiadas, confirmariam a impressão que se tinha, no Ocidente, de que ele se convertera em um comunista ortodoxo.

10. Publicada na *Tribúna Lúdu*, em 9 de junho de 1958.
11. Essas duas óperas também tinham sido violentamente criticadas, em 1951, num editorial do *Pravda*.

Outra explicação possível para a revogação dos interditos de 1948 é o fato de Aleksandr Kornêitchuk – libretista do *Bogdán Khmielnítski*, de Dankiévitch, condenada por instigação de Stálin, em 1951 – ser amigo pessoal de Khrushtchóv. Para exonerar seu amigo sem parecer parcial, o novo líder juntara Muradélli, Jukóvski e os outros ao processo de reabilitação. De qualquer maneira, esse documento beneficiou Shostakóvitch. E Galina Vishniévskaia, em sua autobiografia, relata a alegria de Dmítri Dmítrievitch, que a chamou, e a Slava, seu marido (o violoncelista Rostropóvitch), a seu apartamento do Kutúzovski Prospiékt, para comemorar com eles esse passo à frente.

Os tempos novos forçavam, naturalmente, a fazer contorcionismos de malabarista. Um deles foi a necessidade que teve Dolmatóvski de retocar o *Canto da Floresta*, para eliminar todas as referências a Stálin, atribuindo a Liênin – que tinha morrido décadas antes da campanha de reflorestamento – o papel de "Grande Jardineiro". Uma antiga gravação de *Piesn o Liessákh*, que circulou no Brasil, em LP, na década de 1970, trazia essa versão expurgada. O registro mais recente de Temirkánov reverte ao original.

Mudanças na vida política. Mudanças também na vida pessoal de Shostakóvitch. De uma maneira inesperada, que surpreendeu a todos os seus amigos, Dmítri decidira casar-se de novo. Margarita Andrêievna Kaínova, funcionária do *Komsomol* (a Juventude Comunista), era jovem, muito bonita – havia quem dissesse que Dmítri se sentira atraído pela sua semelhança com Nina Vassílievna –, mas nada tinha em comum com o marido. Nunca conseguiu se entender com Galina e Maksím, que reagiram muito mal ao segundo casamento do pai. E seu hábito de reunir, com freqüência, amigos muito ruidosos no apartamento do Kutúzovski Prospiékt, perturbando Dmítri em seu trabalho, era fonte constante de atritos para o casal (o relato dessa vida difícil foi feito a Galina Vishniévskaia[12] por Zinaída Mierjánova, a secretária de Shostakóvitch). Foi um casamento desastroso. Um belo dia, em 1961, Dmítri viajou para Leningrado, dizendo que só voltaria a Moscou depois que ela tivesse saído do apartamento. Maksím, que acabara de fazer 23 anos, ficou encarregado de negociar com ela os termos do divórcio.

Apesar da fraqueza de algumas das peças desse período, como as *Canções Espanholas*, de estilização superficial e banal, Shostakóvitch produz, nessa segunda metade da década de 1950, algumas partituras de interesse inegável. O tom leve do *Quarteto n. 6 em Sol Maior opus 101* fez com que ele fosse negligenciado, durante algum tempo, pelos conjuntos que se dedicavam à sua música de câmara. Mas ele é bem característico da escrita desanuviada

---

12. Em *Galina: a Russian Story* (Vishniévskaia, 1984).

do compositor, nos anos pós-Stalin. O despreocupado *allegretto* em ¼ parece satirizar a música pasteurizada que a estética oficial preconizava. O *moderato con moto*, de limpidez semelhante à do segundo movimento da *Nona Sinfonia*, é interrompido por dois compassos ameaçadores no violoncelo, mas o seu tom de dança rústica é retomado na sorridente cadência do movimento. O *lento* é uma passacalha de serena beleza, com seis apresentações diferentes do tema, as três primeiras de caráter polifônico. Na última, o violoncelo apresenta o tema do *finale*, um *lento* seguido por um *allegretto*, que retorna ao tom do primeiro movimento, dando à peça caráter cíclico. No auge do desenvolvimento, ouvimos de novo o baixo obstinado da passacalha, tocado em cânon pela viola e o violoncelo. É intenso, mas em *mezza voce*, as surdinas reatando com a ambientação pastoral do início. Os quatro instrumentos retomam, na coda, uma frase com natureza de cadência conclusiva. O *n. 6* foi criado pelo Quarteto Beethoven, em 7 de outubro de 1956, para comemorar o cinqüentenário de fundação da Sala Glinka, de Leningrado.

Desde que eles eram pequenos, Dmítri se interessara pela educação musical dos filhos, dando-lhes pessoalmente aulas de piano. Galina nunca demonstrou aptidão musical muito grande. Ainda assim, o pai lhe dedicou um ciclo de peças infantis – *Marcha, O Urso, História Alegre, História Triste, A Boneca Mecânica, O Aniversário* – que ela tocou, num concerto da seção de música para as crianças, da União dos Compositores, no inverno de 1945. Maksím, ao contrário, revelou desde cedo vocação segura e veio a fazer carreira como pianista e regente, especialmente dedicado à difusão da obra do pai.

Em 1953, Shostakóvitch escreveu para ele o *Concertino para Dois Pianos* – que está longe de ser uma de suas peças mais representativas – estreado por Maksím e sua colega Alla Maloliêtkova, na Escola Central de Música, onde ambos estudavam. Muito mais interessante é o *Concerto n. 2 em Fá Maior op. 102b*, dedicado a ele quando fez dezenove anos, e do qual disse D. Rabinóvitch: "A impressão que se tem é a de que Dmítri retornou à juventude". Maksím Dmítrievitch o tocou, em Moscou, em 10 de maio de 1957.

O melhor movimento do *102b* é o *andante*, em que surge uma bem trabalhada melodia cantábile, de refinamento rachmaninoviano. Ele é enquadrado por dois *allegros* de natureza semelhante, enérgicos, alegres, com uma técnica pianística que faz pensar em Prokófiev, embora de invenção melódica menos espontânea do que a do *Concerto n. 1*. A cadência do final do primeiro movimento tem contornos mais originais. No segundo *allegro* concentram-se as passagens virtuosísticas, de um modo geral bastante árduas.

Enquanto a estréia do segundo *Concerto para Piano* era preparada, o projeto de uma partitura nova já estava em andamento. Em "Reflexões sobre o Estágio Atual de Minha Carreira"[13], Shostakóvitch referiu-se à intenção de escrever uma nova sinfonia, dedicada aos acontecimentos de 1905: o Domingo Sangrento, cuja evocação ele ouvira tantas vezes, de seus pais, quando era menino. Terminada em outubro, a *Sinfonia n. 11 em Sol Menor op. 103 "O Ano de 1905"* foi estreada em 30 de outubro de 1957, durante as cerimônias de comemoração do 40º aniversário da Revolução. Natán Rákhlin regeu a Sinfônica do Estado da URSS. Em 3 de novembro, Mravínski estreou, em Leningrado, essa peça que, acolhida com entusiasmo na URSS, foi criticada no exterior pela ingenuidade de seu programa e o arcaísmo de seus meios de expressão – julgamento não de todo justo pois, a despeito de sua linguagem tradicional, a *n. 11* denota domínio da forma e rigorosa lógica estrutural.

E é possível, como buscou demonstrar Liev Liebedínski, ver um subtexto nessa sinfonia, escrita no momento em que os tanques do Pacto de Varsóvia estavam atirando nas ruas de Budapeste. Embora a imprensa soviética tivesse falado em triunfo do Realismo Socialista, Shostakóvitch, na opinião de Liebedínski, tinha usado "a linguagem de Esopo" para, numa evocação da tirania passada, denunciar os horrores do presente. De fato, em *Testemunho*, Vólkov atribui a Shostakóvitch ter-lhe dito que a *n. 11* é "mussorgskiana" no sentido em que trabalha com duas idéias básicas: o destino do povo e o tema da recorrência na história russa – o povo, exposto a estar sempre à mercê de autocratas indiferentes, protesta periodicamente e, por isso, é traído ou castigado. Esse argumento não deixa de ter sentido pois, no bloco soviético, nenhum outro país conheceu período repressivo tão semelhante ao do Grande Terror stalinista quanto a Hungria de Mátyás Rákosi.

Sob Rákosi, na virada das décadas de 1940-1950, a Hungria viveu a paranóia das denúncias, confissões públicas e expurgos. Embora a propaganda oficial dissesse que os problemas da Hungria eram causados pela agitação reacionária, quando a polícia secreta metralhou, em 25 de outubro de 1956, uma manifestação pacífica na Praça do Parlamento, em Budapeste, matando seiscentas pessoas, a analogia com a chacina da Praça do Palácio, em 1905, foi inevitável. Em *To Build a Castle: my Life as a Dissenter* (Viking, 1979), Vladímir Bukóvski mostra como a repressão na Hungria foi um catalisador para o surgimento da moderna dissidência soviética:

> Depois da exposição, das denúncias e das reabilitações póstumas, depois de nos assegurarem que era impossível o passado se repetir, éramos confrontados de novo com cadáveres, tanques, força bruta e mentiras, prova de que, na verdade, nada tinha mudado. Garotos como nós, de quinze ou dezesseis anos, estavam morrendo de rifle na mão, nas ruas de Budapeste, em defesa da liberdade. E do outro lado, estávamos nós, os russos, que éramos mandados para matá-los a sangue frio.

13. No n. 9 de 1956 da revista *Soviétskaia Múzyka*.

Nós, que teríamos feito a mesma coisa se estivéssemos no lugar dos jovens húngaros, sentíamos como se um nevoeiro sangrento cegasse os nossos olhos, ao ver os tanques com a estrela vermelha, orgulho de nossa meninice, esmagando os nossos irmãos nas ruas de Budapeste. O mundo inteiro nos tinha traído e já não acreditávamos em mais ninguém.

Depois da violenta repressão à rebelião húngara, seguiu-se a dissolução da União dos Escritores Húngaros – teleguiada pelo Krêmlin – sob a acusação de que ela "atacava o sistema soviético" (e isso coincidia, na URSS, com a reprimenda de Khrushtchóv ao romance de Dudíntsev). Incapaz de admitir que as idéias progressistas dos poetas Tibor Déry e Gyula Hay ou do ensaísta György Lukács tinham uma base socialista autêntica, o Krêmlin tinha de reprimir a intelectualidade húngara, para impedir que a mesma coisa acontecesse dentro de casa. Parece óbvia, portanto, a relação da *Sinfonia n. 11* com os acontecimentos na Hungria, dando-lhe o valor de mais um daqueles *closet protests* – no dizer de Ian MacDonald – de que a obra de Shostakóvitch está cheia. Até mesmo porque, na *n. 11*, há uma advertência implícita: se Nicolau II, após o massacre de 1905, tivesse afrouxado as rédeas, talvez o extremismo não tivesse voltado, doze anos depois, com força total, para derrubá-lo do trono.

Em *Arquipélago Gúlag*, ao ouvir o condenado Drózdov entoar o cântico de prisioneiros *Escuta*, Aleksandr Soljenýtsun diz que Shostakóvitch deveria tê-la escutado num campo de concentração, para saber como realmente empregá-la em sua *Sinfonia n. 11*. Mas, comenta Liebedínski, da mesma forma que Dostoiévski não precisou matar uma velha para descrever os tormentos espirituais de Raskólnikov[14], também Shostakóvitch – que sempre viveu na expectativa de ser preso, julgado, condenado – não precisou ir para a prisão, para descrever a atmosfera de terror reinante no mundo soviético. Quem o entendeu muito bem foi Anna Akhmátova que, após assistir à estréia da *op. 103*, disse a seu amigo Borís Tomashévski, que a acompanhava: "Essas canções são como anjos, como pássaros brancos voando contra um aterrorizante céu negro". Liebedínski afirma:

A *Sinfonia n. 11* é uma obra verdadeiramente contemporânea, camuflada, por necessidade, sob um programa histórico. Muitos não perceberam esse conteúdo contemporâneo. Mas Shostakóvitch sabia que o tempo haveria de lhe dar razão, e que ele tinha sido capaz de expor, na sua música, aquilo que Soljenýtsin descreveria, dezoito anos mais tarde, no *Arquipélago Gúlag*.

Com o vigor da trilha sonora para um filme histórico que poderia ter sido dirigido por Eisenshtéin, a *n. 11* se constrói como um imenso poema-sinfônico em quatro episódios encadeados, no qual Shostakóvitch cita canções

---

14. Em seu romance *Crime e Castigo* (Priestupliênie i Nakazánie).

revolucionárias e temas de seus *Dez Poemas op. 88*, de 1951, para coro *a cappella*, sobre textos de poemas revolucionários. Uma célula de três notas – lá bemol, si bemol, sol – liga um ao outro os movimentos, numa seqüência ininterrupta.

O *adagio* inicial intitula-se "A Praça do Palácio", local onde ocorreu o massacre do Domingo Sangrento. Os glaciais intervalos de quinta das cordas, na introdução, sugerem a atmosfera opressiva do país, que estará na base dos protestos da população. Cordas divididas em surdina, apoiadas pelas quatro harpas, são ocasionalmente interrompidas por apelos longínquos do trompete. Duas melodias tiradas de cânticos dos detentos fornecem o material temático para o movimento:

Escuta, de 1864, tem poema de P. Sokálski e música de Ivan Golts-Miller:

> O outono é negro como uma traição,
> como a consciência do tirano...
> Na bruma desta negra noite ergue-se
> a visão do calabouço.
> Escuta, ao ritmo lento do sentinela,
> no silêncio da noite, um gemido
> surdo e cheio de dor...

O Prisioneiro, de 1860, com poema de Nikolái Ogarióv, tem melodia de autor anônimo:

> A noite é escura, os minutos não passam,
> as paredes da prisão são pesadas,
> os portões estão trancados com duas fechaduras.

Situado o cenário, o *allegro* "9 de Janeiro" dá início à ação. Os dois temas principais são extraídos de peças corais escritas pelo próprio Shostakóvitch, *Tsar, Nosso Pai* e *Descubram-se*. A primeira parte do movimento descreve a maré humana com seus murmúrios e gritos. A repetição obsessiva de algumas células melódicas visa a sugerir os slogans que eles vêm gritando. A reprise do tema do primeiro movimento mostra a chegada do cortejo à Praça do Palácio. É aí que, com o rufar dos tambores e o toque dos trompetes, entra em ação a força repressiva, com um caos sonoro pontuado pelas percussões. A coda, estática, em que ressoam ecos do primeiro movimento, descreve a praça juncada de cadáveres. Esta é uma das páginas descritivas mais bem-sucedidas de Shostakóvitch.

O hino "Vocês Tombaram, Vítimas do Combate Fatal", com melodia atribuída a Aleksandr Varlámov, pertence ao folclore revolucionário:

> Vocês tombaram vítimas do combate fatal,
> com amor desinteressado pelo povo,
> vocês deram tudo por ele,
> a sua vida, a sua honra e liberdade.

Ele é exposto pelas violas contra *pizzicatos* dos violoncelos e contrabaixos, fornece o tema para o *adagio* "Memória Eterna", que é uma elegia para as vítimas da chacina. Nele está o melhor momento da sinfonia, uma marcha fúnebre de enorme força emotiva, que cresce até uma maciça marcha de protesto e, depois, fecha-se de novo sobre si mesmo. O *adagio* se encadeia diretamente com o *finale* (*allegro non troppo*), intitulado "O Toque de Alarme".

Cabe aqui um esclarecimento: *Nabat* (O Sino de Alarme) era o título da revista editada, no século XIX, por Piotr Tkátchev, da radicalíssima primeira geração dos *Naródniki*. Antecipando Liênin, sobre o qual exerceu inegável influência, Tkátchev afirmava que a revolução não deve ser feita pelo povo, e sim por um núcleo partidário destemido, ao qual nenhuma violência deveria ser proibida, por mais imoral que ela pudesse parecer. Tkátchev era amigo de um outro pré-bolchevique, o niilista Serguêi Nietcháiev, líder de um movimento que Dostoiévski retratou em *Os Possessos*, sua monumental sátira ao extremismo, censurada na URSS – e que Galina dizia ser o romance predileto de seu pai.

Esse *finale*, passado o momento do luto, inicia-se abruptamente com o hino revolucionário "Enfurecei-vos, Tiranos", composto pelo ucraniano Aleksandr Vakhniánin, a partir da tradução feita por Gleb Kjishanóvsko, de um poema de protesto polonês:

> Enfurecei-vos tiranos,
> jogai vosso desprezo sobre nós,
> ameaçai-nos ferozmente
> com a cadeia, com os grilhões!
> Nossas almas ao livre, embora
> nossos corpos sejam pisoteados.
> Vergonha, vergonha eterna sobre vós, tiranos!

Num sinal de que a indignação com o morticínio faz as massas reerguerem-se com energia e renovada determinação, a dureza das linhas melódicas e os ritmos angulosos expressam a cólera, motor da ação. Secamente ritmado nas cordas, outro hino revolucionário, a *Varsoviana*, replica ao primeiro, com sua melodia alterada para conformar-se ao padrão harmônico das demais citações. Essa canção revolucionária polonesa tem texto de V. Svensicky, traduzido por Kjishanóvski, e música de autor anônimo:

Furacões inimigos sopram contra nós,
negros poderes nos ameaçam,
na luta fatal que travamos
destinos desconhecidos nos aguardam.

Na reprise do *allegro*, a clarineta baixa se apossa, num turbilhão, do motivo de três notas, passa-o ao corne inglês e, com as trompas, ele assume toda a intensidade, ouvindo-se, então, no trompete, uma melodia tirada da opereta *Ogônki* (Centelhas), escrita por Gueórgui Svirídov, aluno de Shostakóvitch. Jatos orquestrais em uníssono levam ao clímax, em que o toque de sinos lembra o prólogo do *Borís Godunóv*. Um episódio *adagio* faz a retrospectiva do primeiro movimento e, depois, volta a música do segundo movimento na seção *allegro* conclusiva, cuja escrita é simplificada, em proveito da intensidade dos blocos sonoros. Não se trata de um final apoteótico, mas uma coda cheia da ameaça de que algo virá, para modificar a situação. Os sinos que pontuam as frases finais parecem tocar o dobre de finados de toda uma época.

A *Sinfonia n. 11* valeu a Shostakóvitch, em casa, o Prêmio Liênin (abril de 1958); e, no exterior, a nomeação como membro honorário da Academia de Santa Cecília, em Roma. Em maio, ele se tornou o primeiro estrangeiro a receber a comenda do Ordre Français des Arts et des Lettres, honraria que foi comemorada com a execução da *Sinfonia n. 11*, no Palais de Chaillot, regida por André Cluytens (é a época em que Dmítri gravou, com esse maestro, para o selo EMI francês, os dois concertos para piano, hoje disponíveis na série Composers in Person). Em julho, a Universidade de Oxford concedeu-lhe, juntamente com Francis Poulenc, o título de doutor *Honoris Causa*. Nesse mesmo ano, Shostakóvitch recebeu o Prêmio Sibelius que, até então, só tinha sido dado a Igor Stravínski (1953) e Paul Hindemith (1955). Uma vez mais, todos os olhares do mundo musical voltavam-se para ele.

O que menos se esperava era que, a essa altura, a obra seguinte fosse uma opereta: *Moskvá Tcheriômushki* – de que falaremos num capítulo separado. O palco continuou a ocupar Shostakóvitch, nesse final da década de 1960, em que a crise criativa só lhe permitia produzir espasmodicamente obras de caráter mais pessoal. Em 1951, Borís Kháikin, diretor musical do Kírov, tinha-lhe pedido que orquestrasse, a partir da redução para piano publicada em 1931 por Pável Lamm e Borís Assáfiev, as cenas da *Khovânshtchina* cortadas na versão de Rímski-Kórsakov – o que conferiria peso maior ao elemento político dessa *naródnaia muzykálnaia drama* (drama musical popular). Os seis mil rublos pagos por essa encomenda vieram a calhar. A produção estreou em 13 de julho de 1952.

Em 1958, veio nova encomenda, dos estúdios Mosfilm: a da preparação da partitura para servir a uma filmagem da *Khovânshtchina* a ser dirigida por Viera Stróieva, com Mark Rêizen no papel de Dosifiêi. Lançado em maio de

1959, esse filme existe em vídeo pelo selo Corinth. Por mais que conhecesse o compositor, Dmítri não parece ter tido a preocupação de imitar os fragmentos originalmente orquestrados pelo próprio Mússorgski. Nem parece ter-se dado conta de que, à *Khovânshtchina*, Módest Petróvitch queria dar colorido orquestral inteiramente diferente do de *Borís Godunóv*.

Shostakóvitch compôs trechos novos, de transição, para satisfazer certas exigências cinematográficas: por exemplo, a fanfarra com que se encerra o ato II, na qual retoma o tema do prelúdio. Adicionou cadências conclusivas em pontos em que elas não existiam e deu texturas tão espessas à música que, às vezes, o texto fica incompreensível – o que, por definição, é antimussorgskiano. Mas, com todos esses problemas, essa versão – estreada no Kírov em 25 de novembro de 1960, regida por Serguêi Iéltsin – é nitidamente preferível à de Rímski-Kórsakov. Diante de nossos olhos, ela faz surgir o universo sombrio da Rússia de Pedro, o Grande, de forma tão vívida quanto Eisenshtéin e Prokófiev o conseguiram nas duas partes de seu épico *Ivan, o Terrível*. De resto, o sucesso do filme tinha feito desaparecerem as reservas em relação ao *Borís Godunóv*, que o Kírov montara um ano antes, em 4 de novembro de 1959, com Borís Shtókolov no papel-título.

Encenada também, no outono de 1962, no Festival de Edimburgo – no qual foram executadas diversas outras obras suas – a orquestração de Shostakóvitch para a *Khovânshtchina* foi várias vezes executada no Kírov. Cláudio Abbado a utiliza em sua gravação de 1989 (Sony), com o acréscimo das cenas originais de Mússorgski e do final preparado por Stravínski. Também Emil Tchakárov (Sony, 1988) e Valiéry Guérguiev (Philips, 1992) a empregam, eliminando todos os acréscimos visando à filmagem por Viera Stróieva.

17.
Um Interlúdio Alegre

Causou sensação a notícia, em 1958, que o mais proeminente compositor de música séria se dedicasse a um gênero popular. O Teatro Maiakóvski de Opereta, de Moscou, estava muito orgulhoso de ter conseguido convencê-lo. E o fizera graças a dois antigos conhecidos dos tempos da *Lady Macbeth*. Grigóri Arnóldovitch Stoliaróv, que regera a estréia dessa ópera em Moscou, acabava de assumir o posto de regente titular do teatro. E o baixo Vladímir Kandeláki, criador de Borís Timofêievitch no Teatro Nemiróvitch-Dántchenko, já aposentado como cantor, seria o diretor do espetáculo.

Pode parecer estranho que todo um capítulo seja dedicado a uma obra que alguns analistas consideraram "menor". Mas é preciso reconhecer que, até mesmo nas obras de circunstância, escritas para ganhar dinheiro, a mão de Shostakóvitch sempre se revela de forma muito distintiva. E depois, nesta peça efervescente, em que Dmítri não recua diante da necessidade de escrever para um público realmente popular, pondo para fora uma veia humorística que sempre teve, há coisas muito típicas do compositor "sério" e "aceitável". Nesses nossos tempos de *crossover*, de música que já não faz mais distinção entre o clássico e o popular, não é mais o caso de dar de ombros para esta partitura, só porque ela pertence ao gênero "menor" da opereta.

Os experientes Vladímir Mass e Mikhaíl Tchervínski, autores do libreto, eram humoristas que colaboravam prolificamente com o rádio, a televisão, as revistas e o teatro de revistas. Mass tivera, com o experimentalismo das décadas de 1920-1930, um envolvimento muito semelhante ao de Shostakóvitch – e é bem provável que, naquela época, eles tivessem se conhecido, pois transitaram nos mesmos círculos.

Entre 1921 e 1924, V. Mass escrevera peças muito irreverentes para a *Mastfor* (Oficina de Teatro) que Nikolái Foregger criara em Moscou. Elas eram musicadas por Matviêi Blánter, famoso autor de canções para *music-hall*. Mass colaborava com o Music-Hall de Leningrado, na mesma época em que Shostakóvitch escreveu a partitura de *Uslôvno Ubítyi*. E ficou muito famoso como co-roteirista, ao lado de Nikolái Érdman, da popularíssima comédia musical *Visióly Rebiáta* (Garotos Alegres), que Grigóri Aleksándrov dirigiu, em 1934, para os estúdios Mosfilm. Mass esteve preso algum tempo, no final da década de 1930 e, depois que foi solto, tornou-se muito mais cauteloso em suas sátiras.

Mas a opereta soviética, após a morte de Stálin, perdera o aspecto ideologicamente sentencioso que tivera, nas décadas de 1930-1950, de que o melhor exemplo são as ridículas comédias "politicamente corretas" de Marián Kovál. Ganhara contornos mais leves: voltara a incorporar elementos sentimentais em suas intrigas; e exibia traços de crítica – devidamente autorizada – de acordo com as condições novas do Degelo. O texto de Mass e Tchervínski para *Moskvá-Tcheriômushki* aborda um dos problemas crônicos da vida soviética: a escassez de alojamentos e a dificuldade em ter condições de vida apropriadas.

Na época, um complexo modelo de arranha-céus, com apartamentos populares, estava sendo construído, com grande esforço de propaganda, no Nóvyi Tcheriômushki (o bairro das cerejeiras), ao sul de Moscou. Esse projeto, iniciado em 1956, era a tentativa de encontrar uma solução moderna e financeiramente abordável para apartamentos não-comunitários. O senso de humor dos moscovitas não perdoou um projeto urbanístico e arquitetônico realizado a toque de caixa, que começou a cair aos pedaços assim que inaugurado: esses prédios eram chamados de *khrushtchóby*, combinação do nome de Khrushtchóv com *trushtchóba*, a palavra russa que significa "cortiço".

Esses conjuntos imensos de apartamento idênticos, mobiliados em série com eletrodomésticos e mobiliário de patente e *design* copiados do Ocidente – era a época dos móveis de pé palito, das mesas com tampo de fórmica – não divergiam em nada das séries de casas populares que, aqui também, foram construídas em quantidade. A diferença é que, em vez de serem subvencionados para vendas a prestações a perder de vista, na URSS esses apartamentos eram cedidos pelo governo, de acordo com regras nem sempre muito claras, e esse é um dos aspectos abordados por Mass e Tchervínski em sua história.

Em 7 de agosto de 1958, Kandeláki anunciou para a temporada do ano seguinte essa "opereta-revista", de "música muito cantável". Mas a música – retardada pela hospitalização de Dmítri durante o mês de setembro, devido aos problemas na mão – ainda não estava pronta. Os últimos números foram mandados um a um a Stoliaróv. Numa de suas partituras mais longas – cerca de cem minutos de música, sem levar em conta o diálogo falado – ele mistura uma infinidade de estilos, da citação de românticos russos à mais corriqueira canção popular. O resultado, dependendo do ponto de vista que você assuma, é ricamente divertido ou terrivelmente vulgar. Só depende de você!

O primeiro a ter sérias dúvidas foi o próprio Shostakóvitch. A Isaak Glikman, ele escreveu, durante os ensaios: "Estou mortificado de vergonha. Se você estiver pensando em vir para a estréia, não perca seu tempo, pois isso seria assistir à minha desgraça. É tudo tão chato, insignificante e bobo". Gerard McBurney, que fez o arranjo da opereta para a sua estréia na Inglaterra, ouviu de Rostropóvitch uma história engraçada. Encontrando-se com um contrabaixista da orquestra, Slava lhe perguntou o que estava achando da música. "Alguns pedaços até que não são maus", respondeu ele. "O resto é puro Shostakóvitch".

À *Soviétskaia Múzyka*, é claro, Dmítri fez declarações mais animadas. E, na verdade, se aceitou experimentar esse gênero ligeiro, foi porque admirava imensamente a maestria de Offenbach, Lecocq, Johann Strauss, Franz Lehár e Emmerich Kálmán. Numa entrevista que deu à BBC, em outubro de 1997, Zóia Tomashévskaia, a filha do eminente crítico literário Borís Tomashévski, comentou que, com freqüência, ela se encontrava com Shostakóvitch no Teatro de Opereta de Moscou e ele lhe "puxava as orelhas", cada vez que ela perdia uma estréia interessante.

Isso é bem típico de um artista que não desprezava a arte popular e deu mostras disso em seus balés, trilhas sonoras e peças para *jazz band*. Uma de suas características de estilo mais marcantes é a facilidade com que sempre trafegou do "sério" para o "ligeiro" – nas últimas sinfonias e quartetos há ecos de música popular, da mesma forma que, nas peças de circunstância, não faltam traços que as liguem às composições sérias.

O ensaio geral aberto de 20 de janeiro de 1959 atraiu jornalistas, críticos, musicólogos e olheiros do Mályi, de Leningrado, da Volksoper, de Viena, da Komische Oper, de Berlim Oriental, interessados em eventuais produções. Espantou-os a quantidade de citações embutidas na partitura: por exemplo, a de "Costumavam ser Dias Felizes", do folclore urbano, convertida na "Canção do Tcheriômushki", em ritmo de valsa. Mas a reação foi boa e, na estréia, quatro dias depois, a acolhida à opereta foi muito favorável.

De um modo geral, a crítica achou a peça leve, inteligente e divertida. Os que se preocupavam com a idéia de que o compositor de sinfonias complexas e sérias não se adaptaria às exigências do gênero ficaram surpresos. E os que se lembravam dos balés e músicas incidentais do início da carreira não se espantaram por ele ter reaproveitado números de dança do *Parafuso* e do *Límpido Regato*. Até a canção de *Contraplano* reaparecia, a certa altura, para deleite da platéia, que não a esquecera. Foram muito apreciadas a qualidade da orquestração, superior à das operetas de Dunaiévsk, por exemplo, e a desenvoltura com que são feitas paródias que vão de Tchaikóvski e Borodín à canção popular. Houve uma discussão de lana-caprina, se a peça devia ser chamada de "opereta" ou de "vaudeville" – Shostakóvitch a chamou de "comédia musical" ao publicar, em 1959, a redução para piano de *Moskvá-Tcheriômushki*. As críticas centraram-se no último ato do libreto, em que a intriga é resolvida de maneira muito sumária. Mas isso não impediu que houvesse montagens em várias cidades soviéticas e no exterior (Bratislava, Praga, Rostock, Zagreb) e que, em 1962, os estúdios Lienfilm lançassem o filme dirigido por Gerbert Ráppaport.

PRÓLOGO

As personagens são apresentadas. Liúsia, uma operária da construção civil, tem problemas com Serguêi, seu namorado. Este trabalha como motorista de Fiódor Drebiednióv, o funcionário corrupto encarregado da distribuição dos apartamentos, e que tenta tirar proveito disso explorando os pobres coitados sem-teto. O nome dessa figura venal vem de *drebiediên*, "bobagem", "história mentirosa". Drebiednióv é ajudado por um cúmplice, Barabáshkin, síndico dos prédios[1].

Ficamos conhecendo também Borís, velho amigo de Serguêi, técnico em explosivos que já morou em várias partes da URSS mas, agora, quer instalar-se em Moscou – o que é difícil, pois só se conseguia a autorização de mudança para a superpovoada capital quando se tinha um local de moradia; o que não é o seu caso. Quanto ao velho Simiôn Simiônovitch Babúrov, ele teme ser despejado, juntamente com sua filha, Lídotchka, do apartamento no Tiôplyi Piereúlok que ocupam há vários anos.

ATO I

CENA 1 – PROIBIDO TOCAR – A historiadora Lídotchka e seu colega, Sasha Bubéntsov, guiam a visita de um grupo ao Museu de História e de Reconstrução de Moscou. Másha, a mulher de Sasha, misturou-se ao grupo, pois esta é a única maneira de encontrar seu marido, já que, não tendo onde morar, eles não podem viver juntos. Serguêi também visita o museu com Borís, que se sente sozinho e gostaria de ter uma namorada. Lídotchka também sente-se sozinha, mas ela é demasiado intelectualizada para Borís. Ele descobre que os Babúrov e os Babéntsov conseguirão novos apartamentos no complexo em construção de Tcheriômushki. Alegre com a notícia, propõe que Serguêi os leve para passear por Moscou no carro de Drebiednióv. Ele o faz, deixando o funcionário esperando, impaciente, em companhia de sua quarta mulher: a jovem e insolente Vava, uma carreirista que aceitou o casamento com um homem mais velho e sem atrativos, decerto porque espera tirar dele vantagens materiais.

CENA 2 – ANOTEM O ENDEREÇO – Os seis amigos chegam a Tcheriômushki, onde se encontram com os novos locatários e descobrem que Barabáshkin, o síndico, recusa-se a lhes entregar as chaves dos novos apartamentos. Ao chegar, Vava reconhece em Borís um antigo namorado. Seu marido confabula com Barabáshkin: é óbvio que eles estão tramando alguma coisa, e é por isso que o síndico não quer entregar as chaves.

---

1. De início, o síndico chamava-se Kolobáshkin, de *kolobók*, um tipo de pão preto bem grosseiro; depois, ganhou o nome atual, que vem do verbo *barabánit*, tocar tambor e, coloquialmente, conversar fiado, fofocar.

ATO II

CENA 3 – UMA ATERRISAGEM AÉREA – Borís engana Barabáshkin fazendo os Babúrov entrarem pela janela de seu apartamento novo, com a ajuda de um guindaste. Animado com seu sucesso, Borís faz a corte a Lídotchka que, apesar de sua formação acadêmica, se sente atraída por esse rapaz cheio de senso prático. Liúsia vem falar de seus problemas sentimentais com Serguêi. De repente, a divisória que os separa do apartamento vizinho é derrubada e Drebiédnióv, Vava e Barabáshkin aparecem. O funcionário quer ocupar o apartamento dos Babúrov para dobrar o tamanho do seu e dar à mulher um quarto de vestir. Lídotchka e seu pai confessam-se impotentes diante da corrupção; mas Liúsia resolve reagir.

CENA 4 – UMA ALARMANTE BATIDA NA PORTA. Nesse meio tempo, Sasha e Másha entraram sem problemas em seu novo apartamento. Durante uma reunião de condôminos, Serguêi e Liúsia convencem a todos a mover uma ação coletiva contra a corrupção de Drebiednióv e Barabáshkin.

INTERMEZZO NUM PÁTIO CELESTIALMENTE FANTÁSTICO – Borís mostra a Lídotchka a contradição entre os seus sonhos de como a vida deve ser e a maneira como ela realmente é. Decide tirar proveito de sua antiga relação com Vava para poder se insinuar na casa do funcionário.

ATO III

CENA 5 – O RELÓGIO MÁGICO – Os locatários de Tcheriômushki, guiados por Liúsia, constroem um jardim que possui quatro propriedades: flores que desabrocham para os bons e murcham para os maus; uma fonte cuja água sufoca os discursos pomposos dos funcionários aborrecidos; um banco, no parque, que força quem se senta nele a dizer a verdade; e um relógio que muda a hora miraculosamente, para que os namorados atrasados possam chegar na hora. Com esses recursos mágicos, eles conseguem desmontar as tramóias dos vilões e resolver seus problemas sentimentais. Finalmente, todos – ou quase todos – poderão viver felizes em Tcheriômushki.

A opereta tem elementos típicos do musical da Broadway, de um estilo que, no final da década de 1950, já estava ficando obsoleto: o "jardim mágico" do final, em que as pessoas são forçadas a dizer a verdade; ou a longa seqüência de fantasia, em forma de balé, no fim do ato II. Mas Mass e Tchervínski sabiam o que faziam, pois o desenlace de sua peça – o conjunto habitacional onde é possível, como nos contos de fada, "viver felizes para sempre" – frisa ironicamente a defasagem absurda entre o conceito propagandístico, disseminado pelo Estado, de como era boa a vida no paraíso dos trabalhadores, e a realidade do que significava viver na URSS. Há, em todo o libreto, divertidas paródias da linguagem "otimista" oficial que, a essa altura, já não enganava mais ninguém.

Se essa ironia nos parece, hoje, ingênua, é preciso se lembrar que, em 1959, seis anos apenas após a morte de Stálin, ela vinha como um sopro de ar fresco. Shostakóvitch percebia nitidamente as limitações do libreto – e falou delas a Glikman e a outros amigos –; mas, pelo menos, ele lhe dava um ponto de partida para exercer a ironia muito mais provocadora de sua linguagem, enraizada em Gógol, Zóshtchenko e Olêinikov[2]. Acomodar-se às convenções híbridas do gênero não era um problema pois, a vida inteira, ao lado de sua música sinfônica, ele produzira encomendas para o cinema ou o teatro.

Na verdade, *Moskvá Tcheriômushki* pode revelar-se utilíssima para o estudo da técnica de fazer paródias, citações e auto citações, que é comum em Shostakóvitch: haja vistas a *Sinfonia n. 11*, o *Concerto n. 1 para Violoncelo*, o *Quarteto n. 8*, a *Sinfonia n. 15*.

O modelo musical imediato para *Moskvá Tcheriômushki* foram as peças de Dunáievski, que temperava a sua mistura de opereta vienense, musical da Broadway e filme de Hollywood com uma cautelosa dose de canções de massa *à la russe*. Shostakóvitch não tinha motivo algum para fugir desse padrão. Homenageia, porém, seus apreciados Franz Lehár e Emmerich Kálmán. Além dos coloridos tipicamente lehárianos da abertura, por exemplo, decalca habilmente, no dueto de Drebiednióv com sua mulher, um trecho conhecido da *Viúva Alegre*: a cena em que Cascada e St. Brioche discutem, para saber quem terá o direito de dançar primeiro com Hanna, a próspera e bela viúva.

A esses ingredientes, soma a canção de variedades francesa do pré-guerra; os mais veneráveis clichês do filme musical americano; mas não se esquece das canções no estilo quadrado do Exército Vermelho. O que diferencia *Moskvá Tcheriômushki* da média das operetas soviéticas é a presença de algumas fontes de inspiração mais elaboradas: Offenbach, no cancã da "Viagem por Moscou", por exemplo, e a paródia de nomes ilustres da *rússkaia klássika*:

• O Glinka de *Uma Vida para o Tsar* em alguns corais de tom festivo.
• O Borodín do *Príncipe Ígor* no dueto de Lídotchka e Borís, "Biú tchelôm tibiê, krásna diévisa" (Prostro-me Diante de Ti, Bela Donzela), no ato II. A maneira antiquada e exageradamente respeitosa como o rapaz dirige-se à moça – de status mais elevado do que o dele, pois é guia de museu, formada em história – é enfatizada pelos "medievalismos" de Borodín: harmonias em quintas paralelas na linha do baixo; o som nasal do oboé; o *pizzicato* das cordas imitando o som da *gusla*, a cítara folclórica; o som da trompa solista, lembrando a introdução à ária de Iaroslávna, ou alguns trechos da

---

2. O humorista Nikolái Makárovitch Olêinikov, que escrevia com esse nome ou com os pseudônimos de Makár Sviriêpyi e S. Krávtsov.

Sinfonia n. 2. Da mesma forma, o ritmo e a harmonização "exótica" dos cantos e danças que se seguem trazem à mente, inevitavelmente, as "Danças Polovitsianas";

• O Tchaikóvski dos balés na "Pantomima", no "Intermezzo", na cena de dança do "jardim fantástico". A "Dança dos Rapazes e das Moças" é um pastiche visível da *Scène Dansante*, uma das valsas mais bonitas escritas por esse mestre do gênero. Porém, a ironia de Shostakóvitch faz com que os maneirismos grandiosos, típicos de Tchaikóvski, sejam distorcidos: na "Pantomima", ao ser tocada por pesados trombones, é como se estivéssemos ouvindo a música executada por uma banda de subúrbio, e não por uma orquestra sinfônica de primeira. Na primeira seqüência de fantasia, Sasha e Másha, o casal que não tem onde morar, dançam sonhando com o apartamento que terão um dia. O palco vai se enchendo com os objetos com que eles sonham: uma geladeira ZIL – notoriamente grandalhona e barulhenta, mas a última palavra em eletrodoméstico soviético, na década de 1950 –, móveis, quadros, vasos de flores. Outros pares vêm juntar-se ao casal e os objetos de casa também começam a dançar. A paródia, aqui, é da cena da *Bela Adormecida* em que as seis fadas madrinhas vêm trazer seus presentes à recém-nascida Aurora. E na cena de conjunto dos condôminos, é do *Ievguêni Oniéguin* – do desenho melódico descendente da frase "Rekomendúiu vam: Oniéguin, moi sossiêd" (Recomendo a vocês: Oniéguin, meu vizinho), com que Liênski apresenta seu amigo às Lárinas – que sai a frase com que os rapazes se apresentam, uns aos outros, às moças que moram no Tcheriômushki.

Com as brincadeiras com a *rússkaia klássika*, contrasta a desenvoltura das citações de canções populares: folclore rural e urbano, e temas conhecidos de canções pertencentes a outros autores. No caso russo, folclore urbano – por oposição ao folclore rural, de texturas modais e formas rítmicas mais complexas – designa baladas estróficas, tonais, de caráter cômico ou sentimental: valsinhas de salão, canções de taverna, cânticos de trabalho dos operários. Em *Moskvá Tcheriômushki*, são abundantes os trechos que têm a *intonátsii* típica dessa música de rua, familiar para o público do teatro de opereta. Um exemplo claro dessa fórmula é a repetição de terças saltitantes no coro de abertura, em que os operários da construção falam aos moradores: "Nam khotiélos by pri vstriêtche líshnikh slov nie govorít; vmiesto pýshnoi dlínnoi riétchi prosto-naprósto sprosít..." (Ao nos encontrarmos com vocês, gostaríamos de não desperdiçar palavras; em vez de discursos longos e eloqüentes, queríamos apenas perguntar etc.).

Nessa figura com pulsação de tiquetaque, que reaparece em diversos outros momentos, é reconhecível o ritmo das *tchastúshki*, as quadrinhas cômicas de quatro versos, da qual a mais famosa, conhecida de toda criança russa, é Tchíjik-pýjik:

Tchíjik-pýjik, gdiê ty byl?
Na Fontánke, vódku pil.
Výpil riúmku, výpil dviê,
zakrujílos v goloviê.
(Tchíjik-pýjik, onde você esteve. No canal da Fontánka, bebendo vodca. Bebi um copo, bebi dois, minha cabeça começou a girar.)

Junto a ela, uma outra fórmula encontrável nessa opereta – que, por trás da sua superfície descontraída, exibe texturas muito diversificadas, combinadas com sofisticação – é a do *sékstovost*, a frase de tom sentimental construída sobre um par de intervalos de sexta ascendente, base do *bitovôi románs*, a romança doméstica que se cantava nos saraus do século XIX. Ela marca a "Canção sobre Tcheriômushki", ouvida no *finale* do ato I:

Tcheriômushki...V Tcheriômushki,
tcheriômukha tsvíetet.
I vsió miétchti sbyváiutsa
u tekh, kto zdies jiviót.
(Tcheriômushki... Em Tcheriômushki as cerejeiras florescem e todos os sonhos se realizam para aqueles que moram aqui.)

Como essa melodia é cativante, do tipo que gruda na orelha à primeira audição, Shostakóvitch abusa do direito de fazer dela um uso recorrente. Ela aparece em 25 dos quarenta números da partitura, sete vezes inalterada, seis vezes com variações, e de forma fragmentária em outros doze. Essa repetição obsessiva é um traço permanente da escrita do autor, que aparece muito nas sinfonias; e talvez fosse a isso que ele se referisse, na carta a Glikman em que, depois de tê-la ouvido nos ensaios, chamou a partitura de "chata, insignificante e boba".

Importante é notar que essa melodia contagiante ilustra o fenômeno, comum em Shostakóvitch, da autocitação. Ela tinha sido concebida, originalmente, em 1931, para *Montanhas Douradas*, o épico stalinista em que Serguêi Iutkiévitch conta a história de um jovem camponês que, vindo tentar a vida na cidade grande, vê-se convertido à causa revolucionária. Nessa suntuosa trilha, escrita para uma orquestra enorme, destaca-se a canção título, na qual Shostakóvitch combina e entrelaça duas canções do folclore urbano:

• "Byváli dni visiólye" (Costumavam ser Dias Felizes):

Byváli dni visiólye,
guliál iá molodiéts;
nie znal toskí-krutchínushki,

kak vólni udaliéts.
Byálo, vspáshesh páshenku,
lôshadok ubiéresh,
a sam tropôi zanakômoiu
v závietnyi dom póidiesh.

(Costumavam ser dias felizes. Eu andava por aí, na juventude, não conhecia saudades e nem dores, eu era livre e aventureiro. Costumava arar o campinho, cuidar dos cavalinhos, depois, pelo caminho bem conhecido, voltar para a casa querida.)

- "Kogdá b imiél zlatýe góry" (Se eu Tivesse Montanhas Douradas):

Kogdá b imiél zlatýe góri
i riéki, pólnie viná,
vsiô otdal by za láski, vzóry,
shtob ty vladiéla mnôi odná.

(Se eu tivesse montanhas douradas e rios cheios de vinho, eu os daria pelas tuas carícias e olhares, para que só tu me pudesses possuir.)

Os sentimentos extrovertidos, positivos, da personagem de Iutkiévitch, expressos nessa canção, correspondem também ao otimismo dos jovens, convencidos de que vão entrar numa fase mais feliz, ao mudar para Tcheriômushki.

Não poderíamos deixar, tampouco, de assinalar a menção, ainda que fugidia, ao tema da canção popular soviética mais conhecida dessa época, tanto na URSS quanto fora dela: "Podmoskóvnye vietcherá". Composta em 1956, por Vassíli Soloviór-Siedôi para o filme *V Dni Spartakiády* (Nos Dias do Festival Esportivo), *Noites de Moscou*[3] ganhou inúmeros prêmios e tornou-se o prefixo de uma das principais rádios da capital soviética. Não há russo que não saiba de cor as palavras de Mikhaíl Matussóvski:

Niê slýshni v sadú dáje shorokhí,
vsiô zdies zamierló do utrá.
Iésli b ználi vy kak mniê doroguí
podmoskóvnye vietcherá.

(Não se ouve no jardim nem um sussurro, tudo aqui se acalmou até o amanhecer. Se soubesses como me são queridas essas noites nos arredores de Moscou.)

Shostakóvitch coloca essa citação na cena de dança que se segue ao dueto de Borís e Lídotchka, a que já nos referimos, mas o faz *al modo suo*. Enquanto a maioria dos arranjos desta melodia frisa seu lado sentimental, com violinos

---

3. O título significa, literalmente, *Noites nos Arredores de Moscou.*

derramados e vibrafones chorosos, Dmítri a transcreve para orquestra inteira, num andamento presto, fazendo-o soar como uma dança cossaca – o que é de um efeito cômico seguro pois, como o tema é apresentado de forma inteiramente inusitada, o público leva alguns segundos para perceber o que está ouvindo e, ao reconhecer, não consegue conter as risadas.

Quanto às autocitações, a que mais agrado provocou na estréia foi a da popularíssima canção que Shostakóvitch escrevera, em 1932, para o filme *Contraplano*, de Fridrikh Érmler e Serguêi Iutkiévitch. Na época em que reapareceu na opereta, "Piésnia o vstriétchnikh" (A Canção do Encontro) já tinha dado a volta ao mundo, ganhara letra em inglês e francês, tornara-se hino das Nações Unidas, fora até mesmo vestida, por Leopold Stokowski, com uma opulenta orquestração. Deve ter sido uma surpresa para o público ouvir essa melodia muito familiar com uma letra nova, em que Lídotchka (no ato I) lamenta ter perdido tanto tempo estudando, e não ter namorado mais:

> Iá v skólu kogdá-to khodíla
>
> i do nótchi, pômni, porôi,
>
> zubríla, zubríla, zubríla,
>
> vernúvshis iz shkóloi domôi:
>
> biográfia Shekspíra,
>
> svóistva rtúti i efíra,
>
> klímat górnovo Pamíra,
>
> skólko v tônnie kilográmm...

(À escola, naquela época, eu ia e à noite, me lembro, à vezes, dava duro, dava duro, dava duro até a hora de voltar para casa: a biografia de Shakespeare, as propriedades do mercúrio e do éter, o clima das montanhas do Pamir e quantos quilos há em uma tonelada...)

É irônico pensar que, para a expressão do arrependimento por não ter dado mais atenção a seus próprios sentimentos, Shostakóvitch coloque na boca de Lídotchka uma melodia que, nos bancos de escola, toda criança decorava para, com ela, aprender as virtudes do conformismo socialista e do otimismo coletivo. Nos tempos um pouco mais brandos de Khrushtchóv, já começavam a surgir, entre os jovens, sinais de impaciência com a aceitação complacente da realidade soviética – o germe do estado de espírito que, mais adiante, na Era Bréjnev, geraria o fenômeno difícil de controlar da dissidência. Mexia com a cabeça dos espectadores ver uma *pioniérka*[4] como Lídotchka confessar, de repente, que se arrependia da vida certinha que levara.

---

4. Os Pioneiros – espécie de grupo de escoteiros ideologicamente doutrinados – eram a organização oficial da infância, na URSS.

A autocitação mais importante é a de trechos de *Antiformalistítcheskie Rayôk*, a cantata satírica até então guardada a sete chaves. Há uma atitude de bravata de Dmítri em fazer sair da gaveta, nesta opereta, trechos de uma partitura de cuja existência ninguém sequer podia suspeitar:

• A melodia com que o presidente da mesa anuncia, em *Rayôk*, que a discussão daquela noite versará sobre Realismo e Formalismo é textualmente repetida no dueto em que Drebiednióv e Barabáshkin expressam o temor de que os condôminos levem a melhor: *Kto éto skazal? Kto nazvál skándalom, éto ukazánie Mossoviéta?* (Quem disse isso? Quem disse que a diretriz do Conselho Municipal de Moscou foi um escândalo?)

• A serenata com que Borís, no ato I, mostra a Serguêi o tipo de música que deve atrair as garotas – *Taram-parám, niná, niná, vstrietcháiet miniá viesná* (Taramparám, niná, niná, a primavera vem a meu encontro) – repete, nota por nota, a ária em que o Número Dois (Jdánov) ensina como escrever música bonita e elegante.

• A fanfarra que anuncia a chegada do Número Um (Stálin) interrompe, no ato II, a dança que se segue às estrofes sobre a corrupção de Drebeidnióv e Barabáshkin:

> Biez sviáziei v jízni niet putí.
> Biez sviáziei jit ujásno slójno.
> Biez sviáziei sviázi zaviestí
> i to bývaiet nievozmójno.
>
> (Sem contatos, não se abre um caminho na vida. Sem contatos, viver é muito duro. Se você não tem contatos, faça contatos, ou tudo será impossível.)

• Mais complexa é a questão da semelhança entre a condenação do Camarada Tróikin (Shepílov) aos formalistas e o dueto do ato II em que Másha e Sasha cantam:

> Ty túpo smotrísh v potolôk,
> drojít v tvoiêi rukiê mielôk,
> poguíb... propál... i vdrug, zvonôk!
>
> (Você olha estupidamente para o teto. O giz treme na sua mão. Você está frito... acabado... e, de repente, a campainha.)

A última autocitação a que vale a pena fazer referência vem de *Uslôvno Ubítyi* (Declarado Morto), o musical de 1931. O ato III dessa peça começa com "Os Apóstolos", uma cena passada no céu, de que participam Deus, o Diabo, os santos, anjos e demônios. O número começa com a paródia da "Canção do Bezerro de Ouro", do *Fausto*, de Gounod, e se transforma num tango de tom blasfemo, sobre um tema da liturgia ortodoxa. Em *Moskvá Tcheriômushki*, esse segmento do musical é utilizado como base para a seqüência de danças que se segue, no final do ato II, ao dueto de Borís e Lídotchka.

Poderá parecer excessivo o nível de detalhe a que desci, debulhando a colcha de retalhos que é essa opereta. Mas ela oferece um exemplo muito rico de uma técnica de composição freqüentemente cheia de subentendidos e de piscadelas de olho para o público. Um dos grandes paradoxos da arte de Shostakóvitch é a sua música, por um lado, apresentar uma multidão de sinais, símbolos, chaves, mensagens cifradas e, por outro, conseguir permanecer quase sempre ambígua e inescrutável. Resultado disso, principalmente nos vinte últimos anos da carreira, é a sua obra ter-se tornado progressivamente contraditória e enigmática.

Apesar de sua aparente leveza e desconcentração, *Moskvá Tcheriômushki* é uma obra que se presta à leitura dessa maneira. Suas conexões com outras coisas – a cultura popular de sua época, o contexto socio político pós-stalinista, a rede de relações que Shostakóvitch trança entre essa partitura, a música de outros compositores e a sua própria – encorajam a isso. A grande proeza de Shostakóvitch é ser capaz de escrever uma partitura de *sentido* ambíguo que nada tem de ambíguo em seu *efeito*, pois toda ela pulsa com contagiante energia.

Em 1961, Shostakóvitch fez uma revisão na partitura, acrescentando-lhe mais uma canção e alguns episódios orquestrais, visando ao filme de Ráppaport que, rodado no ano seguinte, foi freqüentemente exibido pela televisão soviética até o início da década de 1990. Esquecida durante muito tempo, a opereta foi encenada, em Londres, em 24 de outubro de 1994, com o título de *Cheryomushki*, pela Pimlico Opera, no Lyric Theatre Hammersmith. Num arranjo para orquestra de dança, feito por Gerard McBurney, e com tradução inglesa de David Pountney, que a dirigiu, ela foi regida, nessa ocasião, por Wasfi Kani.

Em 3 de maio de 2001, a companhia Opera North a reapresentou no Grand Theatre de Leeds, regida por Steven Sloane[5], com o título de *Paradise Moscow*. No verão de 2005, desta vez chamando-se *The Cherry Tree Towers*, a opereta foi encenada por Francesca Zambello, para apresentação no Bard Music Festival, dentro da série anual *Rediscoveries*. Esse evento, realizado pelo Bard College, de Annandale-on-Hudson, no estado de Nova York, teve como tema, aquele ano, *Shostakovich and His World*, preparando o centenário, a ser comemorado em 2006. O organizador era o maestro Leo Botstein, presidente da universidade. Comentando a apresentação, escreveu Anthony Tommasini, o crítico do *New York Times*:

---

5. Sloane esteve em São Paulo, em novembro de 2005, como convidado da Osesp, regendo a *Sétima Sinfonia* de Shostakóvitch.

O musical transforma-se numa divertida saga cômica sobre as pressões que a gente comum pode exercer, quando se reúne, num espírito realmente coletivista, contra as autoridades. Shostakóvitch usa alguns truques musicais muito hábeis nessa partitura aparentemente simples, em que há valsas cheias de balanço e cenas de conjunto exuberantes. O pianista Serguêi Driéznin regeu o arranjo que fez da partitura para dois pianos, acordeom e bandolim.

Para conhecer *Moskvá Tcheriômushki*, existe a gravação integral de Guennádi Rojdéstvienski, feita em 1997, na Holanda, com Andrêi Batúrkin, Anatóli Lôshak[6], Irina Guelakhôva, Ielena Prókina, Guérman Apáikin e Lídia Tchôrnikh. O próprio Rojdéstvienski participa da gravação, fazendo o papel falado do motorista de táxi. Neste registro, os diálogos falados – em alguns pontos muito longos – são mantidos em sua totalidade.

---

6. Lôshak esteve em São Paulo, em 1995, no elenco da primeira montagem paulista do *Ievguêni Oniéguin*, de Tchaikóvski.

18.
O Fim da Crise

O primeiro *Concerto para Violoncelo*, dedicado a Mstisláv Rostropóvitch, com quem Shostakóvitch estreitava amizade cada vez mais viva, veio pôr fim, em 1959, à crise criativa, trazendo visíveis elementos novos à linguagem do compositor. A princípio um pouco formais, as relações com Rostropóvitch, que tinha sido seu aluno de composição e orquestração no Conservatório de Moscou, foram aumentando à medida que tiveram a oportunidade de tocar juntos a *Sonata para Violoncelo*. Dmítri entusiasmou-se cada vez mais com o talento de Slava – já reconhecido por Prokófiev, que lhe dedicara a *Sinfonia Concertante*, a *Sonata* e o *Concertino para Violoncelo*. A relação pessoal que acabou estabelecendo com Mstisláv Leopóldovitch e sua esposa, o soprano Galina Pávlovna Vishniévskaia, transcendendo o limite do apenas artístico, foi de extrema importância para a sua vida privada.

Shostakóvitch admitiu ter-se inspirado na *Sinfonia Concertante* de Prokófiev para o *Concerto em Mi Bemol Maior op. 107*, que escreveu no outono de 1959. O *allegretto* abre-se com um tema de quatro notas, exposto pelo solista, cujo tom leve e descontraído parece enganoso; e que haja, no acompanhamento, elementos circenses ou de dança só vêm aumentar a sensação de desconforto, pois sabemos que, para Shostakóvitch, esse tipo de música "alegre" – como no final da *Sexta* – representa uma forma de alienação. Em alguns momentos, o violoncelo dialoga com a trompa, o que faz pensar no trompete do *Concerto n. 1 para Piano*. Na estrutura geral do concerto, ele faz o papel de um prólogo, opondo-se ao bloco dos três movimentos seguintes, que são encadeados.

O *moderato*, baseado numa melodia de sabor tipicamente russo, um dos melhores momentos de Shostakóvitch como melodista, é um *noturno* que culmina num episódio dramático, com uma coda típica em que o solista dialoga com a celesta. Todo o terceiro movimento é uma longa *cadência* meditativa, reminiscente da *burlesca* do *Concerto n. 1 para Violino*, em cuja segunda parte reaparece o tema do primeiro movimento. Ele será de novo ouvido no enérgico *finale allegro*, um rondó de ritmo impetuoso, confirmando assim o caráter cíclico da obra.

Dmítri e Mstisláv Rostropóvitch, no concerto de 25 de setembro de 1966, em homenagem a seu 60º aniversário.

A segunda metade de 1959 foi toda ocupada com viagens ao exterior: à Polônia, para o Outono de Varsóvia; de novo aos Estados Unidos, e ao México. Em uma entrevista dada a um jornalista polonês e reproduzida no n. 11 da *Soviétskaia Múzyka*, Shostakóvitch declarou:

> Estou firmemente convencido de que na música, como em qualquer outro empreendimento humano, é sempre necessário buscar novos rumos. Mas tenho a impressão de que aqueles que vêm esses novos caminhos no dodecafonismo estão se iludindo seriamente. O estreito dogmatismo desse sistema artificialmente inventado acorrenta a imaginação criativa dos compositores, privando-os de sua individualidade. Não é por acidente que, no inteiro legado do sistema dodecafônico de Schoenberg, não haja uma só obra realmente aceita de forma ampla. [...] O dodecafonismo não só não tem futuro, como não tem mais presente. É só um modismo, que já está passando.

Lidas hoje, depois do movimento dito pós-moderno, do final da década de 1970, que trouxe de volta o tonalismo livre e a atual busca de conciliação da vanguarda com a tradição, essas palavras já não soam mais tão reacionárias quanto pareciam. Não é aqui o lugar adequado para discutir os motivos pelos quais a Segunda Escola de Viena não conseguiu impor a chamada "inevitabilidade histórica" do serialismo. O importante é chamar a atenção para o fato de que, apesar da rejeição "oficial" do dodecafonismo, Shostakóvitch recorreu a ele, na fase final de sua carreira, na medida em que essa técnica lhe oferecia recursos expressivos convincentes.

Maksím Shostakóvitch falou das partituras de compositores contemporâneos, mandadas a seu pai, que sempre havia em casa. Em março de 1959, Dmítri deu a seu amigo Shebalín, como presente de aniversário, uma partitura do *Marteau sans Maître*, de Pierre Boulez. E num artigo para o n. 3 da *Muzykálnaia Akadiêmia – Vstriêtchi s Shostakóvitchem* (Encontros com S.) – o compositor Édison Denísov relatou longas conversas que tiveram sobre Messiaen e, em especial, as *Trois Liturgies de la Présence Divine*, que ele admirava bastante. Shostakóvitch dava preferência a músicos como o seu amigo Benjamin Britten, que permaneciam dentro dos limites da tonalidade, é bem verdade. E desagradava-lhe o que considerava "música seca e inexpressiva ou concebida de acordo com fórmulas racionais ou matemáticas". Mas, depois de ter feito um ataque "oficial" e público a Karlheinz Stockhausen, como o "arqui-representante da cultura capitalista decadente", mandou-lhe uma carta em que manifestava admiração por sua música e o convidava a visitá-lo[1].

Na verdade, a presença de elementos na aparência serialistas, mas tratados sem rigor formal, nas obras da fase final da carreira, são menos o resultado da atração pelo dodecafonismo como linguagem do que da necessidade de recorrer ao atonalismo como elemento de contraste, de conflito com a tonalidade. Em

---

1. Citado por M. Kurtz em *Stockhausen: a Biography*, Londres, Dutton, 1992.

Shostakóvitch, a forma está sempre a serviço da emoção, do conteúdo. Se há uma coisa que não o preocupava – e, nesse ponto, ele se parece muito com um compositor como Richard Strauss, por exemplo – era filiar-se a esta ou aquela tendência, apenas para ser moderno. A técnica, os recursos tomados de empréstimo à tradição ou à modernidade, eram uma matéria-prima que ele combinava de acordo com as suas necessidades expressivas, disso resultando momentos de grande tensão dramática. Lembremo-nos do que disse Sófia Gubaidúlina a respeito dele: "Shostakóvitch exerceu grande influência sobre o meu trabalho, embora a minha obra não exiba traços aparentes. A lição que esse compositor me ensinou é a mais importante de todas: seja você mesma".

Com todas as atividades sociopolíticas que lhe incumbiam, só no início de 1960 Shostakóvitch teve condições de voltar a compor. O resultado foi o *Quarteto n. 7 em Fá Sustenido Menor op. 108*, o mais conciso de todos eles, pois seus três movimentos encadeados têm de dez a doze minutos apenas de duração. O *allegretto* é de facilidade enganadora, tanto na escrita quanto na expressão. O *lento* é quase todo escrito para duas ou três vozes, à exceção de uma curta passagem de seis compassos em que se ouve os quatro instrumentistas. Dedicado à memória de Nina Vassílievna, o *op. 108* apresenta características que vão ser comuns aos quartetos da plena maturidade: a exposição sistemática, pelo violino, no movimento inicial, de séries de três compassos em $^2/_4 – ^3/_4 – ^2/_4$, configuração ironicamente dançante que, soando no início e no epílogo da peça, dá-lhe um clima de dança macabra. O *lento*, com seu fúnebre lamento, que passa da viola para o violoncelo, lembra o tom dos monólogos do *Boris Godunóv* – interrompido pela chegada do *allegro fugato* final, com constantes mudanças de ritmo. A fuga fica em estado embrionário até voltar o tema de três compassos do *allegretto* inicial, fechando o ciclo.

Ao mesmo tempo que trabalhava no *Sétimo Quarteto*, Shostakóvitch apaixonava-se pelos ácidos poemas de Sasha Tchórny. A coletânea dos versos desse humorista, que vivera na virada dos séculos XIX-XX, lhe tinha sido presenteada por seu genro, Ievguêni Tchukóvski. Aqueles textos estimularam sua tendência ao humor grotesco que, durante muitos anos, não tinha podido exercer. Foi a Galina Vishniévskaia que Dmítri dedicou os cinco poemas das *Sátiras op. 109*, "escrito para uma cantora exatamente como eu, que tinha treinamento operístico mas, no passado, cantara num *music-hall*"[2]. As sátiras de Tchórny visavam a época imperial, mas estavam cheias de elementos que poderiam ser interpretados como alusões aos absurdos do regime soviético. Tanto que Galina, temendo represálias, aconselhou-o a colocar no ciclo o subtítulo de "Imagens do Passado". Dmítri

2. Em *Galina: a Russian Story* (Vishiniévskia, 1984), a autobiografia da cantora.

adorou a idéia, conta ela, dizendo que o subtítulo funcionaria "como uma folha de parreira, escondendo deles (os censores) as partes embaraçosas".

De pouco adiantou: a autorização para que a peça fosse executada quase foi negada, e só veio no último minuto. *Sátiras* foi tão aplaudido – quando Galina, tendo Rostropóvitch ao piano, o estreou, em 22 de fevereiro de 1961, na Sala do Conservatório de Moscou – que todas as canções tiveram de ser bisadas duas vezes. Embora o concerto tivesse sido autorizado, e a gravação para a TV estivesse prevista, ficou decidido que seria necessário cortar o poema *Potômki* (Os Descendentes), considerado "ideologicamente inadequado". Como Vishniévskaia e Rostropóvitch se recusassem a fazê-lo, o registro de imagens foi cancelado e o ciclo ficou proibido. A gravação só pôde ser feita em 28 de novembro de 1974, na Salle Wagram, de Paris, para o selo EMI Classics – e está hoje integrada a um dos volumes da *The Rostropovich Edition*.

Acompanhada por acordes muito secos do piano, a soprano declama o nome de cada poema, antes de iniciar a canção.

• Há visíveis paródias de Mússorgski, em "Krítik" (Ao Crítico), e de Rakhhmáninov, em "Probujdiênie Viesní" (O Despertar da Primavera). No primeiro, adverte-se: quando, num poema, a mulher diz: "Iá shlá po úlitse, v bóko vpílsa korsiét" (Eu andava pela rua e o meu corpete me apertava), é preciso cuidado, pois "poét mujtchína, i dáje s borodôiu" (o poeta é um homem e até mesmo usa barba). No segundo, o poeta se lamenta:

> Viesiênnaia lazur spugnúla dim i kópot,
> moróz ujiê niê shtchípliet nikovô,
> no mnóguim nietchevô,
> kak i zímoiu, lópats...

(O azul primaveril substituiu a fumaça e o sebo,/ o frio já não aguilhoa mais ninguém,/ mas, para muitos, como no inverno,/ nada há para comer...)

– o que poderia ser tomado como uma referência desagradável e atual às freqüentes crises de racionamento dos alimentos na URSS.

• Há reminiscências de Tchaikóvski em "Niedorazumiênie" ("O Mal-entendido"), a engraçada história do libertino que vai visitar a "poetéssa Balzákovskikh liet" (a poetisa dos tempos de Balzac). Entendendo como um convite os versos muito sensuais que ela lê para ele, tenta acariciá-la. Mas é expulso dali, aos berros, acusado de "querer seduzir uma dama respeitável, como um vulgar empregado".

• Há também irônicas referências a Beethoven em *Króitseru Sonata* (Sonata a Kreutzer), na qual o entediado locatário de um apartamento, na falta de coisa melhor, quebra o galho com a opulenta Fiôkla, sua arrumadeira. "Ty naród, ia intelliguêntsia" (tu és o povo e eu, a elite intelectual), diz ele, no final, entre beijos e carícias – frase que tem tudo para desagradar aos ideólogos de plantão.

• O centro do ciclo é ocupado por *Potômki* (Os Descendentes), o poema mais longo e também o mais passível de pisar nos calos das autoridades. Vale a pena citar integralmente esses versinhos venenosos:

Nashi priédki liezlí v kliéti
i vzdiekháli tam niê raz:
"Tugo, bratsi...
vídno diéti búdut jit volgótniei nas."
Diéti vírosli i éti liezlí
v kliéti, v grózni tchas i sheptáli:
"Náshi diéti vstrietiát sôlntse
póslie nas."
Nintchie tákje, kak vóvieki,
utieshiênie odnô:
náshi diéti búdut v Mékie,
iésli nam niê sujdiennô.
Dájie stóki priedskazáli:
kto liet dviésti, kto piátsot;
a poká liejí v pietcháli i mítchi
kak idiôt.
Razukrashiênie dúli, mir umít,
pritchiôsan, mil...
liet khriêz dvésti!
Tchórta v stuliê!
Rázvie ia Mafussaíl?
Iá, kak fîlinna oblômkakh
pierelománnikh bogóv.
V nierodívshisa potômkakh
niet mniê brátiev i vragóv.
Ia khotchú niemnójko sviéta
dliá sibiá poká iá jiv;
ot pórtnovo do poeta
vsiom poniát môi prizív...
A potômki...
Pust potômki ispólniaia jrébi svôi
i kliánia svôi potiômki
lupiát v stiênku golovôiu!

(Nossos ancestrais viveram em gaiolas/ e murmuraram mais de uma vez:/ "É duro, irmãos.../ mas nossos filhos hão de viver com mais liberdade!"/ As crianças cresceram e foram para a gaiola/

em tempos terríveis, murmurando: "Nossos filhos se encontrarão com o sol/ depois de nós!"/ Nada mudou, é tudo como antes,/ mas há um consolo:/ nossos filhos irão a Meca,/ ainda que nós nunca o façamos./ Já sabemos até quando:/ uns dizem duzentos anos, outros, quinhentos,/ enquanto isso, continuamos a sofrer/ como idiotas./ De lábios bem pintados, o mundo será limpo,/ bem penteado, elegante.../ Dentro de duzentos anos./ Ora, vá para o diabo!/ você acha que eu sou Matusalém?/ Sento-me aqui, como uma coruja,/ sobre as ruínas de nossos deuses partidos./ Não tenho irmãos, nem inimigos./ Quero um pedacinho do mundo/ só para mim, enquanto eu estiver vivo./ Todo mundo, seja ele rico ou pobre,/ há de entender o meu desejo./ Quanto a meus descendentes.../ Que os meus descendentes cuidem de seu próprio destino, tomando consciência de como ele é sombrio/ e batendo com a cabeça na parede.)

No verão de 1960, Shostakóvitch foi até Görisch, nos arredores de Dresden, onde desejava fazer pesquisas de campo, junto aos músicos alemães orientais, para a trilha do filme *Piát Dniêi, Piát Notchiêi* (Cinco Dias, Cinco Noites), de seu ex-colega Liev Árnshtam, que evoca a destruição dessa cidade durante a guerra. Foi lá que, em três dias apenas – entre 12 e 14 de julho –, ele escreveu uma de suas obras mais extraordinárias, o *Quarteto n. 8 em Dó Menor op. 110*. Devido à sua incrível força expressiva, correu – na época da estréia, pelo Quarteto Beethoven, em 2 de outubro de 1960 – a versão oficial de que, impressionado com a visão de Dresden, Shostakóvitch teria composto o *op. 110* como uma "denúncia do fascismo". Mas a Isaak Glikman, numa das cartas que trocaram, Dmítri escreveu:

> Considerando que, depois de minha morte, talvez ninguém componha uma obra à minha memória, decidi escrevê-la eu mesmo. [...] Seu primeiro tema é formado pelas notas DSCH de minhas iniciais. Retomo nele temas de outras obras minhas, assim como o canto revolucionário *Torturado Até a Morte, em Cruel Cativeiro*[3]. Eles são tirados da *Primeira Sinfonia*, da *Oitava Sinfonia*, do *Trio*, do *Concerto para Violoncelo* e de *Lady Macbeth*. Há também referências a Wagner (a marcha fúnebre do *Crepúsculo dos Deuses*), a Tchaikóvski (o segundo tema do primeiro movimento da *Sexta Sinfonia*) – sem esquecer a minha *Sinfonia n. 10*. Em suma, uma bela misturada. O caráter pseudo trágico desse quarteto vem do fato de que, ao compô-lo, derramei tantas lágrimas quanto derramo urina, após meia dúzia de copos de cerveja. Ao voltar para casa, tentei tocá-lo e chorei de novo, dessa vez maravilhado com a sua unidade formal.

Liev Liebiedínski vai mais longe: numa entrevista a Elizabeth Wilson, disse:

> Se o compositor dedicou o quarteto às vítimas do Fascismo, foi para disfarçar as suas verdadeiras intenções; se bem que, sendo ele a vítima de um típico regime fascista, a dedicatória faz

---

3. Um compositor anônimo musicou, em 1876, o poema de Grigóri Mátchtiet, dedicado ao estudante Pável Tchórnishev, que morreu numa prisão tsarista.

sentido. Na verdade, ele tencionava fazer desse quarteto uma súmula do que escrevera e um adeus à vida, pois a adesão ao Partido se associava, para ele, a uma morte moral, mas também física. No dia em que voltou de Dresden, onde tinha comprado uma grande quantidade de pílulas para dormir, ele tocou o *Quarteto n. 8* para mim, ao piano, e anunciou, com lágrimas nos olhos, que aquela era a sua última obra. Deu a entender que tencionava suicidar-se. Talvez subconscientemente esperasse que eu pudesse salvá-lo. Consegui tirar as pílulas de seu bolso e entreguei-as a Maksím, explicando-lhe o verdadeiro significado do quarteto e pedindo-lhe que vigiasse o seu pai. Durante os dias seguintes, passei tanto tempo quanto pude com Shostakóvitch até sentir que o perigo do suicídio tinha passado.

Não foi possível conferir, em outra fonte, essa versão do eventual projeto de suicídio; mas a história contada por Liebiedínski pode sinalizar o profundo estado de perturbação emocional em que se encontrava o compositor, ao escrever uma de suas obras mais carregadas de significado autobiográfico. Era necessário impedir que o heterogêneo material das citações proporcionasse à peça um caráter descosido. A forma de consegui-lo foi usar, como elemento unificador, a assinatura DSCH que, no dizer de Sólomon Vólkov, "desempenha a função de Vergílio guiando o ouvinte pelos círculos do inferno do compositor, fazendo-o atravessar música que, ora é sombria até ser quase insuportável, ora é sobrenaturalmente tranqüila e translúcida, ora é nervosa e até mesmo paranóica".

Apresentada pelo violoncelo, no início do *largo*, a assinatura DSCH é retomada, em cânon, pela viola, o segundo violino e, finalmente, o primeiro. Conduzido em meias-tintas, entre o pianíssimo e o *piano con espressione*, o movimento tem um sobressalto, apenas, ao surgir a citação da *Sinfonia n. 1*, seguida de uma breve reminiscência do *Concerto para Violino* de Glazunóv. O *allegro* irrompe como uma espécie de moto perpétuo desenfreado, que evoca o ritmo implacável da tocata, na *Oitava Sinfonia*, ou a brutalidade do *scherzo* que retrata Stálin, na *Décima*. É uma espécie de dança macabra que se baseia no tema de sabor judaico do *Trio n. 2*, mas sem o sentido irônico que esse motivo tinha ali. Os outros instrumentos cercam, com bruscos acordes sforzando, a melodia cromática do primeiro violino.

No *allegretto*, que se encadeia, o retorno desse tema do trio, sob a forma de uma valsa grotesca, é interrompido várias vezes, no primeiro violino em fff, pelo tema cortante do *Concerto para Violoncelo* que lhe é contemporâneo. No canto fúnebre do segundo *largo*, surge o hino revolucionário que Shostakóvitch já tinha citado na *Sinfonia n. 11*, seguido, no registro agudo do violoncelo, pela citação lancinante da ária de Katerína na *Lady Macbeth*. Não pode haver alusão mais clara do que acoplar, ao hino *Torturado até a Morte*, a referência à sua ópera proibida – a cena dos forçados a caminho da Sibéria, um destino que, muitas vezes, Shostakóvitch temera ter. O último movimento, de novo um *largo*, lembra a intensidade dolorosa do primeiro. Mas já não há mais reminiscências. Todas as forças se esgotaram, até mesmo as da lembrança. O compositor cita de novo, suavemente, a sua assinatura e, depois, num jogo de surdinas que passa do violoncelo até o primeiro violino, segue num efeito de *morendo*, que se dissolve nas notas do extremo grave dos instrumentos.

É importante observar a freqüência com que os musicólogos do período soviético, mesmo os mais simpáticos ao compositor, tentaram atenuar a carga autobiográfica desta e de outras peças. Em *Simfonii D. D. Shostakóvitcha* (Moscou, 1960), Leoníd Mázel diz, a respeito de seu tema-assinatura: "Não há confirmação alguma de que esta tenha sido a intenção do músico, e não uma coincidência ao acaso" (estranho falar de "coincidência" e "acaso", a respeito de um motivo que se repete *ipsis litteris* em tantas obras diferentes). E em *Shostakóvitch-simfonist: Dramatúrguiia, Estiétika, Stil* (Moscou, 1976), Marina Sabínina, especialista na obra de Dmítri – é ela a autora do verbete sobre o compositor, na enciclopédia de música organizada por G. V. Kéldish – afirma: "Todos os autores parecem concordar que a questão do 'significado autobiográfico' não deve ser exagerada" – sem se dar conta de que inserir a produção de Shostakóvitch no contexto político-social-psicológico permite atar diversos fios que, de outra maneira, ficariam soltos.

Bastaria pensar que, com o *Oitavo Quarteto*, Shostakóvitch começa a usar em ampla escala, no domínio intimista do quarteto de cordas, ao qual reserva suas emoções e pensamentos mais profundos, a técnica de citar temas de suas próprias obras e dos outros. Essas citações intervêm geralmente num andamento lento, para que se possa escutar, com um ouvido atento e renovado, essas melodias, às quais ele dá caráter contemplativo. É como se fosse um filme passado em câmara lenta, para que pudéssemos estudar os detalhes da imagem, assistindo a ela, ao mesmo tempo, como se num sonho.

Em todo caso, esse maravilhoso quarteto conseguiu desagradar seriamente duas fatias da *intelliguêntsia* daquela fase: a que, aproveitando a liberalização relativa, sentia-se atraída pelo que era proibido (isto é, a vanguarda européia) e considerava o supra-sumo do mau-gosto citar, num quarteto de cordas, um hino revolucionário; e a que, esperando de toda obra de arte um manifesto de oposição ao regime, rejeitava a explicação oficial de que o *n. 8* fora dedicado "às vítimas do fascismo". Shostakóvitch cometera um erro de cálculo: aceitara essa dedicatória oficial, acreditando que ela ajudaria a dissimular um subtexto que a platéia deduziria por si só – e isso não aconteceu. Por muito tempo, o caráter confessional do *Oitavo Quarteto* ficou incompreendido.

Hoje, que essa fase polêmica passou, e a URSS nem existe mais, o *op. 110* ocupa lugar de destaque no repertório para quarteto de cordas. Ele compartilha seu caráter lírico, intimista, confessional, com os últimos quartetos de Beethoven, o *Da Minha Vida* de Smetana, o *Cartas Íntimas* de Janaček, o *Vozes Íntimas* de Sibelius, as páginas mais subjetivas de Nielsen ou Szymanowski. Nele, Shostakóvitch une confissão e profecia, emoções pessoais e valores sociais universais, monólogo individual e súplica épica. A força verdadeiramente sinfônica dessa peça fez com que fosse transcrita, para orquestra de cordas, pelo maestro Rúdolf Barshái, com o nome de *Sinfonia de Câmara op. 110 bis*. Há também um arranjo para cordas e percussão, de Avrám Stassévitch.

Causou espanto e perplexidade, em 15 de setembro de 1960, o comunicado da agência Tass: "O célebre compositor soviético D. D. Shostakóvitch foi admitido, na quarta-feira, como candidato a membro do Partido Comunista da União Soviética". Apesar das concessões feitas ao Krêmlin e dos numerosos prêmios e títulos recebidos, Shostakóvitch era visto pela *intelliguêntsia* como um artista que se mantivera à margem do sistema. Durante décadas, a sua obra permitira que se conservasse a confiança em determinados valores humanos sistematicamente desrespeitados pelo regime. Esse julgamento baseava-se em suas últimas obras, mas também na atitude que tivera, desde o início da desestalinização, redigindo e assinando petições a favor da reabilitação de vítimas da perseguição. Shostakóvitch pediu o retorno dos deportados, ajudou os sobreviventes a se reinserirem socialmente e recuperar um emprego.

Mas o anúncio era a culminação lógica da manobra iniciada desde o II Congresso da União dos Compositores. Agora, as autoridades tinham decidido nomeá-lo secretário-geral dessa organização na República Russa e, nessas condições, a sua adesão ao Partido era tida como favas contadas. Um de seus melhores amigos, o compositor Andrêi Melitônovitch Balantchivádze, contou que Dmítri foi convocado a uma reunião, no Krêmlin, em companhia de outros representantes da vida cultural. Para sua surpresa, ao chegar lá, viu que estava sozinho, com vários membros do Politburo. Após um discurso demagógico, em que falava do que fizera para liberalizar a vida cultural da URSS, Nikita Khrushtchóv lhe pediu que aderisse ao Partido, como uma forma de aprovação a essa política. As circunstâncias, naquele momento, não lhe permitiam recusar.

É diferente a versão apresentada por Isaak Glikman. Em 29 de junho de 1960, inteiramente transtornado, Dmítri o chamou à casa de sua irmã, em Leningrado, e disse-lhe que, a pedido de Khrushtchóv, um dos membros do Politburo, Piotr Nikoláievitch Pospiélov, o chamara em seu gabinete, para lhe comunicar que o governo tinha decidido colocá-lo à frente da União dos Compositores da RSFSR. Para isso, ele teria de aderir ao PCUS. Teriam sido inúteis os argumentos de que ele não se sentia ideologicamente pronto para dar esse passo, e de que havia, na União dos Escritores, um secretário, Konstantín Fiédin, não-afiliado ao Partido. A notícia de sua conversa com Pospiélov já tinha vazado e, na União, já tinham preparado um discurso – "que eu terei de ler, como um papagaio" – para a cerimônia de posse no cargo. Esperando que as autoridades mudassem de opinião, se ele se recusasse a comparecer, ele saíra de Moscou e se refugiara em Leningrado.

Mas, continua Glikman, em 1º de julho, Dmítri voltou a procurá-lo, com todos os sinais de ter passado a noite em claro, abusando da vodca, e disse ter recebido um telegrama convocando-o em termos inequívocos, diante dos quais toda resistência era inútil. "Citando *Os Ciganos*, de Púshkin, ele me disse: 'Não se pode escapar de seu destino'". Ainda assim, Shostakóvitch não compareceu à reunião marcada para o fim de julho, obrigando a União a dizer aos presentes que ele estava indisposto, e a marcar nova reunião para o dia 14 de setembro. Finalmente, durante essa sessão, aberta ao público, ele leu um discurso, que Glikman garante ter sido preparado para ele, dizendo não poder conceber a vida fora do Partido, e justificando-se por ter demorado tanto em aderir pois, antes, não se julgava digno dessa honra.

Em suas *Memórias*, o pianista e regente Vladímir Ashkenazy conta tê-lo visto chorando amargamente, depois que a sessão terminou. Muitos amigos se afastaram dele. Vissariôn Shebalín afirmou compreender todas as concessões ao governo que ele fizera antes; mas disse que nunca poderia lhe perdoar ter ingressado no PCUS.

No final de 1960, Shostakóvitch acompanhou Mravínski e Rojdéstvienski numa turnê pela Europa Ocidental, em que suas sinfonias de *n. 5, 8, 10 e 11* ocuparam, nos programas, lugar de destaque. Em todas as localidades em que se apresentaram, perguntavam-lhe pela sua próxima sinfonia. Já numa entrevista concedida em Paris, em 1958, ele tinha dito que estava preparando uma revisão de *Lady Macbeth*, e pensava no que seria a sua *Sinfonia n. 12*. E, em 6 de junho do ano seguinte, revelara à *Soviétskaia Kultúra*: "Neste momento, penso numa obra que homenageie a figura imortal de Vladímir Liênin". Embora, em fevereiro de 1960, a imprensa tivesse anunciado que a obra estava pronta e sua estréia seria iminente, o último movimento ainda não tinha sido escrito. Só em 22 de agosto de 1961, Shostakóvitch conseguiu escrevê-lo, fazendo assim abortar o projeto de execução na Primavera de Praga do ano anterior. Uma semana depois, efetivava-se seu ingresso no PCUS. As palavras que pronunciou nessa ocasião – duramente criticadas nos círculos mais liberais – foram talvez preparadas para ele, assim como o discurso de posse na União dos Compositores:

> Nestes últimos tempos, venho sentindo a vontade cada vez mais forte de ingressar nas fileiras do PCUS. Em minhas atividades sociopolíticas, assim como em meu trabalho criador, posso sentir todos os dias o papel que o Partido e os camaradas da União dos Compositores desempenham. Ao longo de minha carreira, cometi muitos erros, mas o Partido me ajudou, me ajuda e me ajudará sempre a evitá-los. Comprometo-me, aqui, a fazer tudo o que é possível para corresponder à sua confiança, meus camaradas comunistas.

Pouco depois, Borís Tchaikóvski e Môishe Váinberg tocaram, na União dos Compositores de Moscou, a redução para dois pianos da *Sinfonia n. 12 em Ré Menor op. 112 "O Ano de 1917"*, aprovada para ser estreada, simultaneamente, no dia 1º de outubro, em Leningrado (com Mravínski) e em Kúibishev (com Avrám Stassévitch). No dia 15, ela foi dirigida, em Moscou, por Konstantín Ivánov. A princípio, Shostakóvitch pensara em uma peça sinfônico-coral, com poemas de Maiakóvski, do poeta cazaque Djambúl Djabáiev, e de Suleimán Stálski a respeito de Liênin, reconstituindo as principais etapas da vida do líder. Depois decidiu redigir uma peça puramente instrumental, que não tem nem a clareza de concepção nem a força descritiva da *n. 11*.

Petrogrado Revolucionária é um *moderato* que se inicia com um uníssono nas cordas graves, reminiscente do tema inicial da *Sinfonia Fausto*, de Liszt. Segue-se um *allegro* combativo, no interior do qual vem um episódio lírico derivado do tema do *moderato* e que se encadeia com o *adagio*, intitulado *Rázliv*, o nome da aldeia onde Liênin se refugiou, quando fugiu para a Finlândia. Frases nostálgicas das trompas, das madeiras e declamações do trombone dialogam com melodias sinuosas das cordas ou da clarineta. Uma série de *pizzicatos* o encadeiam com Aurora – o nome do cruzador que deu início à Revolução ao bombardear o Palácio de Inverno – que retoma um dos temas do *adagio*, num ritmo em que se alternam compassos ternários e quaternários. Um grande crescendo leva à reprise, nos metais, do tema lírico do primeiro movimento, que soa agora de forma épica. Sem interrupção – a sinfonia é toda construída em um só bloco – entra-se no *finale*, "A Aurora da Humanidade", em que o primeiro tema do *moderato* retorna em tom de hino. Uma parte considerável do *finale* é um *allegretto* de tom dançante, que visa a sugerir a felicidade sem nuvens pós-revolucionária – mas que, na realidade, soa singularmente falsa. A conclusão é épica, mais tonitruante do que original ou convincente.

Uma das obras mais irregulares de Shostakóvitch, a *Sinfonia n. 12* teve, naturalmente, um elevado número de execuções em casa, mas foi mal recebida no exterior. Nos Estados Unidos, onde o *New York Times*, depois do concerto regido por Stokowski em novembro de 1961, perguntou: "Haveria dois Shostakóvitch, um complexo e refinado, o outro 'democrático', trabalhando sob encomenda para o poder?". E na Escócia, onde Peter Heywood, correspondente do *New York Times* no Festival de Edimburgo, escreveu, em 5 de setembro de 1962:

> Durante anos, o mundo ocidental considerou Shostakóvitch uma vítima do stalinismo. O maravilhoso *Concerto para Violino* e a *Décima Sinfonia*, que o público descobriu depois da morte de Stálin, pareciam confirmar esse ponto de vista. [...] Por que será que um compositor a quem devemos música sublime, cheia de calor humano, humor e espiritualidade, nos apresenta agora um tal monumento à banalidade?

Numa entrevista de 1981 à revista francesa *Le Monde de la Musique*, o compositor Édison Deníssov contou que, no fim da vida, Dmítri Dmítrievitch costumava dizer: "Ah, se eu pudesse reduzir o número de minhas sinfonias!". Insatisfatória e ocupando, dentro da obra volumosa de Shostakóvitch, o lugar inglório de a menos apreciada de suas sinfonias, a *n. 12 "O Ano de 1917"* fecha a fase 1948-1961, particularmente difícil para a vida e a carreira do compositor.

TERCEIRA PARTE

ANOS DE MATURIDADE
(1961 – 1975)

19.
A Desestalinização: Obras Novas, Obras Antigas

O XXII Congresso do PCUS, convocado para outubro de 1961, marcou nova etapa nas mudanças pós-stalinistas. Nele, tomou-se a decisão de remover os despojos de Stálin do mausoléu, na Praça Vermelha, onde ele repousava ao lado de Liênin – sinal claro de que a desestalinização ia continuar.

Embora esse processo não deixasse de esbarrar em numerosos obstáculos, eram evidentes os reflexos, no campo das artes, das ciências, da vida quotidiana, do abandono das regras anteriores para o jogo político – e, nesse sentido, o XXII Congresso foi ainda mais importante do que o XX. Até o fim da década de 1950, o discurso a portas fechadas de Khrushtchóv, no XX CPCUS, ainda não tinha sido publicado. Não só Stálin continuava a repousar na Praça Vermelha, como cidades inteiras, ruas, fábricas e fazendas coletivas ainda ostentavam o seu nome. As reabilitações até ali ocorridas tinham sido feitas da forma mais discreta possível e as idéias novas, mesmo quando discutidas com relativa liberalidade, ainda não tinham sido oficialmente incorporadas à ideologia.

Com o XXII Congresso, os crimes de Stálin passaram a ser condenados mais abertamente. Não só ele e Béria, mas também uma série de colaboradores começaram a ser denunciados. No início da década de 1960, duas tendências opostas tinham surgido no terreno da cultura e das artes. Uma delas, progressista, visando a romper com o dogmatismo e os limites impostos à produção artística, mostrava-se mais tolerante e disposta a entabular o diálogo com as autoridades. A outra pregava a manutenção dos modelos stalinistas. Na literatura, os progressistas gravitavam em torno da revista *Nóvy Mir* (Mundo Novo), dirigida pelo poeta Aleksandr Tvardóvski. No campo oposto, estava a revista *Oktiábr* (Outubro), de Vladímir Kútchetov, stalinista ortodoxo. Na literatura, que sempre ocupou lugar de destaque na vida intelectual russa, há momentos excepcionais a registrar:

• a publicação, em 1961, das *Páginas de Tarusa*, as atas de um simpósio sobre literatura, editadas por Konstantín Paustóvski, contendo poemas até então proibidos, de Tsvietáieva e Zabolótski, ensaios sobre Meierkhôld e Búnin, e a discussão muito franca dos problemas do Realismo Socialista;

- o aparecimento, nesse mesmo ano, dos poemas de Marina Tsvietáieva, um dos maiores nomes da poesia russa, que se suicidara em 1946, literalmente exaurida pelas humilhações a que o regime stalinista a expusera;
- o aparecimento das memórias de Iliá Erenbúrg, *Homens, Anos, Vida*[1], causadoras de vivo interesse, pelo retrato muito franco que fazia da época do Terror (embora, a princípio, elas circulassem censuradas; só em 1990 puderam ser publicadas na íntegra);
- a corajosa decisão de Aleksandr Tvardóvski, readmitido na *Nóvyi Mir*, em 1958, de divulgar, no número de novembro de 1962, o romance *Um Dia na Vida de Ivan Deníssovitch*, de Aleksandr Soljenýtsin, que revelava a realidade do Gúlag stalinista (mas Tvardóvski se precavera, obtendo a aquiescência de Khrushtchóv, que vira nesse livro munição para a sua campanha de superação do stalinismo); foi uma virada repentina nas decisões oficiais pois, meses antes, a KGB confiscara os originais do notável romance *Vida e Destino*, de Valiéry Gróssman, que acreditava tê-los perdido para sempre; Gróssman já tinha morrido quando o livro, tendo sido liberado, pôde circular;
- a publicação dos escritos de Ievguêni Ievtushénkho: *Stántsia Zimá* (Estação Inverno), de 1953, tendo como cenário o povoado siberiano, perto de Irkútsk, onde ele nasceu em 1933, uma reflexão do adolescente sobre seus sentimentos após a morte de Stálin;

a *Autobiografia Precoce*[2], de 1963, contendo uma visão muito pessoal dos problemas sociais e da história soviéticos;

em 1965, o polêmico poema narrativo *Brátskaia Guidrostántsia* (A Estação Hidráulica de Bratsk), em que ele voltava a fazer um retrato pouco lisonjeiro do regime;

e o ousado poema *Babi Iár*, sobre o massacre, em setembro de 1941, de setenta mil judeus, pelos nazistas, numa ravina nos arredores de Kíev; Babi Iár tocava no irresolvido problema do anti-semitismo russo, que não fora denunciado após a morte de Stálin; na verdade, entre 1956 e 1965, nove de cada dez sinagogas russas foram fechadas;
- a liberação dos textos de Ievtushênko abriu caminho ao aparecimento dos trabalhos de diversos outros escritores, jovens ou não, cujos textos começaram a ser aceitos, por exemplo, na antologia oficial *Diên Poézii* (O Dia da Poesia), antes restrita aos cantores do regime.

Nikita Serguêievitch, que considerava domínio exclusivo seu o maior ou menor grau de liberalização no domínio artístico, provavelmente não previa as

---

1. Publicado em três volumes pela editora Civilização Brasileira, esse foi um livro muito visado pela censura dos anos de regime militar. Conferir na Bibliografia.

2. Este foi um livro que fez enorme sucesso no Brasil da década de 1960, onde surgiu na fase atribulada que precedeu o golpe militar de 1964.

conseqüências de autorizar a publicação desses textos. Depois que a divulgação de *Ivan Denísovitch* fez sair da gaveta uma enxurrada de romances, contos, peças e poemas que tratavam da repressão stalinista, ele se assustou. Pressionado pela ala direita do Krêmlin, tomou medidas para realinhar os intelectuais com o pensamento do Partido. Além disso, como seus conhecimentos sobre esses assuntos eram nulos, era freqüente Khrushtchóv deixar-se manipular pelos conservadores do Krêmlin, com resultados absolutamente incoerentes. Por exemplo, ele deu apoio, simultaneamente, a Tvardóvski e a Kótchetov, a Erenbúrg e a Trofim Lyssenko.

Homem de temperamento sanguíneo e imprevisível – capaz de tirar o sapato e, com ele, bater na tribuna da ONU, para fazer-se ouvir – Khrushtchóv expunha-se a situações grotescas como a da exposição dos pintores abstracionistas, no Palácio do Maniéj, em 1º de dezembro de 1962. Ali levado, numa atitude de provocação dos ultra conservadores que o cercavam[3], Nikita Serguêievitch reagiu de forma muito violenta aos quadros de artistas como Borís Jútovski – "um asno pintaria melhor com um pincel amarrado no rabo!" – e trocou palavras grosseiríssimas com o grande escultor Ernst Niesviéstnyi. No artigo intitulado "N. S. Khrushtchóv v Maniéjie" (NSK na Exposição do Maniéj), publicado em janeiro de 1990 na revista *Drújba Naródov* (Amizade dos Povos), Iliá Vielútin conta: Khrushtchóv deu uma olhada bem rápida aos quadros abstracionistas e vociferou: "Artistas, isso?! São é uns veados, isso sim!" Niesviéstnyi, que estava perto dele, replicou: "Veado, eu?! Tragam-me uma garota e eu te mostrarei aqui mesmo, Nikita Serguêievitch, quem é veado!"

Isso não é nada comparado à política de destruição de obras-primas da arquitetura que, nem no auge do stalinismo, tinha sido tão extensa. No início da década de 1960, vários lugares de culto, igrejas ortodoxas, sinagogas, foram demolidos com o pretexto de se usar o terreno para a construção de casas populares. Em vão, os fiéis reuniram-se dentro da maravilhosa Igreja da Transubstanciação para impedir que ela fosse abaixo. Quando o poeta Serguêi Mikháilovitch Mikhálkov interveio junto a Khrushtchóv, teve de ouvir dele: "Você reclama por causa de uma dezena de igrejas velhas, mas não pensa nas centenas de milhares de pessoas que esperam por um alojamento"[4].

Mas Khrushtchóv gostava de posar de grão-senhor, mecenas das artes e das letras, e convidava, para as recepções no Krêmlin figuras como Tvardóvski, Soljenýtsin ou Shostakóvitch, estimulando-os a debates que apresentava como extremamente livres, mas aos quais os seus convidados aderiam com um pé atrás, pois sabiam como era volátil o temperamento de seu anfitrião. Ainda as-

---

3. Essa é a explicação dada por Fiódor Burlátski num artigo de 24 de fevereiro de 1988, na *Litieratúrnaia Graziêta*, sobre a política cultural da Era Khrushtchóv.

4. Relatado pelo dissidente Roy Medviédev em *Khrushtchóv: Politítcheskaia Biografia* (K.: Biografia Política), Moscou, 1990.

sim, numa dessas noites, Ievtushênko conseguiu fazer um protesto contra o anti-semitismo que grassava em todo o país. Quando o porta-voz de Khrushtchóv para assuntos ideológicos, Leoníd Ilitchóv, observou que cabia ao Partido, e não aos poetas, lutar contra o anti-semitismo, Ievtushênko respondeu: "Os artistas devem ter o direito de dizer a verdade. Não é o governo que tem de decidir isso por eles". Ao ouvir essas palavras, Nikita Khrushtchóv respondeu, mal-humorado, com um velho provérbio russo: "Quem cura a bossa do corcunda é a sepultura". E o poeta teve a coragem de retrucar: "Eu achava que era a vida, e não a sepultura"[5].

Na música, os progressos eram mais lentos e laboriosos, devido ao pé no freio de Khrénnikov, desejoso de preservar a influência dos conservadores. Numa das reuniões, no Krêmlin, Khrushtchóv teve um sério desentendimento com Shostakóvitch, por ele ter assistido a um concerto de amadores, em que se tinham apresentado grupos de jazz. Insultou-o, dizendo não imaginar que ele pudesse ter tanto mau-gosto – "a mim, jazz dá dor de barriga!" – e, como conseqüência, baniu oficialmente o jazz da vida musical soviética. Roy Medviêdev registra, em seu livro, um discurso lamentável pronunciado por Nikita Serguêievitch, em 8 de março de 1963[6], durante um encontro de membros do Partido e do governo com representantes das diversas artes:

> Vi danças russas, ucranianas, cazaques e muitas outras. São danças magníficas, que dá gosto ver. Mas essas tais de danças modernas, eu as chamo de indecências, maluquice ou seja lá que diabo for. [...] Parece que alguns artistas querem provar que a melodia já não tem mais razão de ser na música, e querem substituí-la por uma coisa nova que chamam de "dodecafonia" e não passa de um monte de poetas de barulho. Para um homem normal, é difícil entender o que se esconde por trás dessa palavra, "dodecafonia", mas ao que parece não passa mesmo de cacofonia. E essa tal de cacofonia, nós a recusamos, pura e simplesmente. Nosso povo não pode aceitar, em sua bagagem ideológica, semelhante porcaria.

E, no entanto, apesar desses incidentes grotescos, registraram-se, aqui e ali, acontecimentos de importância capital.

Um deles foi a turnê, em 1959, da Filarmônica de Nova York, regida por Leonard Bernstein. De volta aos EUA, ele gravou, para o selo Columbia, um LP – lançado no Brasil naquela época – em que executava a *Quinta Sinfonia*, tocada

---

5. Contado por Borís Jútovski no artigo Vosvrashtchiênie k Zapísiam 1962-1963 g.g. (Voltando às Minhas Anotações dos Anos de 1962-1963), publicado na *Litieratúrnaia Gazieta* de 5 de julho de 1989.

6. Publicado no n. 4 da revista *Sovkúnst i Litieratúra*, em 1963.

em Moscou, na presença do próprio Shostakóvitch[7]. Num de seus programas moscovitas, Bernstein fez questão de incluir a *Sagração da Primavera*, que não era tocada na Rússia havia trinta anos. Isso abriu o caminho para que, no ano seguinte, ao visitar a URSS, Glenn Gould tocasse peças para piano de Anton Webern; e para que se incluísse, no programa da turnê do Robert Shaw Chorale, obras corais de Arnold Schoenberg, entre elas o moteto pacifista *Frieden auf Erde* (Paz na Terra).

O ponto culminante desse processo de abertura foi o retorno de Igor Stravínski a seu país, no final de setembro de 1962, cinqüenta anos depois de tê-lo deixado. Esse era um fato que tinha claro significado político, pois Stravínski nunca escondera a sua aversão ao comunismo e, em 1925, numa época em que a sua música ainda podia ser tocada na URSS, recusara o convite oficial de Anatóli Lunatchárski para fazer uma turnê de concertos em casa. Os ataques a ele começaram em 1933, com um artigo de Arnold Álshvang na *Soviétskaia Múzyka*, cujas primeiras palavras eram: "No domínio da música, Igor Stravínski é o ideólogo essencial e absoluto da burguesia imperialista". Durante a *Jdánovshtchina*, o musicólogo Gueórgui Shnêierson e o compositor Tikhôn Khrénnikov tinham sido usados para abrir fogo cerrado contra o "reacionário corrupto que destruiu a nobre melodia russa a marteladas". E em 1951, na fase final do stalinismo, o *Izviéstia* ainda publicou, em 7 de janeiro, o artigo "Dólarova Kakofônia" (A Cacofonia do Dólar), em que Israíl Niéstiev fustigava o "profeta impudente do modernismo burguês".

Pois foi justamente de Khrénnikov, sempre pronto a se acomodar ao lado para o qual o vento estava soprando, que partiu o convite a Stravínski para que visitasse a URSS. A foto que ele tirou, todo sorrisos, ao lado do "ex-reacionário corrupto", ao recebê-lo oficialmente, no aeroporto de Sheremétievo, é um primor de hipocrisia.

Durante as três semanas que passou em Moscou e Leningrado, Igor Fiódorovitch foi recepcionado pela nata da música soviética. Só com Shostakóvitch o encontro demorou. Aconteceu, finalmente, em 1º de outubro, no banquete oferecido por Ekatierína Fúrtseva, a ministra da Cultura. Conta o compositor Káren Khatchaturián[8] que, sentado ao lado do convidado de honra, Dmítri Dmítrievitch, mortalmente tímido, respondia com monossílabos às tentativas de entabular conversação feitas por Stravínski – até o momento em que eles encontraram algo em comum para detestar. "Você gosta de Puccini?", perguntou Stravínski. "Não consigo suportá-lo", respondeu Shostakóvitch. A partir daí, eles tinham encontrado do que falar e conversaram animadamente a noite inteira.

---

7. Ver, no documentário *Sonata para Viola*, de Sokuróv e Aránovitch, o *finale* da *Quinta* executado em Moscou por Bernstein e a NYPHO.

8. Citado em *Dimitri Chostakovich* (Meyer, 1994).

Tikhôn Khrénnikov, com o melhor dos sorrisos, recebe Stravínski no aeroporto de Moscou.

Ter assistido ao concerto em que Stravínski dirigia a sua própria música encorajou Dmítri, em 12 de novembro, a fazer, no Festival de Górki, a única experiência de regência da sua vida adulta. Dirigiu a *Abertura Festiva* e o *Concerto para Violoncelo*, tocado por Rostropóvitch, na primeira parte de uma apresentação com a Filarmônica local. Na segunda parte, Slava tomou misericordiosamente a batuta de suas mãos trêmulas e regeu a orquestração dos *Cantos e Danças da Morte*, de Mússorgski, que ele fizera para Vishniévskaia; e os quatro interlúdios da *Lady Macbeth do Distrito de Mtsensk*. A crítica foi muito generosa com a "estréia" do Shostakóvitch regente, apesar da desigualdade de sua técnica; mas ele nunca mais ousou subir ao pódio pois, como tinha confessado a Stravínski, "eu não saberia como evitar ficar morrendo de medo".

A adesão ao Partido, a composição da *Sinfonia n. 12* e certas declarações feitas em ocasiões oficiais tinham valido – e valem ainda – a Shostakóvitch críticas pesadas: de oportunismo, que não se poderia esperar de uma vítima das perseguições stalinistas. Mas essas concessões não foram o preço que ele teve de pagar para ter uma margem maior de manobra, que lhe permitisse levar adiante trabalhos mais pessoais? Se não fosse esse esforço para conviver com os novos senhores do Krêmlin, teria ele tido condições de estrear, finalmente, em 30 de dezembro de 1961, com a Filarmônica de Moscou regida por Kiríll Kondráshin, a *Quarta Sinfonia*, engavetada desde 1936?

A estréia da *Quarta*, por tanto tempo autocensurada, foi um acontecimento de proporções extraordinárias, a ponto de G. Shnêierson ter afirmado, num artigo escrito em 1962 para a revista polonesa *Ruch Muzyczny*: "Foi um verdadeiro presente de Ano Novo, no dia 30 de dezembro de 1961, essa maravilhosa peça ressuscitada do nada, para tomar lugar entre as melhores sinfonias do século XX".

Logo em seguida, porém, os moscovitas foram tomados de surpresa com a notícia de que uma nova sinfonia estava sendo composta. E que, desta vez, ela utilizaria poemas de Ievguêni Ievtushênko. Em 19 de setembro de 1961, a *Litieratúrnaia Graziêta* publicara *Bábi Iar*, cujo tema era o massacre de judeus pelos nazistas – a que o governo soviético fechara os olhos – na ravina de Bábi Iar, perto de Kíev. Enfiar o dedo na ferida do anti-semitismo russo valeu a Ievtushênko diversas críticas: a de ser antipatriótico e a de ter uma visão parcial, pois não mencionava o fato de russos e ucranianos também terem sido mortos ali.

A princípio, Shostakóvitch pensava em fazer de *Bábi Iar* um poema vocal-sinfônico. Começou a musicá-lo sem se preocupar em pedir a autorização do autor. Só lhe telefonou, no início de 1962, quando a música já estava pronta. Quando Ievtushênko, encantado com a idéia de colaborar com compositor tão importante, veio visitá-lo, trouxe-lhe de presente a coletânea *Vzmakh Rukí* (Um

Shostakóvitch e Ievtushênko na estréia de *A Execução de Stiepán Rázin* (dezembro de 1964).

Aceno da Mão), na qual Shostakóvitch encontrou três outros poemas – *Iúmor* (O Humor), *V Magazínie* (Na Loja) e *Kariéra* (A Carreira) – que lhe agradaram muito. Decidiu então compor uma sinfonia para baixo, coro masculino e orquestra, que fosse um ciclo de canções de corte mahleriano. E, para ele, pediu a Ievtushênko que escrevesse um poema novo, *Strákhi* (Medos). Ele seria publicado no *Pravda*, em 21 de outubro de 1962, juntamente com um outro poema famoso de Ievtushênko, *Os Herdeiros de Stálin*.

Para a estréia, Shostakóvitch pensou em Mravínski, naturalmente; e em Borís Románovitch Gmýria, um baixo de Kíev que estreara, anos antes, as suas *Romanças op. 98*, sobre textos de Dolmatóvski. Gmýria, porém, temendo a hostilidade de seus conterrâneos, que tinham reagido muito mal quando Ievtushênko declamou *Bábi Iar*, num recital de poesia em Kíev, consultou a liderança do PC ucraniano. E esta lhe respondeu que o poema de Ievtushênko estava terminantemente proibido na Ucrânia. Diante disso, numa carta de 16 de agosto, ele recusou o convite.

O que mais magoou Dmítri Dmítrievitch foi o fato de Mravínski, alegando excesso de trabalho, ter também tirado o corpo fora. Essa era uma atitude que ele não esperava de um músico que, ao longo de 25 anos, o apoiara nos momentos mais difíceis. Esse incidente fez com que, durante um ano, os dois homens ficassem com as relações cortadas. A reconciliação veio, depois, mas a amizade nunca mais recuperou o nível de intimidade de antes. E Mravínski nunca mais teria a possibilidade de estrear uma obra nova de Shostakóvitch – embora chegasse a fazer mais tarde, da *15ª Sinfonia*, uma gravação excepcional.

O compositor voltou-se então para Kondráshin, que regera a estréia da *Quarta*. Este, lisonjeado, concordou prontamente e escalou Víktor Nietchipáilo, do elenco estável do Bolshói, para cantar na noite da estréia. Pediu também ao jovem Vitáli Gromádski que assistisse aos ensaios, para o caso da eventual necessidade de uma substituição. O concerto estava marcado para 18 de dezembro de 1962. Alguns dias antes, ocorreu o incidente já relatado neste capítulo: numa de suas costumeiras reuniões com os artistas, Khrushtchóv e Ievtushênko quase foram às vias de fato, pois o poeta o acusara de aprovar o anti-semitismo. Tudo parecia indicar que o concerto seria cancelado.

Mas, como diz Vishniévskaia em sua autobiografia, "Khrushtchóv ainda não tinha desmontado o circo do XXII Congresso" – haja vista a permissão que dera à publicação do romance de Soljenýtsin – e o prestígio internacional adquirido por Shostakóvitch com o Festival de Edimburgo tinha sido grande demais, para que se pudesse arriscar proibi-lo de novo. Ainda assim, as pressões oficiais foram tão grandes que fizeram Nietchipáilo entrar em pânico. Pretextando ter sido escalado como *doppione* numa produção do *Don Carlo* no Bolshói, o baixo não apareceu para o ensaio geral[9]. Telefonaram para Gromádski, mas não o encontraram em casa. Kondráshin estava a ponto de adiar o concerto, quando alguém se encontrou com o cantor na rua, deu-lhe a notícia, e ele correu ao Conservatório a tempo de participar do ensaio. Em *Reminiscences of DDS*[10], Kondráshin conta:

> Depois que terminamos o primeiro movimento, o gerente da orquestra veio ao palco, dizendo: "Kiríll Petróvitch, estão te chamando ao telefone". Fui atender. Era Gueórgui Popóv, o ministro da Cultura da República da Rússia.
>
> "Kiríll Petróvitch, como vai a sua saúde?"
>
> Essa aparente preocupação polida com a sua saúde não passa do truque usual de nossos burocratas: eles sempre começam fazendo perguntas a respeito de algo totalmente irrelevante, a sua saúde ou o tempo.
>
> "Muito bem", respondi.
>
> Aí, veio a nota ameaçadora: "Há algo que possa impedi-lo de reger esta noite?"
>
> "Não, estou em ótima forma".
>
> Embora eu soubesse aonde ele queria chegar, agi como se não tivesse a menor idéia. Seguiu-se um silêncio e, depois, ele perguntou: "Você tem alguma dúvida política quanto a *Bábi Iar*?" Respondi: "Não, nenhuma. Acho-o extremamente atual e muito relevante".
>
> Silêncio de novo. E, aí, ele disse: "Dê-me a sua opinião de especialista. A sinfonia pode ser executada sem o primeiro movimento?" Respondi: "Isso é inteiramente fora de questão. Em primeiro lugar, porque mutilaria a forma da sinfonia. E depois, porque, a essa altura, todo mundo já sabe que o primeiro movimento baseia-se em *Bábi Iar*. Se o cortarmos, isso vai causar uma reação das mais indesejáveis".
>
> Silêncio de novo. E então ele disse: "Faça como achar melhor".

As câmaras de TV, mandadas para registrar o concerto ao vivo, foram ruidosamente desmontadas no fim da tarde. Diante disso, o coro resolveu desistir da apresentação. Dissuadiu-o um enérgico discurso de Ievtúshenko que, com toda a retórica de um poeta acostumado a declamar para a multidão, os encheu de vergonha pela sua covardia.

Era tão grande a fila diante da Grande Sala do Conservatório, que foi preciso chamar a polícia para restabelecer a ordem. As autoridades tinham proibido que os textos dos poemas fossem impressos no programa. Mas, desde o fim do primeiro movimento, os aplausos irromperam, espontâneos. No final, a casa veio abaixo. Na manhã seguinte, o *Pravda* limitava-se a registrar: "Ontem,

---

9. Galina Vishniévskaia diz, em seu livro, que o cantor escolhido para fazer Felipe II declarara-se indisposto, provavelmente seguindo as instruções do Partido, para que Nietchipáilo pudesse ser convocado.

10. Citado por Elizabeth Wilson; transcrição de uma conversa gravada que o regente teve, em 1979, na Holanda, com sua mulher, Nolda Broekstra-Kondrashin.

foi executada a *Sinfonia n. 13*, de D. D. Shostakóvitch, na Grande Sala do Conservatório". A *op. 113*, último choque aberto de Shostakóvitch com o Estado soviético, soou aos ouvidos eletrizados do público exatamente como as canções de protesto de Bob Dylan ou Joan Baez que, na década de 1960, faziam furor nos Estados Unidos.

Na impossibilidade de sancionar o compositor, o Krêmlin assestou suas baterias sobre o poeta. Shostakóvitch ficou muito magoado quando, duas semanas depois, a *Litieratúrnaia Gaziêta* publicou *Bábi Iar* com uma nova estrofe que relativizava a importância do anti-semitismo:

> O rússki môi naród, ia znáiu ty
> po súshtchnosti internatsionálem.
> No tchásto tié, tchi rúki nietchísty
> tvôi tchitiêishim ímenem briatsáli.
> Ia znáiu dobrotú moiêi zemlí.
> Kak pódlo, shto i jílotchkoi nir drógnuv
> antissiemíty nariékli sebiá:
> "Soiúzom Rússkovo Naróda".
>
> (Ó meu povo russo, sei/ que no fundo você é internacionalista./ Mas com freqüência aqueles cujas mãos estão sujas/ usaram em vão a pureza de teu nome. Conheço a bondade da minha terra./ Que infâmia, sem a menor vergonha, os anti-semitas se proclamarem: "a União do Povo Russo".)

Essa concessão fez mais mal do que bem ao poeta. Durante muito tempo, a vanguarda liberal o desprezou por essa atitude. Mas Shostakóvitch, que sabia muito bem onde doía o calo, recusa-se a condená-lo em *Testemunho*. Numa entrevista que Ievtushênko deu a Harlow Robinson, em janeiro de 1993, para a revista *Stagebill* – da Filarmônica de Nova York –, na época da gravação da *Sinfonia n. 13* por Kurt Masur, ele declarou:

> O funcionário do Partido encarregado da ideologia chamou Kondráshin e lhe disse que "o público estava muito perturbado" pois o meu poema não fazia a menor alusão aos russos e ucranianos que morreram em Bábi Iar. Deu-nos um ultimato: se o texto não fosse modificado para conter essa informação, a execução, a gravação e a publicação da sinfonia seriam proibidas. Kondráshin me pediu que salvasse a peça e foi por isso que escrevi alguns versos complementares.

Chamando o compositor, o vice-ministro da Cultura, Vassíli Kukhárski, exigiu que esses novos versos fossem incorporados à partitura – o que teria significado reescrever certos trechos, para acomodar a música ao tamanho dos versos. Consultado pelo compositor, Kondráshin lhe aconselhou a inserir, onde isso fosse possível, fragmentos da nova versão do poema, para a segunda execução, em Minsk. O trecho ficou, mas, ao declamar o poema, no disco do selo Teldec que contém a gravação feita por Kurt Masur, Ievtushênko o elimina.

Não adiantou muito. Sob o pseudônimo de Ariadna Ladýguina, um dos críticos conservadores da revista *Soviétskaia Bielorossia* acusou Ievtushênko de "perseguir efeitos baratos", e disse que Shostakóvitch "se desonrara" musicando tal poema. Até o fim da vida do compositor, as autoridades impediram, de todas as formas possíveis, a reprise da *n. 13*. As raras apresentações, como a do Festival Shostakóvitch de 1966, que resultou na gravação do ano seguinte, foram obtidas à custa de laboriosas negociações com o poder.

Dobres de sinos abrem o primeiro movimento (*adagio*) da *Sinfonia n. 13 em Si Bemol Menor op. 113*, o mais dramático deles, que repousa sobre temas deliberadamente simples, diretos, em que há um eco voluntário da música austera de Mússorgski. Cai pesada como uma pedra a afirmação do coro: "Nad Bábim Iárom pámiatnikov niet" (Em Bábi Iar não há monumento), seguida do doloroso comentário: "Krutôi obrýv, kak grubôie nadgrôbie" (O escarpado precipício é como se fosse uma áspera lápide).

É lancinante a constatação do coro masculino, que fala pelo povo russo:

> Mniê stráshno.
> Mniê sevódnia stólko liet
> kak samomú ievrêiskomu naródu.

(Tenho medo./ Tenho hoje tantos anos/ quanto o próprio povo judeu.)

O solista entra, evocando todas as perseguições do passado, no mundo inteiro:

> Mniê kájietsa seitchás – ia iúdei.
> Vot ia bredú po driêvnemu Iegíptu.
> A vot ia na krestiê ráspiati, guíbnu
> i do sikh pôr na mniê – sledý gvozdiêi.
> Mniê kájetsa, shto Dreyfus – éto ia.
> Mieshtchânstvo – môi donóshtchik i sudiá.
> Iá za rieshótkoi. Ia popál v koltsó,
> zatravliônnyi, opliovánnyi, obólgannyi,
> i dámotchki s brussiélskimi obórkami,
> vizjá, zôntami tytchút mniê v litsô.
> Mniê kájetsia, ia -- máltchik v Bielostókie.

(Parece que agora sou um judeu./ Perambulo no Egito antigo./ E eis-me na cruz, morrendo crucificado./ E ainda trago em mim a marca dos pregos./ Parece que Dreyfus sou eu./ Os filisteus são os que me denunciam e são o meu juiz./ Estou atrás das grades./ Estou cercado,/ perseguido, cuspido, caluniado./ E as mocinhas, com suas rendas de Bruxelas,/ rindo, me enfiam a sombrinha

Shostakóvitch e Ievguêni Ievtushénko após a estréia da *Sinfonia n. 13*, em 1962.

na cara./ Parece que eu sou o garoto de Bielostók. [lugar onde os *pogromim*, as perseguições à comunidade judaica, foram particularmente violentas])

É de uma violência elementar o ritmo com que o coro descreve, com toda a crueza:

> Krov liótsa, rastiekáias po polám,
> biezshínstvuiut vojdí traktírnoi stóiki
> i pákhnut vódkoi s lúkom popolám,

a que a voz do baixo responde:

> Ia, sapogôm otbroshiênnyi, biessílnyi,
> naprásno ia pogrômshtchikov moiú.

(O sangue jorra, escorre pelo assoalho,/ e os desordeiros, na taverna, me agridem/ cheirando a vodca e cebola ao mesmo tempo.// Eu, chutado por uma bota, sem forças,/ em vão peço piedade aos pogromistas.)

Prosseguem as referências à figura de Anne Frank e ao massacre na ravina, em torno da qual as árvores cresceram "como juízes silenciosos", e Shostakóvitch leva ao extremo a sua capacidade de ilustrar musicalmente essas cenas de resistência, de execução e morte, e reutiliza, aqui, a melodia da canção *Makfiérson piêred Kásniu* (MacPherson antes de sua Execução), com texto de Robert Burns, pertencente às *Seis Romanças op. 62*, sobre textos de poetas ingleses. O movimento se encerra com as palavras finais do poema:

> "Internatsional" pust progremít
> kogdá naviéki pokhorônen búdiet
> posliêdinie na zemliê antissemít.
> Ievréiskoi krôvi niet v kroví moiêi,
> no nienavístien zlobôi zaskoruslôi
> ia vsiem antissemítam, kak ievrêi.
> I potomú ia -- nastoiáshtchi rússki!

(Que a Internacional ressoe/ quando enterrarem para sempre/ o último anti-semita da terra./ Não há sangue judeu no meu sangue, mas eu sou odiado com todas as forças/ por todos os anti-semitas, como se fosse judeu./ E é por isso que sou um verdadeiro russo.)

O tom muda bruscamente no segundo movimento (*allegretto*), e estamos em presença de um daqueles *scherzos* tipicamente shostakovitchianos, cheios de traços deliberadamente grotescos, com a variedade de colorido e a efervescência rítmica na medida para ilustrar o poema *Humor*. A primeira intervenção do baixo dá o tom do movimento:

Tsári, koróli, impierátory
vlastítieli vsiêi zemlí,
komandováli parádami,
no iúmorom niê moglí.

(Tsars, reis, imperadores,/ soberanos do mundo inteiro,/ comandaram as paradas/ mas ao humor não puderam [comandar].)

Seguem-se, entremeadas a episódios instrumentais em frenético ritmo de dança, referências ao fabulista Esopo, ao humorista árabe Hadj Nasr-ed-Din e às inúteis tentativas de comprar o humor, de exterminá-lo; mas a sua cabeça, espetada na ponta de uma lança, fazia caretas: "Ia tútotchki!" (Ó euzinho aqui!). "I likhô puskálsa v pliás" (E ele se punha a dançar) – o que provoca um desses irônicos *intermezzos* orquestrais de que Shostakóvitch tanto gosta. Mesmo quando faziam do humor um preso político e o levavam, de cabeça baixa, rumo à execução,

kak vdrug iz paltíshka vyskálzyvat,
rukôi makhál
i "tiú-tiú"!

(de repente ele se desembaraçava de seu casaco, fazia um gesto com a mão e "tchau"!)

Não adianta jogar o humor em um calabouço, pois nem o diabo consegue manter ali quem é capaz de passar através das grades ou das muralhas, sem se importar com o mau-olhado dos outros. E a orquestra acompanha, em tom triunfal, a declaração final:

Iták, da slávitsa iúmor!
On – mújestviennyi tcheloviék.

(E, por isso, viva o humor! Ele é um carinha corajoso.)[11]

Cordas graves em uníssono dão o tom do *adagio*, lento e meditativo. O heroísmo sem história das mulheres que fazem filas intermináveis diante das lojas, anjos da guarda da família, esperando pacientemente a hora de serem atendidas, é o tema do terceiro movimento. É uma das mais belas passagens de toda a obra de Shostakóvitch, em que o solista entoa, contra um fundo das cordas, uma melodia simples, flexível, linear, que o coro retoma como um refrão.

11. Homenagem a todos os Gógol, a todos os Kharms, Bulgákov e Zóshtchenko que nenhum tsar jamais conseguiu dobrar.

348

No final do poema, esse movimento próximo da música de câmara adquire uma espessura sinfônica, frisando as palavras:

> Ikh obshtchivát postýdno,
> ikh obviêshivat griéshno.
>
> (Dar-lhes o troco errado é uma vergonha,/ enganá-las no troco é um pecado.)

A questão feminina é assim projetada a nível de um problema nacional de primeira importância, enquanto tragédia quotidiana de uma parte da população privada da menor perspectiva de futuro. Na coda:

> I, v karmán pelmiêni súnuv,
> ia smotriú, súrov i tíkh,
> na ustálie ot súmok,
> rúki praviedníe ikh.
>
> (E, enquanto enfio no bolso as minhas massas, olho, solene e pensativo, cansadas de carregar os sacos de compras, as suas nobres mãos.)

A essas palavras, o coro entoa pela primeira vez um acorde perfeito, uma cadência de dó maior que soa como um *amen* e encadeia o *adagio* com o *largo* seguinte, cujo tema – o medo – foi o pão de cada dia dos soviéticos durante muitos anos. O solo atonal da tuba contra um fundo de cordas graves introduz a afirmação do coro, salmodiando sobre uma única nota:

> Umiráiut v Rossíi strákhi,
> slovno prizráki priêjnikh liet.
> Lish na páperti, kak starúkhi,
> koie-gdiê ieshtchiô prosiát na khlieb.
>
> (Os medos estão se desvanecendo na Rússia, como os fantasmas de outros tempos. Apenas na porta das igrejas, como velhinhas, eles ainda mendigam pelo pão.)

Nunca um poeta tinha podido, antes, dizer as coisas tão claramente; e a música com que o compositor veste seus versos tem tudo para ser tachada de pessimista e formalista:

> SOLO: Ia ikh pómniu vo vlásti i sílie
> pri dvórie torjéstvuiushtchi ljí.
> Strákhi vsiúdu kak tiêni skolzíli,
> proníkali vo vsiô etají. [...]
> Dáje stránno i vspômnit tipiér.
> Tainyi strakh piêred tchim to donóssom,

táinyi strakh piêred stúkom v dviêr.
Nu, a strakh govorít s inostrantsem...
s innostrantsem to shto?, a s jenôi.
Nu, a strakh biezotchótnyi ostátsa
póslie márshei vdvoiôm s tishinôi.
CORO: Niê boiális my stróit v miételi
ukhodít pod snariádami v bô,
no boiális poróiu smiértelno
razgovárivat sami s sobô.

(Lembro-me do tempo em que ele era todo-poderoso,/ na corte da mentira triunfante./ O medo se esgueirava por toda parte, como uma sombra,/ infiltrava-se em cada andar./ Agora, é estranho lembrarmo-nos disso,/ o medo secreto de que alguém nos delate,/ o medo secreto de que venham bater à nossa porta./ E depois, o medo de falar com um estrangeiro.../ com um estrangeiro? até mesmo com a sua mulher!/ E o medo inexplicável de, depois de uma marcha,/ ficar sozinho com o silêncio.// Não tínhamos medo de construir em meio à tormenta,/ nem de marchar para o combate sob o bombardeio,/ mas tínhamos às vezes um medo mortal/ de falar, nem que fosse com nós mesmos.)

Essas palavras assumem um peso assustador se pensarmos – como já foi referido aqui – que Anna Akhmátova foi castigada por ter mantido um encontro não-autorizado com o intelectual Isaiah Berlin, inglês de origem russa. Este movimento é rico em elementos novos: o diálogo emocionante do solista com a clarineta baixa; a inesperada fanfarra do trompete em surdina e, depois de episódios atonais, o aparecimento, na última intervenção do coro, de uma melodia simples, no estilo do folclore revolucionário da *Sinfonia n. 11*. O movimento se encerra pianíssimo, nas cordas, trompa e harpa, de uma maneira que lembra o fim da passacalha da *Oitava Sinfonia*.

O *allegretto* segue a linha dos *finales* satíricos, como o da *Oitava Sinfonia* ou dos *Quartetos n. 4* ou n. *6*. É música escrita pelo compositor que, em *Testemunho*, diz a Vólkov: "Eles falam em beleza, graça e outras qualidades elevadas. Mas essa isca eu não mordo. Sou feito Sobakiévitch[12]: por mais que passem açúcar num sapo, eu nunca o engolirei". *Uma Carreira* faz a apologia daqueles que ousaram correr riscos em defesa de sua opinião: o tema é a consciência do intelectual. O tom é diferente dos movimentos precedentes, mais distendido, e o vivo diálogo entre o solista e o coro contribui para impregná-lo de ironia. Shostakóvitch retoma aqui a verve do *Nariz*, ou das *Sátiras,* contemporâneas à sinfonia:

SOLO: Tvierdíli pastýri, shto vriêden
i nierazúmien Galiliêi.

12. A personagem de *Almas Mortas*, o romance de Nikolái Gógol.

CORO: Shto nierazúmien Galiliêi.

SOLO: No, kak pokázivaiet vriêmia...

SOLO E CORO: ... kto nierazúmien, tot úmniei.

SOLO: Utchônyi, sviérstnik Galiliêia...

SOLO E CORO: ...byl Galiliêia niê glupiéie.

SOLO: On znál, shto viertítsia ziemliá.

SOLO E CORO: No u nievô bylá símia.

SOLO: I on, sadiás s jenôi v kariétu,
sviershív priedatiélstvo svoiô,
stchitál, shto diélaiet kariéru.

SOLO E CORO: A miéjdu tiem gúbil ievô.

SOLO: Za ossosnánie planiéty
shol Galiliêi odín na risk...

SOLO E CORO: ...i stal velíkim ôn.

SOLO: Vot eto –

SOLO E CORO: – iá ponimáiu – karieríst!

CORO: Iták, da zdrástvuit kariéra,
kogdá kariéra takôva/ kak u Shékspira i Pastiôra,
Niútona i Tolstôvo.

SOLO: Lva?

CORO: Lva!

Zatchém ikh griázu pokriváli?

Talant, talant, kak ni kleimí.

SOLO: Zabýty tié, kto proklináli.

CORO: No pômniat tiêkh, kovô kliáli.

(Os padres repetiam que Galileu era mau e doido./ Que Galileu era doido./ Mas, como o tempo o demonstrou,/ o doido era o mais sábio deles./ Um cientista da época de Galileu/ não era menos sábio do que Galileu./ Ele sabia que a terra girava,/ mas tinha uma família/ e, ao subir com a sua mulher na carruagem,/ achava que tinha feito a sua carreira,/ quando, na realidade, a tinha destruído./ Para compreender o nosso planeta,/ Galileu correu riscos sozinho/ e tornou-se um grande homem./ É isso – eu penso – é um carreirista./ E por isso, viva a carreira,/ quando é uma carreira como/ a de Shakespeare e Pasteur/ Newton e Tolstói./ Liev?/ Liev!/Por que eles foram caluniados?/ Talento é talento, digam o que disserem./ Os que insultaram estão esquecidos,/ mas nós nos lembramos dos que foram insultados.)

Depois de um longo *intermezzo* orquestral construído com a estrutura de *crescendo-fortissimo-diminuendo*, o final justapõe vários episódios lapidares, *adagio, allegretto, meno mosso*, em que o tom assume uma solenidade meditativa. O tema do início volta, para a conclusão, nas cordas divididas. Depois, as notas cristalinas da celesta colocam o ponto final na *op. 113*. O poderio emocional dessa sinfonia reside no caráter direto de sua prosódia, proveniente de Mússorgski, em que Shostakóvitch se exprime ora como o Bobo, ora como Borís.

Em termos de realização artística, a *n. 13* é fascinante, intensamente sensível ao texto e, ao mesmo tempo, vibrando com uma vida musical independente toda própria. Se, às vezes, as suas passagens *fortissimo* parecem mais retóricas do que precisamente articuladas, isso é amplamente compensado pelos trechos de orquestração com texturas camerísticas, de um tipo que não se ouvia, em sua obra, desde a *Quarta Sinfonia*. Autores como Ian MacDonald atribuem essa característica justamente ao fato de Shostakóvitch estar revisando a *Quarta* para a estréia, na fase em que planejava a *n. 13*. Ela é também, não nos esqueçamos, produto de um momento em que as circunstâncias lhe permitiam reatar com a criatividade mais livre anterior a 1936. A *Décima Terceira* é, primordialmente, uma sinfonia cinzenta, com aquela qualidade austera de linha, harmonia, ritmo e colorido que vai marcar o estilo progressivamente desesperançado das últimas obras.

Com seu jeito peculiar de escrever, a pianista Maríya Iúdina parece ter sintetizado a opinião de muitos, na carta que enviou a Dmítri depois da estréia:

> Acho que posso dizer Obrigado em nome do Falecido Pasternák, de Zabolótski, de *inúmeros* outros amigos, de Meierkhôld torturado até a morte, Míkhoels, Karsávin, Mandelshtám, em nome das centenas de milhares de "Ivans Denísovítches", *não há como contar* todos aqueles que Pasternák chamou de *"torturados vivos"* – você sabe, eles estão todos aí, vivos dentro de você, estamos todos queimando nas páginas da sua Partitura, você a deu como um presente para nós, seus contemporâneos – e para as gerações que ainda hão de vir.

Cabem aqui, devido à importância que as relações com Mravínski tiveram para Shostakóvitch, alguns comentários mais detidos à sua decisão de não reger a estréia da *n. 13*, com base em entrevistas concedidas a Elizabeth Wilson pelo compositor Isaak Shvarts e por Mstislav Rostropóvitch. Conta Shvarts ter-se encontrado, na casa de férias da União dos Compositores, em Riépino, com Mravínski e sua segunda mulher, Inna Seríkova, a quem ele adorava. Quando perguntou ao maestro as razões para não ter querido reger a sinfonia, antes mesmo que Mravínski pudesse responder, Inna disse que seu marido "era um regente de música pura" e nunca tinha regido obras corais.

Shvarts diz nunca ter sido capaz de aceitar essa desculpa esfarrapada, por trás da qual via a influência de Inna, ex-funcionária do Comitê Distrital do Partido em Leningrado, convencida de que a *n. 13* poderia ter um efeito pernicioso sobre a carreira do marido. "A rejeição da sinfonia por Mravínski horrorizou seus amigos", diz Shvarts, "e marcou o fim de meus contatos com ele".

A versão de Shvarts foi enfaticamente rejeitada por Aleksandra Vavílina, a terceira mulher de Mravínski. Num artigo publicado na *Soviétskaia Kultúra* de 8 de junho de 1991, ela usou o fato de Mravínski ter regido a estréia do *Canto da Floresta* como prova de que não procedia o argumento atribuído a Inna. Na verdade, diz Vavílina, na época da composição Inna já estava doente com o câncer de que morreria pouco depois, e Mravínski não quis assumir uma responsabilidade que o distrairia de se dedicar inteiramente aos cuidados com a esposa.

Seja como for, Rostropóvitch tampouco perdoou a Mravínski pelo que considerou a sua "covardia" no episódio da *n. 13* ("Ele tinha a obrigação de ter entendido a importância que essa peça tinha para Shostakóvitch"). Além disso, Slava ficou irritadíssimo com a recusa do maestro em reger a estréia do *Concerto n. 2 para Violoncelo* em Leníngrado, na comemoração dos sessenta anos de Dmítri, "dando a desculpa inadmissível de que não teria tempo para aprender a partitura". Shostakóvitch era extremamente leal com seus intérpretes, diz Rostropóvitch. "Continuou a confiar seus quartetos ao Beethoven, até mesmo na fase de declínio, em que eles já não tocavam mais tão bem quanto antes. Eu sabia que, se ele escrevesse alguma coisa para violoncelo, era a mim que procuraria, ainda que eu tivesse esquecido inteiramente como se toca. Ele teria entregue as suas obras a Mravínski até o fim, se este não se tivesse transformado num vira-casaca sem princípios".

Enquanto a *Sinfonia n. 13* estava sendo preparada, as circunstâncias políticas permitiam que uma obra antiga, por muito tempo proibida, voltasse à superfície totalmente remanejada. *Lady Macbeth do Distrito de Mtsensk* tinha ficado muitos anos fora de cartaz. Em 1955, esperando que a liberalização relativa pós-stalinista permitisse recuperá-la, Shostakóvitch pediu a Isaak Glíkman que o ajudasse a revisar o libreto, dando-lhe o título de *Katerína Izmáilova*, com o qual ela estreara no Stanislávski-Nemiróvitch-Dántchenko. Solicitou a Viatcheslávi Molotóv a formação de um comitê especial, para discutir o futuro de *Lady Macbeth*. Embora se tratasse de uma medida de rotina pois, na URSS, nenhuma ópera podia ser apresentada sem a aprovação das autoridades, passaram-se vários meses antes que o Ministério da Cultura convocasse essa comissão, integrada, entre outros, por Kabaliévski e os musicólogos Mikhaíl Tchuláki e Gueórgui Khúbov.

Marcando a reunião para 12 de março de 1956, a comissão chegou com um dia e meio de atraso. Exigiram que Dmítri executasse toda a partitura ao piano, e apresentaram, logo em seguida, um resultado que já tinha vindo pronto. Kabaliévski, em especial, foi muito agressivo; e Khúbov chegou a mandar calar a boca os que pareciam querer defender a obra. Os argumentos repetiam, palavra por palavra, o sinistro artigo do *Pravda* em 1936. Dias mais tarde, numa carta a um amigo[13], Kabaliévski escrevia: "Achei muito desagradável ter de agir

---

13. Citado pela mulher do compositor, M. Kabaliévskaia, numa carta escrita, em 16 de setembro de 1959, à redação da revista *Soviétskaia Kultúra*, para justificar a decisão de seu marido.

como carrasco nesse projeto de Shostakóvitch. Mas eu não poderia me perdoar se desse a autorização pois, ao fazê-lo, causaria um grande mal ao compositor e também a toda a música soviética".

Dmítri Boríssovitch Kabaliévski, depois de ter sido envolvido nas denúncias jdanovistas, e retirado na última hora da lista dos denunciados, decerto porque chegara a algum tipo de entendimento com o governo, tornou-se um zeloso defensor das diretrizes oficiais e, como membro da direção da União dos Compositores, impediu, várias vezes, a execução de obras de seus colegas. No livro que escreveu, em 1991, com reminiscências a respeito de Prokófiev, Guennádi Rojdéstvienski conta que, após a morte desse compositor, a sua mulher, Mira Mendelssón, lhe deu a versão revista da *Quarta Sinfonia*, que estava inédita. Apresentada à União, essa partitura foi vetada por Kabaliévski, e só pôde ser ouvida em 1957.

Nesse meio tempo, em 1961, a pedido de seu ex-aluno Oriést Ievlákhov, que presidia agora o Departamento de Composição do Conservatório de Leningrado, Shostakóvitch voltara a ensinar em sua cidade natal. Borís Tíshtchenko – o aluno favorito, de quem haveria de orquestrar o *Concerto para Violoncelo* – Guennádi Biélov, Aleksandr Mnatsakanián, Viátcheslav Nagovítsin, Guérman Ókuniev, Vladisláv Uspiênski – essa é a nova fornada de compositores que deverá muito à sua orientação. Era uma época ocupada no campo profissional e familiar. A família estava aumentando. Galina tivera dois filhos, Andrêi e Nikolái, nascidos em 1960 e 1962. E em janeiro, nascera seu terceiro neto, o filho de Maksím que, em homenagem ao avô, recebeu o nome de Dmítri Maksímovitch. Shostakóvitch mudou-se para outro apartamento, na Niejdânova Úlitsa, deixando o do Kutúzovski Prospiékt para a filha.

Em 1962, finalmente, sem esperar que as autoridades se pronunciassem sobre a liberação de *Katerina Izmáilova*, a direção do Teatro Stanislávski-Nemiróvitch-Dántchenko resolveu encená-la. Até o último momento, havia o temor de que a ópera fosse proibida. Uma "comissão de especialistas", integrada por Iekaterina Fúrtseva, a ministra da Cultura, Khrénnikov e Kabaliévski, veio assistir ao ensaio geral – e só deu a autorização no último minuto. Mas essa decisão não tinha sido sancionada por Khrushtchóv e a direção do teatro decidiu fazer, em 26 de dezembro, um espetáculo fechado, que testasse a reação do Krêmlin, usando de um subterfúgio. Estava programado um *Barbeiro de Sevilha* mas, depois de o público estar dentro da sala, a direção anunciou que, "devido a um problema técnico de última hora", tinha sido necessário proceder a uma troca de títulos e – para grande entusiasmo dos presentes – seria cantada a ópera de Shostakóvitch. No camarote governamental, havia apenas uma pessoa: Aleksêi Adjubêi, genro de Khrushtchóv, redator em chefe do *Pravda*.

O soprano Eleonora Andrêievna foi a grande atração da noite. Como não houve protestos das autoridades, a ópera foi oficialmente estreada, aberta ao público, em 8 de janeiro, e foi logo apresentada em vários países. Em "L'Opéra et la Censure: *Lady Macbeth* Face à *Katerina Izmailova*"[14], André Lischke faz o levantamento detalhado das diferenças existentes entre as três edições:

- LM-1932, o original publicado pela Sikorski Verlag de Hamburgo;
- KI-1963, a versão revista, da editora Múzyka de Moscou, incluída nas *Obras Completas*;
- LM-1935, da Muzgiz de Moscou, versão intermediária em que Shostakóvitch já tinha feito algumas revisões, embora não tão radicais quanto as da década de 1950.

Todo o libreto foi retocado, para eliminar as alusões sexuais. Na cena 3 do ato I, no momento em que Katerína se prepara para ir deitar-se, em uma de suas mais líricas e sensuais confissões foram cortadas as palavras:

> Jerebiônok k kobýlkie torópitsia,
> kótik prósitsia k kóshetchkie,
> a gólub k golúbkie striemítsia,
> i tólko k mniê niktô niê spieshít.
> Bieriózku viéter laskáiet
> i tieplóm svoím griéiet sólnyshko.
> Vsiem shto-nibúd ulybáietsia,
> [tólko ko mniê niktô niê pridiót,
> niktô stan môi rukôi niê obnímiet,
> niktô gúby k moím niê prijmiót.
> Niktô moiú biéluiu grud niê pogládit,
> niktô strástnoi láskoi miniá niê istomít.
> Prokhódiat moí dni biezrádostnyie,
> promielkniót moiá jizn biez ulýbki.
> Niktô, niktô ko mniê pridiót.]

(O potro persegue a égua, o gato procura a sua gatinha, o pombo corre para a sua pombinha, mas ninguém corre para mim. O vento acaricia a bétula e o sol a aquece com seu calor, para todo mundo de algum lugar vem um sorriso. Mas ninguém vem à minha procura. Ninguém colocará o braço em minha cintura, ninguém pressionará os lábios contra os meus, ninguém acariciará meu alvo seio, ninguém virá me consumir com seu abraço apaixonado. Para mim, os dias vão-se embora sem alegria, minha vida há de passar rapidamente, sem um sorriso. Ninguém, ninguém virá me procurar.)

---

14. No número especial de *L'Avant-Scène Opéra*.

Quando o sogro a recrimina por não lhe ter dado um neto, a frase "Zinóvy não foi capaz de me fazer um filho" foi substituída por "eu também ficaria feliz se pudesse ter um filho". Na cena 5 do ato II, a frase em que Katerína pede ao amante que a beije violentamente foi trocada por "Quando o velho, cheio de ódio, te maltratou, senti o sangue subir à cabeça e fiquei com o coração apertado". Não há mais qualquer alusão ao desejo do velho Borís de seduzir a sua bela nora. No monólogo da cena 4, as expressões de desejo são substituídas por palavras de pena e preocupação pela esposa de seu filho, que é uma mulher tão solitária. De um modo geral, foram expurgadas todas as expressões de linguagem popular, chulas ou de gíria da década de 1930, fazendo o libreto conformar-se às regras poéticas herdadas do século XIX. Um exemplo: desapareceu o palavrão *shliúkha* (puta), que Borís diz à nora antes de morrer.

Foram cortadas também as passagens musicais mais agressivas, suprimindo o efeito deliberado de "cacofonia", condenado pelo artigo do *Pravda*. Na cena do assédio a Aksínia, as invectivas do pícolo e da flauta, que dobram os gritos da cantora, foram confiados ao oboé e ao corne inglês, de som menos estridente. Sumiram igualmente os trombones e o xilofone, que davam à seqüência um tom muito cru. E a descrição do ato amoroso, que já tinha sido atenuada, quando a partitura foi publicada em 1935, desapareceu completamente na versão de 1962. Foram feitos alguns cortes, principalmente na cena 3 do ato I, e há – com o pretexto de tornar a escrita "mais acessível aos cantores" – a redução de alguns saltos na escrita vocal da personagem-título. Diminuindo a aspereza de sua personalidade, faz-se com que eles correspondam ao conformismo estilístico reinante na virada das décadas de 1950-1960. Há, também, dois trechos novos, muito bem escritos: os *intermezzos* entre as cenas 1-2 e 7-8.

Após fazer o levantamento minucioso de todos os cortes e revisões, André Lischke conclui:

> Se não temos elementos de comparação, *Katerina Izmáilova* passa a sensação de uma força dramática verdadeira. No entanto, se compararmos as duas versões, veremos que o impacto do original é inegavelmente mais forte. Pois a pasteurização da segunda versão é patente, não só no que se refere ao texto, mas também no tocante à música. É claro que as modificações no libreto são mais notáveis. *Katerina Izmáilova* observa as regras da conveniência que a moral soviética sempre opôs à sem-vergonhice burguesa, e censura tudo aquilo que, em *Lady Macbeth*, era considerado "hard". Mas esse mesmo senso de "conveniência", vamos encontrá-lo nos retoques da partitura: a música tem de fazer com que as pessoas entendam a história sem, no entanto, ofendê-las. Shostakóvitch arredondou os ângulos: suprimiu a ilustração sinfônica da cena de amor, igualou ritmos demasiado sincopados, em alguns lugares tornou as tessituras vocais mais fáceis e, sobretudo, atenuou a agressividade sonora da orquestra, diminuindo o papel dos timbres mais crus e estridentes, tais como as madeiras agudas, o trompete, o xilofone. *Katerina Izmáilova* oferece, assim, em muitos pontos, um material prudentemente compartilhado entre algumas madeiras e as cordas, enquanto

Lady Macbeth se comprazia em utilizar toda a gama dos instrumentos de metal. Ao mesmo tempo, em numerosas ocasiões, Shostakóvitch dá a impressão de moderar as dissonâncias simplesmente instrumentando um acorde de maneira diferente. A ciência consumada desse mestre cinqüentenário permanece estimável, se a julgarmos tal e qual; mas empalidece e deixa entrever algo de grisalho se o compararmos com o frescor e audácia de um compositor jovem que, aos 25 anos, já estava de plena posse de seus meios de expressão e possuía uma maturidade de invenção pouco comum em sua idade, atenta a todas as novidades musicais da Europa.

A história de *Lady Macbeth/Katerina Izmáilova* retoma, sob diversos pontos de vista, a da versão original do *Borís Godunóv* e a de sua revisão por Rímski-Kórsakov. Se, nos dois casos, uma versão remanejada foi útil, em determinado momento, para reabilitar uma obra que rompia com os critérios de sua época, é evidente a necessidade de, hoje, retornarmos ao original. Pode-se erguer, no caso de Shostakóvitch, a objeção de que o autor tem a liberdade de refazer sua obra, enquanto, no caso de Mússorgski, a intervenção de uma terceira pessoa, mesmo guiada pelas melhores intenções, comporta inevitavelmente o risco da intrusão e da arbitrariedade. Mas, em 1962, Shostakóvitch não era mais o homem livre que tinha sido – ou acreditara ser! – trinta anos antes. *Katerina Izmáilova* nasceu de uma concessão que nunca teremos condições de saber o quanto lhe custou. *Lady Macbeth*, por sua vez, tinha nascido de uma maravilhosa ilusão de liberdade.

Em 1979, Irina Antónova, a viúva de Dmítri Dmítrievitch, constestou a declaração de Mstislav Rostropóvitch e Galina Vishniévskaia de que seu amigo manifestara o desejo de ver a versão original gravada no exterior. Segundo ela, *Katerina Izmáilova* era o que o marido considerava a forma definitiva de sua obra. Na verdade, em 1964, quando o Scala decidiu montar *Lady Macbeth*, Shostakóvitch escreveu a Nicola Benois, o diretor do teatro, para lhe dizer que exigia a encenação da ópera na versão revista de 1963. Essas declarações têm de ser encaradas, naturalmente, com toda a reserva. A declaração de Shostakóvitch era o preço que ele tivera de pagar para ver a sua obra voltar à cena. E, no momento em que a Sra. Shostakóvitch fez a sua, a situação na URSS brejnevista recomendava toda cautela: a perseguição já grande aos dissidentes ia agravar-se mais ainda, após dezembro daquele ano, com a intervenção soviética no Afeganistão.

Em 1963, após assistir à estréia de *Katerina Izmáilova*, Ievtushênko celebrou a ocasião com o poema intitulado *Segundo Nascimento*:

> Não. A culpa não é da música.
> Ela estava exilada, sob um monte de partituras,
> desde que, um dia, uma voz arrogante
> pronunciou a sentença: "É o caos..."

Durante trinta anos, a poeira
recobriu suas notas. Depois que a noite caía,
a música crucificada se agitava na penumbra,
na esperança de que os homens a ouvissem.

Mas talvez o autor devesse saber
que proibição alguma jamais calou a música
e a verdade acabaria vencendo a mentira
surgida de olhares desconfiados nos camarotes.

E que o povo, sensível ao sofrimento
de uma música condenada à não-existência,
um dia haveria de lhe estender a mão
para ajudá-la de novo a subir à cena.

Os artistas, cansados, sorriem.
De pé, a sala aplaude. Todos juntos.
E os aplausos do público têm, aos meus olhos,
um sentido particular, profundo, profético.

Mas voltemos à ópera. No palco,
está um homem. De óculos. Homem, não deus.
Sente-se pouco à vontade. As suas mãos,
crispadas, tremem. A gravata está torta.

E ali ele fica, desajeitado, ofegante
como uma criança envergonhada, de olhos baixos.
Totalmente sem jeito, ele se inclina.
Nunca soube fazê-lo. Essa é a sua vitória.

De *Lady Macbeth do Distrito de Mtsensk* existem duas gravações:

- EMI, 1979 – Vishniévskaia, Gedda, Krenn, Petkov/Mstislav Rostropóvitch.
DG, 1993 – Ewing, Lárin, Langridge, Haugland/Myung-Whun Chung (existente também em vídeo, ao vivo no Opéra-Bastille).
- Em DVD, o filme de 1992, dirigido pelo tcheco Petr Weigl, em que atores dublam a gravação de Rostropóvitch (selo Image Entertainment), versão cortadíssima da ópera e com a exploração um tanto discutível de sua vertente erótica;
- e o espetáculo dirigido por Stein Winge no Gran Teatre del Liceu, de Barcelona, regido por Aleksandr Anissímov (Secunde, Ventris, Kotchergá, Vas, Surguladze, Nestierenko).

De *Katerína Izmáilova* há duas gravações:

- Melódya, 1964 – Andrêievna, Iefímov, Bulávin/Provatórov.
- Chant du Monde, década de 1980 – Jípola, Dubróvin, Zagrebiélny/Túrtchak (ao vivo em Kíev).
- E também um filme de 1966, dirigido por Mikhaíl Shápiro, com o elenco do Kírov regido por Konstantín Simeônov, tendo Galina Vishniévskaia no papel título (esta é, tanto quanto sei, a única filmagem integral de ópera de que essa grande cantora participa).[15]

Em outubro de 1964, Khrushtchóv caiu, subitamente, vítima de um golpe branco da ala radical do Partido. Foi substituído por Aleksêi Nikoláievtch Kossýguin e Leoníd Illítch Bréjnev – que ficaria longos anos à frente do governo. A ilusão de que a liberalização seria mantida não durou muito. Em setembro de 1965, os escritores Andrêi Siniávski e Iúli Dániel foram presos por terem consentido que livros seus fossem publicados no exterior; em fevereiro do ano seguinte, foram sumariamente condenados a vários anos em campos de concentração. O fim definitivo do Degelo haveria de paralisar a cultura russa por mais vinte anos. Shostakóvitch morrerá antes de ver o fim da gerontocracia brejneviana, responsável – como o fora o tsar muitos anos antes – pela estagnação que cavou pouco a pouco o túmulo da União Soviética, cuja dissolução seria anunciada, na noite de 25 de dezembro de 1991, por seu último presidente, Mikhail Gorbatchóv.

Dando-se conta das novas pressões, Shostakóvitch decidiu ceder ao pedido que lhe tinha sido feito pelas autoridades de compor, para o cinqüentenário da Revolução, uma ópera baseada no *Don Tranqüilo*, de Shólokhov. Em 19 de fevereiro de 1962[16], o *Pravda* publicou a sua declaração de que, para diferenciá-la da ópera de Dzerjínski, a sua haveria de basear-se nos dois últimos volumes do romance. Em maio ele foi à Primavera do Dónietsk e ficou conhecendo Shólokov, pelo qual sentiu-se repelido pois, a essa altura, mergulhado no alcoolismo, o escritor tinha uma visão do mundo e um comportamento grosseiro inaceitáveis para um homem tímido como Dmítri. Ainda assim, ele aceitou o libreto que lhe foi enviado, escrito pelo historiador

15. Em suas memórias, Galina conta que estava escalada para cantar num filme do *Ievguêni Oniéguin* que existia em vídeo no selo Corinth. Mas a produção demorou tanto para ser iniciada que, quando iniciou, ela estava no sétimo mês de gravidez, e teve de ser substituída por uma atriz – bonita, mas totalmente inexpressiva – que a dubla no papel de Tatiana. Perdeu-se, assim, a chance de ter Vishniévskaia ao vivo em seu mais famoso papel.
16. No artigo Nóvye proisviediênia posvieshtchaiu piatdesiatliétiu Velíkovo Oktiábria (Novas Obras Dedicadas ao Cinqüentenário do Grande Outubro).

I. Lúkin, com ajuda de Aleksandr Medviédev. Aparentemente, gostou dele, pois fez alguns esboços em outubro de 1964. O Bolshói programou a ópera para a temporada de 1966-1967. Mas, na primavera de 1966, Dmítri escreveu a seu aluno Borís Tíshtchenko, dizendo-lhe que perdera todo o entusiasmo pelo *Don Tranqüilo*.

Nunca ficou explicitado por que ele abandonou esse projeto, do qual não sobraram sequer os esboços. Numa entrevista de 1982 à revista *Vriêmia i My* (O Tempo e Nós)[17], seu filho Maksím disse que esse era o artifício que o pai usava para que o deixassem em paz, até que parassem de pressioná-lo. E o assunto morreu por si só. O mais provável é que o anúncio da composição desse *Don Tranqüilo*, tal como acontecera com a *Sinfonia Karl Marx*, nunca tenha ido além de um subterfúgio para que não o incomodassem.

---

17. Maksím Shostakóvitch o svoiôm ótsie (MS sobre seu pai), no n. 69 da revista *Vriêmia i My*, dos exilados russos, publicada em Nova York, Paris e Jerusalém.

20.
O Fim de uma Fase de Atividade Incessante

No outono de 1962, numa carta eufórica a Vissariôn Shebalín, Dmítri lhe falou de uma mudança radical em sua vida: casara-se com uma moça boa, alegre, simples, simpática, que usava óculos, tinha uma certa dificuldade para pronunciar as letras "l" e "r", e possuía apenas um sério defeito: tinha só 27 anos.

Irina Antônovna Supínskaia nascera em Leningrado. O pai fora vítima dos expurgos stalinistas; a mãe e os avós morreram durante o cerco da cidade. Levada, aos sete anos, através do Lago Ladóga, para Kúibishev, fora educada por uma tia. Depois da guerra, fizera seus estudos no Instituto Pedagógico de Moscou. Trabalhava na editora Soviétski Kompozítor, onde fora encarregada de preparar a edição da opereta *Moskvá-Tcheriômushki*. Isso a aproximou de Dmítri, a quem foi apresentada por Liev Liebiedínski. Eles se uniram no verão de 1962, à espera de que fosse concedido o divórcio do primeiro marido de Irina. Quando foi ao Festival de Edimburgo, Dmítri não pôde levá-la, porque as autoridades não lhe forneceram os documentos necessários para a viagem. Mas depois que o divórcio saiu, e eles formalizaram o casamento, em novembro, nunca mais foi a lugar nenhum sem tê-la a seu lado.

Encontrara, finalmente, uma companheira que lhe dava total apoio, acompanhava-o em todas as viagens e cerimônias oficiais, e cuidou dele durante os anos em que sua saúde começou a declinar. Embora os tivesse apresentado, Liebiedínski sentiu-se excluído da intimidade de Dmítri, devido à ligação muito forte que ele desenvolveu com Irina. Afastou-se dele gradualmente e, mais tarde, na época da estréia da *Sinfonia n. 14*, escreveu-lhe uma carta pondo formalmente fim à amizade. Segundo Irina, o único comentário do marido foi: "Liev Nikoláievitch está envelhecendo e ficando bobo". Ouçamos o que diz Galina Vishniévskaia em sua autobiografia:

Dmítri com sua terceira mulher, Irina Supínskaia.

> Essa mulher pequenina, de voz mansa, demonstrou ser uma vigorosa dona de casa e, em três tempos, organizou a vida dessa grande família [Gália e Dmítri, já casados e com filhos, ainda moravam, a essa altura, na casa do pai]. Foi com Irina que, finalmente, Dmítri Dmítrievitch conheceu a paz doméstica. Eles tinham acabado de mudar do Kutúzovski Prospiékt para o nosso prédio [na Niejdânova Úlitsa], para o apartamento ao lado do nosso – o seu quarto de dormir era ao lado

de nossa sala de estar. A sua jovem esposa botou o apartamento em ordem e rearrumou as coisas na *datcha* de Júkovka, de modo a poupar a Dmítri Dmítrievitch o barulho dos jovens e de suas famílias, que estavam crescendo. Agora, ele tinha seu próprio quarto e estúdio no segundo andar. Esposa devotada, Irina assumiu todos os cuidados com a casa e criou a atmosfera ideal para que ele pudesse trabalhar. Sem dúvida alguma, ela prolongou a vida dele em vários anos.

Foi uma época de atividade intensa. Em meio a viagens, concertos, ensaios das apresentações de *Katerina Izmáilova* em vários lugares, Dmítri achou tempo para escrever a trilha sonora para o *Hamlet*, de Grigóri Kozíntsev, uma de suas melhores partituras para o cinema. E dois quartetos seguidos: o *Nono*, em maio, logo depois que voltou do Festival de Górki; e o *Décimo*, fruto das férias, em julho, na casa que a União tinha em Dilidján, na Armênia.

A figura de Hamlet sempre fascinara Shostakóvitch, desde 1932, quando escrevera a música incidental para a polêmica montagem de Nikolái Akímov – e "síndrome de Hamlet", designando o comportamento do príncipe da Dinamarca, que simula a loucura para investigar a verdade sobre a morte do pai, foi uma expressão muitas vezes usada a respeito da atitude tortuosa com que o próprio Dmítri enfrentava as difíceis relações com o poder. Foi muito longa a relação profissional de Shostakóvitch com Grigóri Kozíntsev, desde os tempos da *Nova Babilônia*, em que ele fazia parceria com Leoníd Trauberg. Uma colaboração que prosseguiu até mesmo depois que, no pós-guerra, por razões políticas, Kozíntsev e Trauberg desfizeram a dupla.

De todos os filmes dirigidos por Kozíntsev, apenas *Don Quixote*, de 1957, não foi musicado por Shostakóvitch (a trilha é de Kára Karáiev). E essa colaboração culminou nos dois grandes filmes baseados em Shakespeare: *Hamlet* (1964) e *Rei Lear* (1970). As duas peças tratam de liderança, consciência, honra e responsabilidade social, temas que marcam muito a última fase do cinema de Kozíntsev. Da mesma forma que o Quixote, as personagens dessas histórias são ou parecem ser loucas. Ambos também terminam com mortes que deixam o Estado à deriva, como uma crítica implícita a um país dominado por um regime corrupto até a medula – tanto quanto o do rei Cláudio – em que os Hamlet estavam condenados à destruição. "Isto não é um museu", disse Kozíntsev de seu filme, "mas uma descrição dos conflitos do homem moderno" – e é significativo ele ter sido produzido no ano em que um golpe palaciano derrubou Khrushtchóv e reinstalou no poder o neo-stalinismo brejneviano.

Numa trilha cujas texturas sinfônicas funcionam quase como um melodrama, formando o comentário para a declamação dos versos de Shakespeare, magistralmente traduzidos por Borís Pasternák, os temas das personagens principais são combinados e variados de maneira muito rica. Os ritmos pontuados que descrevem Hamlet vêm da *Sinfonia n. 13* e vão reaparecer em *Criatividade*, da *Suíte Michelangelo*. É a música que se ouve na *abertura*, quando ele volta a galope para casa, porque o pai morreu, e a ponte levadiça do castelo de Elsinore se ergue, isolando-o do resto do mundo, da mesma forma que a URSS sempre tinha-se fechado ao exterior.

O tema do fantasma é um coral de metais e percussões, tanto em sua aparição quanto no momento em que invade os pensamentos de Hamlet, prestes a se vingar da mãe. Contrastando com a música sombria, musculosa dos dois, a de Ofélia tem ritmos mais fluidos, de dança, e a ela está associado o som frágil do cravo. Tudo o que se refere ao novo regime, imposto por Cláudio – a "Música Militar", as "Fanfarras Reais" – é pomposo, mecânico, vazio. Na viva cena do *Baile no Palácio*, à música de dança mistura-se a melodia melancólica que acompanha o monólogo interior do príncipe, "How weary, stale, flat and unprofitable".

A ambientação da "História de Horácio e do Fantasma", contada diante da lareira, enfatiza a sua evocação das torturas do inferno e, nesse trecho, a música ligada ao pai de Hamlet faz uma lúgubre aparição, contrastando com todo o brilhantismo do "Baile". No encontro que se segue, do príncipe com o Fantasma, o tema nos metais e percussão descreve os lentos movimentos do espectro e o desenvolvimento da música sugere toda a gama de sentimentos – raiva, dor, remorso por não ter estado próximo, desejo de vingança – experimentada por Hamlet.

A delicada melodia dançante da "Despedida de Ofélia" adquire um colorido sombrio com a chegada de Hamlet e seu monólogo "What a piece of work is man", interrompido pela fanfarra à distância, que anuncia "A Chegada dos Atores". É aqui que se situam, no filme, dois monólogos famosos, "What a rogue and peasant slave" e "To be or not to be", para os quais Shostakóvitch escreve música de fundo discreta mas, ao mesmo tempo, extremamente expressiva.

Descrita com música muito colorida, a peça montada pelos atores ambulantes passa-se "No Jardim" e inclui a música ameaçadora da "Cena do Envenenamento". Enquanto Hamlet explica a peça a Cláudio à sua maneira, a repetição do tema do Fantasma não deixa dúvidas a respeito de quê ela é. Após a saída apressada do rei e da corte, fingindo desejar que a ordem se restabeleça, Hamlet ordena que toquem música, e é ao som da melodia rala e descaracterizada de "As Flautas Tocam" que faz o seu famoso comentário – "Não desejo que me toquem como se eu fosse um instrumento musical" – que, para Kozíntsev e Shostakóvitch, artistas num regime que sempre os fez dançar conforme a música, assume uma importância toda especial.

Em "O Mergulho de Ofélia na Loucura", cordas muito líricas se alternam com acordes ríspidos do cravo, e uma melodia em tom de coral é interrompida pelas mesmas bruscas batidas nas cordas que vão reaparecer, em 1974, no "Diálogo de Hamlet com sua Sombra", do ciclo de canções sobre poemas de Marina Tsvietáieva. No filme, a extensa "Morte de Ofélia" mostra Hamlet, na praia, observando uma folha levada pelo vento (o símbolo de sua alma), antes que a cena se transfira para o cemitério, onde vemos "Hamlet Junto do Túmulo de Ofélia". Após a longa "Cena do Duelo", com "A Morte de Hamlet" e o seu "Funeral", o filme termina como começou, mostrando os rochedos solitários à beira-mar, e o tema do príncipe retorna, acentuando a sensação de desamparo em que fica Elsinore após a sua morte.

De um modo geral, é muito comum ouvir, em concertos ou gravações, a suíte *op. 116a*, de oito números, extraída da trilha por Liev Avtomián. Mas vale a pena ouvir a música completa, na gravação feita em fevereiro de 2003, por Dmítri Iablônski e a Filarmônica da Rússia, para o selo Naxos.

As cores sombrias, deliberadamente cinzentas, dos dois primeiros movimentos do *Quarteto n. 9 em Mi Bemol Maior op. 117 – moderato con motto* e *adagio* – os aproximam da estética da *Sinfonia n. 13*, que os precedeu. A constante referência à nuance dinâmica *piano* e a melodia da viola solista que introduz o *adagio*, num estilo que lembra a cantilena do *Quarteto n. 16 op. 135*, de Beethoven, caracterizam essas duas primeiras partes. Um curto *scherzo* (*allegretto*), que começa em surdina, ilumina temporariamente esse discurso desolado, trazendo um pouco do humor grotesco de Shostakóvitch. Mas a peça mergulha de novo num canto melancólico, construído com a superposição dos temas dos dois primeiros movimentos. Inicia-se um recitativo em que o primeiro violino passa para a viola. Mais macabro e agitado do que resignado, esse cântico lúgubre se distende, subitamente, com o *allegro* final, um rondó robusto e virtuosístico, de espírito beethoveniano (não é gratuita a referência, aqui, ao *Quarteto em Dó Sustenido Menor* de Beethoven). Dedicado a Irina Antônovna, o *op. 117* foi estreado na Pequena Sala do Conservatório, em 20 de novembro de 1964, pelo Quarteto Beethoven.

Já o *Quarteto n. 10 em Lá Bemol Maior op. 118*, dedicado a Môishe Váinberg, é de caráter mais simples e extrovertido. O *andante* introdutório, construído com escalas modais, joga com a oposição entre a tonalidade básica da peça e o mi menor, exposta pelo primeiro violino que, sem qualquer preocupação serial, desfia as doze notas que vão constituir o material melódico da peça. O *andante*, simples, intenso, caloroso, serve de longo preâmbulo ao *allegretto furioso*, impetuoso e cheio de dissonâncias – uma espécie de reflexão complementar ao *scherzo* da *Sinfonia n. 10*. O grau maior de tensão desse movimento de construção sinfônica leva ao *adagio*, uma majestosa passacalha, muito melancólica, cujo tema, de nove compassos, apresentado pelo violoncelo, é reapresentado oito vezes. A sétima reapresentação, ao violino, já anuncia a dissipação das sombras, que teremos no *finale* (*allegretto*), ao qual se passa sem interrupção. O primeiro tema é de caráter dançante; o segundo se organiza como um coral. No desenvolvimento, o tema dançante predomina.

Reaparecem também elementos do *scherzo* e da passacalha, que culminam no tom intimista e caloroso do primeiro movimento. O *Quarteto n. 10* foi estreado juntamente com o *n. 9*. Suas características orquestrais fizeram com que Rúdolf Barshái o arranjasse como a *Sinfonia para Orquestra de Cordas op. 118a*.

Terminado o *Quarteto n. 10*, Shostakóvitch escolheu – apesar das críticas feitas ao poeta – um novo poema de Ievtushênko, *Kasn Stiépana Rázina* (A Execução de Stiépan Rázin), que transformou em um oratório. Escrita em agosto de 1964, às margens do lago Balkantón, essa peça seria estreada em 14 de setembro, por Kondráshin e a Filarmônica de Moscou. O poema descreve a morte, em 1671, na Praça Vermelha, do legendário herói cossaco que se opôs ao vóivoda do Don – nomeado pela Coroa – e, numa campanha militar vertiginosa, tomou Tsarýtsin, Tchórnyi Iar, Astracã, Sarátov e Samará. Derrotado na Batalha de Simbírsk, Rázin foi levado à capital e decapitado. As aventuras desse legendário cossaco inspiraram a escultura de Serguêi Konniénko (*Stépan Rázin e seus Soldados*), poemas de Vassíly Kamiênski e Marina Tsvietáieva. O poema de Ievtushênko o vê não como um bandido fora-da-lei, mas como o protótipo do herói revolucionário, voltado para a defesa dos interesses do povo – e foi isso que atraiu o compositor.

Nesse meio tempo, Shostakóvitch tinha participado dos Dias da Cultura Russa, em Alma-Atá; e fora a Ufá, para receber o título de Artista do Povo da República da Bashkíria. Passou também alguns dias internado, por terem-se agravado as dores que, desde o fim da década de 1950, sentia nos músculos da mão direita. Com a *Execução de Stépan Rázin*, repetiu-se o que já ocorrera com a *Sinfonia n. 13*. Intimidado pelas críticas que faziam a Ievtushênko, o baixo Ivan Petróv, do elenco do Bolshói, convidado para cantá-la, não apareceu no ensaio geral. Uma vez mais, foi Vitály Gromádski quem salvou o concerto. Apesar da boa acolhida dada à obra, as autoridades a ignoraram por muito tempo. Só em 1968 ela ganhou o Prêmio Mikhaíl Glinka.

A tensão é criada, desde os primeiros acordes. O tsar, indiferente,

> piêred zérkalom sviêiskim prishtch vydavliváiet,
> primieriáiet nóvim piérsten-izúmrud
> (espreme uma espinha diante do espelho e experimenta um novo anel de sinete com uma pérola.)

Enquanto isso, a multidão se excita, repetindo "Stiénku Rázina viezút" (Estão trazendo Stenka Rázin). As exclamações do coro culminam numa frenética passagem em ritmo de dança. Finalmente, o condenado aparece e, em seu monólogo, fala do direito inalienável do homem ao respeito e à dignidade, diante da brutalidade:

On moltchál,
   niê utirálsa,
viés opliovánnyi tolpôi,
tólko górko usmiekhálsa na sobôi:
Stiénka, Stiénka,
   ty kak viétka,
potieriávshaia listvú.
Kak v Moskvú khotiél ty viékhat!
Vot i viékhal ty v Moskvú…
Ladno,
  pliúitie,
    pliúitie,/
      pliúitie –
vsiô je rádost zadarmá.
Vy vsiegdá pliuiótie, liúdi,
v tiekh,
kto khótchiet vam dobrá.
Diák mniê byl s ottiájkoi v zúby,
Prigovarivál
   riétiv:/
"Suprótiv naróda vzdumál?
Búdiesh znát, kak suprótiv!"
Iá dierjálsa, glaz niê priatál.
Króviu kharkál iá órviet:
"Suprótiv boiárska – pravda.
Suprótiv naróda – niet!"

   (Ele ficou em silêncio e não limpou/ a cusparada que vinha da multidão,/ apenas sorriu amargamente para si mesmo: Stiénka, Stiénka, você está como um galho/ que perdeu as folhas./ Como você queria desfilar em Moscou!/ Pois agora você está desfilando em Moscou.../ Pois bem, cuspam, cuspam, cuspam –/ toda a minha alegria deu em nada./ Vocês sempre cospem, boa gente,/ naqueles que lhes querem bem./ O clérigo me bateu nos dentes com uma corda,/ dizendo-me, zelosamente:/ "Pensou em se rebelar contra o povo?/ Pois vai ficar sabendo o que é ser um rebelde!"/ Agüentei firme e não afastei os olhos:/ "Rebelde contra os boiardos? – é verdade!/ Rebelde contra o povo – não!")

Percussões acompanham o diálogo entre Rázin e seus torturadores e, depois, o herói despede-se do povo fazendo um julgamento severo de si próprio:

Piêred vámi,
   liúdi, káius,
no niê v tom,
   shto diák khotiél.

Golová moia povínna.

Víju

        sam sebiá kásnia:

iá byl prótiv –

           polovínno,

nado býlo –

           do knótsa.

Niet, niê tiem iá, liúdi, griéshen,

shto boiár na báshniakh viéshal.

Griéshen ia vglazákh moíkh

tiem, shto málo viéshal ikh. [...]

Griéshen tiem,

           shto drátsa dúmal

za khoróshevo tsariá.

Niet tsariéi khoróshikh,

        dúrien

Stiénka,

       guíbnu iá zazriá!

(Diante de vocês, meu povo, eu me arrependo,/ mas não pelo que o clérigo queria./ A minha cabeça é culpada./ Eu vejo que estou sendo executado por mim mesmo:/ Fui um rebelde pela metade,/ e deveria ter sido até o fim./ não, não sou culpado, meu povo,/ porque dependurei boiardos nos torreões./ Sou culpado, aos meus próprios olhos,/ por ter enforcado muito poucos deles./ [...] Sou culpado por ter querido combater/ por um bom tsar./ Mas os bons tsares não existem, estúpido/ Stiénka, e eu morro em vão!)

Numa lírica passagem *adagio*, Stiépan, vendo a lâmina do carrasco, associa o seu azul metálico à cor do rio Volga, e visualiza, na lembrança, os barcos que navegam em suas águas e as gaivotas que voam sobre ele de manhãzinha. Segue-se a cena da execução. Olhando uma última vez para a multidão, Rázin pensa:

Stóit vsiô stierpiét boessliózno,

byt na dýbie,

        koliésie,

iésli ráno íli pózdno,

protástaiut

      LITSÁ

      Grózno

u biezlílikh na litsiê...

(Vale a pena agüentar tudo sem lágrimas,/ a tortura no pelourinho, na roda,/ se, mais cedo ou mais tarde,/ os ROSTOS desabrocharem a partir da terrível/ mesmice de todos os rostos...)

Ao duro julgamento que faz de si próprio, vem a resposta:

I spokóino
(niê zazriá on, vídno, jil),
Stiénka golovú na plákhu polojíl,
podboródok v krái iz rubliônnyi upiôr
i zatilkôm prikazál:
"Davái, topôr..."

(E tranqüilamente [não foi em vão que ele viveu],/ Stiénka repousou a cabeça no cepo,/ o queixo apoiado na borda dentada/ e, com o rosto para baixo, ordenou: "Vamos, o machado!")

É cheio de horror que o coro descreve:

Pokatílas golová,
v kroví goriá,
prokhripiéla golová:
"Nie zazriá..."

(A cabeça rolou, inflamada de sangue,/ e a cabeça murmurou: "Não foi em vão...")

Em vão a soldadesca tenta romper o clima de medo que se abateu sobre a multidão:

Shto, národ, stóish,
niê prázdnuia?
Shápki v niêbo – i pliáshi!

(Por que, bom povo, estão parados e não festejam?/ Chapéus para o ar – e dancem!)

As flautas tentam fazer soar uma alegre melodia de dança, mas o silêncio se abate de novo sobre a praça. O dobre dos sinos toca em tom fúnebre. Na tensão da música pode-se sentir a raiva represada da multidão, pronta a explodir a qualquer momento. E é nesse instante que intervém a cena fantástica com que a obra se encerra:

A or kroví i tchúba tiajelá
golová ieshtchiô vorotchálas
jilá.
S miésta Lobnôvo podmoklôvo
tudá,
gdiê golítba,
vzgliády
pismámi podmiótnimyi

368

shviriála golová...
Suiétias, drojáshtchi pópik podlietiél.
Viéki Stiénkini zakrít on khotiél.
No, napríjivshis,
                    po-zviéry stráshnyi,
ottolknúli ievô ruku zrátchki.
Na tsariê
                ot étikh tchórovikh glaz
ziábko
                shápka Monomákha zatriáslas,
i jestóko, niê skriváia torjéstva,
nad tsariôm
                        zakhokhótala
                    golová!

(Mas com os cabelos encharcados de sangue,/ a cabeça, viva, ainda se contorcia./ Da Praça do Carrasco, a cabeça lançava olhares para onde o povo estava, como se fossem cartas anônimas./ O padrezinho veio correndo,/ queria fechar os olhos de Stiénka./ Mas, com esforço, com uma força sobrenatural,/ as pupilas afastavam-se de suas mãos./ Na cabeça do tsar, com esses olhares temíveis,/ o chapéu de Monarca começou a tremer,/ e, brutalmente, sem dissimular seu triunfo,/ a cabeça começou a rir do tsar!)

Essas palavras desencadeiam o epílogo sinfônico do poema, sugerindo a onda furiosa da indignação popular, responsável por todas as rebeliões. Sem dúvida alguma o texto de Ievtushênko tinha tudo para desagradar às autoridades, pois a referência aos longínquos tempos imperiais não dissimulava o apelo à revolta contra qualquer tipo de opressão.

Há gravações de Stepán Rázin com Bernard Haitink (Philips), Assen Vassíliev (Koch International) – acoplada ao Oratório Patético de Svirídov – e Gerard Schwarz (Naxos). A esta última, acompanham registros dos *Cinco Fragmentos op. 42* (1935) e de *Outubro op. 131* (1967).

As honrarias e distinções se acumulavam: membro das Academias Reais de Música da Suécia e da Inglaterra; membro da Academia de Ciências dos Estados Unidos. Em agosto de 1962, o Festival de Edimburgo já o tinha homenageado com concertos em que trinta de suas obras – sinfonias, quartetos, concertos, ciclos de canções – tinham sido executadas. Pois em fevereiro de 1964, o festival dedicado, em Górki, exclusivamente à sua obra, foi ainda maior, reunindo cinqüenta composições. O período que vai até setembro de 1966, em que Shostakóvitch faz sessenta anos, é marcado por muitas viagens ao exterior, inclusive para assistir a apresentações de *Katerina Izmáilova* e de sua versão da *Khovânshtchina*. Há, portanto, poucas obras significativas nessa fase. Mas é necessário mencionar as *Cinco Romanças sobre Cartas do Jornal "Krokodil", n. 24, de 30 de agosto de 1965 op. 121*, inspiradas pela antipatia que ele tinha da falta de cultura, da tolice, grosseria e vulgaridade das pessoas.

Na seção "Não Inventamos Isso", desse jornal satírico – espécie de *Pasquim* soviético –, eram publicadas as cartas mais estapafúrdias dos leitores. Para frisar o caráter documentário desses esboços satíricos, Shostakóvitch indica, no título, o número de *Krokodil* de que tirou essas cartas:

• *Sobstviennorútchnoie pokazánie* (Declaração Pessoal) – Um homem de 67 anos conta que agrediu o motorista de um ônibus porque este foi grosseiro, não respondendo à sua pergunta: "Por que o senhor não parou no ponto de Khókhly?"

• *Trúdno ispolnímoie jelánie* (Um Desejo Difícil de Realizar) – Um solteirão pergunta onde pode encontrar uma mulher que lhe dê de comer e de beber, sem gastar muito dinheiro.

• *Blagorosúmie* (Discrição) – O leitor reconhece que, embora tenha levado um tapa daquele "khuligán Fiodúlov" (o vagabundo do Fiodúlov), não o denunciou à "nossa notável força policial", porque tem medo de apanhar dos policiais de novo.

• *Irínka i pástukh* (Irinka e o Pastor) – O leitor conta que uma moça chamada Irinka está olhando o pastor do alto do barranco e, como o vê pequenino, lá em baixo, sente vontade de apertá-lo nas mãos e jogá-lo para cima, como se fosse uma bola.

• *Tcheresmiérnie vostórg* (Entusiasmo Excessivo) – "Quem de vocês nunca se regalou com uma fatia de pão recém-feito?", pergunta o leitor. "Como cheira bem! É o odor do sol, da palha fresca"... e, de repente, avacalha, literalmente, essa descrição, ao acrescentar "e das mãos do motorista da ceifadeira, molhadas de querosene".

É bastante cruel o retrato que Shostakóvitch faz – misturando observação ridícula à evocação poética – do homem comum, sem imaginação, ora gratuitamente agressivo, ora covarde, tolo, limitado, de aspirações pequenas e banais. É o retrato de um mundo mesquinho, em que vivem pessoas absolutamente insignificantes. A estréia desse ciclo foi em maio de 1966, num concerto de que falaremos adiante.

De 1966, escrito em fevereiro, durante um período de repouso em Riépino, é o *Quarteto n. 11 em Fá Menor op. 122*, composto em memória de Vassíli Tchirínski, o segundo violino do Quarteto Beethoven, que morrera em fevereiro.

Em sete movimentos – dos quais o penúltimo, intitulado "Elegia", é o único a ter caráter programático – o *op. 122* é uma espécie de poema sem palavras, noturno, tristonho, romântico. É o primeiro violino que inicia a introdução; mas cabe ao violoncelo apresentar o tema, de recorte vocal, que formará a espinha dorsal da obra. Em seguida, desfilam, com esquemas rítmicos diferentes, frases em colcheias iguais no *scherzo* (*allegretto*) e em semicolcheias rápidas no Estudo (*allegro*), que são separados por um Recitativo (*adagio*) que forma, entre eles, contraste bem marcado. O *Humoresque* (*allegro*) contrasta também com a marcha fúnebre da Elegia, que funciona como os antigos "tombeaux" com que se homenageavam os mortos. O *finale* (*moderato*) se inicia com um *andantino* desolado e, depois, com cores sombrias e sonoridades surdas, retoma o tema do *scherzo*. Na estréia do *n. 11*, em 28 de maio de 1966, tocou Nikolái Zabávnikov, que assumira o segundo violino no lugar de V. Tchirínsk.

O *op. 122* inaugura uma fase final, na obra de Shostakóvitch em que, encarando a possibilidade da morte, o compositor vira as costas à confrontação com o Estado e concentra-se, com austeridade crescente de expressão, nos temas eternos e universais: o tempo, o amor, a traição, a verdade, a moralidade – e a fragilidade do homem, que é mortal. Introspectivas e, muitas vezes, enigmáticas, essas peças costumam ser comparadas às da fase final da carreira de Beethoven – um paralelo que o próprio Shostakóvitch admite, de forma mais ou menos direta, no final do *Quarteto n. 12* ou das sonatas para violino e para viola.

Logo depois de terminado o *op. 122*, os problemas de saúde de Shostakóvitch exigiram que passasse alguns dias, em abril, internado em um sanatório na Sibéria. O resultado desses dias de parada forçada foi uma de suas melhores peças para solista e orquestra, o *Concerto n. 2 para Violoncelo e Orquestra op. 126*, uma vez mais dedicado a Mstisláv Rostropóvitch, que o criou em Moscou, em 23 de setembro de 1966.

O *largo* se inicia com uma frase grave e meditativa do solista. A orquestra entra a princípio muito discreta, criando com o violoncelo um diálogo a meia-voz que, aos poucos, vai aumentando de tom e, finalmente, transforma-se num antagonismo de energia mal reprisada. Não há virtuosismo algum nessa primeira parte do movimento; na segunda, ao contrário, em que o xilofone desempenha papel importante, a linguagem muda diametralmente. Um episódio notável é o que opõe os *pizzicatos* e acordes *legato* do violoncelo à percussão. No fim do *largo*, retorna a introversão do início.

Os dois movimentos seguintes, com a mesma indicação de andamento – *allegretto* – são encadeados. O primeiro começa com uma dança de sabor levemente cigano. A princípio leve e dinâmico, ele vai aos poucos se transformando numa tocata. Atinge seu ponto culminante cercada do rufar de tambores e de apelos das trompas. O segundo *allegretto* combina frases líricas, outras muito ritmadas e, às vezes, explosões de violência, interrompidas por uma cadência de corte clássico e tom tranqüilizante, que reaparece como um refrão. Uma longa nota grave do violoncelo, contra um fundo de marteladas muito leves no xilofone, encerra este concerto que, incomparavelmente mais bem-sucedido do que seu predecessor, o *op. 107*, está entre as obras mais atraentes do compositor.

Em meados da década de 1960, uma palavra nova surgiu no vocabulário político do mundo: "dissidente", aquele que expressa abertamente o seu desacordo com o governo. Homens como Piotr Iakír, Iúli Kim, o general Piotr Grigoriénko ou o físico Andrêi Sákharov enfrentaram as autoridades, no que se referia às questões de legalidade e direitos humanos, de uma maneira direta que não se via na URSS desde que, em 1918, Liênin banira os *Pensamentos Fora de Hora* de Maksím Górki. Num primeiro momento, embora não acreditasse que a maneira de agir dos dissidentes pudesse dar resultados, Shostakóvitch consentiu em participar de cartas abertas que protestavam contra as violações do Código Civil soviético.

No início de 1966, ele assinou, juntamente com o físico Piotr Kapítsa e os escritores Korniêi Tchukóvski, Konstantín Paustóvski e Serguêi Smírnov, uma carta ao Comitê Central, alertando quanto ao estado de extrema pobreza em que se encontrava Soljenýtsin. Subscreveu, logo depois, a carta em que Sákharov e outros acadêmicos deploravam as novas leis, proibindo manifestações e declarações anti-soviéticas. Em maio desse mesmo ano, depois da famosa carta à União dos Escritores, em que Soljenýtsin pedia o fim da censura, Dmítri o convidou a visitá-lo em sua *datcha* de Júkovka e, num encontro de tom muito amistoso – que não duraria muito[1] –, disse-lhe que, em tempos em que a maioria das pessoas se comportava como o avestruz, via nele um homem que "realmente buscava a verdade".

Na primavera do ano seguinte, porém, quando ficou claro que o apoio aos dissidentes era um bilhete só de ida para o hospital psiquiátrico, Shostakóvitch preferiu sair da linha de fogo, expressar as suas opiniões obliquamente, ou ficar calado.

Em 28 de maio de 1966, Shostakóvitch participou, pela última vez, como pianista, de um concerto dedicado às suas obras. Acompanhou Galina Vishniévskaia e Ievguêni Nesterenko numa série de ciclos de canções, que incluíam duas estréias. Transcrevera para soprano as *Canções Judaicas*, para que Galina pudesse cantá-las. Nesterenko fez as *Romanças sobre Poemas Ingleses*. Para ele, também, Shostakóvitch escrevera o texto e a música de uma canção satírica, *Priedislóvie k Pólnomu Sobránniu moíkh Sotchiniêni i Krátkoie Rassmyshliênie po Póvodu Êtovo Predislóvia op. 123* (Prefácio à Edição Completa de Minha Obra e Breve Reflexão Sobre a Redação desse Prefácio):

> Ponho-me, de repente, a rabiscar num pedaço de papel;
> nisso ouço apitos, mas a minha orelha não se espanta;
> depois, torturo as orelhas de todo mundo;

---

1. O cristão Soljenýtsin ficaria muito ofendido, em 1969, com o ateísmo da *Sinfonia n. 14.*

em seguida, faço com que seja publicado e esquecido para todo o sempre.
Isso é um Prefácio que poderia ter sido escrito e não
apenas para as minhas obras completas,
mas também para as obras completas de vários outros compositores,
tanto soviéticos quanto estrangeiros.
Aqui está a minha assinatura: Dmítri Shostakóvitch,
Artista do Povo da União das Repúblicas Socialistas Soviéticas,
além de diversos outros títulos honoríficos:
Primeiro Secretário da União de Compositores da URSS,
e muitos outros postos e funções de importância considerável.

Os irônicos comentários à sua obra e funções oficiais – para os quais Shostakóvitch inspira-se em um epigrama de Púshkin chamado de *A História de um Versificador* – são um belo exemplo de autoparódia. Nesterenko estava tão nervoso, preocupado com as repercussões negativas de um texto tão irreverente, que perdeu a sua entrada. Dmítri recomeçou e, uma vez mais, o cantor perdeu novamente a entrada. Só na terceira vez conseguiu acertar.

O *Prefácio* dá prosseguimento ao tom cômico das *Cinco Romanças sobre Textos do Krokodíl*, que também foram estreadas nesse concerto. O tom prosaico das cartas de leitor reata com um tipo de humor muito comum na década de 1920, que produzira, por exemplo, o ciclo dos *Anúncios de Jornal*, de Aleksandr Mossolóv, ou obras semelhantes do Grupo dos Seis (por exemplo, *Les Machines Agricoles*, de Darius Milhaud). Um álbum de dois CDs, do selo francês Alpha, com os cantores Nádia Smírnova e Petr Migúnov, contém a gravação do *Prefácio*, do *Krokodíl*, das *Sátiras* e de outras peças.

Nesterenko não foi o único a estar nervoso. Em sua biografia, Vishniévskaia conta que, nos ensaios, Dmítri estava apavorado, devido ao problema nos músculos das mãos, a ponto de cometer, três vezes seguidas, o mesmo erro na execução do *Soneto LXVI*, de Shakespeare. No recital, apesar de estar em pânico, tudo correu maravilhosamente, o que o deixou excitadíssimo, muito alegre. Horas depois, porém, sofreu um enfarto, e tiveram de hospitalizá-lo novamente.

Ao receber alta, foi mandado para um sanatório em Mielnítchnyi Rutchiêi, perto de Leningrado onde, por coincidência, o puseram no mesmo quarto que, no passado, costumava ser ocupado por Andrêi Jdánov. Mas era ainda tão frágil a condição do compositor, que não se sabia se poderia assistir, no dia 25 de setembro, ao concerto em homenagem a seus sessenta anos. Ele se realizaria na Grande Sala do Conservatório de Moscou, com a execução da *Primeira Sinfonia* e a estréia do *Concerto n. 2 para Violoncelo*. Causou profunda emoção ver Dmítri, muito combalido, aparecer no último minuto, para ouvir Maksím Dmítrievitch reger a sinfonia e Slava Rostropóvitch solar o concerto. No discurso de abertura, Kabaliévski que, pouco tempo antes, lhe recusara a autorização para exumar *Katerina Izmáilova* do esquecimento, rasgou as sedas de praxe e anunciou que, pela primeira vez na história da URSS, um músico receberia o título de Herói do Trabalho Socialista.

O número de setembro da *Soviétskaia Múzyka* dedicou várias páginas a Shostakóvitch. É claro que a trinca Fúrtseva-Khrénnikov-Kabaliévski não economizou superlativos para falar de um músico que celebravam como o símbolo acabado da cultura russa no século XX. Ele ganhou também, pela terceira vez, a Ordem de Liênin; a British Royal Philharmonic Society lhe concedeu a sua medalha de ouro; e foi lançado o documentário *Dmítri Shostakóvitch: Eskissi k Portriétu Kompozítora* (DS: Esboços para o Retrato de um Compositor), dirigido por A. Guendelshtéin, que reunia filmes feitos ao longo de toda uma vida, e depoimentos das principais personalidades que a ele estiveram ligadas.

Mas não há, nesse filme, referência alguma aos problemas por que ele e a URSS passaram durante o Terror – Stálin sequer é mencionado – e a impressão que o espectador terá, se não possuir informação nenhuma a respeito dele, é a de que Shostakóvitch nunca teve qualquer problema com a censura ou com as autoridades. Esse documentário foi lançado em *laser-disc*, em 1994, pelo selo japonês Dreamlife Vídeo. Não tenho notícia de que tenha sido relançado em DVD.

A mesma cautela marca, de resto, o já mencionado *Dmítri Shostakóvitch: Altôvaia Sonata* (D.S.: Sonata para Viola), de V. Sokuróv e S. Aránovitch: não há nele nenhuma referência direta ao stalinismo ou à perseguição ao compositor durante a fase do Terror. Ainda assim, por ter mencionado, de forma indireta, as críticas feitas a ele por ocasião da estréia do *Nariz*, o filme teve sérios problemas com a censura e passou algum tempo proibido pelo KGB. Embora produzido em 1981, só em 2005 circulou livremente pelo Ocidente.

Muito mais claro e direto é o também já mencionado *Shostakovich against Stalin: the War Symphonies*, de Larry Weinstein, valorizado pelos comentários de contemporâneos e amigos do compositor – Isaak Glikman, Karen Khatchaturián, Veniamín Básner – e do maestro Valiéry Guérguiev, que também executa trechos das sinfonias n. 4 a 9 à frente do Concertgebouw de Amsterdam.

Recomendo ainda *Testimony* – já exibido no Brasil pela TV a cabo –, o filme de Tony Palmer inspirado pelo livro de Sólomon Vólkov. Embora realizado com a liberdade que caracteriza os filmes de Palmer, ele oferece um retrato bastante interessante do homem e do artista, interpretado por Ben Kingsley; e não sonega informações sobre os anos negros do stalinismo.

O aniversário de sessenta anos marca uma cesura na vida de Shostakóvitch, pondo fim a uma fase de atividade frenética. O enfarte tinha deixado seqüelas duráveis e, desse momento em diante, ele teria de levar uma vida muito mais cuidadosa. Começa, no fim de 1966, a longa luta do compositor contra a morte.

21.
O Lento Declínio: As Duas Últimas Sinfonias

O enfarto de maio de 1966 não foi o primeiro sinal de que a saúde do compositor, a vida inteira cheia de altos e baixos, estava se tornando muito precária. Já na primavera de 1958, logo depois de terminar a *Sinfonia n. 11*, Dmítri começara a sentir dores nas mãos e dificuldade em dobrar o cotovelo direito. Chegou a pensar em cancelar os compromissos que tinha em casa e no exterior. Mas a sua força de vontade lhe permitiu superar as dificuldades e fazer, inclusive, enorme sucesso no Palácio de Chaillot, em Paris. Quem ouve a gravação dos dois concertos para piano, que ele fez nessa época com André Cluytens, não consegue imaginar que aquele pianista diabólico está sentindo fortes dores nas mãos. Em 6 de setembro de 1958, ele escreveu a Isaak Glikman:

Minha mão direita tornou-se muito fraca. Sinto como se estivessem me dando agulhadas. Não consigo levantar objetos pesados. Meus dedos podem segurar uma pasta ou uma mala, mas não consigo levantar o braço para dependurar o casaco num gancho. Ficou difícil até escovar os dentes. Quando escrevo, a minha mão logo se cansa. Só posso tocar devagarzinho e *pianissimo*. Notei esse problema em Paris, onde mal pude tocar os meus concertos. Mas não liguei. Os sumo-sacerdotes da medicina parecem incapazes de decidir que nome dar à minha doença e querem me segurar o tempo todo no hospital.

Na festa de casamento de Maksím Dmítrievitch, no outono de 1960, ele levou um tombo e teve fraturas múltiplas na perna. Desde esse momento, passou a mancar um pouco e a andar com dificuldade. Mais ou menos nessa época, um médico de Leningrado, o Dr. Dmítri Bogorodínski, diagnosticou a causa da dor que, em certas fases, o impedia de escrever e fazia as suas mãos tremerem: era, segundo ele, um tipo de poliomielite, muito raro em adultos e incurável, que afetava os terminais nervosos e os ossos. Discuti essa questão com meu amigo Marco Aurélio Scarpinella Bueno, médico e grande conhecedor da obra de Shostakóvitch. Dele obtive o seguinte comentário:

Existe uma síndrome conhecida como pós-poliomielite (do inglês *post-polio syndrome*), que pode surgir anos após o primeiro contato com o vírus. Há uma grande chance de Shostakóvitch ter entrado em contato com o vírus da polio na infância – imagine o saneamento básico na Leningrado da década de 1910! E lembre-se de que a vacinação em massa contra a doença só começou nos anos 1950, após uma grande epidemia que assolou os países europeus, particularmente os escandinavos. Curioso é que essa entidade é incomum e não há subsídios suficientes nos livros de referência para suspeitar dela. É comum o acometimento do diafragma e outros músculos respiratórios, levando à insuficiência nessa área. O acometimento dos membros inferiores também é bastante freqüente.

Shostakóvitch pode ter tido uma mielite transversa subaguda, uma forma de acometimento da medula espinhal que leva progressivamente a quadros degenerativos. De uma forma geral, a mielite transversa pode estar associada a outras doenças neurológicas, como a esclerose múltipla – mas não há subsídios outros que falem a favor disso. Outras vezes, pode associar-se a outras doenças crônicas, o câncer, por exemplo (e, no fim da vida, Shostakóvitch teve câncer de pulmão). Nesse caso, a mielite poderia ser algo que acompanha o câncer e, às vezes, até o precede. É o que a medicina chama de paraneoplásico.

Talvez ele tenha tido alguma forma de mielite degenerativa, uma inflamação crônica dos nervos do braço que, progressivamente, leva à perda de função e atrofia muscular. Às vezes, não há causa definida; às vezes, uma série de doenças infecciosas pode levar a isso, como é o caso do herpes zoster que, em Minas Gerais, é chamado de cobreiro. A medicina do dia seguinte é sempre mais fácil... Não há como fugir muito daquilo que sabemos sobre essa doença (além do câncer de pulmão, Shostakóvitch teve também o infarto, que acabou lhe acarretando insuficiência cardíaca congestiva, creio eu). Mas, na realidade, não há muito como fugir daquilo que sabemos sobre os problemas de saúde de Shostakóvitch a partir do que nos contam os seus biógrafos.

Dmítri foi atendido regularmente por seu vizinho, o major aposentado Liev Ossípovitch Kagalóvski, que se tornara o médico da família; e pelo neurologista Kiríll Nikoláievitch Badmáiev. Ambos tentaram diversas terapias, sem obter resultados convincentes. Depois da crise cardíaca, Dmítri teve de renunciar à bebida, aos cigarros, e passou muito tempo sem compor, repousando em sua *datcha*, longe das viagens, dos concertos e das atividades sociais e políticas.

A leitura era a sua principal atividade. Sentindo-se particularmente tocado pela musicalidade dos poemas de início de carreira do simbolista Aleksandr Blok, escreveu, em fevereiro de 1967, uma obra vocal de extrema originalidade. As *Sete Romanças sobre Poemas de A. Blok op. 127*, para soprano, violino, violoncelo e piano, foram dedicadas a Galina Vishniévkaia. Ele mesmo queria poder tocar na estréia e, por isso, escreveu uma parte de piano relativamente simples. Mas, no dia 18 de setembro, quebrou novamente a perna, teve de voltar para o hospital e, em 25 de outubro, Galina cantou pela primeira vez o ciclo acompanhada por seu marido ao violoncelo, Dávid Óistrakh ao violino, e Môishe Váinberg ao piano.

Sete Romanças destaca-se, pela sua concepção, dos ciclos de canções precedentes e até mesmo das obras que se seguem. Cada uma de suas peças é escrita para uma combinação diferente de instrumentos:

- *Piésnia Ofiélii* (A Canção de Ofélia) – O violoncelo, com suas sonoridades escuras e melancólicas, ecoa o lamento da enlouquecida personagem shakespeareana:

> Razlútchaias a diévoi míloi,
> drug, ty kliálsa mniê liubít!
> Uiejáia v kral postíli,
> kliátvu dánia khranít! [...]
> Míli vóin niê vierniótsa,
> viés odiéti v sierebró...
> v gróbie tiájko vskolikhniótsa
> bant i tchórnoie pieró.

(Quando deixaste a bem amada,/ meu amigo, juraste me amar;/ ao partir para uma terra distante,/ juraste guardar teu juramento!/ (...) Meu guerreiro querido não voltará/ todo vestido de prata.../ sem sossego há de jazer em seu túmulo,/ com o arco e a negra pluma do elmo.)

- *Gamaiún, ptítsa-viéshtchaia* (Hamaiún, Pássaro-Profeta) – É a ave legendária pintada por Víktor Vaznietsóv. As sonoridades do piano, a princípio abafadas e, em seguida, com ritmos cada vez mais ameaçadores, sublinham as imagens dos tempos bárbaros da opressão tártara – nas quais é possível ler o reflexo indireto de tempos mais recentes:

> Vieshtcháiet ievô zlíkh tatár,
> vieshtcháiet kázniei riád krovávikh,
> i trus, i gólod, i pojár,
> zlodêiev sílu, guíbil právikh.

(Ele prevê o jugo dos tártaros, prevê a seqüência dos suplícios sangrentos,/ o terremoto, a fome, o incêndio,/ o poder dos assassinos, o aniquilamento dos justos.)

- *My býli vmiéstie* (Estávamos Juntos) – As palavras "Nótch volnoválas, skrípka piéla" (A noite fremia, o violino tocava) solicita, naturalmente, o som desse instrumento para bordar, com sua lírica melodia, essa pudica lembrança de um instante de felicidade, em que

> skvoz tíkhoie jurtchánie strúi,
> skvoz táinu jênstvenoi ulíbki,
> k ustám prosílsa potselúi,
> prosílis v sérdtse zvúki skrípki...

(em meio ao suave zumbido do vento,/ em meio ao mistério do sorriso feminino,/ nossos lábios procuravam o beijo,/ ressoava em nossos corações o som do violino.)

• *Górod spít* (A Cidade Dorme) – Nesta descrição da cidade envolta pela bruma, em que "tchut miertsáiut fonári, tam, daliekô, za Nievôiu" (mal cintilam as lâmpadas de rua, lá longe, do outro lado do rio Nevá), o violoncelo e piano, repetindo três vezes um motivo em forma de passacalha, criam a ambientação para que o soprano – com um estilo de declamação visivelmente inspirado no do ciclo *Sem Sol*, de Mússorgski – evoque a paisagem noturna da São Petersburgo, que Blok cantou tantas vezes em seus poemas.

• *Búria* (A Tempestade) – O violino e o piano criam o estado de espírito angustiado do poeta que, numa noite de tormenta, reflete sobre a sorte injusta dos que sofrem por serem pobres:

> O, kak biezúmno za oknôm
> rieviót, bushúiet búria zláia! [...]
> V takúiu nôtch mniê jal liudiêi
> lishônikh krôva,
> i sojaliênie gônit protch,
> v obiát kholodá sirôva!
> Borótsa s mrákom i dojdiôm,
> stradáltsiev utchást razdieláia...

(Ó, com que loucura, do lado de fora da janela,/ urra e se desencadeia a tempestade feroz!/[...] Numa noite assim, tenho pena das pessoas/ que não têm um abrigo/ e a piedade me precipita/ no cerne desse frio úmido!/ Lutar contra a bruma e a chuva/ que traçam o destino dos deserdados...)

• *Tainíe znáki* (Sinais Secretos) – Beirando a escrita atonal, que estará presente na *Sinfonia n. 14* e no último quarteto, o violino e o violoncelo traçam os arabescos que apóiam a voz do soprano na declamação desse estranho pesadelo, em que Blok já parece prever as convulsões que, muito em breve, porão fim ao mundo em que ele vive:

> Razgoriáitsia tainíe znáki
> na glukhôi nieprobúdnoi steniê.
> Zolotíe i krásnie máki
> nado mnôi tiagotíuiet vo sniê.
> Ukriváius v nótchnie pieshtchiéri
> i niê pômniu suróvikh tchudiês.
> Na zárie golubíie khimiéri
> smotriát v zérkalie iárkikh nebiés.
> Ubiegáiut v proshédsheie mígui,
> zakriváiu ot strákha glazá,
> na lístiakh kholodiêushtchei knígui
> zolotáia diêvitchia kozá.

Nado mnôi niébosvod ujiê nizók,
tchiôrni son tiagotiéiet v grudí.
Môi koniéts priednatchértan in blizók,
i voiná i pojár v pieredí...

(Inflamavam-se sinais secretos/ na parede mergulhada em sono impenetrável./ Papoulas rubras e douradas/ acima de mim gravitam em meu sonho./ Penetro nas cavernas da noite/ e não me lembro dos monstros que as habitam./ na alvorada, quimeras azuladas/ refletem-se no espelho do céu claro./ Refugio-me nos instantes efêmeros/ e fecho os olhos, cheio de espanto,/ diante da trança dourada de uma moça/ que se desfaz com as páginas de um livro./ Acima de mim, o firmamento já está baixo,/ um sonho negro agita-se em meu peito./ O meu fim, já previsto, está próximo,/a guerra, o incêndio estão diante de mim.)

• *Múzyka* (Música) – Os três instrumentos unem-se à voz, pela primeira vez, para celebrar a arte que, em meio a toda a perturbação, o sofrimento, a extinção da vida, traz ao poeta consolo e serenidade:

V nótchi, kogdá usniót trievóga,
i górod skróietsa vo mgliê,
o, skólko múziki u Bóga,
kakíe zvúki na zemliê!
Shto búria jízni, iésli rózi
vdáli tsviétut mniê i goriát!
Shto tchieloviétckeskie sliózi,
kogdá rumiánitsa zakát!
Primí, vladítchitsa vsieliêny,
skvoz krov, skvoz múki, skvoz grobá
posliêdniei strásti kúbok piêni
ot niedostoinovo rabá.

(À noite, quando a agitação se acalmou/ e a cidade mergulhou na bruma,/ ó, quanta música há junto de Deus,/ e que concerto na terra!/ Que me importam as tempestades da vida, se as tuas rosas/ florescem e ardem para mim!/ Que me importam as lágrimas dos seres humanos,/ quando chega a hora do crepúsculo! Aceita, soberana do universo,/ para além do sangue, do sofrimento, do túmulo,/ das mãos deste teu humilde escravo,/ a taça cheia até à borda/ da sua última paixão.)

Óistrakh conta[1] a intensidade da experiência pela qual passou, na estréia dessas romanças:

1. No artigo Velíkii khudójnik náshevo vriêmeni, escrito em 1976 para a obra coletiva *Dmítri Shostakóvitch Státy i Materiály.*

As duas primeiras canções são tocadas sem o violino. Tive de esperar, sentado no palco, terrivelmente nervoso, a dois passos de morrer de *stage fright*. Na época, me acontecia com freqüência ter distúrbios cardíacos. E, de repente, naquele dia, esperando pela minha hora de entrar, comecei a sentir uma dor violenta no peito. Cheguei a pensar em me levantar e sair do palco, mas isso teria sido impossível, pois eu sabia que Shostakóvitch estava nos ouvindo pelo rádio e imaginava que o nervosismo dele era ainda maior do que o meu. Chegou finalmente a minha vez. Sentindo dores intoleráveis no peito, toquei a maravilhosa romança *My býli vmiéstie* (Estávamos Juntos). E, subitamente, tinham desaparecido o medo, as dores, e a obra fez um tal sucesso que o público exigiu que nós a bisássemos integralmente.

Esse grande violinista, a quem fora dedicado o *Concerto n. 1*, amigo de Dmítri desde os tempos em que tinham viajado juntos, em turnê, para a Turquia, recebera, em maio de 1967 – portanto, bem antes da criação das *Sete Romanças* – uma carta em que o compositor lhe dizia: "Se você não vê nisso inconveniente algum, eu gostaria de lhe dedicar o novo concerto para violino, que acabo de escrever". A intenção de Shostakóvitch era homenagear Óistrakh em seu 60º aniversário. Errara, porém, de data, pois, em 1967, o violinista fazia 59 anos. Seja como for, lisonjeado com o presente, Óistrakh estreou o *Concerto n. 2 em Dó Sustenido Menor op. 129,* em 29 de outubro de 1967, no Conservatório de Moscou.

A indicação de tonalidade que figura no título é muito relativa, pois a partitura não traz nenhuma armadura de clave. A obra divide-se nos três movimentos tradicionais – *moderato, adagio, allegro* – o primeiro deles caracterizado pelo tema principal de intenso cromatismo, pelo estilo narrativo da linha do solista, pela oscilação constante em ter o lírico e o enérgico. A curta cadência, sem nada de espetacular, é um diálogo entre duas cordas. O *adagio*, tranqüilo mas impregnado de nostalgia, tem, em sua última parte, algumas frases recitativas do solista, acompanhadas por um solo da trompa, de grande nobreza. O *finale*, a princípio, é leve e brincalhão; mas, depois, finalmente, surge o estilo cheio de vitalidade, cheio de torneados agressivos, que estamos acostumados a associar à música de Shostakóvitch, criando momentos de tensão, dentro dos quais destaca-se uma cadência longa e trabalhada.

A gênese das *Romanças* e do *op. 129* coincidiu com as cerimônias do cinqüentenário da Revolução. O estado de saúde de Shostakóvitch lhe deu o pretexto ideal para desembaraçar-se do projeto do *Don Tranqüilo* que, muito provavelmente, nunca tivera a intenção de realizar. Não teve assim de concorrer com a cantata *Assim nos Ordenou Ilítch*, de Guennádi Biélov, nem com *O Vento de Outubro*, de Mikhaíl Kravtchênko. Kondráshin pôde finalmente, nessa ocasião, estrear a *Cantata para o Vigésimo Aniversário de Outubro*, que Prokófiev escrevera, em 1937, sobre textos de Marx, Engels e Liênin (foram censurados, é claro, os movimentos em que ele utilizava textos de Stálin). Embora, a essa altura, Kára Abulfazogli Karáiev já tivesse composto a sua *Terceira Sinfonia*, historicamente importante por ser uma das primeiras partituras soviéticas pós-Degelo a se abrirem ao dodecafonismo, as autoridades preferiram conferir o Prêmio Liênin a um balé de 1956, *Nas Trilhas da Tempestade*, em que Karáiev usava amplamente o folclore de seu Azerbaidjão natal. E Khrénnikov, é claro, ganhou o Prêmio do Estado por sua obra tediosamente tradicionalista.

De Shostakóvitch, as autoridades esperavam uma manifestação oficial, a que o *Concerto n. 2 para Violino* não correspondia. Cedendo à pressão, ele compôs uma das peças menos satisfatórias de todo o conjunto de sua produção, o poema sinfônico *Oktiábr* (Outubro) *em Dó Maior op. 130*, executado pela Filarmônica de Moscou, em 26 de outubro, sob a regência de seu filho Maksím. Em *Outubro*, fica patente a escrita apressada, desprovida de qualquer idéia original – se excluirmos a citação de uma canção da resistência, que ele reutilizara da trilha de *Os Dias de Volotcháievsk*, filme da década de 1930. A essa mesma fornada, pertence outra obra de circunstância, de constrangedora mediocridade: o *Prelúdio Fúnebre e Triunfal à Memória dos Heróis da Batalha de Stalingrado op. 130* (24/10/1967).

Aproveitando a estada forçada no hospital, por causa da perna quebrada pela segunda vez, Dmítri fez, para o ex-colega Liev Árnshtam, um estranho trabalho: a trilha para o filme *Sófia Pieróvskaia*. Como a mulher de Árnshtam se encontrava seriamente doente, o diretor ainda não pudera terminar o roteiro. Pela primeira vez, Dmítri trabalhou na trilha para um filme cuja forma ele próprio ignorava. Escreveu quinze números sinfônicos de tons variados que, depois, foram adaptados à história da melhor maneira possível.

Ao sair do hospital, Dmítri passou uns dias em Répino, onde terminou, em 11 de março de 1968, uma obra de importância excepcional. O *Quarteto n. 12 em Ré Bemol Maior op. 133* marca uma nova etapa em sua evolução artística pois, nele, pela primeira vez, constatamos a presença de elementos dodecafônicos, não pela intenção deliberada de utilizar a linguagem serial, mas pela possibilidade de explorar o choque entre as séries cromáticas e as passagens sem tonalidade definida. Na estréia, em 14 de setembro de 1968, o Quarteto Beethoven apresentou-se com seus novos membros, o violinista Nikolái Zabávnikov e o violista Fiódor Drujínin, que tinham aderido ao grupo após a morte de Vassíli Tchirínski e a aposentadoria de Vadím Boríssovski.

No início do *moderato*, o violoncelo enuncia uma série de doze notas, mas continua até o ré bemol, definindo claramente qual será a tonalidade da peça. O tom é épico, grandioso, mas triste. Dois temas, separados por uma nova série cromática, parecem justapor dois mundos que não têm relações verdadeiras.

Essa situação se repete ao longo da oscilação do movimento entre o *moderato* e o *allegretto*.

O imenso *allegretto* que se segue se decompõe em três episódios. O primeiro movimento tinha a forma da sonata clássica, com o segundo tema separado do primeiro por uma mudança de tempo e uma série cromática que desfazia a sensação de a música estar escrita em ré bemol maior. O segundo, um arco de mais de vinte minutos de duração, tem seu material construído a partir de uma célula de quatro semicolcheias apresentada pelo violoncelo, que gera tanto o ritmo quanto a vitalidade do movimento. É ainda o violoncelo que inicia um longo monólogo, sustentado pelos três outros instrumentos em surdina. Esses últimos ampliam gradualmente a sua participação, até um *forte espressivo* que os faz igualar o discurso do violoncelo.

Depois de um acorde em lá maior, a série reaparece sob a forma de insistentes *pizzicatos*. A animação volta até culminar em violentos acordes que partem desses semitons. Na reprise *adagio*, é o violoncelo quem toma de novo a iniciativa, a partir da célula inicial. Seu recitativo, muito dramático, que Ian MacDonald classificou como "um verdadeiro acesso de desespero", desemboca num *moderato* de grande pureza de linha. O *finale*, *allegretto*, muito sereno, retoma a tonalidade de ré bemol maior, parecendo afirmar a supremacia da ordem representada pela tonalidade sobre a desordem atonal. Na forma como, na coda, as quatro vozes cantam juntas, em tom exultante, tem-se a sensação de uma vitória da arte sobre o sem-sentido das coisas.

Essa experiência não haveria de ficar isolada. Na obra seguinte, a *Sonata para Violino op. 134*, terminada no fim de 1968, e dedicada a Óistrakh, efetivamente comemorando os seus sessenta anos, Shostakóvitch desenvolveu uma vez mais esse recurso de escrita, novo para ele. Os intervalos entre a série de doze sons, exposta pelo piano logo no início da obra, vão servir de *leitmotiv* para essa peça ouvida pela primeira vez, na União dos Compositores, em 8 de janeiro de 1969, com Óistrakh e Môishe Váinberg; e estreada oficialmente, em 3 de maio, na Pequena Sala do Conservatório de Moscou, por Óistrakh e Sviatosláv Richter. Nessa partitura abertamente autobiográfica, Shostakóvitch cita a si mesmo e a uma peça – o *Concerto à Memória de um Anjo*, de Alban Berg – que, nesta fase de doença e consciência da morte próxima, tem para ele significado muito profundo.

No *andante*, o piano expõe a série e, depois, o inverso dela. O violino entra, com uma melodia expressiva, afirmativa, claramente diatônica, que se opõe ao discurso do piano, criando, entretanto, um clima mais pastoral do que ansioso. Uma elegante variação sobre um tema de sabor folclórico permite aos dois instrumentos dialogar em registros opostos, o do violino muito agudo, o do piano muito grave, criando uma atmosfera misteriosa (esse tema retoma, transposta, uma idéia melódica do *Concerto n. 2 op. 129*, também dedicado a Óistrakh). Depois do reaparecimento do primeiro tema, a música declina aos poucos até uma peroração grave, cuja melodia, exposta pelo violino *sul ponticello*, parece ficar pairando no ar, como uma pergunta sem resposta.

O *allegretto* tem o mesmo caráter dramático e violento de *Malagueña*, o segundo movimento da *Sinfonia n. 14*, que estava sendo composta na época; mas lembra também as *grotesqueries* de Mahler ou a "sonata de guerra", em *Fá Maior op. 80*, de Prokófiev. Mas o clima é totalmente diferente: passando a um ritmo de 5/4, o violino toca frases *staccato* contra uma declamação mais austera do piano. Depois de uma cadência do violino, os dois instrumentos se encontram, num *fortissimo*, e dão início a um diálogo muito violento, em dois episódios. O primeiro nos leva a um novo *fortissimo*; o segundo vai até o mi bemol final num intenso moto perpétuo de estilo muito virtuosístico.

O *finale* (*largo*) é um tríptico de cerca de quinze minutos, impressionante pela sua ambientação, mas também pelo rigor bachiano de organização de sua passacalha. Partindo de um *largo* de oito compassos, que conclui com um *fff*, expondo assim o tema, o violino inicia, em *pizzicato*, a primeira variação, muito sóbria, que vai até o fim dos trinta primeiros compassos. No desenvolvimento das variações seguintes, esse primeiro tema serve de base para a mão esquerda do piano, na qual forma-se uma melodia fluente e naturalmente elegante. O desenvolvimento desses dois temas torna-se cada vez mais agitado, até a cadência que termina com um *sforzando fff*. Piano e cordas reintroduzem, nesse momento, os diferentes semitons da série cromática inicial. Assim o ciclo se fecha, tanto no plano da utilização dos intervalos quanto no do retorno dos dois temas, um no registro grave do teclado, o outro, em *tremolos*, no violino. A coda, um *largo* de quatorze compassos, devolve à série inicial a mesma instabilidade rítmica do início da sonata, justapondo compassos de ½, ¼, ⁵⁄₄ e ¾, para concluir em ½, com o violino tocando *sul ponticello*.

Nova passagem pelo hospital, em janeiro-fevereiro de 1969, foi agravada pelas medidas draconianas de uma quarentena então em vigor, e que impedia visitas até mesmo de Irina Antônovna. Impossibilitados de se ver, Dmítri e sua mulher tinham de se escrever, o que faziam diariamente. Essa correspondência permite reconstituir a gestação de sua próxima grande obra. No hospital, Shostakóvitch lia muito e se apaixonou pelos poemas de Baudelaire e de Guillaume Apollinaire. Depois, Irina lhe mandou um volume com a poesia de Rainer Maria Rilke. Ao mesmo tempo, ele lia, com grande interesse, *Kiúkhlia*, romance histórico de Iúri Nikoláievitch Tyniánov, contando a vida do poeta decembrista Vílguelm Kárlovitch Kiukhelbéker ("Kiúkhlia" é o diminutivo carinhoso de seu nome). No fim de janeiro, antes mesmo de receber alta, ele já tinha começado a trabalhar em sua próxima obra, uma nova sinfonia.

Depois de peças monumentais como a *n. 13* e a cantata sobre Stiénka Rázin, Shostakóvitch optou por um modelo diametralmente oposto: escreveu a *Sinfonia n. 14 op. 135* para soprano, baixo e uma orquestra de câmara com dezenove cordas, celesta e seis instrumentos de percussão. Em onze movimentos de dimensões relativamente breves, a *op. 135* é mais um ciclo de canções orquestrais do que uma sinfonia – e nisso aproxima-se, uma vez mais, do modelo mahleriano. Com a redução para piano pronta, ao sair do hospital, em 16 de fevereiro, ele a orquestrou rapidamente até 2 de março e, em seguida – como contou a Krzysztof Meyer – ao entregar o manuscrito ao copista, foi tomado pelo medo irracional de que a partitura – que assumira para ele um significado todo especial – pudesse se perder. Passou dias sem dormir, até a cópia lhe ser entregue.

Num momento em que todo o país se preparava para comemorar o centenário do nascimento de Liênin, uma obra que tinha como tema central a morte – questão que nunca tinha sido abordada de forma tão direta por um compositor soviético – tinha tudo para atrair contra Shostakóvitch as costumeiras acusações de estar sendo pessimista, sombrio, e de oferecer uma imagem distorcida da realidade. Por isso, ele se preocupou em atribuir à *op. 135* um significado ideológico ingênuo, pouco convincente, mas ao qual se agarrou, obstinadamente, em várias ocasiões. Numa entrevista ao *Pravda*, em 25 de abril de 1969, afirmou que a *n. 14* era dedicada "à luta pela libertação da humanidade" e que era preciso "sempre viver honestamente, lembrando-se constantemente das idéias progressistas que permitem a edificação de nossa sociedade socialista". E, para reforçar essa tese, estampou, no prefácio à partitura, a citação de uma frase do dramaturgo Nikolái Ostróvski:

O que o homem possui de mais precioso é a sua vida. Ela só lhe é dada uma vez. E é preciso que ele a viva de forma a não se arrepender dos anos passados inutilmente, a não se envergonhar de seu passado baixo e mesquinho e, ao morrer, ser capaz de afirmar: toda a minha vida e todas as minhas forças foram consagradas ao que há de mais belo no mundo, a luta pela libertação da humanidade.

Admitiu, porém, nessa entrevista, que a idéia dessa obra remontava a 1962, quando ele orquestrou o ciclo dos *Cantos e Danças da Morte*, de Mússorgski – criado em Górki, em 12 de novembro daquele ano, com Galina Vishniévskaia e a orquestra regida por Mstisláv Rostropóvitch. "Pareceu-me, então, que esse ciclo tinha um único defeito, ser demasiado curto: são quatro canções, apenas. Já naquela época, me perguntei se eu não devia tomar coragem e tentar prolongar o ciclo de Mússorgski".

A criação da *n. 14* foi confiada a Rúdolf Boríssovitch Barshái, que Shostakóvitch conhecera em 1953, como violista, tocando com ele o *Quinteto para Piano*. Em 1958, em companhia do compositor Andrêi Volkônski,

384

o maestro Barshái fundara a Orquestra de Câmara de Moscou, da qual foi o titular até exilar-se da URSS. Como Vishniévskaia estava em turnê no exterior, o maestro propôs Margarita Miróshnikova e Ievguêni Vladímirov para a criação. Mas Galina voltou antes da estréia, reclamou para si a parte de soprano e, como solução de compromisso, ficou combinado que ela e Mark Reshétin fariam a primeira récita, alternando com Miróshnikova/Vladímirov na segunda (mas foi o time B quem gravou a sinfonia com Barshái, existente para o selo Melódia pois, uma vez mais, Vishniévskaia não estava disponível, quando o disco foi feito).

Antes mesmo da estréia oficial – em 29 de setembro de 1969, com Vishniévskaia/Reshétin – a curiosidade despertada pela partitura levou a um ensaio geral aberto ao público, na Grande Sala do Conservatório. As autoridades não enviaram nenhum representante. Estava lá apenas Pável Apostolóv, stalinista de coração. Antes de o ensaio começar, Shostakóvitch subiu ao palco e falou à platéia dizendo ter querido, com a *n. 14*, responder a outros compositores que abordaram, em suas obras, o tema da morte: Mússorgski, no *Borís Godunóv*; Wagner, *no Tristão e Isolda*; Verdi, na *Aida* e no *Otello*; Richard Strauss em *Morte e Transfiguração*. Todos eles partem do princípio de que, à morte, segue-se a certeza da paz em uma outra vida. Para ele, entretanto – e citou, a essa altura, o texto de Ostróvski que encontramos no prefácio à partitura – a morte é o fim definitivo, que não desemboca em coisa alguma – e, por isso, é necessário valorizar a vida.

O violinista Mark Lubótski[2], que assistiu à estréia, conta que, embora Shostakóvitch tivesse pedido silêncio à platéia, pois seria feita uma gravação privada daquele concerto, durante o quinto movimento, Apostolóv retirou-se ruidosamente da sala:

> Quando a sinfonia terminou, as primeiras pessoas a sair viram um homem ser retirado do prédio, numa maca, para dentro de uma ambulância. Apostolóv tinha tido um ataque do coração enquanto a música ainda estava sendo tocada. "A morte está à espreita, pense em sua consciência", a sinfonia tinha-nos advertido.

Grande sucesso ao ser estreada, a *n. 14* foi reapresentada, em seguida, em diversos lugares – concertos a que Dmítri não pôde assistir, pois estava novamente no hospital. E em 14 de junho de 1970, Vishniévskaia e Reshétin a cantaram no Festival de Aldeburgh, com a English Chamber Orchestra sob a regência de Benjamin Britten, a quem a sinfonia tinha sido dedicada. Em *The Listener*, Robert Layton frisou "a coesão orgânica e a grandeza de concepção, que justifica a etiqueta de sinfonia dada a esse ciclo de canções".

---

2. Citado em Elizabeth Wilson; e também na biografia de Krzysztof Meyer.

A *n. 14* não suscitou protestos dos meios oficiais. Mas foi a causa do estremecimento das relações entre Aleksandr Isáievitch Soljenýtsin e Shostakóvitch, que sempre tivera a respeito dele sentimentos conflituosos: Dmítri admirava o autor de *Um Dia na Vida de Ivan Denísovitch*[3], símbolo do Degelo; mas irritava-o a forma como esse dissidente posava de novo santo russo, martirizado pelo regime. No fundo, estava a oposição básica entre a religiosidade entranhada de Soljenýtsin e o ateísmo do compositor, responsável por sua atitude niilista em relação à morte.

Para Soljenýtsin, a questão prioritária era assumir uma atitude combativa clara contra as autoridades, deixando de lado questões metafísicas, como a relação com a morte, que lhe pareciam de interesse mais do que secundário. Ele acusou Shostakóvitch de trair, com seu final niilista, o tradicional misticismo russo. E escreveu-lhe uma carta para protestar contra o uso do poema *À la Prison de la Santé*, alegando que Guillaume Apollinaire ficara apenas alguns dias preso e, portanto, não fazia idéia do sofrimento dos milhões que tinham mofado, anos a fio, nos campos de concentração soviéticos.

Depois da estréia da *n. 14*, conta Maksím Shostakóvitch em declaração à revista *Vriêmia y My* (O Tempo e Nós), Soljenýtsin fez a seu pai a acusação de perder tempo com a reflexão sobre problemas individuais enquanto, por oportunismo, recusava-se a assinar as petições dos dissidentes. Visando a pacificar essa polêmica, Dmítri tentou, inclusive com a intermediação dos amigos comuns, o casal Vishniévskaia-Rostropóvitch, convidar Soljenýtsin para um encontro, em que essa questão fosse discutida. Mas o escritor recusou-se a procurá-lo. O que não o impediu de continuar admirando a sua atuação como intelectual pois, quando *O Arquipélago Gúlag* foi publicado, ele afirmou: "Trata-se de uma verdadeira explosão atômica, no domínio intelectual e político".

A *Sinfonia n. 14* pertence à mesma classe da sinfonia-ciclo de canções como o *Canto da Terra*, de Mahler, no qual a questão da vida e da morte também está presente. Não é a primeira vez que o tema da morte preocupa Shostakóvitch. Aos 21 anos, ele registrou, na *Segunda Sinfonia*, o episódio que o impressionou profundamente – tendo ele ou não testemunhado esse acontecimento pessoalmente – do menino que foi assassinado por um cossaco, na Liétny Prospiékt, por ter roubado uma maçã. Na *Quarta* (com sua marcha fúnebre mahleriana), na *Oitava* (com sua passacalha profundamente comovente), na *Décima* e na *Décima Terceira* (o poema sobre Babi Iar) há interrogações sobre a fragilidade da vida humana. E o *Trio n. 2* é um monumento fúnebre a seu amigo Sollertínski. Mas nunca antes ele tinha falado da morte de forma tão direta.

---

3. Vale a pena mencionar que o autor do *Arquipélago Gulag* nem sequer é mencionado na edição de 1987 do *Litieratúrnyi Entsiklopiedítcheskii Slovár* editado por Kojevníkov e Nikoláiev.

De resto, a sua abordagem da questão é diferente da de outros compositores antes dele, seja o Beethoven dos últimos quartetos; o Bruckner e o Mahler da *Nona Sinfonia*; o Schubert do *Winterreise*; o Brahms do *Deutsches Réquiem* e das *Vier ernste Gesänge*; o Verdi do *Requiem*; o Richard Strauss de *Morte e Transfiguração* ou das *Vier Letzte Lieder*; o Alban Berg do *Concerto à Memória de um Anjo*; ou até mesmo o Britten do *Réquiem de Guerra*. Ao contrário deles, Shostakóvitch não encara a morte do ponto de vista filosófico ou religioso, político ou espiritual: confronta-a cara a cara como o espectro das danças macabras medievais, negra e ameaçadora. Nem mesmo o Berlioz dos pesadelos da *Fantástica* traçou retrato tão cruel da morte, porque, para o compositor russo, não há como resignar-se a seu total absurdo. Para este *Réquiem*, não há "Dona nobis pacem".

Os breves episódios encadeiam-se parcialmente, formando cinco seções (I, II-IV, V-VII, VIII-IX e X-XI), como se estivéssemos diante de uma sinfonia em cinco movimentos. O baixo e o soprano cantam alternadamente, e só dialogam episodicamente. O último movimento é o único em que eles cantam em dueto. São estes os poetas e os poemas selecionados por Shostakóvitch:

García Lorca[4] (traduzido para o russo por I. Tiniánova e L. Geléskula)

• *De Profundis* (*adagio*) – A longa melodia aproxima-se, como se viesse de longe: é o tema do *Dies Irae*, que se insere habilmente numa moldura dodecafônica. Violinos, violas e contrabaixos continuam a traçar linhas desoladas, cada vez mais sombrias, enquanto o baixo, de forma muito recolhida, sempre na área grave de seu registro, fala dos

> sto goriátcho vliubliônnikh
> snom viékovim usnúli
> glubóko pod sukhôi ziemliôiu.
> (cem amantes calorosos [que] caíram no sono eterno bem no fundo da terra seca.)

• *Malagueña* (*allegretto*) introduzida por um corte brusco, quase cinematográfico, dos contrabaixos em *staccato*, contrasta totalmente com o movimento precedente, com seus ritmos nervosos, angulosos, de acentos deslocados e o

---

4. A morte de Federico García Lorca, em 19 de agosto de 1936, foi uma das tragédias mais sem sentido da Guerra Civil Espanhola. Ele tentou manter-se à margem dos distúrbios, mas sua conhecida simpatia pelos republicanos o tornava muito visado. O poeta Luis Rosales, que tinha amigos poderosos entre os falangistas, ofereceu-lhe proteção em sua casa. Mas, durante uma ausência dos Rosales, Lorca foi preso, levado a um lugar deserto fora de Granada, fuzilado, e seu corpo foi atirado numa vala comum, numa ravina. Um mês antes, um amigo o convidara a refugiar-se em Nova York e ele recusara dizendo: "Soy un poeta, ¡y nadie mata a los poetas!"

sinistro tamborilar das castanholas. A voz da soprano, intermitente, diz que "Smiért vóshla i úshla iz taviérny" (A morte entra e sai da taverna). O movimento aflito de gente que corre, tentando fugir da ameaça, é sugerido, quando ecoam as palavras

> tchiôrnie kôni e tiômnie dúshi
> v ushtchiéliakh guitáry brodiát
> (negros corcéis e negras almas perambulam pelas profundezas da guitarra)

pelos violinos e as violas, em progressões conjuntas de quartas e quintas, apoiadas num *ostinato* de violoncelos e contrabaixos. Um ritmo de dança, com os acordes da guitarra imitados pelas cordas, uma batida de castanholas, duas chicotadas, e faz-se silêncio.

Guillaume Apollinaire[5] (traduzido por M. Kudínov)

• *Loreley* (*allegro molto*) – Este é o movimento mais desenvolvido da obra, com a participação dos dois solistas, que têm monólogos e diálogos. A beleza da feiticeira loura enfeitiçou muitos homens. Até o Bispo, que a convoca, é afetado por ela. Violoncelos em *staccato*, pontuados pelo xilofone, recitativos rápidos e de tom ofegante, aos quais se opõem frases mais lentas, de ritmo regular, acompanham a troca de palavras entre eles:

> O, skají, Lorieléia, tchi glazá tak priekrásnyi,
> kto tiebiá naútchil étim tcharám opásnym?"
> "Jizn mniê v tiágost, iepískop, i prokliát môi vzor.
> [...]
> O, iepískop, v glazakh moíkh plámia pojára,
> tak priedáite ógniu éti strashníe tchári."
> (Ó, diz-me, Loreley, cujos olhos são tão belos,/ quem te ensinou essa perversa feitiçaria?/ A minha vida é pesada para mim, bispo, e os meus olhos são amaldiçoados./ [...] Ó, bispo, meus olhos estão cheios com as chamas do incêndio,/ deixa-os, então, serem consumidos pela fogueira!)

Loreley está com o coração partido porque seu amado a abandonou e só deseja morrer.

---

5. Filho ilegítimo dos amores de uma condessa polonesa com um italiano, nunca identificado, Guillaume Klossowski – que adotou o pseudônimo de Apollinaire, em homenagem a Apolo, o deus da poesia – foi um dos responsáveis pela formação da escola moderna de poesia francesa. Ele morreu em conseqüência de ferimentos recebidos durante a i Guerra Mundial: "une étoile de sang me couronne à jamais", diz ele, num dos *Poèmes à Lou*, referindo-se ao ferimento a bala recebido na cabeça.

"Éto vólia Góspodnia – priedát miniá smiérti.
Môi liubímyi uiêkhal, on v daliôkoi stránie,
vsiô tipiér mniê niê mílo, viso tipiér niê po mniê.
Siérdtse tak isstrádalos, shto doljná umiéret ia."
(Esta é a vontade de Deus – ele deseja a minha morte./ Meu amado foi embora, está numa terra distante/ aqui nada me agrada, nada tem valor para mim./ Meu coração está tão doente que tenho de morrer.)

O Bispo decreta que, para continuar a viver, ela tem de se trancar em um convento. O ruído de patas de cavalo, sugerido pelas percussões e frases graves nas cordas baixas, descreve a viagem para o convento. Dizendo aos três cavaleiros da escolta que quer, uma última vez, olhar o Reno, Loreley sobe em um rochedo e diz aos cavaleiros que, em vão, a chamam de volta:

"Na izlútchinu Rêina ládia viplliváiet,
v niêi sídit môi liubímyi, on mniá priziváiet.
Tak liôgka na dushiê, tak prozrátchna volná."
I s visókoi skály v Réin upála oná,
uvídav otrajônie v gládi potoká
svôi réinskie ótchi, svôi solniétchnyyi lokôn.
("Na curva do Reno vem um barquinho./ Nele está meu amado e ele está me chamando./ Minha alma está tão leve, a onda está tão clara."/ E do alto rochedo caiu dentro do Reno,/ vendo, no suave fluxo do rio,/ seus olhos cor da água e suas tranças cor do sol.)

Cordas agitadas descrevem Loreley de pé sobre o rochedo, minutos antes de mergulhar para a morte. No momento da queda, as cordas sobem para a nota mais aguda possível, que fica sem notação precisa. A fuga de Loreley na morte é representada pela entrada, em cânon, de um tema de 89 notas, enunciado pelos contrabaixos e repousando sobre a rotação constante da série dodecafônica. Um duplo dobre de sinos prevê a sua morte. Em uma passagem de grande beleza, as cordas e a celesta cantam para a feiticeira um réquiem solene.

• *Samoubíitsa* (O Suicida – *adagio*) – O solo de violoncelo, de uma maneira que lembra a primeira *Romança sobre Versos de Blok*, faz a ligação da canção precedente com este movimento e acompanha o soprano num lamento lancinante:

Tri líli na moguílie moiêi biez kriésta, [...]
i slóvno u skíptrov gróznikh,
torjiéstvenna ikh krasotá.
Rastoiôt iz ráni odná,
i kak tólko zákat zapyláiet,

okravovliênnoi kájetsa skórbnaia lília ta. [...]
Drugáia is siértsa rastiót moievô,
shto tak sílno stradáiet
na lójie tchervivôm; a triétia
kórniami mniê rot razriváiet. […]
Vokrúg nikh ziemliá,
i, kak jizn moiá, prokliáta ikh krasotá.

(Três lírios em meu túmulo sem cruz,/ [...] sua beleza é sombria como a de um cetro real./ Um deles nasce de minha ferida e, ao pôr do sol, esse lírio lamentoso parece manchado de sangue./ [...] O outro nasce de meu coração/ que sofre tanto,/ em seu leito de vermes; e o terceiro/, as suas raízes dilaceram a minha boca./ [...] À volta deles, a terra/ e, como a minha vida, a sua beleza é amaldiçoada.)

Aqui e ali, a celesta e o vibrafone pontuam o discurso do violino; no final, o sobressalto das cordas só faz aumentar o sentimento de desolação.

• *Na tchéku* (De Prontidão – *allegretto*) – O tema rítmico no xilofone, de estrutura dodecafônica, como uma paródia de marcha militar, à qual respondem os quatro tam-tams, acompanha ofegante a perturbadora revelação feita pela voz do soprano: ela prevê a morte, na trincheira, antes que a noite caia, do soldadinho, seu irmão e seu amante:

Sevôdnia on umriôt do nastupliênia nótchi,
môi málienkii soldát, liubôvnik môi i brat.
I vot poétomu khotchú ia stat krassívoi.
Pust iárkim fákielom grud u miniá gorít,
pust opálit môi vzgliád zasniéjenie nívy,
pust poiásom moguíl môi búdiet stan obvít.
K krovosmiéshnii v smiérti stat krassívoi
khotchú ia dliá tovô, kto dóljien byt ubít.
Zákat korovôiu rieviót, pílaiut rózi
i síniei ptítseiu môi zatchárovan vzgliád.

(Hoje, ele vai morrer antes que a noite caia,/ meu soldadinho, meu amante e meu irmão./ E é por isso que quero ficar bonita./ Que os meus seios ardam como uma radiosa tocha,/ que o meu olhar ofusque os campos cobertos de neve,/ que a minha cintura seja cercada por um cinturão de túmulos./ No incesto e na morte, quero estar linda para aquele que terá de ser morto./ O pôr do sol muge como uma vaca, as rosas estão incandescentes,/ o pássaro azul encanta o meu olhar.)

O final é brusco, com acordes das cordas que sublinham seu caráter inevitável:

To probíl tchas Liubví i tchas likhorádki groznôi,
to probíl Smiérti tchas, ı niet púti nazád.

Sivôdnia on umiráiet, kak umiráiut rôzi,
môi málienkii soldát, liubôvnik môi i brat.

(Soou a hora do Amor, a hora da febre terrível,/ soou a hora da Morte e não há como voltar atrás./ Hoje, ele vai morrer, como morrem as rosas,/ meu soldadinho, meu amante e meu irmão.)

- *Madam, posmotrítie* (Minha Senhora, Olhe – *adagio*) – Depois de uma primeira frase dita pelo baixo:

"Madam, posmotrítie!
Potieriáli vy shto-to..."
(Minha senhora, olhe!/ A senhora perdeu alguma coisa...)

o soprano, com o acompanhamento do xilofone, canta o irônico texto, em que destaca, em tom alucinado, a repetição da palavra *khokhotchú*, que designa a gargalhada:

"Akh, pustiáki! Éto siértse moiô.
Skoriéie ievô podbieríte.
Zakhotchú – otdám. Zakhotchú –
zabierú ievô snôva, poviértie.
I ia khokhotchú, khokhotchú,
nad liubôviu, shto skoshiená smiértiu."
(Ah, uma ninharia! Foi o meu coração./ Apanhe-o depressa./ Vou devolvê-lo./ Devo tomá-lo de volta, acredite./ E eu rio, rio/ do amor que foi cortado pela morte.)

- *V tiurmiê* (Na Prisão – *adagio*) – Evocando o terrível isolamento do prisioneiro na solitária, "À la Prison de la Santé" é o mais terrível dos poemas da *Sinfonia n. 14*, por trazer-nos à mente uma situação kafkiana muito comum na URSS em que Shostakóvitch vivia: a realidade sinistra dos presos políticos. Quatro compassos, nas cordas graves em uníssono, introduzem o monólogo do baixo, acompanhado pelas cordas em *pizzicato* ou *col legno*, cujo ritmo sugere o passo do prisioneiro, andando de um lado para o outro em sua exígua cela:

Miniá razdiéli dogolá,
kogdá vviéli v turmú;
sudbôi srajôn iz-za uglá,
nizviérgnut ia vo tmú.
Proshtchái, visiólyi khorovód,
proshtchái, diévitchii smiékh.
Zdiés nado mnôi moguílnyi svod,
zdiés umiér ia dliá vsiekh.

Niet, ia nie tot,

sovsiêm nie tot, shto priêjdie:

tipiér, ia arestánt,

i vot koniéts nadiêjdie.

V kakoi-to iámie, kak miédvied,

khojú vpieriód-nazád.

A niébo... lúshtchie nie smotriét –

iá niébu zdiés nie rad. [...]

Za shto ty pietchál mniê éto priniós?

Skají, vsiemogúshtchii Bóje.

O sjálsa, sjálsa! V glazákh moíkh niétu slióz,

na másku litsó pokhójie.

Ty vídish, skolko niestchástnikh sérdiets

pod svódom turiémnym biótsa!

Sorvi je s miniá tiernóvyi viénets

niê to on mniê v mozg vopiótsa.

Diên kontchílsa. Lámpa nad golóviu

gorít, okrujônnaia tmôi.

Vsiô tíkho. Nas v kámierie tólko dvôie:

iá s rassúdok môi.

(Deixaram-me nu em pêlo,/ quando me trouxeram para a prisão./ Golpeado pelo Destino, ali na esquina,/ atiraram-me na escuridão./ Adeus, alegre círculo de amigos,/ adeus, sorriso das garotas./ Aqui, a cúpula do túmulo está sobre a minha cabeça,/ aqui estou morto para todo mundo./ Não, não sou mais o mesmo,/ nem um pouco o mesmo, como antes./ Agora, sou um prisioneiro,/ e eis o fim da esperança./ Como um urso num fosso,/ ando de um lado para o outro./ E o céu... é melhor nem olhar –/ o céu não me traz alegria./ Por que me trouxeste toda esta tristeza?/ Diz-me, Deus Todo-poderoso./ Oh, piedade! Piedade! Meus olhos já não têm mais lágrimas./ Meu rosto parece uma máscara./ Vês quantos corações infelizes/ batem sob a cúpula desta prisão!/ Tira a coroa de espinhos da minha cabeça,/ para que ela não me perfure a cabeça./ O dia acabou. A lâmpada acima da minha cabeça/ arde, cercada pelas trevas./ Tudo está silencioso. Há apenas dois de nós nesta cela:/ eu e a minha mente.)

Neste poema, diz Sólomon Vólkov, ressoam certamente lembranças da narração que a neta de Meierkhôld lhe fez, na fase do Degelo, sobre as torturas a que seu avô fora submetido na prisão, antes de ser fuzilado, em 1940. Ela tinha vindo lhe pedir uma carta a ser apresentada ao comitê de reabilitação do grande diretor. O procurador militar que estava encarregado desse processo de reabilitação conta que, durante a sessão, ao ouvir o relato do que Meierkhôld sofrera antes de morrer, Shostakóvitch desmaiou, "e teve de ser carregado para fora da sala"[6].

6. Em *Shostakóvitch and Stalin* (Vólkov, 2004), com base em informações que foram divulgadas, em 1992, no *Meierkhôldovski Sbórnik* (Manual de Meierkhôld).

• *Otviét zapórojskikh Kazákov Konstantinópolskomu Sultanu* (A Resposta dos Cossacos Zapóroji ao Sultão de Constantinopla – *allegro*) – O poema – baseado no quadro famoso de Ivan Riépin, em que os cossacos, em volta de uma mesa, escrevem uma carta cheia de insultos ao sultão otomano – traz de volta o humor grotesco de Shostakóvitch, que sublinha, com frases agressivas das cordas e percussões, as expressões deliberadamente grosseiras com que os cossacos cobrem de insultos o "açougueiro louco da Podólia":

> Rak protúkhshii, Salónik otbróssy,
> skviérnyi sôn, shot nielziá rasskazát,
> okriviéshyi, gníloi i bieznósii,
> ty rodilsa, kogdá tvoiá mat
> izviválas v kórtchakh ponosá...
> viés ty v ránakh, iázvakh i strúpiakh.
> Zad kobíly, rylo svínny...

(Cancro apodrecido, refugo de Salônica,/ pesadelo horrendo, que nem pode ser contado,/ vesgo, de dentes podres, desnarigado,/ nasceste quando a tua mãe se espojou, em espasmos, na sua própria sujeira.../ estás coberto de feridas, chagas e escamas./ Rabo de égua, barriga de porco...)

E por mais pesadas que sejam essas ofensas, urradas ao som dos guinchos das cordas, a tradução de Kudínov nem chega perto do *langage vert* de Apollinaire, que faz seus cossacos jogarem na cara do sultão: "Ta mère fit un pet foireux et tu naquis de sa colique." (Tua mãe deu um peido fedido e nascestes de sua cólica). Não é nem um pouco gratuito o fato de essa indignada condenação de todos os soberanos despóticos vir logo depois de *V Turmiê*.

Vílguelm Kiukhelbéker[7]

• *O Diélvig, Diélvig* (*andante*) – O movimento assume um estilo romântico, de linha melódica muito sóbria, com tonalidade clara (ré bemol maior), e uma doce coda para os violoncelos a três vozes, num texto que se dirige a todos os artistas. É o único momento de distensão, dentro da sinfonia.

> O, Diélvig, Diélvig! Shto nagráda
> i diél visókikh i stikhóv?
> Talantu shto i gdiê otráda

7. O poeta Vílguelm Kárlovitch Kiukhelbéker – nome de origem alemã, originalmente grafado Küchelbecker – participou, em 1825, do Levante Decembrista, tentativa frustrada de derrubar o tsar Nicolau I. Preso, foi condenado a dez anos de prisão, e a mais dez de degredo na Sibéria, onde morreu. O poeta a que ele se refere, no texto escolhido por Shostakóvitch, é o barão Anton Antónovitch Diélvig, como ele amigo de Púshkin, que morreu muito jovem, aos 33 anos.

sriedí zlodiêiev i gluptsóv?

V rúkei surovôi Iuvenála

zlodiêiam gróznyi bitch svistít

i krásku gónit s ikh lanít.

I vlást tiránov zadrojála.

O, Diélvig, Diélvig, shto goniênia?

Biessmiértno rávno udiél

i smiélikh vdokhnóviennikh diél

i sládostnovo piesnopiênia!

Tak niê umriót i nas soiúz

svogódnyi, rádostnyi i górdyi!

I v stchástie i v niestchástnyi tviórdyi,

soiúz liubímtsev viétchnikh muz!

(Oh, Diélvig, Diélvig! Que recompensa existe/ para os altos feitos e a poesia?/ Para o talento, qual é o conforto,/ entre os vilões e os tolos?/ Na mão austera de Juvenal[x],/ assobia o açoite ameaçador para os desonestos, drenando as cores de suas faces./ E os tiranos poderosos tremem./ Oh, Diélvig, Diélvig! Que perseguição?/ A imortalidade é igualmente o prêmio/ dos atos ousados e inspirados/ e das doces canções! Portanto, não há de morrer nosso laço,/ livre, alegre, altivo!/ Na felicidade e na dor ele se mantém firme,/ o laço dos eternos amantes das musas.)

Rainer Maria Rilke[9] (traduzido por T. Sílman).

• *Smiért Poeta* (A Morte do Poema – *largo*) – Os violinos, no extremo registro agudo, retomam o tema do *Dies Irae*, ouvido no primeiro movimento. O soprano executa com eles um dueto sutil, em que o restante das cordas e o vibrafone intervêm discretamente.

Poét byl miórtv. Litsô ievô, khránia

tu je bliédnost, shto-to otviergálo.

Onó kogdá-to vsiô o mírie análo

no éto ananie ugasálo

i vozvráshtchlos v ravnodúshnie dniá.

Gdiê im pôniat, kak dólog étot put?

O! mir i on – vsiô býlo tak iedíno:

oziôra i ushtchiélia, i ravnín

aievô litsá i sostavliáli sut.

8.   O poeta romano, autor de sátiras muito ácidas contra a corrupção na sociedade de seu tempo.

9.   Nascido na comunidade alemã de Praga, Rainer Maria Rilke foi um dos maiores representantes do Simbolismo alemão. A vida de desenraizado levou-o a constantes viagens pela Rússia, Itália, norte da África e, numa delas, Rilke morreu de sepsia por causa de um ferimento feito com o espinho de uma rosa.

Litsô ievô i býlo tiem prostórom,
shto tiánietsa k niemú i tshtchiétno lniót,
a éto máska róbkaia umriót,
otkrýto pridostovliénnaia vzóram,
na tliênie obrietchônnyi, niéjnyi plod.

(O poeta estava morto. Sua face, retendo/ a palidez habitual, rejeitava alguma coisa. Houve um tempo em que ele sabia tudo do mundo,/ mas esse saber expirou/ e transformou-se em indiferença pelo dia./ Como podem eles entender como esta estrada é longa?/ Oh! o mundo e ele, uma vez, eram um só: os lagos, os vales, as planícies/ de seu rosto continham toda a sua substância./ O seu rosto era essa expansão que,/ agora, estende-se para ele em vão;/ mas essa tímida máscara há de morrer/ ao ser abertamente exposta,/ um tenro fruto condenado a decair.)

A retomada, na altura do verso "Como podem eles entender como esta estrada é longa?", dos acordes perfeitos que preparam a entrada do coro infantil no *Canto da Floresta* tem efeito enigmático. Estaria Shostakóvitch, numa espécie de *inside joke*, usando essa peça de concessão ao regime para fazer alusão a todos os obstáculos que teve de enfrentar, ao cruzar a "longa estrada" de sua própria vida?

• *Zakliutchiênie* (Conclusão – *moderato*) – Muito curta, mas obsessivamente repetitiva, começa com as cordas em *pizzicato* ou *col legno* (como no sétimo movimento, *V Turmiê*) e as castanholas, cujo som sugere o dos ossos de um esqueleto estalando numa dança macabra. A segunda parte do texto, cantada pelos dois solistas, tem estrutura dodecafônica; depois, o *ostinato* das cordas volta, culminando num acorde martelado de forma cada vez mais precipitada, interrompendo bruscamente, sem cadência conclusiva, essa profissão de fé de extremado pessimismo. Um silêncio sepulcral encerra a sinfonia. Havia muito tempo Shostakóvitch não se expusera tanto em uma de suas obras – e isso explica a importância que a *op. 135* tinha para ele. As palavras do poema de Rilke caem como pedras:

Vsievlástna smiért.
Oná na stráje
i v stchástia tchas.
V mírei vísshei jízni
oná v nas strájdiet,
jiviót i jájdiet,
i platchét v nas.

(A Morte é todo poderosa./ Ela está à espreita/ até mesmo na hora da felicidade./ No mundo da vida superior, ela sofre dentro de nós,/ vive e anseia/ e chora dentro de nós.)

Em agosto de 2006, dentro das comemorações do centenário, as *Sinfonias n.13* e *n.14* tiveram excepcional execução em São Paulo: a *n. 13* com Serguêi Léiferkus/John Neschling e a *n.14* com Léiferkus, Tatiana Pavlóvskaia/Yoram David.

Pouco depois da estréia da *Sinfonia n. 14*, Shostakóvitch tinha ouvido falar do ortopedista Gavríil Abrámovitch Ilizárov, da cidade de Kurgán, nos Urais, que obtivera resultados excepcionais tratando do esportista Valiéry Nikoláievitch Brumiél. Campeão de salto em altura, membro da equipe olímpica soviética, Brumiél sofrera um acidente esquiando e tivera fraturas múltiplas em ambas as pernas. Tinham sido necessárias quatorze operações; mas a técnica chamada de ósteo-síntese, desenvolvida por Ilizárov, permitira a Brumiél retornar à carreira esportiva.

Com a ajuda de Rostropóvitch, que conhecia o médico, Shostakóvitch conseguiu marcar uma consulta com Ilizárov, cuja agenda era extremamente carregada. Como *subbótnik* (trabalhador de sábado voluntário), Slava reunira o dinheiro necessário para edificar o segundo andar da clínica de Ilizárov. Durante a permanência de Dmítri no sanatório, o violoncelista tocou ali, gratuitamente, em companhia da Filarmônica de Smólensk. Com seu humor peculiar, Slava comenta: "Toquei tantas vezes em Kurgán, que entediei todo mundo mortalmente. No fim, quando eles me viam, na rua, carregando a caixa de meu violoncelo, atravessavam depressa para o outro lado".

Ilizárov descobriu que Dmítri sofria de uma inflamação crônica da medula espinhal e recomendou um tipo de fisioterapia que, a médio prazo, surtiu um certo efeito, permitindo-lhe andar com mais facilidade e voltar a tocar piano. Em Kurgán, ele escreveu a trilha sonora para o *Rei Lear* de Grigóri Kozíntsev e *Viérnosti* (Fidelidade) *op. 104*, série de oito baladas para coro masculino, sobre versos de Dolmatóvski. Dedicado ao centenário do nascimento de Liênin, esse ciclo de baladas é outra daquelas mecânicas obras de circunstância, desprovidas – intencionalmente? – de originalidade.

De Kurgán, Shostakóvitch foi direto, em 9 de junho, para Riépino onde, além de terminar a trilha do *Rei Lear*, escreveu o *Quarteto n. 13 em Si Bemol Menor op. 138*, dedicado a Vadím Boríssovski, o violista do Beethoven. Criado em 13 de setembro de 1970, na Sala Glinka, de Leningrado, é uma das obras em que mais transparece a obsessão do compositor pela idéia da morte.

A viola introduz o elegíaco primeiro tema do *adagio*, a que os demais instrumentos se juntam num lamento *fugato* que tem o clima de uma cerimônia religiosa ortodoxa. Encadeia-se o *Doppio movimento*, que começa *pianissimo*, com uma frase em *staccato* do primeiro violino, que explode, subitamente, deixando que as outras cordas se expressem numa série de *pizzicatos* desencontrados. Inicia-se um amargo noturno, e seu lamento ondula entre o violino e a viola. Os quatro instrumentos passam, de repente, a desenvolver um ritmo de marcha fúnebre: quatro intervalos de nona menor são tocados sucessivamente, com grande intensidade, enquanto um motivo em tercinas, introduzido pelo segundo violino, serve de refrão. Os demais instrumentos o acompanham batendo na caixa com a base do arco. Encontramos, aqui, transposto, o motivo das castanholas da *Sinfonia n. 14*. Após alguns arabescos, a palavra volta à viola que se torna a verdadeira porta-voz da obsessão pela morte que perpassa todo o quarteto. Um trinado em semitons leva a viola a um si bemol agudo que, partindo de um *ppp*, chega, por um efeito de *sforzando*, a um *ffff* em que há um paroxismo de terror diante da idéia do fim. São surpreendentes as exigências feitas à viola, cuja tessitura adapta-se naturalmente à expressão do lamento.

Depois da estréia de *Viérnosti* (Fidelidade), em Tallin, em 5 de dezembro de 1970, com o Coro Acadêmico da República da Estônia regido por G. Ernesaks – um concerto a que ele viu-se obrigado a comparecer – Shostakóvitch desincumbiu-se, o mais depressa possível, e sem a menor demonstração de talento, de uma outra encomenda, a *Marcha da Milícia Soviética*, para orquestra de sopros que, comparada às grandes criações desse período, parece uma caricatura de seu estilo. E, no entanto, a docilidade com que emprestava o prestígio de seu nome aos objetivos meramente propagandísticos do regime era reconhecida: o Prêmio Estatal de 1970 foi conferido, não à *n. 14* ou ao *Concerto para Violino*, mas a *Viérnosti*.

No início de março de 1971, em meio a uma série de atividades sociais com as quais parecia querer recuperar o tempo perdido em tratamentos de saúde, Shostakóvitch escreveu a seu aluno Borís Tíshtchenko: "Ando com vontade de escrever uma sinfonia alegre". Interrompeu os primeiros esboços, em abril, para trabalhar numa canção sobre poema de Ievtushênko, que ficou inacabada. Retomou a partitura em julho, em Kurgán, onde fora continuar o tratamento fisioterápico, aproveitando cada folga entre os exercícios. Ao descer na estação ferroviária de Moscou, em 27 de junho, disse a seu secretário Aleksandr Kholodílin, que fora esperá-lo: "Trago pronta a minha nova sinfonia". Orquestrou-a em Riépino e, no final de julho, Borís Tchaikóvski e Môishe Váinberg executaram, para a comissão da União dos Músicos, a redução para dois pianos da *Sinfonia n. 15 em Lá Maior op. 141*. Uma grave doença que acometeu Kondráshin o impediu de criar essa partitura. A estréia, em Moscou, em 8 de janeiro de 1972, foi regida por Maksím Shostakóvitch.

A *n. 15* é muito mais serena do que a sua predecessora, apesar da gravidade de algumas passagens meditativas. A idéia principal é uma evocação das etapas da vida humana. O *allegretto*, de uma leveza aparentada à da *Nona Sinfonia*, parece estar cheio de reminiscências da infância, dos brinquedos mecânicos de que Dmítri pai gostava tanto, representados pela melodia saltitante da flauta, à qual se junta a repetição de um dos temas do *Guillaume Tell*, de

Rossini, confiado aos metais e soando, portanto, como uma fanfarra. Na parte central do movimento destacam-se passagens solistas confiadas ao violino. Trechos marciais, um ou outro mais sombrio, não chegam a alterar a impressão predominante de frescor e otimismo.

No início do *adagio*, um coral de metais sombrio e solene prefigura o tema do "Destino", do *Anel do Nibelungo*, que ouviremos no último movimento. Esse *adagio* é perpassado por solos: o do violoncelo, lento, meditativo, de escrita dodecafônica; o do violino, mais breve, que responde a ele; o do trombone, em estilo declamatório, acompanhado pela tuba. No final desse tempo, destacam-se as participações da celesta, do contrabaixo, do vibrafone. Choques de acordes nos metais, pontuados por batidas nos pratos e quintas nos fagotes, introduzem sem interrupção o *allegretto*, cujo tom irônico é dado pelo tema ascendente – também dodecafônico – da clarineta. A escrita é em *staccato*, de forma seca e precisa, com instrumentação econômica.

O *adagio* final é o mais longo dos quatro movimentos. A *n. 15* é a primeira sinfonia russa, desde a *Patética*, a se encerrar com um movimento lento. O motivo DSCH (ré, mi bemol, dó, si) surge no trombone e, depois, por três vezes, no início, o tema do "Destino" soa nos metais, acompanhado pelo som surdo das percussões. Ele reaparecerá, várias vezes, no decorrer do movimento. O tema principal é lírico e tranqüilo; o secundário tampouco tem contornos dramáticos. Na seção *allegretto*, os violinos expõem uma longa melodia cantábile, muito flexível, de sabor levemente popular, que será base da passacalha central. Encontramos aqui um procedimento comum em Shostakóvitch: a ascensão para um fortíssimo, seguida de um rápido decrescendo. Depois, vem a coda, de extraordinário refinamento, em que o tema da flauta, do primeiro movimento, reaparece cercado pelos arabescos da celesta. Sobre um acorde sustentado das cordas, a obra se conclui num tom de absoluta serenidade, que leva de volta às evocações da infância com que a obra se iniciou.

De extrema economia de meios, tanto nos efetivos orquestrais quanto nos recursos expressivos, a *Sinfonia n. 15* permanece uma das obras mais enigmáticas de Shostakóvitch e, pela própria rarefação de sua escrita, uma das suas sinfonias menos programadas nos programas de concerto. Ela tem uma estranha diversidade de materiais sonoros: temas dodecafônicos justapostos a momentos de tonalidade pura; riqueza de coloridos e polirritmia refinada, do primeiro movimento, contraposta, no *scherzo*, a uma curiosa caricatura da atmosfera banal da *Sinfonia n. 12*; o contraste entre o tom impessoal do coral do segundo movimento e os achados do *finale*, tipicamente shostakovitchianos – em especial a coda, que dá a impressão de querer questionar o conjunto da peça. Mas o que não se pode negar é a eficácia magnética dessa sinfonia.

O esforço de escrever a *op. 141* consumira as forças recuperadas com os penosos exercícios da clínica de Kurgán. Em 16 de setembro, uma carta a Krzysztof Meyer dizia: "Talvez eu devesse não compor mais. Mas simplesmente não sei viver sem compor!". No dia seguinte, levaram-no de volta, às pressas, para o hospital. Pouco antes de fazer 66 anos, Dmítri Dmítrievitch tivera o segundo enfarto.

22.
Os Últimos Anos

A queda de Nikita Khrushtchóv, em 1964, marcara o fim definitivo da era pós-stalinista. Buscando "aproximar a ideologia da prática", Khrushtchóv tinha tocado na essência mesma do sistema comunista, mas não chegara a questionar a doutrina da infalibilidade do Partido, que permaneceu o garante da ideologia e, portanto, da verdade. Na virada das décadas de 1950-1960, o PCUS continuara demonstrando o seu poder de fogo, ao punir impiedosamente todas as tentativas de rebelião contra essa verdade, dentro e fora da União Soviética:

• Em 17 de junho de 1953, reprimindo os motins causados pelas reivindicações, na Alemanha Oriental, de melhorias na qualidade de vida. E, em agosto de 1961, fazendo construir o Muro de Berlim, visando a pôr fim às fugas para o lado ocidental. Desse momento em diante, o trânsito de um lado para o outro passou a ser feito pelos *checkpoints*, os postos de controle;
• Em 2 de novembro de 1956, invadindo a Hungria, para reprimir o Levante de Budapeste. Liderada pelo general Pál Maleter, que contava com o apoio do cardeal József Mindszénty, primaz da Hungria e arcebispo de Esztergom, essa revolta derrubou Matias Rákosi que, durante seus anos no poder, submetera a Hungria a um regime de terror de corte stalinista. O reformista Imre Nagy criou um gabinete de coalizão com os comunistas e liberais e decretou a neutralidade húngara. Após a intervenção soviética, Nagy e Maleter foram executados. Mindszénty, que já estivera várias vezes preso por rejeitar o poder comunista, pediu asilo na embaixada dos Estados Unidos, onde ficou até 1971, data em que pôde exilar-se em Viena. Cem mil pessoas fugiram do país; János Kádár, estritamente alinhado com o Krêmlin, assumiu o poder.

Bréjnev precisou de quase dez anos para consolidar-se na cúpula do governo de forma tão absoluta quanto Stálin ou Khrushtchóv. Mas, antes disso, a sua doutrina de que a ameaça a um dos Estados socialistas satélites era um risco para o bloco como um todo justificou mais uma intervenção de extrema violência:

• Em 21 de agosto de 1968, a invasão da Tchecoslováquia, para pôr fim à Primavera de Praga, a série de reformas liberais adotadas, a partir de janeiro daquele ano, por Alexander Dubček, que substituíra o stalinista Antonín Novotný na secretaria-geral do PCT; Dubček foi deposto pelas tropas do Pacto de Varsóvia, e substituído pelo pró-soviético Gustáv Husák[1].

A invasão da Tchecoslováquia, o uso da força para interferir nos assuntos internos de uma nação soberana, condenada pela imprensa do mundo inteiro, assinalou a crise nas relações da URSS com o exterior. Bréjnev não chegava a ser um novo Stálin. Mas o culto da personalidade do secretário-geral foi-se afirmando, à medida que eram revogadas as reformas – os "erros voluntaristas", como dizia Kossýguin – de Khrushtchóv. Com a gradual centralização do poder nas mãos da cúpula do PCUS, liderada por Leoníd Ilítch, fortaleceu-se a elite partidária a que o físico dissidente Andrei Sákharov deu o nome de *nomenklatura*. Em sua autobiografia, publicada em Paris em 1975, ele descreveu o processo de cooptação de assessores cuidadosamente selecionados, aos quais eram dados privilégios abusivos, geradores de níveis assustadores de corrupção e declínio moral.

Os últimos anos da Era Khrushtchóv tinham assistido ao nascimento de dois conceitos novos: o fenômeno interno da dissidência e o externo da política de distensão com o Ocidente – ambos conseqüências a longo prazo do Degelo. Fatos como a intervenção em Praga fizeram aumentar os protestos da *intelliguêntsia* liberal, que exigia, pelo menos, o respeito às leis contidas na Constituição da URSS. A infração das autoridades às leis que elas mesmas tinham criado era, agora, documentada, em livros como *A Crônica dos Acontecimentos Atuais*, que circulava em *samizdat*.

O movimento de defesa dos direitos humanos cresceu inexoravelmente, fazendo exigências de liberdade religiosa e regional, liberdade de informação e contra a imposição de diretrizes autoritárias. Os governantes ora usavam a intimidação, a prisão, medidas de descrédito ou humilhação dos indesejáveis; ora recorriam à expulsão pura e simples, como aconteceu em fevereiro de 1974 com Aleksandr Soljenýtsin e, depois, com o escritor Pável Litvínov, com o poeta Iósif Bródski, com o dissidente Vladímir Bukóvski e com o casal Vishniévskaia/Rostropóvitch.

Shostakóvitch tinha todas essas pessoas em mente ao musicar o soneto de Michelangelo sobre o exílio de Dante, em seu grande ciclo vocal *op. 145*. O Krêmlin certamente não tinha consciência disso mas, no período de estagnação da Era Bréjnev – em que a corrupção aumentou astronomicamente, a *nomenklatura* se consolidou e a burocracia ficou totalmente engessada em

---

1. A indignação européia com a invasão da Tchecoslováquia é a causa do aparecimento do eurocomunismo: baseando-se nas idéias de Antonio Gramsci e de Palmiro Togliatti, o secretário-geral do Partido Comunista Italiano, Enrico Berlinguer, prega a independência ideológica dos PCS ocidentais em relação ao PCUS; é o início da ruptura com a submissão ao Krêmlin.

mãos dos *apparátchiki* – já estava sendo colocada a semente do processo que, com o tempo – através dos últimos estertores brejnevistas, nas mãos de Andrópov e Tchernénko; através da fase da *pierestróika*, com Gorbatchóv – levaria à dissolução da União Soviética.

Na França, a revolta iniciada, em maio de 1968, entre os universitários de Nanterre, que protestavam contra a estrutura ultrapassada do ensino universitário, foi o estopim do movimento que, em 22 de maio, explodiu numa greve de nove milhões de pessoas. A indecisão da esquerda permitiu que o governo de Charles de Gaulle retomasse o controle da situação. Mas o exemplo do que acontecia na França provocou, em todas as partes do mundo, a eclosão, em série, de protestos de jovens que, justamente por disporem de um bem-estar material sem precedentes na história da humanidade, denunciavam o declínio dos valores morais. A imprensa soviética não perdeu a ocasião de comentar esses fatos, comparando a instabilidade da juventude capitalista à segurança com que os soviéticos encaravam o futuro.

Mas era uma cortina de fumaça, dissimulando o fato de que na URSS também havia profunda insatisfação; e de que, em Moscou, Leningrado, Kíev, Odessa e outras grandes cidades, contavam-se mais de quatrocentos grupos não-oficiais de ativistas trabalhando na oposição ao regime. A condenação de Andrêi Siniávski e Iúli Daniel, acusados de "agitação com o intuito de caluniar, sabotar e enfraquecer o poder soviético", ao invés de reprimir a leitura dos autores ditos subversivos, desencadeara o desejo de encontrar, na palavra dos escritores, a verdade que era sonegada pelas autoridades. E o movimento dos *samizdáti*, já bastante grande antes da queda de Khrushtchóv, assumiu proporções gigantescas a partir do final da década de 1960: por toda parte circulavam, em toscas cópias de mimeógrafo a álcool, romances de Mikhaíl Bulgákov, Andrei Platônov e Aleksandr Soljenýtsin, poemas de Marina Tsvietáieva, Óssip Mandelshtam e Borís Pasternák, ensaios dos mais diversos dissidentes. Por outro lado, na época de Bréjnev, mais ainda do que no final da Era Khrushtchóv, generalizou-se o acesso aos rádios de ondas curtas e às transmissões em russo que vinham do Ocidente (as da BBC Russian Service, por exemplo).

À emergência da oposição, as autoridades só sabiam responder com mais e mais repressão. A partir de 1966, a URSS viu-se a braços com nova onda de processos políticos. A afirmação da igualdade de todos diante da lei – o que significaria a invalidade dos privilégios da classe dirigente – era delito suficiente para ser punido com a deportação. Mas, dessa vez, depois de ter conhecido a fase de relativa liberalização do Degelo, a população já não era mais tão passiva quanto nos tempos de Stálin. Os processos geravam protestos que, por sua vez, levavam a mais repressão e, conseqüentemente, a novas prisões e novos processos.

Aleksandr Guínzburg, fundador da revista *Samizdát*, tinha preparado a *Biélaia Kniga* (Livro Branco), com o registro de todos os protestos contra a condenação de Siniávski e Daniel. Preso, foi condenado a cinco anos em um campo de concentração. Pável Litvínov publicou os documentos sobre a verdadeira farsa judiciária que foi o julgamento de Guínzburg e, por isso, ganhou a mesma sentença. Causou também profunda comoção internacional a condenação do dissidente judeu Anatóly Shtcharánski, a quem era negado o direito de emigrar para Israel. Mas o campo de concentração não era mais o único recurso punitivo: no início da década de 1970, o governo Bréjnev encontrara uma outra forma de castigo. Mandava os dissidentes para instituições psiquiátricas, onde médicos a serviço da repressão destruíam a sua personalidade com o uso de substâncias químicas.

Três correntes principais de oposição tinham-se formado, a partir de 1970:

- a liderada pelo físico Andrei Sákharov, o "pai da bomba atômica soviética", cujo ensaio *Sobre o Progresso, a Coexistência e a Liberdade Intelectual* circulava amplamente, em *samizdat*, desde 1968; em companhia de seus colegas Andrêi Tviordokhlébov e Valiéry Shalídze, ele criara o Comitê de Defesa dos Direitos Humanos;
- a chefiada por Aleksandr Soljenýtsin, que assumia uma orientação de caráter religioso;
- e a dos irmãos Roy e Jorés Medviêdev, historiadores que eram os porta-vozes do movimento a favor do "retorno ao marxismo-leninismo puro e autêntico" (a ala com a qual Shostakóvitch, certamente, teria mais afinidade).

Sujeito à violenta repressão, o CDDH foi dispersado; mas a voz de Sákharov continuou a ser ouvida, até ele ser confinado em Górki – onde estrangeiros não podiam entrar – entre 1980 e 1986, às vésperas da realização das Olimpíadas em Moscou (medida de isolamento que visava, evidentemente, a impedir que ele tivesse contato com os muitos estrangeiros que viriam à URSS nessa ocasião; e com os quais ele teria podido debater o mais candente dos temas, naquele momento: a desastrada intervenção soviética no Afeganistão – o Vietnã dos russos).

Em 1970, Soljenýtsin ganhou o Prêmio Nobel de Literatura pelo *Arquipélago Gúlag*, que mapeava o universo concentracionário soviético. "Os esquemas de pensamento que nos impuseram", dizia ele, "os modos de reflexão que nos prescreveram, nos mutilaram e não deixaram intacto o cérebro de ninguém". A autoridade e a ascendência espiritual desse dissidente tornaram-no intolerável para o regime. Perseguido pelas autoridades, caluniado pela imprensa, Soljenýtsin acabou sendo colocado dentro de um avião, em fevereiro de 1974, e forçado a se exilar – foi a primeira expulsão compulsória, desde a de Trótski, em 1928. Depois dela, como dissemos, outras se seguiram. Entre os expulsos, estavam músicos como Volkônski, Barshái, Lubótski, que emigraram para Israel.

A situação se complicava devido ao aumento da atividade dos grupos separatistas na Ucrânia – onde houve uma vaga de prisões sem precedentes –, nas repúblicas transcaucasianas e nos países bálticos, principalmente na Lituânia. Temendo que o crescimento dos grupos de oposição levasse a um golpe de extrema-direita, dentro do PCUS, que fizesse o país retornar ao stalinismo, estava começando a se desenvolver, numa determinada ala da sociedade soviética, a idéia de que o terror seletivo era um progresso em relação ao terror absoluto, e de que essa "conquista" deveria ser preservada e defendida.

Mas os remanescentes do stalinismo manifestavam-se de maneira cada vez mais ruidosa. Durante o XXII Congresso do PCUS, Mikhail Shólokhov – a essa altura também detentor de um Nobel de Literatura – evocou a época em que se fazia justiça "apelando à consciência revolucionária e não a confusos artigos do Código Penal" – ou seja, os bons e velhos tempos do paredão. É assustador pensar que, nos meios oficiais, já havia quem reconhecesse, à boca pequena, os "méritos" de Andrêi Jdánov. Num editorial de 10 de março de 1976 – muito provavelmente escrito por Aleksêi Adjubêi – o *Pravda* afirmava: "A ação de Andrêi Aleksándrovitch no domínio da ciência, da literatura e da arte contribuiu amplamente, e de forma muito positiva, para a educação ideológica do povo russo e para o desenvolvimento da nossa cultura intelectual".

Entre os músicos, o único a assumir posições claras foi Mstisláv Rostropóvitch. Hospedou Soljenýtsin em sua *datcha* de Júkovka, no momento em que ele foi expulso da União dos Compositores e estava literalmente sem ter onde cair morto. O grande violoncelista escreveu, em 31 de outubro de 1970, a *Carta Aberta ao Pravda* que, naturalmente, nunca apareceu na imprensa soviética; mas foi publicada pelo *New York Times*, em 16 de novembro. Nela, Slava não só sai em defesa do escritor, mas refere-se abertamente a outras proibições que era tabu mencionar: a da *Lady Macbeth do Distrito de Mtsensk*; a de um ciclo de canções de Borís Tchaikóvski, que Galina fora proibida de cantar, porque os poemas tinham sido escritos por Iósip Bródski[2]; as dificuldades que cercavam a execução das *Sátiras*, de Shostakóvitch, ou de sua *Sinfonia n. 13*; o absurdo que era a proibição de um grande filme como *Andrêi Rublióv*, do cineasta Andrêi Tarkóvski. E acrescenta:

---

2. Iósip Bródski, o poeta mais talentoso de sua geração, foi condenado à prisão, no início da década de 1960, por "parasitismo social", por recusar-se a trabalhar numa fábrica e insistir em viver de literatura. Uma campanha internacional, liderada por Jean-Paul Sartre e pelo poeta britânico W. H. Auden, obteve a sua libertação e ele pôde emigrar para os Estados Unidos, onde passou o resto da vida. O Prêmio Nobel de Literatura lhe foi conferido em 1987. Parte do processo de Bródski, uma verdadeira farsa judiciária, é citado por Millor Fernandes em sua peça *Liberdade, Liberdade*, de 1965.

Não falo sobre as questões políticas e econômicas de nosso país. Há pessoas que sabem fazer isso melhor do que eu. Mas peço, por favor, que me expliquem por que, na nossa literatura e na nossa arte, a palavra final fica, com freqüência, nas mãos de gente totalmente incompetente nessas áreas. Por que lhes dão o direito de desacreditar a nossa arte aos olhos de nosso povo?

O preço a pagar foi muito alto. Quando entrevistei Galina e Slava para o *Jornal da Tarde*, no dia 29 de julho de 1978, a primeira vez que eles vieram ao Brasil, ambos contaram as humilhações às quais tinham sido submetidos. Um concerto de Rostropóvitch, marcado para Leningrado, era subitamente cancelado, ou transferido para uma cidadezinha de província na Ásia Central. Ao chegar ao Bolshói para cantar a Tatiana do *Ievguêni Oniéguin* – talvez o maior de seus papéis – Vishniévskaia descobria que seu nome não constava do programa.

A proposta de Rostropóvitch de fazer, para o selo estatal Melódia, uma gravação da *Tosca* com Galina, Vladímir Atlántov e Iúri Mazurók, foi aprovada pelo Ministério da Cultura. Mas assim que os trabalhos se iniciaram, eles receberam uma mensagem de Iekaterina Fúrtseva, dizendo ter concluído não ser necessário possuir em catálogo um novo registro da ópera de Puccini – bastava o de V. Niebólssin, da década de 1930. Dias depois de interrompidas as seções no estúdio, Slava e Galina ficaram sabendo que a gravação estava sendo produzida, sob a direção de Mark Érmler, com Tatiana Mláshkina, a mulher de Atlántov, substituindo Vishniévskaia no papel-título. Gratidão é palavra que não fazia parte do vocabulário soviético. Atlántov e Mazurók pareciam não se lembrar mais que seus amigos os tinham levado com eles a Paris, para fazer a magnífica versão do *Ievuêni Oniéguin* regida por Rostropóvitch na Salle Wagram. A *Tosca*, eles só puderam realizar no Ocidente, em 1978 (selo Deutsche Grammophon, com Franco Bonisolli e Matteo Manuguerra).

Os amigos, mesmo os aparentemente mais fiéis, lhes viravam as costas. Poucos foram os que, como Shostakóvitch, lhes permaneceram fiéis. Galina contou que a *mezzo* Ielena Obraztsôva, levada pela sua mão para o elenco estável do Bolshói, concordou em assinar uma petição contra ela, em troca do direito de mudar-se para um apartamento mais espaçoso. Só na primavera de 1974, ao termo de uma longa luta, eles conseguiram a autorização para se exilar. Mas, dois dias depois de sua saída, a cidadania soviética de toda a família foi cassada. Quando estiveram no Brasil, Slava, sua mulher e as duas filhas viajavam como apátridas, com um passaporte especial que lhes tinha sido fornecido pela família real de Mônaco. Até mesmo o inseparável Yorkshire de Galina – ela me mostrou o cão e o documento – possuía o passaporte de capa púrpura, exclusivo da Casa Grimaldi.

Shostakóvitch, cujo nível de prestígio internacional, a essa altura, não permitia mais que as autoridades tocassem nele, simpatizava com a posição de muitos dissidentes. Mas, naquele ponto de sua vida, já não tinha mais a força ou a coragem de se revoltar contra a situação política. O fato de ter cedido a pressões e assinado, juntamente com Khatchaturián e Kabaliévski, uma petição contra Sákharov, atraiu contra ele a hostilidade de vários setores. Lídia Tchukóvski, a tia de seu genro, o chamou às falas publicamente por isso. E Iúri Liubímov, diretor do Teatro Taganka, de Moscou, recusou-se a apertar a sua mão, quando se encontraram, na União dos Compositores, em 1972, durante a apresentação do ciclo de canções *La Vie en Rouge*, de Édison Denísov, sobre poemas do francês Borís Vian. Em um artigo de 23 de novembro de 1983 para a revista *Nóvoie Rússkoie Slôvo* (A Nova Palavra Russa), publicada em Nova York, Robert Gershkóvitch conta que, ao médico de sua família, o Dr. Liev Kagalóvski, o compositor confidenciou: "Esta é uma coisa que eu mesmo nunca hei de me perdoar".

Irina Antônovna conta que Soljenýtsin, uma noite, foi visitá-los em Júkovka, para protestar contra o fato de Dmítri ter assinado uma petição pedindo a libertação do compositor Míkis Theodorákis, aprisionado pelo governo militar grego. Aleksandr Isáievitch afirmava que a prisão de Theodorákis era irrelevante, comparada à de milhares de dissidentes ilegalmente detidos, a respeito dos quais o músico nunca se pronunciara. Na verdade, diz Irina, Dmítri não estava nem um pouco interessado em assinar esse documento, encabeçado por Khrénnikov, e firmado por Kabaliévski, Khatchaturián, Shtchedrín e Svirídov. Os dois passaram o dia inteiro fora de casa, escondidos num cinema, assistindo a um filme atrás do outro, para fugir do funcionário da União dos Compositores que traria a petição. Não adiantou nada: tarde da noite, quando voltaram para casa, encontraram o homem à espera deles, na porta de casa.

"Shostakóvitch era um moralista", diz Solomon Vólkov em *Testemunho*, "mas nunca teve um programa político". Pois foi essa recusa em oferecer apoio aberto ao movimento de defesa dos direitos humanos que, em seus últimos anos de vida, o expôs às críticas da comunidade liberal. Como figura política, por medo, e também por acreditar que essa atitude o deixaria livre para fazer o que realmente importava, ele se deixou manipular inescrupulosamente, assinando cartas oficiais, fazendo discursos que outros tinham redigido para ele.

Tornou-se amplamente aceita no Ocidente, inclusive por um especialista na obra de Shostakóvitch como o inglês Ian McDonald, a tese formulada por Vólkov de que ele agia conscientemente como o *iuródivyi*[3], "que protesta em nome dos grandes valores humanitários, mas não em nome das mudanças políticas imediatas", e recorre a parábolas que, no fundo, encerram um subtexto a ser decifrado. É verdade que o *iuródivyi* Dmítri Dmítrievitch encerrou mensagens cifradas na *Sinfonia n. 11* ou no *Quarteto n. 8*. Mas é verdade, também,

---

3. O "santo tolo" da tradição russa, de que um exemplo famoso é o Bobo, personagem do *Borís Godunóv* de Mússorgski.

que há momentos em que a situação exige atitudes diretas, explícitas, que não se prestem a ser mal interpretadas.

O fato de deixar que, às vezes, lhe atribuíssem declarações que ele não tinha feito, ou textos que não tinha escrito, valeu-lhe muitos dissabores. Em meados da década de 1960, o *Pravda* publicou um artigo atribuído a ele, contra a música de vanguarda, em que havia a seguinte frase: "Não consigo distinguir a música de Pierre Boulez da de Stuckenschmidt". Acontece que Heinrich Stuckenschmidt era um famoso musicólogo, não um compositor. O *ghost-writer*, evidentemente, fizera o erro grosseiríssimo de confundi-lo com Karlheinz Stockhausen. Dmítri ficou envergonhadíssimo quando, em uma reunião da União dos Compositores, o músico Vladímir Ferré o chamou de mal-informado. Foi uma das raras ocasiões em que o *Pravda* deu uma errata, mas com uma emenda que saiu muito pior do que o soneto: "Não consigo distinguir a música de Boulez daquela que é defendida pelo musicólogo Stuckenschmidt em seus artigos". Em boca fechada não entra mosquito.

Encerremos estas observações com as palavras de Édison Denísov:

> Depois que tudo foi dito e feito, valorizo Shostakóvitch, em primeiro lugar, e, antes de mais nada, como uma excepcional personalidade musical. Mas ele era mais do que um compositor notável apenas; possuía uma personalidade única, profundamente impressionante. Nunca fazia pose e era sempre ele mesmo. É verdade que os nossos caminhos se separaram e eu me tornei gradualmente indiferente à sua música. Mas Shostakóvitch me era muito caro e continuo a amar o homem e admirar a sua música, apesar da passagem do tempo.

O segundo infarto o impedia de fazer ginástica e, portanto, de prosseguir o tratamento fisioterápico do Dr. Ilizárov. O ganho relativo obtido em Kurgán perdeu-se em pouco tempo, e a mão direita voltou a enfraquecer com muita rapidez. Em dezembro de 1973, dificuldades respiratórias o levaram a fazer exames que detectaram uma anomalia no pulmão esquerdo. No dia 27, o principal oncologista do Hospital do Krêmlin confirmou que ele tinha câncer no pulmão, num estágio que tornava a radioterapia pouco eficiente. Em sua biografia, Sófia Khéntova relata as suas palavras: "Não é de morrer que eu tenho medo. É da dor e do sofrimento". Mais doloroso ainda do que saber que seu fim estava próximo, era ver aqueles que lhe eram caros indo embora, um a um.

Em novembro de 1971, seu secretário, Aleksandr Kholodílin, morreu de um ataque cardíaco. Em 1973, foi a vez de Marússia, a sua irmã mais velha, seguida logo depois por Mikhaíl Bogdánov-Berezóvski, seu amigo desde os tempos de Conservatório; e pelo cineasta Grigóri Kozíntsev, cuja carreira estivera sempre ligada à dele, autor de quase todas as trilhas de seus filmes. No fim do ano, partiram Vadím Boríssovski, o violista do Quarteto Beethoven; o pianista Liev Obórin e Zinaída Gamiôva, o anjo da guarda de sua família durante tantos anos. Em 1974, além do violinista Serguêi Tchirínski, do Beethoven, a perda mais dura foi a de David Óistrakh. Arrasado, Dmítri não foi capaz de assistir até o fim os funerais de um dos maiores violinistas russos do século XX.

Quando, em 1973, pensou em procurar, nos Estados Unidos, médicos que pudessem atenuar as dores que sentia na mão direita, as autoridades não o autorizaram a levar mais do que a soma ridícula de cem dólares. Nessa mesma época, temendo os problemas que isso lhe poderia acarretar, Konstantín Simeônov recusou-se a reger *A Execução de Stiénka Rázin* em Kíev, pois Ievtushênko continuava na mira do Krêmlin. Todas essas circunstâncias fizeram com que, durante um ano e meio, após terminar a *Décima Quinta*, Shostakóvitch fosse incapaz de escrever uma nota sequer.

Em compensação, as honrarias continuavam a chover sobre ele. Indo, no verão de 1973, a Dublin, para receber o título de doutor *honoris causa* da universidade local, Dmítri passou por Londres onde, além de ouvir a *n. 15* no Royal Festival Hall, ficou conhecendo o Quarteto Fitzwilliam, que vinha se empenhando em divulgar a sua música de câmara (esse grupo é responsável por uma excelente integral dos quartetos de cordas). Em Copenhaguen, onde fora assistir à *Katerina Izmáilova* com uma companhia itinerante polonesa, concederam-lhe o Prêmio Leonie-Sonning, no valor de sessenta mil coroas dinamarquesas, que ele entregou integralmente ao Comitê em Defesa da Paz. Depois, foi a sua terceira e última viagem aos Estados Unidos, para também receber, da Universidade de Evanston, no Illinois, o título de doutor *honoris causa*. Em Nova York, pôde finalmente consultar neurologistas americanos; mas estes limitaram-se a confirmar a natureza incurável do mal que, agora, afetava também as suas pernas.

O tom alegre do *Quarteto n. 14*, que Shostakóvitch compôs durante os meses de março e abril de 1973, passados em Riépino, atesta o fato de ele estar, de repente, se sentindo bem o suficiente para pôr fim ao período de inatividade criado pela doença e a tristeza com a perda de amigos queridos. Dedicado ao violoncelista Serguêi Tchirínski, do Quarteto Beethoven, que desapareceria poucos meses antes do próprio compositor, o *Quarteto n. 14 em Fá Sustenido Menor op. 142* tem a forma rápido-lento-rápido da *sonata a quattro* barroca.

Sobre um pedal da viola, o violoncelo, instrumento predominante em toda a partitura, apresenta o material melódico do *allegretto*, no qual se afirma claramente a tonalidade de fá sustenido. O tema inicial é leve, sem pretensões ao grandioso ou à dramaticidade. A segunda idéia, também exposta pelo violoncelo, é de caráter mais apaixonado e conduz ao *adagio*, iniciado, em solo, pelo primeiro violino que, depois, dialoga com o violoncelo. Contrariamente às densas estruturas polifônicas comuns em suas composições da década de 1960, o *op. 142* oferece texturas rarefeitas, encarregando um *leitmotiv* de quatro notas na viola de assegurar a progressão do discurso. Texturas polifônicas aparecem na seção central, desenvolvidas a partir do tema no violoncelo.

A música se expande, no *allegretto* final, a partir de células apenas esboçadas. Essa fragmentação da matéria sonora e o caráter alusivo das relações temáticas criam uma ambientação noturna, que serve de transição para o *adagio* conclusivo, em que o violoncelo retoma o tema condutor com uma referência muito terna ao tema da ária "Seriója, meu Querido", da *Lady Macbeth*, como uma alusão amigável a Tchirínski, pois Seriója é o diminutivo de Serguêi.

O *n. 14* foi tocado, em 30 de outubro de 1973, para os membros da União dos Compositores, e criado publicamente, na Sala Glinka, de Leningrado, em 12 de novembro de 1973. Durante o III Congresso dos Compositores da República da Rússia, ele teve a sua estréia moscovita, em 14 de novembro, na Pequena Sala do Conservatório.

Em julho de 1973, logo após voltar dos Estados Unidos, Shostakóvitch passou uns dias na *datcha* de Júkovska, onde mergulhou na leitura dos poemas de Marina Tsvietáieva. O resultado foi um novo ciclo de canções, as *Shiést Stikhotvoriênyi Maríny Tsvietáievoi op. 143* (Seis Poemas de M. T.), para contralto e piano – depois orquestradas –, criadas em 27 de dezembro daquele mesmo ano, pelo contralto Irina Bogatchôva e a pianista Sófia Vákman. A natureza inexplicável do amor é o tema da segunda e da terceira canções:

• uma delicada declaração de amor percorrida pelo refrão *Otkudá takáia niéjnost?* (De onde vem tanta ternura?), que surge em pontos variados de cada estrofe, como um refrão, em que Marina fala dos inesperados sentimentos que a inflamam pelo "ótrok, lukávyi, peviéts zakhójyi, s resnítsami – niet dlinniéi?" (o brincalhão, o estranho de passagem, com pestanas como nunca vi tão longas); o acompanhamento, sem ser serial, trabalha, como é comum nas peças da fase final da obra, com as oscilantes figurações das dozes notas da série cromática;
• e a perturbadora *Dialóg Gámlieta s Sóviestiu* (O Diálogo de Hamlet com a sua Consciência), em que o príncipe dinamarquês, vendo Ofélia no fundo do rio, entre a lama e as algas, parte da declaração "No ia ievô liubíl, kak sórok tísiatch brátiev liubít niê mógut" (Mas eu a amava como quarenta mil irmãos não poderiam amá-la), que vai perdendo progressivamente a força, até se esvair na dubitativa "No ia ievô liubíl?" (mas eu realmente a amava?). O acompanhamento reproduz fielmente o estilo declamatório da linha vocal.

Os outros poemas referem-se à criatividade e ao papel do poeta dentro da sociedade:

• *Moí stíkhi* (Meus Poemas) fala dos versos de Marina, "napissánym tak ráno, shto i niê znála iá, shto iá – poét" (escritos tão cedo que eu nem sabia ainda que era poeta). Esses versos "sorvávshimsa, kak brísgui iz fontána, kak ízkri iz rakiét" (esvoaçaram como as gotículas de uma fonte, como as centelhas de um foguete). O texto termina com um ato de fé nesses "nietchitaným stikhám – razbrósannim v píli po magazínam, gdiê ikh niktô niê bral i niê bieriót" (poemas não lidos – espalhados na poeira das lojas, onde ninguém os compra ou jamais comprará). Apesar do anonimato em que estão – e a música frisa a confiança em si mesma expressa por Tsvietáieva – "moím stikhám, kak dragotsiênim vínam, nastániet svôi tcheriód!" (para os meus poemas, como para os vinhos mais preciosos, a hora ainda há de vir!).

• A quarta e a quinta canção são inspiradas pelo ícone da poesia russa que é Aleksandr Púshkin. *Poet i Tsar* (O Poeta e o Tsar) retoma o tom indignado da Resposta dos Cossacos, na *Sinfonia n. 14*, para condenar os tiranos – tanto os tsares quanto Stálin – que destroem os artistas por acreditarem ver neles os seus inimigos. O poema pergunta, contemplando uma estátua no palácio: "Kto niepreklónny mármornyi siêi? Stol vielítchavyi v zolotiê barm?" (Quem é essa figura orgulhosa, esculpida em mármore? Tão magnífica, adornada de ouro?). E a identifica:

> Púshkinskôi slávy
> jálkyi jandárm.
> Ávtora – kháyal,
> rukapís – strig.
> Pólskova kráia –
> zviérskyi miasník.

(O maldito gendarme da glória de Púshkin. Assediou o artista, tomou seus manuscritos. Massacrou a terra polonesa como um animal.)

E termina com a advertência, ilustrada com toda a veemência pela música, em que cada palavra cai como uma martelada:

> Zórtche vgliadítsa!
> Niê zabivái:
> pievtsoubítsa –
> Tsar Nikolái Piérvy"

(Olhe com atenção! Não se esqueça: o matador do poeta é o tsar Nicolau Primeiro.)

• Já em *Niet, byl barabán* (Não, o Tambor Soava), Tsvietáieva imagina o féretro de Púshkin, depois que ele é morto no duelo[4]. O tom de música militar, ecoando a da *Campanha do Rei*, a última das *Seis Romanças op. 140*, ilustra a descrição feita por Tsvietáieva dos "jandármskie grúdi i róji" (peitos e caranto-

---

4. Púshkin morreu num duelo com o oficial francês d'Anthès, que ele suspeitava de ter um envolvimento amoroso com sua mulher.

nhas dos gendarmes), que cercam por todos os lados o caixão, como se se tratasse de um criminoso comum. Vibram indignadas a voz e a música na estrofe final:

> Kovô j éto tak – tótchno vóri vorá
> pristriéliennovo – vinosíli?
> Izmiênnika
> Niet. S prokhodnôvo dvorá –
> umniêishevo múja Rossíi.
>
> (Quem é esse – como ladrões com o ladrão/ que foi fuzilado – a quem estão carregando?/ Um traidor? Não. Do pátio do palácio,/ estão trazendo o homem mais sábio da Rússia).

• *Ánnie Akhmátovoi* (A Anna Akhmátova), o último poema do ciclo, é uma homenagem à "múza plátcha, priekrasniêishaia is muz" (musa do pranto, a mais bela das musas). Com seus poemas, Akhmátova tornou-se realmente a porta-voz de toda uma geração:

> Ty tchiôrnuiu nassiláiesh miétel na Rus,
> i vólpi tvôi vanzáiutsa v nas, kak striély
> (Tu estendeste uma névoa escura sobre a Rússia e teus gritos nos atravessam como flechas).

A mais bela das homenagens a Anna Andrêievna consiste em proclamar, cheia de orgulho:

> My koronóvani tiem – shto odnú s tobôi
> my zemliú tóptchem,
> shto niêba nad nami – to jê!
> I tot, kto ránien smiertiélnoi tvoiêi sudbôi,
> ujiê biessmiértnym na smiértnoie skhódit lójie.
>
> (Somos coroados por isso – por pisarmos o mesmo chão que tu, por o céu acima de nós ser o mesmo que o teu. E quem foi ferido pelo teu destino mortal já é imortal ao partir de seu leito de morte.)

O poema termina com a mais emocionada das oferendas, que a voz declama euforicamente: "I ia dariú tibiê svôi kolokólnyi grad, Akhmátova – i sérdtse svoiô v pridátchu" (Eu te presenteio com a minha cidade dos sinos [Moscou], Akhmátova – e com ela, o meu coração também).

Como na *Sinfonia n. 13* ou na versão do *Soneto 66* de Shakespeare, do ciclo *op. 140*, Shostakóvitch utiliza a sugestão que há nos versos para fazer soar triunfalmente os sinos. O motivo de três notas com que a canção se inicia – uma terça maior ascendente seguida de uma terça menor descendente – permeia a textura do acompanhamento e tem dois fortíssimos nos clímaxes, as duas vezes que o nome da homenageada é pronunciado: no final e, no meio do poema, quando Tsvietáieva declara: "Anna Akhmátova! Éto ímia – ogrômnyi vzdókh i v glub on pádaiet kotóraia biezimiánna" (Anna Akmátova! Esse nome é um grande suspiro e cai nessa profundeza que não tem nome).

A dimensão autobiográfica assume um sentido particular neste ciclo: a apologia de Púshkin, símbolo do poeta perseguido, e a homenagem a Akhmátova, pela qual Shostakóvitch tinha grande admiração, conferem a essa coletânea uma dimensão de testamento musical. A textura orquestral, de um modo geral muito despojada, privilegiando as cordas graves – solo de violoncelo no primeiro poema, de viola no terceiro – e a presença dos sinos, como um dobre de finados, no último poema, acentuam o sentimento do fim irremediável, que obcecava Shostakóvitch desde a *Sinfonia n. 14*. Embora a morte seja onipresente, o tom é mais de serenidade resignada do que de revolta individual. Há indignação quanto ao passado – o tsar assassino dos poetas –, mas também esperança quanto ao futuro: a hora dos poemas que há de chegar, alusão provável a tudo o que, por muitos anos, ficara engavetado devido aos rigores da censura.

Uma nova obra-prima, o *Quarteto n. 15 em Mi Bemol Maior op. 144*, seguiu-se logo depois, como se Dmítri tivesse pressa em fazer suas últimas declarações ao mundo, sabendo que estava se escoando o tempo que lhe restava. Da mesma forma que o *n. 14*, o *op. 144* é de extrema rarefação da trama polifônica e está impregnado do sentimento de pânico da morte. A linha melódica é quase constantemente monódica, e a obra é formada por seis adágios encadeados. Só o quinto, que tem o subtítulo de "Marcha Fúnebre", recorre aos quatro instrumentos, combinados de maneira polifônica.

"Elegia" começa com um tema muito simples no segundo violino. Entram em *fugato* o primeiro violino, a viola e o violoncelo, em pianíssimo e com harmonias estáticas, que parecem anular a noção de tempo. A *Serenata* seguinte propõe um contraste insuportável: abre-se com um grito *ffff* lançado pelo primeiro violino, como no epílogo do *Quarteto n. 13*. Esse si bemol é retomado pelo segundo violino e a viola, rodopiando, doze vezes, como uma dança macabra, de tom desalentado, que termina com um surdo pedal do violoncelo. O *Intermezzo* explode em vertiginosas colcheias triplas, fortíssimo, no primeiro violino; mas tudo se acalma, e o violoncelo, sempre com seu pedal de mi bemol, não participa dessa dança macabra. Um lamento agridoce das cordas em surdina marca o *Noturno*: a melodia ondula tristemente na tonalidade de mi bemol menor. É o violoncelo quem introduz a marcha fúnebre, de tema mais rítmico do que harmônico, marcado em períodos regulares por um *forte espressivo*. A viola e o violoncelo cantam, solitárias, e cada fragmento parece ser o refrão lúgubre de um coro de que tivesse ficado apenas o eco quase inaudível. O "Epílogo" irrompe brutalmente, mas é logo silenciado pelas triplas colcheias do primeiro violino, de uma maneira que lembra o final da contemporânea *Suíte sobre Versos de Michelangelo*. Só o ritmo da marcha fúnebre permanece identificável e leva a coda a um *morendo* que faz as últimas notas em pianíssimo do violoncelo se esfacelarem no nada.

Tendo morrido Serguêi Tchirínski, o violoncelista do Beethoven, Shostakóvitch recorreu, para a estréia do *n. 15*, ao jovem Quarteto Tanêiev, formado por solistas da Filarmônica de Leningrado. Foi o Tanêiev o responsável pela execução de outubro de 1974, no Clube da União dos Compositores, em Leningrado. Assegurou também a criação pública, em 15 de novembro. O Beethoven, no qual Tchirínski fora substituído por Ievguêni Áltman, tocou o quarteto em Moscou, em 11 de janeiro de 1975.

Ao considerar, em seu conjunto, os primeiros quartetos de Shostakóvitch, observamos que as suas tonalidades procedem por terças regulares: dó, lá, fá, ré, si, sol, sempre maiores. Essa seqüência regular de tonalidades é interrompida pelo *Quarteto n. 7*, escrito em fá sustenido menor. A partir do *n. 8*, Shostakóvitch retoma os intervalos de terça entre as tonalidades, mas varia do menor para o maior: dó menor, mi bemol maior, lá bemol maior, fá menor, ré bemol maior, si bemol menor, fá sustenido maior, mi bemol menor. Dmítri Tsygánov conta que, durante um ensaio do *Quarteto n. 7*, Shostakóvitch lhe disse: "Você não notou que as tonalidades não se repetem? Eu gostaria de escrever 24 quartetos formando um ciclo completo" – o que demonstra que, em sua mente, essa seqüência de peças camerísticas, diário íntimo em que ele revelou muita coisa de si próprio, formava um conjunto tão articulado quanto a série dos *24 Prelúdios e Fugas*.

Shostakóvitch começou a compor seus quartetos sem grande ambição. Mas, depois, estimulado pela estreita amizade que o uniu, a vida inteira, aos membros do Quarteto Beethoven, e vendo as possibilidades confessionais do gênero de câmara, fez com que a série se tornasse uma das mais complexas e tecnicamente elaboradas dentro de sua produção, na qual podia expressar, de forma muito mais livre, o que nem sempre podia dizer em suas sinfonias.

A proximidade de comemoração do quinto centenário de Michelangelo – nascido em 6 de março de 1475 – suscitou, ainda nessa fértil primavera, outra obra-prima: a *Siuíta na Slová Mikielândjelo Buonarrotti op. 145* (Suíte sobre Versos de Michelangelo Buonarotti), usando os textos traduzidos por A. M. Efros, que tinham acabado de ser publicados[5]. Dedicada a Irina Antônovna, a suíte foi estreada em 23 de dezembro de 1974, em Leningrado, com o baixo

---

5. O pianista Ievguêni Shenderóvitch, que estreou o ciclo, conta que Shostakóvitch não gostava das traduções de Efros e pediu ao poeta Andrei Voznessiênski que as refizesse. As traduções de Voznessiênski ficaram excelentes, mas usavam uma metrificação diferente e, por isso, não puderam ser adaptadas à melodia. As de Efros permaneceram, mas Shostakóvitch usou de seu prestígio para que as de Voznessiênski fossem publicadas.

Ievguêni Nesterenko e Ievguêni Shenderóvitch ao piano. Pouco depois, Shostakóvitch preparou a versão orquestral, que recebeu o número de *op. 145a*. Numa entrevista de 24 de dezembro de 1974 à *Soviétskaia Múzyka*, o compositor declarou:

> Esse homem não é somente italiano. Pertence a todos os povos. Esse é o efeito do fenômeno Michelangelo. A sua poesia fascina pela profundidade do pensamento filosófico, pelo extraordinário humanismo e por seu sublime pensamento a respeito da criação e do amor. A minha suíte para voz de baixo e piano baseia-se em oito sonetos e três poemas de Michelangelo, em que aparecem o lírico e o trágico, drama e também dois fervorosos hinos de louvor a Dante. Eu me permiti dar um título a cada um dos cânticos. Eles não existem, nos textos de Michelangelo, mas decorrem do conteúdo de seus versos.

Em seus trezentos sonetos, canções e madrigais, Michelangelo se interroga sobre o sentido da vida humana, do amor, da verdade e da beleza, sobre a dor, o desespero, mas também a esperança. A escolha e a organização dos poemas, começando com "Manhã" e "Amor", e terminando com "Noite" e "Morte", traçam as etapas da vida humana. "Verdade" funciona como prólogo e lema do artista; "Imortalidade", como epílogo, afirmando a perenidade da arte. Três complexos temáticos, formados por séries de três sonetos, falam do amor, das ameaças internas e externas que pesam sobre a existência do criador, e do exercício da atividade artística no curto período que lhe é dado entre a vida e a morte.

Em seu conjunto, a suíte possui uma nuance trágica que não é possível deixar de perceber. A parte vocal, melodicamente austera, clara e simples, oscila entre a estrutura monódica mais sóbria e os momentos de declamação rigorosamente escandidos. Há momentos de expansão cromática, sem que se altere o tom discreto, contido. A tensão interna nunca diminui, e atinge o paroxismo no momento em que acordes violentos e maciços sugerem as marteladas do escultor no mármore; e um tom de hino (*moderato maestoso*) evoca o fogo prometéico que anima as criações do espírito humano.

O prólogo estabelece, de saída, um tom desencantado: a verdade é sempre encarada com desconfiança e desprezo; e "jdát ot níkh nagrád – shto ojidát plodóv s sukhôvo driêva" (esperar recompensa por ela é como esperar frutos de uma árvore seca). Os dois poemas seguintes ("Manhã" e "Amor"), celebrando a beleza do sentimento amoroso e a exaltação que ele cria no indivíduo, vão se chocar contra a dureza de "Razlúka" (Separação), em que a pureza do amor luta contra a perda representada pela morte:

> Derznu l', sokróvishtchie moiô,
> sushtchestvovát biez vas, sibiê na múku,
> raz glúkhi vy k molbám smiagtchít razlúku?

Unýlym sérdtsem bólshe niê taiú
ni vózglassov, ni vzdókhov, ni ridányi.

Shto vam iavít, madonna, gniót stradányi
i smiért uj niedalókuiu moiú;
no dabý rok potóm moió slujiênie
izgnát iz váshei pámiati niê mog –
ia ostavliáiu sérdtse vam v zalóg.

(Ousaria eu, meu tesouro,/ existir sem ti? Fico atormentado/ por não dares ouvidos aos meus pedidos para que não partas./ Não vou mais sofrer com o coração partido,/ nada de gritos, suspiros ou soluços./ Isso te mostra, minha senhora, o peso de meu sofrimento,/ e que a minha morte está próxima./ Mas para que o destino não afaste/ de tua memória a minha devoção,/ deixarei contigo o meu coração.)

No grupo seguinte, "Gniêv" (Raiva) vocifera contra a corrupção vigente na sociedade: "Zdiés, dieláiut iz tchas mietchí i shliêmy, i krov Khristóvu prodaiút na viez" (Aqui, com cálices fazem espadas e elmos, e o sangue de Cristo é vendido a peso). Os poemas seguintes – "Dante", "cujas obras não são compreendidas pela plebe ingrata, que só tem desprezo pelo mais alto gênio"; e "Izgnánniku" (Ao Exilado) – mostram como a sociedade trata o artista. Em fevereiro de 1974, meses antes de Shostakóvitch começar a escrever este ciclo, Aleksandr Soljenýtsin fora expulso da URSS. Para as platéias soviéticas, tinham um sentido todo especial as palavras desse segundo poema:

[...] On rádi nas soshól v obítiel zla;
gospódnie tsárstvo lik iemú iavílo;
no dviér, shto dáje niébo niê zakrílo,
priêd Dante otchízna zlóbno zapierlá.
[...] Kak niê podliêi izgnánia ievô,
tak mir niê znal i víshie tchieloviéka.

([...] Foi para nós que ele explorou as pérfidas profundezas;/ e no reino do senhor mostrou a sua face;/ mas os portões que nem mesmo o céu tinha fechado,/ a sua cidade natal maldosamente fechou na cara de Dante./ [...]Assim como nada foi mais vergonhoso do que o seu exílio,/ o mundo nunca conheceu um homem melhor.)

Palavras cheias de peso se associadas à expulsão do escritor que fez o mundo descer ao último círculo infernal do universo concentracionário soviético.

Em "Tvórtchestvo" (Criatividade), poema inspirado pela morte da poeta romana Vittoria Colonna, Michelangelo – que sempre pensou em si mesmo como escultor – pede a Deus que guie as marteladas dadas no mármore pela sua mão. Shostakóvitch investe extraordinária energia percussiva na descrição gráfica dessa imagem. Foi Giovanni Strozzi quem escreveu a primeira estrofe de "Nótch" (Noite), ao ver a estátua de Michelangelo que tem esse nome:

Vot éta Nótch, éto tak spokóino spit

piêred tobôiu – ánguiela sozdánie.

Oná iz kámnia, no niêi iest dikhánie;

lis razbudí – oná zagovorít.

(Eis a Noite que viste dormindo tão tranqüilamente: ela foi esculpida por um anjo./ É feita de pedra, mas tem vida./ Desperte-a e ela há de falar.)

A segunda estrofe é a resposta do escultor-poeta:

Mniê sládko spát, a púshtchie kámniem byt,

kogdá krugóm pozór i priestupliénie:

niê tchúvstvo, niê vídiet – obliegtchiênie,

umólkni j, drug, k tchemú, miniá budít?

(O sono me é caro, e ainda mais se é de pedra, quando, à minha volta, há a vergonha e o crime: não sentir, não ver é um alívio, por que, então, amigo, despertar-me?)

Uma figura cadencial que tinha aparecido em "Criatividade" assume, aqui, proeminência, como se, desde o poema anterior, já se previsse a chegada da noite. Esse movimento contém autocitações: na curta passagem instrumental entre as duas estrofes, surge a melodia da "Morte do Poeta", décimo movimento da *Sinfonia n. 14*; e a linha vocal é transcrita de um tema do *Quarteto n. 5*.

Na introdução de "Smiért" (Morte), reaparece o tema do primeiro movimento da suíte, como se a percepção da injustiça, que o poeta tinha desde o início, fosse convocada a reforçar o tema do mal que, ao que tudo indica, triunfa sobre o bem. A mensagem do poema é abertamente pessimista:

Mir v sliepotiê: postídnovo uróka

iz vlásti zla niê izvliekáiet zrak,

nadiêjdi niet, i vsiô obiêmliet mrak,

i lôj tsárit, i právda priátchiet óko.

(O mundo é cego, a vergonha domina/ e o mal triunfa sobre a honestidade;/ não há esperança, a bruma cobre todas as coisas,/ a falsidade reina, a verdade esconde os seus olhos.)

Uma passacalha sobre um baixo de onze notas, pontuada por ritmos de marcha fúnebre, acompanha esse poema. Musicalmente, parece que o ciclo terminou. Mas Shostakóvitch acrescenta um epílogo irônico. "Biessmiértie" (Imortalidade) encontra consolo na idéia de que o homem há de viver no coração daqueles que amarem a sua arte:

[...] ia niê miórtv, khot i opúshtchien v ziemliú:

iá jiv v tibiê, tchim siétovaniam vniêmliu,

zatiém, shto v drúguie drug otobrajón...

[...] jivú v serdtsákh vsiêkh liúbiashtchikh,

i znátchit ia niê prakh,

i smiértnoie miniá nie tróniet tliênie...

([...]não estou morto, embora esteja enterrado no chão:/ estou vivo em você, cujos lamentos eu ouço/ já que um amigo se reflete no outro./ [...]vivo no coração de todos aqueles que amam/ e isso significa que não sou pó,/ a decomposição da morte não pode me tocar.)

A melodia, tirada de uma peça escrita quando Dmítri tinha nove anos, é deliberadamente banal; mas é do tipo que fica na memória depois que o ciclo acaba. "Como nos enigmáticos jogos musicais do primeiro movimento da *Sinfonia n. 15*", diz Richard Longman, "Shostakóvitch brinca com os seus ouvintes até o fim".

As gravações existentes do ciclo – a de Nesterenko, que o criou, e a de Serguêi Léiferkus – são normalmente cantadas em russo; mas há, no selo Teldec/1988, um registro da versão de canto e piano, com Dietrich Fischer-Dieskau e Aribert Reimann, em que a partitura foi adaptada para que os poemas pudessem ser cantados no original italiano.

Chegou o ano de 1975. A saúde de Dmítri Dmítrievitch piorava a olhos vistos e, a Dmítri Tsygánov, que o visitou um dia, ele confessou: "Agora eu sei, Mítia, que nunca serei capaz de completar o ciclo dos 24 quartetos de cordas, em todas as tonalidades, como um dia imaginei que poderia fazer". E o mais triste, comenta Tsygánov, num artigo escrito para a *Soviétskaia Múzyka* em 1976, após o desaparecimento do compositor, "era saber que isso era verdade".

Ainda assim, Shostakóvitch reunia as últimas forças para produzir alguns últimos frutos: um ensaio para o programa da estréia da ópera *A Madona e o Soldado*, de seu amigo Môishe Váinberg, a que foi assistir em Leningrado. E, na casa de saúde de Bárvikh, perto de Moscou, onde os problemas com o câncer pulmonar tinham exigido nova internação, o seu último ciclo de canções, dedicado a Nestierénko: *Quatro Poemas do Capitão Liebiádkin op. 146*, com textos de Fiódor Dostoiévski, extraído do romance *Os Possessos*. A criação, em 10 de maio, com Nestierénko e Tchenderóvitch, foi o último concerto que ele ainda teve forças para assistir. Contam que, no ensaio, Dmítri ria para si mesmo dos elementos de sátira e paródia a que recorrera, para retratar o ensandecido capitão Ignát Liebiádkin, do romance de Dostoiévski.

• *Liubôv kapitána Liebiádkina* (O Amor do Capitão Liebiádkin) – Na novela, pedaços desencontrados de romances de Afanássy Fiet e de Nestor Kúkolnik dançam na memória do capitão, quando ele quer falar de seus próprios sentimentos amorosos. Ele se confunde com Ignat, a personagem de Fiet, ao dizer, como se se tratasse dele mesmo:

Liubví piláiushtchiêi granáta
liepnúla v grúdi Ignáta
i vnov zaplakál górkov múkoi
po Sevastópoliu biezrúklyi
(Uma granada de amor ardoroso explodiu no peito de Ignat e, de novo, sentindo amargos tormentos, o rapaz sem braço sofreu por Sevastópol)

– mas cai em si, por um momento, ao fazer um parêntesis: "Mas nunca fui a Sevastópol e tampouco sou sem braço" (Khot v Sevastópolie niê byl idáje niê biezrúklyi). Porém, é imensa a sua vaidade ao falar de seus próprios versos: "Mas que rimas! Mas que rimas!" (No kakóvi je rífmi! No kakóvi je rífmi!).

Liebiádkin confunde a "a-ris-to-cráti-ca amazona" do romance com uma certa Elizaviêta Nikoláievna Tushína que ele conhece, e de quem diz, como uma demonstração de seu ardoroso sentimento por ela, que "a acharia ainda mais bonita se ela caísse do cavalo e quebrasse a perna". A música mistura, disparatadamente, o tema do conde Monterone, o pai da moça seduzida pelo duque de Mântua no *Rigoletto*, de Verdi, com a romança de Tchaikóvski *No Silêncio da Noite Misteriosa*.

• *Tarakán* (A Barata) descreve, com empostação heróica, um episódio absolutamente sem importância: a história da barata que cai dentro de um copo cheio de goma para pegar moscas. Diante dos protestos das moscas a Júpiter, de que a barata ocupa espaço demais dentro do copo, um certo Nikifór, muito velho e trêmulo, pega as baratas e as moscas, e as despeja no esgoto. "No zamiétie, sudárinia, tarakán niê rópshiet" (Mas observe, minha senhora, que a barata não protesta.) O acompanhamento é feito com a melodia infantil *Tchídjik-Pýjik*, brincadeira onomatopáica com o nome do *tchíjik*, pássaro eurasiano de penas amarelas e negras.

• *Bal v polzú guviernântok* (Baile em Apoio às Governantas) fala de uma festa em benefício das governantas – "sejam elas conservadoras ou como Georges Sand"[6] – que, agora, tendo dinheiro no bolso, podem se alegrar e proclamar a todo mundo o seu triunfo. O texto é absolutamente tolo mas, com sua imitação dos sinos no piano, é uma paródia ao tipo de cantata triunfalista muito comum no auge do culto à personalidade (e, nesse sentido, uma autoparódia de obras suas, como *O Canto da Floresta*).

• *Sviétlana lítchnosti* (Uma Personalidade Brilhante) é a canção de texto mais sarcástico, e a que melhor se aplica à realidade de um país de onde várias pessoas estavam sendo expulsas; há um tom de amarga ironia em pensar que todos esperam, em vão, que o rebelde venha livrá-los dos "vícios de um mundo velho", mas este já

6. A escritora francesa, amante de Chopin, que fumava charuto e vestia-se de homem, o símbolo da mulher não-convencional.

bateu asas e encontra-se em segurança, no exterior. Por trás dessa canção, perfila-se o sentimento desanimado de que nada, afinal de contas, há de mudar:

On nieznátnoi byl poródi,
on vozrós sriedí naróda.
No gonímyi miéstiu tsárskoi,
zlóbnoi zavístiu boiárskoi.
On óbriek sibiá stradániu,
kazniám, pitkám, iztiazániu.
I póshiel viéshtchat naródu
brátstvo, rávenstvo, svobódu.
Ekh!
I vosstánie natchináia,
on biejál v tchújie kral
iz tsariêva kaziemáta,
ot knúta, shtchípsov i káta.
A národ, vosstát gotóvyi
iz-pod utchásti surovôi.
Ot Smólensk do Táshkienta
s nieterpiêniem jdal studiênta.
Ekh!
Jdal ievô on pogolóvno,
shtob idtí biespriekoslóvno,
poreshít vkoniéts boiárstvo,
poreshít sovsiêm i tsárstvo.
Sliédat obshtchími imiênia
i priedát naviéki mshtchiêniu
tsérkvi, bráki i siemiêstvo –
mira stárovo zlodiêistvo!/ Ekh!

(Ele era, de nascença, um homem simples e cresceu em meio ao povo. E, no entanto, presa da vingança do tsar e da inveja dos nobres malvados, escolhera o sofrimento, as execuções, torturas, dores. E saiu pregando ao povo fraternidade, igualdade e liberdade. Ei! Tendo começado uma revolta, fugiu para terras estrangeiras, longe dos calabouços do tsar, do chicote, das pinças de ferro, do carrasco. E as pessoas, de Smólensk até o Táshkent, prontas a se revoltar contra seu severo destino, esperavam impacientemente pelo estudante. Ei! Todos esperavam que, sem hesitação, ele viesse livrá-los dos nobres, livrá-los da monarquia também e tornar a terra um bem comum e vingar-se, para sempre, da igreja, do casamento, da família – de todos esses vícios do mundo velho. Ei!)

Compaixão pelos humilhados e ofendidos, desejo de ajudá-los a defender-se do abuso, da injustiça e do poder arbitrário das forças da treva – essas são características que a obra de Shostakóvitch compartilha com a de Dostoiévski, e essa é a razão pela qual ele sempre se sentiu atraído pelo grande romancista – embora só no fim da vida tivesse a coragem de usar um de seus textos[7]. Ironia, sarcasmo, combinação da visão trágica e cômica da vida, e uma impiedosa precisão em retratar o terror em que está mergulhada a condição humana, estas são qualidades que aproximam esses dois artistas, e tornam muito original as tolas canções do capitão Liebiádkin que, no dizer do próprio Dostoiévski, "é tão tolo que chega a dar medo". Nelas evidencia-se também, com amarga ironia, o pessimismo que confere tonalidades muito escuras a todas as últimas produções de Shostakóvitch. Por isso mesmo, talvez, o ciclo não obteve grande sucesso. É a sua coleção de canções menos conhecida – o que é injusto.

Quando a Filarmônica de Leningrado lhe pediu, em maio de 1975, que definisse o programa do concerto de obras suas que, tradicionalmente, abria a sua temporada, Shostakóvitch escolheu três sonatas: a para violoncelo, a para violino, e uma terceira, para viola, que ele pretendia escrever em Riépino, para onde seguiu um dia após a estréia dos *Quatro Poemas do Capitão Liebiádkin*. Em sua biografia, Sófia Khéntova fala desses últimos dias:

> Muitos compositores de Leningrado passaram esse mês de maio em Riépino, mas ninguém via Shostakóvitch. Três vezes por dia, Irina Antônovna vinha ao refeitório buscar as refeições, e esperava pacientemente que as serventes fizessem os pratos. Às vezes, trocava algumas breves palavras com alguém. De tempos em tempos, víamos seu Volga cor de vinho estacionado no caminho que bordava a floresta, em direção à auto-estrada, no ponto que dá vista para o mar. [...] O dia 17 de maio foi quente, quase de verão. Shostakóvitch saiu do Pavilhão n. 20, que ocupava, e veio para a clareira. Andava com passos lentos, passeando de lá para cá, ao lado do automóvel. Estava cuidadosamente vestido, com uma calça cinza que tinham acabado de passar, e uma camisa branca que deixava ver o braço direito, de uma magreza chocante, e o ângulo estranho formado pela mão. Seus cabelos estavam visivelmente mais grisalhos. Usava óculos de lentes muito grossas, pois a sua vista estava declinando rapidamente. Embora não tivesse o hábito de se queixar, às vezes soltava um gemido.

De Riépino, Irina e ele foram, no fim de junho, para a sua *datcha* de Júkovska e, de lá, ele ligou, no dia 25, para Fiódor Drujínin, o novo violista do Quarteto Beethoven, que substituíra Boríssovski, pedindo-lhe conselhos técnicos. Trabalhou muito rapidamente e, em dez dias, tinha escrito os dois primeiros movimentos da sonata, *Novela* e *Scherzo*: para este último, utilizou fragmentos da ária de Gavriúshka, de *Igróki* (Os Jogadores), a sua ópera inacabada. No dia 4 de julho, sentiu-se tão mal que imaginou ter de voltar para o hospital. Mas,

---

7. Um outro projeto do fim da vida de Shostakóvitch – infelizmente não realizado – era o de escrever uma ópera sobre a novela *O Monge Negro*, de Anton Tchékhov, outra de suas grandes paixões.

com enorme força de vontade, esperou ter uma melhora e, em dois dias, compôs o longo *adagio* final. No dia 5 de julho de 1975, a *Sonata para Viola* estava pronta. A última peça escrita por Shostakóvitch foi estreada postumamente, em 1º de outubro de 1975, por Drujínin e o pianista Mikhail Muntián.

A melodia *legato* que o piano toca, no início do *moderato*, contra *pizzicatos* da viola, é retomada em seguida pelo solista, enquanto o piano repete o mesmo desenho rítmico em notas *staccato*. É só com o aparecimento de tercinas, no compasso 71, que a viola se expressa mais livremente. Piano e viola parecem se entregar a um jogo de perguntas e respostas, sem realmente unirem as suas vozes. A viola retoma *sul ponticello* as suas figurações do *pizzicato* e há apenas um momento, no compasso 213, em que os dois instrumentos se superpõem em *fortíssimo*. Os monólogos do solista e de seu acompanhador prosseguem até o final: um dó grave marcado *morendo*.

O curioso *allegretto*, em que surge a melodia dos *Jogadores*, é um daqueles *scherzos* de caráter mecânico, cujo andamento, imperturbavelmente binário, só se altera no compasso 49, com a intervenção de uma melodia de tom mais lírico, que converge para um mi bemol agudo *fortissimo*. A melodia anterior, de contornos dançantes um tanto claudicantes, retorna com um tom de moto perpétuo perpassado, aqui e ali por frases mais líricas. Essa alternância entre tom mecânico e sons mais humanos se mantém até o silêncio simultâneo, com um pedal grave de fá no piano.

O *adagio* final parece trazer de volta uma série de reminiscências da vida musical do compositor: alusões à *Sonata ao Luar*, de Beethoven, ao *Concerto à Memória de um Anjo*, de Alban Berg, à *Quinta Sinfonia* de Beethoven, à *Quarta* de Tchaikóvski, à canção de Rachmáninov intitulada *Destino*, além de lembranças de seu próprio *Quarteto n. 13*. Essas referências todas se misturam até a lancinante cadência, depois da qual a peça se encerra num tom de canção noturna, onírica, desolada.

Na noite de 6 para 7 de julho, Dmítri Dmítrievitch teve uma crise violenta de falta de ar e foi necessário levá-lo às pressas para o hospital. Em 12 de julho, uma junta médica constatou que o pulmão direito estava todo tomado, o câncer já atingira o esquerdo, havia metástase generalizada e o fígado estava muito inchado. Deram-lhe alta em 1º de agosto. Cinco dias depois, sua faxineira, Maria Dmítrieva Kojunôva, o encontrou quase morrendo, com uma nova crise de falta de ar, e correram com ele de volta para o hospital. Às cinco e meia da tarde do sábado, dia 9 de agosto de 1975 – Irina tivera de ir à cidade, para fazer compras, e deixara uma enfermeira tomando conta dele –, uma nova e violenta crise de falta de ar tomou conta dele: "Estou sufocando..." foi a última coisa que disse, antes de entrar em coma. Às seis e meia, Dmítri Dmítrievitch Shostakóvitch estava morto.

O compositor morreu num sábado, ao anoitecer. Mas só na terça-feira, dia 12, o *Pravda* estampou, numa página interna, o comunicado de praxe, assinado pela cúpula do Partido, em que ele era chamado de "viérny syn Kommunistítchesku Pártii", um "fiel filho do Partido Comunista, que dedicou toda a sua vida aos ideais do humanismo socialista e do internacionalismo, à luta pela paz e pela amizade entre os povos".

Os funerais – que tiveram de esperar até o dia 14, pois Maksím estava em turnê na Austrália – tiveram toda a pompa de uma cerimônia oficial. Parecia que as autoridades estavam reencenando a canção em que Tsvietáieva descreve o enterro de Púshkin: "Eram tantas as honrarias que mal havia lugar para seus amigos mais chegados". O velório, com guarda de honra, foi na Grande Sala do Conservatório. Era evidente a intenção do Krêmlin, que enviou os mais proeminentes membros do Partido, de "sovietizar" aquele acontecimento. Alguns amigos e colaboradores de longa data, pelo menos, estavam presentes: Guennádi Rojdéstvienski e sua mulher, Viktória Postníkova, tocaram piano a quatro mãos; o soprano Galina Pissariênko e o *mezzo* Irina Arkhípova, do elenco estável do Bolshói, cantaram; Leoníd Kôgan tocou violino; Tatiana Nikoláieva interpretou alguns de seus prelúdios e fugas.

No cemitério de Novodiévitchi – ao som do *Hino Nacional da URSS*, de uma desajeitada transcrição da *Marcha Fúnebre* de Chopin, e de uma infinidade de discursos recheados de slogans patrióticos – Dmítri foi enterrado, a dois túmulos apenas do lugar onde repousava Nina Vassílievna Varzar-Shostakóvitch. Em seu discurso, de irrepreensível hipocrisia, Tikhôn Khrénnikov, que nunca perdera a oportunidade de persegui-lo, lembrou o epílogo da *Suíte Michelangelo*: "Dmítri Dmítrievitch não morreu; entrou na imortalidade". Alguém, aproveitando a confusão, roubou a medalha de ouro do Prêmio do Ministério do Interior, que repousava sobre uma almofada de veludo negro, na cabeceira do esquife.

"Ask me nothing any more. Ask the music". Estas são as últimas palavras ditas por Dmítri Dmítrievitch em *Testimony*, o filme de Tony Palmer baseado no livro de Sólomon Vólkov.

QUARTA PARTE

O CASO SHOSTAKÓVITCH

The rediscovery of some art is done by a generation
that has survived that art's bad imitators –
the way Jugendstil was rediscovered by the generation
that survived bad fake Bauhaus.
What we rediscover in Shostakovich is
a great composer who raises the questions of art vs. politics
and the independence of art, it's ability
to break free of its history.*

LEO BOTSTEIN

* A redescoberta de uma arte é feita por uma geração que sobreviveu aos maus imitadores dessa arte – da forma como *Jugendstil* foi redescoberto pela geração que sobreviveu ao mau *Bauhaus* falsificado. O que redescobrimos em Shostakóvitch é um grande compositor que levanta as questões da arte *versus* a política e da independência da arte, a sua capacidade de libertar-se de sua história. Botstein, op. cit.

23.
O Caso Shostakóvitch

Artista Honrado da República Russa, Artista do Povo da União Soviética, Herói do Trabalho Socialista... era interminável a lista dos títulos declamados durante os solenes funerais – de um tipo reservado a membros da cúpula partidária ou a deputados do Soviete Supremo – com que Dmítri Dmítrievitch Shostakóvitch foi oficialmente homenageado após a sua morte, em 9 de agosto de 1975. Tanto no destaque que o Krêmlin deu a esses funerais, transmitidos ao vivo pela televisão, para todos os países signatários do Pacto de Varsóvia, quanto na cobertura dada ao acontecimento pela imprensa ocidental, uma coisa parecia passada em julgado: o compositor tinha sido um marxista-leninista convicto, um indiscutível adepto do comunismo.

Quatro anos depois, Shostakóvitch voltou a falar – com a sua própria voz, ou com a que lhe fora emprestada por Sólomon Vólkov, jornalista e crítico de música soviético que, em 1976, emigrara para os Estados Unidos. *Testimony*, o livro em que Vólkov transcrevia as memórias de Shostakóvitch, tais como lhe teriam sido relatadas pelo próprio Dmítri, constituiu um *succès de scandale* ao ser publicado pela Harper & Row, de Nova York, pois desenhava dele um perfil em tudo contrário à versão oficial soviética. Era amargo e desiludido o homem que, nas páginas de *Testimony*, negava ter sido fiel ao Partido: "Nunca pretendi bajular as autoridades com a minha música. E nunca tive "um caso" com elas. Nunca fui um favorito, embora saiba que não falte quem me acuse disso. Dizem que fiquei sempre muito próximo do poder. Ilusão de ótica".

Era sem retoques o retrato que ele traçava de um país cuja política cultural sempre fora cínica, cruel, contrária à genuína criatividade:

> O indivíduo não tem significado algum num Estado totalitário. A única coisa que importa é o movimento inexorável das engrenagens do Estado. Um mecanismo que só precisa de engrenagens. Era assim que Stálin costumava nos chamar. Uma engrenagem não se diferencia da outra e elas podem ser facilmente trocadas. Você pode pegar uma delas e lhe dizer "De hoje em diante, você será uma engrenagem genial", e todos passarão a considerá-la um gênio. Não importa se ela é ou não. Qualquer um pode tornar-se um gênio, se o Líder assim o ordena. [...] E aí, inevitavelmente,

no meio do caminho, você se dá conta, de repente, de que a felicidade da humanidade, ao preço da destruição de umas tantas centenas de milhões de seres humanos, não tem sentido. É só isso. Uma ninharia. – "Neste mundo, nada mais há senão desvario", disse uma vez Nikolái Vassílievitch Gógol. Foi esse desvario que tentei retratar na minha música.

Era chocante demais e os analistas ocidentais esquadrinharam o livro de Vólkov à procura de erros factuais. Havia um ou dois, sim, mas nada de tão sério que comprometesse o conjunto. E depois, personalidades que tinham privado com Dmítri Dmitríevitch – músicos emigrados, como Mstisláv Rostropóvitch e Galina Vishniévskaia, que tinham sido seus amigos íntimos na fase final da vida – apressaram-se em endossar as revelações feitas em *Testimony*, considerando-as basicamente dignas de crédito.

Isso parecia inaceitável para alguns comentaristas, não só os soviéticos, mas também os ocidentais de esquerda pois, afinal de contas, Shostakóvitch compusera quatro sinfonias a respeito de efemérides da Revolução; produzira várias obras de coloração ideológica; escrevera inúmeros artigos, para o *Pravda* e o *Izviéstia*, enfatizando a necessidade de a música atrelar-se aos objetivos partidários. Aceitar que tudo isso não passasse de manobra para sobreviver significava aceitar, também, que o Ocidente tinha sido fundamentalmente incapaz de separar o joio do trigo, no que se referia às informações vindas da URSS.

Concluiu-se, portanto, que Vólkov partira de um núcleo real de depoimentos que lhe foram concedidos por Shostakóvitch e, depois de sua morte, os misturara com a salada russa de suas próprias convicções anticomunistas. Ponto de vista expresso num artigo publicado, em dezembro de 1979, na *Litieratúrnaia Gaziêta*, assinado coletivamente por vários colegas do compositor, que chamavam o livro de "falsificação lamentável". E reforçado por Irina Antônovna, a viúva de Dmítri, que foi à televisão para afirmar que Vólkov conhecia muito pouco a vida do compositor, visitara poucas vezes a casa dos Shostakóvitch, e não conversara com seu marido tempo suficiente para reunir declarações que bastassem para preencher todo um livro.

Em outubro de 1980, um golpe decisivo foi assestado em *Testimony* pelo ensaio "Shostakovich versus Volkov: Whose Testimony?", da estudiosa americana Laurel Fay, publicado pela revista *The Russian Review*, de Nova York. Nesse artigo – incluído por Malcolm Hamrick Brown em sua coletânea *The Shostakovich Casebook*, de 2004 – Fay relatava as pesquisas feitas juntamente com Simon Karlínski, especialista em literatura russa. Ambos tinham encontrado, no livro de Vólkov, reminiscências autobiográficas transcritas literalmente de fontes soviéticas muito mais antigas – e remanejadas de modo a parecer que datavam de trinta ou quarenta anos mais tarde.

Além de uma tabela da correlação entre passagens de *Testimony* com outras fontes, anteriormente publicadas, Fay estampava, em colunas lado a lado, um trecho das páginas 154-155 do livro de Vólkov, mostrando que ele tinha sido reproduzido de "Kak rojdáietsa múzyka" (Como a Música Nasce), um texto constante da coletânea de ensaios do compositor editado por L. Danílevitch, em 1967, num volume que saiu pela editora Soviétski Kompozítor. Como esses trechos transcritos vinham sempre nas primeiras páginas de sete das oito seções de *Testemunho* – aquelas que continham a assinatura de Shostakóvitch autenticando o texto –, Fay chegava à conclusão de que Vólkov mostrara ao compositor uma coleção de artigos antigos, que ele endossou, acreditando que se destinavam a uma antologia. Depois, Vólkov teria acrescentado informações de sua autoria ao restante dos capítulos.

Ao fato de Vólkov nunca ter sido capaz de apresentar explicações convincentes, somou-se a publicação, em inglês, pela Progress Izdátielstvo, de Moscou, da coletânea de discursos e artigos *Shostakovich: About Himself and His Time*, em que reaparecia a figura do Dmítri pré-*Testemunho*: sério, prosaico, impecavelmente familiarizado com o "oficialês" soviético e, principalmente, dotado de inegável ingenuidade. O último prego no caixão de Vólkov veio, em 1981, com a fuga para o Ocidente, de Maksím Dmítrievitch Shostakóvitch. Se a família tinha sido pressionada a fazer as afirmações desejadas pelas autoridades, agora o filho do compositor estava livre para dizer a verdade. Mas Maksím não deu a *Testemunho* o *imprimatur* esperado pelos volkovitas. "É um livro sobre o meu pai, não de autoria dele", declarou, em entrevista de 17 de maio, ao *Sunday Times*, acrescentando que a maneira escatológica como Dmítri se expressa nas páginas de Vólkov "nada tem a ver com o homem que conheci".

Quando o livro de Vólkov parecia ter atingido o fundo do poço, surgiram alguns advogados importantes. Inesperadamente, o próprio Simon Karlínski declarou que, apesar dos plágios, o livro era convincente. E Gerald Abraham, uma das maiores autoridades em música russa, foi da opinião de que o Shostakóvitch do livro coincidia com a impressão que lhe passara, quando o tinha conhecido pessoalmente. Dois refugiados notáveis, os maestros Kiríll Kondráshin e Rúdolf Barshái, que tinham estreado sinfonias de Shostakóvitch, concordavam com Abraham. E Vólkov encontrou defensores veementes em Alan Ho e Dmítri Feofánov, autores de *Shostakovich Reconsidered*, que a editora Toccata, de Nova York, lançou em 1998. Nele, Fay era acusada de, "na melhor das hipóteses, ter uma visão ingênua do assunto que está tratando e, na pior, esconder e distorcer provas pertinentes".

Para defender-se, Fay não só escreveu a biografia *Shostakovich: a Life* (2000) e reuniu uma coletânea de estudos em *Shostakovich and His World* (2004).

Mas também retomou o assunto em outro ensaio. De início publicado em russo[1], esse ensaio se encontra igualmente recolhido na obra de Hamrick Brown já mencionada, com o título de *Volkov's Testimony Reconsidered*. Nele, além de repetir os argumentos anteriores, Fay introduz um elemento novo. Em 1980, ela cotejara os textos russos com a tradução inglesa de Antonina W. Bouis. Agora, ela conseguira o acesso às páginas datilografadas do texto original de Vólkov e as reproduz, em *fac-simile*, lado a lado com as páginas dos livros de onde as passagens foram extraídas.

Mostra, por exemplo, a lauda original de *Testimony*, exibindo a rubrica "D. Shostakóvitch" logo acima de ГЛАВА ВТОРАЯ (*gláva vtoráia*, segundo capítulo), com o trecho transcrito do depoimento do compositor sobre Stravínski, recolhido por Borís Iarustóvski em *I. F. Stravinski: státi i matieriáli* (I. F. S.: Documentos e Materiais), publicado em 1973 pela Soviétskii Kompozítor, de Moscou. E reenumera todos os depoimentos de pessoas próximas ao músico que contribuem para dar ao livro de Vólkov um valor muito discutível. Fay dá, em especial, muito destaque aos protestos de Borís Tíshtchenko sobre a maneira como Vólkov retrabalhara o material das entrevistas que tivera com Shostakóvitch: "Posso jurar, com a mão na *Bíblia*, que esse livro é uma falsificação, porque eu estava lá. O que Shostakóvitch disse poderia caber num bloquinho pequeno. O que saiu no Ocidente é um livro de 400 páginas".

Seria longo e tedioso enumerar todos os depoimentos. Fiquemos apenas com mais um exemplo: o compositor Farádj Karáiev, filho de Kára Karáiev, amigo de Shostakóvitch: "Meu pai estava no hospital, cuidando de um problema cardíaco, quando leu a tradução alemã de *Testemunho*, e disse à família: "Mítia não poderia ter escrito isso, quanto mais permitido a sua publicação. É claro que se trata de uma falsificação".

Desse ponto em diante, o debate ficou polarizado entre os partidários de Ho e Feofánov – que, desde o início, tendiam a ver, no livro de Vólkov, um retrato verossímil de Dmítri Dmítrievitch, ainda que alguns dados tivessem sido manipulados – e os partidários de Fay. Mas a falta do endosso por Maksím Dmítrievitch passou a comprometer pontos fundamentais do debate, em especial o que se referia ao significado da *Quinta Sinfonia*. Seria possível dar crédito às palavras atribuídas a Shostakóvitch de que "o regozijo, ali, era forçado, obrigatório?" Na coletânea de ensaios *Shostakovich: the Man and his Music*[2], por exemplo, o organizador, Christopher Norris, escreve:

---

1. Vozvrashtcháias k Svidietiélstvu (Voltando a *Testemunho*), recolhido por Liudmila Kovnátskaia em *Shostakóvitch: miêjdu mgnoviêniem i viétchnostiu* (S. Entre a Atualidade e a Eternidade) da Rússkii Kompozítor, São Petersburgo, 2000.

2. Publicada por Lawrence & Wishardt, em 1982, contendo os trabalhos apresentados em um simpósio sobre o compositor, realizado na Universidade de Indiana.

Três momentos na vida de Dmítri Shostakóvitch, em 1947, 1948 e 1958.

A descoberta de ironias sutis e mensagens cifradas de desespero numa música que soa, para a orelha desprevenida, como Otimismo Socialista puro e simples, é uma reação ideológica à obra. Essa é uma atitude que deve muito à cartilha ideologicamente enganadora que é *Testimony*. No futuro, críticos responsáveis deveriam pensar duas vezes antes de se associar às táticas interpretativas de Guerra Fria usadas por Sólomon Vólkov.

A opinião de Norris choca-se com a leitura da *Quinta* feita, na mesma época, à frente da Sinfônica de Washington, por Mstislav Rostropóvitch, grande conhecedor do homem Shostakóvitch. "Quem pensa que o final da *Quinta* é uma glorificação é um idiota", afirma Slava, com todas as letras, no folheto do disco. E a forma trágica, sombria como ele conduz o *finale*, não deixa margem à dúvida.

O lançamento desse disco, em 1983, coincidiu com a segunda edição de *Music and Musical Life in Soviet Rússia*, na qual o autor, Boris Schwarz, incluíra uma entrevista que Maksím Shostakóvitch lhe concedera, em Nova York, dois anos antes. Mesmo mantendo suas reservas quanto ao livro de Vólkov, o filho do compositor dizia que ele tinha razão ao apresentá-lo como um homem para o qual a fidelidade ao regime era uma máscara: "Meu pai era um patriota, o que não é a mesma coisa que um *apparátchik* do Partido". Além disso, Maksím confirmou que os pronunciamentos oficiais a ele creditados tinham sido redigidos por funcionários ou jornalistas ligados ao governo, e Dmítri apenas os assinou.

Entrevistado pelo polêmico crítico Norman Lebrecht para o *Sunday Times*, Rostropóvitch disse que "as sinfonias de Shostakóvitch formam uma história secreta da Rússia". E Rostisláv Dubínski, o fundador do Quarteto Borodín, relatou que ouvira do compositor, no final da sua vida: "A minha música é um memorial à destruição da cultura russa pelos soviéticos". Em sua biografia, de 1984, Galina Vishniévskaia, a artista a quem Dmítri dedicou o maior número de composições, disse: "Se a música puder ser considerada anticomunista, é assim que deve ser qualificada a de Shostakóvitch". No mesmo ano, Jasper Parrott, a quem o pianista Vladímir Ashkenazy narrara as suas memórias[3], escreveu: "Apesar de sua propagandeada submissão à linha oficial, está claro para nós, agora, que Shostakóvitch, em suas últimas sinfonias, simplesmente continuou a sua própria crítica, extremamente pessoal, de um sistema que ele desprezava de modo absoluto".

Em 27 de setembro de 1986, finalmente, ao aceitar o convite do compositor Michael Berkeley[4] para ser entrevistado no canal de televisão da BBC, Maksím deu, a respeito de *Testimony*, o depoimento pelo qual os volkovitas tinham esperado tanto tempo: "É verdadeiro. E é preciso. Às vezes, para mim,

---

3. *Beyond Frontiers* (Parrot, 1984).
4. O filho de sir Lennox Berkeley, de quem, em 2005, foi encenada em São Paulo a ópera *A Dinner Engagement*.

há coisas, no livro, que não passam de boato, mas nada de realmente importante. A base do livro está correta".

O "filho fiel do Partido" seria, então, um dissidente secreto que movia, por trás das múltiplas máscaras de sua música, uma campanha de protesto contra o sistema que o perseguira mas, também, o cobrira de honrarias? Quem era, então, o verdadeiro Shostakóvitch? O autor de sinfonias como a *Quarta*, a *Sexta*, a *Oitava*, do *Quarteto n. 8*? Ou o complacente compositor do *Canto da Floresta* ou da trilha de um filme como *A Queda de Berlim*, de Mikhaíl Tchiaurélli, que é uma deslavada contribuição ao culto da personalidade de Stálin?

Não são muitos os analistas que, no Ocidente, têm isenção suficiente para se pronunciar a respeito. E mesmo os músicos que conheceram Dmítri muito de perto – Rostropóvitch, Vishniévskaia, Barshái, Dubínski – não possuíam integralmente informações sobre uma vida que se estendeu à fase anterior a 1917, em que nenhum deles ainda tinha nascido. O próprio Kondráshin, que conhecera Shostakóvitch em 1937, e morreu em 1981, antes do início da *pierestróika*, sempre foi muito discreto a respeito desses assuntos, decerto temendo represálias contra os parentes que deixara na URSS. Lembrem-se do que Ievtushênko diz em *Medos*, na *Sinfonia n. 13*, e todas essas reticências tornam-se muito compreensíveis.

O movimento no sentido de se ter uma compreensão mais clara do que foi "o caso Shostakóvitch " só pôde se iniciar depois que a dissolução da URSS facilitou o acesso a certos documentos. Mas este é um processo que ainda está em andamento e, se considerarmos a maneira lenta como as coisas andam na Rússia, ainda vai se estender por muito tempo. O objetivo deste livro não é o de canonizar ou condenar; é apenas o de apresentar ao leitor um material bruto – e alguns pontos de referência bibliográficos – que lhe permitam conduzir a sua própria reflexão.

Em todo caso, em que pesem as dúvidas que Laurel Fay lançou sobre a sua probidade, e das quais ele nunca tentou se defender, é inegável que Sólomon Vólkov teve, com Shostakóvitch, um contato em primeira mão que nenhum de seus detratores pôde ter. O retrato que ele traça é o de um homem que acreditou honestamente, durante a década de 1920, na possibilidade de a Revolução criar uma nova sociedade (e não foram poucos os intelectuais que embarcaram nessa crença) – mas sem nunca deixar de estar do lado dos perseguidos e oprimidos (e a prova disso foi a quantidade de vezes que Dmítri abrigou, em sua casa, pessoas que se encontravam em dificuldades políticas). As obras que foi forçado a fornecer ao Estado, ele as escreveu com relutância e, com o passar do tempo, com um desinteresse que não conseguia mais dissimular (e a prova disso é a freqüência quase mecânica com que recicla a sua própria obra nas peças de circunstância).

Galina Vishniévskaia relata, em seu livro, o episódio, a que assistiu, de um jantar em que Nikolái Shtchólokov, o ministro da Polícia – um dos maiores canalhas que participaram do governo Bréjnev –, praticamente extorquiu de Dmítri a promessa de que escreveria uma *Marcha para a Polícia Soviética*[5]. Não sabemos qual foi a reação de Shtchólokov à grotesca partitura para banda que Mítia lhe entregou: depois da morte de Bréjnev, ameaçado de ser processado pelos crimes que cometera, o ministro se suicidou. Diz Vólkov:

> Shostakóvitch não podia e não queria entrar em conflito aberto com as autoridades. Mas também estava claro para ele que a submissão total ameaçava levá-lo a um beco sem saída criativo. Conscientemente ou não, ele escolheu um outro caminho: tornou-se o segundo grande compositor *iuródivyi* (Mússorgski tinha sido o primeiro).

O *iuródivyi*, o "tolo sagrado", como já foi dito em passagens anteriores deste livro, é uma venerável tradição russa. De acordo com ela, quem quer zombar dos poderosos com relativa impunidade pode fazê-lo, desde que, em tudo mais, se comporte como se não fosse digno de ser levado a sério (o modelo perfeito do *iuródivyi* é o Bobo, do *Borís Godunóv*, de Mússorgski, que tem coragem de dizer ao tsar as mais duras verdades). Diz Vólkov:

> Shostakóvitch não só se considerava um *iuródivyi*, como assim era visto por aqueles que lhe estavam próximos. A designação *iuródivyi* era freqüentemente aplicada a ele nos círculos musicais russos. [...] Trilhando a estrada do *iuródstvo* [o comportamento de quem se assume "tolo sagrado"], ele abria mão de toda responsabilidade sobre o que dizia: nada significava o que parecia significar, nem mesmo as palavras mais bonitas e exaltadas. A enunciação de verdades familiares transformava-se em zombaria; inversamente, a zombaria podia conter verdades trágicas. Isso é válido também para a sua música.

A teoria do *iuródstvo* – às vezes também chamada de "a síndrome de Hamlet", de quem, como o príncipe dinamarquês, faz-se passar por louco, para que lhe permitam prosseguir em sua busca da verdade – serviu de instrumento de abordagem para analistas respeitáveis como Ian MacDonald, o autor de *The New Shostakovich*. Esta biografia de Shostakóvitch, já dissemos, não tem a pretensão de tomar partido: sua proposta é entregar ao leitor tanto as informações contidas no livro de Vólkov – que não devem ser inteiramente forjadas, como o próprio Maksím acabou por reconhecer – quanto, por exemplo, os preciosos depoimentos recolhidos por Elizabeth Wilson, na sua maioria mediante entrevistas diretas, em *Shostakovich: a Life Remembered*. É Ian MacDonald quem diz:

---

5. Gravada por Guennády Rojdéstviénski, na Suécia, para o selo Chandos, no disco *Russian Concert Music Band*.

A primeira regra para quem deseja avaliar informações vindas de um Estado totalitário é lembrar-se de que, ali, quase nada é espontâneo. Tudo, desde as crianças que agitam bandeirinhas no aeroporto, até as expressões de justificada indignação assinadas coletivamente na imprensa nacional, é *planejado*. Os pronunciamentos de Shostakóvitch para uso interno soviético devem ser entendidos como produtos desse sistema obsessivamente supervisionado. [...] Já que a diretriz oficial pode se alterar de uma semana para a outra – de tal forma que o artista não saiba, de uma hora para a outra, o que é a coisa correta a dizer – tudo o que é atribuído, pelas fontes soviéticas, a Shostakóvitch deve, presumivelmente, ser a obra de um jornalista ligado ao sistema, que pode ou não ter-se dado o trabalho de ir entrevistá-lo antes de escrever a sua matéria.

Isso foi confirmado por diversas fontes. Galina Vishniévskaia afirma, em suas *A Russian Story*: "Era do conhecimento de todos que Shostakóvitch assinava cartas de protesto sem nem olhar o que havia nelas, lia declarações à imprensa previamente preparadas sem sequer fingir que estava sendo sincero e, geralmente, permitia que a sua reputação fosse usada pelo Estado do jeito que ele queria".

Exemplo disso, referendado por Borís Schwarz em sua história da música soviética, é o artigo de 7 de setembro de 1960, no *Pravda*, em que atribuía-se a Shostakóvitch o ataque a Schoenberg e a Stravínski – autor que ele admirava muito –, acusando-os de fazer uma música "completamente divorciada das necessidades de nosso tempo". Se nos lembrarmos que, ao ser compulsoriamente removido de Leningrado, Dmítri levou apenas duas partituras, a da *Sétima* e a redução para dois pianos da *Sinfonia dos Salmos*, que considerava uma obra extraordinária, devemos concluir que não poderia ter sido ele o autor desse artigo. Não é o tipo de opinião que corresponda ao interesse que sempre demonstrou pela obra de jovens vanguardistas como Álfred Shnittke, Andrêi Volkônski, Édison Denísov, Borís Tíshtchenko Galina Ustvôlskaia ou Sófia Gubaidúlina, aos quais estava sempre pronto a ajudar com preciosos conselhos[6].

Para os críticos ocidentais, permitir esse uso de seu nome e reputação pode parecer um sinal de cinismo ou covardia. Mas o enigma desse comportamento tem menos a ver com o próprio Shostakóvitch do que com a natureza da Rússia soviética, sempre envolta nas brumas da *desinformátsia*. As peculiaridades da vida intelectual nos países do Leste europeu foram agudamente analisadas pelo poeta polonês Czesław Milosz, em seu livro *The Captive Mind*. É Milosz quem, ao discutir esses artigos ou discursos que o artista aceita fazer, mesmo não concordando com eles, o explica mediante o conceito de *ketman* – palavra iraniana, ligada ao vocabulário dos místicos Sufis, que designa "a prática, sob o

---

6. No caso de Tíshtchénko até mais pois, considerando muito pesada a instrumentação de seu *Concerto n. 1* para violoncelo, de 1963, em que o jovem compositor usava dezessete metais, muitas madeiras, percussões e harmônio, Shostakóvitch o reorquestrou em 1969, dando a partitura de presente ao aluno dileto, em seu 30º aniversário (a gravação do concerto assim reorquestrado foi feita por Valiéry Poliânski, em 2000, para o selo Chandos).

Islamismo ortodoxo, de dissimular as suas heresias e zombar do poder vigente, professando a ortodoxia da forma mais elaboradamente pedante e – sempre que fosse seguro agir assim – levar a exibição de solene conformismo aos extremos do absurdo".

O *ketman* leste europeu – muito parecido com o *iuródivyi* da tradição russa – possuía opiniões próprias, mas desejava permanecer vivo e, se possível, fora da prisão. Sem levar em conta esse aspecto da vida comunista, não é possível ter uma idéia clara do que se passava atrás da Cortina de Ferro. Diz Milosz:

> Quem quiser medir a vida intelectual, nos países da Europa central ou oriental, a partir dos monótonos artigos estampados na imprensa, ou das declarações estereotipadas feitas a todo momento, estará cometendo um grave erro. Da mesma forma que os teólogos, nas fases de ortodoxia estrita, expressavam o seu ponto de vista com a linguagem rigorosa da Igreja, da mesma forma os escritores das repúblicas democráticas recorrem a um estilo, a uma terminologia, a rituais lingüísticos previamente aceitos. O que importa não é o que se disse, mas o que se quis dizer. [...] A menos que se more em um desses países, é muito difícil saber que batalhas titânicas se está combatendo, como os heróis do *ketman* estão sucumbindo.[...] Um polonês, um tcheco, um húngaro versado na arte da dissimulação, sorri ao saber que alguém que emigrou o chamou de traidor (ou de porco). Quem está no exterior não sabe o preço que a gente tem de pagar. Não sabe o que a gente compra, e nem a que preço.

Há, em *Testimony*, várias passagens em que Shostakóvitch age de acordo com o princípio do *ketman*. Mas há também, sobretudo nos últimos anos de sua carreira, momentos em que já não dá mais a mínima. São nesses instantes de indiferença que parece estar mais ativo nele o comportamento de *iuródivyi* que Vólkov lhe atribui. Há uma distinção – talvez um tanto sutil para um ocidental habituado a ver as coisas preto no branco – entre assinar uma carta sem ler (um gesto de cinismo ou de desesperança, de simplesmente entregar os pontos) e pronunciar em público um discurso preparado, com a certeza de que todos os que o ouvem sabem perfeitamente o que o artista está sendo obrigado a fazer, pois todos, de uma maneira ou de outra, já passaram pela mesma experiência.

É claro que isso funciona mal para uso externo. O público estrangeiro do Waldorf Astoria, que viu Shostakóvitch, durante o Congresso pela Paz, fazer declarações preparadas, ficou muito chocado. E até mesmo um *émigré* como Nicholas Nabokov, no relato dessa cena que citamos neste livro, parecia já ter perdido a capacidade de realmente perceber o que estava se passando (é verdade que a URSS da época em que ele emigrou, por pior que fosse, ainda não era o pesadelo ambulante do Terror stalinista).

Analisar a relação entre a pessoa e a obra de Shostakóvitch – assim como a de Akhmátova, Pasternák, Bulgákov ou Pilniák – passa pela necessidade de pensar que, duas vezes em sua vida – 1936 e 1948 – Dmítri Dmítrievitch foi temporariamente convertido em uma "não-pessoa", devido a crimes "contra o Povo" em que só os muito crédulos ou os totalmente parvos poderiam acreditar. Pois mais doloroso ainda para o artista – e se sente isso em *Testimony* – era constatar que, no Ocidente, principalmente entre os bem-pensantes da esquerda, era comum acreditar que o Partido lhe estava fazendo um bem ao reconduzi-lo à "correta via do pensamento socialista". Não é surpreendente que, submetido a tantas humilhações e ameaças, Shostakóvitch tenha chegado à conclusão de que o melhor era evitar o conflito com as autoridades, por mais que isso prejudicasse a sua reputação.

Não há vergonha alguma em ter-se sentido aterrorizado, numa época em que toda a população da URSS experimentava o mesmo sentimento. Pasternák que, em 1936, assinara uma carta ao *Pravda* pedindo a sentença de morte para Kamenióv e Zinovióv, foi tomado de escrúpulos, um ano depois, e recusou-se a fazer o mesmo, condenando o marechal Tukhatchévski. Não firmou a carta nem mesmo depois que sua esposa, grávida, ajoelhou-se a seus pés, suplicando-lhe que o fizesse. Os amigos do poeta, aterrorizados com a possibilidade de que essa atitude o fizesse ir parar na penitenciária da Liubiânka, falsificaram a sua assinatura na carta. Estavam certos de que a indignação da família Tukhatchévski faria menos mal ao poeta do que ir engrossar a fila dos milhões de russos que estavam sendo fuzilados ou deportados por "delitos" muito menos graves.

Se eram tão duras as condições de vida de Shostakóvitch e seus próximos, por que então ele não emigrou, aproveitando as inúmeras oportunidades que lhe foram oferecidas pelas viagens que fez ao exterior? O que o deteve foram a família, os amigos, tudo o que ele teria deixado para trás, caso escolhesse ir para o Ocidente, onde a fama que tinha, desde a composição da *Primeira Sinfonia*, lhe teria dado condições de fazer uma carreira livre e bem-sucedida? Prefiro pensar que, como Anna Akhmátova, cuja vida converteu-se num símbolo da dignidade e da resistência do povo russo à tirania, Shostakóvitch precisava também do *rússkoie slôvo* (a palavra russa) como matéria-prima essencial de seu trabalho.

Como aquele personagem dos Doze Trabalhos de Hércules, que perdia as forças caso seus pés se descolassem do chão, pois era de Géa, a sua mãe, que vinha toda a energia, Shostakóvitch – e também Akhmátova, e também Tsvietáieva, que saiu mas, não agüentando as saudades, voltou – pertencem àquela categoria de artista que precisa de sentir sob os pés o solo russo para continuar criando. Eles fazem parte daquele fenômeno que István Szabó descreveu em seu brilhante filme *Mefisto*, sobre um ator que fica na Alemanha e colabora com o Nazismo, pois não teria mais sentido fora de um palco alemão.

Nos poemas de *Podorójnik* (Tanchagem[7]), publicados em 1921, Akhmátova expressa os sentimentos afetuosos que tinha pelo mosaísta Borís Anrep; mas também a indignação com a sua atitude de "apóstata", que arriscou-se a perder a sua alma em troca do canto de sereia do exterior. É a ele que Akhmátova dedica um poema no qual podemos claramente entender a sua opção – e a de Shostakóvitch – de ficar na Rússia, apesar de tudo:

Kogdá v toskiê samoubítsa
naród gostiêi nemiétski jdal,
i dukh suróvyi bizántstva
ot rússki Tsiérkov otlietál;
kogdá priniévskaia stolítsa,
zabýv vielítchie svoiô,
kak opianiêvshaia budítsa,
niê znála kto bieriót ieiô,
mniê gólos byl. On zval utiéshno,
on govoríl: "Idí siudá,
ostáv svôi krái glukhôi i griéshnyi,
ostáv Rossíu na vsiegdá.
I krov ot ruk tvoíkh otmóiu,
iz siérdtsa výnu tchiôrnyi styd,
iá nóvym ímienem pokróiu
bol porajiênnii i obid."
No ravnodúshno i spokóino
rúkami iá zamknúla slukh,
tchtob étoi riétchiu niedostóinoi
niê oskviernílsa skórbnyi dukh.

(Quando, na angústia do suicídio,/ o povo esperava pelo hóspede germânico,/ e o austero espírito de Bizâncio/ desertava a Igreja russa,/ quando a capital às margens do Nevá,/ esquecida de sua grandeza,/ como uma prostituta bêbada nem sabia mais a quem se entregava, ouvi uma voz consoladora/ que me dizia: "Vem para cá, abandona essa terra surda e pecadora, abandona a Rússia para sempre. Limparei o sangue de tuas mãos,/ a negra vergonha arrancarei de teu coração,/ com um nome novo cobrirei/ a injúria e a dor da derrota."/ Mas eu fiquei calada e indiferente/ e tapei os ouvidos com as mãos,/ para que essas indignas palavras/ não viessem profanar a minha alma aflita)[8].

7. Tanchagem – do latim *plantagine*, que dá em francês a forma *plaintain*, passada também para o inglês – é uma erva de origem européia, da família das plantagináceas, com folhas espatuladas e moles, e minúsculas flores formando espigas delgadas e cilíndricas, muito alongadas. A escolha desse título para o livro prende-se ao fato de essa vegetação ser típica da Rússia e, portanto, de uma realidade de que ela não queria se separar.

8. Tradução em *Anna Akhmátova: Poesia 1912 – 1964* (Machado Coelho, 1991).

Por que, então, a música desse russo que escolheu nunca sair da Rússia – uma música que esteve, praticamente todo o tempo, ligada a circunstâncias muito específicas da história de seu povo, que já não existem mais – começou a crescer e a interessar um público cada vez maior justamente a partir do momento em que, na hipócrita maneira de dizer de Khrénnikov, "Dmítri Dmítrievitch entrou na imortalidade"? Por que, hoje, que nos avizinhamos do centenário do nascimento de Dmítri Shostakóvitch, a sua música, em vez de permanecer como um documento de museu, testemunha de um passado que vai se distanciando, é cada vez mais ouvida em toda parte – ao invés de, como um dia disse maldosamente Soljenýtisn, "entrar por um ouvido e sair pelo outro?".

Essa é a pergunta à qual este livro, levadas em conta todas as suas naturais limitações, tentou responder. Embora alguns críticos ocidentais, sobretudo os ligados à vanguarda, tenham considerado a música de Shostakóvitch primitiva, passadista ou bombástica, uma primeira resposta para isso pode estar no que diz Lawrence Hansem a respeito da recepção cada vez mais espontânea que ela vem recebendo das platéias não-eslavas (na edição de set.-out. de 2000 do *American Recording Guide*):

> A música de Shostakóvitch toca em nossos medos mais profundos: a destruição do ser por forças exteriores, o medo de que a nossa vida seja inútil e sem sentido, e de termos de olhar de frente o mal em estado puro que se oculta em nossos semelhantes. A música de Shostakóvitch nos oferece uma aterrorizante e, ao mesmo tempo, catártica descida na montanha-russa de nossas emoções.

Essa parece ser a resposta. Renunciando ao verdadeiro formalismo – de que ele foi tão absurdamente acusado – Shostakóvitch retratou os impulsos, os medos, as esperanças, as frustrações, as alegrias da condição humana, de uma forma universal, que justifica as palavras do maestro Leo Botstein no ensaio *Listening to Shostakovich*[9]:

> A sua música é imediatamente cativante e, para ser melhor fruída, exige que a ouçamos numa sala de concerto, em companhia de uma grande platéia. Ela seduz tanto o conhecedor quanto o ouvinte novato. Gera, rapidamente, um sentimento de comunidade, entre indivíduos dos mais diversos grupos sociais. Uma associação clara persiste entre o compositor e a sua música e o socialismo no Estado russo da Era Soviética, mas também vai além e é universal e intemporal. Se a ouvimos em casa, no toca-discos, as suas qualidades próprias – a moldura temporal, as sonoridades típicas, a superfície acessível, os delineamentos espaçosos e de linhas angulosas, ásperas – exigem que a ouçamos bem alto, como se fosse *pop music*, para que ela nos pegue nas entranhas. A música é memorável. Mas, ao mesmo tempo, desde a primeira audição, não nos parece particularmente problemática ou difícil

---

9. Recolhido em *Shostakovich and His World* (Fay, 2004).

de assimilar. A música de Shostakóvitch, em suma, inspira uma popularidade extraordinária, embora não fácil, entre os ouvintes sofisticados ou iniciantes, sem controvérsia aparente.

É preciso, antes de mais nada, levar em conta que, para esse desdobramento, contribuiu muito a evolução pluralística e eclética da arte musical na era que, por falta de termo melhor, chamaremos de Pós-moderna. Shostakóvitch não é o único beneficiário dessa mudança, observável a partir de meados da década de 1970. Ela colocou também sob luzes novas a obra de compositores como Zemlinsky, Schreker ou Korngold, antes desprezados por não terem rompido com o sistema tonal. O entusiasmo de intérpretes e platéia pela música de Shostakóvitch é impulsionado pelo afastamento das tendências prioritariamente vanguardistas que predominaram em meados do século XX, substituídas pela revalorização da tradição. A influência das artes musicais populares devolveu ao público o gosto pela melodia – que, na verdade, ele não tinha perdido (tanto assim que, do pós-guerra para cá, ouvir música estava se tornando cada vez menos ouvir obras novas, e cada vez mais reescutar obras antigas). A estratégia dos compositores de encontrar o compromisso entre a vanguarda e a tradição visou a reatar, com o público, um contato que arriscava de se perder definitivamente.

Nesse sentido, a recuperação do interesse pelos criadores do século XX antes considerados conservadores tem um claro subtexto político. Compositores como Boulez, Nono, Stockhausen, com inclinações esquerdistas, equacionavam a ruptura com as práticas musicais do passado, e a adoção do experimentalismo radical, com as idéias políticas progressistas, em resposta ao reacionarismo fascista, que condenara todo modernismo como "arte decadente" (nesse sentido, por mais que isso faça erguer-se os cabelos dos comunistas veteranos, não há diferença absolutamente alguma entre Hitler e Stálin). Por esse motivo, Shostakóvitch, Korngold, Zemlinsky e outros viram-se relegados, pelo *establishment* vanguardista, a uma posição periférica. Naquela época, um dos poucos a defender a qualidade da música de Shostakóvitch, e a reconhecer sua importância como o herdeiro do sinfonismo mahleriano, era o inglês Benjamin Britten, grande amigo – dedicatário da *Sinfonia n. 14* – e, como ele, um compositor que não tinha virado as costas ao sistema tonal, embora o tratasse com a mesma liberdade.

No nosso mundo pós-Guerra Fria, em que a URSS não existe mais e o conflito Leste/Oeste desapareceu – substituído por um conflito Norte/Sul que é muito mais perverso – não é coincidência a popularidade crescente de Shostakóvitch no Ocidente apoiar-se na consciência de que a música constitui uma forma de resistência à ditadura, à opressão, ao terror. Agora que já não há mais necessidade de coexistência pacífica, não há mais barreiras para que Shostakóvitch seja visto como a oposição espiritual ao totalitarismo que, de Liênin a Bréjnev, teve gradações de intensidade, mas foi basicamente o mesmo.

Sua música não é, como a de Haydn, por exemplo, consistentemente boa, todo o tempo. Há muitos pontos altos – as sinfonias *n. 6* ou *n. 14*, o *Quarteto n. 8* são verdadeiras obras-primas – outras, algumas suítes de balé, trilhas para o cinema ou peças de encomenda oficial, representam pontos baixos. Como todo compositor que escreve com imensa facilidade, e muito depressa, Shostakóvitch é errático e, não raro, inconsistente. Mas nunca deixa de ser um músico poderoso, que sabe como comunicar-se com uma platéia muito ampla.

Richard Taruskin, em *Redefining Russia Musically*, diz que Shostakóvitch foi "o único artista soviético a ser reivindicado tanto pela cultura oficial quanto pela dos dissidentes". Agindo de uma forma que lhe deu condições de continuar a produzir, por mais que isso tenha sido, para ele, um processo muito doloroso, Shostakóvitch expôs-se, é claro, às mais diversas críticas e às piores interpretações de suas atitudes. Nada disso teria acontecido se, como o alemão Karl-Amadeus Hartman, ele tivesse escolhido o caminho do "exílio interno". Hartmann continuou compondo, mas não publicou e nem apresentou nada na vigência do nazismo (mas Hartmann era casado com a filha de um dos maiores banqueiro da Alemanha, e isso lhe deu condições de sobreviver em silêncio, durante os anos do totalitarismo, que Dmítri não tinha).

Sobre a pessoa cívica de Shostakóvitch acabaram pesando acusações muito semelhantes às que, até hoje, lançam sombras sobre a produção de Richard Strauss entre 1933 e 1945. Como Dmítri, o autor do *Cavaleiro da Rosa* também não saiu da Alemanha e aceitou colaborar com o governo nazista. Porque tinha razões familiares para isso, já que sua bem-amada nora Alice era judia e, conseqüentemente, seus dois netos eram também considerados judeus. Mas, principalmente, porque era um artista alemão e só em solo germânico a sua árvore poderia deitar raízes.

Como era o homem cuja arte, até hoje, trinta anos após a sua morte, ainda suscita polêmica tão intensa? Galina Vishniévskaia retrata o indivíduo introvertido, tímido, supersticioso, contraditório, de fala abrupta, espasmódica, às vezes encalhando obsessivamente no mesmo pedaço de frase – imagem bem diferente da que nos passa Vólkov, de um conversador fluente e irônico. Por outro lado, uma impressão que Dmítri dava com freqüência às pessoas era a de possuir a capacidade camaleônica de se adaptar à personalidade daquele com quem estava falando: "as pessoas que imaginavam conhecer o verdadeiro Shostakóvitch", dizia o seu sobrinho Dmítri Fréderiks[10], o filho de Marússia, "conheciam, na realidade, apenas um complacente reflexo de si próprios".

---

10. Em *Pages from the Life of Dmítri Shostakovich*, de Dmítri e Liudmila Sollertínski, Londres, Hale, 1981.

Isso fazia parte da sua preocupação em nunca magoar as pessoas. Os artistas que trabalharam com ele repetem sempre que Shostakóvitch só fazia observações sobre as suas interpretações quando tinha certeza de que o interlocutor as aceitaria sem se ofender. Caso contrário, sorria e lhes garantia que estava tudo muito bem. Mas essa tática de servir de espelho para os outros é um típico comportamento de *iuródivyi*. Pode ser que Galina, prima-dona de temperamento forte, mulher de comportamento sempre muito incisivo, visse nele o lado do artista atormentado que esperava encontrar. Outros lembram-se dele sardônico, mas controlado, de poucas palavras, muito reservado. Por outro lado, seu aluno Borís Tíshtchenko[11] o retrata como alguém que sabia se abrir, quando necessário, e tratava de igual para igual as pessoas com as quais se identificava:

> Não gostava de quem dizia as coisas pela metade, de quem era indeciso em suas opiniões, gostos, até mesmo nas pequenas coisas. O que dizia era sempre concreto e específico: cada pensamento era expresso de uma forma literária estrita e, às vezes, assumia até a forma de uma pequena narrativa [o que parece confirmar a informação de Vólkov sobre o *causeur*]. Shostakóvitch não gostava de discussões abstratas ou difusas, e nem de banalidades. Não havia nele nem eloqüência e nem excesso de emotividade, tudo era específico e organizado.

Todos parecem concordar que Shostakóvitch era um homem de imensa energia, capaz de se concentrar no trabalho mesmo nas condições mais adversas: Khéntova o descreveu trabalhando, em Komarôvo, no meio da gente ruidosa com a qual estava passando as férias, sem sequer se dar conta do barulho que elas faziam. Era de uma atenção absoluta nos ensaios. O romancista Tchingíz Aitmátov[12] o descreveu, em 1973, com "a postura tensa de uma águia que espreita a presa", ao assistir ao ensaio do *Quarteto n. 14* com o Beethoven. E o jornalista americano Royal Brown[13], que o entrevistou nessa mesma época, ficou impressionado com a "extrema energia interior" daquele homem já doente, de 67 anos, que morreria dois anos depois:

> Quando fala, a voz é aguda, meio sibilante, e as frases saem em rompantes rápidos, entusiásticos, quase juvenis, com ênfase muito grande nos tempos fortes, até mesmo para uma língua de acentuação bem definida, como o russo. A energia na fala e a concentração intensa é o que primeiro se observa num compositor que, não só a mim, mas também a muitos outros que estiveram com ele, passou a sensação de ser uma pessoa muito calorosa.

Vishniévskaia também reconhece que Shostakóvitch era extremamente disciplinado. Mas acrescenta que, apesar de ser devotadíssimo aos filhos, tinha

11. Idem.
12. Idem.
13. Interview with Shostakovich no número 23, de outubro de 1973 da *High Fidelity Magazine*.

uma certa dificuldade em ser natural com eles (o que Maksím nega). São traços díspares que caracterizam a personalidade multifacetada do artista e, no pólo positivo, manifestam-se mediante o senso de dever e a generosidade. Como Rakhmáninov, Shostakóvitch nunca recusava um pedido fundamentado de ajuda, ou de comparecimento em público, desde que a sua saúde o permitisse. Mas, em compensação, exigia dos outros as mesmas atitudes que tinha.

Nesse sentido, é significativo o episódio que deixou estremecidas, durante algum tempo, as suas relações com Álfred Shnittke. Dmítri prometera ao jovem compositor uma carta de recomendação para que a Rádio de Moscou fizesse a gravação de *Nagasáki*, o oratório que ele escrevera em 1959, ainda como aluno do Conservatório. Visava, com isso, a apresentação da obra no Japão. Shnittke combinou um encontro com ele para a manhã seguinte. Mas, ao chegar em casa à noite, o pai lhe disse que a polícia o convocara a depor sobre a acusação de homossexualismo feita contra um professor de piano da escola. Não havia como avisar a Shostakóvitch porque, naquela época, por "medida de segurança", não havia catálogos telefônicos na URSS. Shnittke teve de se atrasar. Considerando isso uma falta de atenção, Dmítri ficou, por muito tempo, irritado com ele.

Krzysztof Meyer, que o conheceu bem – o capítulo XXVIII de seu livro, *Algumas Lembranças Pessoais do Homem Shostakóvitch,* é um saboroso relato de como eles se encontraram e firmaram uma amizade de dez anos – também insiste na neurótica pontualidade, no comportamento formal, no gelo que era necessário quebrar pacientemente, antes de se conseguir chegar perto da pessoa que, no fundo, debaixo de uma grossa carapaça protetora, possuía inegáveis reservas de ternura.

Como pôde, então, um homem tão rigoroso consigo mesmo assinar tantos artigos e cartas que traíam as suas crenças? A única resposta é: com muita dificuldade. "Ele odiava a injustiça, a malícia, a mesquinharia", disse Valentin Berlínski, do Quarteto Borodín, "e quando alguém que respeitava era humilhado, isso o deixava fora de si".

Shostakóvitch tinha plena consciência do que estava sendo forçado a fazer. Mstisláv Rostropóvitch conta que, durante uma coletiva no Festival de Edimburgo de 1962, um repórter lhe perguntou se ele concordava com as críticas que lhe tinham sido feitas em 1948. A sua resposta: "Não só concordo como sou grato ao Partido pelo que me ensinou". Depois, virando-se para Slava: "Filho da mãe, por que foi me fazer uma pergunta dessas, se *sabe* que eu não posso responder?".

Para quem mora em um país onde é possível dizer o que se pensa, esse comportamento pode parecer reprovável. Mas para um povo como nós, brasileiros, que, nas fases piores do golpe militar, tínhamos de ser muito cautelosos com o que dizíamos em público, faz sentido o que Nadiêjda Mandelshtám comenta, em suas *Memórias*, a respeito do biólogo Aleksêi Bakh, obrigado a assinar um artigo em louvor a Stálin:

> Objetivamente falando, o que o acadêmico Bakh poderia ter feito? Revisar um pouquinho o texto, para que seu nome não aparecesse ao pé de um documento obviamente oficial? Duvido. Ou expulsar de sua casa o jornalista que veio pedir a sua assinatura? Pode-se esperar que as pessoas reajam dessa maneira, se sabem quais serão as conseqüências? Acho que não e não sei como responder a essas perguntas. A característica principal do Terror é deixar todo mundo paralisado, sem saber de que modo reagir.

É triste pensar que isso, ao longo da vida de Shostakóvitch, não se restringiu apenas à fase stalinista. No momento mesmo em que Aitmátov e Royal Brown se entusiasmavam com a força interior do músico, ele estava sendo obrigado a assinar uma petição contra Andrêi Sákharov, estigmatizado pelo governo Bréjnev. Se bem que, neste caso – se dermos crédito ao Shostakóvitch de *Testimony* – há uma nuance a estabelecer: Sákharov não lhe era inteiramente simpático. Mesmo não se podendo saber se essa opinião é de Dmítri ou de Vólkov, vale a pena registrar as palavras que lhe são atribuídas:

> Alguns grandes gênios e futuros grandes humanistas estão se comportando de maneira extremamente leviana, para dizer o mínimo. Primeiro inventam uma arma poderosa e a colocam nas mãos dos tiranos. Depois escrevem brochuras[14] edificantes. Uma coisa não compensa a outra. Não há brochura nenhuma que compense pela invenção da bomba de hidrogênio.

Em todo caso, fosse qual fosse a opinião que Shostakóvitch tinha de Sákharov, não acredito que ele tenha assinado a carta de 1973 sem coerção. As relações penosas que o compositor mantinha com Sákharov e Soljenýtsin vinham da sensação de superioridade moral desses dois homens, muito mais jovens, que estavam dispostos a desafiar o Estado e sofrer as conseqüências – um tipo de martírio a que, passados os sessenta anos, Dmítri não tinha mais vontade de se expor. A Soljenýtsin, irritava muito que um homem da estatura pública de Shostakóvitch, cujo apoio teria tido peso enorme, se recusasse a assinar, em 1968, uma carta condenando a invasão da Tchecoslováquia pelas tropas do Pacto de Varsóvia. Lembremo-nos de que, a Ievtushênko, quando este lhe perguntou por que assinava essas cartas absurdas, Dmítri respondeu: "Palavras não são a minha especialidade. Na minha música, eu não minto nunca. E isso basta".

Curioso é terem sido muito poucos – sobretudo entre os críticos ocidentais que avaliaram a sua *persona* pública – quem se desse conta de que, nos

---

14. A brochura a que Shostakóvitch se refere é o apelo de Sákharov ao fim da corrida armamentista, que lhe valeu o Prêmio Nobel da Paz e o isolamento, durante anos, em Gorki.

gostos literários desse homem, e nas pessoas com quem ele se ligava profundamente – sem falar em sua música – havia indícios claros de que não era o dócil seguidor da ortodoxia que as autoridades queriam fazer crer. Foram muito poucos os que perceberam que a sua música era o resultado de uma série de efeitos deliberados e rigorosamente controlados, e não apenas a manifestação de uma subjetividade neurótica.

A atitude dos liberais de esquerda, no Ocidente, de não levar em conta as denúncias de repressão que vinham da URSS, atribuindo-as à propaganda de direita da Guerra Fria, explica que não se tenha dado muita atenção ao conteúdo emocional da música de Shostakóvitch – apesar das advertências claras que havia em livros como *Music under the Soviets: the Agony of an Art*, de Andrêi Olkhóvski, que passou mais ou menos despercebido quando a editora Praeger, de Nova York, o lançou, em 1955. A respeito de Shostakóvitch, Olkhóvski era muito direto:

As fontes do pensamento musical do compositor não são a abundância de suas forças espirituais, mas os obstáculos que opõem a elas. Em que outro compositor contemporâneo existe uma tal intensidade de pulsação musical, acompanhada pela forte sensação de que a luz está se apagando e as nuvens negras estão se acumulando no horizonte?

Duas razões concorreram para que não se percebesse que essa música era o resultado de uma consciência independente, e não a auto-indulgente expressão de uma sensibilidade tendente a estados depressivos:

• as ilusões dos liberais de esquerda, durante longo tempo, a respeito da realidade da URSS;
• e a tendência do *establishment* vanguardista do século XX, a que já nos referimos, a considerar passadista e fora de moda toda criação musical que fazia a emoção preceder o rigor da forma.

Por isso, muitos críticos ocidentais continuaram a tentar explicar a música de Shostakóvitch pelo viés das informações que lhes vinham da URSS, sem se dar o trabalho de fazer o óbvio: pesquisar.

Acreditando ter de escolher entre o coletivismo esclarecido da URSS e o modelo reacionário do coletivismo nazista – sem perceber que, na essência, ambos tinham a mesma matriz totalitária –, os bem-intencionados liberais de esquerda ocidentais recusavam-se simplesmente a enxergar que a experiência socialista soviética tinha efeitos colaterais muito negativos. Foram mal recebidas as tentativas de advertência, de intelectuais como George Orwell ou Arthur Koestler – o autor do romance *O Zero e o Infinito* –, de que os ovos quebrados para fazer a omelete de Stálin eram o povo russo, e que um só assassinato cometido em nome do futuro significava a permissão para que, depois dele, milhões de outros crimes se seguissem. Só durante o governo de Gorbatchóv, na vigência da *pierestróika*, pôde circular livremente, na URSS, a informação de que, durante os 25 anos de seu governo, Stálin fora responsável pela morte de uns cinqüenta milhões de pessoas.

Polarizado pela emoção com o heróico sacrifício russo durante a guerra – "o Ocidente perdoou a Stálin os expurgos da década de 1930, por causa de Stalingrado", diz Soljenýtsin no *Arquipélago Gúlag* – o debate sobre o comunismo resistiu até mesmo à invasão da Hungria, em 1956. Poucos foram os intelectuais europeus, como André Gide, que perceberam a extensão das atrocidades stalinistas. Nadiêjda Mandelshtám recrimina o poeta francês Louis Aragon por sua visão maniqueísta do stalinismo. E, pelo mesmo motivo, Soljenýtsin não esconde o desprezo que sente por Jean-Paul Sartre. Diz ele: "A terra do Socialismo pode ser perdoada por atrocidades incomensuravelmente maiores do que as de Hitler, porque as suas vítimas são imoladas num altar resplandecente, o da mística das idéias 'progressistas'."

Só depois da invasão da Tchecoslováquia começou a reação do "eurocomunismo", liderada por Enrico Berlinguer, secretário-geral do PC italiano, que promoveu a independência ideológica das diretrizes emanadas do PCUS. Registraram-se sinais de que a consciência européia estava despertando, como a campanha, liderada pelo poeta britânico W. H. Auden, para que fosse libertado o poeta Iósif Bródski, condenado por "parasitismo social" – e ele pôde emigrar para a Inglaterra, onde deu prosseguimento a uma carreira literária brilhante, coroada pelo Prêmio Nobel em 1987.

Mas uma discussão verdadeiramente crítica do que tinha sido a "experiência socialista" na URSS só começou a partir do momento em que Mikhaíl Gorbatchov estimulou o processo sistemático de desestalinização em casa e nos países satélites – com o resultado de abrir uma caixa de Pandora que, depois, não foi mais possível fechar. Enquanto permaneceram, na consciência ocidental, resquícios do idealismo que via qualquer crítica ao comunismo como efeito da propaganda de direita da Guerra Fria – e em nosso próprio país esse estado de espírito vigorou por muito tempo – foi difícil a musicologia empreender uma avaliação clara da produção artística de Dmítri Shostakóvitch.

Qualquer discussão sobre o "experimento socialista" não pode ignorar que esse sistema, durante seus 74 anos de existência, foi responsável pela morte de quase oitenta milhões de pessoas. Esses fatos aterrorizantes, quem os informou, contra ventos e marés, não foi o governo russo, mas os escritores:

• o Soljenýtsin do *Arquipélago Gúlag*, que Lídia Tchukóvskaia chamou de "o acontecimento mais importante na história da Rússia, desde a morte de Stálin"; e a Ievguênia Guínzburg de *Dentro do Redemoinho*, que mostrou o lado feminino do pesadelo carcerário;

• a Nadiêjda Mandelshtám de *Vospominánia* (Memórias), publicadas no Ocidente como *Hope against Hope* e *Hope Abandoned*, um depoimento extraordinário sobre o cerne emocional da experiência de viver na Rússia daqueles anos, que só encontra paralelo no *Réquiem* de sua amiga Anna Akhmátova;

• o Anatóly Rybakóv do romance *Os Filhos da Rua Arbat*, que ousou, pela primeira vez, dar nome aos bois, responsabilizando Stálin pelo assassinato de Kírov, e fez o retrato sem retoques da vida quotidiana na URSS, dos anos 1931-1936, sobretudo entre os adolescentes;

• o Panteleimôn Románov do romance *Três Pares de Meias de Seda*, que mostra o que foi viver na Rússia durante os anos da luta de classes e da campanha de proletarização;

• o Valiéry Gróssman de *Vida e Destino*, um romance excepcional, que infringe um tabu da Era Khrushtchóv, ao deixar claro que o Terror não nasceu com Stálin, mas já existia muito antes, nos tempos de Liênin.

Mas essas são exceções que destoam, dentro da maré de historiografia produzida na URSS. Não causa o menor espanto constatar que, no documentário *Eskíssi k Portriétu Kompozítora* (Esboços para o Retrato de um Compositor), rodado em 1966 por A. Geldenshtéin, não haja a menor menção a Stálin, ou às dificuldades sofridas por Dmítri Dmítrievitch porque, nos livros escritos sobre ele, na URSS, por Rabinóvitch, Martýnov, D. e L. Sollertínski, também não há. E até mesmo em Khéntova essas informações são indiretas e cautelosas.

O hábito de varrer a informação para debaixo do tapete é tão arraigado que, ainda hoje, nos sites russos sobre literatura, que encontramos na Internet, as biografias dos escritores são censuradas. Nada é dito de explícito sobre o suicídio de Iessênin, Maiakóvski ou Tsvietáieva; sobre a morte de Mandelshtám ou Bábel num campo de concentração; sobre a dura perseguição a Bulgákov, Pilniák ou a Pasternák, por causa do *Dr. Jivago*. É uma verdadeira ofensa à inteligência do usuário a biografia oferecida por um desses sites limitar-se a dizer, por exemplo: "Jizn N. Gumilióva traguítcheski oborválas v ávgustie 1921 goda" (A vida de N. Gumilióv teve um fim trágico em agosto de 1921), sem explicar que o primeiro marido de Akhmátova foi vítima do Terror Vermelho leninista: acusado sem provas de participar da conspiração antibolchevique de Tagántsev, ele foi sumariamente fuzilado, à beira da estrada Irinínskaia, perto da aldeia de Berngárdovka.

O resultado dessa conspiração do silêncio é vermos os esforços que, em 1982 ainda – trinta anos depois da morte de Stálin –, intelectuais do Ocidente estavam fazendo, durante o simpósio *Shostakóvitch: o Homem e a sua Música*, convocado por Christopher Norris na Universidade de Indiana, para fazer um balanço *a sério* dos resultados do Realismo Socialista. Do mesmo Realismo Socialista que Andrêi Olkhóvski já tinha descrito como "um desastre"; que Galina

Shostakóvitch e seu filho Maksím no ensaio da *Sinfonia n. 15* (1972).

Shostakóvitch e Mravínski no ensaio da *Sinfonia n. 12* (setembro de 1961).

Shostakóvitch e Guennádi Rojedéstvienski durante a remontagem de 1974 do *Nariz* no Teatro de Câmara de Moscou.

Vishniévskaia já chamara de "uma bobajada insana"; e que, para Iúri Ieláguin, tinha sido "o mais trágico acontecimento na história da cultura russa".

Uma estética de burocratas que arruinou a cultura russa ao colocar, no lugar da rica individualidade da década de 1920, um coro de robôs *Jasägers* (que dizem sim), para retomar a expressão de Brecht. Essa fórmula, pobre na forma e desprovida de liberdade de expressão, merece ser comparada àquela canção de Mahler, no *Knaben Wunderhorn*, em que o burro é chamado para julgar o canto do rouxinol, pois o julgamento da validade das obras de arte ficou na mão de nulidades como Jdánov e sua corja. E, no entanto, o Realismo Socialista era útil, pois a sua flexibilidade permitia o controle absoluto, num regime que, a todo momento, fazia aos artistas exigências contraditórias (lembremo-nos do exemplo de Fadêiev e de sua *Jovem Guarda*, a que me referi no corpo deste livro). Objetivamente falando, as pressões de 1936 fizeram a música de Shostakóvitch perder a variedade que tinha antes de *Lady Macbeth*; mas intensificaram a sua concentração. Perdeu-se em espontaneidade, ganhou-se em depuração da forma.

O que se perdeu de mais importante foi a seqüência admirável de óperas que ele poderia ter escrito – as experiências falhadas demonstram que vontade não lhe faltava – se não tivesse ficado apavorado pelo resto da vida. Por outro lado, é notável a forma como Shostakóvitch importa as tendências dramáticas inatas de seu talento – reveladas na ópera, no balé, na música incidental para teatro, nas trilhas de cinema – para o domínio da música puramente instrumental que, com ele, nunca é totalmente abstrata. Na produção sinfônica, continua a se afirmar o estilo trágico-satírico que tinha chegado a um grande ponto de maturidade com *Lady Macbeth*. O mais estapafúrdio é ver quantos autores, no Ocidente, compram, pelo preço que lhes é vendido, a afirmação de um biógrafo como Dmítri Rabinóvitch de que a experiência de 1936 "salvou" Shostakóvitch:

> Tivesse ele sido deixado a seus próprios meios e correria, apesar de seu grande talento, o perigo de cair numa armadilha de que não teria como escapar; a mesma em que caíram muitos músicos talentosos da escola modernista. Por sorte, o ambiente soviético que cercava Shostakóvitch e a força da opinião pública ajudaram-no a superar as desordens infantis do Modernismo.

Por mais sem pé nem cabeça que essas palavras possam ser, elas influenciaram por muito tempo a maneira como Shostakóvitch era visto fora da Rússia. Quem é capaz de aceitar que um psicopata como Stálin possa ter sido o autor de profundos artigos sobre lingüística e lógica, não tem dificuldade em engolir essas baboseiras. É lamentável constatar que até mesmo um comentarista respeitável, como o Alexander Werth de *Uproar in Moscow* (Turnstile, 1949), levou a sério a farsa da conferência de 1948, considerando-a "a disciplina necessária da super-sofisticada e auto-indulgente fraternidade de compositores da

Rússia, numa época em que a escalada da Guerra Fria, no exterior, exigia uma renovação do consenso nacional".

É difícil dizer que utilidade tinha, para a "renovação do consenso nacional", humilhar publicamente artistas como Shostakóvitch ou Prokófiev. E não me venham dizer que o Ocidente ignorava os termos reais do processo de destruição da cultura russa – que incluía a degeneração da outrora soberba qualidade do ensino russo –, pois isso estava sendo repetido até a exaustão por todos os refugiados que saíram da URSS nos trinta anos que precederam a *glásnost*. No campo musical, essa degradação foi detidamente analisada por Olkhóvski, Schwarz, Ashkenázy, Vishniévskaia e tantos outros. Só não ouviu quem não quis.

Na realidade, o que há de decente na música soviética – Shostakóvitch, Prokófiev, Miaskóvski, alguma coisa de Khatchaturián; mais adiante Popóv, Tíshtchenko, Ustvôlskaia, Shnittke, Gubaidúlina, Silvéstrov – acontece *apesar do sistema*, não por causa dele. Um argumento eloqüente nesse sentido é o fato de *Jizn s Idiótom* (A Vida com um Idiota), a violenta sátira de Álfred Shnittke, baseada no conto escrito em 1980 por Víktor Ierofêiev, só ter podido ser apresentada em 13 de abril de 1992, e assim mesmo no Muziktheater de Amsterdam, por iniciativa do emigrado Rostropóvitch[15].

Se a lógica política funcionasse e tivesse sido rigorosamente imposta, a criatividade individual desses artistas teria sido pulverizada, eliminada. Há, felizmente, no ser humano, um espírito de resistência – aquilo que Ievtushênko chamava de *Humor* no seu poema – que a tirania nunca consegue totalmente conquistar.

É preciso também pensar que, considerado tecnicamente conservador pelo *establishment* pós-Schoenberguiano – e, portanto, desinteressante – Shostakóvitch é um compositor que oferece aos músicos contemporâneos o caminho para sair da prisão de um esteticismo ultra-intelectualizado. Situada tão perto da vida real quanto é possível estar, a sua música observa atentamente todas as características humanas – ritmos da fala, maneirismos, expressões – e a tragicomédia do *Welttheater*, o "teatro do mundo" de que falavam os escritores barrocos. Embora pertencesse à *intelliguêntsia*, Shostakóvitch não tinha a sua arrogância: considerava-se um ser humano normal, um trabalhador como outro qualquer, cuja profissão era escrever música. E o fazia tanto para seus companheiros de classe, que extraíam de seus quartetos e sinfonias as mais complexas ilações, quanto para o homem do povo, que cantarolava a canção de *Contraplano* enquanto trabalhava na fábrica. Por mais que a linguagem desses extremos seja diferente, há entre eles uma continuidade que os mantém em contato com um substrato humano básico. E na representação dessa

15. No selo Sony, existe a gravação dessa estréia, com Dale Duesing, Teresa Ringholz e Howard Haskin.

humanidade podemos identificar o que chamaríamos de a mensagem pessoal do compositor.

Do ponto de vista da forma, a grandeza de Shostakóvitch reside em ele ter sido capaz de manter um estilo acessível, remando contra a corrente de uma evolução da música clássica que dava as costas ao grande público – e não apenas porque as condições políticas não lhe permitiam outro caminho. Acredito que essa característica básica de sua escrita se manteria, até mesmo se ele tivesse emigrado e pudesse, fora da URSS, trabalhar com plena liberdade porque, mesmo em sua fase mais experimentalista, entre 1924-1936, ele nunca perdeu o pé dessa preocupação básica, nunca fechou-se num hermetismo cerebral. Shostakóvitch sempre teve o controle de seus meios de expressão, e reconhecia claramente, no discurso pré-fabricado do Estado soviético, a intenção de condicionar o público a uma impotente obediência (no que se assemelhava a Zamiátin e Bulgákov, a Platônov e Zóshtchenko). Em sua música, não só se esforça para lembrar as coisas exatamente como se passaram – a memória é a condição essencial daquela "consciência moral" da qual Kiríll Kondráshin disse ser ele o representante[16] – como as expressa de forma direta, clara, realista.

Do ponto de vista do conteúdo, há poucos compositores que pertençam tão intensamente ao século XX e reflitam as suas tensões específicas – e isso apesar daquela persistente tendência crítica e acadêmica, muito forte em alguns círculos de nosso país, que insiste em considerar irrelevantes todos os dados que não sejam intrínsecos à criação estética. Nesse sentido – independentemente de ser autêntico ou não – o livro de Vólkov funciona como um guia muito eficiente para aqueles que querem se iniciar na obra de Shostakóvitch, não só pela precisão com que interpreta o significado de sua produção, como também pelos *insights* que apresenta sobre os seus estados de espírito em cada fase da carreira. Associado ao volume que veio depois – *Shostakovich & Stalin* (2004) – o livro de Vólkov constitui, ainda que se queira chamá-lo de "crítica dramatizada", como já houve quem dissesse, uma fonte fundamental para o conhecimento do compositor.

As palavras do brasileiro Euro Couto Jr.[17] que, em sua dissertação de mestrado, escolheu como tema a obra desse músico, merecem ser registradas aqui, nestas páginas finais:

A personalidade de Shostakóvitch teve uma significativa influência moral em seus contemporâneos. Durante o sombrio e cruel período stalinista, ele teve a coragem para expressar em sua música a miséria, as atrocidades, a penúria e o sofrimento de seu povo, através de um extraordinário senso dramático, e para denunciar as forças ocultas que foram responsáveis pelo extermínio de mi-

16. Numa entrevista concedida em 1976 ao crítico francês Pierre Vidal.
17. *Uma Visão da Ópera Russa sob* O Nariz *de Chostakóvich* (Couto Júnior, 2002) .

lhões de seres humanos. A crença na vitória final da justiça, insuflada por suas obras, transformou sua música em um poderoso estímulo ao espírito de resistência e liberdade. [...] Mesmo depois de sua morte, Shostakóvitch continua abrindo um caminho de luz para a razão, e a sua obra, de valor universal, é reconhecida por todos os que prezam a liberdade do ser humano e o respeito por seu semelhante.

São Paulo, janeiro de 2006.

Cronologia

Além dos fatos essenciais na vida e obra de Dmítri Shostakóvitch – com a idade, entre parêntesis, que ele tinha em cada um desses anos –, esta Cronologia traz as balizas históricas da fase em que ele viveu; as principais peças musicais compostas no decorrer de sua existência; e os fatos marcantes da vida cultural soviética nesse período. Esta Cronologia baseia-se, de forma modificada e expandida, na que Ian MacDonald apresenta em The New Shostakovich *(Oxford Lives[1]).*

1905

- Janeiro: Domingo Sangrento (9), o massacre da Praça do Palácio, uma semana depois da humilhante rendição de Port Arthur, na guerra com o Japão; em outubro, diante dos protestos, greves e motins, o tsar concorda com a abertura da *Duma* (17); Trótski volta do exílio na Suíça, para trabalhar com o Soviete dos Operários de São Petersburgo, criado em 13 de outubro; é recusada a exigência dos radicais da eleição, por sufrágio universal, de uma Assembléia Constituinte soberana: rebelião de dezembro, em Moscou, afogada em sangue; as liberdades concedidas são canceladas.

1906

- Nascimento de Dmítri Dmítrievitch, filho de Dmítri Boleslávovitch Shostakóvitch e Sófia Vassílievna (*née* Kokaúlina).

1915 (8-9)

- Primeiras lições de piano com a mãe.

---

1. Os compositores não mencionados no corpo do livro serão identificados aqui, em nota de pé de página.

1916 (9-10)

- Entra para a escola de piano de Gliásser; *O Soldado (Ode à Liberdade)*, para piano (não anotada).

1917 (10-11)

- Estuda com Rozánova, ex-professora da mãe; *Marcha Fúnebre para as Vítimas da Revolução*, para piano (não-anotada); primeiro recital na Escola Stoiúnina.

- Em fevereiro, protestos dos trabalhadores levam à abdicação do tsar e à criação do Governo Provisório sob Keriênski; em outubro, golpe bolchevique (21-25); em dezembro, é formada a *Tcheká* (7); durante o inverno, a anarquia nas cidades resulta em um número elevado de mortes.

- Em fevereiro, Bogdánov funda o Prolietkult em Moscou; em novembro, Lunatchárski é nomeado comissário para o Esclarecimento; Mandelshtám escreve um poema em apoio a Keriênski; a censura à imprensa é introduzida; Glazunóv: *Concerto n. 2* para piano.

1918 (11-12)

- Faz recitais domésticos para amigos da família; *Tsigány* (ópera) e *Russalótchka* (balé), ambos destruídos em 1926.

- Em janeiro, Liênin ordena o fuzilamento sumário dos "burgueses recalcitrantes"; abril: começa a Guerra Civil; junho: surgem os primeiros campos de concentração; julho: colapso geral da indústria; agosto: atentado de Fanny Káplan contra Liênin (31), que desencadeia o Terror Vermelho; a *Tcheká* inicia a "guerra de extermínio da burguesia".

- Miaskóvski: *Sinfonias n. 4* e *5*; maio: Maiakóvski pede a abolição das bibliotecas, galerias e teatros; julho: Liênin suprime o jornal *Nóvaia Jízn* (Nova Vida), de Máksim Górki, que fez críticas aos bolcheviques (16); proibição da imprensa não-partidária; dezembro: nascimento de Aleksandr Soljenýtsin (11); publicação do poema *Os Doze*, de Blok.

1919 (12-13)

- Início dos estudos no Conservatório; durante o verão, faz composição com Petróv e, no outono, entra na classe de Shtéinberg; no inverno: *Scherzo para Orquestra em Fá Sustenido Menor op. 1*.

- A guerra provoca o racionamento de alimentos e combustíveis; a população foge das grandes cidades; na primavera: início da Rebelião de

Támbov; no verão: revoltas generalizadas dos camponeses; genocídio dos revoltosos cossacos; no outono: vitória do Exército Vermelho; massacre dos cadetes.

• Em março: "guerra contra a superstição" saqueia e fecha igrejas; novembro: programa de "profilaxia social", prisão de vários intelectuais oposicionistas em Petrogrado; *Julio Jurenito*, romance de Erenbúrg.

1920 (13-14)

• Na primavera: *Oito Prelúdios op. 8* (6-8 dedicados a Natasha Kúba, sua primeira namorada); Glazunóv lhe dá um auxílio vindo do Fundo Borodín para estudantes de composição; em maio: Kustódiev faz o seu retrato (8).

• Janeiro: suspensão do bloqueio decretado pelos aliados ocidentais; abril: o 50º aniversário de Liênin (23) assinala o início do culto da personalidade; abril-outubro: guerra com a Polônia; novembro: fim da Guerra Civil, mas a Revolta dos Camponeses continua. Dez milhões de pessoas morreram desde 1918.

• Rosláviets: *Quarteto n. 3*; Miaskóvski: *Sonata n. 3 para Piano*; Meierkhôld abre seu teatro em Moscou; novembro: encenação do *Ataque ao Palácio de Inverno*, de Ievrêinov; dezembro: Liênin extingue o Prolietkult; Zamiátin escreve o romance *Nós* (não publicado); lançamento de *150 Milhões*, de Maiakóvski, *Anno Domini MCMXI*, de Akhmátova e a *Missa para os Mortos*, de Iessênin.

1921 (14-15)

• Percebendo que Dmítri está sofrendo de desnutrição, Glazunóv pede a Lunatchárski que conceda cartões de racionamento extra à sua família; *Duas Fábulas de Krylóv op. 4*; orquestração de *Esperei por Você em uma Gruta*, de Rímski-Kórsakov.

• Janeiro: redução da quota de pão, distúrbios, greves, prisões em massa; fevereiro: a lei marcial é decretada em Leningrado; março: o marechal Tukhatchévski debela o motim do *Kronshtádt* e a rebelião de Támbov; fim da Guerra Civil, a oposição de esquerda é liquidada; Liênin decreta a NEP (Nova Política Econômica); verão-inverno: epidemia de fome mata cinco milhões de pessoas.

• Shtcherbatchóv[2]: *Invenções*; Miaskóvski: *Versos de Blok*; Górki parte para o exterior; é formada a Liga dos Irmãos Serapiões; agosto: morte

---

2. Vladímir Vladímirovitch Shtcherbatchóv, compositor e, sobretudo, professor muito respeitado em Moscou.

de Blok (7), desiludido com a Revolução; Nikolái Gumilióv, marido de Akhmátova, é fuzilado (25), acusado sem provas de ter participado da conspiração antibolchevique de Tagántsev; Pilniák publica o romance *São Petersburgo*.

1922 (15-16)

- *Tema e Variações em Si Bemol Maior op. 3*; *Três Danças Fantásticas op. 5*; fevereiro: morte de seu pai; março: compõe, em sua memória, a *Suíte em Fá Sustenido Maior*, para dois pianos; Sófia arranja um emprego e Maríya toca piano no Colégio de Coreografia, para que Dmítri possa continuar os estudos.

- Boa colheita, primeiros resultados positivos da NEP no campo e na cidade, os *kúlaki*, reprimidos em 1918, readquirem importância com o programa de incentivo ao superávit de produção; fevereiro: a *Tcheká* passa a se chamar GPU (6); abril: Stálin é eleito secretário-geral do Comitê Central (2); maio: Liênin sofre o primeiro derrame (26) e em dezembro (16), um segundo; é proclamada a criação da URSS.

- Rosláviets: *Sinfonia*; campanha de supressão das igrejas: oito mil popes, monges e freiras morrem; Chagall deixa a Rússia; fevereiro: resolução do Orgburo contra a "ideologia burguesa" na literatura; maio: expurgo de intelectuais, Tsvietáieva deixa a Rússia denunciando a "barbárie bolchevique"; agosto: o Glavlit, novo órgão de censura, proíbe *Nós*, de Zamiátin; outono: deportação da "*intelliguêntsia* reacionária"; publicação de *Minha Irmã a Vida*, de Pasternák, *Trem Blindado 14-69*, de V. Ivanóv, *O Ano Nu*, de Pilniák, *Tristia*, de Mandelshtám; Vakhtángov encena *O Dibbuk*, de Shlômo An-ski.

1923 (16-17)

- Primavera: termina o curso de piano e esboça uma sinfonia, mas a desnutrição e a tuberculose exigem que passe o verão num sanatório em Gaspra, na Criméia, onde conhece e se apaixona por Tatiana Gliviênko; outono: é forçado, pelas dificuldades financeiras, a aceitar o emprego de pianista de cinema; *Trio n. 1 em Dó Menor op. 8* para piano e cordas.

- Flutuações de preços, inflação, caos na indústria, desemprego; março: o terceiro derrame de Liênin (3) o incapacita definitivamente; junho: adotada a Constituição da URSS; agosto: onda de greves e distúrbios entre os trabalhadores.

- Miaskóvski: *Sinfonia n. 6 e 7*; Kastálski[3]: *Sinfonia Agrícola*; Shebalín: *Quarteto n. 1*; formação do Outubro, grupo literário proletário que precede a RAPP; fundação do grupo centrista Pereval, da ACM em Petrogrado e da RAPM, em Moscou, para se oporem a ele; publicação de *Tchapáiev*, de Furmánov; *Aelita*, de Aleksêi Tolstói e *Temas e Variações*, de Pasternák.

1924 (17-18)

- *Três Peças op. 9*, para violoncelo e piano (perdidas); Sófia adoece, com malária, e Dmítri toca em vários cinemas, para sustentar a família; é uma fase em que não consegue compor; outubro: *Scherzo em Mi Bemol Maior op. 7*, para piano e orquestra; retoma a sinfonia, mas pára, em dezembro, para escrever o *Prelúdio para Octeto op. 11a,* em memória do jovem poeta Volódia Kurtchávov.

- Janeiro: morte de Liênin (21); Stálin manda embalsamá-lo e construir o mausoléu da Praça Vermelha; Petrogrado passa a chamar-se Leningrado, a liderança passa para o triunvirato Zinrovióv, Kamenióv, Stálin; março: a reforma monetária estabiliza a economia, o Partido é ampliado em dois terços; durante o verão, há sinais de recuperação; em dezembro, Stálin faz a primeira referência ao princípio do "socialismo em um só país", contrário ao internacionalismo pregado por Trótski.

- *Sonatas para Piano n. 3* de Miaskóvski, *n. 1* de Shapórin e *n. 1 e 2* de Mossolóv; greves estudantis pela remoção da doutrinação no currículo universitário e pelo direito de reunião levam a várias prisões em Leningrado; publicação de *As Cidades e os Anos*, de Fiédin, *A Fundição do Ferro*, de Serafímovitch e *Vladímir Ilítch Liênin*, de Maiakóvski; redação de *A Guarda Branca*, de Bulgákov (não-publicado); surgem o filme *Greve*, de Eisenshtéin, e a peça *A Garantia*, de Érdman.

1925 (18-19)

- Fevereiro: pára de trabalhar nos cinemas; os *opp. 5, 10 e 11a* são aceitos para publicação; março: toca os *opp. 1, 6 e 8* em recital (20) no Conservatório de Moscou; julho: termina a *Sinfonia n. 1 em Fá Menor op. 10*; diploma-se no Conservatório de Leningrado, compõe o *Scherzo para Octeto op. 11b*.

---

3. Aleksandr Dmítrievitch Kastálski, compositor e folclorista que tinha sido aluno de Tchaikóvski e Tanêiev.

- Leis permissivas: sexo livre, divórcio, aborto, supressão da autoridade paterna, experimentalismo na educação; abril: Bukhárin exorta os camponeses a se "enriquecerem"; maio: prisão de estudantes mencheviques; setembro: Zinovióv ataca a "degeneração moral" da NEP; outubro: a substituição de Frunze por Voroshílov, como ministro da Guerra, reforça a posição de Stálin; durante o inverno, Zinovióv, partidário da "revolução mundial dos trabalhadores", entra em conflito com o "socialismo em um só país" stalinista.
- Miaskóvski: *Sinfonia n. 8*, Mossolóv: *Sonatas n. 4 e 5* para piano e *Crepúsculo* (poema sinfônico); Shapórin: *Polina Guiêbl* (ópera inacabada); Shebalín: *Sinfonia n. 1*; fevereiro: numa reunião partidária sobre "o problema da *intelliguêntsia*", Bukhárin prega "a padronização dos intelectuais, como em uma fábrica"; novembro: Iesênin, o "poeta do povo", se suicida (28); *Cimento*, de Gladkóv; *Coração de Cachorro*, de Bulgákov (publicado apenas em 1987); *Contos do Don*, de Shólokhov; a peça *A Pulga*, de Zamiátin; os filmes *Couraçado Potômkin*, de Eisenshtéin e *O Raio da Morte*, de Kuleshóv.

1926 (19-20)

- Abril: é recomendado para a pós-graduação; maio: estréia da *Primeira Sinfonia* (12) em Leningrado; maio: toca a redução para piano da sinfonia para Miaskóvski, em Moscou (26); no verão: crise criativa, destrói várias obras de juventude; outono: *Sonata n. 1 op. 12* para piano.
- Julho: Zinovióv é expulso do Politburo; Kírov torna-se o líder do PC em Leningrado; morte de Dzerjínski, chefe do GPU, substituído por Menjínski; outubro: o novo Código condena a "família burguesa"; Trótski e Kamenióv são expulsos do Politburo (23-10).
- Shtcherbatchóv: *Sinfonia n. 2 "Blok"*; Gniéssin[4]: *1905-1917* (monumento sinfônico); Mossolóv: *Noturnos, Quarteto n. 1, Aço* (balé) e *Poemas de Blok*; Deshevóv[5]: *Os Trilhos*; Krein[6]: *Ode a Liênin*; Shapórin: *Canções de Zamiátin*; *Nós*, de Zamiátin, é publicado em Praga; Zabolótski funda, em Leningrado, o grupo dadaísta *Oberiu*, do qual participa Daniíl Kharm; outubro: Maiakóvski pede represálias (2) contra *Os Dias de Túrbin*, a peça de Bulgákov; *Cavalaria Vermelha*, de

---

4. Mikhail Fabiánovitch Gniéssin, compositor e pedagogo, aluno de Rímski-Kórsakov e Liádov.

5. Vladímir Mikháilovitch Deshevóv, aluno de composição de Liádov e Shtéinberg.

6. Aleksandr Abrámovitch Krein, compositor e crítico musical, discípulo de Iavórski.

Bábel, *Os Desfalques*, de Katáiev, *A Rota*, de Fadêiev, *Para Iessênin*, de Maiakóvski, *Caçador de Ratos*, de Tsvietáieva, *Mãe*, filme de Pudóvkin.

1927 (21-22)

- Janeiro: toca a *Sonata n. 1* em Moscou (9); participa, em Varsóvia, do I Concurso Chopin (28-30), vencido por Liev Obórin; fevereiro: encontra-se com Bruno Walter em Berlim, visita a Polônia, volta a Leningrado e se encontra com Prokófiev; abril: conhece Sollertínski; *Aforismas op. 13*; junho: *Sinfonia n. 2 em Si Maior op. 14 "a Outubro"*; torna-se o diretor musical do TRAM; inicia *O Nariz*; agosto: conhece Nina Varzar; novembro: estréia da *Segunda Sinfonia* (5) em Leningrado; Walter rege a *Primeira Sinfonia* em Berlim (22).

- Stálin cria a campanha do "medo da guerra" para dissimular a perseguição a seus inimigos; verão: a Oposição Unida (Trótski, Zinovióv, Kamenióv) critica Stálin no Comitê Central; outono: para protestar contra os preços baixos, os camponeses escondem os seus grãos; setembro: manifestações em Moscou; novembro: Trótski e Zinovióv são expulsos do Partido (12); dezembro: Zinovióv e Kamenióv são exilados para Kalúga; Stálin extingue a oposição legal e unifica o Partido e o Estado.

- Miaskóvski: *Sinfonias n. 9 e 10*; Popóv: *Sinfonia de Câmara*; Jívotov[7]: *Suíte para Orquestra*; Mossolóv: *Concerto n. 1 para Piano*; Gliér: *A Papoula Vermelha* (balé); Knípper: *Sinfonia n. 1*; Kabaliévski: *Três Poemas de Blok*; as grandes sensações do ano são *Os Dias de Túrbin*, de Bulgákov, e *Inveja*, a novela de Oliésha; *Wozzeck* de Berg estréia em Leningrado; *O Ladrão*, de Leônov, *O Ano de 1905*, de Pasternák, *Histórias de Odessa* e *Pôr-do-sol*, de Bábel; os filmes *Outubro*, de Eisenshtéin, *O Fim de São Petersburgo*, de Pudóvkin, *A Queda dos Románovi*, de Shur, e *Zvienigorá*, de Dovjênko.

1928 (21-22)

- Primavera: hospeda-se em casa de Meierkhôld, em Moscou; maio: termina *O Nariz*, em Leningrado; julho: termina a pós-graduação; outono: *Tahiti Trot op. 16*; *Duas Peças à Maneira de Scarlatti op. 17*; as *Romanças Japonesas* de 1 a 3 (ver 1932); novembro: estréia americana da *Primeira Sinfonia* com Stokowski; suíte do *Nariz* executada em Moscou (25), gerando polêmica.

---

7. Aleksêi Semiônovitch Jívotov, aluno de Shtchterbatchóv.

- Janeiro: Trótski é exilado para Alma-Atá. Stálin visita a Sibéria e decreta "medidas extraordinárias" de confisco dos grãos; maio-julho: o Caso Shákhty, julgamento de 53 "sabotadores" da região do Donbass; campanha de ódio, na imprensa, contra os acusados; julho: o Komintern condena os social-democratas como "fascistas sociais"; outubro: início do I Plano Qüinqüenal (1º); novembro: nova escassez de alimentos; cartões de racionamento em Leningrado.

- Mossolóv: *Assim foi Temperado o Aço*; Jívotov: *Fragmentos para um Noneto*; Shapórin: *A Pulga* (suíte); Kabaliévski: *Concerto n. 1 para Piano*; Knípper: *Sinfonia n. 2*; Polovínkin: *Última Sonata*; Rosláviets: *Outubro* (cantata); verão: resolução do Comitê Central contra a "lei do menor esforço criativa"; Eisenshtéin e Pudóvkin pedem a "ditadura ideológica" no cinema; Górki volta à Rússia chamado por Stálin; dezembro: o Comitê Central decreta a hegemonia do comunismo na arte; a RAPP controla a literatura; Ilf e Petróv: *As Doze Cadeiras* (novela cômica); Érdman: *Suicídio* (peça); Pudóvkin: *Tempestade sobre a Ásia* (filme).

1929 (22-23)

- Fevereiro: trilha para *Nova Babilônia op. 18* e música incidental para *O Percevejo*, de Maiakóvski, que causa escândalo; março: as orquestras de cinema recusam-se a tocar a música de *Nova Babilônia* que só será executada em Paris, em 1975, por Marius Constant; março: duas peças op. 23 para *Colombo*, de Dressel; maio: fica noivo de Nina; junho: assiste em Leningrado à Conferência de Toda a Rússia Musical; junho: apresentação em forma de concerto do *Nariz* (16) provoca controvérsia; julho: *Sinfonia n. 3 em Mi Bemol op. 20 "Primeiro de Maio"*; agosto: *O Tiro op. 24* (perdida); setembro: começa *A Idade de Ouro*.

- A campanha de "superindustrialização" visa a fazer a Rússia entrar na Idade de Ferro; janeiro: Trótski é exilado da URSS e vai para o México; abril: Stálin anuncia que há "sabotadores burgueses" em todos os setores da indústria; expurgos no Partido; novembro: Stálin derrota a ala direita do PCUS, Bukárin é expulso do Politburo; dezembro: a comemoração nacional do 50º aniversário de Stálin (21) dá início ao culto de sua personalidade; no dia 27, Stálin anuncia a "coletivização total" e a liquidação dos *kúlaki* como classe.

- Miaskóvski: *Três Peças op. 32*; Shebalín: *Sinfonia n. 2*; maio: as peças de Bulgákov são proibidas; a propagação da religião torna-se crime contra o Estado; perseguição aos cristãos; verão: prisão de vários historiadores; outono: campanha de calúnias contra Zamiátin e Pilniák, cujas obras são proibidas; dezembro: os grupos proletários recebem o poder supremo sobre a cultura soviética; Maiakóvski entra para a RAPP; é abolido o Comissariado para o Esclarecimento; *Mogno*, de Pilniák, é proibida; *Camarada Kisliakóv*, de Románov; os filmes *Linha Geral*, de Eisenshtéin, e *Arsenal*, de Dovjênko.

1930 (23-24)

- Janeiro: estréia do *Nariz* e da *Terceira Sinfonia* em Leningrado. Fevereiro: termina *A Idade de Ouro op. 22*; março: recusa encomenda do Bolshói para a ópera *Encouraçado Potiômkin*; abril: *Chão op. 25* (perdida); julho: durante as férias, na costa do Mar Negro, começa *O Parafuso*; setembro: começa a trilha de *Sozinha*; outubro: começa a ópera *Lady Macbeth do Distrito de Mtsensk*; fracasso da estréia da *Idade de Ouro*.

- Fevereiro: seis milhões de camponeses são desapropriados; em protesto, matam seus rebanhos, o que provoca escassez de carne; março: Stálin suspende temporariamente a coletivização; maio: fechamento das fronteiras, proibição das viagens ao exterior; setembro: julgamento dos "organizadores da fome", agrônomos responsabilizados pela escassez de carne, todos eles fuzilados; novembro-dezembro: julgamento do "Partido da Indústria", industriais acusados de sabotar as fábricas e planejar o assassinato de Stálin, todos fuzilados; celebração grandiosa dos cinqüenta anos do Líder, verdadeira orgia do culto da personalidade.

- Knípper: *O Vento Norte* (ópera); Deshevóv: *Ferro e Gelo* (ópera); Miaskóvski: *Quartetos n. 1 a 3*; Kabaliévski: *Poemas de Luta*; no auge da revolução cultural, Stálin pede, no *Pravda*, o fim da literatura não-bolchevique; proletários controlam universidades e conservatórios; repressão de grupos como os Irmãos Serapiões, a ACM e o *Oberiu*; toda a cultura pré-1917 é posta fora da lei; março: *Os Banhos* de Maiakóvski é um fracasso, ele é vaiado num recital na Casa do Konsomol, e se suicida em 14 de abril. Novembro: Górki publica *Se o Inimigo não se Rende, Deve ser Destruído*; em Khárkov, o Congresso sobre a Arte Proletária pede o fim do "individualismo".

1931 (24-25)

- Janeiro: termina *O Parafuso op. 27* e a trilha de *Sozinha op. 26*; abril: *Rule Britannia op. 28*; *O Parafuso* fracassa em Leningrado; verão: trilha de *Montanhas Douradas op. 30* e da revista *Tido como Morto op. 31*; outubro: *Sozinha* torna-se um sucesso internacional, em parte graças à trilha sonora; novembro: termina *Lady Macbeth* e a quarta *Romança Japonesa*; dezembro: para a entrevista com o *New York Times*, em Leningrado, é instalado num apartamento maior, onde dá ao jornalista a impressão de ter um padrão de vida alto.

- Denúncias por toda parte de traição, sabotagem e espionagem; perseguição a técnicos "incompetentes ou mal-intencionados"; a tortura é institucionalizada; janeiro: começa grande expurgo no Partido; março: julgamento dos "burocratas mencheviques", acusados de sabotar o setor de planejamento; agosto: filas do pão em todas as cidades (mas G. B. Shaw, depois de uma visita teleguiada, volta dizendo: "Não há fome na Rússia"); setembro: início da construção do Canal do Mar Branco; outubro: Stálin assume pessoalmente o controle ideológico do Partido.

- Shebalín: *Sinfonia Liênin*; Shtcherbatchóv: *Sinfonia n. 3*; a arte soviética é forçada a acomodar-se às diretrizes proletárias; Bábel adota a "lei do silêncio", Pilniák e Oliésha se acomodam, o não-conformista Mandelshtám é expulso de Leningrado, Zamiátin escreve a Stálin pedindo permissão para emigrar, Górki intercede a seu favor, a permissão é concedida, e Zamiátin vai para Paris; pedido semelhante de Bulgákov é recusado; Shaguinián: *Central Hidrelétrica*; Leônov: *Sot*; Ilf e Petróv: *O Bezerro de Ouro*; as peças *Medo*, de Afinoguénov, e *Uma Lista de Trunfos*, de Oliésha.

1932 (25-26)

- Fevereiro: projeto de uma sinfonia que se intitularia *De Karl Marx a Nossos Dias*; março: termina o ato II de *Lady Macbeth*; abril: termina as *Seis Romanças Japonesas op. 21*; adere à União dos Compositores; abandona a *Sinfonia Karl Marx*; maio: casa-se com Nina Varzar (13); estréia escandalosa de *Hamlet* (19/5), no Vakhtángov, dirigido por Akímov, com sua música incidental; junho: a canção do filme *Contraplano* torna-se um enorme sucesso; de agosto a dezembro: termina *Lady Macbeth* e inicia os *24 Prelúdios*.

- Último ano do I Plano Qüinqüenal: o país está exausto e desiludido; fevereiro: Stálin introduz salários diferenciados, condenando o "igualitarismo" leninista; verão: não conseguindo convencer o Politburo a condenar manifestantes presos durante protestos de rua, Stálin intensifica os expurgos no PCUS; agosto: a pena de morte é introduzida para o crime de vandalismo contra propriedades do Estado; setembro:

o menino Pávlik Morozóv é proclamado herói por ter denunciado o próprio pai; dezembro: a introdução do passaporte interno restringe as viagens apenas aos moradores das cidades.

- Miaskóvski: *Sinfonias n. 11* e *12 "Fazenda Coletiva"*; concertos para piano *n. 2* de Mossolóv e *n. 1* de Dzerjínski; Jívotov: *Concerto n. 2 para Piano*; Kabaliévski: *Sinfonia n. 2*; Górki aconselha Stálin a dissolver as organizações artísticas proletárias; Stálin ordena uma representação privada dos *Dias de Túrbin*, de Bulgákov; Górki lidera a "brigada" de escritores que vai visitar o Canal do Mar Branco; abril: as organizações proletárias são banidas (23); o Comitê Central assume a reestruturação das organizações artísticas, dizendo que os artistas que "cooperarem" terão tratamento preferencial; maio: plano qüinqüenal para a eliminação da religião; romances *Terra Virgem Arada*, de Shólokhov, *Tempo, para a Frente!*, de Katáiev, e *Skutariévski*, de Leônov; filme *Um Caso Simples*, de Dovjênko.

1933 (26-27)

- Março: termina os *24 Prelúdios op. 34*; começa *O Conto do Pope e de seu Servo Balda*; abril: a imprensa moscovita critica a frivolidade da *Idade de Ouro*; julho: termina o *Concerto n. 1 em Dó Menor op. 35* para piano; novembro: é eleito deputado pelo distrito Oktiábrski, de Leningrado.

- Inverno muito rigoroso. Stálin insiste em exportar grãos para obter moeda estrangeira. A fome mata sete milhões de pessoas só na Ucrânia. Outros oito milhões morrem em todo o país em conseqüência da coletivização; janeiro: fim dos expurgos (um milhão de vítimas desde 1931); começa o II Plano Qüinqüenal; março: julgamento dos "espiões" do sistema metroviário; abril: termina a construção do Canal do Mar Branco, que custou a vida de cem mil trabalhadores.

- Miaskóvski: *Sinfonias n. 13* e *14*; Prokófiev: *Canção Sinfônica* e *Tenente Kijé*; Knípper: *Sinfonia n. 3 "ao Exército Vermelho do Extremo Oriente"*; Shapórin: *Sinfonia*; Khrénnikov: *Concerto n. 1 para Piano*; repercute mal, na URSS, a concessão do Nobel de Literatura ao emigrado Ivan Búnin; Pasternák, horrorizado com os acontecimentos na URSS, decide parar de escrever; agosto: o *Pravda* denuncia o formalismo de *Jornada para a Armênia*, de Mandelshtám; novembro: privadamente, Mandelshtám começa a fazer circular o *Poema sobre Stálin*, em que chama o ditador de "matador de camponeses"; *A Mentira*, peça de Afinoguénov. *O Desertor*, filme de Pudóvkin.

1934 (27-28)

- Inverno: música incidental para *A Comédia Humana op. 37*; janeiro: estréia de *Lady Macbeth* em Leningrado e Moscou, grande sucesso; fevereiro: *Suíte n. 1 para Banda de Dança*; verão: a trilha de *Amor e Ódio op. 38*; agosto-setembro: briga com Nina devido a envolvimento com Ie. Konstantínovskaia; separação temporária; *Sonata para Violoncelo em Ré Menor op. 40*; novembro: termina *O Conto do Pope e de seu Servo Balda op. 36*; dezembro: as trilhas de *A Juventude de Maksím op. 41 n. 1* e *Namoradas op. 41 n. 2*; estréia da *Sonata para Violoncelo* em Leningrado.

- Janeiro: no XVII Congresso do PCUS – o "Congresso da Vitória" – Stálin declara preenchidos todos os objetivos do socialismo; o culto da personalidade atinge as raias do absurdo; Zinovióv, Kamenióv e Bukhárin são obrigados a fazer autocrítica; mas Stálin sente a inquietação dentro do Partido e decide agir; julho: a GPU, sob a direção de Iagóda, é renomeada NKVD; dezembro: Kírov é assassinado em Leningrado (1º); começa o Grande Terror: quarenta mil habitantes de Leningrado são deportados para a Sibéria, acusados de conspiração para assassiná-lo.

- Miaskóvski: *Sinfonia n. 15*; Popóv: *Sinfonia n. 1*; Dzerjínski: *Concerto n. 2 para Piano*; Shebalín: *Sinfonia n. 3, Quarteto n. 2*; Knípper: *Sinfonia n. 4 "Poema do Konsomol Lutador"*; Kabaliévski: *Sinfonia n. 3*; Ippolítov-Ivánov[8]: *Sinfonia n. 2*; Kovál: *Pushkiniana*. Mandelshtám é preso (14) e, apesar dos protestos de Akhmátova e Pasternák, recebe a pena de três anos de exílio interno; agosto: durante o I Congresso da União dos Escritores, Mandelshtám, Akhmátova, Bulgákov, Platônov e Zabolótski são excluídos; Górki proclama o Realismo Socialista como a nova estética oficial; o crítico Viktor Shklóvski denuncia Dostoiévski como "um traidor póstumo da Revolução"; *O Don Tranqüilo*, de Shólokhov; *Assim foi Temperado o Aço*, de Ostróvski; a peça *Aristocratas* de Pogódin[9]; o filme *Três Canções de Liênin*, de Vértov.

1935 (28-29)

- Janeiro: *O Límpido Regato op. 39*; fevereiro: debate acalorado sobre o sinfonismo soviético na União dos Compositores (4/6); abril: defende *Lady Macbeth*, no *Izviéstia* (3) contra acusações de formalismo;

---

8. Mikhail Mikháilovitch Ippolítov-Ivánov, compositor da velha guarda, aluno de Rímski-Kórsakov; sua peça mais popular são os *Esboços Caucasianos*.

9. Pseudônimo de Nikolái Stukalóv.

abril: *Cinco Fragmentos op. 42* (26); junho: estréia bem-sucedida do *Límpido Regato* em Leningrado; setembro: turnê pela Turquia; começa a *Sinfonia n. 4*; novembro: estréia do *Límpido Regato* em Moscou; dezembro: estréia, em Moscou, de nova produção de *Lady Macbeth.*

- Fevereiro: começo de novo expurgo no Partido, prisões em massa, fuzilamentos, deportações; por argumentar que o Terror é contraprodutivo, Górki cai em desgraça e, ao tentar deixar o país, descobre que seu visto foi retirado; maio: no Dia do Trabalho (1º), intensificação maciça do culto à personalidade; agosto: início do "stakhanovismo"[10].

- Prokófiev: *Concerto n. 2 para Violino*; Khatchaturián: *Sinfonia n. 1*; Shtcherbatchóv: *Sinfonia n. 4 "Ijórsk"*; Shebalín: *Sinfonia n. 4 "Heróis de Perekop"*; Jívotov: *Elegia a Kírov*; Khrénnikov: *Sinfonia n. 1*; Kovál: *Conto do Partisan*; Kabaliévski: *Concerto n. 2 para Piano*; Dzerjínski: a ópera *O Don Tranqüilo*; Knípper: *Sinfonia n. 5*. Stálin decreta que "a vida tornou-se mais alegre" e o otimismo em arte é compulsório. O historiador Nikolái Púnin, marido de Akhmátova, e seu filho, Liev Gumilióv, são presos; campanha contra o "meierkhôldismo"; julho: primeira exibição de ginástica na Praça Vermelha, seguindo o modelo nazista; dezembro: Stálin declara Maiakóvski "o maior dos poetas" e dá início a seu culto; Serebriakôva: *A Juventude de Marx*; Mandelshtám: *O Primeiro Caderno de Vorônej* (não-publicado); os filmes *Aerograd*, de Dovjênko, e *Tchapáiev*, dos irmãos Vassíliev.

1936 (29-30)

- Janeiro: ataque do *Pravda* (28) a *Lady Macbeth:* o artigo "Caos em vez de Música"; fevereiro: ataque do *Pravda* (6) a *O Límpido Regato*; debates na União dos Compositores (10-15), Shostakóvitch é condenado como formalista; maio: termina a *Sinfonia n. 4 em Dó Menor op. 43*; nasce a sua filha Galina (30); outubro-novembro: música incidental para *Saudação à Espanha op. 44* (peça de Afinoguénov retirada de cartaz, pela censura de Moscou, dias depois da estréia); dezembro: a produção

---

10. Em 30 de agosto de 1935, anunciou-se que Aleksandr Stakhánov, mineiro de carvão no Donbass, tinha extraído uma cota quinze vezes superior ao usual. O exemplo de Stakhánov foi apresentado à nação como um modelo a seguir. Mais tarde, soube-se que o "stakhanovismo" era um mero golpe propagandístico, pois o mineiro tinha sido ajudado por três auxiliares, para superar a sua cota. Mas a imposição dessa campanha de melhor desempenho no trabalho teve resultados catastróficos: aumentou muito o índice de acidentes de trabalho, devido às condições apressadas e à falta de medidas de segurança.

do filme *O Conto do Pope* é interrompida no meio; Shostakóvitch retira a *Quarta Sinfonia* no meio dos ensaios.

- O Terror prossegue; diante dos milhares que desaparecem, a sociedade soviética se desmoraliza totalmente; junho: lei anti-aborto, novo código do casamento e da família, cancelando as leis liberais anteriores; verão: onda maciça de prisões; agosto: julgamento do "Centro Unificado" (Zinovióv, Kamenióv e quatorze "cúmplices") pela morte de Kírov e o planejamento do assassinato de Stálin (19-24); o julgamento provoca histeria de massa: os jornais são inundados com cartas pedindo a "pena de morte para esses 'agentes da Gestapo'"; são todos fuzilados; setembro: Iagóda é preso por "não ter denunciado o bloco Trótski-Zinovióv quatro anos antes" e é substituído por Iéjov.

- Prokófiev: *Romeu e Julieta, Pedro e o Lobo*; Miaskóvski: *Sinfonia n. 16 "Os Aviadores"*; Khatchaturián: *Concerto para Piano*; Shebalín: *Abertura sobre Temas de Mari*; Knípper: *Sinfonia n. 6 "Cavalaria Vermelha"*; as críticas a Shostakóvitch desencadeiam uma onda de ataques à cultura; ao visitar a URSS, André Gide condena a "escravidão intelectual sob o stalinismo"; janeiro: o *Pravda* condena os historiadores "não-científicos", abrindo o caminho para o processo de falsificação do passado; fevereiro: o *Molière*, de Bulgákov, já banido em 1930, é tirado de cartaz após sete noites no Teatro de Artes de Moscou; junho: Górki morre (há suspeitas de que foi envenenado a mando de Stálin); agosto: Serebriakôva e Pilniák são condenados pelo *Pravda* como "inimigos do povo"; Katáiev: *A Solitária Vela Branca*.

1937 (30-31)

- Inverno: trilha de *A Volta de Maksím op. 45*; janeiro: *Quatro Romanças de Púshkin op. 46* e a trilha de *Os Dias de Volotcháievski op. 48*; primavera: o Conservatório de Leningrado convida-o a dar aulas de composição e orquestração; abril-junho: *Sinfonia n. 5 em Ré Menor op. 47*, estreada com grande sucesso em 21 de novembro.

- A *Iéjovshtchina* é o auge do Terror: cinco milhões são deportados, meio milhão, fuzilados; Stálin apela à "luta intensificada contra os inimigos do povo"; o *Pravda* acusa Iagóda de ter administrado os campos de trabalho "como se fossem hotéis de repouso"; janeiro: julgamento de Piatákov, Rádek e seus "cúmplices" (23-30), treze fuzilados; abril: fim do II Plano Qüinqüenal; junho: prisão do marechal Tukhatchévski e de oitenta mil militares veteranos; muitos deles são executados sem julgamento.

- Prokófiev: *Cantata para o Vigésimo Aniversário da Revolução*; Miaskóvski: *Sinfonias n. 17 e 18, Quarteto n. 4*; Khatchaturián: *Canção de Stálin* (cantata); Djerjínski: *Terra Virgem Arada* (ópera); Tchishkó[11]: *O Encouraçado Potiômkin* (ópera); prosseguem os expurgos na área da cultura: Dovjênko e Eisenshtéin são repreendidos, Meierkhôld execrado publicamente, a produção de cem filmes é interrompida, metade das peças em cartaz é proibida, vinte teatros são fechados; janeiro: em vão Mandelshtám escreve uma *Ode a Stálin* de tom conformista; Bulgákov: *Neve Negra* (só publicado em 1965); Mandelshtám: *Segundo e Terceiro Cadernos de Vorônej* (não-publicados).

1938 (31-32)

- Janeiro: estréia da *Quinta* em Moscou (29); março: Toscanini estréia a *Quinta* nos Estados Unidos; abril: anuncia o início de uma sinfonia coral *Liênin*, nunca concluída; maio: nasce seu filho Maksím (10); maio-julho: *Quarteto n. 1 em Dó Maior op. 49*; outono: *Suite n. 2 para Banda de Dança* e trilhas de *Amigos op. 52, O Homem do Fuzil op. 53* e *Vyborg op. 50*.

- O massacre de funcionários prossegue em todos os setores da vida social: há estimativas de dois milhões de fuzilamentos; março: julgamento da direita centro-trotskista (Rýkov, Bukhárin, Iagóda e outros); dezoito fuzilamentos; setembro: é publicada a *História do Partido Comunista da União Soviética: um Breve Curso*, atribuída a Stálin; dezembro: Iéjov é substituído por Béria; o Terror diminui.

- Prokófiev: *Concerto n. 1 para Violoncelo* e *Aleksandr Niévski*; Miaskóvski: *Concerto para Violino*; Shapórin: *O Campo de Batalha de Kulikôvo* (cantata); Kabaliévski: *Colas Breugnon* (ópera); Knípper: *Sinfonia n. 7 "Militar"* e *Maríya* (ópera); Shebalín: *Quarteto n. 3*; os expurgos culturais continuam: Pilniák é fuzilado, acusado de espionar para o Japão; Mandelshtám, Oliésha e Zabolótski são presos, o dramaturgo Kirshôn "desaparece"; Bulgákov termina *O Mestre e a Margarida* (só publicado em 1966); janeiro: o teatro de Meierkhôld é fechado; março: segunda prisão de Liev Gumilióv, o filho de Akhmátova (ver 1935); dezembro: Mandelshtám morre em um campo perto de Vladivostók; os filmes *Aleksandr Niévski* de Eisenshtéin, *Konsomólsk*, de Guerássimov, *Infância de Górki*, de Donskôi.

---

11. Iúri Mikhailóvitch Tchishkó, aluno de Shebalín, aderiu abertamente ao Realismo Socialista.

1939 (32-33)

- Fevereiro: trilha de *O Grande Cidadão op. 55*; março: trilha de *O Ratinho Tolo op. 56* (perdida); abril-outubro: *Sinfonia n. 6 em Si Menor op. 54*, estreada em Leningrado (5/11); novembro: começa a reorquestrar *Borís Godunóv*; dezembro: eleito para o soviete de Leningrado.

- As detenções em massa se interrompem; cerca de sete milhões de pessoas foram presas desde 1936; os trotskistas são responsabilizados pelo Terror; janeiro: Iéjov é preso e acusado de ter tentado matar Stálin; maio: Molotóv substitui Litvínov; agosto: assinatura do Pacto de Não-agressão Nazi-soviético; setembro: invasão conjunta nazi-soviética da Polônia; novembro: a URSS invade a Finlândia; dezembro: a URSS é expulsa da Liga das Nações.

- Prokófiev: *Semiôn Kôtko* (ópera) e *Saudação a Stálin* (cantata); Miaskóvski: *Sinfonia n. 19, Quarteto n. 5* e *Abertura de Saudação*; Khrénnikov: *Dentro da Tempestade* (ópera), Khatchaturián: *Felicidade* (balé); embora os expurgos culturais diminuam, Tretiakóv é fuzilado e Kornílov "desaparece"; Akhmátova começa a escrever o *Réquiem: um Ciclo de Poemas*; Bábel é preso em maio, Meierkhôld em junho, e torturado; sua mulher, Zinaída Raikh, é esfaqueada por agentes da NKVD, em seu apartamento; Tsevietáieva volta para a Rússia mas, em setembro, seu marido, Serguêi Efrôn, e sua filha, Arianna, são presos; dezembro: Meierkhôld morre na prisão; os filmes *Shtchórs*, de Dovjênko, *O Professor*, de Guerássimov, *Liênin em 1918*, de Romm, e *Meu Aprendizado*, de Donskôi.

1940 (33-34)

- Até junho trabalha no *Borís Godunóv*; maio: recebe a Ordem da Bandeira Vermelha do Trabalho (20) pelas suas trilhas sonoras; julho-setembro: *Quinteto com Piano em Sol Menor op. 57*; outono: música incidental para *O Rei Lear op. 58 n. 2, Três Peças para Violino*, trilha para *As Aventuras de Korzínkina op. 59*; começa e abandona a ópera *Katerina Maslôva*; novembro: sucesso na estréia do *Quinteto* (23) em Moscou.

- Fevereiro: Acordo Nazi-soviético de Comércio; a URSS fornece alimentos e matérias-primas à Alemanha; março: o pequeno exército de reservistas finlandês se rende (12) depois de infligir meio milhão de baixas ao maltreinado Exército Vermelho, três vezes maior do que ele; abril: a NKVD massacra quinze mil prisioneiros de guerra poloneses na floresta de Kátyn; agosto: a URSS anexa a Lituânia, a Letônia e a Estônia; agosto:

Trótski é assassinado, no México (20), pelo agente soviético Ramón Mercader.

- Miaskóvski: *Sinfonias n. 20 e 21, Quarteto n. 6*; Prokófiev: *Sonata n. 6 para Piano*; Kabaliévski: *Os Comediantes* (suíte); Shebalín: *Concerto para Violino, Quarteto n. 4*; Dzerjínski: *A Tempestade* (ópera); Svirídov: *Sinfonia n. 1*; Bulgákov morre; Pasternák traduz *Hamlet* e o *Soneto 66*; março: Akhmátova termina o *Réquiem* (só publicado na URSS em 1987); Shólokhov: *O Don Corre para o Mar*; Zóshtchenko: *O Pôquer*; filmes *Iákov Sverdlóvsk*, de Iutkiévitch, *Os Siberianos*, de Kuleshóv, e *Minhas Universidades*, de Donskôi.

1941 (34-35)

- Março: sucesso na estréia de *Rei Lear*. Reorquestra *Sangue Vienense*, de Strauss II; maio: o *Quinteto* ganha o Prêmio Stálin; a *Sexta Sinfonia* é violentamente atacada numa reunião da União dos Compositores; julho (12-24): *Voto do Comissário do Povo* e 27 arranjos de peças de Beethoven, Bizet, Dargomýjski etc., para conjuntos que vão tocar na frente de batalha; é fotografado com o uniforme de bombeiro no teto do Conservatório de Leningrado; julho (15): a canção *Os Regimentos Destemidos Avançam*; fim de julho: inicia a *Sétima Sinfonia*; setembro: fala pelo rádio aos cidadãos de Leningrado (17); outubro: a família e ele são levados para Moscou (2); outubro: em trânsito, de trem, para Kúibishev (15-22); dezembro: termina a *Sinfonia n. 7 em Dó Maior op. 60 "Leningrado"* (27) e começa a ópera *Os Jogadores* (28).

- Stálin ignora a advertência de que Hitler prepara-se para atacar a URSS; junho: a Alemanha invade a Rússia (22) e toma Minsk (28); julho: Stálin faz ao povo o apelo de que defenda a Mãe-Pátria (3); julho: ocupação de Smólensk (19); setembro: queda de Kiev (19); setembro-outubro: avanço alemão para Moscou; derrota soviética na batalha de Vyázma; início do cerco de Leningrado; o avanço alemão diminui; dezembro: começa a evacuação de Moscou; os alemães sofrem com as temperaturas muito abaixo de zero e são rechaçados diante de Moscou (5 e 6); perdas do Exército Vermelho em 1941: três milhões (a metade prisioneira de guerra).

- Prokófiev: *O Ano de 1941* (sute), *As Bodas no Mosteiro* (ópera), *Quarteto n. 2*; Miaskóvski: *Sinfonias n. 22 e 23 e Quarteto n. 7*; Kabaliévski: *Parada da Juventude* (cantata); Dzerjínski: *O Sangue do Povo* (ópera); agosto: Tsvietáieva suicida-se (31) em Ielabuga, na Tartária, para onde fora removida; setembro: Akhmátova fala, no rádio, às mulheres de Leningrado; outubro: Akhmátova e sua amiga Lídia

Tchukóvskaia[12] são levadas para o Táshkent, onde já está Nadiêjda Mandelshtáma; novembro: a poeta Viera Inbér anota, em seu *Diário*, que os habitantes de Leningrado estão comendo os seus animais de estimação; *O Último dos Udiéji*, de Fadêiev, *Dmítri Donskôi*, de Borodín[13], os filmes *General Suvaróv*, de Pudóvkin, e *O Invencível*, de Guerássimov e Kalatózov.

1942 (35-36)

- Março: estréia da *Sétima Sinfonia* em Kúibishev (5) e em Moscou (29); verão: visita Sollertínski em Novossibírsk; agosto: estréia da *Sétima* em Leningrado; agosto: *Leningrado Nativa op. 63* e *Marcha Solene para Banda*; outubro: condecorado Artista da RSFSR; outubro: termina as *Seis Romanças sobre Versos de Poetas Ingleses op. 62*; dezembro: abandona *Os Jogadores*; adoece com tifo.

- Janeiro-fevereiro: a NKVD é renomeada NKGB, sob a chefia de Béria; a contra-ofensiva soviética faz os alemães recuarem de suas posições, exceto em Leningrado; março-maio: a luta fica estacionária; abril: fim do III Plano Qüinqüenal; maio-junho: início de novo ataque alemão; derrota soviética em Khárkov; queda de Sevastópol; junho-julho: ofensiva alemã de verão, queda de Vorônej; julho-agosto: os alemães avançam até Stalingrado; agosto-dezembro: batalha de Stalingrado; o exército alemão fica cercado.

- Prokófiev: *Sonata n. 7 para Piano*; Khatchaturián: *Gayanê* (balé); Miaskóvski: *Quarteto n. 8*; Shebalín: *Quarteto n. 5 "Eslavônico"*; Kabaliévski: *A Pátria Poderosa; Os Vingadores do Povo* (cantatas); Karáiev: *Quarteto n. 1*; Kovál: *Emelián Pugatchóv* (ópera) e *A Sagrada Guerra Nacional* (oratório); Váinberg: *Sinfonia n. 1*; Khrénnikov: *Sinfonia n. 2*; Inbér: *O Meridiano Pulkôvo* (poema); Erenbúrg: *A Queda de Paris*; Leônov: a peça *A Invasão*; os filmes *A Defesa de Tsarítsin*, de Vassíliev, e *Assim foi Forjado o Aço*, de Donskôi.

1943 (36-37)

- Janeiro: ainda doente, começa a *Sonata n. 2 em Si Menor op. 61* (11), que termina em março (18), num sanatório perto de Moscou; abril: muda para Moscou com Nina; os filhos ficam em Kúibishev com Sófia Vassílievna; maio: *Oito Canções Folclóricas Britânicas e*

---

12. A tia de Ievguêni Tchukóvski, marido de Galina Dmítrieva Shostakóvitcha.

13. Trata-se do escritor Serguêi Petróvitch Borodín (pseudônimo de Amir Sarguidjián); não confundir com o compositor Aleksandr Borodín.

Americanas; julho; começa a *Sinfonia n. 8*; agosto: participa do concurso para a composição do novo Hino Nacional e, a quatro mãos com Khatchaturián, escreve, por exigência do próprio Stálin, a *Canção do Exército Vermelho*; setembro: termina a *Sinfonia n. 8 em Dó Menor op. 65*, estreada em Moscou em 4/11.

- Janeiro: levantado parcialmente o cerco de Leningrado: 630 mil habitantes morreram de fome desde o fim de 1941; fevereiro: os alemães se rendem em Stalingrado; início da ofensiva de inverno soviética; de fevereiro a agosto, mês da maior batalha de tanques do mundo em Kursk; a luta tem estágios de avanço e recuo, mas os alemães são derrotados e, entre julho e novembro, Kiev e Smólensk são recuperadas; novembro: conferência de Teerã (Roosevelt-Churchill-Stálin)

- Prokófiev: *Guerra e Paz* (parte 1) e *Balada do Rapaz Desconhecido* (cantata); Miaskóvski: *Sinfonia n. 24* e *Quarteto n. 9*; Shebalín: *Quarteto n. 6*; Jívotov: *Felicidade* (ciclo de canções); Knípper: *Sinfonia n. 8* e *Concerto para Violino*; Karáiev: *Sinfonia n. 1*; Gliér: *Concerto para Soprano Coloratura*; Khatchaturián: *Sinfonia n. 1*; Zóshtchenko: *Antes do Amanhecer* (autobiografia); A. Tolstói: *Atravessando o Inferno* e a peça *Ivan, o Terrível* (parte 2); o filme *O Bom Soldado Shvêik*, de Iutkiévitch.

1944 (37-38)

- Fevereiro: morte de Sollertínski (5), a quem Shostakóvitch dedica o *Trio n. 2*; abril: Galina e Maksím vêm para Moscou; junho: trilha de *Zóia op. 64*; novembro: estréia do *Trio n. 2 em Mi Menor op. 67* e do *Quarteto n. 2 em Lá Maior op. 68* (14); dezembro: *Caderno Infantil op. 69* e *Rio Russo op. 66* (espetáculo).

- Janeiro: libertação total de Leningrado (27); mas ainda há lutas esparsas entre fevereiro e junho; a ofensiva de verão (junho-julho) leva o Exército Vermelho até Smólensk; julho: recaptura de Minsk (3); julho-agosto: avanço para a Polônia; agosto-setembro: levante de Varsóvia; por ordem de Stálin, o Exército Vermelho se retrai, deixando que os alemães sufoquem a rebelião; setembro-dezembro: avanço soviético para o Leste europeu; início da resistência nacional armada nesses países.

- Prokófiev: *Sinfonia n. 5, Sonata n. 2 para Violino; Sonata n. 8 para Piano; Cinderella*; Shapórin: *Batalha pela Terra Russa* (cantata); Popóv: *Sinfonia n. 2 "Pátria"*; Miaskóvski: *Sonatas n. 5 e 6 para Piano*; Jívotov: *Canções de Leningrado*; Khatchaturián: *Mascarada* (suíte). Stálin quer saber quem "organizou a claque" após o recital de Akhmátova, em Moscou, em que ela foi delirantemente aplaudida; Símonov: *O Último Verão*; e os filmes *Ivan, o Terrível* (parte 1), de Eisenshtéin, e *Arco-íris*, de Donskôi.

1945 (38-39)

- julho-agosto: *Sinfonia n. 9 em Mi Bemol Maior op. 70*, estreada em Leningrado em 3/11; dezembro: a trilha de *Gente Simples op. 71* e a música incidental de *Primavera Vitoriosa op. 72*.

- Janeiro-fevereiro: os soviéticos entram na Alemanha; fevereiro: conferência de Ialta; abril-maio: ataque final a Berlim, que cai (2/5) e os alemães se rendem (8/5); julho-agosto: conferência de Potsdam; setembro: fim da II Guerra Mundial (3).

- Miaskóvski: *Quartetos n. 10 e 11, Concerto para Violoncelo, Sinfonietta n. 2*; Prokófiev: *Ode ao Fim da Guerra*; Dzerjínski: *Concerto n. 3 para Piano*; Kabaliévski: *Quarteto n. 2*; Svirídov: *Trio com Piano*; Mossolóv: *Concerto para Violoncelo*; Tvardóvski: *Vassíli Tiórkin* (poema, não-publicado); Fadêiev: *A Jovem Guarda* (primeira versão); Zóshtchenko: *Aventuras de um Macaco*; Fiédin: *Primeiras Alegrias*.

1946 (39-40)

- Janeiro-agosto: *Quarteto n. 3 em Fá Maior op. 73*, estreado em Moscou (16/12); setembro: o filme *Gente Simples* é proibido (4), acusado de ser "anti-soviético e contrário ao povo"; setembro: Shostakóvitch recebe a Ordem de Liênin (25).

- O IV Plano Qüinqüenal visa à reconstrução de casas, aumento das comunicações e fontes de energia; à mecanização da agricultura e à ampliação das áreas de cultivo; a NKGB, chefiada por Béria, passa a se chamar MGB; março: o discurso de Churchill sobre a "Cortina de Ferro", em Fulton, no Missouri, dá início à Guerra Fria; levantes nos Gúlags; outono: início da campanha contra os "bajuladores do Ocidente"; dezembro: a URSS constrói seu primeiro reator nuclear.

- Prokófiev: *Ivan, o Terrível, Sonata n. 1 para Violino*; Miaskóvski: *Sinfonia n. 25*; Khatchaturián: *Concerto para Violoncelo*; Shebalín: *Moscou* (cantata); Gliér: *Concerto para Violoncelo*; Váinberg: *Sinfonia n. 2*; Karáiev: *Sinfonia n. 2, Quarteto n. 2*; Kovál: *Os Defensores de Sevastópol* (ópera); Knípper: *Sinfonia n. 10*; Pasternák começa a escrever *Dr. Jivago*; junho: Akhmátova e Pasternák são aplaudidíssimos num recital em Moscou; agosto: Jdánov ataca Akhmátova e Zóshtchenko como "reacionários e individualistas", e ambos são expulsos da União dos Escritores; setembro: Jdánov ataca Pudóvkin e Eisenshtéin; a segunda parte do *Ivan, o Terrível*, deste último, em que Stálin foi retratado de forma pouco lisonjeira, é proibida e só será liberada em 1958.

1947 (40-41)

- Fevereiro: eleito presidente da União dos Compositores de Leningrado; maio: comparece ao Festival de Praga; verão: eleito deputado por Leningrado no Soviete Supremo da RSFSR; *Poema da Pátria op. 74* (cantata); trilha de *Pírogov op. 74*; agosto: começa a trilha da *Jovem Guarda*; outubro: começa o *Concerto n. 1 para Violino*.

- Intensifica-se com a *Jdánovshtchina*, o endurecimento de pós-guerra; inverno-primavera: epidemia de fome na Ucrânia e no sul da URSS; setembro: fundação do Kominform; novembro-dezembro: campanha contra os estrangeiros e "os que se associam a eles".

- Prokófiev: *Sinfonia n. 6, Guerra e Paz* (segunda parte) e *Trinta Anos* ("poema festivo"); Miaskóvski: *Quarteto n. 12, Sonata para Violino, O Krêmlin à Noite* (cantata); Khatchaturián: *Sinfonia n. 3*; Kabaliévski: *A Família Taráss* (ópera); Popóv: *Sinfonia n. 3*; Shebalín: *Trio com Piano*; várias publicações atribuem a cientistas russos obscuros grandes invenções feitas no Ocidente; março: Pasternák, Gladkóv e Olga Berggólts são publicamente criticados; junho: começa a perseguição aos biólogos que não concordam com as teorias absurdas de Trofím Lyssênko; Erenbúrg: *A Tempestade*; o filme *Luz sobre a Rússia*, de Iutkiévitch, é banido.

1948 (41-42)

- Janeiro: Jdánov preside o I Congresso da União dos Compositores em Moscou; fevereiro: resolução "sobre a ópera *A Grande Amizade*, de Vano Muradéli"; Shostakóvitch, Prokófiev, Miaskóvski, Popóv, Khatchaturián e Shebalín são condenados como formalistas; Shostakóvitch perde os cargos na União dos Compositores; março; termina o *Concerto n. 1 em Lá Menor op. 77 para Violino*, mas o engaveta; cantata *Galeria de Retratos*; trilha da *Jovem Guarda op. 75*; verão: trilha de *Mitchúrin op. 78*; *Da Poesia Popular Judaica op. 79*; outono: trilha de *Encontro no Elba op. 80*; Shostakóvitch perde seus cargos como professor; outubro: recebe o título de Artista do Povo da RSFSR.

- Prisões em massa dos culpados de espionagem, por revelar segredos de Estado, "bajular o Ocidente", "invejar a tecnologia americana" etc.; muitos dos que tinham recebido sentenças de dez anos de prisão em 1937-1938 são novamente presos; desta vez, os filhos dos detentos também vão para o Gúlag; agosto: Lyssênko defende as suas teorias no Congresso Soviético das Ciências Agrícolas; agosto: morte de Jdánov (31); outubro: adotado o "Grande Plano Stalinista para Remodelar a Natureza", um esquema visando, durante quinze anos, a mudar o clima da Ásia Central, mediante o reflorestamento (abandonado em 1953).

- Prokófiev: *A História de um Homem de Verdade* (ópera); Miaskóvski: *Sinfonia n. 26*; Shtcherbatchóv: *Sinfonia n. 5 "Russa"*; Khatchaturián: *Floresce e Prospera, Juventude* (cantata); Shebalín: *Quarteto n. 7*; Knípper: *No Lago Baikál* (ópera); Kabaliévski: *Concerto para Violino*. Gladkóv é preso; o ator Míkhoels é assassinado; setembro: é dissolvida a Liga Antifascista; jornais judaicos são fechados e escritores iídiches são presos. Fiédin: *Um Verão Incomum*. Ajáiev; *Longe de Moscou*.

1949 (42-43)

- Fevereiro: Khrénnikov lidera o ataque aos críticos e musicólogos "formalistas" (em especial aos que são favoráveis à música de Shostakóvitch); março: é forçado por Stálin a ir a Nova York como membro da delegação soviética à Conferência em Defesa da Paz; toca o *scherzo* da *Quinta Sinfonia*, ao piano, no Madison Square Garden; verão: *O Canto da Floresta op. 81* (oratório), a trilha de *A Queda de Berlim op. 82* e o *Quarteto n. 4 em Ré Maior op. 83*.

- A campanha contra o "cosmopolitismo desenraizado" intensifica o anti-semitismo soviético. O *Konsomólskaia Pravda* afirma que o aeroplano é uma invenção russa; verão: julgamento, em Budapeste, do cardeal Mindszénty, primaz da Hungria, que "confessa" o crime de traição (ele foi torturado pela polícia política húngara); setembro: teste da primeira bomba atômica soviética; inverno: "Caso Leningrado": Béria e Malenkóv eliminam os partidários de Jdánov dentro do PCUS, há centenas de fuzilados.

- Prokófiev: *A Flor de Pedra* (balé), *Sonata para Violoncelo*; Váinberg: *Sinfonia n. 3*; Taktakishvíli[14]: *Sinfonia n. 1*; Miaskóvski: *Sinfonia n. 27, Sonata para Viola, Sonatas n. 7 a 9 para Piano, Quarteto n. 13*; Knípper: *A Fonte da Vida* (ópera); Gliér: *O Cavaleiro de Bronze*

14. Otár Vassílievitch Taktakishvíli, compositor de origem georgiana, fiel representante do Realismo Socialista.

(balé); Kabaliévski: *Concerto n. 1 para Violoncelo*; Popóv: *Sinfonia n. 4*; Liev Gumilióv, o filho de Akhmátova, preso pela terceira vez, é mandado para um campo de concentração; Olga Ivínskaia, a amante de Pasternák, é deportada para a Sibéria; janeiro: o *Pravda* ataca os críticos de teatro "antipatrióticos" (judeus); fevereiro: Erenbúrg, por ser judeu, é proibido de publicar.

1950 (43-44)

- Primavera: vai a Varsóvia para o II Congresso Mundial da Paz; julho: vai a Leipzig para o bicentenário de Bach; agosto: *Duas Canções de Liermóntov op. 84*; trilha de *Bielínski op. 85*; começa a dar recitais para ganhar dinheiro; outubro: início da composição dos *24 Prelúdios e Fugas*.

- Revoltas de detentos provocam execuções em massa no Gúlag; em todo o Leste europeu há processos visando expurgos nos Partidos.

- Prokófiev: *Em Guarda da Paz* (oratório); Mossolóv: *Kubánskaia*; Svirídov: *Terra dos Meus Pais* (oratório); morte de Miaskóvski; Akhmátova escreve o ciclo conformista *Glória à Paz*, elogiando Stálin, na inútil esperança de conseguir a libertação de seu filho; verão: repressão à "perfídia sionista" na área biológica (ou seja, aos opositores das teorias de Lyssênko).

1951 (44-45)

- Fevereiro: termina os *24 Prelúdios e Fugas op. 87* (25); primavera: turnê de recitais nos países bálticos; verão: *Quatro Canções de Dolmatóvski op. 86, Dez Poemas sobre Textos de Poetas Revolucionários op. 88* para coro (estreados em Moscou em 10-10); trilha de *O Inesquecível Ano de 1919 op. 89*.

- O V Plano Qüinqüenal projeta obras no Volga e no Dnieper, para aumentar a irrigação e a energia hidráulica; e cria centros de produção de armamentos modernos, inclusive nucleares; há vários processos em países do bloco soviético; continuam as revoltas no Gúlag.

- Prokófiev: *O Volga Encontra-se com o Don* (poema festivo); Shebalín: *Sinfonietta sobre Temas Russos*; Shtchedrín[15]: *Feriado na Fazenda Coletiva*; Erenbúrg: *A Nona Onda*; Fadêiev: *A Nova Guarda* (segunda versão).

---

15. Rodiôn Konstantínovitch Shtchedrín, aluno de Shapórin, casado com a bailarina Maia Plissiétskaia, para a qual escreveu o balé *Carmen*, arranjado da ópera de Bizet.

1952 (45-46)

- Primavera: *O Sol Brilha sobre a Nossa Pátria op. 90* (cantata); *Quatro Monólogos de Púshkin op. 91*; turnê de recitais pela região transcaucasiana; abril: comparece ao Festival Beethoven na Alemanha Oriental; setembro-novembro: *Quarteto n. 5 em Si Bemol Maior op. 92*; novembro: *Sete Danças das Bonecas*; dezembro: assiste, em Viena, ao Congresso pela Paz; dezembro: estréia (23-28) dos *24 Prelúdios e Fugas* com Nikoláieva.

- Execução de membros do Comitê Judaico Antifascista presos desde 1948. Stálin, cada vez mais obcecado com conspirações imaginárias, reorganiza o Partido, durante o XIX Congresso (outubro), preparando-se para um novo expurgo de grandes proporções.

- Prokófiev: *Sinfonia Concertante* para violoncelo e *Sinfonia n. 7*; Khatchaturián: *Batalha por Stalingrado* (suíte); Gliér: *Taras Bulba* (balé); Knípper: *Concerto para Violoncelo*; Kabaliévski: *Concerto n. 3 para Piano*; Karáiev: *As Sete Belezas* (balé); Volkônski[16]: *Almas Mortas; A Visão do Mundo* (cantatas); no auge da imposição das teorias de Lyssênko, exige-se dos cientistas que rejeitem a teoria da relatividade, considerada "reacionária" e "judaica"; a literatura russa está tão apagada que o *Pravda* faz um apelo ao "surgimento de novos Gógol e novos Saltykóv-Shtchedrín, para revitalizar a sátira social": os poucos que atendem ao pedido são presos sob a acusação de "calúnia antipatriótica".

1953 (46-47)

- Julho-outubro: *Sinfonia n. 10 em Mi Menor op. 93*; dezembro: *Concertino para Dois Pianos op. 94*; dezembro: estréia da *Décima Sinfonia* em Leningrado (17); reação polêmica; debates para decidir se ela foi um sucesso ou um fracasso.

- Janeiro: a "Conspiração dos Médicos", início de uma nova provável fase de Terror, só não vai adiante devido à morte de Stálin (5/3), a quem sucede um triunvirato formado por Malenkóv, Béria e Molotóv; começa a luta interna pelo poder; abril: a "Conspiração dos Médicos" é chamada de *provokátsia* e desacreditada; manifestações antistalinistas na Tchecoslováquia; agitação na Hungria; levante em Berlim Oriental, sufocada pelos tanques soviéticos (quinhentos mortos); julho: Khrushtchóv substitui Béria; agosto: é testada a primeira bomba de hidrogênio soviética; dezembro: Béria é executado.

---

16. Andrêi Mikháilovitch Volkônski, aluno de Dinu Lipati (piano) e de Shapórin (composição).

- Shapórin: *Os Decembristas* (ópera); Khatchaturián: *A Viúva de Valência* (suite); Volkônski: *Concerto para orquestra*; Taktakishvíli: *Sinfonia n. 2*; Prokófiev morre no mesmo dia que Stálin (5/3); Pasternák termina *Dr. Jivago*; novembro: o *Pravda* advoga uma "visão mais ampla" do Realismo Socialista: é a primeira demonstração de que o "degelo" está a caminho; dezembro: o ensaio *Sobre a Sinceridade na Literatura*, de Borís Pomerântsev, deplorando o "embelezamento da realidade" no Realismo Socialista, é publicado pela revista *Nóvyi Mir* por iniciativa de Tvardóvski; Leônov: *A Floresta Russa*; Ievtushênko: *Estação Zimá* (poema).

1954 (47-48).

- Janeiro: estréia do *Concertino* (20) em Moscou; março: debates acalorados sobre a *Décima Sinfonia* (29-30), na União dos Compositores; abril: música incidental para o *Hamlet* de Kozíntsev; verão: trilha para *Sete Rios op. 95*; outono: *Abertura Festiva op. 96* para o 37º aniversário da Revolução; outubro: designado Artista do Povo da URSS; dezembro: morte de Nina (5).

- Demissão e execução de vários funcionários dos serviços de segurança, que são reestruturados com o nome de KGB; abril: os "Quarenta Dias de Kengir", enorme revolta no Gúlag da Ásia Central, sufocada por tanques.

- Khatchaturián: *Spartaco* (balé); Shtchedrín: *Concerto n. 1 para Piano*; Knípper: *Sinfonia n. 14*; Volkônski: *Capriccio*; Kabaliévski: *Sinfonia n. 4*; o *Pequeno Dicionário Filosófico* condena "a reacionária pseudociência a que dão o nome de cibernética"; março: publicado *O Degelo*, o romance de Erenbúrg que dá nome a esta fase; dezembro: a demissão de Tvardóvski da *Nóvyi Mir*, por ter publicado o ensaio de Pomerântsev, pisa no freio da liberalização; filme *Os Heróis de Shipka*, de S. Vassíliev.

1955 (48-49).

- Janeiro: estréia das *Canções Judaicas* (15), em Moscou; primavera: trilha de *A Varejeira op. 97*; *Cinco Romanças de Dolmatóvski (Canções dos Nossos Dias) op. 98*; verão: poucas composições, pois Shostakóvitch está cuidando da mãe em Komarôvo; outubro: Óistrakh estréia (29) o *Concerto n. 1 para Violino*, de 1948; novembro: morte de Sófia Vassílievna (9); dezembro: inicia a trilha de *O Primeiro Destacamento*.

- Fevereiro: Malenkóv é convencido a renunciar e é substituído por Bulgânin; maio: formação do Pacto de Varsóvia.

- Kabaliévski: *Nikita Vershínin* (ópera); Volkônski: *Quinteto com Piano*; Svirídov: *Canções de Robert Burns*; Denísov: *Sinfonia*; grande sucesso do *Percevejo* de Maiakóvski, montado pela primeira vez desde 1929; o filme *Otelo* de Iutkiévitch.

1956 (49-50)

- Janeiro: recebe um diploma da Academia de Santa Cecília, em Roma; termina a trilha de *O Primeiro Destacamento op. 99*; verão: *Seis Canções Espanholas op. 100*; é lançado o filme *Gente Simples*, proibido desde 1945; casa-se com Margarita Kaínova; agosto: *Quarteto n. 6 em Sol Maior op. 101*; setembro: recebe a Ordem de Liênin; outono: começa a revisão de *Lady Macbeth* como *Katerína Izmáilova*.

- Este é "o Ano do Protesto": agitação profunda em todos os países satélites; fevereiro: XX Congresso do PCUS, discurso secreto de Khrushtchóv sobre os crimes de Stálin; junho: a greve de Pozńan, na Polônia (28-29) é sufocada por tanques soviéticos; junho: resolução do Comitê Central sobre a "superação do culto da personalidade"; outubro-novembro: intervenção do Exército Vermelho na Hungria (25 mil mortos); fim da liberalização; entre 1953-1956, a URSS busca a reaproximação com os Estados Unidos, para romper o isolamento em que ficara após a Guerra da Coréia, participa de conferências internacionais, devolve Port Arthur à China, e Porkkala à Finlândia, reconcilia-se com a Iugoslávia, e ajuda os movimentos de libertação nacional africanos e asiáticos; mas rejeita a "coexistência ideológica" com o Ocidente.

- Shebalín: *A Megera Domada* (ópera); Shtchedrín: *O Cavalinho Corcunda* (balé); Gliér: *Concerto para Violino*; Volkônski: *Musica Stricta*; Svirídov: *À Memória de Iessênin* (cantata); Kabaliévski: *Romeu e Julieta*; Eshpái[17]: *Concerto n. 1 para Violino*; Váinberg: *Concerto para Violoncelo*; uma grande leva de intelectuais recebe autorização para voltar a Moscou (entre eles está Liev Gumilióv, o filho de Akhmátova); maio: Fadêiev, tendo caído em desgraça com o novo regime, suicida-se; são publicados vários autores novos nos dois volumes da antologia poética da *Litieratúrnaia Moskvá*; é publicado o poema *Estação Zimá*, de Ievtushênko, escrito em 1953; Dudíntsev: *Nem Só de Pão Vive o Homem*; a peça *Terá Ivan Ivánovitch Realmente Existido?*, de Nazím Khíkmet; *Período de Teste*, de Nílin; os filmes *Don Quixote*, de Kozíntsev, e *O Quadragésimo Primeiro*, de Tchúkhrai.

17. Iákov Andrêievitch Eshpái, compositor, regente de coro e folclorista.

1957 (50-51)

- Primavera: convidado de honra do Festival da Primavera de Praga; *Concerto n. 2 em Fá Maior op. 102* para piano; 28 de março a 5 de abril: II Congresso da União dos Compositores; verão: *Sinfonia n. 11 em Sol Menor op. 103 "O Ano de 1905"*, para o 40º aniversário da Revolução; setembro: torna-se o secretário da União dos Compositores Soviéticos; outubro: estréia da *Sinfonia n. 11* (30) em Moscou, seu maior sucesso desde a *Sétima*; novembro: *Duas Canções Folclóricas Russas op. 104.*

- Primeiro plano de construção em massa de casas populares (surge, em Moscou, por exemplo, o bairro de Tcheriômushki); começo da campanha contra o "parasitismo social", isto é, contra escritores e artistas não-conformistas; julho: Khrushtchóv liquida a "oposição antipartidária" (Malenkóv, Kagánovitch, Molotóv) e assume o poder total; outubro: distúrbios em Varsóvia (3); é lançado o *Sputnik* (4), o primeiro satélite (4); Khrushtchóv elimina o marechal Júkov (26), que o tinha apoiado no golpe de julho, acusando-o de "bonapartismo".

- Karáiev: *A Trilha do Trovão* (balé); Volkônski: *Música para 12 Instrumentos*; Váinberg: *Sinfonia n. 4*; Khrénnikov: *A Mãe* (ópera); Denísov: *Quarteto n. 1*; Gubaidúlina: *Quarteto com Piano*; Tíshtchenko: *Quarteto n. 1, Sonata n. 1 para Piano*; Shnittke: *Concerto n. 1 para Violino*; endurecimento: Khrushtchóv repreende Dudíntsev por seu romance, Ievtushênko é criticado; novembro: *Dr. Jivago*, de Pasternák, é publicado na Itália e na Alemanha; Nikoláieva: *Uma Batalha Corrente*; o filme *Quando Voam as Cegonhas*, de Kalatózov.

1958 (51-52)

- Primavera: a opereta *Moskvá, Tcheriômushki op. 105*; abril: recebe o Prêmio Liênin (22) pela *Sinfonia n. 11*; maio: resolução do PCUS (28) a respeito da necessidade de "corrigir os erros do decreto de 1948" sobre a música; junho: doutor *honoris causa* em Oxford; verão: reorquestra a *Khovânshtchina* para o filme de Viera Stróieva; começa a sentir dores na mão direita; dezembro: conhece Irina Supínskaia.

- A publicação de *A Nova Classe*, do iugoslavo Milovan Djilas, criticando a estrutura de poder na URSS pós-stalinista, tem repercussões em todo o bloco soviético; distúrbios nas universidades leva ao processo contra a União dos Patriotas Russos, formada pelos estudantes rebeldes; março: Khrushtchóv derruba Bulgânin (27) e torna-se o presidente do Conselho de Ministros.

- Tíshtchenko: *Concerto n. 1 para Violino*; Shtchedrín: *Sinfonia n. 1*; Volkônski: *Quarteto n. 2 e Serenata para um Inseto*; Kabaliévski: *Canção da Manhã* e *Primavera e Paz* (cantata); Gubaidúlina: *Sinfonia*; Shnittke: *Nagasáki* (oratório); campanha nacional contra a religião; outubro: Pasternák recebe o Nobel de Literatura pelo *Dr. Jivago*, é forçado a renunciar a ele e é expulso da União dos Escritores; novembro: campanha oficial de assédio a Pasternák; dezembro: o físico Sákharov, o "pai da bomba atômica russa", pede a Khrushtchóv que pare os testes com a bomba de hidrogênio; o filme *O Don Tranqüilo*, de Guerássimov.

1959 (52-53)

- Janeiro: estréia de *Moskvá, Tcheriômushki* (24) em Moscou; março: visita os Estados Unidos e o México; maio: estréia da *Khovânshtchina* (23); verão: *Concerto n. 1 em Mi Bemol Maior op. 107* para violoncelo, estreado por Rostropóvitch em Leningrado (4/10); novembro: estréia (4) em Leningrado de sua edição do *Borís Godunóv*; dezembro: compra a *datcha* de Júkova, fora de Moscou; este é o ano da excursão a Moscou da Filarmônica de Nova York, com Leonard Bernstein, que rege a *Quinta Sinfonia* em Moscou.

- Cresce a dissidência em todos os setores da vida soviética; início de um plano de sete anos para regenerar a agricultura soviética; setembro: Khrushtchóv visita os Estados Unidos: início da política de *détente*.

- Svirídov: *Oratório Patético*; Shebalín: *O Sol sobre a Estepe* (ópera); Kabaliévski: *Os Leninistas* (coros); Karáiev: *Nosso Partido* (cantata); Váinberg: *Concerto para Violino*; Gubaidúlina: *Concerto para Piano*; Tíshtchenko: *Quarteto n. 2*; Eshpái: *Sinfonia n. 1*; Khrénnikov: *Concerto para Violino*; as leituras públicas de poesia, na Praça Maiakóvski, em Moscou, revelam novos talentos; maio: discurso de Khrushtchóv contra a dissidência, no III Congresso da União dos Escritores; Shólokhov: *Terra Virgem Arada* (segunda parte); Símonov: *Os Vivos e os Mortos*; os filmes *A Balada do Soldado*, de Tchúkhrai, e *O Destino de um Homem*, de Bondartchúk.

1960 (53-54)

- Janeiro: hospitalizado para tratamento da mão direita; fevereiro-março: *Quarteto n. 7 em Fá Sustenido Menor op. 108*, que será estreado em 15/5, em Leningrado; abril: reeleito (8) primeiro secretário da União dos Músicos da RSFSR; março-junho: *Sátiras (Imagens do Passado) op. 109*; julho: em Dresden (12-14) escreve o *Quarteto n. 8 em Dó Menor op. 110*, estreado com grande sucesso, em Leningrado, em 2-10; agosto: na Alemanha Oriental, compõe a trilha de *Cinco Dias, Cinco Noites op. 111*; setembro: *Toques de Sino de Novorossíisk*; setembro: aceita a sua filiação ao PCUS (14), é suspenso o veto à *Sinfonia n. 8*; novembro: separa-se de Margarita Kaínova.

- As autoridades começam a confinar os dissidentes em hospitais psiquiátricos; janeiro: teste com míssil balístico no Pacífico (20); abril: começa a crise sino-soviética; maio: um avião *U-2* americano, de espionagem, pilotado por Gary Powers, é derrubado sobrevoando Sverdlóvsk (1º), o que faz Khrushtchóv retirar-se de uma conferência de cúpula (17).

- Shebalín: *Quarteto n. 8*; Tíshtchenko: *Sonata n. 2 para Piano*; Volkônski: *Sonata para Viola* e *Suíte do Espelho*; Kabaliévski: *Primavera* (poema sinfônico); Shnittke: *Concerto para Piano*; maio: Pasternák morre em Pierediélkino (30); Katáiev: *Vento de Inverno*; Tvardóvski: *Para Além da Maior Distância* (poema); Siniávski (com o pseudônimo Abraham Tiérts): *O Julgamento Começa*; Gróssman: *Vida e Destino* (não-publicado).

1961 (54-55)

- Fevereiro: Vishniévskaia estréia as *Sátiras* (22); primavera: convite da Universidade de Leningrado para ensinar composição no curso de pós-graduação; verão: *Sinfonia n. 12 em Ré Menor op. 112 "O Ano de 1917"*, estreada em 1º/10, durante o XXII Congresso do PCUS; agosto: nasce o neto Dmítri; outubro: torna-se membro pleno do PCUS; vai a Budapeste para o Festival Liszt-Bartók; dezembro: estréia, em Moscou (30), da *Quarta Sinfonia*, composta em 1936.

- Abril: o cosmonauta Iúri Gagárin, voando na *Vostók*, é o primeiro homem no espaço; junho: início da crise de Berlim; agosto: construção do Muro de Berlim; setembro: o general Grigoriênko adverte que há "um novo culto da personalidade" em torno de Khrushtchóv; outubro: XXII Congresso do PCUS: segundo discurso de Khrushtchóv contra Stálin, cujos despojos são retirados do mausoléu na Praça Vermelha; dezembro: a desestalinização provoca a ruptura das relações diplomáticas entre a Albânia e a URSS.

- Shtchedrín: *Não Só o Amor* (ópera); Denísov: *Solo Siberiano* (oratório); Gubaidúlina: *Intermezzo*; Tíshtchenko: *Sinfonia n. 1*; Shnittke: *Poema sobre o Cosmos*; Váinberg: *Concerto para Flauta*; Volkônski: *Os Lamentos de Shtcháza*; outubro: prisão dos dissidentes Bukóvski e Kuznietsóv; Paustóvski edita a antologia *Páginas de Tarusa*, com obras de novos poetas; em seus contos, Siniávski adota posições não-conformistas claras; Ievtushênko: *Babi Iar* (poema); Kótchetov: *O Secretário do Comitê Óblast*; Aksiônov: *Uma Passagem para as Estrelas*; Serebriakôva: *O Roubo do Fogo*; Katáiev: *As Catacumbas*.

1962 (55-56)

- Primavera: orquestra, para Vishniévskaia, os *Cantos e Danças da Morte*, de Mússorgski; de 25 de março a 3 de abril: II Congresso da União dos Músicos; maio: eleito delegado ao Soviete Supremo da URSS; de 20 de junho a 20 de julho: hospitalizado para tratar da mão, começa a *Sinfonia n. 13 em Si Bemol Menor op. 113*, terminada em agosto; setembro: é homenageado no Festival de Edimburgo; dezembro: controvérsia cerca a estréia (18) da *Sinfonia n. 13* em Moscou; casa-se com Irina Supínskaia; *Katerína Izmáilova* estréia (26) em Leningrado.

- Junho: o exército reprime violentamente (2) uma manifestação pacífica de operários que protestavam contra os aumentos de preços em Novotcherkássk (oitenta mortos); outubro: Khrushtchóv anuncia "o retorno às normas leninistas"; outubro: ruptura das relações diplomáticas da China com a URSS: o maoísmo rejeita a desestalinização; outubro-novembro: a crise dos mísseis em Cuba leva a URSS e os Estados Unidos à beira da guerra.

- Shebalín: *Sinfonia n. 5*; Kabaliévski: *Réquiem*[18]; Khatchaturián: *Concerto-Rapsódia para Violino*; Váinberg: *Sinfonia n. 5*; Shtchedrín: *Sonata para Piano*; Volkônski: *Jogo para Três* e *Jam Session*; Eshpái: *Sinfonia n. 2*; Tíshtchenko: *Concerto para Piano*; Serebriakôva ataca publicamente os não-conformistas; outubro: o *Pravda* publica *Os Herdeiros de Stálin*, poema de Ievtushênko; novembro: Tvardóvski, reconduzido à revista *Nóvyi Mir*, publica *Um Dia na Vida de Ivan Denísovitch*, de Soljenýtsin, com a aquiescência de Khrushtchóv; dezembro: levado à exposição dos abstracionistas no Manéj, Khrushtchóv tem uma violenta discussão com o escultor Neisviéztnyi; em conseqüência disso, exige nova disciplina para a *intelliguêntsia*; Bóndariev: *Silêncio*; Stádniuk: *Gente não são Anjos*; Serebriakôva: *Os Píncaros da Vida*; os filmes *A Infância de Ivan*, de Tarkóvski, e *Homens e Feras*, de Guerássimov.

---

18. Sobre poema de Robert Ivánovitch Rojdéstvienski, irmão do regente Guennádi Rojdéstvienski.

1963 (56-57)

- Estréia (8) de *Katerína Izmáilova* em Moscou; verão: reorquestra o *Concerto para Violoncelo op. 125* de Schumann; orquestra as *Canções Judaicas* de 1948; faz arranjos para dois pianos do *Prelúdio e Fuga n. 15* e a "Tarantela" da *Varejeira*; compõe a *Abertura sobre Temas Russos e Kirguízes op. 115*; dezembro: começa *Hamlet*.

- O fracasso do programa agrícola força a URSS a importar trigo do Canadá, para combater a escassez de alimentos, que provoca greves e agitação em todo o país; julho: a URSS assina o Tratado Limitado de Proibição dos Testes Nucleares.

- Tíshtchenko: *Concerto n. 1 para Violoncelo* e *Os Doze* (balé); Khatchaturián: *Concerto-Rapsódia para Violoncelo*; Svirídov: *Canções de Petersburgo*; Shebalín: *Quarteto n. 9*: Mossolóv: *Quarteto n. 2*; Shtchedrín: *Concerto para Orquestra n. 1*; março: discurso de Khrushtchóv (8) sobre a disciplina nas artes, ditando a linha a ser seguida pelos artistas; dezembro: com a aprovação de Krushtchóv, Serebriakôva faz ataques a Erenbúrg; Ievtushênko: *Autobiografia Precoce*; Tvardóvski: *Tiórkin no Outro Mundo* (poema); o filme *Calor*, de Shiepítko.

1964 (57-58)

- Janeiro: termina a trilha de *Hamlet op. 116*, em Riépino; fevereiro: festival (15 a 23) de obras de Shostakóvitch em Górki; abril: vai ao Táshkent para outro festival; maio: durante o Festival do Don, encontra-se com Shólokhov e anuncia a composição de uma ópera baseada no *Don Tranqüilo*, na realidade uma cortina de fumaça para outros projetos, que abandonará em 1967; maio: *Quarteto n. 9 em Mi Bemol Maior op. 117*; julho: visita a Armênia, *Quarteto n. 10 em Lá Bemol Maior op. 118*; agosto-setembro: a *Execução de Stiépan Rázin op. 119*; novembro: estréia (20) dos *Quartetos n. 9* e *10* em Moscou; dezembro: estréia (28) de *Stiépan Razin* em Moscou.

- Maio: a KGB incendeia a biblioteca da Academia Nacional de Ciências da Ucrânia, destruindo vários tesouros nacionais; agosto: em conseqüência da crise dos mísseis, a URSS é obrigada a assinar um acordo de suspensão dos testes nucleares com os Estados Unidos; outubro: Krushtchóv é deposto (14) e Bréjnev é eleito primeiro-secretário do Comitê Central.

- Denísov: *O Sol dos Incas* (cantata); Kabaliévski: *Concerto n. 2 para Violoncelo*; Khatchaturián: *Concerto-Rapsódia para Piano*; Svirídov: *Canções de Kursk*; Khrénnikov: *Concerto para Violoncelo*; Váinberg: *Sinfonias n. 7* e *8*; Iósip Bródski é julgado por "parasitismo social" em

Leningrado e sentenciado a cinco anos de exílio interno; liberalização relativa na fase em que o governo de Bréjnev e Kossýguin está se instalando; Gorbátov: *Anos da Minha Vida* (memórias); Siniávski: *O Experimento Makepeace*; os filmes *Liênin na Polônia*, de Iutkiévitch, *Hamlet*, de Kozíntsev, e *Guerra e Paz*, de Bondartchúk.

1965 (58-59).

• Janeiro: comemora a passagem de ano na *datcha* de Júkovka, em companhia de Britten; é hospitalizado na unidade neurológica; fevereiro: assiste em Viena à montagem de *Katerína Izmáilova*; março-abril: vai à Bulgária para um festival de música soviética; abril: estréia (26) dos *Cinco Fragmentos op. 42*, de 1935, em Leningrado; verão: convalesce na Bielorrússia; agosto: morte de Vassíli Shirínski, do Quarteto Beethoven; outono: trilha de *Um Ano Tão Longo Quanto uma Vida Inteira op. 120*, *Cinco Romanças sobre Textos do Krokodíl op. 121*; trabalha na filmagem de *Katerína Izmáilova*; novembro: comemora o aniversário de Britten (22), que está em visita à Rússia; dezembro: assiste em Budapeste à montagem de *Katerína Izmáilova*.

• Expurgo dos nacionalistas ucranianos; março: agitação nas universidades leva a nova perseguição dos dissidentes; maio: no plenário do Comitê Central sobre agricultura, Bréjnev reconhece o fracasso do plano de sete anos de recuperação agrícola; redução das quotas compulsórias das fazendas, para estimular a produção; dezembro: manifestação na Praça Púshkin, de Moscou, pedindo uma nova Constituição.

• Tíshtchenko: *Sinfonia n. 2* e *Sonata n. 3 para Piano*; Popóv: *Sinfonia n. 5*; Karáiev: *Sinfonia n. 3*; Gubaidúlina: *Sonata para Piano* e *Estudos*; Shnittke: *Diálogos*; Shtchedrín: *Sinfonia n. 2*; Mossolóv: *Sinfonia n. 5*; Denísov: *Crescendo e Diminuendo*; Kabaliévski: *Pátria* (cantata), *Heróis de Gorlóvka* (poema sinfônico); setembro: a KGB confisca o manuscrito de *O Primeiro Círculo*, de Soljenýtsin; a prisão de Siniávski e Dániel faz o movimento literário subterrâneo entrar em pânico: os *samizdat* e o material vindo ilegalmente do estrangeiro são retirados de circulação; outubro: Shólokhov recebe o Prêmio Nobel; Tarsis: *Enfermaria Sete*, estudo sobre o uso repressivo da psiquiatria; Tchukóvskaia: *A Casa Deserta*; o filme *Andrêi Rublióv*, de Tarkóvski (proibido pela censura).

1966 (59-60)

• Janeiro: *Quarteto n. 11 em Fá Menor op. 122*, em Riépino; estréia em Moscou em 25/3; fevereiro: *Prefácio às Minhas Obras Completas e*

Breves Reflexões Sobre Esse Prefácio op. 123; março: assiste ao XXIII Congresso do PCUS como delegado por Leningrado; abril: adoece e vai convalescer em Gaspra, na Criméia; *Concerto n. 2 em Sol Maior op. 126* para violoncelo; abril: estréia em Leningrado (24) das *Seis Romanças Japonesas op. 21*, de 1928-1932; maio: estréia (28) das *Romanças do Krokodíl* em Moscou; sofre um enfarto depois do concerto; junho: o Festival das Noites Brancas, de Leningrado, é dedicado à sua obra; junho-agosto: hospitalizado; setembro: faz sessenta anos (25), recebe a Ordem de Liênin e a medalha de Herói do Trabalho Socialista; estréias do *Concerto para Violoncelo* (com Rostropóvitch) e do filme de *Katerína Izmáilova* (com Vishniévskaia); outono-inverno: trabalha no ciclo *Blok* em Júkovka.

- Fim da desestalinização: fala-se em reabilitar o ditador; onda de processos políticos em toda a URSS, aumento da censura; março-abril: o XXIII Congresso do PCUS restaura o Politburo e Bréjnev nomeia-se secretário-geral; setembro: revisão do Código Penal para facilitar a ação contra os dissidentes.

- Tíshtchenko: *Sinfonia n. 3* e *Réquiem* (baseado em Akhmátova); Shnittke: *Concerto n. 2 para Violino* e *Quarteto n. 2*; Eshpái: *Sinfonia n. 3* e *Sonata para Piano*; Shtchedrín: *Concerto n. 2 para Piano*; Denísov: *Lamentos*; fevereiro: Shólokhov pede a pena de morte para Sniávski e Dániel, condenados a sete anos de trabalhos forçados; expansão rápida da literatura em *samizdát*; março: os intelectuais protestam contra a injustiça do sistema soviético e deploram a tendência a reabilitar Stálin; março: Akhmátova morre (5) em Komarôvo; Kuznietsóv: *Babi Iár* (romance); Shalámov: *Contos de Kolýma* (circulam em *samizdat*).

1967 (60-61)

- Comemora o Ano Novo em Júkovka, em companhia de Britten; primavera: termina as *Sete Romanças sobre Poemas de Aleksandr Blok op. 127*, estreado em Moscou em outubro; canção *Primavera, Primavera op. 128*; maio: em Riépino, o *Concerto n. 2 em Dó Sustenido Maior op. 129*, para violino, é estreado por Óistrakh em 13-9; agosto: acidente em que quebra a perna; *Prelúdio Fúnebre Triunfal op. 130* e poema sinfônico *Outubro op. 131*, para o 50º aniversário da Revolução; outono: trilha de *Sófia Peróvskaia op. 132*;

- Mais julgamentos políticos; início do período de estagnação do governo Bréjnev.

- Karáiev: *Concerto para Violino*; Eshpái: *Concerto para Orquestra*; Svirídov: *Tempo, para a Frente!*; Váinberg: *Sinfonia n. 9* e *Concerto para Trompete*; Shtchedrín: *Concerto para Orquestra n. 2 (Toque de Sinos)*; Mossolóv: *Salve, Moscou!* (cantata); Volkônski: *Concerto Itinerante*; Aleksandr Guínzburg é preso por ter publicado "material que incita à sedição"; maio: Soljenýtsin escreve ao IV Congresso da União dos Escritores pedindo o fim da censura; antes de ser novamente presa, Ievguênia Guínzburg escreve *Dentro do Redemoinho*, um relato dos tempos passados no Gúlag, que circula em *samizdat*; Serebriakôva: *Furacão* (memórias); Guerássimov: *O Jornalista* (filme).

1968 (61-62)

- Primavera: orquestração da ópera *O Violino de Rotschild*, de seu aluno V. Fleishmann, estreada em Leningrado em abril; março: *Quarteto n. 12 em Ré Bemol Maior op. 133*, estreado em Moscou em 14/6; abril: renuncia ao cargo de primeiro secretário da União dos Compositores da RSFSR; agosto: *Sonata para Violino op. 134*; verão: excursiona com Irina pela Carélia, na Finlândia.

- Janeiro: Novotný é substituído, na Tchecoslováquia, por Dubček: começa a "Primavera de Praga"; maio: os líderes tchecos visitam Moscou; julho: a "Carta de Varsóvia" é um ultimato do Pacto à Tchecoslováquia; agosto: os tanques do Pacto invadem Praga (20), provocando protestos dos dissidentes na Praça Vermelha (25); esses manifestantes são presos e julgados em outubro.

- Gubaidúlina: *A Noite em Mênfis* (cantata); Eshpái: *Liênin está Conosco* (cantata); Shtchedrín: *Carmen Suíte*; Denísov: *Outono*; Váinberg: *Sinfonia n. 10*; A. Guínzburg é condenado a sete anos de prisão no Gúlag; março-abril: julgamento, em Leningrado, de um grupo de ativistas cristãos; abril: primeiro exemplar da *Crônica dos Acontecimentos Atuais*, publicada por dissidentes; junho: o ensaio *Progresso, Coexistência e Liberdade Intelectual*, de Sákharov, circula em *samizdat*; Soljenýtsin: *O Primeiro Círculo* e *Enfermaria do Câncer*; Abrámov: *Dois Invernos, Três Verões*.

1969 (62-63)

- Janeiro: Óistrakh estréia (8) a *Sonata para Violino* em Moscou; fevereiro: nova hospitalização no setor neurológico; compõe a *Sinfonia n. 14 op. 135*, estreada em Leningrado, em 29/9, por Vishniévskaia, Reshiétin/Barshái; março: reorquestra o *Concerto n. 1 para Violoncelo* de Tíshtchenko, escrito em 1963; verão: férias na Armênia e na Sibéria.

- Circula em *samizdat* o ensaio *O Programa de Leningrado*, uma análise dos privilégios da *nomenklatura* soviética feita pelos cientistas políticos Zórin e Aleksêiev; março: choques na região fronteiriça do Rio Ussúri com tropas chinesas; maio: formado pelo general Grigoriênko – que é preso e internado em um hospital psiquiátrico – um grupo de ativistas para a defesa dos direitos humanos; junho: tártaros da Criméia fazem demonstração, em Moscou, pelos seus direitos étnicos; dezembro: impasse nas discussões Pequim-Moscou, os negociadores soviéticos são chamados de volta.
- Denísov: *D-S-C-H* e *Quinteto para Sopros*; Gubaidúlina: *Rubayat* (cantata); Tíshtchenko: *Concerto n. 3 para Violoncelo*; Volkônski: *Les Mailles du Temps*; Rostropóvitch dá abrigo, em sua *datcha*, a Soljenýtsin, expulso da União dos Escritores; Trifônov: *A Troca*; Mártchenko: *Meu Testemunho* (memórias); a peça *A Namorada e o Inocente*, de Soljenýtsin; o filme *Shaliápin*, de Donskôi.

1970 (63-64)

- Janeiro-fevereiro: *Lealdade op. 136* (oito coros), para o centenário de Liênin; abril-maio: hospitalizado na clínica do Dr. Ilizárov, em Kurgán; melhora bastante com o tratamento médico e ginásticas; junho-julho: trilha de *Rei Lear op. 137*; verão: participa, em Moscou, do Concurso Tchaikóvski; setembro-outubro: volta à clínica Ilizárov; *Quarteto n. 13 em Si Bemol Menor op. 138* estreado em Moscou em 11-12; *Marcha da Polícia Soviética op. 139*.
- Os dissidentes Sákharov, Tviordokhliébov e Shalídze fundam o Comitê Soviético dos Direitos Humanos; março: Sákharov escreve à liderança da URSS (5), protestando contra a falta de liberdade intelectual; junho: início do movimento de emigração judaica para Israel; dezembro: julgamento e condenação a quinze anos de prisão dos dissidentes judeus que tentaram seqüestrar um avião em Leningrado; distúrbios em Gdańsk, na Polônia, devido ao aumento nos preços: Gomulka é substituído por Gierek.
- Gubaidúlina: *Vivente, non vivente*; Shtchedrín: *24 Prelúdios e Fugas*; Váinberg: *Sinfonia n. 11*; Volkônski: *Replica*; Popóv: *Sinfonia n. 6* e *Concerto para Órgão*; Denísov: *Peinture*; Tíshtchenko: *Sinfonia Robusta, Quarteto n. 3* e *Canções de Tsvietáieva*; Tvardóvski é novamente demitido da direção da *Nóvyi Mir*; Soljenýtsin é convidado a sair da URSS, mas recusa; Jorés Medviêdev é preso num hospital psiquiátrico por criticar o regime soviético; Soljenýtsin protesta,

chamando a decisão de "assassinato espiritual"; outubro: Soljenýtsin recebe o Prêmio Nobel; Nadiêjda Mandelshtám: *Memórias*[19]; Gróssman: *Fluindo para Sempre*; o filme *Waterloo*, de Bondartchúk.

1971 (64-65)

• Primavera: orquestra as *Seis Romanças sobre Versos de Poetas Ingleses op. 140*, de 1942; julho-agosto: *Sinfonia n. 15 em Lá Maior op. 141*; setembro: sofre o segundo enfarte, durante os ensaios da *Sinfonia n. 15*; outubro: recebe a Ordem da Revolução de Outubro; passa o inverno hospitalizado.

• Auge da repressão do governo Bréjnev; o crime, o alcoolismo e a corrupção aumentam de forma preocupante; março: XXIV Congresso do PCUS, em que é formulada a teoria da soberania ilimitada da URSS; os delegados da Itália e da Romênia rejeitam a liderança de Bréjnev; é assinado o Tratado da Amizade Indo-soviética; setembro: morte de Khrushtchóv; encontro de Bréjnev com Tito em Belgrado, para discutir as reivindicações de independência relativa da Iugoslávia dentro do bloco socialista.

• Denísov: *Trio com Piano*; Gubaidúlina: *Quarteto n. 1* e *Conto de Fadas*; Khatchaturián: *Um Momento da História* (cantata); Khrénnikov: *Concerto n. 2 para Piano*; Soljenýtsin: *Agosto de 1914*; Maksímov: *Os Sete Dias da Criação*.

1972 (65-66)

• Janeiro: estréia (8) da *Sinfonia n. 15* em Moscou; maio: visita a Alemanha Oriental; verão: visita Britten em Aldeburgh, onde começa o *Quarteto n. 14*; outono-inverno: hospitalizado com cólicas renais; é diagnosticado o câncer de pulmão, sendo submetido à radioterapia.

• Nova onda de censura; julgamento de "liberais" na Tchecoslováquia; maio: o exército reprime manifestações nacionalistas na Lituânia; maio: Nixon visita Moscou; assinatura (30) do Tratado SALT-1 sobre a limitação das armas nucleares estratégicas; a ruptura de relações diplomáticas com o Egito prejudica a imagem da URSS junto aos países árabes.

• Shtchedrín: *Liênin está Vivo* (cantata); Kabaliévski: *Carta ao Século XXX* (oratório); Denísov: *Concerto para Violoncelo*; Shnittke: *Sinfonia n. 1*; Eshpái: *Concerto n. 2 para Violino*; Gubaidúlina: *Rosas* (ciclo de canções); Tíshtchenko: *Sonata n. 4 para piano*; janeiro: intensifi-

---

19. As memórias de N. Mandelshtám foram publicadas no Ocidente com os títulos de *Hope Against Hope* e *Hope Abandoned*.

cação da repressão da KGB: proibição da *Crônica dos Acontecimentos Atuais*; junho: prisão do dissidente Piotr Yakír; os filmes *Rei Lear*, de Kozíntsev, e *Solaris*, de Tarkóvski.

1973 (66-67)

- Fevereiro: assiste, em Berlim, a montagens de *Katerína Izmáilova* e *O Nariz*; março: novas aplicações de radioterapia; abril: em Riépino (23), termina o *Quarteto n. 14 em Fá Sustenido Maior op. 142*, estreado em Moscou em 30/10; maio: assiste em Copenhaguen a uma montagem de *Katerína Izmáilova*; junho-julho: viagem a Nova York com escala na Inglaterra, na volta; agosto: *Seis Romanças sobre Poemas de Marina Tsvietáieva op. 143*, estreadas em Moscou em 27/12.

- Acordo Americano-soviético de Prevenção da Guerra Nuclear; o apoio soviético aos árabes na guerra contra Israel melhora as relações do Krêmlin com o Oriente Médio.

- Denísov: *La Vie en Rouge*; Tíshtchenko: *Sonata n. 5 para Piano*; Khrénnikov: *Sinfonia n. 3*; Knípper: *Sinfonia n. 20*; os poemas de Mandelshtám são publicados na URSS pela primeira vez desde a década de 1920; agosto: julgamento dos dissidentes Yakír e Krásin, que se "arrependem" e declaram-se culpados; agosto: Ielizaviêta Voroniánskaia, amiga de Soljenýtsin, é assassinada por agentes da KGB, após confessar que está de posse de um manuscrito do *Arquipélago Gúlag*; setembro: *Carta aos Líderes Soviéticos*, de Soljenýtsin; Trifônov: *Impaciência*; Márkov: *Sibéria*.

1974 (67-69)

- Janeiro: orquestra as *Canções de Tsvietáieva op. 143a*; fevereiro-maio: em Riépino, *Quarteto em Mi Bemol Menor op. 144*, estreado em 25/10; junho-julho: *Suíte sobre Versos de Michelangelo op. 145*, estreada em 23/12, em Moscou; outono: ensaios do *Nariz* no Teatro de Ópera de Câmara de Moscou; outubro: morte de Serguêi Tchirínski (20), do Quarteto Beethoven.

- Péssimas colheitas obrigam a URSS a fazer importações maciças dos Estados Unidos; fevereiro: membros da comunidade alemã do Volga manifestam-se nas ruas de Moscou e de Tallin, pedindo a repatriação; dezembro: Bréjnev e Gerald Ford chegam a um acordo sobre a agenda do Tratado SALT-1.

- Tíshtchenko: *Sinfonia n. 4*; Denísov: *Concerto para Piano*; Shnittke: *Hymnus I-III*; Gubaidúlina: *Prelúdios*; janeiro: após publicação no Ocidente do *Arquipélago Gúlag*, campanha de assédio contra Soljenýtsin que, em fevereiro, é expulso da URSS; nesse mesmo mês, Tchukóvskaia e Voinóvitch são expulsos da União dos Escritores; Nadiêjda Mandelshtám: *Memórias* (segundo volume).

1975 (68-69)

- Janeiro: orquestra a *Suíte Michelangelo op. 145a* e a *Canção da Pulga*, de Beethoven; *Quatro Versos do Capitão Liebiádkin op. 146*; é novamente hospitalizado em março e convalesce durante abril e maio; junho-julho: em Riépino e Moscou, *Sonata para Viola op. 147*; hospitalizado em julho, morre no dia 9 de agosto; é enterrado no dia 14 no Cemitério de Novodiévitchi; outubro: estréia póstuma (1ª) da *Sonata para Viola*.

- Nova má colheita; o sistema agrícola soviético está à beira do colapso; novas importações em massa de trigo dos Estados Unidos.

- Tíshtchenko: *Sonata n. 6 para Piano*; Gubaidúlina: *Laudatio Pacis*; Shnittke: *Praeludium in Memoriam D. Shostakovitch*; dezembro: Sákharov recebe o Prêmio Nobel da Paz; Voinóvitch: *Ivan Tchônkin*; Vladímov: *O Fiel Ruslán*; Soljenýtsin: *O Carvalho e o Novilho* (memórias).

Dmítri Shostakóvitch em 1969. Na parede, o retrato desenhado por Borís Kustódiev em 1920.

Bibliografia

ABRAHAM, Gerald (1976). *Eight Soviet Composers*. Londres: Oxford University Press, fac-simile da edição de 1943.

ANDERS, Nele (1988). *Suite on Verses of Michelangelo*. No folheto da gravação Fischer-Dieskau, selo Teldec 4509-97460-2.

ARANÓVSKI, Mark (1997). *The Dissident*. Tradução de Véronique Zaytseff e Ian MacDonald do ensaio originalmente publicado no n. 4 de *Muzykálnaia Akadêmia*, recolhido no site *Shostakovichiana*.

BARBIER, Pierre (1995). *Une Mise-en-Scène Shakespearienne au Tragique Grandiose*. No folheto que acompanha a gravação Valiéry Guérguiev da *Oitava Sinfonia*, selo Philips 446 062-2.

BOTSTEIN, Leo (2004). *Listening to Shostakovich*. Comunicação ao simpósio *Shostakovich and His World*, realizado no Bard College, de Annandale-on-Hudson, no estado de Nova York.

BROWN, Malcolm Hamrick, (org.) (2004). *A Shostakovich Casebook*. Indiana University Press.

BROWN, Royal S. (1973). Interview with Dmitri Shostakovich. No número 23, de outubro, da *High Fi Magazine*.

BUKÓVSKI, Vladímir (1979). *To Build a Castle: My Life as a Dissenter*. Londres: Viking.

COUTO JÚNIOR, Euro de Barros (2002). *Uma Visão da Ópera Russa sob O Nariz de Chostakóvitch*. Dissertação de Mestrado apresentada ao Curso de Pós-Graduação de Cultura Russa, Universidade de São Paulo.

_____. (2004). *Raiók – A Representação Musical do Pensamento de Chostakóvitch sobre o Formalismo e o Realismo Socialista*. Dissertação de Doutorado apresentada ao Curso de Pós-Graduação de Cultura Russa, Universidade de São Paulo.

CRAFT, Robert (2002). *Stravinsky: Crônica de uma Amizade*. Rio de Janeiro: Difel.

DAY, Timothy (1995). *Symphonies n. 6 op. 54 and n. 12 op. 112 "The Year 1917"*. No folheto da gravação Bernard Haitink, selo Decca Ovation 425 067-2.

DOUGHTY, David (2001). *Dmitri Shostakovich: Jazz, Ballet and Film Music*. No folheto do álbum triplo de Theodore Kuchar, selo Brilliant Classics 6735.

ERENBÚRG, Iliá (1990). *Liúdi, Gódy, Jízn* (Homens, Anos, Vida), Moscou. [Só no último ano da década de 1990, devido à *pierestróika*, puderam ser publicadas integralmente, na Rússia, as *Memórias* desse escritor. Em português, elas tinham aparecido, em seis volumes, entre 1964-1970, lançadas pela editora Civilização Brasileira. Borís

Schnaiderman traduziu o primeiro volume e também o sexto, este último em colaboração com Viktoria Namiéshnikov El-Murr.]

FANNING, David (1998). *Symphonies n. 11 & 12, Ballet and Film Music, Overtures*. No folheto da gravação Neeme Järvi, selo Deutsche Grammophon 459 415-2.

FAY, Laurel E. (2000). *Shostakovich vs Volkov: Whose Testimony?* Nova York. No número de outubro da revista *The Russian Review*.

_____. (2000). *Shostakovich: a Life*. Londres: Oxford University Press.

_____. (org.) (2004). *Shostakovich and His World*. Princeton University Press.

FEUCHTNER, Bernd (2002). *Dimitri Schostakowitsch: "Und Kunstgeknebelt von der grossen Macht"*. Kassel: Bärenreiter-Metzler.

GELLER, Mikhaíl (1988). *Cogs in the Soviet Wheel: the Formation of the Soviet Man*. Londres: Collins Harwill.

GELLER, Mikhaíl; NIÉKRITCH, Aleksandr (1985). *Utopia in Power*. Londres: Hutchinson.

GOJOWY, Detlef (1988). *Chostakóvitch*. Arles: Éditions Bernard Coutaz.

GOZENPÚD, Abram Akímovitch (1965). *Ópiernyi Slovár* (Dicionário de Ópera). Leningrado: Izdátielstvo Múzyka.

GRIGÓRIEV, Liev; PLÁTEK, Iúri (1983*). Khrennikov: His Life and Times*. New Jersey: Paganiniana Publications Inc.

GUY, Rory (1971). *Shostakovich: Symphony n. 14*. No folheto da gravação Rudolf Barshái, selo Melodya/Angel SR-40147.

HELD, Christoph (1995). *The Gamblers by Shostakovich/Meyer*. No folheto da gravação Mikhail Iuróvski da ópera, na versão editada por Krzysztof Meyer, selo Capriccio 60 062-2.

IVÁSHKIN, Aleksandr (2000). *The Unknown Shostakovich*. No folheto de sua gravação com esse título, para o selo Chandos, CHAN 9792.

JUNGHEINRICH, Hans-Klaus (1992). *Die Fuge als Idee des Absoluten*. No folheto do álbum Keith Jarrett dos *24 Prelúdios e Fugas op. 87*, selo ECM 1469/70.

KÉLDYSH, Gueórgui Vsiévolodovitch, (org.) (1998). *Bolshói Entsiklopedítcheskii Slovár: Múzyka*. Moscou: Naútchnoie Izdátielstvo "Bolsháia Rossíiskaia Entsiklopiédia" (o verbete sobre Shostakóvitch é da autoria de Marina Sabínina).

KHÉNTOVA, Sofía (1985). *Shostakóvitch: Jizn i Tvórtchestvo* (D.D.S.: Vida e Obra). Leningrado: Soviétskii Kompozítor, em dois volumes.

KIBILÍTSKI, Iósef, (org.) (2002). *Quinhentos Anos de Arte Russa*. Catálogo comentado da exposição do Museu do Estado Russo, realizada no Parque do Ibirapuera, em São Paulo.

KIRCHNER, Walther (1991). *Russian History*. Nova York: Harper Perennial.

KOJÉVNIKOV, Vadím Mikháilovitch; NIKOLÁIEV, P. A., (orgs.) (1987). *Litieratúrnyi Entsiklopedítcheskii Slovar*. Moscou: Soviétskaia Entsiklopiédia.

KRAVETZ, Nelly (1994). A New Insight into the *Tenth Symphony* of Dmitri Shostakovich. Comunicado apresentado, em 28 de janeiro, durante o simpósio *Shostakovich: the Man and His Age*, realizado pela Universidade de Michigan.

LAYTON, Robert (1995). *Epic Sweep and Tragic Power*. No folheto que acompanha a gravação Valiéry Guérguiev da *Oitava Sinfonia*, selo Philips 446 062-2.

LEDBETTER, Steven (1997). *Music of the Totalitarian Regime*. No folheto da gravação Iúri Temirkánov do *Canto da Floresta*, selo RCA 09026-6877-2.

LEMAIRE, Frans (1994). *La Musique du XXème Siècle en Russie et dans les Anciennes Re-*

publiques Soviétiques. Paris: Fayard, coleção Les Chemins de la Musique.

_____. (2001). *Le Taon, suite op. 97a et Suite extraite de Tué sous Condition op. 31.* No folheto da gravação Vladímir Fiedossêiev, selo Chant du Monde/Saison Russe RUS288 170.

LIESKÓV, Nikolái Semiônovitch (1986). *Liédi Makbiet Mtsiênskovo 'Uiezdá* (A Lady Macbeth do Distrito de Mtsensk). In: *Poviésti i Rasskázi* (Contos e Novelas). Lvov: Izdátielstvo Kamieniár.

_____. (1963). *Lady Macbeth of Mtsensk District.* In: *Six Russian Short Novels.* Editadas e traduzidas por R. Jarrell. Nova York: Doubleday.

LISCHKE, André (1995). *Les Joueurs.* No folheto da gravação Andrei Tchistiákov da versão inacabada da ópera, selo Russkii Sezón/Saison Russe RUS288115.

LONGMAN, Richard (1995). *Shostakovich's Orchestral Songs.* No folheto da gravação Neemi Järvi selo DG 447 085-2.

MACDONALD, Ian (1991). *The New Shostakovich.* Oxford University Press, como parte da coleção Oxford Live.

_____. (2005). *Music under Soviet Rule*: coleção de ensaios recolhida no site *Shostakovichiana*, disponível na Internet.

MACHADO COELHO, Lauro (1978). O Violoncelo Censurado, a Voz Proibida. Só Porque são Amigos de Soljenýtsin. Entrevista com Mstislav Rostropóvitch e Galina Vishniévskaia para o *Jornal da Tarde*, de São Paulo, em 29 de julho.

_____. (1991). *Anna Akhmátova: Poesia 1912-1964.* Porto Alegre: L&PM Editores.

_____. (2001). *A Ópera na Rússia.* São Paulo: Perspectiva.

_____. (2005). Como Sobrevive o Artista sob um Regime Totalitário?. No *Caderno-2* do *Estado de S. Paulo*, 21 de junho, p. 3.

MANDELSHTÁM, Nadiêjda (1971). *Hope against Hope.* Londres: Colin & Harvill.

_____. (1974). *Hope Abandoned.* Londres: Colin & Harvill.

_____. (1972). *Le Mie Memorie.* Tradução e notas de Serena Vitale. Milão: Garzanti.

MARON, Paulo (2004). *As Sinfonias de Schostakóvitch e o Realismo Socialista.* Dissertação de Mestrado em Música apresentada à Universidade Estadual Paulista (UNESP).

MATTHEW-WALKER, Robert (1990). *24 Preludes and Fugues op. 87.* No folheto do álbum de Tatiana Nikoláieva, selo Hyperion CDA66441/3.

MCBURNEY, Gerard (1997). *Dmitri Shostakovich: Moskva Tcheremushki.* No folheto da gravação Rojdéstvienski dessa opereta, selo Chandos 9591-2.

_____. (2004) *Fried Chicken in the Bird-Cherry Trees.* No programa da apresentação da opereta *Moskvá Tcheriômúshki* no Bard Music Festival, realizado no Bard College, de Annandale-on-Hudson, no estado de Nova York.

MEYER, Krzysztof (1994). *Dimitri Chostakovitch.* Tradução de Odile Demange. Paris: Fayard.

MILOSZ, Czesław (1953). *The Captive Mind.* Londres: Secker & Warburg.

NABÓKOV, Nikolái (1951). *Old Friends and New Music.* Londres: Little & Brown.

NEEF, Sigrid (1998). *A must for Shostakovich Connoisseurs.* No folheto das *Orchestral Works* regidas por Guennádi Rojdéstvienski, selo Melodya 74321 59058-2.

_____. (1998). *I am dying because I cannot live without love.* No folheto das *Sinfonias n. 14 e 15* regidas por G. Rojdéstvienski, selo Melódia 74321 59057-2.

NORDGREN, Pehr Henrik (2001). *Shostakovich's Suite on Finnish Themes.* No folheto da gravação Juha Kangas, selo BIS CD-1256.

NULL, Tom (1999). *Shostakovich: Epic Film Scores.* No folheto da gravação Valter Mnatsákanov, selo Citadel CT088135.

OBOLENSKY, Dmitri (1967). *The Penguin Book of Russian Verse.* Londres: Penguin Books, edição bilíngüe.

PARROT, Jasper (1984). *Beyond Frontiers* (memórias narradas por Vladímir Ashkenazy). Londres: Collins.

PAZDRO, Michel (org.) (1991). *Lady Macbeth de Mzensk et Le Nez.* No n. 141 de *L'Avant-Scène Opéra* (set.-out.). Paris: Éditions Premières Loges.

POIRIER, Alain (1995). *Chostakovitch: Mélodies op. 21, 143a & 145a.* No folheto da gravação Neeme Järvi, selo DG 447 085-2.

PRÍTSKER, Maya (1996). *Shostakovich Songs.* No folheto do álbum Motchalóv/Levín, selo Triton 17008.

RABINÓVITCH, Dávid (1959). *Dmitry Shostakovich Composer.* Tradução de George Hanna. Moscou: Foreign Language Publishing House.

REAVEY, George (1966). *Modern European Poetry:* a seção Russian Poetry. Nova York: Bantam Books,

REDEPPENING, Dorothes (1989). *Schostakowitschs Streichquartette.* No folheto da integral do Quarteto Bródski, selo Teldec 9031 71702-2.

REEDER, Roberta (org.) (1990). *The Complete Poems of Anna Akhmatova/Anna Akhmátova Polnóie Sobránie Stikhotvoriênie.* Tradução dos poemas por Judith Hemschemeyer. Sommerville: Zephyr Books.

RILEY, John (2003). *Hamlet op. 116: the Complete Film Score.* No folheto da gravação Dmitri Iablônski, selo Naxos 8.557446.

ROSEBERRY, Eric (1981) *Shostakovitch.* Londres: Midas Book (reimpresso em 1986 pela Omnibus Press, na coleção *The Illustrated Lives of the Great Composers*).

ROSTROPÓVITCH, Mstisláv (1970). *An Open Letter to Pravda: a Distinguished Soviet Artist Appeals for Solzhenytsyn.* No *New York Times* de 16 de novembro.

SABÍNINA, Marina (1976). *Shostakóvitch-Simfonist: Dramatúrgiia, Estiétika, Stil* (O Sinfonista Shostakóvitch: Dramaturgia, Estética, Estilo). Moscou: Soviétskii Kompozítor.

SALISBURY, Harrison (1954). A Visit with Dmítri Shostakovich. No *New York Times* de 8 de agosto.

SCHWARZ, Borís (1983). *Music and Musical Life in Soviet Russia, 1917-1981.* Indiana University Press, ampliando a edição original da Barrie and Jenkin.

SCZEPAŃSKA-MALINOWSKA, Elżbieta (1995). *The Gamblers.* No folheto da gravação Mikhail Iuróvski da ópera, na versão editada por Krzysztof Meyer, selo Capriccio 60 062-2.

SERÓV, Victor Ilítch (1945). *Dmitri Shostakovich: Vida y Ambiente de un Compositor Soviético* (com a colaboração de Nadiêjda Galli-Shohat). Tradução de Hilda Labrada Bernal. Buenos Aires: Editorial Poseidon.

SHTCHÉRBA, Liev Vladímirovitch e MATUSSÉVITCH, Margarita Ivánovna (1983). *Rússko-Frantsúski Slovár* (Dicionário Russo-Francês). Moscou: Rússki Iazýk.

SHTEINPRÉSS, V. S.; IAMPÓLSKII, I. M. (1966) (org.). *Entsiklopedítcheskii Muzykálnyi Slovár.* Moscou: Soviétskaia Entsiklopédia.

SKOTT, Staffan (1996). *Russian Concert Band Music*. No folheto da gravação Guennádi Rojdéstvienski, selo Chandos 9444.

SOLJENÝTSIN, Aleksandr Isáievitch (1965). *One Day in the Life of Ivan Denisovich*. Londres: Harvill.

_____. (1973-1975). *The Gulag Archipelago*. Londres: Harvil, três volumes.

STRAVINSKI, Igor (1970). *Poetics of Music in the Form of Six Lessons*. Cambridge: Harvard University Press.

STRUCK-SCHLOEN, Michael (1999). *Dmitri Schostakowitsch: "Über unserer Heimat strahlt die Sonne"* (DS: Sobre a Nossa Pátria Brilha o Sol). No folheto da gravação Mikhail Iuróvski, selo Capriccio 10 779.

TARUSKIN, Richard (1997). *Defining Russia Musically*. Princeton University Press.

TRANCHEFORT, François-René (org.) (1986). *Guide de la Musique Symphonique*. Paris: Fayard.

_____. (org.) (1987). *Guide de la Musique de Piano et de Clavecin*. Paris: Fayard.

_____. (org.) (1989). *Guide de la Musique de Chambre*. Paris: Fayard.

TSVIETÁIEVA, Marina (1980). *Sotchiniénia* (Obras). Moscou: Khudojéstvennaia Litieratúra, edição organizada por Anna Saákiants.

TURÓVSKI, Iúli (1990). *Chamber Symphonies and" From Jewish Folk Poetry"*. No folheto de sua gravação para o selo Chandos 7061, na série Enchant.

VIGNAL, Marc (1954). *Shostakovich: Symphonies n. 10 & 9*. No folheto da gravação Dmitri Mitropoulos/Efrem Kurtz dessas sinfonias, selo CBS MPK45698, coleção Masterworks Portrait.

VISHNIÉVSKAIA, Galina (1984). *Galina: a Russian Story*. Tradução Guy Daniels. San Diego: Harcourt Brace and Jovanovich Publishers.

VÓLKOV, Sólomon Moisêievitch (1979). *Testimony: the Memoirs of Dmitri Shostakovich as Related and Edited by Solomon Volkov*. Tradução Antonina. Nova York: Harper & Row.

_____. (1995). *São Petersburgo: uma História Cultural*. Rio de Janeiro: Record.

_____. (2004). *Shostakovich and Stalin: the Extraordinary Relationship Between the Great Composer and the Brutal Dictator*. Tradução de Antonina W. Bois. Nova York: Alfred A. Knopf.

WILSON, Elizabeth (1994). *Shostakovitch: a Life Remembered*. Princeton University Press.

Anexo:
Shostakóvitch na Tela

Além dos filmes indicados no corpo do texto – os documentários de Gueldenstéin, Sokuróv-Aránovitch, L. Weinstein, o filme de Tony Palmer, as filmagens de *Lady Macbeth* e *Katerina Izmáilova* – há outros documentos visuais que vale a pena registrar:

- Arthaus Musik, 2005 – *Leaving Home, vol. 4 – The Orchestral Music in the 20th Century* – Faz parte de uma série originalmente exibida pela BBC inglesa com o maestro Simon Rattle e a Orquestra Sinfônica da Cidade de Birmingham. Neste volume, intitulado *Three Journeys Through Dark Landscapes,* são abordados compositores que viveram sob o jugo do totalitarismo, no caso Shostakovitch, Bartók e Lutosławski. As obras exemplificadas de Shostakovitch são as Sinfonias # 4 e 5.
- EMI Classics, 2003 – *Sinfonia n. 1* com a Orquestra da Rádio e Televisão Francesa/ Igor Márkhevitch.
- Kultur, 1979 – Sinfonia n. 5 com a Filarmônica de Nova York/ Leonard Bernstein, durante uma turnê no Japão.
- Image Entertainment, 1984 – Sinfonia n. 5 com a Filarmônica Real/ André Previn – Faz parte de uma série apresentada por Previn sobre a História da Sinfonia, de Haydn a Shostakóvitch: há um preâmbulo sobre o autor e seu período histórico e, na segunda parte, a sinfonia na sua íntegra.
- Image Entertainment, 2002 – Sinfonia n. 5 com a Sinfônica da Rádio da Alemanha Ocidental/ Semiôn Býtchkov.
- A tv a cabo brasileira já transmitiu a Sinfonia n. 5 com a Filarmônica de Leningrado regida por Maksím Shostakóvitch – há, portanto, cópias privadas em mãos de colecionadores.
- Pioneer, 1990 – Sinfonia n. 10 com a Sinfônica Estatal de Moscou e Pável Kôgan (filho do violinista Leoníd Kôgan).

- Image Entertainment, 1992 – Sinfonia n. 10 com a Sinfônica da Rádio Bávara/ Georg Solti.
- EMI Classics, 2003 – Concerto para Violoncelo n. 1 com Mstisláv Rostropóvitch e a Sinfônica de Londres/ Charles Groves.
- A tv a cabo já exibiu o Concerto para Violino n. 1 com Nadja Salermo e a Filarmônica de Leningrado regida por Maksím Shostakóvitch.
- Foram exibidas também montagens do Bolshói dos balés A Idade de Ouro e O Parafuso.
- EMI Classics, 2003 – um recital de 1962 em que Leoníd Kôgan toca prelúdios para piano em transcrição para violino.
- Masterclass, s/d – apresentações do Quarteto Borodín executando os quartetos n. 3 e 8, e o terceiro movimento do Quinteto para Piano e Cordas, tendo Sviatosláv Richter ao piano.

E duas trilhas sonoras:

- Ruscico, 1983 – Hamlet, de Grigóri Kozíntsev, com Innokiênti Smoktunóvski, Mikhaíl Nazvánov, Elza Radzínia, Iúri Tolubiêiev, Anastásia Vertínskaya, Vadím Medviêdev.
- Ruscico, 1970 – Rei Lear, de Grigóri Kozíntsev, com Aleksêi Petrenko, Yuózas Budraítis, Vladímir Iemeliânov.

[agradeço a Marco Aurélio Scarpinella Bueno pela ajuda prestada no levantamento dessas gravações.]

MÚSICA NA PERSPECTIVA

Balanço da Bossa e Outras Bossas – Augusto de Campos (D003)
A Música Hoje – Pierre Boulez (D055)
O Jazz, do Rag ao Rock – J. E. Berendt (D109)
Conversas com Igor Stravinski – Igor Stravinski e Robert Craft (D176)
A Música Hoje 2 – Pierre Boulez (D217)
Jazz ao Vivo – Carlos Calado (D227)
O Jazz como Espetáculo – Carlos Calado (D236)
Artigos Musicais – Livio Tragtenberg (D239)
Caymmi: Uma Utopia de Lugar – Antonio Risério (D253)
Indústria Cultural: A Agonia de um Conceito – Paulo Puterman (D264)
Darius Milhaud: Em Pauta – Claude Rostand (D268)
A Paixão Segundo a Ópera – Jorge Coli (D289)
Óperas e Outros Cantares – Sergio Casoy (D305)
Filosofia da Nova Música – Theodor W. Adorno (E026)
O Canto dos Afetos: Um Dizer Humanista – Ibaney Chasin (E206)
Sinfonia Titã: Semântica e Retórica – Henrique Lian (E223)
Para Compreender as Músicas de Hoje – H. Barraud (SM01)
Beethoven - Proprietário de um Cérebro – Willy Corrêa de Oliveira (SM02)
Schoenberg – René Leibowitz (SM03)
Apontamentos de Aprendiz – Pierre Boulez (SM04)
Música de Invenção – Augusto de Campos (SM05)
Música de Cena – Livio Tragtenberg (SM06)
A Música Clássica da Índia – Alberto Marsicano (SM07)
Shostakóvitch: Vida, Música, Tempo – Lauro Machado Coelho (SM08)
A Ópera na França – Lauro Machado Coelho (HO)
A Ópera Barroca Italiana – Lauro Machado Coelho (HO)
A Ópera Alemã – Lauro Machado Coelho (HO)
A Ópera na Rússia – Lauro Machado Coelho (HO)
A Ópera Romântica Italiana – Lauro Machado Coelho (HO)
A Ópera Italiana após 1870 – Lauro Machado Coelho (HO)
A Ópera Clássica Italiana – Lauro Machado Coelho (HO)
A Ópera Tcheca – Lauro Machado Coelho (HO)
A Ópera nos Estados Unidos – Lauro Machado Coelho (HO)
A Ópera Inglesa – Lauro Machado Coelho (HO)
Rítmica – José Eduardo Gramani (LSC)